2025

개정세법완벽반영

시험전엔 기타세법

양소영 저

스마트한 기타세법기본서

(회계사 · 세무사 기출문제 수록)

CONTENTS

01편 국세기본법

CHAPTER 06

조세불복제도와 과세전적부심사 / 72

CHAPTER 07

납세자의 권리 및 보칙 / 88

2편 상속세 및 증여세법

CHAPTER 01

상속세 / 110

CHAPTER 02

증여세 / 138

CHAPTER 03

상속 및 증여재산의 평가 / 180

CONTENTS

3편 지방세법

4편 국세징수법

5편 국제조세조정에 관한 법률

CHAPTER 01

CHAPTER 02

CHAPTER 03

CHAPTER 04

CHAPTER 05

CHAPTER 06

CONTENTS

7편 부 록

CHAPTER 01

국세기본법 / 357

CHAPTER 02

상속세 및 증여세법 / 443

CHAPTER 03

지방세법 / 469

CHAPTER 04

국세징수법 / 481

CHAPTER 05

국제조세조정에 관한 법률 / 519

CHAPTER 06

조세범처벌법 / 545

회계사 출제경향분석표

구 분	2020년	2021년	2022년	2023년	2024년	합 계	출제비율
법인세법	14	14	14	14	14	70	35%
소득세법	10	10	10	10	10	50	25%
부가가치세법	8	8	8	8	8	40	20%
국세기본법	5	5	5	5	5	25	12.5%
상속세 및 증여세법	2	2	2	2	2	10	5%
지방세법	1	1	1	1	1	5	2.5%
합 계	40	40	40	40	40	200	100%

1. 국세기본법

구 분	2020년	2021년	2022년	2023년	2024년	합 계
0. 조세총론						
(1) 조세총론						–
1. 국세기본법 총설						
(1) 용어의 정의	1					1
(2) 다른 법률과의 관계						–
(3) 기간과 기한					1	1
(4) 법인으로 보는 단체						–
(5) 국세부과의 원칙 vs 세법적용의 원칙			1			1
2. 납세의무						
(1) 납세의무의 성립과 확정		1	1			2
(2) 납세의무의 소멸				1	1	2
3. 납세의무의 확장						
(1) 납세의무의 승계			1			1
(2) 연대납세의무						–
(3) 제2차 납세의무				1		1
4. 국세와 일반채권과의 관계						
(1) 국세우선권	1	1	1		1	4
(2) 양도담보권자의 물적납세의무						–
(3) 통정허위의 담보권설정계약에 대한 취소청구						–
5. 과세와 환급						
(1) 관할관청						–
(2) 기한후신고 · 수정신고 · 경정청구				1		1
(3) 가산세	1		1			2
(4) 국세의 환급		1			1	2
6. 조세불복제도와 과세전적부심사						
(1) 과세전적부심사						–
(2) 조세불복제도	1	1		1	1	4
7. 납세자의 권리 및 보칙						
(1) 납세자의 권리	1	1		1		3
합 계	5	5	5	5	5	25

2. 상속세 및 증여세법

구 분	2020년	2021년	2022년	2023년	2024년	합 계
1. 상속세	1	1	1	1	1	5
2. 증여세	1	1	1	1		4
3. 상속 및 증여재산의 평가					1	1
합 계	2	2	2	2	2	10

3. 지방세법

구 분	2020년	2021년	2022년	2023년	2024년	합 계
1. 지방세법_취득세	1	1	1		1	4
2. 지방세법_재산세				1		1
3. 지방세징수법						–
4. 지방세기본법 및 지방세특례제한법						–
합 계	1	1	1	1	1	5

세무사 출제경향분석표

구 분	2020년	2021년	2022년	2023년	2024년	합 계	출제비율
법인세법	10	10	10	10	10	50	25%
소득세법	10	10	10	10	10	50	25%
부가가치세법	8	8	8	8	8	40	20%
국세기본법	4	4	4	4	4	20	10%
국세징수법	4	4	4	4	4	20	10%
국제조세조정에 관한 법률	2	2	2	2	2	10	5%
조세범처벌법	2	2	2	2	2	10	5%
합 계	40	40	40	40	40	200	100%

1. 국세기본법

구 분	2020년	2021년	2022년	2023년	2024년	합 계
0. 조세총론						
(1) 조세총론						–
1. 국세기본법 총설						
(1) 용어의 정의						–
(2) 다른 법률과의 관계						–
(3) 기간과 기한		1				1
(4) 법인으로 보는 단체	1					1
(5) 국세부과의 원칙 vs 세법적용의 원칙						–
2. 납세의무						
(1) 납세의무의 성립과 확정				1	1	2
(2) 납세의무의 소멸	1	1			1	3
3. 납세의무의 확장						
(1) 납세의무의 승계						–
(2) 연대납세의무				1		1
(3) 제2차 납세의무	1					1
4. 국세와 일반채권과의 관계						
(1) 국세우선권		1				1
(2) 양도담보권자의 물적납세의무						–
(3) 통정허위의 담보권설정계약에 대한 취소청구						–
5. 과세와 환급						
(1) 관할관청						–
(2) 기한후신고 · 수정신고 · 경정청구						–
(3) 가산세						–
(4) 국세의 환급			1	1		2
6. 조세불복제도와 과세전적부심사						
(1) 과세전적부심사			1			1
(2) 조세불복제도		1	1	1	1	4
7. 납세자의 권리 및 보칙						
(1) 납세자의 권리	1		1		1	3
합 계	4	4	4	4	4	20

2. 국세징수법

구 분	2020년	2021년	2022년	2023년	2024년	합 계
1. 국세징수법 총설						
(1) 국세징수법 개요						–
(2) 간접적 징수제도	1	1	1	1	1	5
2. 임의적 징수절차						
(1) 납부고지와 독촉	1	1			1	3
(2) 납부기한등의 연장 및 납부고지의 유예	1			1		2
(3) 납세담보			1			1
3. 강제적 징수절차						
(1) 강제징수절차		1	1	1	1	4
(2) 교부청구와 참가압류		1				1
(3) 압류재산의 매각	1		1	1	1	4
(4) 청산						–
(5) 압류 · 매각의 유예						–
합 계	4	4	4	4	4	20

3. 국제조세조정에 관한 법률

구 분	2020년	2021년	2022년	2023년	2024년	합 계
1. 국제조세조정에 관한 법률 총칙						
(1) 용어의 정의						–
(2) 다른 법률과의 관계		1				1
(3) 국제거래에 관한 실질과세						–
(4) 특수관계						–
2. 국외특수관계인과의 거래에 대한 과세조정						
(1) 정상가격					1	1
(2) 소득금액 조정에 따른 소득처분 및 세무조정	1					1
(3) 소득금액 조정에 대한 특례(대응조정)			1			1
(4) 국세의 정상가격과 관세의 과세가격 간 조정						–
(5) 국제거래에 대한 자료제출의무						–
(6) 가산세적용의 특례						–
3. 국외지배주주 등에게 지급하는 이자에 대한 과세조정						
(1) 배당으로 간주된 이자의 손금불산입	1			1		2
(2) 소득 대비 과다이자비용의 손금불산입			1			1
(3) 혼성금융상품 이자비용의 손금불산입						–
(4) 지급이자의 손금불산입 적용 순서						–

구 분	2020년	2021년	2022년	2023년	2024년	합 계
4. 특정외국법인의 유보소득에 대한 합산과세						
(1) 적용대상						–
(2) 배당간주금액						–
(3) 외국납부세액공제						–
(4) 사후관리						–
5. 국외 증여에 대한 증여세 과세특례						
(1) 증여세 과세특례						–
(2) 증여재산가액의 산정						–
(3) 외국납부세액공제						–
(4) 상속세 및 증여세법의 준용						–
6. 상호합의절차						
(1) 상호합의절차의 개시						–
(2) 상호합의절차의 개시일과 종료일				1		1
(3) 상호합의결과						–
(4) 상호합의절차시의 특례						–
7. 국가간 조세협력						
(1) 조세업무협력						–
(2) 정보의 교환						–
(3) 세무조사 협력						–
8. 해외금융계좌의 신고						
(1) 해외금융계좌의 신고		1				1
(2) 신고의무 위반 및 불이행에 대한 소명 및 제재						–
(3) 기타의 사항					1	1
합 계	2	2	2	2	2	10

4. 조세범처벌법

구 분	2020년	2021년	2022년	2023년	2024년	합 계
1. 조세범처벌법 총론						
(1) 조세범처벌법						–
(2) 조세포탈범		1	1			2
2. 조세범처벌법의 특례 및 처벌						
(1) 조세범처벌법의 특례규정	1	1				2
(2) 조세범의 유형과 처벌	1		1	2	2	6
합 계	2	2	2	2	2	10

MEMO

01 편

국세기본법

CHAPTER 00 조세총론

제 1 절 조세총론

❶ 조세의 개념

국가 또는 지방자치단체가 그의 경비충당의 재정조달 목적으로 그의 과세권에 기하여 법률에 규정된 과세요건을 충족한 모든 자에게 직접적 반대급부 없이 강제적으로 부과 · 징수하는 금전급부이다

구 분	내 용
과세주체	국가 또는 지방자치단체
과세목적	재정수입의 조달
과세근거	조세법률주의
납부방법	금전납부원칙
일반보상성	개별적 보상 제공X

❷ 조세의 분류

기 준		분 류	내 용
조세부과의 주체	국가	국세	법인세, 소득세, 부가가치세, 상속세, 증여세, 종합부동산세
	지방자치단체	지방세	취득세, 재산세, 지방소비세, 주민세
조세의 사용용도 특정	○	목적세	교육세, 농어촌특별세, 교통 · 에너지 · 환경세
	×	보통세	법인세, 소득세, 부가가치세
담세자 납세자 동일	○	직접세	법인세, 소득세
	×	간접세	부가가치세, 개별소비세, 주세, 교통 · 에너지 · 환경세
인적사항 고려	○	인세	법인세, 소득세, 상속세, 증여세
	×	물세	부가가치세, 재산세, 자동차세
독립된 세원	○	독립세	법인세, 소득세, 부가가치세
	×	부가세	교육세, 농어촌특별세
과세대상 측정단위	금액	종가세	법인세, 소득세, 부가가치세
	수량	종량세	주세

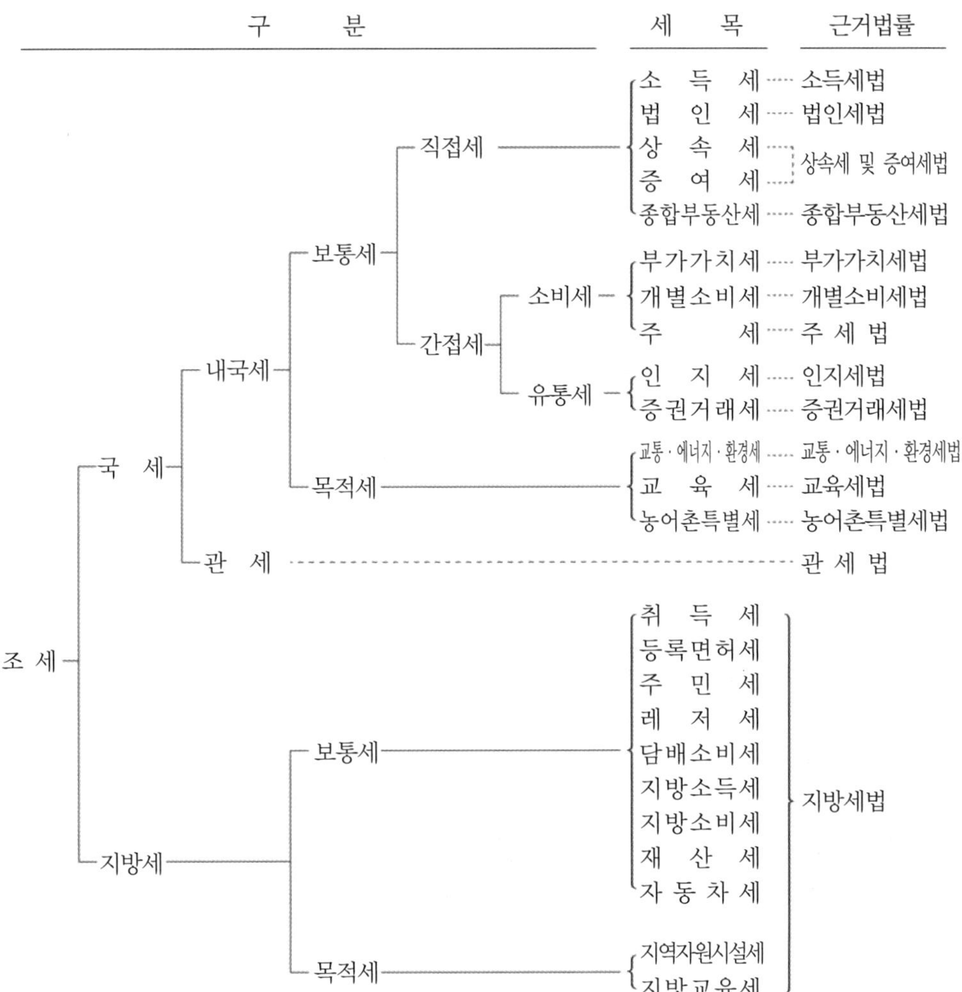

구 분
세 목
근거법률
조 세
국 세
내국세
보통세
직접세
소 득 세
소득세법
법 인 세
법인세법
상 속 세
증 여 세
상속세 및 증여세법
종합부동산세
종합부동산세법
간접세
소비세
부가가치세
부가가치세법
개별소비세
개별소비세법
주 세
주 세 법
유통세
인 지 세
인지세법
증권거래세
증권거래세법
목적세
교통 · 에너지 · 환경세
교통 · 에너지 · 환경세법
교 육 세
교육세법
농어촌특별세
농어촌특별세법
관 세
관 세 법
지방세
보통세
취 득 세
등록면허세
주 민 세
레 저 세
담배소비세
지방소득세
지방소비세
재 산 세
자 동 차 세
목적세
지역자원시설세
지방교육세
지방세법

❸ 조세법의 기본원칙

조세법률주의	조세평등주의
법률에 의하지 않고서는 조세를 부과 · 징수할 수 없다.	조세 부과시 모든 납세의무자를 평등하게 취급해야 한다.

(1) 조세법률주의

조세법률주의는 법률의 근거없이는 국가는 조세를 부과 · 징수할 수 없고, 국민은 조세의 납부를 강요받지 않는다는 원칙이다. 이는 국민의 재산권 보장과 법률생활의 안정을 기하려는 데 근본목적이 있다.

<table>
<tr><td>과세요건법정주의</td><td>납세자, 과세물건과 그 귀속, 과세표준, 세율 등 납세의무를 성립시키고 변경 · 소멸시키는 조세실체법적 사항과 조세의 부과 · 징수절차에 관한 조세절차법적 사항은 물론 조세의 환급 · 불복 · 벌칙 등에 관한 조세구제와 처벌에 관한 사항은 모두 법률에 규정되어야 한다.
* 위임입법<table><tr><th>개별위임</th><th>포괄위임</th></tr><tr><td>허용</td><td>금지</td></tr></table></td></tr>
<tr><td>과세요건명확주의</td><td>과세요건이나 조세의 부과징수절차 등을 법률로 정하는 경우에 그 규정을 가능한 한 명확하고 상세하게 정함으로써 과세당국이 그 법을 자의적으로 또는 자유재량에 의하여 해석 · 적용하는 것을 방지하여야 한다.</td></tr>
<tr><td>소급과세의 금지</td><td>법의 안전성과 납세자의 권익을 보호하기 위하여 세법 시행 전에 완결된 사실에 관하여는 당해 세법을 소급적용하지 않는다.</td></tr>
<tr><td>엄격해석의 원칙</td><td>세법은 문언에 따라 엄격하게 해석하여야 한다. 즉, 문리해석을 원칙으로 하며, 논리해석은 예외적으로 허용하나 확장해석하거나 유추해석하는 것은 허용되지 않는다.</td></tr>
<tr><td>합법성의 원칙</td><td>과세요건 법정주의와 과세요건 명확주의에 의하여 결정된 합법적인 조세채권은 합법적 절차에 의하여 반드시 부과징수되어야 한다.</td></tr>
</table>

(2) 조세평등주의

조세평등주의는 조세의 부담이 공평하게 국민들 사이에 배분되도록 세법을 제정하여야 하고, 조세법률관계의 각 당사자로서의 국민은 세법의 적용에 있어서 평등하게 취급되어야 한다는 원칙이다.

구분	내용
수평적 공평	소득의 종류가 다른 동일한 소득수준의 국민들간에 세금부담이 공평해야 한다. ex) 실질과세원칙, 부당행위계산부인, 최저한세, 의제배당, 간주임대료 등
수직적 공평	서로 다른 소득수준의 국민들간에 세금부담이 공평하게 배분되어야 한다. ex) 초과누진세율, 금융소득종합과세 등
* 조세평등주의에 위배되는 제도 : 간이과세, 선택적 분리과세, 비과세 · 감면 등	

CHAPTER 01 국세기본법 총설

국세기본법은 국세에 관한 기본적이고 공통적인 사항과 납세자의 권리 · 의무 및 권리구제에 관한 사항을 규정함으로써 국세에 관한 법률관계를 명확하게 하고, 과세를 공정하게 하며, 국민의 납세 의무의 원활한 이행에 이바지함을 목적으로 한다.

* 국세 : 국가가 부과하는 조세 중 내국세(지방세, 관세는 포함×)

제 1 절 용어의 정의

용어	정의
국세	국가가 부과하는 조세 중 다음의 것 ① 소득세, ② 법인세, ③ 상속세와 증여세, ④ 종합부동산세 ⑤ 부가가치세, ⑥ 개별소비세, ⑦ 교통 · 에너지 · 환경세, ⑧ 주세 ⑨ 인지세, ⑩ 증권거래세, ⑪ 교육세, ⑫ 농어촌특별세 * 국세기본법상 국세의 범위에는 관세는 포함되지 않는다.
세법	국세의 종목과 세율을 정하고 있는 법률과 국세징수법, 조세특례제한법, 국제조세조정에 관한 법률, 조세범 처벌법 및 조세범 처벌절차법 * 국세기본법상 세법의 범위에는 국세기본법은 포함되지 않는다.
원천징수	세법에 따라 원천징수의무자가 국세(이와 관계되는 가산세는 제외)를 징수하는 것
가산세	세법에서 규정하는 의무의 성실한 이행을 확보하기 위하여 세법에 따라 산출한 세액에 가산하여 징수하는 금액
강제징수비	국세징수법 중 강제징수에 관한 규정에 따른 재산의 압류, 보관, 운반과 매각에 든 비용(매각을 대행시키는 경우 그 수수료를 포함)
지방세	지방세기본법에서 규정하는 세목
공과금	국세징수법에서 규정하는 강제징수의 예에 따라 징수할 수 있는 채권 중 국세, 관세, 임시수입부가세, 지방세와 이와 관계되는 강제징수비를 제외한 것
납세의무자	세법에 따라 국세를 납부할 의무(국세를 징수하여 납부할 의무는 제외)가 있는 자
납세자	납세의무자(연대납세의무자와 납세자를 갈음하여 납부할 의무가 생긴 경우의 제2차 납세의무자 및 보증인을 포함한다)와 세법에 따라 국세를 징수하여 납부할 의무를 지는 자 → 납세의무자 + 원천징수의무자 등 = 납세자
제2차 납세의무자	납세자가 납세의무를 이행할 수 없는 경우에 납세자를 갈음하여 납세의무를 지는 자
보증인	납세자의 국세 또는 강제징수비의 납부를 보증한 자

과세기간	세법에 따라 국세의 과세표준 계산의 기초가 되는 기간
과세표준	세법에 따라 직접적으로 세액산출의 기초가 되는 과세대상의 수량 또는 가액
과세표준신고서	국세의 과세표준과 국세의 납부 또는 환급에 필요한 사항을 적은 신고서
과세표준 수정신고서	당초에 제출한 과세표준신고서의 기재사항을 수정하는 신고서
법정신고기한	세법에 따라 과세표준신고서를 제출할 기한
세무공무원	① 국세청장, 지방국세청장, 세무서장 또는 그 소속 공무원 ② 세법에 따라 국세에 관한 사무를 세관장이 관장하는 경우의 그 세관장 또는 그 소속 공무원
정보통신망	전기통신기본법에 따른 전기통신설비를 활용하거나 전기통신설비와 컴퓨터 및 컴퓨터의 이용기술을 활용하여 정보를 수집, 가공, 저장, 검색, 송신 또는 수신하는 정보통신체계
전자신고	과세표준신고서 등 국세기본법 또는 세법에 따른 신고 관련 서류를 국세청장이 정하여 고시하는 정보통신망을 이용하여 신고하는 것
특수관계인	본인과 다음의 어느 하나에 해당하는 관계에 있는 자(이 경우 국세기본법 및 세법을 적용할 때 본인도 그 특수관계인의 특수관계인으로 본다.) ① 혈족 · 인척 등 친족관계 ② 임원 · 사용인 등 경제적 연관관계 ③ 주주 · 출자자 등 경영지배관계
세무조사	국세의 과세표준과 세액을 결정 또는 경정하기 위하여 질문을 하거나 해당 장부 · 서류 또는 그 밖의 물건을 검사 · 조사하거나 그 제출을 명하는 활동을 말한다.

참고 **특수관계인**

구 분	내 용
1. 친족관계	① 4촌 이내의 혈족 ② 3촌 이내의 인척 ③ 배우자(사실상의 혼인관계에 있는 자를 포함) ④ 친생자로서 다른 사람에게 친양자 입양된 자 및 그 배우자 · 직계비속 ⑤ 본인이 민법에 따라 인지한 혼인 외 출생자의 생부나 생모(본인의 금전이나 그 밖의 재산으로 생계를 유지하는 사람 또는 생계를 함께하는 사람으로 한정한다)
2. 경제적 연관관계	① 임원과 그 밖의 사용인 ② 본인의 금전이나 그 밖의 재산으로 생계를 유지하는 자 ③ ① 및 ②의 자와 생계를 함께하는 친족
3. 경영지배관계	(1) 본인이 개인인 경우 ① 본인이 직접 또는 그와 친족관계 또는 경제적 연관관계에 있는 자를 통하여 법인의 경영에 대하여 지배적인 영향력을 행사하고 있는 경우 그 법인 ② 본인이 직접 또는 그와 친족관계, 경제적 연관관계 또는 ①의 관계에 있는 자를 통하여 법인의 경영에 대하여 지배적인 영향력을 행사하고 있는 경우 그 법인 (2) 본인이 법인인 경우 ① 개인 또는 법인이 직접 또는 그와 친족관계 또는 경제적 연관관계에 있는 자를 통하여 본인인 법인의 경영에 대하여 지배적인 영향력을 행사하고 있는 경우 그 개인 또는 법인 ② 본인이 직접 또는 그와 경제적 연관관계 또는 ①의 관계에 있는 자를 통하여 어느 법인의 경영에 대하여 지배적인 영향력을 행사하고 있는 경우 그 법인 ③ 본인이 직접 또는 그와 경제적 연관관계, ① 또는 ②의 관계에 있는 자를 통하여 어느 법인의 경영에 대하여 지배적인 영향력을 행사하고 있는 그 법인 ④ 본인이 독점규제 및 공정거래에 관한 법률에 따른 기업집단에 속하는 경우 그 기업집단에 속하는 다른 계열회사 및 그 임원

* 다음의 구분에 따른 요건에 해당하는 경우 해당 법인의 경영에 대하여 지배적인 영향력을 행사하고 있는 것으로 본다.

① 영리법인인 경우
  a. 법인의 발행주식총수 또는 출자총액의 30% 이상을 출자한 경우
  b. 임원의 임면권의 행사, 사업방침의 결정 등 법인의 경영에 대하여 사실상 영향력을 행사하고 있다고 인정되는 경우

② 비영리법인인 경우
  a. 법인의 이사의 과반수를 차지하는 경우
  b. 법인의 출연재산(설립을 위한 출연재산만 해당한다)의 30% 이상을 출연하고 그 중 1인이 설립자인 경우

제2절 다른 법률과의 관계

❶ 세법과의 관계

구 분	내 용
세법 > 국세기본법	국세에 관하여 세법에 별도의 규정이 있는 경우를 제외하고는 국세기본법에서 정하는 바에 따른다.

참고 개별세법과의 관계

개별세법에 별도의 규정이 있는 부분 → 개별세법 적용	개별세법에 별도의 규정이 없는 부분 → 국세기본법 적용
국세부과의 원칙(상속세 및 증여세법상 명의신탁재산의 증여의제), 연대납세의무(소득세법상 공동사업에 대한 각 거주자별 과세), 납부의무의 소멸, 국세의 우선, 제2차 납세의무, 물적납세의무, 경정 등의 청구(상속세 및 증여세법상 후발적사유로 인한 경정청구), 기한후 신고, 가산세, 국세환급금(부가가치세법상 환급규정), 국세환급가산금, 조세의 불복, 고지금액 최저한	세법적용의 원칙(세법해석의 기준, 소급과세의 금지, 세무공무원의 재량의 한계, 기업회계의 존중), 국세부과의 제척기간, 납세의무의 성립과 확정 등

❷ 관세법과의 관계

구 분	내 용
관세법 > 국세기본법	관세법과 수출용 원재료에 대한 관세 등 환급에 관한 특례법에서 세관장이 부과 · 징수하는 국세에 관하여 국세기본법에 대한 특례규정을 두고 있는 경우에는 그 법에서 정하는 바에 따른다.

❸ 다른 불복절차법과의 관계

구 분	내 용
(1) 국세기본법 > 행정심판법	국세에 관한 불복청구에 대해서는 행정심판법의 규정을 적용하지 아니한다.
(2) 국세기본법 = 감사원법 → 선택적 지위	국세기본법 또는 세법에 따른 처분으로서 위법 또는 부당한 처분을 받거나 필요한 처분을 받지 못함으로 인하여 권리나 이익을 침해당한 자는 국세기본법상 불복청구와 감사원법에 의한 불복청구 중 하나를 선택할 수 있다.

제 3 절 기간과 기한

❶ 기간의 계산

국세기본법 또는 세법에 규정하는 기간의 계산은 국세기본법 또는 그 세법에 특별한 규정이 있는 것을 제외하고는 민법에 의한다.

(1) 기산점

① 기간을 일, 주, 월 또는 연으로 정한 때에는 기간의 초일은 산입하지 아니한다. → 초일불산입 원칙

② 그러나 그 기간이 오전 영시로부터 시작하는 때에는 그러하지 아니하며, 연령계산에는 출생일을 산입한다.

(2) 만료점

① 기간을 일, 주, 월 또는 연으로 정한 때에는 기간말일의 종료로 기간이 만료한다.

② 기간을 주, 월 또는 연으로 정한 때에는 역에 의하여 계산한다.

③ 주, 월 또는 연의 처음으로부터 기간을 기산하지 아니하는 때에는 최후의 주, 월 또는 연에서 그 기산일에 해당한 날의 전일로 기간이 만료한다.

④ 월 또는 연으로 정한 경우에 최종의 월에 해당일이 없는 때에는 그 월의 말일로 기간이 만료한다.

⑤ 기간의 말일이 토요일 또는 공휴일에 해당한 때에는 기간은 그 다음날로 만료한다.

❷ 기한의 특례

(1) 기한의 특례

구 분	내 용
기한이 다음의 어느 하나에 해당하는 경우 ① 토요일 및 일요일 ② 공휴일에 관한 법률에 따른 공휴일 및 대체공휴일 ③ 근로자의 날 제정에 관한 법률에 따른 근로자의 날	그 다음날
국세정보통신망의 가동이 정지되는 경우	그 장애가 복구되어 신고 또는 납부할 수 있게 된 날의 다음날

(2) 천재 등으로 인한 기한연장

1) 기한연장사유

관할 세무서장은 천재지변이나 다음의 사유로 국세기본법 또는 세법에서 규정하는 신고, 신청, 청구, 그 밖에 서류의 제출 또는 통지를 정하여진 기한까지 할 수 없다고 인정하는 경우나 납세자가 기한 연장을 신청한 경우에는 그 기한을 연장할 수 있다.

→ 직권 또는 신청으로 기한을 연장할 수 있다.

cf) 납부기한 연장 관련 내용은 국세징수법에서 규정하고 있으며, 납세자가 경영하는 사업에 현저한 손실이 발생하거나 부도 또는 도산의 우려가 있는 경우는 국세징수법상 납부기한만 연장할 수 있는 사유에 해당한다.

① 납세자가 화재 · 전화(戰禍) 기타 재해를 입거나 도난을 당한 때

② 납세자 또는 그 동거가족이 질병이나 중상해로 6개월 이상의 치료가 필요하거나 사망하여 상중인 때

③ 정전, 프로그램의 오류 기타 부득이한 사유로 한국은행(그 대리점 포함) 및 체신관서의 정보통신망의 정상적인 가동이 불가능한 때

④ 금융회사(한국은행 국고대리점 및 국고수납대리점인 금융회사에 한한다) 또는 체신관서의 휴무 그 밖의 부득이한 사유로 인하여 정상적인 세금납부가 곤란하다고 국세청장이 인정하는 때

⑤ 권한있는 기관에 장부 또는 서류가 압수 또는 영치된 때

⑥ 납세자의 장부작성을 대행하는 세무사 등의 세무대리인이 화재, 전화, 그 밖에 재해를 입거나 도난을 당한 경우

2) 기한연장의 범위

구 분	기한연장의 범위
원칙	3개월 이내(1개월 범위안에서 재연장가능)
예외	신고 관련 기한연장의 경우 9개월을 초과하지 않는 범위

3) 기한연장의 신청 및 승인

구 분	내 용
신청기한	① 원칙 : 기한만료일 3일 전 ② 예외 : 기한만료일(행정기관의 장이 신청자가 기한만료일 3일 전까지 신청할 수 없다고 인정하는 경우)

(3) 우편신고 및 전자신고시 서류제출

구 분		내 용
우편신고 등 (발신주의)	우편 신고	우편날짜도장이 찍힌 날(우편날짜도장이 찍히지 아니하였거나 분명하지 아니한 때에는 통상 걸리는 배송일수를 기준으로 하여 발송한 날로 인정되는 날)에 신고되거나 청구된 것으로 본다.
	불복 청구	불복청구기한 내에 우편으로 제출한 불복청구서가 불복청구기간을 경과하여 도달한 경우에는 그 기간 만료일에 적법한 청구가 있었던 것으로 본다.
전자신고		과세표준신고서 · 과세표준수정신고서 · 경정청구서 등을 정보통신망에 의하여 제출하는 경우에는 해당 신고서 등이 국세청장에게 전송된 때에 신고되거나 청구된 것으로 본다.*

* 전자신고 또는 전자청구시 제출하여야 하는 관련서류 중 일정한 법소정서류는 10일의 범위에서 제출기한을 연장할 수 있다.

❸ 서류의 송달

(1) 송달받아야 할 자와 송달장소

구 분	내 용
원칙	국세기본법 또는 세법에서 규정하는 서류는 그 명의인(그 서류에 수신인으로 지정되어 있는 자)의 주소, 거소, 영업소 또는 사무소(전자송달인 경우에는 명의인의 전자우편주소)에 송달한다.
예외	① 연대납세의무자인 경우 : 그 대표자를 명의인으로 하며, 대표자가 없을 때에는 연대납세의무자 중 국세를 징수하기에 유리한 자를 명의인으로 한다. 다만, 납부의 고지와 독촉에 관한 서류는 연대납세의무자 모두에게 각각 송달하여야 한다. ② 상속재산관리인이 있는 경우 : 상속재산관리인의 주소 또는 영업소에 송달한다. ③ 납세관리인이 있는 경우 : 납부의 고지와 독촉에 관한 서류는 그 납세관리인의 주소 또는 영업소에 송달한다. ④ 신고한 경우 : 서류의 송달을 받을 자가 주소 또는 영업소 중에서 송달받을 장소를 신고한 경우에는 그 신고된 장소에 송달하여야 한다. ⑤ 송달받아야 할 사람이 교정시설 또는 국가경찰관서의 유치장에 체포 · 구속 또는 유치(留置)된 사실이 확인된 경우에는 해당 교정시설의 장 또는 국가경찰관서의 장에게 송달한다.

(2) 송달방법 및 효력발생시점

1) 원칙

구 분	효력발생시점	내 용
교부송달	교부한 때	① 해당 행정기관의 소속 공무원이 서류를 송달할 장소에서 송달받아야 할 자에게 서류를 교부하는 방법으로 한다. 다만, 송달을 받아야 할 자가 송달받기를 거부하지 아니하면 다른 장소에서 교부할 수 있다. ② 서류를 교부하였을 때에는 송달서에 수령인이 서명 또는 날인하게 하여야 한다. 이 경우 수령인이 서명 또는 날인을 거부하면 그 사실을 송달서에 적어야 한다.
우편송달	도달한 때	① 납부의 고지 · 독촉 · 강제징수 또는 세법에 따른 정부의 명령과 관계되는 서류의 송달을 우편으로 할 때에는 등기우편으로 하여야 한다. ② 다만, 다음의 납부고지서로서 50만원 미만에 해당하는 납부고지서는 일반우편으로 송달할 수 있다. a. 소득세법상 중간예납세액의 납부고지서, 부가가치세법상 예정고지세액의 납부고지서 b. 신고납세세목에 해당하는 국세에 대한 과세표준신고서를 법정신고기한까지 제출하였으나 과세표준신고액에 상당하는 세액의 전부 또는 일부를 납부하지 아니하여 발급하는 납부고지서
전자송달	입력된 때	① 전자송달은 서류를 송달받아야 할 자가 신청한 경우에만 한다. 다만, 납부고지서가 송달되기 전에 납세자가 국세기본법 또는 세법에서 정하는 바에 따라 세액을 자진납부한 경우 납부한 세액에 대해서는 자진납부한 시점에 전자송달을 신청한 것으로 본다. ② 납세자가 3회 개정 연속하여 전자송달(국세정보통신망에 송달된 경우에 한정한다)된 서류를 열람하지 아니하는 경우에는 법령으로 정하는 바에 따라 전자송달의 신청을 철회한 것으로 본다. 다만, 납세자가 전자송달된 납부고지서 또는 독촉장 개정 에 따른 세액을 그 납부기한까지 전액 납부한 경우에는 그러하지 아니하다. ③ 국세정보통신망의 장애로 전자송달을 할 수 없는 경우나 그 밖에 법령으로 정하는 사유가 있는 경우에는 교부 또는 우편의 방법으로 송달할 수 있다. → 공시송달×

* 교부송달과 우편송달의 경우에 보충송달 또는 유치송달이 가능하다.
① 보충송달 : 송달할 장소에서 서류를 송달받아야 할 자를 만나지 못하였을 때에는 그 사용인이나 그 밖의 종업원 또는 동거인으로서 사리를 판별할 수 있는 사람에게 서류를 송달할 수 있다.
② 유치송달 : 서류를 송달받아야 할 자 또는 그 사용인이나 그 밖의 종업원 또는 동거인으로서 사리를 판별할 수 있는 사람이 정당한 사유 없이 서류 수령을 거부할 때에는 송달할 장소에 서류를 둘 수 있다. → 공시송달×

2) 예외

구 분	효력발생시점	내 용
공시송달	공고한 날부터 14일이 지난 때	(1) 공시송달사유 ① 주소 또는 영업소가 국외에 있고 송달하기 곤란한 경우 ② 주소 또는 영업소가 분명하지 아니한 경우 ③ 수취인이 부재중인 다음의 경우 a. 서류를 등기우편으로 송달하였으나 수취인이 부재중인 것으로 확인되어 반송됨으로써 납부기한 내에 송달이 곤란하다고 인정되는 경우 b. 세무공무원이 2회 이상 납세자를 방문[이 경우 처음 방문한 날과 마지막 방문한 날의 기간이 3일(공휴일 및 토요일 제외) 이상이어야 한다]하여 서류를 교부하려고 하였으나 수취인이 부재중인 것으로 확인되어 납부기한 내에 송달이 곤란하다고 인정되는 경우 (2) 공고는 다음의 어느 하나에 게시하거나 게재하여야 한다. 이 경우 국세정보통신망을 이용하여 공시송달을 할 때에는 다른 공시송달 방법과 함께 하여야 한다. ① 국세정보통신망 ② 세무서의 게시판이나 그 밖의 적절한 장소 ③ 해당 서류의 송달 장소를 관할하는 특별자치시 · 특별자치도 · 시 · 군 · 구의 홈페이지, 게시판이나 그 밖의 적절한 장소 ④ 관보 또는 일간신문

참고 **전자송달의 신청 및 철회**

1. 전자송달을 신청하거나 그 신청을 철회하려는 자는 다음의 사항을 적은 문서를 관할 세무서장에게 제출하여야 한다.
   ① 납세자의 성명, 주민등록번호 등 인적사항
   ② 납세자의 주소 또는 본점 소재지 및 사업장 소재지
   ③ 전자송달과 관련한 안내를 받을 수 있는 전자우편주소 또는 연락처
   ④ 전자송달의 안내방법 및 신청(철회)사유
   ⑤ 그 밖에 기획재정부령으로 정하는 사항
2. 전자송달의 개시 및 철회는 위 1에 따른 신청서를 접수한 날의 다음 날부터 적용한다.
3. 전자송달의 신청을 철회한 자가 전자송달을 재신청하는 경우에는 철회 신청일부터 30일이 지난 날 이후에 신청할 수 있다.
4. 국세청장이 국세정보통신망에 접속하여 서류를 열람할 수 있게 하였음에도 불구하고 해당 납세자가 3회 개정 연속하여 전자송달된 서류를 다음의 기한까지 열람하지 않은 경우에는 세 개정 번째로 열람하지 않은 서류에 대한 다음의 구분에 따른 날의 다음 날에 전자송달 신청을 철회한 것으로 본다.
   ① 해당 서류에 납부기한 등 기한이 정하여진 경우: 정하여진 해당 기한
   ② 위 ① 외의 경우: 국세정보통신망에 해당 서류가 저장된 때부터 1개월이 되는 날

제4절 법인으로 보는 단체 (비영리법인)

❶ 법인으로 보는 단체

구 분	내 용
(1) 당연법인의제	법인(내국법인 및 외국법인)이 아닌 사단, 재단, 그 밖의 단체 중 다음의 어느 하나에 해당하는 것으로서 수익을 구성원에게 분배하지 아니하는 것은 법인으로 보아 국세기본법과 세법을 적용한다. ① 인·허가 또는 등록된 미등기단체 : 주무관청의 인·허가를 받아 설립하였거나 법령에 의하여 주무관청에 등록한 사단, 재단, 그 밖의 단체로서 등기되지 아니한 것 ② 공익목적의 미등기재단 : 공익을 목적으로 출연된 기본재산이 있는 재단으로서 등기되지 아니한 것
(2) 신청에 의한 법인의제*	당연법인의제 외에 해당하는 법인 아닌 단체 중 다음의 요건을 모두 갖춘 것으로서 대표자 또는 관리인이 관할세무서장에게 법인으로 신청하여 승인을 받은 것도 법인으로 보아 국세기본법과 세법을 적용한다. 이 경우 해당 사단, 재단, 그 밖의 단체의 계속성과 동질성이 유지되는 것으로 본다. ① 사단, 재단, 그 밖의 단체의 조직과 운영에 관한 규정을 가지고 대표자 또는 관리인을 선임하고 있을 것 ② 사단, 재단, 그 밖의 단체 자신의 계산과 명의로 수익과 재산을 독립적으로 소유·관리하고 있을 것 ③ 사단, 재단, 그 밖의 단체의 수익을 구성원에게 분배하지 아니할 것

* 신청에 의해 법인으로 의제되는 단체는 그 신청에 대하여 관할세무서장의 승인을 받은 날이 속하는 과세기간과 그 과세기간이 끝난 날부터 3년이 되는 날이 속하는 과세기간까지는 소득세법에 따른 거주자 또는 비거주자로 변경할 수 없다. 다만, 요건을 갖추지 못하게 되어 승인취소를 받는 경우에는 그러하지 아니하다.

❷ 법인으로 보는 단체의 납세의무

① 법인으로 보는 단체의 국세에 관한 의무는 그 대표자나 관리인이 이행하여야 한다.
② 법인으로 보는 단체는 국세에 관한 의무 이행을 위하여 대표자나 관리인을 선임하거나 변경한 경우에는 관할세무서장에게 신고하여야 한다.
③ 법인으로 보는 단체가 신고를 하지 아니한 경우에는 관할세무서장은 그 단체의 구성원 또는 관계인 중 1명을 국세에 관한 의무를 이행하는 사람으로 지정할 수 있다.
④ 세법에서 규정하는 납세의무에도 불구하고 전환 국립대학 법인에 대한 국세의 납세의무(국세를 징수하여 납부할 의무는 제외)를 적용할 때에는 전환 국립대학 법인을 별도의 법인으로 보지 아니하고 국립대학 법인으로 전환되기 전의 국립학교 또는 공립학교로 본다. 다만, 전환 국립대학 법인이 해당 법인의 설립근거가 되는 법률에 따른 교육·연구 활동에 지장이 없는 범위 외의 수익사업을 하는 경우의 납세의무에 대해서는 그러하지 아니하다.

제 5 절 국세부과의 원칙 vs 세법적용의 원칙

구 분	국세부과의 원칙	세법적용의 원칙
① 내용	① 실질과세의 원칙 ② 신의성실의 원칙 ③ 근거과세의 원칙 ④ 조세감면의 사후관리	① 세법해석의 기준(재산권 부당침해금지) ② 소급과세의 금지 ③ 세무공무원의 재량의 한계 ④ 기업회계의 존중
② 적용대상	과세관청과 납세자	과세관청
③ 개별세법규정	개별세법에 별도 규정 有	개별세법에 별도 규정 無

❶ 국세부과의 원칙 (납세의무 확정시 지켜야 하는 원칙)

(1) 실질과세의 원칙 (조세평등주의)

구 분	내 용
귀속에 관한 실질과세	과세의 대상이 되는 소득, 수익, 재산, 행위 또는 거래의 귀속이 명의일 뿐이고 사실상 귀속되는 자가 따로 있을 때에는 사실상 귀속되는 자를 납세의무자로 하여 세법을 적용한다.
거래내용에 관한 실질과세	세법 중 과세표준의 계산에 관한 규정은 소득, 수익, 재산, 행위 또는 거래의 명칭이나 형식과 관계없이 그 실질 내용에 따라 적용한다.
우회거래 등에 관한 실질과세	제3자를 통한 간접적인 방법이나 둘 이상의 행위 또는 거래를 거치는 방법으로 국세기본법 또는 세법의 혜택을 부당하게 받기 위한 것으로 인정되는 경우에는 그 경제적 실질 내용에 따라 당사자가 직접 거래를 한 것으로 보거나 연속된 하나의 행위 또는 거래를 한 것으로 보아 국세기본법 또는 세법을 적용한다.

(2) 신의성실의 원칙 (납세자 및 세무공무원 모두에게 적용)

구 분	내 용
의의	납세자가 그 의무를 이행할 때에는 신의에 따라 성실하게 하여야 한다. 세무공무원이 직무를 수행할 때에도 또한 같다.
과세관청에 대한 신의성실의 원칙 적용요건	① 납세자의 신뢰의 대상이 되는 과세관청의 공적인 견해표시가 있어야 한다. ② 납세자가 과세관청의 견해를 신뢰하여야 하고 그 신뢰에 납세자의 귀책사유가 없어야 한다. ③ 납세자가 과세관청의 견해에 대한 신뢰를 토대로 경제적 거래나 세무상 처리 등의 행위를 하여야 한다. ④ 과세관청이 처음의 견해에 반하는 적법한 행정처분을 하여야 한다. ⑤ 과세관청의 배신적 처분에 의해 납세자가 불이익을 받아야 한다.

(3) 근거과세의 원칙

구 분	내 용
의의	① 납세의무자가 세법에 따라 장부를 갖추어 기록하고 있는 경우에는 해당 국세 과세표준의 조사와 결정은 그 장부와 이와 관계되는 증거자료에 의하여야 한다. ② 국세를 조사·결정할 때 장부의 기록 내용이 사실과 다르거나 장부의 기록에 누락된 것이 있을 때에는 그 부분에 대해서만 정부가 조사한 사실에 따라 결정할 수 있다.
결정서의 작성	① 정부는 장부의 기록 내용과 다른 사실 또는 장부 기록에 누락된 것을 조사하여 결정하였을 때에는 정부가 조사한 사실과 결정의 근거를 결정서에 적어야 한다. ② 행정기관의 장은 해당 납세의무자 또는 그 대리인이 요구하면 결정서를 열람 또는 복사하게 하거나 그 등본 또는 초본이 원본과 일치함을 확인하여야 한다. ③ ②의 요구는 구술로 한다. 다만, 해당 행정기관의 장이 필요하다고 인정할 때에는 열람하거나 복사한 사람의 서명을 요구할 수 있다.

(4) 조세감면의 사후관리

① 정부는 국세를 감면한 경우에 그 감면의 취지를 성취하거나 국가정책을 수행하기 위하여 필요하다고 인정하면 세법에서 정하는 바에 따라 감면한 세액에 상당하는 자금 또는 자산의 운용 범위를 정할 수 있다.

② 그 운용 범위를 벗어난 자금 또는 자산에 상당하는 감면세액은 세법에서 정하는 바에 따라 감면을 취소하고 징수할 수 있다.

❷ 세법적용의 원칙 (세법의 해석·적용시 지켜야 하는 원칙)

(1) 세법해석의 기준(재산권 부당침해금지)

세법을 해석 · 적용할 때에는 과세의 형평과 해당 조항의 합목적성에 비추어 납세자의 재산권이 부당하게 침해되지 아니하도록 하여야 한다.

(2) 소급과세의 금지

구 분	내 용
입법상 소급과세금지	국세를 납부할 의무(세법에 징수의무자가 따로 규정되어 있는 국세의 경우에는 이를 징수하여 납부할 의무)가 성립한 소득, 수익, 재산, 행위 또는 거래에 대해서는 그 성립 후의 새로운 세법에 따라 소급하여 과세하지 아니한다. → 조세법률주의의 하부원칙
해석상 소급과세금지	세법의 해석이나 국세행정의 관행이 일반적으로 납세자에게 받아들여진 후에는 그 해석이나 관행에 의한 행위 또는 계산은 정당한 것으로 보며, 새로운 해석이나 관행에 의하여 소급하여 과세되지 아니한다. → 신의성실의 원칙을 구체화한 원칙

*1. 진정소급과세는 금지되나, 부진정소급과세는 적용할 수 있다.
   ① 진정소급 : 이미 성립한 납세의무에 대해서 소급하여 과세하는 것
   ② 부진정소급 : 과세기간 중에 세법이 개정된 경우에는 과세기간 개시일부터 소급하여 과세하는 것
 2. 소급과세는 원칙적으로 금지되나, 납세자에게 유리한 소급효는 인정된다는 것이 통설이다.
 3. 세법 외의 법률 중 국세의 부과 · 징수 · 감면 또는 그 절차에 관하여 규정하고 있는 조항은 세법해석의 기준 및 소급과세의 금지 규정을 적용할 때에는 세법으로 본다.

(3) 세무공무원의 재량의 한계

세무공무원이 재량으로 직무를 수행할 때에는 과세의 형평과 해당 세법의 목적에 비추어 일반적으로 적당하다고 인정되는 한계를 엄수하여야 한다.

(4) 기업회계의 존중 (기업회계의 보충적 적용)

세무공무원이 국세의 과세표준을 조사 · 결정할 때에는 해당 납세의무자가 계속하여 적용하고 있는 기업회계의 기준 또는 관행으로서 일반적으로 공정 · 타당하다고 인정되는 것은 존중하여야 한다. 다만, 세법에 특별한 규정이 있는 것은 그러하지 아니하다.

참고 국세예규심사위원회

1. 다음의 사항을 심의하기 위하여 기획재정부에 국세예규심사위원회를 둔다.
   ① 세법의 해석 및 이와 관련되는 국세기본법의 해석에 관한 사항
   ② 관세법의 해석 및 이와 관련되는 자유무역협정의 이행을 위한 관세법의 특례에 관한 법률 및 수출용 원재료에 대한 관세 등 환급에 관한 특례법의 해석에 관한 사항
2. 국세예규심사위원회의 위원은 공정한 심의를 기대하기 어려운 사정이 있다고 인정될 때에는 위원회 회의에서 제척되거나 회피하여야 한다.
3. 기획재정부장관 및 국세청장은 세법의 해석과 관련된 질의에 대하여 세법해석의 기준에 따라 해석하여 회신하여야 한다.

❸ 중장기 조세정책운용계획의 수립 등

① 기획재정부장관은 효율적인 조세정책의 수립과 조세부담의 형평성 제고를 위하여 매년 해당 연도부터 5개 연도 이상의 기간에 대한 중장기 조세정책운용계획을 수립하여야 한다. 이 경우 중장기 조세정책운용계획은 국가재정법에 따른 국가재정운용계획과 연계되어야 한다.

② 중장기 조세정책운용계획에는 다음의 사항이 포함되어야 한다.

a. 조세정책의 기본방향과 목표

b. 주요 세목별 조세정책 방향

c. 비과세 · 감면 제도 운용 방향

d. 조세부담 수준

e. 그 밖에 법령으로 정하는 사항

③ 기획재정부장관은 중장기 조세정책운용계획을 수립할 때에는 관계 중앙관서의 장과 협의하여야 한다.

④ 기획재정부장관은 수립한 중장기 조세정책운용계획을 국회 소관 상임위원회에 보고하여야 한다.

CHAPTER 02 납세의무

납세의무의 성립	납세의무의 확정	납세의무의 소멸
과세요건의 충족시 납세의무가 발생하는 것 → 추상적 납세의무	납세의무에 관련된 금액이 결정되는 것 → 구체적 납세의무	납부 · 충당 등에 의해 납세의무가 없어지는 것

제 1 절 납세의무의 성립과 확정

❶ 납세의무의 성립시기

(1) 원칙

구 분		납세의무의 성립시기
기간과세국세 (과세기간이 정하여진 국세)	소득세	과세기간이 끝나는 때
	법인세*1	
	부가가치세*2	
수시과세국세 (특정 행위 또는 재산에 대하여 부과하는 국세)	상속세	상속이 개시되는 때
	증여세	증여재산을 취득하는 때 → 증여계약일(×)
	개별소비세, 주세, 교통 · 에너지 · 환경세	과세물품을 제조장으로부터 반출하거나 판매장에서 판매하는 때 또는 과세장소에 입장하거나 과세유흥장소에서 유흥음식행위를 한 때. 다만, 수입물품의 경우에는 세관장에게 수입신고를 하는 때
	인 지 세	과세문서를 작성한 때 → 인지를 붙이는 때(×)
	증권거래세	해당 매매거래가 확정되는 때
	종합부동산세	과세기준일(6월 1일)
부가세 (본세에 부가하여 징수하는 국세)	교 육 세	해당 국세의 납세의무가 성립하는 때. 다만, 금융 · 보험업자의 수익금액에 부과되는 교육세는 과세기간이 끝나는 때
	농어촌특별세	본세의 납세의무가 성립하는 때

*1. 청산소득에 대한 법인세 : 해당 법인이 해산하는 때
 2. 수입재화에 대한 부가가치세 : 세관장에게 수입신고하는 때

참고 **가산세의 납세의무 성립시기**

구 분	성립시기
① 무신고가산세 및 과소신고 · 초과환급신고가산세	법정신고기한이 경과하는 때
② 납부지연가산세(③ 제외) 및 원천징수 등 납부지연가산세(④ 제외)*	법정납부기한 경과 후 1일마다 그 날이 경과하는 때
③ 납부지연가산세(3% 부분)*	납부고지서에 따른 납부기한이 경과하는 때
④ 원천징수 등 납부지연가산세(3% 부분)	법정납부기한이 경과하는 때
⑤ 그 밖의 가산세	가산할 국세의 납세의무가 성립하는 때

* ②, ③의 경우 출자자의 제2차 납세의무를 적용할 때에는 법정납부기한이 경과하는 때로 한다.

(2) 예외

구 분	성립시기
① 원천징수하는 소득세 또는 법인세	소득금액 또는 수입금액을 지급하는 때
② 납세조합이 징수하는 소득세와 예정신고 · 납부하는 소득세	그 과세표준이 되는 금액이 발생한 달의 말일
③ 중간예납하는 소득세 · 법인세 또는 예정신고기간 · 예정부과기간에 대한 부가가치세	중간예납기간 또는 예정신고기간 · 예정부과기간이 끝나는 때
④ 수시부과에 의하여 징수하는 국세	수시부과할 사유가 발생한 때 → 수시부과할 때(×)

❷ 납세의무의 확정

(1) 원칙

구 분	납세의무의 확정시기	적용세목
① 신고납세제도	과세표준과 세액을 정부에 신고하는 때*1	법인세, 소득세, 부가가치세, 개별소비세, 교통 · 에너지 · 환경세, 주세, 증권거래세, 교육세
② 정부부과제도	과세표준과 세액을 정부가 결정하는 때	신고납세제도 적용 국세 외의 국세(종합부동산세*2, 상속세, 증여세*3)

*1. 신고납세제도 세목일지라도 납세의무자가 과세표준과 세액의 신고를 하지 아니하거나 신고한 과세표준과 세액이 세법에서 정하는 바와 맞지 아니한 경우에는 정부가 과세표준과 세액을 결정하거나 경정하는 때에 그 결정 또는 경정에 따라 확정된다.
2. 종합부동산세의 경우 원칙적으로 정부부과세목에 해당하나 납세의무자가 종합부동산세법에 따라 과세표준과 세액을 정부에 신고하는 경우에 한정하여 신고하는 때에 납세의무가 확정되며, 신고하지 않은 경우 과세표준과 세액을 정부가 결정하는 때에 납세의무가 확정된다.
3. 상속세 및 증여세의 과세표준신고는 과세근거자료를 제출하는 협력의무에 불과하므로 납세의무를 확정하는 효력은 없다. 그러므로 신고와 무관하게 정부의 결정에 의하여 납세의무가 확정되며, 구체적으로는 결정통지서가 납세의무자에게 도달되는 때에 확정의 효력이 발생한다.

(2) 예외 (자동확정)

다음의 국세는 납세의무가 성립하는 때에 특별한 절차 없이 그 세액이 확정된다.

① 인지세
② 원천징수하는 소득세 또는 법인세
③ 납세조합이 징수하는 소득세
④ 중간예납하는 법인세(세법에 따라 정부가 조사 · 결정하는 경우는 제외)
⑤ 납부지연가산세 및 원천징수 등 납부지연가산세(납부고지서에 따른 납부기한 후의 가산세로 한정한다)

(3) 수정신고 및 경정 등의 효력

구 분	내 용
수정신고	신고납세제도 적용 국세의 수정신고(과세표준신고서를 법정신고기한까지 제출한 자의 수정신고로 한정한다)는 당초의 신고에 따라 확정된 과세표준과 세액을 증액하여 확정하는 효력을 가진다. 다만, 당초 신고에 따라 확정된 세액에 관한 국세기본법 또는 세법에서 규정하는 권리 · 의무관계에 영향을 미치지 아니한다.
경정 등	① 증액경정 : 세법에 따라 당초 확정된 세액을 증가시키는 경정은 당초 확정된 세액에 관한 국세기본법 또는 세법에서 규정하는 권리 · 의무관계에 영향을 미치지 아니한다. ② 감액경정 : 세법에 따라 당초 확정된 세액을 감소시키는 경정은 그 경정으로 감소되는 세액 외의 세액에 관한 국세기본법 또는 세법에서 규정하는 권리 · 의무관계에 영향을 미치지 아니한다.

제 2 절 납세의무의 소멸

❶ 납세의무의 소멸사유

실현소멸	미실현소멸
① 납부* ② 충당	① 부과취소 ② 국세부과의 제척기간 만료 ③ 국세징수권 소멸시효 완성

* 납부 : 당해 납세의무자는 물론 연대납세의무자, 제2차 납세의무자, 납세보증인, 물적납세의무자 및 기타 이해관계가 있는 제3자 등에 의한 납부를 말한다.

❷ 국세부과의 제척기간 (국세부과권의 존속기간)

국세부과의 제척기간이란 국가가 결정 · 경정 등 국세를 부과할 수 있는 권리를 행사할 수 있는 기간을 말한다.

(1) 원칙적 제척기간

구 분	내 용	제척기간	
		일반	역외거래*3
(1) 일반세목*1	① 일반*2	5년	7년
	② 법정신고기한까지 과세표준신고서를 제출하지 않은 경우*2	7년	10년
	③ 부정행위로 국세를 포탈하거나 환급 · 공제받는 경우*4*5	10년	15년
(2) 상속세 및 증여세	① 일반	10년	
	② 부정행위로 상속세 · 증여세를 포탈하거나 환급 · 공제받은 경우, 신고서를 제출하지 아니한 경우 및 신고서를 제출한 자가 거짓신고 또는 누락신고를 한 경우	15년	

*1. 부담부증여에 따라 증여세와 함께 소득세법에 따른 양도소득세가 과세되는 경우 그 소득세는 위의 증여세에 대하여 정한 제척기간(10년, 15년)을 적용한다.
2. 제척기간이 끝난 날이 속하는 과세기간 이후의 과세기간에 다음의 금액을 공제하는 경우에는 해당 이월결손금 등이 발생한 과세기간의 소득세 또는 법인세의 부과제척기간은 이월결손금 등을 공제한 과세기간의 법정신고기한으로부터 1년으로 한다.
   ① 소득세법 · 법인세법에 따른 이월결손금
   ② 조세특례제한법에 따라 이월된 세액공제액 개정
3. 역외거래란 국제거래 및 거래 당사자 양쪽이 거주자(내국법인과 외국법인의 국내사업장 포함)인 거래로서 국외에 있는 자산의 매매 · 임대차, 국외에서 제공하는 용역과 관련된 거래를 말한다.
4. 부정행위로 다음의 가산세 부과대상이 될 때 해당 가산세에 대해서도 10년의 제척기간을 적용한다.
   ① 소득세법상 계산서불성실가산세
   ② 법인세법상 계산서불성실가산세
   ③ 부가가치세법상 세금계산서불성실가산세
5. 부정행위로 포탈하거나 환급 · 공제받은 국세가 법인세인 경우에는 해당 법인세와 관련하여 소득처분된 금액에 대한 소득세 또는 법인세에 대해서도 10년(역외거래에서 발생한 부정행위인 경우는 15년)으로 한다.

참고 사기나 그 밖의 부정한 행위

사기나 그 밖의 부정한 행위(부정행위)란 다음의 어느 하나에 해당하는 행위로서 조세의 부과와 징수를 불가능하게 하거나 현저히 곤란하게 하는 적극적 행위를 말한다.

① 이중장부의 작성 등 장부의 거짓 기장
② 거짓 증빙 또는 거짓 문서의 작성 및 수취
③ 장부와 기록의 파기
④ 재산의 은닉, 소득 · 수익 · 행위 · 거래의 조작 또는 은폐
⑤ 고의적으로 장부를 작성하지 아니하거나 비치하지 아니하는 행위 또는 계산서, 세금계산서 또는 계산서합계표, 세금계산서합계표의 조작
⑥ 전사적 기업자원 관리설비의 조작 또는 전자세금계산서의 조작
⑦ 그 밖에 위계에 의한 행위 또는 부정한 행위

(2) 특례제척기간

1) 상속세 · 증여세의 특례제척기간

구 분	내 용
적용대상	납세자가 부정행위로 상속세 · 증여세(⑦의 경우에는 해당 명의신탁과 관련한 국세를 포함한다)를 포탈하는 경우로서 다음 중 어느 하나에 해당하는 경우 상속 또는 증여가 있음을 안 날부터 1년 이내에 상속세 및 증여세를 부과할 수 있다. ① 제3자의 명의로 되어 있는 피상속인 또는 증여자의 재산을 상속인이나 수증자가 취득한 경우 ② 계약에 따라 피상속인이 취득할 재산이 계약이행기간에 상속이 개시됨으로써 등기 · 등록 또는 명의개서가 이루어지지 아니하고 상속인이 취득한 경우 ③ 국외에 있는 상속재산이나 증여재산을 상속인이나 수증자가 취득한 경우 ④ 등기 · 등록 또는 명의개서가 필요하지 아니한 유가증권, 서화, 골동품 등 상속재산 또는 증여재산을 상속인이나 수증자가 취득한 경우 ⑤ 수증자의 명의로 되어 있는 증여자의 금융실명거래 및 비밀보장에 관한 법률에 따른 금융자산을 수증자가 보유하고 있거나 사용 · 수익한 경우 ⑥ 상속세 및 증여세법에 따른 비거주자인 피상속인의 국내재산을 상속인이 취득한 경우 ⑦ 명의신탁재산의 증여의제에 해당하는 경우 ⑧ 상속재산 또는 증여재산인 가상자산을 가상자산사업자(금융정보분석원장에게 행한 신고가 수리된 자로 한정한다)를 통하지 아니하고 상속인이나 수증자가 취득한 경우
적용제외	다음 중 어느 하나에 해당하는 경우에는 특례제척기간을 적용하지 않는다. ① 상속인(수유자 포함)이나 증여자 및 수증자가 사망한 경우 ② 포탈세액산출의 기준이 되는 재산가액(위 ①~⑧에 해당하는 재산의 가액을 합친 것)이 50억원 이하인 경우

2) 조세쟁송 등의 특례제척기간

구 분	내 용	특례제척기간
조세쟁송 등	① 국세기본법에 따른 이의신청, 심사청구, 심판청구, 감사원법에 따른 심사청구 또는 행정소송법에 따른 소송에 대한 결정이나 판결이 확정된 경우 ② 위 ①의 결정이나 판결이 확정됨에 따라 그 결정 또는 판결의 대상이 된 과세표준 또는 세액과 연동된 다른 세목(같은 과세기간으로 한정한다)이나 과세기간(같은 세목으로 한정한다)의 과세표준 또는 세액의 조정이 필요한 경우 ③ 위 ①의 결정이나 판결에서 다음의 어느 하나에 해당하게 된 경우로서 당초의 부과처분을 취소하고 다음의 구분에 따른 자에게 경정이나 그 밖의 처분이 필요한 경우 a. 명의대여 사실이 확인된 경우: 실제로 사업을 경영한 자 b. 과세의 대상이 되는 재산의 귀속이 명의일 뿐이고 사실상 귀속되는 자가 따로 있다는 사실이 확인된 경우: 재산의 사실상 귀속자 c. 소득세법 및 법인세법에 따른 국내원천소득의 실질귀속자가 확인된 경우: 국내원천소득의 실질귀속자 또는 소득세법 및 법인세법에 따른 원천징수의무자	결정 또는 판결이 확정된 날부터 1년
	⑤ 최초의 신고·결정 또는 경정에서 과세표준 및 세액의 계산 근거가 된 거래 또는 행위 등이 그 거래·행위 등과 관련된 소송에 대한 판결(판결과 같은 효력을 가지는 화해나 그 밖의 행위를 포함)에 의하여 다른 것으로 확정된 경우 ⑥ 형사소송법에 따른 소송에 대한 판결이 확정되어 소득세법상 뇌물, 알선수재 및 배임수재에 의한 기타소득이 발생한 것으로 확인된 경우	판결이 확정된 날부터 1년
	⑦ 조세조약에 부합하지 아니하는 과세의 원인이 되는 조치가 있는 경우 그 조치가 있음을 안 날부터 3년 이내(조세조약에서 따로 규정하는 경우에는 그에 따른다)에 그 조세조약의 규정에 따른 상호합의가 신청된 것으로서 그에 대하여 상호합의가 이루어진 경우	상호합의 절차의 종료일부터 1년
	⑧ 역외거래와 관련하여 원칙적인 국세부과의 제척기간이 지나기 전에 국제조세조정에 관한 법률에 따라 조세의 부과와 징수에 필요한 조세정보를 외국의 권한 있는 당국에 요청하여 조세정보를 요청한 날부터 2년이 지나기 전까지 조세정보를 받은 경우	조세정보를 받은 날부터 1년
	⑨ 국제조세조정에 관한 법률의 글로벌최저한세 규정에 따른 다국적기업그룹의 국가별 실효세율이 변경된 경우	변경이 있음을 안 날부터 1년
경정청구	① 국세기본법에 따른 경정청구 또는 국제조세조정에 관한 법률에 따른 경정청구 또는 같은 법에 따른 조정권고가 있는 경우 ② ①에 따른 경정청구 또는 조정권고가 있는 경우 그 경정청구 또는 조정권고의 대상이 된 과세표준 또는 세액과 연동된 다른 과세기간의 과세표준 또는 세액의 조정이 필요한 경우	경정청구일 또는 조정권고일부터 2개월

(3) 제척기간의 기산일

국세부과의 제척기간은 국세를 부과할 수 있는 날부터 기산한다.

구 분	제척기간의 기산일
① 과세표준과 세액을 신고하는 국세*1	과세표준신고기한의 다음날*2
② 종합부동산세 · 인지세	납세의무성립일
③ 원천징수의무자 또는 납세조합에 대하여 부과하는 국세	해당 원천징수액 또는 납세조합징수액 법정납부기한의 다음날
④ 과세표준신고기한 또는 법정납부기한이 연장되는 경우	그 연장된 기한의 다음날
⑤ 공제 · 면제 · 비과세 또는 낮은 세율의 적용 등에 따른 세액을 의무불이행 등의 사유로 징수하는 경우	공제 · 면제 · 비과세 또는 낮은 세율을 적용받은 국세를 징수할 수 있는 사유가 발생한 날

*1. 과세표준과 세액을 신고하는 국세 : 신고에 의해 납세의무가 확정되는 국세뿐만 아니라 과세표준신고의무가 부여된 국세(상속세 · 증여세)도 모두 포함한다. 단, 종합부동산세는 제외한다.
2. 과세표준신고기한의 다음날 : 확정신고기한의 다음날을 말한다. 즉, 중간예납 · 예정신고 및 수정신고기한의 다음날은 제척기간의 기산일이 될 수 없다.

(4) 제척기간 만료의 효과

① 국세부과권의 소멸

국세부과의 제척기간이 만료되면 미래를 향해 국세부과권이 소멸되므로 제척기간 만료일 이후에는 결정 · 경정을 더 이상 할 수 없다.

② 결손처분절차

국세부과의 제척기간이 만료되면 납세의무의 확정 없이 납세의무가 소멸되므로 결손처분절차는 불필요하다.

❸ 국세징수권의 소멸시효 (국세징수권의 불행사기간)

국세징수권의 소멸시효란 국가가 국세징수권을 일정기간 행사하지 않은 경우 그 권리를 소멸시키는 것을 말한다.

(1) 소멸시효기간

국세의 징수를 목적으로 하는 국가의 권리(국세징수권)는 이를 행사할 수 있는 때부터 다음의 구분에 따른 기간 동안 행사하지 아니하면 소멸시효가 완성된다. 이 경우 다음의 국세의 금액은 가산세를 제외한 금액으로 한다.

구 분	소멸시효기간
5억원 미만의 국세	5년
5억원 이상의 국세	10년

(2) 소멸시효의 기산일

구 분	소멸시효 기산일
① 과세표준과 세액의 신고에 의하여 납세의무가 확정되는 국세의 경우 신고한 세액	법정신고납부기한의 다음날
② 과세표준과 세액을 정부가 결정 · 경정 · 수시부과결정하는 경우 납부고지한 세액	고지에 따른 납부기한의 다음날
③ 원천징수의무자 또는 납세조합으로부터 징수하는 국세의 경우 납부고지한 원천징수세액 또는 납세조합징수세액, 인지세의 경우 납부고지한 인지세액	고지에 따른 납부기한의 다음날
④ 법정신고납부기한이 연장되는 경우	연장된 기한의 다음날

* 신고납세제도 세목의 경우에는 위 ①을 적용하며, 정부부과제도 세목의 경우에는 위 ②를 적용한다. 단, 신고납세제도 세목이라 하더라도 무신고 또는 과소신고함에 따라 정부가 과세표준과 세액을 결정 · 경정 · 수시부과결정하여 고지한 경우에는 위 ②를 적용한다.

(3) 소멸시효의 중단과 정지

소멸시효의 중단사유	소멸시효의 정지사유
① 납부고지 ② 독촉 ③ 교부청구 ④ 압류(압류금지재산을 압류하거나 제3자 재산을 압류한 경우로 압류를 즉시 해제하는 경우는 제외한다)	① 분납기간, 연부연납기간 ② 납부고지의 유예, 지정납부기한 · 독촉장에서 정하는 기한의 연장, 징수 유예기간, 압류 · 매각의 유예기간 ③ 국세징수법에 따른 사해행위취소소송이나 민법에 따른 채권자대위 소송이 진행중인 기간(단, 소송이 각하 · 기각 또는 취하된 경우에는 시효정지의 효력이 없다.) ④ 체납자가 국외에 6개월 이상 계속 체류하는 경우 해당 국외 체류 기간

*1. 소멸시효의 중단 : 고지한 납부기간, 독촉에 의한 납부기간, 교부청구 중의 기간, 압류해제까지의 기간이 지난 때부터 소멸시효가 새로 진행된다. → 권리의 행사로 볼 수 있는 사유가 발생하는 시점까지 이미 진행된 소멸시효기간의 효력은 상실된다.

2. 소멸시효의 정지 : 소멸시효는 정지기간에는 진행되지 아니한다. → 이미 진행된 소멸시효기간의 효력이 상실되지는 않는다.

(4) 소멸시효 완성의 효과

① 국세징수권의 소멸

국세징수권의 소멸시효가 완성되면 기산일로 소급하여 해당 국세의 징수권이 소멸되며, 해당 국세에 대한 강제징수비 및 이자상당액에 대한 징수권도 함께 소멸된다.

② 결손처분절차

납세의무가 확정된 후 소멸되므로 결손처분절차가 필요하다.

정리 국세부과의 제척기간 vs 국세징수권의 소멸시효

구 분	국세부과권의 제척기간	국세징수권의 소멸시효
① 개념	국세부과권(형성권)의 존속기간	국세징수권(청구권)의 불행사기간
② 기간	5년, 7년, 10년, 15년, 특례	5년(5억원 이상의 국세는 10년)
③ 기산일	국세를 부과할 수 있는 날 신고하는 국세 : 신고기한의 다음날	국세징수권을 행사할 수 있는 날 ① 신고한 국세 : 신고기한의 다음날 ② 고지한 국세 : 고지에 의한 납부기한의 다음날
④ 중단과 정지	無	有
⑤ 기간만료의 효과	미래를 향해 부과권 소멸 (소급효과 無)	기산일로 소급하여 징수권 소멸 (소급효과 有)
⑥ 결손처분절차	불필요	필요

*1. 시효의 이익포기 : 소멸시효 완성시 국세징수권은 소멸하므로 납세자는 시효의 이익을 포기할 수 없다.
2. 납세자의 원용(주장) : 제척기간이 만료되거나 소멸시효가 완성된 경우에는 국세부과권, 국세징수권은 당연히 소멸하므로 납세자의 원용(주장)을 요하지는 않는다.

CHAPTER 03

납세의무의 확장

제 1 절 납세의무의 승계

납세의무의 승계란 일정한 사유로 인하여 본래의 납세자로부터 다른 자에게로 납세의무가 이전되는 것을 말한다. 권리 · 의무의 포괄승계가 일어나는 법인합병이나 상속의 경우에 조세의 납부책임도 의무의 하나로서 승계되며, 본래의 납세의무는 소멸한다. 이러한 승계는 당사자의 의사에 관계없이 법정요건의 충족에 의해 강행적으로 이루어지며, 법정요건이 충족되면 국세기본법에 의해 별도의 지정조치 없이 당연승계되는 것이다.

구 분	법인의 합병으로 인한 납세의무의 승계	상속으로 인한 납세의무의 승계
승계인	합병법인	상속인(수유자 포함)*1 또는 상속재산관리인
승계대상	피합병법인에 부과되거나 그 법인이 납부할 국세 및 강제징수비	피상속인에게 부과되거나 그 피상속인이 납부할 국세 및 강제징수비*2
한도	한도 無	상속으로 받은 재산

*1. 태아에게 상속이 된 경우에는 그 태아가 출생한 때에 상속으로 인한 납세의무가 승계된다.
2. 상속으로 인한 납세의무의 승계는 피상속인이 부담할 제2차 납세의무도 포함한다.
3. 피상속인에게 한 처분 또는 절차는 상속으로 인한 납세의무를 승계하는 상속인이나 상속재산관리인에 대해서도 효력이 있다.

❶ 법인의 합병으로 인한 납세의무의 승계

법인이 합병한 경우 합병 후 존속하는 법인 또는 합병으로 설립된 법인은 합병으로 소멸된 법인에 부과되거나 그 법인이 납부할 국세 및 강제징수비를 납부할 의무를 진다.

❷ 상속으로 인한 납세의무의 승계

상속이 개시된 때에 그 상속인(수유자 포함) 또는 상속재산관리인은 피상속인에게 부과되거나 그 피상속인이 납부할 국세 및 강제징수비를 상속으로 받은 재산의 한도에서 납부할 의무를 진다.

상속으로 받은 재산 = 상속자산총액 - 부채총액 - 상속세

참고 보험금을 받은 경우 납세의무의 승계 개정

납세의무의 승계를 피하면서 재산을 상속받기 위하여 피상속인이 상속인을 수익자로 하는 보험계약을 체결하고 피상속인의 사망으로 상속인이 보험금을 받은 경우에는 다음의 구분에 따른 금액을 상속인이 상속받은 재산으로 보아 납세의무의 승계규정을 적용한다.

① 민법에 따라 상속을 한정승인 또는 포기한 상속인이 보험금을 받은 경우 : 상속인이 받은 보험금 전액

② 피상속인이 국세 또는 강제징수비를 체납한 상태에서 해당 보험의 보험료를 납입한 경우로서 상속인(민법에 따라 상속을 한정승인 또는 포기한 상속인은 제외한다)이 보험금을 받은 경우 : 다음의 계산식에 따라 계산한 금액

$$\text{상속받은 재산으로 보는 보험금} = \text{상속인이 받은 보험금} \times \frac{\text{체납일수}^{*2}}{\text{총일수}^{*1}}$$

*1. 피상속인이 최초로 보험료를 납입한 날부터 마지막으로 보험료를 납입한 날까지의 일수
 2. 피상속인이 위 1의 기간 중 국세를 체납한 일수

참고 상속인이 2명 이상인 경우

상속인이 2명 이상일 때에는 각 상속인은 피상속인에게 부과되거나 그 피상속인이 납부할 국세 및 강제징수비를 민법에 따른 상속분 또는 각각의 상속인(수유자와 상속포기자 포함)이 상속으로 받은 재산의 가액을 각각의 상속인이 상속으로 받은 재산 가액의 합계액으로 나누어 계산한 비율(다음의 어느 하나에 해당하는 경우로 한정한다)에 따라 나누어 계산한 국세 및 강제징수비를 상속으로 받은 재산의 한도에서 연대하여 납부할 의무를 진다. 이 경우 각 상속인은 그들 중에서 피상속인의 국세 및 강제징수비를 납부할 대표자를 정하여 관할세무서장에게 신고하여야 한다.

① 상속인 중 수유자가 있는 경우
② 상속인 중 민법에 따라 상속을 포기한 사람이 있는 경우
③ 상속인 중 민법에 따른 유류분을 받은 사람이 있는 경우
④ 상속으로 받은 재산에 보험금이 포함되어 있는 경우

제 2 절 연대납세의무

연대납세의무란 2명 이상의 납세의무자가 하나의 납세의무에 대하여 각자 전액에 대해 납세의무를 이행할 책임이 있고, 연대납세의무자 1인이 납세의무를 이행하면 다른 연대납세의무자의 납세의무도 소멸하는 것을 말한다.

참고 연대납세의무에 관한 효력

구 분	내 용
절대적 효력	① 어느 연대납세의무자에 대한 이행청구는 다른 연대납세의무자에게도 효력이 있다. 단, 납부의 고지와 독촉에 관한 서류는 연대납세의무자 모두에게 각각 송달하여야 한다. ② 어느 연대납세의무자에 대하여 소멸시효가 완성한 때에는 그 부담부분에 한하여 다른 연대채무자도 의무를 면한다.
상대적 효력	① 연대납세의무자라 할지라도 각자의 구체적 납세의무는 개별적으로 확정함을 요하는 것이어서 연대납세의무자의 1인에 대하여 납부고지를 하였다고 하더라도, 이로써 다른 연대납세의무자에게도 부과처분의 통지를 한 효력이 발생한다고 할 수는 없다. ② 연대납세의무자의 1인에 대한 과세처분의 무효 또는 취소 등의 사유는 다른 연대납세의무자에게 그 효력이 미치지 않는다.

* 구상권 : 어느 연대채무자가 변제 기타 자기의 출재로 공동면책이 된 때에는 다른 연대채무자의 부담부분에 대하여 구상권을 행사할 수 있다.

❶ 공유물 · 공동사업 등에 관한 연대납세의무

공유물 · 공동사업 또는 해당 공동사업에 속하는 재산과 관계되는 국세 · 강제징수비는 그 공유자 또는 공동사업자가 연대하여 납부할 의무를 진다. → 개별세법(소득세법) 별도 규정 有

공유물 · 공동사업 등 관련 조세		연대납세의무
일반국세		有
소득세	원칙	無
	공동사업합산과세	有

❷ 분할 · 분할합병에 관한 연대납세의무

구 분	불완전분할(존속분할)	완전분할(소멸분할)
의의	법인이 분할되거나 분할합병된 후 분할되는 법인(분할법인)이 존속하는 경우	법인이 분할 또는 분할합병한 후 소멸하는 경우
대상국세	분할등기일 이전에 분할법인에 부과되거나 납세의무가 성립한 국세 및 강제징수비	분할법인에 부과되거나 분할법인이 납부하여야 할 국세 및 강제징수비
연대납세의무자	① 분할법인 ② 분할신설법인*1 ③ 분할합병의 상대방 법인*2	① 분할신설법인*1 ② 분할합병의 상대방 법인*2
한도	분할로 승계된 재산가액	분할로 승계된 재산가액

*1. 분할 또는 분할합병으로 설립되는 법인을 말한다.
2. 분할법인의 일부가 다른 법인과 합병하는 경우 그 합병의 상대방인 다른 법인을 말한다.

❸ 채무자 회생 및 파산에 관한 법률에 따라 설립된 신회사에 관한 연대납세의무

법인이 채무자 회생 및 파산에 관한 법률에 따라 신회사를 설립하는 경우 기존의 법인에 부과되거나 납세의무가 성립한 국세 및 강제징수비는 신회사가 연대하여 납부할 의무를 진다.

참고 개별세법상 연대납세의무의 사례

구 분	내 용
법인세법	① 연결법인은 각 연결사업연도의 소득에 대한 법인세[각 연결법인의 토지등 양도소득에 대한 법인세, 미환류소득에 대한 법인세(투자 · 상생협력 촉진을 위한 과세특례를 적용하여 계산한 법인세)를 포함]를 연대하여 납부할 의무가 있다. ② 법인이 해산한 경우에 원천징수하여야 할 법인세를 징수하지 아니하였거나 징수한 법인세를 납부하지 아니하고 잔여재산을 분배한 때에는 청산인과 잔여재산의 분배를 받은 자가 각각 그 분배한 재산의 가액과 분배받은 재산의 가액을 한도로 그 법인세를 연대하여 납부할 책임을 진다.
소득세법	법인이 해산한 경우에 원천징수를 하여야 할 소득세를 징수하지 아니하였거나 징수한 소득세를 납부하지 아니하고 잔여재산을 분배하였을 때에는 청산인은 그 분배액을 한도로 하여 분배를 받은 자와 연대하여 납세의무를 진다.
상속세 및 증여세법	① 상속세 : 상속인 또는 수유자 각자가 받았거나 받을 재산을 한도로 연대하여 납부할 의무를 진다. ② 증여세 : 법에서 정하는 일정한 경우에 증여자는 수증자가 납부할 증여세를 연대하여 납부할 의무가 있다.

제3절 제2차 납세의무

제2차 납세의무란 납세의무자의 재산으로 강제징수를 하여도 그가 납부하여야 할 국세 등에 충당하기에 부족한 경우에, 제2차 납세의무자가 부족액에 대하여 보충적으로 지는 납세의무를 말한다.

❶ 부종성과 보충성

구 분	내 용
(1) 부종성	제2차 납세의무는 주된 납세의무의 존재를 전제로 하여 성립하고 주된 납세의무에 관하여 생긴 사유는 제2차 납세의무에도 그 효력이 있다. 따라서 주된 납세의무가 변동되거나 소멸하면, 제2차 납세의무도 변동되거나 소멸한다.
(2) 보충성	제2차 납세의무자는 주된 납세자의 재산에 대하여 강제징수를 하여도 징수할 금액에 부족한 경우에 그 부족액에 대해 납부책임을 진다.

❷ 제2차 납세의무

구 분	청산인 등	출자자 등	법인	사업양수인
(1) 주된 납세의무자	해산한 법인	법인(유가증권시장 및 코스닥시장에 주권이 상장된 법인 제외)	납부기간 만료일 현재 ① 무한책임사원 ② 과점주주[*2]	사업양도인
(2) 제2차 납세의무자	① 청산인 ② 잔여재산을 분배·인도받은 자	납세의무 성립일 현재 ① 법소정 무한책임사원[*1] ② 과점주주[*2] ③ 과점조합원[*3] 개정	법인	사업양수인[*6]
(3) 요건	① 법인의 국세 등을 납부하지 아니하고 잔여재산을 분배·인도 ② 법인의 재산으로 징수부족	법인의 재산으로 징수부족	① 출자자의 소유주식 등에 매각불능 사유 또는 양도제한 사유 有[*4] ② 출자자의 재산으로 징수부족	① 사업의 포괄양수도[*7] ② 양수한 사업에 관한 국세로서 양도일 이전에 납세의무가 확정된 국세[*8] ③ 양도인의 재산으로 징수 부족
(4) 국세 범위	부과되거나 납부할 국세 등	부과되거나 납부할 국세 등	납부할 국세 등	양도일 전에 확정된 국세 등
(5) 한도	① 청산인 : 분배·인도한 가액 ② 잔여재산을 분배·인도받은 자 : 분배·인도받은 가액	① 무한책임사원 : 한도 無(전액) ② 과점주주·과점조합원 : 징수부족액 × 지분율	법인의 순자산가액[*5] × 지분율	양수한 재산가액[*9]

*1. 무한책임사원 : 합명회사의 사원 또는 합자회사의 무한책임사원을 말한다.
2. 과점주주 : 주주(또는 합자회사의 유한책임사원, 유한책임회사의 사원, 유한회사의 사원) 1명과 그의 특수관계인 중 법령으로 정하는 자로서 그들의 소유주식 합계(또는 출자액 합계)가 해당 법인의 발행주식총수(또는 출자총액)의 50%를 초과하면서 그 법인의 경영에 대하여 지배적인 영향력을 행사하는 자들을 말한다. 이 경우 소유주식 및 발행주식 총수에는 의결권 없는 주식을 제외하고 50% 초과여부를 판단한다.
3. 과점조합원 : 영농조합법인 또는 영어조합법인의 조합원 1명과 그의 특수관계인 중 법령으로 정하는 자로서 그들의 출자액의 합계가 해당 조합의 출자총액의 50%를 초과하는 자들을 말한다. 다만, 조합원 간에 손익분배비율을 정한 경우로서 그 손익분배비율이 출자액의 비율과 다른 경우에는 조합원 1명과 그의 특수관계인 중 법령으로 정하는 자로서 그들의 손익분배비율의 합계가 50%를 초과하는 자들을 과점조합원으로 한다. 개정
4. 국세(둘 이상의 국세의 경우에는 납부기한이 뒤에 오는 국세)의 납부기간 만료일 현재 법인의 무한책임사원 또는 과점주주의 재산(그 법인의 발행주식 또는 출자지분은 제외한다)으로 그 출자자가 납부할 국세 및 강제징수비에 충당하여도 부족한 경우에는 그 법인은 다음의 어느 하나에 해당하는 경우에만 그 부족한 금액에 대하여 제2차 납세의무를 진다.
   ① 정부가 출자자의 소유주식 또는 출자지분을 재공매(再公賣)하거나 수의계약으로 매각하려 하여도 매수희망자가 없는 경우
   ② 그 법인이 외국법인인 경우로서 출자자의 소유주식 또는 출자지분이 외국에 있는 재산에 해당하여 국세징수법에 따른 압류 등 강제징수가 제한되는 경우
   ③ 법률 또는 그 법인의 정관에 의하여 출자자의 소유주식 또는 출자지분의 양도가 제한된 경우(국세징수법에 따라 공매할 수 없는 경우는 제외한다)
5. 법인의 순자산가액은 법인의 자산총액에서 부채총액을 뺀 가액으로 하며, 자산총액과 부채총액의 평가는 해당 국세(해당 국세가 둘 이상이면 납부기한이 뒤에 도래한 국세)의 납부기간 종료일 현재의 시가로 한다.
6. 사업의 양수인이란 사업장별로 그 사업에 관한 모든 권리(미수금에 관한 것은 제외한다)와 모든 의무(미지급금에 관한 것은 제외)를 포괄적으로 승계한 자로서 다음의 어느 하나에 해당하는 자를 말한다.
   ① 양도인과 특수관계인
   ② 양도인의 조세회피를 목적으로 사업을 양수한 자
7. 다음의 어느 하나에 해당하는 경우에는 사업의 양도 · 양수로 보지 아니한다.
   ① 영업에 관한 일부의 권리와 의무만을 승계한 경우
   ② 강제집행절차에 의하여 경락된 재산을 양수한 경우
   ③ 보험업법에 의한 자산 등의 강제이전의 경우
8. 사업용 부동산의 양도로 발생한 양도소득세는 양수한 사업에 관한 국세에 해당하지 않으므로 사업양수인이 제2차 납세의무를 지지 않는다.
9. 양수한 재산가액은 다음에 해당하는 금액을 말한다. 단, ①에 따른 금액과 시가의 차액이 3억원 이상이거나 시가의 30%에 상당하는 금액 이상인 경우에는 ①과 ②의 금액 중 큰 금액으로 한다.
   ① 사업의 양수인이 양도인에게 지급하였거나 지급하여야 할 금액이 있는 경우에는 그 금액
   ② ①에 따른 금액이 없거나 불분명한 경우에는 양수한 자산 및 부채를 상속세 및 증여세법 규정을 준용하여 평가한 후 그 자산총액에서 부채총액을 뺀 가액

CHAPTER 04 국세와 일반채권과의 관계

제 1 절 국세우선권

❶ 조세채권간의 우선순위

1순위 : 납세담보를 받은 국세와 지방세
2순위 : 압류한 국세 및 강제징수비 또는 지방세
3순위 : 교부청구(참가압류 포함)한 국세 및 강제징수비 또는 지방세

❷ 국세와 다른 채권의 우선순위

국세 및 강제징수비는 다른 공과금이나 그 밖의 채권에 우선하여 징수한다. 단, 예외적으로 일정한 채권에 대해서는 그러하지 아니한다.

① 법정기일 → ② 담보설정일		① 담보설정일 → ② 법정기일	
1순위	강제징수비 등*1	1순위	강제징수비 등*1
2순위	소액보증금과 특정 임금채권*2	2순위	소액보증금과 특정 임금채권*2
3순위	국세	3순위	피담보채권*3
4순위	피담보채권*3	4순위	기타의 임금채권
5순위	기타의 임금채권	5순위	국세
6순위	공과금, 기타채권	6순위	공과금, 기타채권

*1. 강제징수비 등
① 선집행 지방세 · 공과금의 강제징수비 : 지방세나 공과금의 체납처분 또는 강제징수를 할 때 그 체납처분 또는 강제징수금액 중에서 국세 및 강제징수비를 징수하는 경우 그 지방세나 공과금의 체납처분비 또는 강제징수비는 국세 및 강제징수비보다 우선징수된다.
② 집행비용 : 강제집행 · 경매 또는 파산 절차에 따라 재산을 매각할 때 그 매각금액 중에서 국세 또는 강제징수비를 징수하는 경우의 그 강제집행, 경매 또는 파산 절차에 든 비용은 우선징수된다.
2. 특정 임금채권 : ① 최종 3개월분 임금채권, ② 최종 3년분의 퇴직금, ③ 재해보상금
3. 피담보채권 : 법정기일 전에 설정된 다음의 어느 하나에 해당하는 피담보채권은 국세보다 우선한다.
(1) 다음의 어느 하나에 해당하는 권리가 설정된 재산이 국세의 강제징수 또는 경매 절차 등을 통하여 매각(아래 (2)에 해당하는 재산의 매각은 제외한다)되어 그 매각금액에서 국세를 징수하는 경우 그 권리에 의하여 담보된 채권 또는 임대차보증금반환채권. 이 경우 다음에 해당하는 권리가 설정된 사실은 법소정 방법으로 증명한다.
① 전세권, 질권 또는 저당권
② 주택임대차보호법 또는 상가건물임대차보호법에 따라 대항요건과 확정일자를 갖춘 임차권
③ 납세의무자를 등기의무자로 하고 채무불이행을 정지조건으로 하는 대물변제의 예약에 따라 채권담보의 목적으로 가등기(가등록 포함)를 마친 가등기 담보권(법정기일 전에 가등기된 경우에 한하여 가등기에 의하여 담보된 채권이 국세에 우선한다.)

(2) 위 (1)의 어느 하나에 해당하는 권리가 설정된 재산이 양도, 상속 또는 증여된 후 해당 재산이 국세의 강제징수 또는 경매 절차 등을 통하여 매각되어 그 매각금액에서 국세를 징수하는 경우 해당 재산에 설정된 전세권등에 의하여 담보된 채권 또는 임대차보증금반환채권. 다만, 해당 재산의 직전 보유자가 전세권 등의 설정 당시 체납하고 있었던 국세 등을 고려하여 법령으로 정하는 방법에 따라 계산한 금액의 범위에서는 국세(법정기일이 전세권 등의 설정일보다 빠른 국세로 한정한다)를 우선하여 징수한다.

4. 당해세 우선 원칙 : 위 3의 (1)에도 불구하고 해당 재산에 대하여 부과된 상속세, 증여세 및 종합부동산세는 위 3의 (1)에 따른 채권 또는 임대차보증금반환채권보다 우선하며, 위 3의 (2)에도 불구하고 해당 재산에 대하여 부과된 종합부동산세는 위 3의 (2)에 따른 채권 또는 임대차보증금반환채권보다 우선한다.
5. 당해세 적용 예외 : 위 4에도 불구하고 주택임대차보호법에 따라 대항요건과 확정일자를 갖춘 임차권에 의하여 담보된 임대차보증금반환채권 또는 주거용 건물에 설정된 전세권에 의하여 담보된 채권(임대차보증금반환채권등)은 해당 임차권 또는 전세권이 설정된 재산이 국세의 강제징수 또는 경매 절차 등을 통하여 매각되어 그 매각금액에서 국세를 징수하는 경우 그 확정일자 또는 설정일보다 법정기일이 늦은 해당 재산에 대하여 부과된 상속세, 증여세 및 종합부동산세의 우선 징수 순서에 대신하여 변제될 수 있다. 이 경우 대신 변제되는 금액은 우선 징수할 수 있었던 해당 재산에 대하여 부과된 상속세, 증여세 및 종합부동산세의 징수액에 한정하며, 임대차보증금반환채권등보다 우선 변제되는 저당권 등의 변제액과 위 4에 따라 해당 재산에 대하여 부과된 상속세, 증여세 및 종합부동산세를 우선 징수하는 경우에 배분받을 수 있었던 임대차보증금반환채권등의 변제액에는 영향을 미치지 아니한다.
6. 법정기일 후에 가등기를 마친 사실이 증명되는 재산을 매각하여 그 매각금액에서 국세를 징수하는 경우 그 재산을 압류한 날 이후에 그 가등기에 따른 본등기가 이루어지더라도 그 국세는 그 가등기에 의해 담보된 채권보다 우선한다. 세무서장은 가등기가 설정된 재산을 압류하거나 공매할 때에는 그 사실을 가등기권리자에게 지체 없이 통지하여야 한다.

❸ 국세의 법정기일

구 분	법정기일
① 과세표준과 세액의 신고에 의해 납세의무가 확정되는 국세(중간예납하는 법인세와 예정신고납부하는 부가가치세 및 예정신고납부 양도소득세 포함)에 있어서 신고한 해당 세액	신고일
② 과세표준과 세액을 정부가 결정 · 경정 또는 수시부과결정하는 경우에 고지한 해당 세액(납부지연가산세 중 납부고지서에 따른 납부기한 후의 납부지연가산세와 원천징수 등 납부지연가산세 중 납부고지서에 따른 납부기한 후의 원천징수 등 납부지연가산세 포함), 제2차 납세의무자(보증인 포함)의 재산, 양도담보재산, 부가가치세법상 신탁재산에서 국세 등을 징수하는 경우 또는 종합부동산세법에 따라 신탁재산에서 징수하는 종합부동산세	납부고지서의 발송일
③ 인지세와 원천징수의무자나 납세조합으로부터 징수하는 소득세 · 법인세 및 농어촌특별세	납세의무의 확정일
④ 납세자의 재산을 확정전보전압류한 경우*에 그 압류와 관련하여 확정된 세액 * 국세징수법상 납부기한 전 징수사유가 있어 납세자의 재산을 압류한 경우를 말한다.	압류등기일 또는 등록일

제2절 양도담보권자의 물적납세의무

납세자가 국세 및 강제징수비를 체납한 경우에 그 납세자에게 양도담보재산이 있을 때에는 그 납세자의 다른 재산에 대하여 강제징수를 하여도 징수할 금액에 미치지 못하는 경우에만 국세징수법에서 정하는 바에 따라 그 양도담보재산으로써 납세자의 국세 및 강제징수비를 징수할 수 있다. 다만, 그 국세의 법정기일 전에 담보의 목적이 된 양도담보재산에 대해서는 그러하지 아니하다.

❶ 물적납세의무의 성립요건

구 분	내 용
징수부족액	양도담보설정자가 국세 및 강제징수비를 체납하여야 하며, 양도담보설정자의 양도담보재산 외의 다른 재산에 대하여 강제징수를 하여도 징수할 금액에 미치지 못하는 경우여야 한다.
법정기일 후	양도담보의 설정이 양도담보설정자가 체납한 국세의 법정기일 후에 설정되어야 한다.
양도담보재산	양도담보권자에게 납부고지 당시에 양도담보재산이 존재하고 있어야 한다. ① 양도담보권자의 물적납세의무에 해당되어 납부고지를 받기 전에 양도담보권을 실행하여 소유권을 취득하고 양도담보권자의 대금채무와 양도담보설정자의 피담보채무를 상계하였으면 양도담보권은 이미 소멸한 것이므로 물적납세의무를 지울 수 없다. ② 국세징수법에 따라 양도담보권자에게 납부고지가 있은 후 납세자가 양도에 의하여 실질적으로 담보된 채무를 불이행하여 해당 재산이 양도담보권자에게 확정적으로 귀속되고 양도담보권이 소멸하는 경우에는 납부고지 당시의 양도담보재산이 계속하여 양도담보재산으로서 존속하는 것으로 본다.

❷ 물적납세의무의 징수절차

구 분	내 용
납부고지	세무서장은 국세기본법에 따라 양도담보권자로부터 납세자의 체납액을 징수하려면 양도담보권자에게 납부고지를 하여야 한다. 이 경우에는 양도담보권자의 주소 또는 거소를 관할하는 세무서장과 납세자에게 그 사실을 통지하여야 한다.
강제징수	고지된 납부기한까지 양도담보권자가 물적납세의무를 이행하지 않은 경우에는 독촉 없이 양도담보재산에 대하여 강제징수를 한다.

* 양도담보재산이 양도담보권자로부터 다시 제3자에게 양도가 된 경우에는 고지 후에 양도가 된 경우에도 압류가 되기 전에 양도된 때에는 물적납세의무는 소멸한다.

제3절 담보권설정계약에 대한 취소청구

세무서장은 납세자가 제3자와 짜고 거짓으로 재산에 다음의 어느 하나에 해당하는 계약을 하고 그 등기 또는 등록을 하거나 주택임대차보호법 또는 상가건물 임대차보호법에 따른 대항요건과 확정일자를 갖춘 임대차 계약을 체결함으로써 그 재산의 매각금액으로 국세를 징수하기가 곤란하다고 인정할 때에는 그 행위의 취소를 법원에 청구할 수 있다. → 세무서장의 직권취소X

① 전세권 · 질권 또는 저당권의 설정계약
② 임대차 계약
③ 가등기 설정계약
④ 양도담보 설정계약

이 경우 납세자가 국세의 법정기일 전 1년 내에 일정한 특수관계인과 전세권 · 질권 또는 저당권 설정계약, 임대차 계약, 가등기 설정계약 또는 양도담보 설정계약을 한 경우에는 짜고 한 거짓 계약으로 추정한다. → 짜고 거짓으로 담보권설정계약을 한 것이 아니라는 사실을 납세자가 입증해야 한다.

국세징수법에 따른 사해행위취소소송이 진행중인 기간에는 소멸시효가 정지된다. 단, 소송이 각하 · 기각 또는 취하된 경우에는 시효정지의 효력이 없다.

CHAPTER 05 과세와 환급

제 1 절 관할관청

구 분	과세표준신고	결정 · 경정
관할관청	과세표준신고서는 신고 당시 해당 국세의 납세지를 관할하는 세무서장에게 제출하여야 한다. 다만, 전자신고를 하는 경우에는 지방국세청장이나 국세청장에게 제출할 수 있다.	국세의 과세표준과 세액의 결정 또는 경정결정은 그 처분 당시 그 국세의 납세지를 관할하는 세무서장이 한다.
관할위반시	과세표준신고서가 관할세무서장 외의 세무서장에게 제출된 경우에도 그 신고의 효력에는 영향이 없다. → 효력 有	국세의 과세표준과 세액의 결정 또는 경정결정하는 때에 그 국세의 납세지를 관할하는 세무서장 이외의 세무서장이 행한 결정 또는 경정결정 처분은 그 효력이 없다.* → 효력 無

* 다만, 세법 또는 다른 법령 등에 의하여 권한있는 세무서장이 결정 또는 경정결정하는 경우에는 그러하지 아니하다.

제 2 절 기한후신고 · 수정신고 · 경정청구

구 분	대상자	사 유	기 한	가산세감면
기한후신고	법정신고기한내에 과세표준신고서를 제출하지 아니한 자	무신고	결정전	무신고가산세 감면 (50%, 30%, 20%)
수정신고	법정신고기한내에 과세표준신고서를 제출한 자*1 및 기한후과세표준신고서를 제출한 자	과소신고 (초과환급신고)	결정 · 경정전	과소신고가산세 감면 (90% ~ 10%)
경정청구	법정신고기한내에 과세표준신고서를 제출한 자*2 및 기한후과세표준신고서를 제출한 자	과대신고 (과소환급신고)	법정신고기한이 지난 후 5년 이내	–

*1. 소득세법상 연말정산대상소득, 퇴직소득이 있는 자로서 과세표준확정신고의무가 면제된 자를 포함한다.
2. 후발적 사유가 있는 경우에는 과세표준과 세액을 결정받은 자를 포함한다.

❶ 기한후신고

(1) 대상자 및 기한후신고기한

법정신고기한까지 과세표준신고서를 제출하지 아니한 자는 관할세무서장이 세법에 따라 해당 국세의 과세표준과 세액(가산세 포함)을 결정하여 통지하기 전까지 기한후과세표준신고서를 제출할 수 있다.

(2) 자진납부

기한후과세표준신고서를 제출한 자로서 세법에 따라 납부하여야 할 세액이 있는 자는 그 세액을 납부하여야 한다.

(3) 결정통지

기한후과세표준신고서를 제출하거나 기한후과세표준신고서를 제출한 자가 과세표준수정신고서를 제출한 경우 관할세무서장은 세법에 따라 신고일부터 3개월 이내에 해당 국세의 과세표준과 세액을 결정 또는 경정하여 신고인에게 통지하여야 한다. 다만, 그 과세표준과 세액을 조사할 때 조사 등에 장기간이 걸리는 등 부득이한 사유로 신고일부터 3개월 이내에 결정 또는 경정할 수 없는 경우에는 그 사유를 신고인에게 통지하여야 한다.

(4) 확정력

기한후신고는 과세표준과 세액을 확정하는 효력이 없다.

(5) 무신고가산세 감면

법정신고기한이 지난 후 기한 후 신고를 한 경우에는 무신고가산세를 다음과 같이 감면한다. 단, 과세표준과 세액을 결정할 것을 미리 알고 기한후과세표준신고서를 제출한 경우에는 가산세를 감면하지 않는다.

구 분	감면율
법정신고기한이 지난 후 1개월 이내에 기한 후 신고를 한 경우	50%
법정신고기한이 지난 후 1개월 초과 3개월 이내에 기한 후 신고를 한 경우	30%
법정신고기한이 지난 후 3개월 초과 6개월 이내에 기한 후 신고를 한 경우	20%

참고 기한후 납부

과세표준신고서를 법정신고기한까지 제출하였으나 과세표준신고액에 상당하는 세액의 전부 또는 일부를 납부하지 아니한 자는 그 세액과 가산세를 세무서장이 고지하기 전에 납부할 수 있다.

❷ 수정신고

(1) 대상자 및 수정신고기한

과세표준신고서를 법정신고기한까지 제출한 자(소득세법상 연말정산대상소득, 퇴직소득이 있는 자로서 과세표준확정신고의무가 면제된 자를 포함) 및 기한후과세표준신고서를 제출한 자는 다음의 어느 하나에 해당할 때에는 관할세무서장이 각 세법에 따라 해당 국세의 과세표준과 세액을 결정 또는 경정하여 통지하기 전으로서 국세부과의 제척기간이 끝나기 전까지 과세표준수정신고서를 제출할 수 있다.

① 과세표준신고서(또는 기한후과세표준신고서)에 기재된 과세표준 및 세액이 세법에 따라 신고하여야 할 과세표준 및 세액에 미치지 못할 때
② 과세표준신고서(또는 기한후과세표준신고서)에 기재된 결손금액 또는 환급세액이 세법에 따라 신고하여야 할 결손금액이나 환급세액을 초과할 때
③ 원천징수의무자가 정산과정에서 소득세법상 과세표준확정신고의무가 면제된 자의 소득을 누락한 때
④ 세무조정 과정에서 법인세법에 따른 국고보조금 등과 공사부담금에 상당하는 금액을 익금과 손금에 동시에 산입하지 아니한 때와 이와 유사한 사유로서 불완전한 신고를 하였을 때

(2) 자진납부

세법에 따라 과세표준신고액에 상당하는 세액을 자진납부하는 국세에 관하여 과세표준수정신고서를 제출하는 납세자는 이미 납부한 세액이 과세표준수정신고액에 상당하는 세액에 미치지 못할 때에는 그 부족한 금액과 국세기본법 또는 세법에서 정하는 가산세를 추가하여 납부하여야 한다.

(3) 확정력

정부부과세목에 대한 수정신고는 확정효력이 없으나, 신고납세세목에 대한 수정신고(과세표준신고서를 법정신고기한까지 제출한 자의 수정신고로 한정함)는 확정효력이 있다.

(4) 과소신고(초과환급신고)가산세 감면

법정신고기한이 지난 후 수정신고한 경우에는 과소신고(초과환급신고)가산세를 다음과 같이 감면한다. 단, 과세표준과 세액을 경정할 것을 미리 알고 과세표준수정신고서를 제출한 경우에는 가산세를 감면하지 않는다.

구 분	감면율
법정신고기한이 지난 후 1개월 이내에 수정신고한 경우	90%
법정신고기한이 지난 후 1개월 초과 3개월 이내에 수정신고한 경우	75%
법정신고기한이 지난 후 3개월 초과 6개월 이내에 수정신고한 경우	50%
법정신고기한이 지난 후 6개월 초과 1년 이내에 수정신고한 경우	30%
법정신고기한이 지난 후 1년 초과 1년 6개월 이내에 수정신고한 경우	20%
법정신고기한이 지난 후 1년 6개월 초과 2년 이내에 수정신고한 경우	10%

❸ 경정청구

(1) 대상자 및 경정청구기한

1) 일반적 경정청구

과세표준신고서를 법정신고기한까지 제출한 자 및 기한후과세표준신고서를 제출한 자는 다음의 어느 하나에 해당할 때에는 최초신고 및 수정신고한 국세의 과세표준 및 세액의 결정 또는 경정을 법정신고기한이 지난 후 5년 이내에 관할세무서장에게 청구할 수 있다. 다만, 결정 또는 경정으로 인하여 증가된 과세표준 및 세액에 대하여는 해당 처분이 있음을 안 날(처분의 통지를 받은 때에는 그 받은 날)부터 3개월 개정 이내(법정신고기한이 지난 후 5년 이내로 한정한다)에 경정을 청구할 수 있다.

① 과세표준신고서(또는 기한후과세표준신고서)에 기재된 과세표준 및 세액(각 세법에 따라 결정 또는 경정이 있는 경우에는 해당 결정 또는 경정 후의 과세표준 및 세액을 말한다)이 세법에 따라 신고하여야 할 과세표준 및 세액을 초과할 때

② 과세표준신고서(또는 기한후과세표준신고서)에 기재된 결손금액, 세액공제액 개정 또는 환급세액(각 세법에 따라 결정 또는 경정이 있는 경우에는 해당 결정 또는 경정 후의 결손금액, 세액공제액 개정 또는 환급세액을 말한다)이 세법에 따라 신고하여야 할 결손금액, 세액공제액 개정 또는 환급세액에 미치지 못할 때

2) 후발적사유로 인한 경정청구

과세표준신고서를 법정신고기한까지 제출한 자 또는 국세의 과세표준 및 세액의 결정을 받은 자는 다음의 어느 하나에 해당하는 사유가 발생하였을 때에는 그 사유가 발생한 것을 안 날부터 3개월 이내에 결정 또는 경정을 청구할 수 있다.

① 최초의 신고·결정 또는 경정에서 과세표준 및 세액의 계산 근거가 된 거래 또는 행위 등이 그에 관한 심사청구, 심판청구, 감사원법에 따른 심사청구에 대한 결정이나 소송에 대한 판결(판결과 같은 효력을 가지는 화해나 그 밖의 행위 포함)에 의하여 다른 것으로 확정되었을 때

② 소득이나 그 밖의 과세물건의 귀속을 제3자에게로 변경시키는 결정 또는 경정이 있을 때

③ 조세조약에 따른 상호합의가 최초의 신고·결정 또는 경정의 내용과 다르게 이루어졌을 때

④ 결정 또는 경정으로 인하여 그 결정 또는 경정의 대상이 된 과세표준 및 세액과 연동된 다른 세목(같은 과세기간으로 한정한다)이나 연동된 다른 과세기간(같은 세목으로 한정한다)의 과세표준 또는 세액이 세법에 따라 신고하여야 할 과세표준 또는 세액을 초과할 때

⑤ 위 ①~④와 유사한 사유로서 다음의 어느 하나에 해당하는 사유가 해당 국세의 법정신고기한이 지난 후에 발생하였을 때

a. 최초의 신고·결정 또는 경정을 할 때 과세표준 및 세액의 계산 근거가 된 거래 또는 행위 등의 효력과 관계되는 관청의 허가나 그 밖의 처분이 취소된 경우

b. 최초의 신고·결정 또는 경정을 할 때 과세표준 및 세액의 계산 근거가 된 거래 또는 행위 등의 효력과 관계되는 계약이 해제권의 행사에 의하여 해제되거나 해당 계약의 성립 후 발생한 부득이한 사유로 해제되거나 취소된 경우

c. 최초의 신고·결정 또는 경정을 할 때 장부 및 증거서류의 압수, 그 밖의 부득이한 사유로 과세표준 및 세액을 계산할 수 없었으나 그 후 해당 사유가 소멸한 경우

d. a~c의 규정과 유사한 사유에 해당하는 경우

3) 연말정산세액에 대한 경정

다음의 원천징수대상자에 대하여 원천징수의무자가 연말정산 또는 원천징수한 세액을 납부하고 법정기한 내에 지급명세서를 제출한 경우에는 해당 원천징수의무자 또는 원천징수대상자(비거주자 및 외국법인은 제외한다. 다만, 원천징수의무자의 폐업 등 법소정사유가 발생하여 원천징수의무자가 경정을 청구하기 어렵다고 인정되는 경우에는 그러하지 아니하다)는 연말정산세액 또는 원천징수세액의 납부기한이 지난 후 5년 이내에 경정청구를 할 수 있다. 다만, 후발적 사유가 발생한 경우에는 후발적 사유가 발생한 것을 안 날로부터 3개월 이내에 경정청구할 수 있다.

① 소득세법상 연말정산대상소득, 퇴직소득, 분리과세이자소득, 분리과세배당소득, 분리과세연금소득 및 분리과세기타소득(계약금이 위약금 · 배상금으로 대체되는 경우의 기타소득 제외)이 있는 자로서 과세표준확정신고의무가 면제된 자

② 소득세법상 분리과세되는 국내원천소득이 있는 비거주자

③ 법인세법상 분리과세되는 국내원천소득이 있는 외국법인

* 분리과세소득이 있는 원천징수대상자 또는 비거주자 또는 외국법인인 원천징수대상자가 경정을 청구하려는 경우에는 경정청구서를 원천징수의무자의 납세지 관할 세무서장에게 제출해야 한다. 이 경우 원천징수대상자가 결정 또는 경정 청구서를 원천징수의무자의 납세지 관할 세무서장이 아닌 세무서장에게 제출한 경우에는 그 결정 또는 경정 청구서를 원천징수의무자의 납세지 관할 세무서장에게 지체 없이 송부하고, 그 뜻을 적은 문서로 해당 원천징수대상자에게 통지하여야 한다.

4) 종합부동산세액에 대한 경정

종합부동산세법에 따른 납세의무자로서 과세기준일이 속한 연도에 종합부동산세를 부과 · 고지받은 자는 종합부동산세의 납부기한이 지난 후 5년 이내에 경정청구를 할 수 있다. 다만, 후발적 사유가 발생한 경우에는 후발적 사유가 발생한 것을 안 날로부터 3개월 이내에 경정청구할 수 있다.

(2) 결정통지

구 분	경정 등의 청구기한	결정 · 경정
(1) 일반	법정신고기한이 지난 후 5년 이내	2개월 이내에 결정 · 경정
(2) 후발적사유	사유가 발생한 것을 안 날부터 3개월 이내	

① 결정 또는 경정의 청구를 받은 세무서장은 그 청구를 받은 날부터 2개월 이내에 과세표준 및 세액을 결정 또는 경정하거나 결정 또는 경정하여야 할 이유가 없다는 뜻을 그 청구를 한 자에게 통지하여야 한다. 다만, 청구를 한 자가 2개월 이내에 아무런 통지(아래 ②에 따른 통지를 제외함)를 받지 못한 경우에는 통지를 받기 전이라도 그 2개월이 되는 날의 다음 날부터 이의신청, 심사청구, 심판청구 또는 감사원법에 따른 심사청구를 할 수 있다.

② 결정 또는 경정의 청구를 받은 세무서장은 위 ①의 기간 내에 과세표준 및 세액의 결정 또는 경정이 곤란한 경우에는 청구를 한 자에게 관련 진행상황 및 이의신청, 심사청구, 심판청구 또는 감사원법에 따른 심사청구를 할 수 있다는 사실을 통지하여야 한다.

(3) 확정력

경정청구는 과세표준과 세액을 확정하는 효력이 없다.

비교 **확정효력**

구 분	기한후신고	수정신고	경정청구
신고납세제도 세목	확정효력×	확정효력○*	확정효력×
정부부과제도 세목	확정효력×	확정효력×	확정효력×

* 과세표준신고서를 법정신고기한까지 제출한 자의 수정신고로 한정한다.

제 3 절 가산세

└ 세법규정상의 의무 불이행시의 제재(행정벌 성격)

① 정부는 세법에서 규정한 의무를 위반한 자에게 국세기본법 또는 세법에서 정하는 바에 따라 가산세를 부과할 수 있다.

② 가산세는 해당 의무가 규정된 세법의 해당 국세의 세목으로 한다. 다만, 해당 국세를 감면하는 경우에는 가산세는 그 감면대상에 포함시키지 아니하는 것으로 한다.

③ 가산세는 납부할 세액에 가산하거나 환급받을 세액에서 공제한다.

신고관련	납부관련	원천징수관련
무신고가산세 과소신고(초과환급신고)가산세	납부지연가산세	원천징수 등 납부지연가산세

❶ 신고관련가산세

(1) 무신고가산세 → 일반 or 부정

납세의무자가 법정신고기한까지 세법에 따른 국세의 과세표준신고(예정신고 및 중간신고를 포함하며, 교육세법에 따른 신고 중 금융·보험업자가 아닌 자의 신고와 농어촌특별세법 및 종합부동산세법에 따른 신고는 제외)를 하지 아니한 경우에는 다음의 가산세를 부과한다.

구 분			내 용	가산세감면
일반	원칙[*1]	①	① 무신고납부세액[*2] × 20%	기한후신고[*5] (50%, 30%, 20%)
	법인세 및 소득세법상 복식부기의무자의 소득세	Max[①, ②]	② 수입금액[*3] × $\frac{7}{10,000}$	
부정	원칙[*1]	①	① 무신고납부세액[*2] × 40%(60%[*4])	
	법인세 및 소득세법상 복식부기의무자의 소득세	Max[①, ②]	② 수입금액[*3] × $\frac{14}{10,000}$	

*1. 무신고로서 부가가치세 영세율 과세표준이 있는 경우 해당 영세율 과세표준의 0.5%에 상당하는 금액을 더한다.
2. 무신고납부세액 : 과세표준을 신고를 하지 아니한 경우 그 신고로 납부하여야 할 세액(국세기본법 및 세법에 따른 가산세와 세법에 따라 가산하여 납부하여야 할 이자상당가산액이 있는 경우 그 금액은 제외)
3. 수입금액
① 개인 : 소득세법에 따라 계산한 사업소득에 대한 해당 개인의 총수입금액
② 법인 : 법인세법에 따라 법인세 과세표준 및 세액 신고서에 적어야 할 해당 법인의 수입금액
4. 역외거래에서 발생한 부정행위인 경우에는 60%를 적용한다.
5. 기한후신고 : 가산세 감면기한 규정에도 불구하고 예정신고기한 및 중간신고기한까지 예정신고 및 중간신고를 하지 않았으나 확정신고기한까지 과세표준신고를 한 경우 가산세액의 50%를 감면한다.
6. 신고관련가산세와 장부의 기록·보관 불성실 가산세가 동시에 적용되는 때에는 그 중 큰 금액에 해당하는 가산세만을 적용하고, 가산세액이 같은 경우에는 신고관련가산세를 적용한다.

(2) 과소신고(초과환급신고)가산세 → 일반 and 부정 → ① + ② 또는 ① + Max[②, ③]

납세의무자가 법정신고기한까지 세법에 따른 국세의 과세표준신고(예정신고 및 중간신고를 포함하며, 교육세법에 따른 신고 중 금융 · 보험업자가 아닌 자의 신고와 농어촌특별세법에 따른 신고는 제외)를 한 경우로서 납부세액을 과소신고하거나 환급세액을 초과신고한 경우에는 다음의 가산세를 부과한다.

<table>
<tr><th colspan="2">구 분</th><th>내 용</th><th>가산세감면</th></tr>
<tr><td>원칙[*1]</td><td>① + ②</td><td>① 일반과소신고납부세액[*2] × 10%</td><td rowspan="3">수정신고[*5]
(90% ~ 10%)</td></tr>
<tr><td rowspan="2">법인세 및 소득세법상
복식부기의무자의 소득세</td><td rowspan="2">① + Max[②, ③]</td><td>② 부정과소신고납부세액[*3] × 40%(60%[*4])</td></tr>
<tr><td>③ 부정과소신고 수입금액 × $\frac{14}{10,000}$</td></tr>
</table>

*1. 부가가치세 영세율 과세표준을 과소신고하거나 신고하지 아니한 경우 해당 영세율 과세표준의 0.5%에 상당하는 금액을 더한다.
2. 과소신고납부세액 : 과소신고납부세액과 초과신고환급세액을 합한 금액(국세기본법 및 세법에 따른 가산세와 세법에 따라 가산하여 납부하여야 할 이자상당가산액이 있는 경우 그 금액은 제외)
3. 과소신고납부세액 중 부정과소신고납부세액과 일반과소신고납부세액이 있는 경우로서 구분하기 곤란한 경우 부정과소신고납부세액과 일반과소신고납부세액은 다음과 같이 계산한 금액으로 한다.

① 부정과소신고납부세액 = 과소신고납부세액 × $\frac{\text{부정행위로 인해 과소신고한 과세표준}}{\text{과소신고한 과세표준}}$

② 일반과소신고납부세액 = 과소신고납부세액 − ①

4. 역외거래에서 발생한 부정행위인 경우에는 60%를 적용한다.
5. 수정신고 : 가산세 감면기한 규정에도 불구하고 예정신고기한 및 중간신고기한까지 예정신고 및 중간신고를 하였으나 과소신고(초과신고)한 경우로서 확정신고기한까지 과세표준을 수정하여 신고한 경우 가산세액의 최소 50% ~ 최대 90%를 감면한다.

❷ 납부지연가산세

납세의무자(연대납세의무자, 제2차 납세의무자 및 보증인 포함)가 법정납부기한까지 국세(인지세 제외)의 납부(중간예납 · 예정신고납부 · 중간신고납부 포함)를 하지 아니하거나 과소납부하거나 초과환급받은 경우에는 다음의 가산세를 부과한다.

> 납부지연가산세 : ① + ②
>
> ① 미납부 · 미달납부세액(또는 초과환급세액)*1 *2 × 일수*3 × $\frac{2.2}{10,000}$
>
> ② 납부고지서에 따른 납부기한까지 미납부 · 미달납부세액*1 × 3%*4

*1. 세법에 따라 가산하여 납부하여야 할 이자상당가산액이 있는 경우에는 그 금액을 더한다.
2. 체납된 국세의 납부고지서별 · 세목별 세액이 150만원 미만인 경우에는 납부고지서에 따른 납부기한의 다음날부터 납부일까지의 기간에 대하여 ①의 가산세(2.2/10,000)를 적용하지 아니한다.
3. 납부기한(환급받은 날)의 다음날부터 납부일(납부고지일부터 납부고지서에 따른 납부기한까지의 기간은 제외)까지의 일수로 한다. 다만, 납부고지서에 따른 납부기한의 다음날부터 납부일까지의 기간(지정납부기한과 독촉장에서 정하는 기한을 연장한 경우에는 그 연장기간은 제외)이 5년을 초과하는 경우에는 그 기간은 5년으로 한다.
4. ②의 가산세(3%)는 국세를 납부고지서에 따른 납부기한까지 완납하지 아니한 경우에 한하여 적용한다.
5. 부가가치세법에 따른 사업자가 아닌 자가 부가가치세액을 환급받은 경우에도 적용한다.
6. 소득세, 법인세 및 부가가치세의 과세기간을 잘못 적용하여 신고납부한 경우에는 실제 신고납부한 날에 실제 신고납부한 금액의 범위에서 당초 신고납부하였어야 할 과세기간에 대한 국세를 자진납부한 것으로 본다.(부정무신고 또는 부정과소신고 제외)
7. 중간예납, 예정신고납부 및 중간신고납부와 관련하여 가산세가 부과되는 부분에 대해서는 확정신고납부와 관련하여 가산세를 부과하지 아니한다.
8. 원천징수 등 납부지연가산세가 부과되는 경우에는 납부지연가산세를 적용하지 아니한다.

참고 인지세에 대한 납부지연가산세

인지세법에 따른 인지세(부동산의 소유권 이전에 관한 증서에 대한 인지세는 제외한다)의 납부를 하지 아니하거나 과소납부한 경우에는 납부하지 아니한 세액 또는 과소납부분 세액의 300%에 상당하는 금액을 납부지연가산세로 한다. 다만, 법정납부기한이 지난후 3개월(또는 6개월) 이내에 납부한 경우(과세표준과 세액을 경정할 것을 미리 알고 납부하는 경우는 제외)에는 납부하지 아니한 세액 또는 과소납부분 세액의 100%(또는 200%)에 상당하는 금액을 납부지연가산세로 한다.

구 분	납부지연가산세
① 법정납부기한이 지난 후 3개월 이내*	미납부 · 미달납부세액 × 100%
② 법정납부기한이 지난 후 3개월 초과 6개월 이내*	미납부 · 미달납부세액 × 200%
③ 법정납부기한이 지난 후 6개월 초과	미납부 · 미달납부세액 × 300%

* 위 ①, ②에 해당할 지라도 과세표준과 세액을 경정할 것을 미리 알고 납부하는 경우에는 위 ③의 가산세(300%)를 적용한다.

참고 무신고가산세 등 적용배제

구 분	사유	무신고 가산세	과소신고 가산세	납부지연 가산세
(1) 부가가치세	① 부가가치세법에 따라 간이과세자의 납부의무가 면제되는 경우	적용×	–	–
	② 부가가치세법에 따라 공급받은 사업자가 대손이 확정된 날이 속하는 과세기간에 대손처분받은 세액을 매입세액에서 빼지 아니하여 경정하는 경우	적용×	적용×	적용×[*1]
	③ 부가가치세법에 따른 사업자가 같은 법에 따른 납부기한까지 어느 사업장에 대한 부가가치세를 다른 사업장에 대한 부가가치세에 더하여 신고납부한 경우	–	–	적용×[*1]
(2) 상속세 및 증여세	① 신고 당시 소유권에 대한 소송 등의 사유로 상속재산 또는 증여재산으로 확정되지 아니하였던 경우	–	적용×	–
	② 상속세 및 증여세법의 상속세 인적공제와 물적공제, 상속공제 적용의 한도, 증여세 증여재산공제, 혼인·출산 증여재산 공제 및 준용규정에 따른 공제의 적용에 착오가 있었던 경우	–	적용×	–
	③ 상속세 및 증여세법에 따라 평가한 가액으로 과세표준을 결정한 경우(부정행위로 상속세 및 증여세의 과세표준을 과소신고한 경우는 제외한다)	–	적용×	–
	④ 법인세법에 따라 법인세 과세표준 및 세액의 결정·경정으로 상속세 및 증여세법상 '특수관계법인과의 거래를 통한 이익의 증여의제', '특수관계법인으로부터 제공받은 사업기회로 발생한 이익의 증여의제', '특정법인과의 거래를 통한 이익의 증여의제'에 따른 증여의제이익이 변경되는 경우(부정행위로 인하여 법인세의 과세표준 및 세액을 결정·경정하는 경우는 제외)	–	적용×	적용×[*1]
	⑤ 상속세 및 증여세법에 따라 평가한 가액으로 소득세법에 따른 부담부증여 시 양도로 보는 부분에 대한 양도소득세 과세표준을 결정·경정한 경우(단, 부정행위로 양도소득세의 과세표준을 과소신고한 경우에는 과소신고가산세를 적용한다.)	–	적용×	적용×
	⑥ 상속세 및 증여세법에 따라 상속세 또는 증여세를 신고한 자가 법정신고기한까지 상속세 또는 증여세를 납부한 경우로서 법정신고기한 이후 평가심의위원회를 거치는 방법에 따라 상속재산 또는 증여재산을 평가하여 과세표준과 세액을 결정·경정한 경우	–	–	적용×

구 분	사유	무신고 가산세	과소신고 가산세	납부지연 가산세
(3) 소득세	(2)의 ④에 해당하는 사유로 소득세법에 따른 주식 등의 취득가액이 감소된 경우	–	적용×	적용×[*1]
(4) 법인세 및 소득세	조세특례제한법에 따라 통합투자세액공제를 받은 후 부득이한 사유로 해당 세액공제 요건을 충족하지 못하게 된 경우	–	적용×	–

*1. 납부지연가산세 중 ①의 가산세(2.2/10,000)를 말하며, 적용배제는 법정납부기한의 다음날부터 납부고지일까지의 기간에 한정한다.
2. 가산세 적용배제 사유 중 부가가치세법에 따라 전자적 용역을 공급하는 자가 부가가치세를 납부하여야 하는 경우가 삭제되었다. → 가산세 적용○

❸ 원천징수 등 납부지연가산세

국세를 징수하여 납부할 의무(소득세, 법인세 원천징수, 납세조합징수, 부가가치세 대리납부의무)를 지는 자가 징수하여야 할 세액을 세법에 따른 납부기한까지 납부하지 아니하거나 과소납부한 경우에는 다음의 가산세를 부과한다.

> 원천징수 등 납부지연가산세 : Min[(1), (2)]
> (1) 원천징수 등 납부지연가산세(한도적용전) : ① + ②
> ① 미납부 · 미달납부세액 × 3%
> ② 미납부 · 미달납부세액[*1] × 일수[*2] × $\frac{2.2}{10,000}$
> (2) 한도 : 미납부 · 미달납부세액 × 50%(10%[*3])

*1. 체납된 국세의 납부고지서별 · 세목별 세액이 150만원 미만인 경우에는 납부고지서에 따른 납부기한의 다음날부터 납부일까지의 기간에 대하여 ②의 가산세(2.2/10,000)를 적용하지 아니한다.
2. 법정납부기한의 다음날부터 납부일(납부고지일부터 납부고지서에 따른 납부기한까지의 기간은 제외)까지의 일수로 한다. 납부고지서에 따른 납부기한의 다음날부터 납부일까지의 기간(지정납부기한과 독촉장에서 정하는 기한을 연장한 경우에는 그 연장기간은 제외)이 5년을 초과하는 경우에는 그 기간은 5년으로 한다.
3. 법정납부기한의 다음날부터 납부고지일까지의 기간에 해당하는 금액을 합한 금액은 10%를 한도로 한다.

참고 원천징수 등 납부지연가산세 적용배제

다음의 어느 하나에 해당하는 경우에는 원천징수 등 납부지연가산세를 적용하지 아니한다.
① 소득세법에 따라 소득세를 원천징수하여야 할 자가 우리나라에 주둔하는 미군인 경우
② 소득세법에 따라 소득세를 원천징수하여야 할 자가 공적연금소득 또는 공적연금 관련법에 따른 일시금을 지급하는 경우
③ 소득세법 또는 법인세법에 따라 소득세 또는 법인세를 원천징수하여야 할 자가 국가, 지방자치단체 또는 지방자치단체조합인 경우(소득세법상 원천징수 등 납부지연가산세 특례에 해당하는 경우는 제외한다)

❹ 가산세 감면

(1) 가산세를 부과하지 않는 경우

정부는 국세기본법 또는 세법에 따라 가산세를 부과하는 경우 다음의 사유가 있는 경우에는 해당 가산세를 부과하지 아니한다. 가산세의 감면 등을 받으려는 자는 감면을 받으려는 가산세와 관계되는 국세의 세목 및 부과연도와 가산세의 종류 및 금액, 해당 의무를 이행할 수 없었던 사유(아래 ①, ②의 경우만 해당한다)를 적은 신청서를 관할 세무서장(세관장 또는 지방자치단체의 장 포함)에게 제출하여야 한다. → **직권 또는 신청으로 가산세 감면을 받을 수 있다.**

① 그 부과의 원인이 되는 사유가 천재 등으로 인한 기한연장 사유에 해당하는 경우

② 납세자가 의무를 이행하지 아니한 데 대한 정당한 사유가 있는 경우

③ 위 ① 및 ②와 유사한 경우로서 다음의 어느 하나에 해당하는 경우

a. 세법해석에 관한 질의 · 회신 등에 따라 신고 · 납부하였으나 이후 다른 과세처분을 하는 경우

b. 공익사업을 위한 토지 등의 취득 및 보상에 관한 법률에 따른 토지등의 수용 또는 사용, 국토의 계획 및 이용에 관한 법률에 따른 도시 · 군계획 또는 그 밖의 법령 등으로 인해 세법상 의무를 이행할 수 없게 된 경우

c. 소득세법 시행령에 따라 실손의료보험금을 의료비에서 제외함에 있어 실손의료보험금 지급의 원인이 되는 의료비를 지출한 과세기간과 해당 보험금을 지급받은 과세기간이 달라 해당 보험금을 지급받은 후 의료비를 지출한 과세기간에 대한 소득세를 수정신고 하는 경우(해당 보험금을 지급받은 과세기간에 대한 종합소득 과세표준확정신고 기한까지 수정신고 하는 경우에 한한다)

* 법령에 대한 무지 및 오인은 가산세 감면의 정당한 사유에 해당하지 아니한다.

(2) 가산세를 감면하는 경우

정부는 다음의 어느 하나에 해당하는 경우에는 국세기본법 또는 세법에 따른 해당 가산세액에서 다음에서 정하는 금액을 감면한다.

<table>
<tr><th colspan="2">구 분</th><th>감면비율</th></tr>
<tr><td rowspan="3">① 과세표준신고서를 법정신고기한까지 제출하지 아니한 자가 법정신고기한이 지난 후 기한후신고시 무신고가산세 감면*</td><td>1개월 이내</td><td>50%</td></tr>
<tr><td>3개월 이내</td><td>30%</td></tr>
<tr><td>6개월 이내</td><td>20%</td></tr>
<tr><td rowspan="6">② 과세표준신고서를 법정신고기한까지 제출한 자가 법정신고기한이 지난 후 수정신고시 과소신고(초과환급신고)가산세 감면*</td><td>1개월 이내</td><td>90%</td></tr>
<tr><td>3개월 이내</td><td>75%</td></tr>
<tr><td>6개월 이내</td><td>50%</td></tr>
<tr><td>1년 이내</td><td>30%</td></tr>
<tr><td>1년 6개월 이내</td><td>20%</td></tr>
<tr><td>2년 이내</td><td>10%</td></tr>
<tr><td colspan="2">③ 위 ①의 감면비율 및 ②의 감면비율 중 10%, 20%, 30% 규정에도 불구하고 예정신고 및 중간신고의 무신고 또는 과소신고(초과환급신고)를 한 경우로 확정신고기한까지 과세표준신고를 한 경우 또는 과세표준을 수정하여 신고한 경우(과세표준과 세액을 경정할 것을 미리 알고 과세표준신고를 하는 경우는 제외)의 무신고가산세 및 과소신고(초과환급신고)가산세 감면*</td><td rowspan="3">50%</td></tr>
<tr><td colspan="2">④ 과세전적부심사 결정 · 통지기간에 그 결과를 통지하지 아니한 경우 결정 · 통지가 지연됨으로써 해당 기간에 부과되는 납부지연가산세 감면</td></tr>
<tr><td colspan="2">⑤ 세법에 따른 제출, 신고, 가입, 등록, 개설의 기한이 지난 후 1개월 이내에 해당 세법에 따른 제출 등의 의무를 이행하는 경우 제출 등의 의무위반에 대하여 세법에 따라 부과되는 가산세 감면</td></tr>
<tr><td colspan="3">* 과세표준과 세액을 결정 · 경정할 것을 미리 알고 기한후신고, 수정신고, 과세표준신고를 하는 경우는 제외한다.</td></tr>
</table>

❺ 가산세 한도

(1) 가산세 한도

소득세법, 법인세법, 부가가치세법, 상속세 및 증여세법, 조세특례제한법에 따른 가산세 중 지급명세서 제출 불성실가산세, 증명서류 수취 불성실가산세, 사업장현황신고불성실가산세 등은 그 의무위반의 종류별로 각각 다음의 금액을 한도로 한다. 다만, 해당 의무를 고의적으로 위반한 경우에는 그러하지 아니하다.

구 분	비중소기업	중소기업
한도	1억원	5천만원

(2) 가산세 한도의 적용기간

구 분	내 용
소득세법, 법인세법 및 부가가치세법에 따른 가산세	과세기간 단위
상속세 및 증여세법에 따른 가산세	의무를 이행하여야 할 기간 단위

제 4 절 국세의 환급

❶ 국세환급금 — 국가가 납세자에게 과오납금, 환급세액을 반환하는 것

국세환급금은 다음의 절차에 따라 환급된다.

결정 → 충당 → 환급

(1) 국세환급금의 결정

세무서장은 납세의무자가 국세 및 강제징수비로서 납부한 금액 중 잘못 납부하거나 초과하여 납부한 금액이 있거나 세법에 따라 환급하여야 할 환급세액(세법에 따라 환급세액에서 공제하여야 할 세액이 있을 때에는 공제한 후에 남은 금액을 말한다)이 있을 때에는 즉시 그 잘못 납부한 금액, 초과하여 납부한 금액 또는 환급세액을 국세환급금으로 결정하여야 한다. 이 경우 착오납부 · 이중납부로 인한 환급청구를 하려는 자는 환급신청서를 관할세무서장에게 제출하여야 한다.

참고 과오납금과 환급세액

구 분	내 용	국세환급청구권의 확정시기
과납금	납부한 조세채무가 납부해야 할 금액을 초과한 세액 예 부과처분의 취소 또는 경정으로 감소된 세액	신고 또는 부과처분의 취소 또는 경정시
오납금	처음부터 납부할 조세채무가 없었으나, 착오에 의해 적법한 납부원인 없이 납부한 세액 예 착오납부, 이중납부로 납부한 세액	납부 또는 징수시
환급세액	적법하게 납부 또는 징수되었으나, 세법의 규정에 따라 환급되어야 하는 세액	세법의 규정에 따라 환급요건충족시

(2) 국세환급금의 충당

구 분	내 용
(1) 신청에 의한 충당	납부고지에 의하는 국세(납부기한 전 징수 사유에 해당하는 경우는 제외)와 세법에 의하여 자진납부하는 국세는 납세자가 동의하는 경우에 한하여 충당한다. 이 경우 충당청구를 한 날에 해당 국세를 납부한 것으로 본다.
(2) 직권충당	다음의 경우에는 납세자의 의사와 관계없이 세무서장이 직권으로 충당한다. ① 체납된 국세 및 강제징수비(다른 세무서에 체납된 국세 및 강제징수비를 포함)[*1] ② 납부기한 전 징수 사유에 해당하는 납부고지에 의하여 납부하는 국세
(3) 소액채권 충당	국세환급금 중 충당한 후 남은 금액이 20만원 개정 이하이고, 지급결정을 한 날부터 1년 이내에 환급이 이루어지지 아니하는 경우에는 납부고지에 의하여 납부하는 국세에 충당할 수 있으며, 국세환급금이 발생한 세목과 같은 세목이 있는 경우 같은 세목에 우선 충당한다. 이 경우 납세자의 동의가 있는 것으로 본다.

*1. 국세환급금과 체납된 국세 및 강제징수비의 충당이 있는 경우 체납된 국세 및 강제징수비와 국세환급금은 체납된 국세의 법정납부기한과 국세환급금 발생일 중 늦은 때로 소급하여 대등액에 관하여 소멸한 것으로 본다.
2. 국세환급금을 충당할 경우에는 체납된 국세 및 강제징수비에 우선 충당하여야 한다. 다만, 납세자가 납부고지에 의하여 납부하는 국세에 충당하는 것을 동의하거나 신청한 경우에는 납부고지에 의하여 납부하는 국세에 우선 충당하여야 한다.
3. 충당할 국세환급금이 2건 이상인 경우에는 소멸시효가 먼저 도래하는 것부터 충당하여야 한다.
4. 원천징수의무자가 원천징수하여 납부한 세액에서 환급받을 환급세액이 있는 경우 그 환급액은 그 원천징수의무자가 원천징수하여 납부하여야 할 세액에 충당(다른 세목의 원천징수세액에의 충당은 소득세법에 따른 원천징수이행상황신고서에 그 충당·조정명세를 적어 신고한 경우에만 할 수 있다)하고 남은 금액을 환급한다. 다만, 그 원천징수의무자가 그 환급액을 즉시 환급해 줄 것을 요구하는 경우나 원천징수하여 납부하여야 할 세액이 없는 경우에는 즉시 환급한다.

(3) 국세환급금의 지급

국세환급금 중 충당한 후 남은 금액은 국세환급금의 결정을 한 날부터 30일 내에 납세자에게 지급하여야 한다.

구 분	내 용
(1) 계좌이체방식	세무서장은 금융회사등 또는 체신관서에 계좌를 개설하고 세무서장에게 그 계좌를 신고한 납세자에게는 계좌이체방식으로 국세환급금을 지급할 수 있다.
(2) 현금지급방식	계좌이체방식으로 지급할 수 없는 납세자에게는 현금지급방식으로 지급할 수 있으며, 이 경우 지급금액, 지급이유, 수령방법, 지급장소, 지급요구일, 그 밖에 필요한 사항을 명시한 국세환급금통지서를 납세자에게 송부하여야 한다. * 국세환급금통지서의 송달은 등기우편에 의하여야 하나 5만원 미만의 국세환급금을 현금지급방식으로 지급하는 경우에는 일반우편으로 송달할 수 있다.

과세의 대상이 되는 소득, 수익, 재산, 행위 또는 거래의 귀속이 명의일 뿐이고 사실상 귀속되는 자(실질귀속자)가 따로 있어 명의대여자에 대한 과세를 취소하고 실질귀속자를 납세의무자로 하여 과세하는 경우 명의대여자 대신 실질귀속자가 납부한 것으로 확인된 금액은 실질귀속자의 기납부세액으로 먼저 공제하고 남은 금액이 있는 경우에는 실질귀속자에게 환급한다.

한편, 납세자는 국세환급금에 관한 권리를 타인에게 양도할 수 있다. 국세환급금에 관한 권리를 타인에게 양도하려는 납세자는 세무서장이 국세환급금통지서를 발급하기 전에 문서로 관할세무서장에게 양도를 요구하여야 한다. 세무서장은 국세환급금에 관한 권리의 양도 요구가 있는 경우에 양도인 또는 양수인이 납부할 국세 및 강제징수비가 있으면 그 국세 및 강제징수비에 충당하고, 남은 금액에 대해서는 양도의 요구에 지체 없이 따라야 한다. 즉, 남은 금액을 양수인에게 지급하여야 한다.

참고 국세환급금의 반환청구

세무서장이 국세환급금의 결정이 취소됨에 따라 이미 충당되거나 지급된 금액의 반환을 청구하는 경우에는 국세징수법의 고지 · 독촉 및 강제징수의 규정을 준용한다.

❷ 국세환급가산금

└ 국세환급금에 가산되는 법정이자상당액

세무서장은 국세환급금을 충당하거나 지급할 때에는 국세환급가산금을 국세환급금에 가산하여야 한다.

국세환급가산금 : 국세환급금 × 이자율*1 × 이자계산기간*2

*1. 시중은행의 1년 만기 정기예금 평균 수신금리를 고려하여 기획재정부령으로 정하는 이자율(기본이자율, 3.5%)을 말한다. 다만, 납세자가 이의신청, 심사청구, 심판청구, 감사원법에 따른 심사청구 또는 행정소송법에 따른 소송을 제기하여 그 결정 또는 판결에 따라 세무서장이 국세환급금을 지급하는 경우로서 그 결정 또는 판결이 확정된 날부터 40일 이후에 납세자에게 국세환급금을 지급하는 경우에는 기본이자율의 1.5배에 해당하는 이자율을 적용한다.

2. 국세환급가산금의 기산일부터 충당하는 날 또는 지급결정을 하는 날까지의 기간으로 한다. 소액채권 충당의 경우 국세환급가산금은 지급결정을 한 날까지 가산한다.

3. 다음 중 하나에 해당하는 사유 없이 고충민원의 처리에 따라 국세환급금을 충당하거나 지급하는 경우에는 국세환급가산금을 가산하지 아니한다.

① 경정 등의 청구

② 이의신청, 심사청구, 심판청구, 감사원법에 따른 심사청구, 행정소송법에 따른 소송에 대한 결정이나 판결

* 고충민원이란 국세와 관련하여 납세자가 경정 등의 청구, 이의신청, 심사청구, 심판청구, 감사원법에 따른 심사청구의 청구기한 또는 행정소송법에 따른 소송의 제소기한까지 그 청구 또는 소송을 제기하지 아니한 사항에 대하여 과세관청에게 직권으로 필요한 처분을 해 줄 것을 요청하는 민원을 말한다.

참고 **국세환급가산금의 기산일**

국세환급금가산금 기산일이란 다음의 구분에 따른 날의 다음 날로 한다.

구 분	내 용
① 착오납부, 이중납부 또는 납부 후 그 납부의 기초가 된 신고 또는 부과를 경정하거나 취소함에 따라 발생한 국세환급금	국세 납부일. 다만, 그 국세가 2회 이상 분할납부된 것인 경우에는 그 마지막 납부일로 하되, 국세환급금이 마지막에 납부된 금액을 초과하는 경우에는 그 금액이 될 때까지 납부일의 순서로 소급하여 계산한 국세의 각 납부일로 하며, 세법에 따른 중간예납액 또는 원천징수에 의한 납부액은 해당 세목의 법정신고기한 만료일에 납부된 것으로 본다.
② 적법하게 납부된 국세의 감면으로 발생한 국세환급금	감면 결정일
③ 적법하게 납부된 후 법률이 개정되어 발생한 국세환급금	개정된 법률의 시행일
④ 소득세법 · 법인세법 · 부가가치세법 · 개별소비세법 · 주세법 또는 교통 · 에너지 · 환경세법 또는 조세특례제한법에 따른 환급세액의 신고, 환급신청, 경정 또는 결정으로 인하여 환급하는 경우	신고를 한 날(신고한 날이 법정신고기일전인 경우에는 해당 법정신고기일) 또는 신청을 한 날부터 30일이 지난 날[세법에서 환급기한(예 부가가치세 조기환급 : 신고기한 이후 15일)을 정하고 있는 경우에는 그 환급기한의 다음 날]. 다만, 환급세액을 법정신고기한까지 신고하지 않음에 따른 결정으로 인하여 발생한 환급세액을 환급할 때에는 해당 결정일부터 30일이 지난 날로 한다.

* 경정청구에 따른 경정으로 환급하는 경우에도 위 ①에서 정한 날의 다음날을 국세환급가산금의 기산일로 한다.

❸ 국세환급금의 소멸시효

납세자의 국세환급금과 국세환급가산금에 관한 권리는 행사할 수 있는 때*부터 5년간 행사하지 아니하면 소멸시효가 완성된다. 그리고 국세환급가산금의 결정원인이 되는 국세환급금의 소멸시효가 완성한 때에 국세환급가산금의 소멸시효도 완성하는 것으로 본다. 한편 소멸시효는 세무서장이 납세자의 환급청구를 촉구하기 위하여 납세자에게 하는 환급청구의 안내 · 통지 등으로 인하여 중단되지 아니한다.

* 행사할 수 있을 때 : 국세환급가산금의 기산일을 말한다. 다만, 납부 후 그 납부의 기초가 된 신고 또는 부과를 경정하거나 취소하는 경우에는 경정결정일 또는 부과취소일을 말한다.

❹ 물납재산의 환급

납세자가 상속세 및 증여세법 규정에 의하여 상속세를 물납한 후 그 부과의 전부 또는 일부를 취소하거나 감액하는 경정결정에 의하여 환급하는 경우에는 해당 물납재산으로 환급하여야 한다.

참고 물납재산으로 환급이 되지 않는 경우

물납재산이 매각되었거나 다른 용도로 사용되고 있는 경우 등 다음에 해당하는 경우에는 금전으로 환급하여야 한다.

① 해당 물납재산의 성질상 분할하여 환급하는 것이 곤란한 경우
② 해당 물납재산이 임대 중이거나 다른 행정용도로 사용되고 있는 경우
③ 사용계획이 수립되어 해당 물납재산으로 환급하는 것이 곤란하다고 인정되는 경우 등 국세청장이 정하는 경우

(1) 국세환급가산금

물납재산으로 환급하는 경우에는 국세환급가산금을 지급하지 아니한다.

(2) 물납재산의 환급순서

물납재산을 환급하는 경우 환급의 순서에 관하여 납세자의 신청이 있는 때에는 그 신청에 의하여 관할세무서장이 환급하고, 납세자의 신청이 없는 때에는 상속세 및 증여세법에서 규정하는 물납충당재산의 허가순서의 역순으로 환급한다.

(3) 물납재산의 관리비용 부담주체

국가가 물납재산을 유지 또는 관리하기 위하여 지출한 비용은 국가의 부담으로 한다. 다만, 국가가 물납재산에 대하여 자본적 지출을 한 경우에는 이를 납세자의 부담으로 한다.

(4) 물납재산에 대한 과실의 귀속

물납재산이 수납된 이후 발생한 법정과실 및 천연과실은 납세자에게 환급하지 아니하고 국가에 귀속된다.

MEMO

CHAPTER 06

조세불복제도와 과세전적부심사

구 분	과세전적부심사청구 (사전적 권리구제제도)	불복청구 (사후적 권리구제제도)
(1) 개념	과세예고통지 후 납세자가 과세의 옳고 그름에 대한 심사를 청구하게 하는 제도	납부고지 후 납세자가 납세처분을 취소하거나 변경을 구하는 제도
(2) 제기	30일 이내	90일 이내
(3) 결정	30일 이내	90일 이내 (단, 감사원심사청구는 3월 이내)
(4) 결정의 종류	① 심사거부결정 : 요건불충족 ② 불채택결정 : 채택하지 아니함 ③ 채택결정 : 채택함	① 각하 : 요건불충족 ② 기각 : 이유없다고 인정 ③ 인용 : 이유있다고 인정
(5) 효력	결정의 유보	집행부정지
(6) 청구배제사유	① 납부기한 전 징수 또는 수시부과의 사유 ② 조세범처벌법에 따른 통고처분(다만, 고발 또는 통고처분과 관련 없는 세목 또는 세액에 대해서는 그러하지 아니하다.) ③ 세무조사결과통지 및 과세예고통지를 하는 날부터 국세부과 제척기간의 만료일까지의 기간이 3개월 이하인 경우 ④ 국제조세조정에 관한 법률에 따라 조세조약을 체결한 상대국이 상호합의절차의 개시를 요청하는 경우 ⑤ 불복청구·과세전적부심사청구에 따른 재조사 결정에 의한 조사를 하는 경우	① 조세범처벌절차법에 의한 통고처분 ② 감사원법에 의하여 심사청구를 한 처분이나 그 심사청구에 대한 처분 ③ 국세기본법 및 세법에 따른 과태료 부과처분

제 1 절 과세전적부심사

<table>
<tr><th>구 분</th><th>내 용</th></tr>
<tr><td>과세전적부 심사의 청구절차</td><td>세무조사결과에 대한 서면통지 또는 법소정의 과세예고통지*를 받은 자는 그 통지를 받은 날부터 30일 이내에 해당 통지를 한 세무서장이나 지방국세청장에게 통지내용의 적법성에 관한 심사를 청구할 수 있다. 다만, 다음의 경우는 국세청장에게 이를 청구할 수 있다.
① 법령과 관련하여 국세청장의 유권해석을 변경하여야 하거나 새로운 해석이 필요한 것
② 국세청장의 훈령 · 예규 · 고시 등과 관련하여 새로운 해석이 필요한 것
③ 세무서 또는 지방국세청에 대한 국세청장의 업무감사 결과(현지에서 시정조치하는 경우를 포함)에 따라 세무서장 또는 지방국세청장이 하는 과세예고 통지에 관한 것
④ ① ~ ③의 규정에 해당하지 아니하는 사항 중 과세전적부심사 청구금액이 5억원 이상인 것
⑤ 감사원법에 따른 시정요구에 따라 세무서장 또는 지방국세청장이 과세처분하는 경우로서 시정 요구 전에 과세처분 대상자가 감사원의 지적사항에 대한 소명안내를 받지 못한 것</td></tr>
<tr><td>과세전적부 심사의 청구배제</td><td>① 납부기한 전 징수 또는 수시부과의 사유가 있는 경우
② 조세범처벌법 위반으로 고발 또는 통고처분하는 경우(다만, 고발 또는 통고처분과 관련 없는 세목 또는 세액에 대해서는 그러하지 아니하다.)
③ 세무조사결과통지 및 과세예고통지를 하는 날부터 국세부과 제척기간의 만료일까지의 기간이 3개월 이하인 경우
④ 국제조세조정에 관한 법률에 따라 조세조약을 체결한 상대국이 상호합의절차의 개시를 요청하는 경우
⑤ 불복청구 · 과세전적부심사청구에 따른 재조사 결정에 의한 조사를 하는 경우</td></tr>
<tr><td>결정의 유보</td><td>과세전적부심사청구서를 제출받은 세무서장 · 지방국세청장 또는 국세청장은 그 청구부분에 대하여 과세전적부심사에 대한 결정이 있을 때까지 과세표준 및 세액의 결정이나 경정결정을 유보하여야 한다. 다만, 과세전적부심사의 배제사유에 해당하는 경우 및 조기결정신청의 경우에는 그러하지 아니한다.</td></tr>
<tr><td>과세전적부 심사에 대한 결정</td><td>과세전적부심사청구를 받은 세무서장 · 지방국세청장 또는 국세청장은 청구를 받은 날부터 30일 이내에 각각 국세심사위원회의 과세전적부심사를 거쳐 다음과 같이 결정을 하고 그 결과를 청구인에게 통지하여야 한다.
<table><tr><th>구 분</th><th>내 용</th></tr><tr><td>① 심사거부결정</td><td>다음의 어느 하나에 해당하여 심사하지 아니한다는 결정
a. 청구기간이 지난 후에 청구된 경우
b. 과세전적부심사 청구 후 보정기간에 필요한 보정을 하지 아니한 경우
c. 그 밖에 청구가 적법하지 아니한 경우</td></tr><tr><td>② 불채택결정</td><td>청구가 이유없다고 인정되어 채택하지 않는다는 결정</td></tr><tr><td>③ 채택결정</td><td>청구가 이유있다고 인정되어 채택하는 결정. 다만, 구체적인 채택의 범위를 정하기 위하여 사실관계 확인 등 추가적으로 조사가 필요한 경우에는 위의 서면통지 · 과세예고통지를 한 세무서장이나 지방국세청장으로 하여금 이를 재조사하여 그 결과에 따라 당초 통지 내용을 수정하여 통지하도록 하는 재조사 결정을 할 수 있다.</td></tr></table></td></tr>
<tr><td>조기결정신청</td><td>세무조사결과에 대한 서면통지 또는 법소정의 과세예고통지를 받은 자는 과세전적부심사를 청구하지 아니하고 그 통지를 한 세무서장이나 지방국세청장에게 통지받은 내용의 전부 또는 일부에 대하여 과세표준 및 세액을 조기에 결정하거나 경정결정하여 줄 것을 신청할 수 있다. 이 경우 해당 세무서장 등은 신청받은 내용대로 즉시 결정이나 경정결정을 하여야 한다.</td></tr>
</table>

* 법소정의 과세예고통지 : 세무서장 또는 지방국세청장은 다음의 어느 하나에 해당하는 경우에는 미리 납세자에게 그 내용을 서면으로 통지하여야 한다. → 과세예고 통지를 생략한 과세처분은 중대한 절차상의 하자로서 위법하다는 대법원판례에 따라 과세예고 통지의무를 명문화하였다.

① 세무서 또는 지방국세청에 대한 지방국세청장 또는 국세청장의 업무감사 결과(현지에서 시정조치하는 경우를 포함한다)에 따라 세무서장 또는 지방국세청장이 과세하는 경우

② 세무조사에서 확인된 것으로 조사대상자 외의 자에 대한 과세자료 및 현지 확인조사에 따라 세무서장 또는 지방국세청장이 과세하는 경우

③ 납부고지하려는 세액이 100만원 이상인 경우. 다만, 다음의 경우는 제외한다.

a. 감사원법에 따른 시정요구에 따라 세무서장 또는 지방국세청장이 과세처분하는 경우로서 시정요구 전에 과세처분 대상자가 감사원의 지적사항에 대한 소명안내를 받은 경우

b. 기한후과세표준신고서를 제출한 자가 납부하여야 할 세액을 납부하지 아니하거나 과소납부한 경우로서 세무서장 또는 지방국세청장이 해당 기한후과세표준신고서에 기재된 과세표준 및 세액과 동일하게 과세표준 및 세액을 결정하는 경우 개정

제 2 절 조세불복제도

국세기본법 또는 세법에 따른 처분으로서 위법 또는 부당한 처분을 받거나 필요한 처분을 받지 못함으로 인하여 권리나 이익을 침해당한 자는 조세불복규정에 따라 그 처분의 취소 또는 변경을 청구하거나 필요한 처분을 청구할 수 있다.

❶ 국세불복절차

이의신청 → 심사청구 또는 심판청구 → 행정소송

구 분		청구청	청구기간	결정기간
국세기본법	이의신청	세무서장 또는 지방국세청장	90일 이내	30일 이내[*1]
	심사청구	국세청장	90일 이내	90일 이내
	심판청구	조세심판원장	90일 이내	90일 이내
감사원법	심사청구	감사원장	90일 이내	3개월 이내

*1. 이의신청인이 송부받은 의견서에 대하여 이의신청 결정기간(이의신청을 받은 날부터 30일) 내에 항변하는 경우에는 이의신청을 받은 날부터 60일 이내에 하여야 한다. 또한, 재조사 결정이 있는 경우 처분청은 재조사 결정일로부터 60일 이내에 결정서 주문에 기재된 범위에 한정하여 조사하고, 그 결과에 따라 취소 · 경정하거나 필요한 처분을 하여야 한다.

2. 동일한 처분에 대하여 국세기본법에 의한 심사청구와 심판청구를 중복하여 제기할 수 없다.

3. 감사원법에 의한 심사청구를 하는 경우에는 국세기본법에 의한 심사청구 또는 심판청구를 할 수 없다.

(1) 이의신청 (임의절차로 생략가능)

원칙적으로 1심급(심사청구 또는 심판청구)이나 이의신청을 하는 경우 2심급이 된다. 이의신청은 불복의 사유를 갖추어 해당 처분을 하였거나 하였어야 할 세무서장에게 하거나 세무서장을 거쳐 관할 지방국세청장에게 하여야 한다. 다만, 다음의 경우에는 관할 지방국세청장에게 하여야 하며, 세무서장에게 한 이의신청은 관할 지방국세청장에게 한 것으로 본다.

① 지방국세청장의 조사에 따라 과세처분을 한 경우

② 세무서장에게 과세전적부심사를 청구한 경우

다만, 국세에 관한 처분이 국세청장이 조사 · 결정 또는 처리하거나 하였어야 할 경우에는 이의신청이 배제된다.

참고 **이의신청이 배제되는 처분**

국세청장이 조사 · 결정 또는 처리하거나 하였어야 할 것은 다음의 어느 하나에 해당하는 것으로 한다.

① 국세청장의 과세표준 조사 · 결정에 따른 처분
② 국세청의 감사결과로서의 시정지시에 따른 처분
③ 국세청의 세무조사 결과에 따른 처분
④ ①~③의 처분 외에 국세청장의 특별한 지시에 따른 처분
⑤ 세법에 따라 국세청장이 하여야 할 처분

(2) 심사청구 또는 심판청구

1) 불복청구기한

① 원칙적 불복청구기한

불복청구는 해당 처분이 있음을 안 날(처분의 통지를 받은 때에는 그 받은 날)부터 90일 이내에 제기하여야 한다. 이의신청을 거친 후 심사청구를 하려면 이의신청에 대한 결정의 통지를 받은 날부터 90일 이내에 제기하여야 한다. 다만, 다음의 어느 하나에 해당하는 경우에는 다음에서 정하는 날부터 90일 이내에 심사청구를 할 수 있다.

a. 결정기간 내에 결정의 통지를 받지 못한 경우: 그 결정기간이 지난 날
b. 이의신청에 대한 재조사 결정이 있은 후 처분기간(60일) 내에 처분 결과의 통지를 받지 못한 경우: 그 처분기간이 지난 날

② 예외적 불복청구기한

구 분	내 용
우편으로 제출	불복청구기한까지 우편으로 제출한 청구서가 청구기간을 지나서 도달한 경우에는 그 기간의 만료일에 적법한 청구를 한 것으로 본다.
정보통신망을 이용한 불복청구	① 이의신청인, 심사청구인 또는 심판청구인은 국세청장 또는 조세심판원장이 운영하는 정보통신망을 이용하여 이의신청서, 심사청구서 또는 심판청구서를 제출할 수 있다. ② ①에 따라 이의신청서, 심사청구서 또는 심판청구서를 제출하는 경우에는 국세청장 또는 조세심판원장에게 이의신청서, 심사청구서 또는 심판청구서가 전송된 때에 제출된 것으로 본다.
청구기한의 연장	불복청구인이 신고, 신청, 청구, 그 밖에 서류의 제출, 통지에 관한 기한연장의 사유로 불복청구기간에 불복청구를 할 수 없을 때에는 그 사유가 소멸한 날부터 14일 이내에 불복청구를 할 수 있다.
상호합의절차 등의 기간	상호합의절차가 개시된 경우 상호합의절차의 개시일부터 종료일까지의 기간 및 조정권고의 조정신청일부터 그 통지일까지의 기간은 불복청구기간과 결정기간에 산입하지 않는다.

2) 불복청구절차

구 분	내 용
심사청구	① 심사청구는 불복의 사유를 갖추어 해당 처분을 하였거나 하였어야 할 세무서장을 거쳐 국세청장에게 하여야 한다. ② ①에 따라 해당 청구서를 받은 세무서장은 이를 받은 날부터 7일 이내에 그 청구서에 처분의 근거 · 이유, 처분의 이유가 된 사실 등이 구체적으로 기재된 의견서를 첨부하여 국세청장에게 송부하여야 한다. ③ ②의 의견서가 제출되면 국세청장은 지체 없이 해당 의견서를 심사청구인에게 송부하여야 한다. ④ 심사청구인은 ③에 따라 송부받은 의견서에 대하여 항변하기 위하여 국세청장에게 증거서류나 증거물을 제출할 수 있다. ⑤ 심사청구인은 국세청장이 ④에 따른 증거서류나 증거물에 대하여 기한을 정하여 제출할 것을 요구하는 경우 그 기한까지 해당 증거서류 또는 증거물을 제출하여야 한다.
심판청구	① 심판청구를 하려는 자는 불복의 사유 등이 기재된 심판청구서를 그 처분을 하였거나 하였어야 할 세무서장이나 조세심판원장에게 제출하여야 한다. 이 경우 심판청구서를 받은 세무서장은 이를 지체 없이 조세심판원장에게 송부하여야 한다. ② 조세심판원장은 심판청구서를 받은 경우에는 지체 없이 그 부본을 그 처분을 하였거나 하였어야 할 세무서장에게 송부하여야 한다. ③ 심판청구서를 받거나 심판청구서의 부본을 받은 세무서장은 이를 받은 날부터 10일 이내에 그 심판청구서에 대한 답변서를 조세심판원장에게 제출하여야 한다. ④ ③의 답변서가 제출되면 조세심판원장은 지체 없이 그 부본(副本)을 해당 심판청구인에게 송부하여야 한다. ⑤ 조세심판원장은 ③에 따른 기한까지 세무서장이 답변서를 제출하지 아니하는 경우에는 기한을 정하여 답변서 제출을 촉구할 수 있다. ⑥ 조세심판원장은 세무서장이 ⑤에 따른 기한까지 답변서를 제출하지 아니하는 경우에는 증거조사 등을 통하여 심리절차를 진행하도록 할 수 있다.

*1. 심사청구기간을 계산할 때에는 세무서장에게 해당 청구서가 제출된 때에 심사청구를 한 것으로 한다. 해당 청구서가 소관세무서장 외의 세무서장, 지방국세청장 또는 국세청장에게 제출된 때에도 또한 같다.

2. 심판청구기간을 계산할 때에는 심판청구서가 소관세무서장 외의 세무서장, 지방국세청장 또는 국세청장에게 제출된 경우에도 심판청구를 한 것으로 본다. 이 경우 심판청구서를 받은 세무서장, 지방국세청장 또는 국세청장은 이를 지체 없이 조세심판원장에게 송부하여야 한다.

3) 결정기간

구 분	내 용
심사청구	청구를 받은 날부터 90일 이내에 하여야 한다.
심판청구	청구를 받은 날부터 90일 이내에 하여야 한다.

(3) 행정소송

구 분		내 용
(1) 행정심판전치주의	① 원칙	행정소송을 제기하기 전에 국세기본법 또는 감사원법에 의한 불복절차를 거쳐야 한다.
	② 예외	심사청구 또는 심판청구에 대한 재조사 결정에 따른 처분청의 처분에 대한 행정소송은 심사청구 또는 심판청구를 거치지 아니하고 제기할 수 있다.
(2) 제기	① 원칙	행정소송은 심사청구 또는 심판청구에 대한 결정을 받은 날부터 90일 이내에 제기하여야 한다.
	② 예외	결정기간 내에 결정의 통지를 받지 못한 경우에는 그 결정기간이 지난 날부터 행정소송을 제기할 수 있다.

참고 **재조사결정에 따른 처분청의 처분에 대한 행정소송의 제기기한**

구 분	내 용
심사청구 또는 심판청구를 거치지 아니하고 제기하는 경우	재조사 후 행한 처분청의 처분의 결과 통지를 받은 날부터 90일 이내. 다만, 처분기간(조사를 연기하거나 조사기간을 연장하거나 조사를 중지한 경우에는 해당 기간을 포함)에 처분청의 처분 결과 통지를 받지 못하는 경우에는 그 처분기간이 지난 날부터 행정소송을 제기할 수 있다.
심사청구 또는 심판청구를 거쳐 제기하는 경우	재조사 후 행한 처분청의 처분에 대하여 제기한 심사청구 또는 심판청구에 대한 결정의 통지를 받은 날부터 90일 이내. 다만, 결정기간에 결정의 통지를 받지 못하는 경우에는 그 결정기간이 지난 날부터 행정소송을 제기할 수 있다.

❷ 불복청구대상

구 분	내 용
불복청구대상	국세기본법 또는 세법에 따른 처분으로서 ① 위법 또는 부당한 처분을 받거나 ② 필요한 처분을 받지 못함으로 인하여 권리나 이익을 침해당한 자는 그 처분의 취소 또는 변경을 청구하거나 필요한 처분을 청구할 수 있다. → 개괄주의○, 열거주의×
불복청구배제	다음의 처분에 대해서는 불복청구를 할 수 없다. ① 조세범 처벌절차법에 따른 통고처분 ② 감사원법에 따라 심사청구를 한 처분이나 그 심사청구에 대한 처분 ③ 국세기본법 및 세법에 따른 과태료 부과처분
불복청구의 제한	① 심사청구 또는 심판청구에 대한 처분에 대해서는 이의신청, 심사청구 또는 심판청구를 제기할 수 없다. 다만, 재조사 결정에 따른 처분청의 처분에 대해서는 해당 재조사 결정을 한 재결청에 대하여 심사청구 또는 심판청구를 제기할 수 있다. ② 이의신청에 대한 처분과 재조사 결정에 따른 처분청의 처분에 대해서는 이의신청을 할 수 없다.

❸ 불복청구인 및 대리인

(1) 불복청구인

구 분	내 용
당사자	위법 · 부당한 처분 또는 필요한 처분을 받지 못하여 권리나 이익을 침해당한 자는 불복청구를 할 수 있다.
이해관계인	① 제2차 납세의무자로서 납부고지서를 받은 자 ② 다음의 물적납세의무를 지는 자로서 납부고지서를 받은 자 a. 양도담보권자의 물적납세의무 b. 부가가치세법상 신탁 관련 물적납세의무 c. 종합부동산세법상 신탁 관련 물적납세의무 ③ 보증인

(2) 대리인

구 분	내 용
원칙	이의신청인, 심사청구인 또는 심판청구인과 처분청은 변호사, 세무사 또는 세무사법에 따라 등록한 공인회계사를 대리인으로 선임할 수 있다.
예외	이의신청인, 심사청구인 또는 심판청구인은 신청 또는 청구의 대상이 5천만원(지방세의 경우는 2천만원) 미만인 경우에는 그 배우자, 4촌 이내의 혈족 또는 그 배우자의 4촌 이내의 혈족을 대리인으로 선임할 수 있다.

*1. 대리인은 본인을 위하여 그 신청 또는 청구에 관한 모든 행위를 할 수 있다. 다만, 그 신청 또는 청구의 취하는 특별한 위임을 받은 경우에만 할 수 있다.
2. 대리인의 권한은 서면으로 증명하여야 하며, 대리인을 해임하였을 때에는 그 사실을 서면으로 해당 재결청에 신고하여야 한다.

(3) 국선대리인

이의신청인, 심사청구인, 심판청구인 및 과세전적부심사 청구인은 재결청(과세전적부심사의 경우에는 통지를 한 세무서장이나 지방국세청장을 말한다.)에 다음의 요건을 모두 갖추어 변호사, 세무사 또는 공인회계사를 국선대리인으로 선정하여 줄 것을 신청할 수 있다.

요건	내 용
(1) 소득과 재산	① 개인 : 종합소득금액[*1]이 5천만원 이하이고, 소유재산가액[*2]이 5억원 이하일 것 ② 법인 : 수입금액이 3억원 이하이고 자산가액이 5억원 이하일 것[*3]
(2) 불복청구액	5천만원 이하인 신청 또는 청구일 것
(3) 세목	상속세, 증여세 및 종합부동산세가 아닌 세목에 대한 신청 또는 청구일 것

*1. 소득세 과세표준 확정신고기한 이전에 국선대리인의 선정을 신청하는 경우 그 신청일이 속하는 과세기간의 전전 과세기간의 종합소득금액을 대상으로 하고, 그 신고기한 이후에 신청하는 경우 그 신청일이 속하는 과세기간의 직전 과세기간의 종합소득금액을 대상으로 한다.
2. 소유재산액은 다음에 따른 재산의 평가가액 합계액을 말한다.
   ① 소득세법에 따른 토지와 건물
   ② 지방세법 시행령에 따른 승용자동차
   ③ 전세금(임차보증금 포함)
   ④ 골프회원권 및 콘도미니엄회원권
   ⑤ 주식 또는 출자지분
3. 기업회계기준에 따라 계산한 매출액과 자산을 말한다
4. 재결청은 국선대리인 선정신청요건을 모두 충족하는 경우 지체 없이 국선대리인을 선정하고, 신청을 받은 날부터 5일 이내에 그 결과를 불복청구인과 국선대리인에게 각각 통지하여야 한다.
5. 국선대리인의 권한에 관하여는 대리인에 관한 규정을 준용한다.

❹ 불복청구가 집행에 미치는 효력

구 분	내 용
원칙 (집행부정지)	이의신청, 심사청구 또는 심판청구는 세법에 특별한 규정이 있는 것을 제외하고는 해당 처분의 집행에 효력을 미치지 아니한다.
예외	① 해당 재결청이 처분의 집행 또는 절차의 속행 때문에 이의신청인, 심사청구인 또는 심판청구인에게 중대한 손해가 생기는 것을 예방할 필요성이 긴급하다고 인정할 때에는 처분의 집행정지(집행 또는 절차 속행의 전부 또는 일부의 정지)를 결정할 수 있다.*1 ② 국세기본법에 따른 이의신청 · 심사청구 또는 심판청구 절차가 진행 중이거나 행정소송이 계속 중인 국세의 체납으로 압류한 재산은 그 신청 또는 청구에 대한 결정이나 소에 대한 판결이 확정되기 전에는 공매할 수 없다.*2

*1. 이 경우 재결청은 집행정지 또는 집행정지의 취소에 관하여 심리 · 결정하면 지체 없이 당사자에게 통지하여야 한다.

2. 다만, 그 재산이 부패 · 변질 또는 감량되기 쉬운 재산으로서 속히 매각하지 아니하면 그 재산가액이 줄어들 우려가 있는 경우에는 매각할 수 있다.

❺ 불복청구에 대한 심리와 결정

(1) 불복청구에 대한 심리

1) 심리절차

구 분	내 용
요건심리	청구의 형식적 요건의 충족여부를 심리한다. ① 요건불충족시 → 각하결정 ② 요건충족시 → 본안심리
본안심리	청구의 내용을 심리한다. ① 불복청구가 이유 없다고 인정될 때 → 기각결정 ② 불복청구가 이유 있다고 인정될 때 → 인용결정

2) 청구서의 보정

① 재결청은 청구의 내용이나 절차가 적합하지 아니하나 보정할 수 있다고 인정되면 20일 이내의 기간(심판청구의 경우에는 상당한 기간)을 정하여 보정할 것을 요구할 수 있다. 다만, 보정할 사항이 경미한 경우에는 직권으로 보정할 수 있다. 이 경우 보정기간은 청구기간에 산입하지 아니한다.

② 보정요구를 받은 심사청구인은 보정할 사항을 서면으로 작성하여 국세청장에게 제출하거나, 국세청에 출석하여 보정할 사항을 말하고 그 말한 내용을 국세청 소속 공무원이 기록한 서면에 서명 또는 날인함으로써 보정할 수 있다.

(2) 불복청구에 대한 결정

1) 결정의 종류

구 분	내 용
각하	요건심리결과 신청 · 청구가 형식적으로 부적법한 경우*에는 그 청구를 각하하는 결정을 한다.
기각	청구가 이유 없다고 인정될 때에는 그 청구를 기각하는 결정을 한다.
인용	심사청구가 이유 있다고 인정될 때에는 그 청구의 대상이 된 처분의 취소 · 경정 결정을 하거나 필요한 처분의 결정을 한다. 다만, 취소 · 경정 또는 필요한 처분을 하기 위하여 사실관계 확인 등 추가적으로 조사가 필요한 경우에는 처분청으로 하여금 이를 재조사하여 그 결과에 따라 취소 · 경정하거나 필요한 처분을 하도록 하는 재조사 결정을 할 수 있다. 재조사 결정이 있는 경우 처분청은 재조사 결정일로부터 60일 이내에 결정서 주문에 기재된 범위에 한정하여 조사하고, 그 결과에 따라 취소 · 경정하거나 필요한 처분을 하여야 한다.* 이 경우 처분청은 규정에 따라 조사를 연기하거나 조사기간을 연장하거나 조사를 중지할 수 있다. * 다만, 처분청은 재조사 결과 심사청구인의 주장과 재조사 과정에서 확인한 사실관계가 다른 경우 등 법령으로 정하는 경우에는 해당 심사청구의 대상이 된 당초의 처분을 취소 · 경정하지 아니할 수 있다.

* 신청 · 청구가 형식적으로 부적법한 경우는 다음의 어느 하나에 해당하는 경우를 말한다.

① 다음과 같이 심사청구와 심판청구를 모두 제기한 경우 → 같은 날 제기한 경우 심사청구를 각하한다.
  a. 심판청구를 제기한 후 심사청구를 제기(같은 날 제기한 경우도 포함)한 경우 → 심사청구 각하
  b. 심사청구를 제기한 후 심판청구를 제기(같은 날 제기한 경우는 제외)한 경우 → 심판청구 각하
② 청구기간이 지난 후에 청구된 경우
③ 청구 후 보정기간에 필요한 보정을 하지 아니한 경우
④ 청구가 적법하지 아니한 경우
⑤ ①~④의 규정에 따른 경우와 유사한 경우로서 다음의 어느 하나에 해당하는 경우
  a. 불복청구의 대상이 되는 처분이 존재하지 아니하는 경우
  b. 불복청구의 대상이 되는 처분에 의하여 권리나 이익을 침해당하지 아니하는 경우
  c. 대리인이 아닌 자가 대리인으로서 불복을 청구하는 경우

2) 결정의 효력

구 분	내 용
기속력	결정이 있은 때에는 해당 행정청은 결정의 취지에 따라 즉시 필요한 처분을 하여야 한다는 것을 말한다.
불가쟁력	불복청구에 대한 결정에 대해 다음 심급에의 불복청구나 행정소송을 제기할 수 있는 기간이 지난 경우 결정은 형식적으로 확정되어, 그 효력을 다툴 수 없게 된다는 것을 말한다.
불가변력	불복청구에 대한 결정에 대해 재결청 자신도 그 결정을 취소하거나 변경할 수 없다는 것을 말한다. 다만, 계산착오 등의 단순오류임이 명백한 경우에는 직권 또는 불복청구인의 신청에 의해서 이를 경정할 수 있다.

참고 관계 서류의 열람 및 의견진술권

이의신청인, 심사청구인, 심판청구인 또는 처분청(처분청의 경우 심판청구에 한정한다)은 그 신청 또는 청구에 관계되는 서류를 열람할 수 있으며 해당 재결청에 의견을 진술할 수 있다.

참고 심사청구의 결정절차

① 국세청장은 심사청구를 받으면 국세심사위원회의 의결에 따라 결정을 하여야 한다. 다만, 심사청구기간이 지난 후에 제기된 심사청구 등 법소정 사유에 해당하는 경우에는 그러하지 아니하다.

② 국세청장은 ①에 따른 국세심사위원회 의결이 법령에 명백히 위반된다고 판단하는 경우 구체적인 사유를 적어 서면으로 국세심사위원회로 하여금 한 차례에 한정하여 다시 심의할 것을 요청할 수 있다.

③ 국세심사위원회의 회의는 공개하지 아니한다. 다만, 국세심사위원회 위원장이 필요하다고 인정할 때에는 공개할 수 있다.

참고 국세심사위원회

① 심사청구, 이의신청 및 과세전적부심사 청구사항을 심의 및 의결(심사청구에 한정한다)하기 위하여 세무서, 지방국세청 및 국세청에 각각 국세심사위원회를 둔다.

② 국세심사위원회의 위원 중 공무원이 아닌 위원은 법률 또는 회계에 관한 학식과 경험이 풍부한 사람(국세청에 두는 국세심사위원회의 위원 중 공무원이 아닌 위원의 경우에는 법소정의 자격을 갖춘 사람) 중에서 다음의 구분에 따른 사람이 된다.

a. 세무서에 두는 국세심사위원회 : 지방국세청장이 위촉하는 사람

b. 지방국세청 및 국세청에 두는 국세심사위원회 : 국세청장이 위촉하는 사람

③ 국세심사위원회의 위원 중 공무원이 아닌 위원은 형법 규정을 적용할 때에는 공무원으로 본다.

④ 국세심사위원회의 위원은 공정한 심의를 기대하기 어려운 사정이 있다고 인정될 때에는 위원회 회의에서 제척되거나 회피하여야 한다.

❻ 조세심판원

(1) 조세심판관회의

조세심판원장이 심판청구를 받았을 때에는 조세심판관회의가 심리를 거쳐 결정한다. 조세심판원장은 심판청구를 받으면 이에 관한 조사와 심리를 담당할 주심조세심판관 1명과 배석조세심판관 2명 이상을 지정하여 조세심판관회의를 구성하게 한다. 조세심판관회의는 담당 조세심판관 3분의 2 이상의 출석으로 개의하고, 출석조세심판관 과반수의 찬성으로 의결한다. 조세심판관회의는 공개하지 아니한다. 다만, 조세심판관회의 의장이 필요하다고 인정할 때에는 공개할 수 있다.

구 분	내 용
제척	조세심판관은 다음의 어느 하나에 해당하는 경우에는 심판관여로부터 제척된다. ① 심판청구인 또는 대리인인 경우(대리인이었던 경우를 포함) ② ①의 친족이거나 친족이었던 경우 ③ ①의 사용인이거나 사용인이었던 경우(심판청구일을 기준으로 최근 5년 이내에 사용인이었던 경우로 한정한다) ④ 불복의 대상이 되는 처분이나 처분에 대한 이의신청에 관하여 증언 또는 감정을 한 경우 ⑤ 심판청구일 전 최근 5년 이내에 불복의 대상이 되는 처분, 처분에 대한 이의신청 또는 그 기초가 되는 세무조사(조세범 처벌절차법에 따른 조세범칙조사 포함)에 관여하였던 경우 ⑥ ④ 또는 ⑤에 해당하는 법인 또는 단체에 속하거나 심판청구일 전 최근 5년 이내에 속하였던 경우 ⑦ 그 밖에 심판청구인 또는 그 대리인의 업무에 관여하거나 관여하였던 경우
회피	제척사유에 해당하는 경우 조세심판관은 주심조세심판관 또는 배석조세심판관의 지정에서 회피하여야 한다.
기피	담당 조세심판관에게 공정한 심판을 기대하기 어려운 사정이 있다고 인정될 때에는 심판청구인은 그 조세심판관의 기피를 신청할 수 있다. 기피 신청은 조세심판원장에게 하여야 하며, 조세심판원장은 기피 신청이 이유 있다고 인정할 때에는 기피 신청을 승인하여야 한다.

참고 소액심판

다음의 소액심판 등의 경우에는 조세심판관회의의 심리를 거치지 아니하고 주심조세심판관이 심리하여 결정할 수 있다.

① 심판청구금액이 5천만원(지방세의 경우는 2천만원) 미만인 것으로 다음의 어느 하나에 해당하는 것
  a. 청구사항이 법령의 해석에 관한 것이 아닌 것
  b. 청구사항이 법령의 해석에 관한 것으로서 유사한 청구에 대하여 이미 조세심판관회의의 의결에 따라 결정된 사례가 있는 것
  c. 각하 사유에 해당하는 경우

② 심판청구가 과세표준 또는 세액의 결정에 관한 것 외의 것으로서 유사한 청구에 대하여 이미 조세심판관회의의 의결에 따라 결정된 사례가 있는 것

참고 **조세심판관합동회의**

1. 조세심판원장과 상임조세심판관 모두로 구성된 회의(합동회의상정심의위원회)가 법소정 방법(구성원 3분의 2 이상의 출석으로 개의하고, 출석위원 과반수의 찬성으로 의결하는 것)에 따라 조세심판관회의의 의결이 다음의 어느 하나에 해당한다고 의결하는 경우에는 조세심판관합동회의가 심리를 거쳐 결정한다.
   ① 해당 심판청구사건에 관하여 세법의 해석이 쟁점이 되는 경우로서 이에 관하여 종전의 조세심판원 결정이 없는 경우
   ② 종전에 조세심판원에서 한 세법의 해석 · 적용을 변경하는 경우
   ③ 조세심판관회의 간에 결정의 일관성을 유지하기 위한 경우
   ④ 해당 심판청구사건에 대한 결정이 다수의 납세자에게 동일하게 적용되는 등 국세행정에 중대한 영향을 미칠 것으로 예상되어 국세청장이 조세심판원장에게 조세심판관합동회의에서 심리하여 줄 것을 요청하는 경우
2. 조세심판관합동회의는 조세심판원장과 조세심판원장이 회의마다 지정하는 12명 이상 20명 이내의 상임조세심판관 및 비상임조세심판관으로 구성하되, 상임조세심판관과 같은 수 이상의 비상임조세심판관이 포함되어야 한다.
3. 조세심판관합동회의에 관하여는 조세심판관회의에 대한 규정을 준용한다.
4. 심판결정은 문서로 하여야 하고, 그 결정서에는 주문(主文)과 이유를 적고 심리에 참석한 조세심판관의 성명을 밝혀 해당 심판청구인과 세무서장에게 송달하여야 한다.

참고 **조세심판원**

1. 심판청구에 대한 결정을 하기 위하여 국무총리 소속으로 조세심판원을 둔다.
2. 조세심판원은 그 권한에 속하는 사무를 독립적으로 수행한다.
3. 조세심판원에 원장과 조세심판관을 두되, 원장과 원장이 아닌 상임조세심판관은 고위공무원단에 속하는 일반직공무원 중에서 국무총리의 제청으로 대통령이 임명하고, 비상임조세심판관은 법령으로 정하는 바에 따라 위촉한다. 이 경우 원장이 아닌 상임조세심판관(경력직공무원으로서 전보 또는 승진의 방법으로 임용되는 상임조세심판관은 제외)은 임기제공무원으로 임용한다.
4. 조세심판관은 조세 · 법률 · 회계분야에 관한 전문지식과 경험을 갖춘 사람으로서 법령으로 정하는 자격을 가진 사람이어야 한다.
5. 상임조세심판관의 임기는 3년으로 하며, 한 차례만 중임할 수 있다.
6. 비상임조세심판관의 임기는 3년으로 하며, 한 차례만 연임할 수 있다.
7. 조세심판관이 다음의 어느 하나에 해당하는 경우를 제외하고는 그 의사에 반하여 임명을 철회하거나 해촉할 수 없다.
   ① 심신쇠약 등으로 장기간 직무를 수행할 수 없게 된 경우
   ② 직무와 관련된 비위사실이 있는 경우
   ③ 직무태만, 품위손상이나 그 밖의 사유로 조세심판관으로서 적합하지 아니하다고 인정되는 경우
   ④ 제척사유에 해당하는데도 불구하고 회피하지 아니한 경우
8. 원장인 조세심판관에 대해서는 위 5 및 7을 적용하지 아니한다.
9. 조세심판관 중 공무원이 아닌 사람은 형법 규정을 적용할 때에는 공무원으로 본다.
10. 조세심판원에 심판청구사건에 대한 조사사무를 담당하는 심판조사관 및 이를 보조하는 직원을 두며 그 자격은 법령으로 정한다.

참고 조세심판관의 자격요건

1. 조세심판관은 조세 · 법률 · 회계분야에 관한 전문지식과 경험을 갖춘 사람으로서 다음의 어느 하나에 해당하는 자격을 가진 사람이어야 한다.
   ① 조세에 관한 사무에 4급 이상의 국가공무원 · 지방공무원 또는 고위공무원단에 속하는 일반직공무원으로서 3년 이상 근무한 사람 또는 5급 이상의 국가공무원 · 지방공무원으로서 5년 이상 근무한 사람
   ② 다음의 어느 하나에 해당하는 직에 재직한 기간을 합해 10년 이상인 사람
      a. 판사 · 검사 또는 군법무관
      b. 변호사 · 공인회계사 · 세무사 또는 관세사
      c. 조세 관련 분야를 전공하고 고등교육법에 따른 학교의 조교수 이상에 해당하는 직
2. 다음의 어느 하나에 해당하는 상임조세심판관은 3명, 비상임조세심판관은 6명을 초과할 수 없다.
   ① 관세 또는 지방세에 관한 사무에 근무한 기간을 포함한 경력으로 위 1. ①에 따른 자격요건에 해당되어 조세심판관이 된 사람
   ② 관세사의 직에 6년 이상 재직한 경력으로 조세심판관이 된 사람
3. 위 2.의 어느 하나에 해당하는 상임조세심판관 및 비상임조세심판관은 그 경력에 해당하는 관세 또는 지방세 분야의 심판청구에 대한 심리 및 결정에 관한 업무를 수행하여야 한다. 다만, 조세심판관합동회의 및 합동회의상정심의위원회의 경우에는 관세 또는 지방세 분야가 아닌 심판청구에 대하여 심리 및 결정에 관한 업무를 수행할 수 있다.

(2) 사건의 병합과 분리

담당 조세심판관은 필요하다고 인정하면 여러 개의 심판사항을 병합하거나 병합된 심판사항을 여러 개의 심판사항으로 분리할 수 있다.

(3) 질문검사권

담당 조세심판관은 심판청구에 관한 조사와 심리를 위하여 필요하면 직권으로 또는 심판청구인의 신청에 의하여 다음의 행위를 할 수 있다.

① 심판청구인, 처분청(심판청구사건의 쟁점 거래사실과 직접 관계있는 자를 관할하는 세무서장 또는 지방국세청장을 포함한다), 관계인 또는 참고인에 대한 질문
② ①에 열거한 자의 장부, 서류, 그 밖의 물건의 제출 요구
③ ①에 열거한 자의 장부, 서류, 그 밖의 물건의 검사 또는 감정기관에 대한 감정 의뢰

(4) 심판의 원칙

구 분	내 용
자유심증주의	조세심판관은 심판청구에 관한 조사 및 심리의 결과와 과세의 형평을 고려하여 자유심증으로 사실을 판단한다.
불고불리	조세심판관회의 또는 조세심판관합동회의(심사청구의 경우 국세청장)는 결정을 할 때 심판청구(심사청구)를 한 처분 외의 처분에 대해서는 그 처분의 전부 또는 일부를 취소 또는 변경하거나 새로운 처분의 결정을 하지 못한다.
불이익변경금지	조세심판관회의 또는 조세심판관합동회의(심사청구의 경우 국세청장)는 결정을 할 때 심판청구(심사청구)를 한 처분보다 청구인에게 불리한 결정을 하지 못한다.

(5) 항고소송 제기사건의 통지

국세청장, 지방국세청장, 세무서장은 심판청구를 거쳐 행정소송법에 따른 항고소송이 제기된 사건에 대하여 그 내용이나 결과 등 법령으로 정하는 사항을 반기마다 그 다음 달 15일까지 조세심판원장에게 알려야 한다.

MEMO

CHAPTER 07 납세자의 권리 및 보칙

제 1 절 납세자의 권리

❶ 납세자권리헌장의 제정, 교부 및 설명

구 분	내 용
제정	국세청장은 납세자의 권리보호에 관한 사항을 포함하는 납세자권리헌장을 제정하여 고시하여야 한다.
교부	세무공무원은 다음의 어느 하나에 해당하는 경우에는 납세자권리헌장의 내용이 수록된 문서를 납세자에게 내주어야 한다. ① 세무조사(조세범 처벌절차법에 따른 조세범칙조사 포함)를 하는 경우 ② 사업자등록증을 발급하는 경우
설명	세무공무원은 세무조사를 시작할 때 조사원증을 납세자 또는 관련인에게 제시한 후 납세자권리헌장을 교부하고 그 요지를 직접 낭독해 주어야 하며, 조사사유, 조사기간, 납세자보호위원회에 대한 심의 요청사항 · 절차 및 권리구제 절차 등을 설명하여야 한다.

❷ 납세자의 성실성 추정

세무공무원은 세무조사 대상자의 수시선정 사유에 해당하는 경우를 제외하고는 납세자가 성실하며 납세자가 제출한 신고서 등이 진실한 것으로 추정하여야 한다.

❸ 세무조사

(1) 세무조사의 사전통지

구 분	내 용
(1) 사전통지	세무공무원은 세무조사(조세범 처벌절차법에 따른 조세범칙조사는 제외)를 하는 경우에는 조사를 받을 납세자(납세자가 납세관리인을 정하여 관할세무서장에게 신고한 경우에는 납세관리인)에게 조사를 시작하기 20일(불복청구 · 과세전적부심사청구에 따른 재조사 결정으로 재조사를 하는 경우에는 7일) 개정 전에 사전통지를 하여야 한다. 사전통지를 하는 경우에는 다음의 사항을 적은 문서로 하여야 한다. ① 납세자 또는 납세관리인의 성명과 주소 또는 거소 ② 조사기간 ③ 조사대상 세목 · 과세기간 및 조사 사유 ④ 부분조사를 실시하는 경우에는 해당 부분조사의 범위 ⑤ 그 밖에 필요한 사항

(2) 사전통지의 생략	사전통지를 하면 증거인멸 등으로 조사 목적을 달성할 수 없다고 인정되는 경우에는 사전통지를 하지 않을 수 있다.
(3) 세무조사통지서 교부	사전통지를 하지 아니하고 조사를 개시하거나 조세채권을 확보하기 위하여 조사를 긴급히 개시할 필요가 있다고 인정되어 조사를 개시하는 경우 조사를 개시할 때 다음의 사항이 포함된 세무조사통지서를 세무조사를 받을 납세자에게 교부하여야 한다. 단, 폐업 등*의 경우에는 그러하지 아니하다. a. 사전통지 사항 b. 사전통지를 하지 아니한 사유

* 폐업 등의 경우는 다음의 어느 하나에 해당하는 경우를 말한다.
① 납세자가 세무조사 대상이 된 사업을 폐업한 경우
② 납세자가 납세관리인을 정하지 아니하고 국내에 주소 또는 거소를 두지 아니한 경우
③ 납세자 또는 납세관리인이 세무조사통지서의 수령을 거부하거나 회피하는 경우

(2) 세무조사권 남용 금지

구 분	내 용
(1) 남용 금지	① 세무공무원은 적정하고 공평한 과세의 실현을 위하여 필요한 최소한의 범위에서 세무조사(조세범 처벌절차법에 따른 조세범칙조사 포함)를 하여야 하며, 다른 목적 등을 위하여 조사권을 남용하여서는 아니된다. ② 누구든지 세무공무원으로 하여금 법령을 위반하게 하거나 지위 또는 권한을 남용하게 하는 등 공정한 세무조사를 저해하는 행위를 하여서는 아니 된다.
(2) 재조사 금지	세무공무원은 다음의 경우를 제외하고는 같은 세목 및 같은 과세기간에 대하여 재조사를 할 수 없다. ① 조세탈루의 혐의를 인정할 만한 명백한 자료가 있는 경우 ② 거래상대방에 대한 조사가 필요한 경우 ③ 2 이상의 과세기간과 관련하여 잘못이 있는 경우 ④ 불복청구 · 과세전적부심사가 이유가 있다고 인정되어 그 청구의 대상이 된 처분의 취소 · 경정 또는 필요한 처분을 하기 위한 사실관계 확인 등 추가적으로 조사가 필요한 경우에 행한 재조사결정에 따라 조사를 하는 경우(결정서 주문에 기재된 범위의 조사에 한정함) ⑤ 납세자가 세무공무원에게 직무와 관련하여 금품을 제공하거나 금품제공을 알선한 경우 ⑥ 부분조사를 실시한 후 해당 조사에 포함되지 아니한 부분에 대하여 조사하는 경우 ⑦ 부동산투기, 매점매석, 무자료거래 등 경제질서 교란 등을 통한 세금 탈루혐의가 있는 자에 대하여 일제조사를 하는 경우 ⑧ 과세관청 외의 기관이 직무상 목적을 위하여 작성하거나 취득하여 과세관청에 제공한 자료의 처리를 위해 조사하는 경우 ⑨ 국세환급금의 결정을 위한 확인조사를 하는 경우 ⑩ 조세범 처벌절차법에 따른 조세범칙행위의 혐의를 인정할 만한 명백한 자료가 있는 경우

(3) 장부등의 제출요구	세무공무원은 세무조사를 하기 위하여 필요한 최소한의 범위에서 장부등의 제출을 요구하여야 하며, 조사대상 세목 및 과세기간의 과세표준과 세액의 계산과 관련 없는 장부등의 제출을 요구해서는 아니 된다.

(3) 세무조사 시 조력을 받을 권리

납세자는 세무조사(조세범 처벌절차법에 따른 조세범칙조사 포함)를 받는 경우에 변호사, 공인회계사, 세무사로 하여금 조사에 참여하게 하거나 의견을 진술하게 할 수 있다.

(4) 세무조사 관할

구 분	내 용
원칙	세무조사는 납세지 관할세무서장 또는 지방국세청장이 수행한다.
예외	다음에 해당하는 경우에는 국세청장(같은 지방국세청 소관 세무서 관할 조정의 경우에는 지방국세청장)이 그 관할을 조정할 수 있다. ① 납세자가 사업을 실질적으로 관리하는 장소의 소재지와 납세지가 관할을 달리하는 경우 ② 일정한 지역에서 주로 사업을 하는 납세자에 대하여 공정한 세무조사를 실시할 필요가 있는 경우 등 납세지 관할세무서장 또는 지방국세청장이 세무조사를 수행하는 것이 부적절하다고 판단되는 경우 ③ 세무조사 대상 납세자와 출자관계에 있는 자, 거래가 있는 자 또는 특수관계인에 해당하는 자 등에 대한 세무조사가 필요한 경우 ④ 세무관서별 업무량과 세무조사 인력 등을 고려하여 관할을 조정할 필요가 있다고 판단되는 경우

(5) 세무조사 대상자 선정

구 분	내 용
정기선정	세무공무원은 다음의 어느 하나에 해당하는 경우에 정기적으로 신고의 적정성을 검증하기 위하여 대상을 선정하여 세무조사를 할 수 있다. 이 경우 세무공무원은 객관적 기준에 따라 공정하게 그 대상을 선정하여야 한다. ① 국세청장이 납세자의 신고 내용에 대하여 과세자료, 세무정보 및 주식회사의 외부감사에 관한 법률에 따른 감사의견, 외부감사 실시내용 등 회계성실도 자료 등을 고려하여 정기적으로 성실도를 분석한 결과 불성실 혐의가 있다고 인정하는 경우 ② 최근 4과세기간 이상 같은 세목의 세무조사를 받지 아니한 납세자에 대하여 업종, 규모, 경제력 집중 등을 고려하여 신고 내용이 적정한지를 검증할 필요가 있는 경우 ③ 무작위추출방식으로 표본조사를 하려는 경우

수시선정	세무공무원은 정기선정에 의한 조사 외에 다음의 어느 하나에 해당하는 경우에는 세무조사를 할 수 있다. ① 납세자가 세법에서 정하는 신고, 성실신고확인서의 제출, 세금계산서 또는 계산서의 작성 · 교부 · 제출, 지급명세서의 작성 · 제출 등의 납세협력의무를 이행하지 아니한 경우 ② 무자료거래, 위장 · 가공거래 등 거래 내용이 사실과 다른 혐의가 있는 경우 ③ 납세자에 대한 구체적인 탈세 제보가 있는 경우 ④ 신고 내용에 탈루나 오류의 혐의를 인정할 만한 명백한 자료가 있는 경우 ⑤ 납세자가 세무공무원에게 직무와 관련하여 금품을 제공하거나 금품제공을 알선한 경우
기타	세무공무원은 과세관청의 조사결정에 의하여 과세표준과 세액이 확정되는 세목의 경우 과세표준과 세액을 결정하기 위하여 세무조사를 할 수 있다.

* 소규모 성실사업자에 대한 세무조사 면제 : 세무공무원은 다음에 해당하는 자로서 일정 요건을 충족한 소규모 성실사업자에 대해서는 세무조사를 하지 아니할 수 있다. 다만, 객관적인 증거자료에 의하여 과소신고한 것이 명백한 경우에는 그러하지 아니하다.
① 개인 : 소득세법에 따른 간편장부대상자
② 법인 : 법인세법에 따라 법인세 과세표준 및 세액 신고서에 적어야 할 해당 법인의 수입금액(과세기간이 1년 미만인 경우에는 1년으로 환산한 수입금액을 말한다)이 1억원 이하인 자

(6) 세무조사의 연기신청

구 분	내 용
연기신청	세무조사 사전통지를 받은 납세자가 다음의 어느 하나에 해당하는 사유로 조사를 받기 곤란한 경우에는 관할세무관서의 장에게 조사를 연기해 줄 것을 신청할 수 있다. 이 경우 연기신청을 받은 관할세무관서의 장은 연기신청 승인 여부를 결정하고 그 결과(연기 결정 시 연기한 기간 포함)를 조사 개시 전까지 통지하여야 한다. ① 화재, 그 밖의 재해로 사업상 심각한 어려움이 있을 때 ② 납세자 또는 납세관리인의 질병, 장기출장 등으로 세무조사가 곤란하다고 판단될 때 ③ 권한 있는 기관에 장부, 증거서류가 압수되거나 영치되었을 때 ④ ①~③의 규정에 준하는 사유가 있을 때
연기중단	관할 세무관서의 장은 다음의 어느 하나에 해당하는 사유가 있는 경우에는 연기한 기간이 만료되기 전에 조사를 개시할 수 있다. ① 연기 사유가 소멸한 경우*[1] ② 조세채권을 확보하기 위하여 조사를 긴급히 개시할 필요가 있다고 인정되는 경우*[2]

*1. 관할 세무관서의 장은 연기 사유가 소멸하여 조사를 개시하려는 경우에는 조사를 개시하기 5일 전까지 조사를 받을 납세자에게 연기 사유가 소멸한 사실과 조사기간을 통지하여야 한다.
2. 세무공무원은 조세채권을 확보하기 위하여 조사를 긴급히 개시할 필요가 있다고 인정되어 조사를 개시할 때에는 조사를 긴급히 개시하여야 하는 사유가 포함된 세무조사통지서를 세무조사를 받을 납세자에게 교부하여야 한다. 다만, 폐업 등의 경우에는 그러하지 아니하다.

(7) 세무조사 기간

구 분	내 용
세무조사 기간	① 세무공무원은 조사대상 세목 · 업종 · 규모, 조사 난이도 등을 고려하여 세무조사 기간이 최소한이 되도록 하여야 한다. ② 세무공무원은 세무조사 기간을 단축하기 위하여 노력하여야 하며, 장부기록 및 회계처리의 투명성 등 납세성실도를 검토하여 더 이상 조사할 사항이 없다고 판단될 때에는 조사기간 종료 전이라도 조사를 조기에 종결할 수 있다.
세무조사 기간의 연장	다음의 어느 하나에 해당하는 경우에는 세무조사 기간을 연장할 수 있다. ① 납세자가 장부 · 서류 등을 은닉하거나 제출을 지연하거나 거부하는 등 조사를 기피하는 행위가 명백한 경우 ② 거래처 조사, 거래처 현지확인 또는 금융거래 현지확인이 필요한 경우 ③ 세금탈루 혐의가 포착되거나 조사 과정에서 조세범 처벌절차법에 따른 조세범칙조사를 개시하는 경우 ④ 천재지변이나 노동쟁의로 조사가 중단되는 경우 ⑤ 납세자보호관 또는 담당관이 세금탈루혐의와 관련하여 추가적인 사실 확인이 필요하다고 인정하는 경우 ⑥ 세무조사 대상자가 세금탈루혐의에 대한 해명 등을 위하여 세무조사 기간의 연장을 신청한 경우로서 납세자보호관 등이 이를 인정하는 경우
세무조사 기간의 제한	세무공무원은 세무조사 기간을 정할 경우 조사대상 과세기간 중 연간 수입금액 또는 양도가액이 가장 큰 과세기간의 연간 수입금액 또는 양도가액이 100억원 미만인 납세자에 대한 세무조사 기간은 20일 이내로 한다. 세무조사를 연장하는 경우로서 최초로 연장하는 경우에는 관할세무관서의 장의 승인을 받아야 하고, 2회 이후 연장의 경우에는 관할상급세무관서의 장의 승인을 받아 각각 20일 이내에서 연장할 수 있다.[*1]

*1. 다만, 다음에 해당하는 경우에는 세무조사 기간의 제한 및 세무조사 연장기간의 제한을 받지 아니한다.
① 무자료거래, 위장 · 가공거래 등 거래 내용이 사실과 다른 혐의가 있어 실제 거래 내용에 대한 조사가 필요한 경우
② 역외거래를 이용하여 세금을 탈루하거나 국내 탈루소득을 해외로 변칙유출한 혐의로 조사하는 경우
③ 명의위장, 이중장부의 작성, 차명계좌의 이용, 현금거래의 누락 등의 방법을 통하여 세금을 탈루한 혐의로 조사하는 경우
④ 거짓계약서 작성, 미등기양도 등을 이용한 부동산 투기 등을 통하여 세금을 탈루한 혐의로 조사하는 경우
⑤ 상속세 · 증여세 조사, 주식변동 조사, 범칙사건 조사 및 출자 · 거래관계에 있는 관련자에 대하여 동시조사를 하는 경우
2. 세무공무원은 세무조사 기간을 연장하는 경우에는 그 사유와 기간을 납세자에게 문서로 통지하여야 한다.

(8) 세무조사의 중지

구 분	내 용
세무조사의 중지	① 세무공무원은 세무조사의 중지사유[*1]로 세무조사를 진행하기 어려운 경우에는 세무조사를 중지할 수 있다. 이 경우 그 중지기간은 세무조사 기간 및 세무조사 연장기간에 산입하지 아니한다. ② 세무공무원은 세무조사의 중지기간 중에는 납세자에 대하여 국세의 과세표준과 세액을 결정 또는 경정하기 위한 질문을 하거나 장부등의 검사·조사 또는 그 제출을 요구할 수 없다.
세무조사의 재개	세무공무원은 세무조사를 중지한 경우에는 그 중지사유가 소멸하게 되면 즉시 조사를 재개하여야 한다. 다만, 조세채권의 확보 등 긴급히 조사를 재개하여야 할 필요가 있는 경우에는 세무조사를 재개할 수 있다.

*1. 세무조사의 중지사유
① 세무조사 연기신청 사유에 해당하는 사유가 있어 납세자가 조사중지를 신청한 경우
② 국외자료의 수집·제출 또는 상호합의절차 개시에 따라 외국 과세기관과의 협의가 필요한 경우
③ 다음의 어느 하나에 해당하여 세무조사를 정상적으로 진행하기 어려운 경우
a. 납세자의 소재가 불명한 경우
b. 납세자가 해외로 출국한 경우
c. 납세자가 장부·서류 등을 은닉하거나 그 제출을 지연 또는 거부한 경우
d. 노동쟁의가 발생한 경우
e. 그 밖에 이와 유사한 사유가 있는 경우
④ 납세자보호관 또는 담당관이 세무조사의 일시중지를 요청하는 경우
2. 세무공무원은 세무조사를 중지 또는 재개하는 경우에는 그 사유를 문서로 통지하여야 한다.

(9) 세무조사 범위 확대의 제한

세무공무원은 다음의 경우를 제외하고는 조사진행 중 세무조사의 범위를 확대할 수 없으며, 다음의 경우로 세무조사의 범위를 확대하는 경우에는 그 사유와 범위를 납세자에게 문서로 통지하여야 한다.

① 다른 과세기간·세목 또는 항목에 대한 구체적인 세금탈루 증거자료가 확인되어 다른 과세기간·세목 또는 항목에 대한 조사가 필요한 경우
② 명백한 세금탈루 혐의 또는 세법 적용의 착오 등이 있는 조사대상 과세기간의 특정 항목이 다른 과세기간에도 있어 동일하거나 유사한 세금탈루 혐의 또는 세법 적용 착오 등이 있을 것으로 의심되어 다른 과세기간의 그 항목에 대한 조사가 필요한 경우

(10) 장부등의 보관 금지

1) 장부등의 보관 금지

구 분	내 용
① 원칙	세무공무원은 세무조사(조세범 처벌절차법에 따른 조세범칙조사 포함)의 목적으로 납세자의 장부등을 세무관서에 임의로 보관할 수 없다.
② 예외	세무공무원은 세무조사 대상의 수시선정 사유에 해당하는 경우에는 조사 목석에 필요한 최소한의 범위에서 납세자, 소지자 또는 보관자 등 정당한 권한이 있는 자가 임의로 제출한 장부등을 납세자의 동의를 받아 세무관서에 일시 보관할 수 있다. * 납세자등은 조사목적이나 조사범위와 관련이 없는 등의 사유로 일시 보관에 동의하지 아니하는 장부등에 대해서는 세무공무원에게 일시 보관할 장부등에서 제외할 것을 요청할 수 있다. 이 경우 세무공무원은 정당한 사유 없이 해당 장부등을 일시 보관할 수 없다.

* 세무공무원은 납세자의 장부등을 세무관서에 일시 보관하려는 경우 납세자로부터 일시 보관 동의서를 받아야 하며, 일시 보관증을 교부하여야 한다.

2) 반환요청시 반환

구 분	내 용
① 원칙	세무공무원은 일시 보관하고 있는 장부등에 대하여 납세자가 반환을 요청한 경우에는 그 반환을 요청한 날부터 14일 이내에 장부등을 반환하여야 한다. 다만, 조사 목적을 달성하기 위하여 필요한 경우에는 납세자보호위원회의 심의를 거쳐 한 차례만 14일 이내의 범위에서 보관 기간을 연장할 수 있다.
② 예외	세무공무원은 납세자가 일시 보관하고 있는 장부등의 반환을 요청한 경우로서 세무조사에 지장이 없다고 판단될 때에는 요청한 장부등을 즉시 반환하여야 한다.

*1. 납세자에게 장부등을 반환하는 경우 세무공무원은 장부등의 사본을 보관할 수 있고, 그 사본이 원본과 다름없다는 사실을 확인하는 납세자의 서명 또는 날인을 요구할 수 있다.
2. 납세자의 반환요청으로 장부등을 반환한 경우를 제외하고 세무공무원은 해당 세무조사를 종결할 때까지 일시 보관한 장부등을 모두 반환하여야 한다.

참고 장부등의 일시 보관 방법 및 절차

세무공무원은 장부등을 일시 보관하려는 경우 장부등의 일시 보관 전에 납세자, 소지자 또는 보관자 등 정당한 권한이 있는 자에게 다음의 사항을 고지하여야 한다.

① 장부등을 일시 보관하는 사유
② 납세자등이 동의하지 아니하는 경우에는 장부등을 일시 보관할 수 없다는 내용
③ 납세자등이 임의로 제출한 장부등에 대해서만 일시 보관할 수 있다는 내용
④ 납세자등이 요청하는 경우 일시 보관 중인 장부등을 반환받을 수 있다는 내용

(11) 통합조사의 원칙

구 분	내 용
통합조사	① 원칙 : 세무조사는 납세자의 사업과 관련하여 세법에 따라 신고·납부의무가 있는 세목을 통합하여 실시하는 것을 원칙으로 한다. ② 예외 : 다음의 어느 하나에 해당하는 경우에는 특정한 세목만을 조사할 수 있다. a. 세목의 특성, 납세자의 신고유형, 사업규모 또는 세금탈루 혐의 등을 고려하여 특정 세목만을 조사할 필요가 있는 경우 b. 조세채권의 확보 등을 위하여 특정 세목만을 긴급히 조사할 필요가 있는 경우 c. 그 밖에 세무조사의 효율성 및 납세자의 편의 등을 고려하여 특정 세목만을 조사할 필요가 있는 경우로서 법령으로 정하는 경우
부분조사	다음의 어느 하나에 해당하는 경우에는 해당 사항에 대한 확인을 위하여 필요한 부분에 한정한 조사(부분조사)를 실시할 수 있다. 다만, ③~⑥에 해당하는 사유로 인한 부분조사는 같은 세목 및 같은 과세기간에 대하여 2회를 초과하여 실시할 수 없다. ① 경정 등의 청구에 대한 처리 또는 국세환급금의 결정을 위하여 확인이 필요한 경우 ② 불복청구 또는 과세전적부심사에 대한 재조사 결정에 따라 사실관계의 확인 등이 필요한 경우 ③ 거래상대방에 대한 세무조사 중에 거래 일부의 확인이 필요한 경우 ④ 납세자에 대한 구체적인 탈세 제보가 있는 경우로서 해당 탈세 혐의에 대한 확인이 필요한 경우 ⑤ 명의위장, 차명계좌의 이용을 통하여 세금을 탈루한 혐의에 대한 확인이 필요한 경우 ⑥ 그 밖에 세무조사의 효율성 및 납세자의 편의 등을 고려하여 특정 사업장, 특정 항목 또는 특정 거래에 대한 확인이 필요한 경우로서 다음의 어느 하나에 해당하는 경우 a. 법인이 주식 또는 출자지분을 시가보다 높거나 낮은 가액으로 거래하거나 법인세법상 불공정 자본거래로 인하여 해당 법인의 특수관계인인 다른 주주 등에게 이익을 분여하거나 분여받은 구체적인 혐의가 있는 경우로서 해당 혐의에 대한 확인이 필요한 경우 b. 무자료거래, 위장·가공 거래 등 특정 거래 내용이 사실과 다른 구체적인 혐의가 있는 경우로서 조세채권의 확보 등을 위하여 긴급한 조사가 필요한 경우 c. 과세관청 외의 기관이 직무상 목적을 위해 작성하거나 취득하여 과세관청에 제공한 자료의 처리를 위해 조사하는 경우 d. 소득세법 및 법인세법에 따른 비거주자·외국법인에 대한 조세조약상 비과세 또는 면제 적용 신청에 대한 내용을 확인할 필요가 있는 경우

(12) 세무조사의 결과통지

<table>
<tr><th colspan="2">구 분</th><th>내 용</th></tr>
<tr><td rowspan="2">1. 결과통지의무</td><td>(1) 일반</td><td>세무공무원은 세무조사를 마쳤을 때에는 그 조사를 마친 날부터 20일(공시송달사유 중 어느 하나에 해당하는 경우에는 40일) 이내에 다음의 사항이 포함된 조사결과를 납세자에게 설명하고, 이를 서면으로 통지하여야 한다.
① 세무조사 내용
② 결정 또는 경정할 과세표준, 세액 및 산출근거
③ 세무조사 대상 세목 및 과세기간
④ 과세표준 및 세액을 결정 또는 경정하는 경우 그 사유(근거 법령 및 조항, 과세표준 및 세액 계산의 기초가 되는 구체적 사실 등을 포함)
⑤ 가산세의 종류, 금액 및 그 산출근거
⑥ 관할세무서장이 해당 국세의 과세표준과 세액을 결정 또는 경정하여 통지하기 전까지 수정신고가 가능하다는 사실
⑦ 과세전적부심사를 청구할 수 있다는 사실</td></tr>
<tr><td>(2) 부분통지</td><td>① 세무공무원은 다음의 어느 하나에 해당하는 사유로 결과통지 기간 이내에 조사결과를 통지할 수 없는 부분이 있는 경우에는 납세자가 동의하는 경우에 한정하여 조사결과를 통지할 수 없는 부분을 제외한 조사결과를 납세자에게 설명하고, 이를 서면으로 통지할 수 있다.
a. 국제조세조정에 관한 법률 및 조세조약에 따른 국외자료의 수집 · 제출 또는 상호합의절차 개시에 따라 외국 과세기관과의 협의가 진행 중인 경우
b. 해당 세무조사와 관련하여 세법의 해석 또는 사실관계 확정을 위하여 기획재정부장관 또는 국세청장에 대한 질의절차가 진행 중인 경우
② 상호합의절차 종료, 세법의 해석 또는 사실관계 확정을 위한 질의에 대한 회신 등 위 ①에 해당하는 사유가 해소된 때에는 그 사유가 해소된 날부터 20일(공시송달사유 중 어느 하나에 해당하는 경우에는 40일) 이내에 위 ①에 따라 통지한 부분 외에 대한 조사결과를 납세자에게 설명하고, 이를 서면으로 통지하여야 한다.</td></tr>
<tr><td colspan="2">2. 결과통지의무의 면제</td><td>다음의 경우에는 세무조사 결과통지의무를 면제한다.
① 납세자가 납세관리인을 정하지 아니하고 국내에 주소 또는 거소를 두지 아니한 경우
② 불복청구 및 과세전적부심사청구에 대한 재조사 결정에 의한 조사를 마친 경우
③ 납세자 또는 납세관리인이 세무조사통지서의 수령을 거부하거나 회피하는 경우
* 납세자가 세무조사 대상이 된 사업을 폐업한 경우라도 납세자 권익 보호를 위해 거주지 등으로 세무조사 착수 · 결과를 통지하여야 한다.</td></tr>
</table>

❹ 납세자보호위원회

납세자 권리보호에 관한 사항을 심의하기 위하여 세무서, 지방국세청 및 국세청에 납세자보호위원회를 둔다.

(1) 납세자보호위원회의 심의대상

구 분	심의대상
세무서 · 지방국세청 납세자보호위원회	① 중소규모납세자* 이외의 납세자에 대한 세무조사(조세범 처벌절차법에 따른 조세범칙조사는 제외) 기간의 연장. 다만, 조사대상자가 해명 등을 위하여 연장을 신청한 경우는 제외한다. ② 중소규모납세자 이외의 납세자에 대한 세무조사 범위의 확대 ③ 세무조사 기간 연장 및 세무조사 범위 확대에 대한 중소규모납세자의 세무조사 일시중지 및 중지 요청 ④ 위법 · 부당한 세무조사 및 세무조사 중 세무공무원의 위법 · 부당한 행위에 대한 납세자의 세무조사 일시중지 및 중지 요청 ⑤ 납세자의 반환요청에 대한 장부등의 일시 보관 기간 연장 ⑥ 그 밖에 납세자의 권리보호를 위하여 납세자보호담당관이 심의가 필요하다고 인정하는 안건
국세청 납세자보호위원회	① 세무서 · 지방국세청 납세자보호위원회의 심의대상 중 ①~④의 사항에 대하여 세무서 납세자보호위원회 또는 지방국세청 납세자보호위원회의 심의를 거친 세무서장 또는 지방국세청장의 결정에 대한 납세자의 취소 또는 변경 요청 ② 그 밖에 납세자의 권리보호를 위한 국세행정의 제도 및 절차 개선 등으로서 납세자보호위원회의 위원장 또는 납세자보호관이 심의가 필요하다고 인정하는 사항

* 중소규모납세자 : 세무조사의 대상이 되는 과세기간 중 연간 수입금액 또는 양도가액이 가장 큰 과세기간의 연간 수입금액 또는 양도가액이 100억원 미만(부가가치세에 대한 세무조사의 경우 1과세기간 공급가액의 합계액이 50억원 미만)인 납세자

(2) 납세자보호위원회의 위원장

① 납세자보호위원회는 위원장 1명을 포함한 18명 이내의 위원으로 구성한다.

② 납세자보호위원회의 위원장은 다음의 구분에 따른 사람이 된다.

a. 세무서 납세자보호위원회 : 공무원이 아닌 사람 중에서 세무서장의 추천을 받아 지방국세청장이 위촉하는 사람

b. 지방국세청 납세자보호위원회 : 공무원이 아닌 사람 중에서 지방국세청장의 추천을 받아 국세청장이 위촉하는 사람

c. 국세청 납세자보호위원회 : 공무원이 아닌 사람 중에서 기획재정부장관의 추천을 받아 국세청장이 위촉하는 사람

③ 납세자보호위원회의 위원은 세무 분야에 전문적인 학식과 경험이 풍부한 사람과 관계 공무원 중에서 국세청장(세무서 납세자보호위원회의 위원은 지방국세청장)이 임명 또는 위촉한다.

(3) 납세자보호위원회 위원의 의무

① 납세자보호위원회의 위원은 업무 중 알게 된 과세정보를 타인에게 제공 또는 누설하거나 목적 외의 용도로 사용해서는 아니 된다.

② 납세자보호위원회의 위원은 공정한 심의를 기대하기 어려운 사정이 있다고 인정될 때에는 위원회 회의에서 제척되거나 회피하여야 한다.

③ 납세자보호관은 납세자보호위원회의 의결사항에 대한 이행여부 등을 감독한다.

(4) 납세자보호위원회에 대한 납세자의 심의요청 및 결과통지

구 분	내 용
심의요청 (세무서장 또는 지방국세청장)	① 심의요청 : 납세자는 세무조사 기간이 끝나는 날까지 세무서장 또는 지방국세청장에게 세무조사 일시중지 및 중지 요청에 해당하는 사항에 대한 심의를 요청할 수 있다. ② 결과통지 : 세무서장 또는 지방국세청장은 심의사항에 대하여 세무서 납세자보호위원회 또는 지방국세청 납세자보호위원회의 심의를 거쳐 결정을 하고, 납세자에게 그 결과를 통지하여야 한다. 이 경우 세무조사 일시중지 및 중지 요청 결과는 요청을 받은 날부터 20일 이내에 통지하여야 한다.
취소 · 변경요청 (국세청장)	① 취소 · 변경요청 : 납세자는 통지를 받은 날부터 7일 이내에 세무서 납세자보호위원회 또는 지방국세청 납세자보호위원회의 심의를 거친 세무서장 또는 지방국세청장의 결정에 대하여 국세청장에게 취소 또는 변경을 요청할 수 있다. ② 결과통지 : 납세자의 요청을 받은 국세청장은 국세청 납세자보호위원회의 심의를 거쳐 세무서장 및 지방국세청장의 결정을 취소하거나 변경할 수 있다. 이 경우 국세청장은 요청받은 날부터 20일 이내에 그 결과를 납세자에게 통지하여야 한다.

❺ 그 밖의 납세자 권리보호

(1) 비밀 유지

세무공무원은 납세자의 과세정보를 타인에게 제공 또는 누설하거나 목적 외의 용도로 사용해서는 아니 된다. 다만, 다음의 어느 하나에 해당하는 경우에는 그 사용 목적에 맞는 범위에서 납세자의 과세정보를 제공할 수 있다. 아래 규정(③, ④ 제외)에 따라 과세정보의 제공을 요구하는 자는 납세자의 인적사항, 과세정보의 사용목적, 요구하는 과세정보의 내용 및 기간 등을 기재한 문서로 해당 세무관서의 장에게 요구하여야 한다. 세무공무원은 이러한 규정을 위반하여 과세정보의 제공을 요구받으면 그 요구를 거부하여야 한다.

① 지방자치단체 등이 법률에서 정하는 조세의 부과 · 징수 등을 위하여 사용할 목적으로 과세정보를 요구하는 경우
② 국가기관이 조세쟁송이나 조세범 소추를 위하여 과세정보를 요구하는 경우
③ 법원의 제출명령 또는 법관이 발부한 영장에 의하여 과세정보를 요구하는 경우
④ 세무공무원 간에 국세의 부과 · 징수 또는 질문 · 검사에 필요한 과세정보를 요구하는 경우
⑤ 통계청장이 국가통계작성 목적으로 과세정보를 요구하는 경우
⑥ 사회보장기본법에 따른 사회보험의 운영을 목적으로 설립된 기관이 관계 법률에 따른 소관 업무를 수행하기 위하여 과세정보를 요구하는 경우
⑦ 국가행정기관, 지방자치단체 또는 공공기관의 운영에 관한 법률에 따른 공공기관이 급부 · 지원 등을 위한 자격의 조사 · 심사 등에 필요한 과세정보를 당사자의 동의를 받아 요구하는 경우
⑧ 국정감사 및 조사에 관한 법률에 따른 조사위원회가 국정조사의 목적을 달성하기 위하여 조사위원회의 의결로 비공개회의에 과세정보의 제공을 요청하는 경우
⑨ 다른 법률의 규정에 따라 과세정보를 요구하는 경우

(2) 납세자의 권리 행사에 필요한 정보의 제공

납세자 본인의 권리 행사에 필요한 정보를 납세자(세무사 등 납세자로부터 세무업무를 위임받은 자 포함)가 요구하는 경우 세무공무원은 신속하게 정보를 제공하여야 한다.

(3) 국세청장의 납세자 권리보호

① 국세청장은 직무를 수행할 때에 납세자의 권리가 보호되고 실현될 수 있도록 성실하게 노력하여야 한다.
② 납세자의 권리보호를 위하여 국세청에 납세자 권리보호업무를 총괄하는 납세자보호관을 두고, 세무서 및 지방국세청에 납세자 권리보호업무를 수행하는 담당관을 각각 1인을 둔다.

③ 국세청장은 납세자보호관을 개방형직위로 운영하고 납세자보호관 및 담당관이 업무를 수행할 때에 독립성이 보장될 수 있도록 하여야 한다. 이 경우 납세자보호관은 조세 · 법률 · 회계 분야의 전문지식과 경험을 갖춘 사람으로서 다음의 어느 하나에 해당하지 아니하는 사람을 대상으로 공개모집한다.

a. 세무공무원

b. 세무공무원으로 퇴직한 지 3년이 지나지 아니한 사람

④ 국세청장은 납세자 권리보호업무의 추진실적 등의 자료를 일반 국민에게 정기적으로 공개하여야 한다.

(4) 납세자의 협력의무

납세자는 세무공무원의 적법한 질문 · 조사, 제출명령에 대하여 성실하게 협력하여야 한다.

제 2 절 보칙

❶ 납세관리인

① 납세자가 국내에 주소 또는 거소를 두지 아니하거나 국외로 주소 또는 거소를 이전할 때에는 국세에 관한 사항을 처리하기 위하여 납세관리인을 정하여야 한다. 납세자는 국세에 관한 사항을 처리하게 하기 위하여 변호사, 세무사 또는 세무사법에 따라 등록한 공인회계사를 납세관리인으로 둘 수 있다.

② 납세관리인을 정한 납세자는 관할세무서장에게 신고하여야 한다. 납세관리인을 변경하거나 해임할 때에도 또한 같다. 관할세무서장은 납세자가 신고를 하지 아니할 때에는 납세자의 재산이나 사업의 관리인을 납세관리인으로 정할 수 있다.

❷ 고지금액의 최저한도

고지할 국세(인지세는 제외) 또는 강제징수비를 합친 금액이 1만원 미만일 때에는 그 금액은 없는 것으로 본다.

❸ 국세행정에 대한 협조

① 세무공무원은 직무를 집행할 때 필요하면 국가기관, 지방자치단체 또는 그 소속 공무원에게 협조를 요청할 수 있으며, 요청을 받은 자는 정당한 사유가 없으면 협조하여야 한다.

② 정부는 납세지도를 담당하는 단체에 그 납세지도 경비의 전부 또는 일부를 교부금으로 지급할 수 있다.

④ 포상금의 지급

국세청장은 포상금 지급사유가 있는 자에게는 20억원(지급사유 ①에 해당하는 자에게는 40억원, ②에 해당하는 자에게는 30억원)의 범위에서 포상금을 지급할 수 있다.[1)]

구 분	내 용
포상금 지급사유	① 조세를 탈루한 자에 대한 탈루세액 또는 부당하게 환급·공제받은 세액을 산정하는 데 중요한 자료를 제공한 자 ② 체납자의 은닉재산[2)]을 신고한 자 ③ 다음의 어느 하나에 해당하는 행위를 한 신용카드가맹점·현금영수증가맹점을 신고한 자. 다만, 거래금액이 5천원 미만인 경우는 제외한다. a. 신용카드 결제 또는 현금영수증 발급을 요청하였으나 이를 거부하는 경우 b. 신용카드매출전표 또는 현금영수증을 사실과 다르게 발급하는 경우 ④ 현금영수증 발급의무를 위반한 자를 신고한 자 ⑤ 타인의 명의를 사용하여 사업을 경영하는 자를 신고한 자(신고 건별로 200만원의 포상금 지급) ⑥ 국제조세조정에 관한 법률에 따른 해외금융계좌 신고의무 위반행위를 적발하는 데 중요한 자료를 제공한 자 ⑦ 타인 명의로 되어 있는 다음의 어느 하나에 해당하는 사업자의 금융실명거래 및 비밀보장에 관한 법률에 따른 금융자산을 신고한 자 a. 법인 b. 복식부기의무자 * 국세청장은 다음의 구분에 따른 날이 속하는 달의 말일부터 2개월 이내에 포상금을 지급하여야 한다. • 위 ①, ②에 따른 포상금 : 조세탈루제보자 또는 은닉재산신고자에게 포상금의 지급을 신청할 수 있다는 사실과 그 절차 등을 통지해야 하는 기간의 마지막날 • 위 ③~⑤에 따른 포상금 : 신고내용이 사실로 확인된 날 • 위 ⑥에 따른 포상금 a. 과태료 부과처분에 해당하는 경우에는 과태료금액이 납부되고 질서위반행위규제법에 따른 이의제기기간이 지났거나 비송사건절차법에 따른 불복청구 절차가 종료되어 과태료 부과처분이 확정된 날 b. 징역형 또는 벌금형에 해당하는 경우에는 재판에 의하여 형이 확정된 날 • 위 ⑦에 따른 포상금: 탈루세액등이 확인된 날

1) 조세탈루제보자 및 은닉재산신고자에게는 심사청구기간, 심판청구기간, 감사원법에 따른 심사청구의 제척기간, 불복제기기간, 제소기간이 지나 해당 절차가 모두 종료되어 탈루세액, 부당하게 환급·공제받은 세액(조세범 처벌법 규정에 따른 세금계산서의 발급의무 위반 등의 경우에는 공급가액에 부가가치세의 세율을 적용하여 계산한 세액의 30%에 상당하는 금액을 말한다) 또는 은닉재산의 신고를 통하여 징수된 금액에 대한 부과처분 등이 확정된 경우 그 탈루세액등이 납부(조세범 처벌법에 따른 조세범칙행위로 인한 탈루세액등에 따라 포상금을 지급하는 경우에는 조세범 처벌절차법에 따른 통고의 이행 또는 재판에 의한 형의 확정을 포함)된 금액 또는 징수금액에 다음 표의 지급률을 적용하여 계산한 금액을 포상금으로 지급할 수 있다. 다만, 포상금이 조세탈루제보자 40억원(은닉재산신고자는 30억원)을 초과하는 경우 그 초과하는 부분은 지급하지 아니한다.

탈루세액 등이 납부된 금액		지급률	
5천만원 이상	5억원 이하		20%
5억원 초과	20억원 이하	1억원 +	5억원 초과 금액의 15%
20억원 초과	30억원 이하	3억2천5백만원 +	20억원 초과 금액의 10%
30억원 초과		4억2천5백만원 +	30억원 초과 금액의 5%

포상금 지급제외	다음의 경우에는 포상금을 지급하지 아니한다. ① 탈루세액 등 또는 징수금액이 5천만원 미만인 경우 ② 해외금융계좌 신고의무 불이행에 따른 과태료 금액이 2천만원 미만인 경우 ③ 공무원이 그 직무와 관련하여 자료를 제공하거나 은닉재산을 신고한 경우

* 과세관청은 부과처분 등이 확정되고 탈루세액등이 납부된 금액이 있어 포상금을 지급하려는 경우에는 제보자에게 포상금의 지급을 신청할 수 있다는 사실과 그 절차 등을 통지하여야 한다. 이에 따라 통지를 받은 제보자는 탈루세액등이 납부된 금액에 대하여 포상금의 지급을 신청할 수 있다.

❺ 과세자료의 제출과 그 수집에 대한 협조

① 세법에 따라 과세자료를 제출할 의무가 있는 자는 과세자료를 성실하게 작성하여 정해진 기한까지 소관 세무서장에게 제출하여야 한다. 다만, 국세정보통신망을 이용하여 제출하는 경우에는 지방국세청장이나 국세청장에게 제출할 수 있다.

② 국가기관, 지방자치단체, 금융회사등 또는 전자계산 · 정보처리시설을 보유한 자는 과세와 관계되는 자료 또는 통계를 수집하거나 작성하였을 때에는 국세청장에게 통보하여야 한다.

---

2) 은닉재산이란 체납자가 은닉한 현금, 예금, 주식, 그 밖에 재산적 가치가 있는 유형 · 무형의 재산을 말한다. 다만, 다음의 어느 하나에 해당하는 재산은 제외한다.
① 국세징수법에 따른 사해행위 취소소송의 대상이 되어 있는 재산
② 세무공무원이 은닉사실을 알고 조사 또는 강제징수 절차를 시작한 재산
③ 체납자 본인의 명의로 등기된 국내에 있는 부동산

❻ 지급명세서 자료의 이용

금융실명거래 및 비밀보장에 관한 법률에도 불구하고 세무서장(지방국세청장, 국세청장 포함)은 소득세법 및 법인세법에 따라 제출받은 이자소득 또는 배당소득에 대한 지급명세서를 다음의 어느 하나에 해당하는 용도에 이용할 수 있다.

① 상속 · 증여 재산의 확인
② 조세탈루의 혐의를 인정할 만한 명백한 자료의 확인
③ 조세특례제한법에 따른 근로장려금 신청자격의 확인

❼ 장부등의 비치와 보존

납세자는 각 세법에서 규정하는 바에 따라 모든 거래에 관한 장부 및 증거서류를 성실하게 작성하여 갖춰 두어야 한다. 이 경우 장부 및 증거서류 중 국제조세조정에 관한 법률에 따라 과세당국이 납세의무자에게 제출하도록 요구할 수 있는 거래가격 산정방법 등의 자료의 경우에는 소득세법 또는 법인세법에 따른 납세지(소득세법 또는 법인세법에 따라 국세청장이나 관할지방국세청장이 지정하는 납세지 포함)에 갖춰 두어야 한다.

장부 및 증거서류는 그 거래사실이 속하는 과세기간에 대한 해당 국세의 법정신고기한이 지난 날부터 5년간(역외거래의 경우 7년간) 보존하여야 한다. 다만, 법인세법 · 소득세법에 따라 이월결손금을 공제하는 경우에는 그 결손금이 발생한 과세기간의 소득세 또는 법인세는 이월결손금을 공제한 과세기간의 법정신고기한으로부터 1년간 보존하여야 한다.

❽ 서류접수증 발급

구 분	내 용
접수증 발급의무	① 납세자 또는 세법에 따라 과세자료를 제출할 의무가 있는 자로부터 과세표준신고서, 과세표준수정신고서, 경정청구서 또는 과세표준신고·과세표준수정신고·경정청구와 관련된 서류 등을 받는 경우에는 세무공무원은 납세자 등에게 접수증을 발급하여야 한다. ② 납세자 등으로부터 신고서 등을 국세정보통신망을 통해 받은 경우에는 그 접수사실을 전자적 형태로 통보할 수 있다.
접수증 발급예외	다음의 경우에는 접수증을 발급하지 아니할 수 있다. ① 납세자가 과세표준신고서 등의 서류를 우편이나 팩스로 제출하는 경우 ② 납세자가 과세표준신고서 등의 서류를 세무공무원을 거치지 아니하고 지정된 신고함에 직접 투입하는 경우

⑨ 불성실기부금수령단체 등의 명단 공개

국세청장은 비밀유지의 규정에 불구하고 불성실기부금수령단체 등의 인적사항 등을 공개할 수 있다. 다만, 체납된 국세가 이의신청 · 심사청구 등 불복청구 중에 있거나 일정한 사유가 있는 경우에는 그러하지 아니하다.

<table>
<tr><th>구 분</th><th>명단공개대상</th><th>명단공개기간[*1]</th><th>명단공개제외</th></tr>
<tr><td>(1) 기부금단체</td><td>불성실기부금수령단체</td><td>3년간</td><td>① 이의신청, 심사청구, 심판청구, 감사원법에 따른 심사청구 또는 행정소송법에 따른 소송 중에 있는 경우[*2]
② 위원회가 공개할 실익이 없거나 공개하는 것이 부적절하다고 인정하는 경우</td></tr>
<tr><td>(2) 조세포탈범</td><td>조세범처벌법에 따른 범죄로 유죄판결이 확정된 자로서 포탈세액 등이 연간 2억원 이상인 자</td><td>5년간(10년간[*3])</td><td rowspan="2">위원회가 공개할 실익이 없거나 공개하는 것이 부적절하다고 인정하는 경우</td></tr>
<tr><td>(3) 세금계산서 발급의무등 위반자</td><td>특정범죄 가중처벌 등에 관한 법률에 따른 범죄로 유죄판결이 확정된 사람[*4]의 인적사항, 부정 기재한 공급가액 등의 합계액 등</td><td>5년간</td></tr>
<tr><td>(4) 해외금융계좌 신고의무 위반자</td><td>해외금융계좌정보의 신고의무자로서 신고기한 내에 신고하지 아니한 금액이나 과소신고한 금액이 50억원을 초과하는 자</td><td>5년간</td><td>① 위원회가 신고의무자의 신고의무 위반에 정당한 사유가 있다고 인정하는 경우
② 국제조세조정에 관한 법률에 따라 수정신고 및 기한 후 신고를 한 경우(해당 해외금융계좌와 관련하여 세무공무원이 세무조사에 착수한 것을 알았거나 과세자료 해명 통지를 받고 수정신고 및 기한 후 신고를 한 경우는 제외)</td></tr>
</table>

*1. 명단공개는 관보에 게재하거나 국세정보통신망 또는 관할세무서 게시판에 게시한 날부터 위 구분에 따른 명단공개기간이 만료되는 날까지로 한다. 다만, 세법에 따라 납부해야 할 세액, 과태료 또는 벌금이 납부되지 않았거나 형의 집행이 완료되지 않은 경우에는 명단을 계속하여 공개한다.

2. 불성실기부금수령단체로서 불복청구 또는 소송으로 인해 명단공개 대상에서 제외해왔으나, 그 결정 또는 판결이 확정됨에 따라 당초 명단공개 대상에서 제외할 사유가 소멸한 경우에는 명단을 공개한다.

3. 조세포탈 등의 죄를 상습적으로 범한 자, 면세유 부정유통자, 가짜석유제품의 제조 · 판매자는 공개일로부터 10년간 명단을 공개한다.

4. 실제 거래 없이 발급 · 제출한 세금계산서 · 계산서, 매입 · 매출처별(세금)계산서합계표에 가공 · 허위로 기재한 금액이 30억원 이상인 사람을 말한다.

⑩ 통계자료의 작성 및 공개

① 국세청장은 조세정책의 수립 및 평가 등에 활용하기 위하여 과세정보를 분석 · 가공한 통계자료를 작성 · 관리하여야 한다. 이 경우 통계자료는 납세자의 과세정보를 직접적 방법 또는 간접적인 방법으로 확인할 수 없도록 작성되어야 한다.

② 세원의 투명성, 국민의 알권리 보장 및 국세행정의 신뢰증진을 위하여 국세청장은 통계자료를 국세정보위원회의 심의를 거쳐 일반 국민에게 정기적으로 공개하여야 한다.

③ 국세청장은 국세정보를 공개하기 위하여 예산의 범위 안에서 국세정보시스템을 구축 · 운용할 수 있다.

④ 국세청장은 다음의 경우에 그 목적의 범위에서 통계자료를 제공하여야 하고 제공한 통계자료의 사본을 기획재정부장관에게 송부하여야 한다.

a. 국회 소관 상임위원회가 의결로 세법의 제정법률안 · 개정법률안, 세입예산안의 심사 및 국정감사, 그 밖의 의정활동에 필요한 통계자료를 요구하는 경우

b. 국회예산정책처장이 의장의 허가를 받아 세법의 제정법률안 · 개정법률안에 대한 세수 추계 또는 세입예산안의 분석을 위하여 필요한 통계자료를 요구하는 경우

⑤ 국세청장은 국회 소관 상임위원회가 의결로 국세의 부과 · 징수 · 감면 등에 관한 자료를 요구하는 경우에는 그 사용목적에 맞는 범위에서 과세정보를 납세자 개인정보를 직접적인 방법 또는 간접적인 방법으로 확인할 수 없도록 가공하여 제공하여야 한다.

⑥ 국세청장은 정부출연연구기관 등의 설립 · 운영 및 육성에 관한 법률에 따라 설립된 연구기관의 장이 조세정책의 연구를 목적으로 통계자료를 요구하는 경우 그 사용 목적에 맞는 범위안에서 제공할 수 있다.

⑦ 국세청장은 다음의 어느 하나에 해당하는 자가 조세정책의 평가 및 연구 등에 활용하기 위하여 통계자료 작성에 사용된 기초자료를 직접 분석하기를 원하는 경우 비밀유지 규정에도 불구하고 국세청 내에 설치된 일정한 시설 내에서 기초자료를 그 사용목적에 맞는 범위에서 제공할 수 있다. 이 경우 기초자료는 개별 납세자의 과세정보를 직접적 또는 간접적 방법으로 확인할 수 없는 상태로 제공하여야 한다.

a. 국회의원

b. 국회법에 따른 국회사무총장 · 국회도서관장 · 국회예산정책처장 · 국회입법조사처장 및 국회미래연구원법에 따른 국회미래연구원장

c. 정부조직법에 따른 중앙행정기관의 장

d. 지방자치법에 따른 지방자치단체의 장

e. 그 밖에 정부출연연구기관 등의 설립 · 운영 및 육성에 관한 법률에 따른 정부출연연구기관의 장 등 법소정의 자

⑧ 국세청장은 조세정책의 평가 및 연구를 목적으로 기초자료를 이용하려는 자가 소득세 관련 기초자료의 일부의 제공을 요구하는 경우에는 표본자료(소득세 관련 기초자료의 일부를 검증된 통계작성기법을 적용하여 표본 형태로 처리한 기초자료)를 제공할 수 있다. 이 경우 표본자료는 그 사용 목적에 맞는 범위에서 개별 납세자의 과세정보를 직접적 또는 간접적 방법으로 확인할 수 없는 상태로 가공하여 제공하여야 한다.

⑨ 위 ④ 및 ⑥에 따라 제공되거나 송부된 통계자료(②에 따라 공개된 것은 제외), ⑦에 따라 제공된 기초자료 및 ⑧에 따라 제공된 표본자료를 알게 된 자는 그 통계자료, 기초자료 및 표본자료를 목적 외의 용도로 사용해서는 아니 된다.

⑪ 가족관계등록 전산정보의 공동이용

국세청장, 지방국세청장, 세무서장 및 조세심판원장은 심사 · 심판 및 과세전적부심사 업무를 처리할 때 행정심판법에 따른 청구인 지위 승계의 신고 또는 허가 업무를 처리하기 위하여 전자정부법에 따라 가족관계의 등록 등에 관한 법률에 따른 전산정보자료를 공동이용(개인정보 보호법에 따른 처리 포함)할 수 있다.

⑫ 금품 수수 및 공여에 대한 징계 등

① 세무공무원이 그 직무와 관련하여 금품을 수수하였을 때에는 국가공무원법에 따른 징계절차에서 그 금품 수수액의 5배 이내의 징계부가금 부과 의결을 징계위원회에 요구하여야 한다.

② 징계대상 세무공무원이 ①에 따른 징계부가금 부과 의결 전후에 금품 수수를 이유로 다른 법률에 따라 형사처벌을 받거나 변상책임 등을 이행한 경우(몰수나 추징을 당한 경우 포함)에는 징계위원회에 감경된 징계부가금 부과 의결 또는 징계부가금 감면을 요구하여야 한다.

③ 위 ① 및 ②에 따른 징계부가금 부과 의결의 요구(감면요구 포함)는 5급 이상 공무원 및 고위공무원단에 속하는 일반직공무원은 국세청장(세법에 따라 국세에 관한 사무를 세관장이 관장하는 경우에는 관세청장)이, 6급 이하의 공무원은 소속 기관의 장 또는 소속 상급기관의 장이 한다.

④ 위 ①에 따라 징계부가금 부과처분을 받은 세무공무원이 납부기간 내에 그 부가금을 납부하지 아니한 때에는 징계권자는 국세강제징수의 예에 따라 징수할 수 있다.

⑬ 과태료

구 분	내 용
직무집행 거부 등에 대한 과태료	관할 세무서장은 세법의 질문 · 조사권 규정에 따른 세무공무원의 질문에 대하여 거짓으로 진술하거나 그 직무집행을 거부 또는 기피한 자에게 5천만원 이하의 과태료를 부과 · 징수한다.
금품 수수 및 공여에 대한 과태료	관할 세무서장 또는 세관장은 세무공무원에게 금품을 공여한 자에게 그 금품 상당액의 2배 이상 5배 이하의 과태료를 부과 · 징수한다. 다만, 형법 등 다른 법률에 따라 형사처벌을 받은 경우에는 과태료를 부과하지 아니하고, 과태료를 부과한 후 형사처벌을 받은 경우에는 과태료 부과를 취소한다.
비밀유지 의무 위반에 대한 과태료	국세청장은 과세정보를 타인에게 제공 또는 누설하거나 그 목적 외의 용도로 사용한 자에게 2천만원 이하의 과태료를 부과 · 징수한다. 다만, 형법 등 다른 법률에 따라 형사처벌을 받은 경우에는 과태료를 부과하지 아니하고, 과태료를 부과한 후 형사처벌을 받은 경우에는 과태료 부과를 취소한다.

* 관할 세무서장은 위반 정도, 위반 횟수, 위반행위의 동기 및 그 결과 등을 고려하여 과태료 금액의 2분의 1의 범위에서 그 금액을 줄이거나 늘릴 수 있다. 다만, 과태료 금액을 늘리는 경우에는 과태료 금액의 상한을 넘을 수 없다.

MEMO

02편

상속세 및 증여세법

CHAPTER 01 상속세

상속세 및 증여세법은 상속세 및 증여세의 과세요건과 절차를 규정함으로써 상속세 및 증여세의 공정한 과세, 납세의무의 적정한 이행 확보 및 재정수입의 원활한 조달에 이바지함을 목적으로 한다.

제 1 절 상속세 총론

❶ 용어의 정의

구분	내용
상속	민법에 따른 상속을 말하며, 다음의 것을 포함한다. ① 유증 ② 사인증여 ③ 특별연고자에 대한 상속재산의 분여 ④ 신탁법에 따른 유언대용신탁 ⑤ 신탁법에 따른 수익자연속신탁 * 사인증여 : 증여자의 사망으로 인하여 효력이 생기는 증여(상속개시일 전 10년 이내에 피상속인이 상속인에게 진 증여채무 및 상속개시일 전 5년 이내에 피상속인이 상속인이 아닌 자에게 진 증여채무의 이행 중에 증여자가 사망한 경우의 그 증여를 포함) * 특수연고인 : 피상속인과 생계를 같이 하고 있던 자, 피상속인의 요양간호를 한 자 및 그 밖에 피상속인과 특별한 연고가 있던 자 * 유언대용신탁 : 신탁계약에 의해 위탁자의 사망 시 수익자가 수익권을 취득 또는 신탁재산에 기한 급부를 받는 신탁 * 수익자연속신탁 : 수익자가 사망한 경우 그 수익자가 갖는 수익권이 소멸하고 타인이 새로 수익권을 취득하는 신탁
상속개시일	피상속인이 사망한 날을 말한다. 다만, 피상속인의 실종선고로 인하여 상속이 개시되는 경우에는 실종선고일을 말한다.
상속재산	피상속인에게 귀속되는 모든 재산을 말하며, 다음의 물건과 권리를 포함한다. 다만, 피상속인의 일신에 전속하는 것으로서 피상속인의 사망으로 인하여 소멸되는 것은 제외한다. ① 금전으로 환산할 수 있는 경제적 가치가 있는 모든 물건 ② 재산적 가치가 있는 법률상 또는 사실상의 모든 권리 * 인정상여는 실질적인 재산이 아니므로 상속재산에 포함하지 아니하며, 배당금, 무상주의 수령권리 등의 실질적인 재산은 상속재산에 포함한다.
상속인	민법에 따른 상속인을 말하며, 민법에 따라 상속을 포기한 사람 및 특별연고자를 포함한다.
수유자	다음에 해당하는 자를 말한다. ① 유증을 받은 자 ② 사인증여에 의하여 재산을 취득한 자 ③ 유언대용신탁 및 수익자연속신탁에 의하여 신탁의 수익권을 취득한 자
특수관계인	본인과 친족관계, 경제적 연관관계 또는 경영지배관계 등 일정한 관계에 있는 자를 말한다. 이 경우 본인도 특수관계인의 특수관계인으로 본다.

❷ 과세유형 및 과세체계

(1) 과세유형

유산과세형(상속세)	취득과세형(증여세)
피상속인의 유산총액에 누진세율을 적용하여 산출세액을 계산한 후 상속인의 지분에 따라 각 상속인이 부담할 세액을 안분하는 방법	각 수증자가 취득한 재산에 각각 누진세율을 적용하여 세액을 계산하는 방법

(2) 과세체계

구 분	법인		개인	
	영리법인	비영리법인	사업관련	사업무관
무상취득에 대한 조세	법인세	상증세	소득세	상증세

* 상속세 및 증여세법은 기본적으로 법인세 또는 소득세가 과세되는 경우에는 상속세 또는 증여세를 부과하지 않도록 규정하고 있다.

❸ 상속세 납부의무

(1) 납부의무의 범위

구 분		내 용
피상속인 (상속인×)	거주자인 경우	국내외에 있는 모든 상속재산 (무제한 납세의무)
	비거주자인 경우	국내에 있는 모든 상속재산 (제한 납세의무)

(2) 납부의무

구 분	내 용
(1) 납부의무	상속인(특별연고자 중 영리법인은 제외) 또는 수유자(영리법인은 제외)는 상속재산(상속재산에 가산하는 증여재산 중 상속인이나 수유자가 받은 증여재산 포함) 중 각자가 받았거나 받을 재산을 기준으로 계산한 금액을 상속세로 납부할 의무가 있다.
(2) 영리법인의 주주 등	특별연고자 또는 수유자가 영리법인인 경우로서 그 영리법인의 주주 또는 출자자 중 상속인과 그 직계비속이 있는 경우에는 다음의 금액을 그 상속인 및 직계비속이 납부할 의무가 있다. (영리법인이 받았거나 받을 상속재산에 대한 상속세 상당액 − 영리법인이 받았거나 받을 상속재산 × 10%) × 상속인과 그 직계비속의 지분율
(3) 연대납부의무	상속세는 상속인 또는 수유자 각자가 받았거나 받을 재산*을 한도로 연대하여 납부할 의무를 진다.

* 각자가 받았거나 받을 재산이란 상속으로 인하여 얻은 자산(상속재산에 가산한 증여재산 포함)의 총액에서 부채총액과 그 상속으로 인하여 부과되거나 납부할 상속세 및 상속재산에 가산한 증여재산에 대한 증여세를 공제한 가액을 말한다.

❹ 과세관할

구 분	내 용
(1) 원칙	피상속인의 주소지(또는 거소지)를 관할하는 세무서장(또는 관할지방국세청장)이 과세한다.
(2) 예외	피상속인의 주소지 등이 국외인 경우에는 상속재산 소재지를 관할하는 세무서장 등이 과세한다.

* 상속재산이 둘 이상의 세무서장 등의 관할구역에 있을 경우에는 주된 재산의 소재지를 관할하는 세무서장 등이 과세한다.

❺ 상속세 계산구조

구분	내용
상속재산가액	의제상속재산가액 포함
+ 추정상속재산	
총상속재산가액	
− 비과세재산가액	국가 등에 유증한 재산 등
− 과세가액불산입액	공익법인에 출연한 재산 등
− 과세가액공제액	공과금 · 장례비용 · 채무
+ 증여재산가액	피상속인이 상속개시일 전 일정기간 내에 증여한 재산가액
상속세과세가액	
− 상속공제	인적공제 및 물적공제
− 감정평가수수료공제	
상속세과세표준	
× 세율	10% ~ 50%의 초과누진세율
산출세액	
+ 세대생략가산액	세대를 건너뛴 상속에 대한 30% 또는 40% 할증
산출세액	
− 지정문화유산 등 징수유예세액	지정문화유산자료 · 박물관자료 · 미술관자료
− 세액공제	증여세액공제, 외국납부세액공제, 단기재상속세액공제, 신고세액공제
+ 가산세	신고불성실가산세, 납부지연가산세
신고납부세액	
− 연부연납신청금액	분할납부할 세액
− 납부유예신청금액	가업상속에 대한 상속세의 납부유예
− 물납신청금액	부동산, 유가증권 등 상속재산으로 납부할 세액
차감납부세액	과세표준 신고기한 내에 납부할 세액

제 2 절 상속세 과세가액

❶ 총상속재산가액

(1) 의제상속재산가액

형식이 상속 · 유증 또는 사인증여가 아니라 할지라도 사망으로 인해 재산이 실질상 무상으로 이전되는 경우 이를 상속재산으로 간주하여 상속세를 과세한다.

구 분	내 용
보험금	① 피상속인의 사망으로 인하여 받는 생명보험 또는 손해보험의 보험금으로서 피상속인이 보험계약자인 보험계약에 의하여 받는 것은 상속재산으로 본다. ② 보험계약자가 피상속인이 아닌 경우에도 피상속인이 실질적으로 보험료를 납부하였을 때에는 피상속인을 보험계약자로 보아 ①을 적용한다. 상속재산으로 보는 보험금 : 지급받은 보험금 $\times$ $\frac{\text{피상속인이 부담한 보험료}}{\text{피상속인 사망시까지 납입된 보험료의 총 합계액}}$
신탁재산	① 피상속인이 신탁한 재산은 상속재산으로 본다. 다만, 신탁이익의 증여 규정에 따라 수익자의 증여재산가액으로 하는 해당 신탁의 이익을 받을 권리의 가액은 상속재산으로 보지 아니한다. ② 피상속인이 신탁으로 인하여 타인으로부터 신탁의 이익을 받을 권리를 소유하고 있는 경우에는 그 이익에 상당하는 가액을 상속재산에 포함한다. ③ 수익자연속신탁의 수익자가 사망함으로써 타인이 새로 신탁의 수익권을 취득하는 경우 그 타인이 취득한 신탁의 이익을 받을 권리의 가액은 사망한 수익자의 상속재산에 포함한다.
퇴직금	피상속인에게 지급될 퇴직금, 퇴직수당, 공로금, 연금 또는 이와 유사한 것이 피상속인의 사망으로 인하여 지급되는 경우 그 금액은 상속재산으로 본다.

참고 **상속재산으로 보지 아니하는 퇴직금 등**

다음의 어느 하나에 해당하는 것은 상속재산으로 보지 아니한다.

1. 국민연금법에 따라 지급되는 유족연금 또는 사망으로 인하여 지급되는 반환일시금
2. 공무원연금법 또는 사립학교교직원 연금법에 따라 지급되는 유족연금, 유족연금부가금, 유족연금일시금, 유족일시금 또는 유족보상금
3. 군인연금법 또는 군인 재해보상법에 따라 지급되는 퇴역유족연금, 상이유족연금, 순직유족연금, 퇴역유족연금부가금, 퇴역유족연금일시금, 순직유족연금일시금, 퇴직유족일시금, 장애보상금 또는 사망보상금
4. 산업재해보상보험법에 따라 지급되는 유족보상연금 · 유족보상일시금 · 유족특별급여 또는 진폐유족연금
5. 근로자의 업무상 사망으로 인하여 근로기준법 등을 준용하여 사업자가 그 근로자의 유족에게 지급하는 유족보상금 또는 재해보상금과 그 밖에 이와 유사한 것

(2) 추정상속재산가액

피상속인이 재산을 처분하였거나 채무를 부담한 경우로서 일정한 경우에는 이를 상속받은 것으로 추정하여 상속세 과세가액에 산입한다.

1) 상속추정요건

구 분	내 용
재산처분액	피상속인이 재산을 처분하여 받은 금액이나 피상속인의 재산에서 인출한 금액이 다음 중 어느 하나에 해당하는 경우로서 용도가 객관적으로 명백하지 아니한 경우 ① 상속개시일 전 1년 이내에 재산 종류별*로 계산하여 2억원 이상인 경우 ② 상속개시일 전 2년 이내에 재산 종류별*로 계산하여 5억원 이상인 경우
채무부담액	피상속인이 부담한 채무를 합친 금액이 다음 중 어느 하나에 해당하는 경우로서 용도가 객관적으로 명백하지 아니한 경우 ① 상속개시일 전 1년 이내에 2억원 이상인 경우 ② 상속개시일 전 2년 이내에 5억원 이상인 경우

* 재산종류별은 다음의 구분에 의한 것을 말한다.
① 현금 · 예금 및 유가증권
② 부동산 및 부동산에 관한 권리
③ 그 외의 기타재산

2) 추정상속재산가액의 계산

추정상속재산 : ① – ② – ③
① 재산처분액 · 채무부담액
② 용도가 입증된 금액
③ Min[① × 20%, 2억원]

❷ 비과세재산가액

구 분	내 용
전사자 등에 대한 상속세 비과세	전쟁 또는 법소정 공무의 수행(사변 또는 이에 준하는 비상사태로 토벌 또는 경비 등 작전업무의 수행) 중 사망하거나 해당 전쟁 또는 공무의 수행 중 입은 부상 또는 질병으로 사망하여 상속이 개시되는 경우에는 상속세를 부과하지 않는다.
비과세되는 상속재산	① 국가 · 지방자치단체 · 공공단체에 유증(사인증여 포함)을 한 재산 ② 제사를 주재하는 상속인(다수의 상속인이 공동으로 제사를 주재하는 경우에는 그 공동으로 주재하는 상속인 전체를 말한다)을 기준으로 한 다음에 해당하는 재산. 다만, a와 b의 재산가액 합계액은 2억원을 한도로 하고, c의 재산가액의 합계액은 1천만원을 한도로 한다. a. 피상속인이 제사를 주재하고 있던 선조의 분묘에 속한 9,900㎡ 이내의 금양임야 b. 분묘에 속한 1,980㎡ 이내의 묘토인 농지 c. 족보와 제구 ③ 정당법에 따른 정당에 유증 등을 한 재산 ④ 근로복지기금법에 따른 사내근로복지기금 · 우리사주조합, 공동근로복지기금 및 근로복지진흥기금에 유증 등을 한 재산 ⑤ 사회통념상 인정되는 이재구호금품, 치료비, 불우한 자를 돕기 위하여 유증 등을 한 재산 ⑥ 상속재산 중 상속인이 상속세 과세표준 신고기한 내에 국가 · 지방자치단체 또는 공공단체에 증여한 재산

* 상속재산 중 국가지정문화유산 등은 비과세 대상이 아니라 징수유예 대상에 해당한다.

❸ 과세가액불산입액

구 분	내 용
공익법인 등에 출연한 재산에 대한 과세가액 불산입	상속재산 중 피상속인 또는 상속인이 공익법인 등에게 출연한 재산의 가액으로서 상속세 과세표준 신고기한* 이내에 출연한 재산의 가액은 상속세 과세가액에 산입하지 아니한다.
공익신탁재산에 대한 과세가액불산입	상속재산 중 피상속인 또는 상속인이 공익신탁을 통하여 공익법인 등에 출연하는 재산의 가액도 상속세 과세가액에 산입하지 아니한다.

* 다만, 법령상 또는 행정상의 사유로 공익법인 등의 설립이 지연되는 등 부득이한 사유가 있는 경우에는 그 사유가 없어진 날이 속하는 달의 말일부터 6개월까지를 말한다.

❹ 과세가액공제액

구 분	내 용
공과금	상속개시일 현재 피상속인이 납부할 의무가 있는 것으로서 상속인에게 승계된 조세 · 공공요금 · 기타 이와 유사한 것 * 공과금에는 상속개시일 이후 상속인이 책임져야할 사유로 납부 또는 납부할 가산세, 가산금, 강제징수비, 벌금, 과료, 과태료 등은 포함되지 아니한다.
장례비용 (①+②)	① 피상속인의 사망일부터 장례일까지 직접 소요된 금액(봉안시설 또는 자연장지의 사용에 소요된 금액은 제외) : 최소 500만원, 최대 1,000만원 한도 ② 봉안시설 또는 자연장지의 사용에 소요된 금액 : 500만원 한도 * 비거주자의 사망으로 인하여 상속이 개시되는 경우에는 장례비용을 차감하지 아니한다.
채 무	명칭 여하에 불구하고 상속개시당시 피상속인이 부담하여야 할 확정된 채무로서 공과금 이외의 모든 부채(보증채무, 연대채무, 증여채무 포함)로서 입증된 것. 다만, 다음의 채무는 채무로서 공제하지 아니한다. ① 상속개시일 전 10년 이내에 피상속인이 상속인에게 진 증여채무 ② 상속개시일 전 5년 이내에 피상속인이 상속인 이외의 자에게 진 증여채무 ③ 가공채무* * 가공채무 : 피상속인이 국가, 지방자치단체 및 금융회사등이 아닌 자에 대하여 부담한 채무로서 상속인이 변제할 의무가 없는 것으로 추정되는 경우(채무부담계약서 등에 의하여 상속인이 실제로 부담하는 사실이 확인되지 아니하는 경우를 말한다)

* 과세가액공제액이 상속재산의 가액을 초과하는 경우 그 초과액은 없는 것으로 본다.

❺ 증여재산가액의 합산

상속세 과세가액은 상속재산의 가액에서 과세가액공제액을 뺀 후 다음의 합산대상 증여재산가액을 가산한 금액으로 한다.

구 분	합산대상증여재산
피상속인 → 상속인에게 증여	상속개시일 전 10년 이내에 증여한 재산
피상속인 → 상속인 외의 자에게 증여	상속개시일 전 5년 이내에 증여한 재산

*1. 상속세 과세가액에 합산하는 증여재산가액은 증여일 현재의 시가에 의하여 평가한다.(상속개시일 현재의 시가×)
2. 비거주자의 사망으로 인하여 상속이 개시되는 경우에는 국내에 있는 재산을 증여한 경우에만 가산한다.
3. 증여세가 비과세되는 증여재산, 증여세 과세가액불산입 증여재산 및 합산배제증여재산의 가액은 상속세 과세가액에 가산하는 증여재산가액에 포함하지 아니한다.
4. 합산대상 증여재산에 대한 증여세액(증여세 산출세액)은 상속세 산출세액 계산시 공제한다.

제 3 절 상속세 과세표준의 계산

❶ 인적공제

인적공제액 : ① + ②
① Max[a, b][*1]
  a. 기초공제(2억원) + 기타인적공제
  b. 일괄공제(5억원)
② 배우자공제

*1. 일괄공제 : 기초공제 · 기타인적공제액의 합계액과 일괄공제(5억원) 중 큰 금액을 공제할 수 있다. 다만, 다음의 경우에는 예외로 한다.
  ① 상속세 과세표준신고 또는 기한후신고가 없는 경우 : 일괄공제(5억원)를 공제한다.
  ② 피상속인의 배우자가 단독으로 상속받는 경우 : 기초공제와 기타인적공제만 적용한다. → 일괄공제 적용배제
2. 피상속인의 배우자가 단독으로 상속받는 경우라 함은 피상속인의 상속인이 그 배우자 단독인 경우를 말하며, 상속포기, 유증 등으로 배우자가 단독으로 상속받는 경우는 일괄공제가 적용된다.

(1) 기초공제

거주자 또는 비거주자의 사망으로 상속이 개시되는 경우에 상속세 과세가액에서 2억원을 공제한다.

* 비거주자의 사망으로 인하여 상속이 개시된 경우에는 기초공제만을 적용한다.

(2) 기타인적공제

종 류	공제대상자	공제액
(1) 자녀공제	자녀(태아 포함)	1명당 5,000만원
(2) 미성년자공제	상속인(배우자는 제외) 및 동거가족 중 미성년자(태아 포함)	1명당 1,000만원 × 19세가 될 때까지의 연수
(3) 연로자공제	상속인(배우자는 제외) 및 동거가족 중 65세 이상인 자	1명당 5,000만원
(4) 장애인공제	상속인(배우자 포함) 및 동거가족 중 장애인	1명당 1,000만원 × 법소정의 기대여명의 연수

*1. 동거가족은 상속개시일 현재 피상속인이 사실상 부양하고 있는 직계존비속(배우자의 직계존속 포함) 및 형제자매를 말한다.
2. 미성년자공제와 장애인공제를 적용할 때 1년 미만의 기간은 1년으로 한다.
3. 기타 인적공제는 중복하여 적용받을 수 없으나 다음의 경우에는 예외로 한다.
  a. 자녀공제와 미성년자공제는 중복하여 적용받을 수 있다.
  b. 장애인공제는 배우자상속공제 또는 다른 기타 인적공제와 중복하여 적용받을 수 있다.
4. 기타인적공제는 공제대상자가 상속의 포기 등으로 상속을 받지 아니하는 경우에도 적용한다.

(3) 배우자상속공제

배우자상속공제는 다음의 금액으로 한다. 다만, 배우자가 실제 상속받은 금액이 없거나 상속받은 금액이 5억원 미만이면 5억원을 공제한다.

> 배우자상속공제 : Min[①, ②]
> ① 배우자가 실제 상속받은 금액
> ② 한도 : Min[a−b, 30억원]
>   a. 상속재산의 가액[*1] × 배우자의 법정상속분[*2]
>   b. 상속재산에 가산한 증여재산 중 배우자에게 증여한 재산에 대한 증여세 과세표준

*1. 상속재산의 가액

	항목	비고
	총 상 속 재 산 가 액	상속인 이외의 자가 유증 등을 받은 재산가액은 제외
−	비 과 세 재 산 가 액	
−	과 세 가 액 불 산 입 액	
−	과 세 가 액 공 제 액	공과금 · 채무 → 장례비용은 차감하지 아니함
+	증 여 재 산 가 액	상속개시일 전 10년 이내에 상속인에게 증여한 재산가액만 합산
	상 속 세 과 세 가 액	

2. 공동상속인 중 상속을 포기한 사람이 있는 경우에는 그 사람이 포기하지 아니한 경우의 법정상속분을 말한다.

참고 배우자상속재산 분할

1. 배우자상속공제는 상속세 과세표준 신고기한의 다음날부터 9개월이 되는 날(배우자상속재산분할기한)까지 배우자의 상속재산을 분할(등기 · 등록 · 명의개서 등이 필요한 경우에는 그 등기 · 등록 · 명의개서 등이 된 것에 한정함)한 경우에 적용한다. 이 경우 상속인은 상속재산의 분할사실을 배우자상속재산분할기한까지 납세지 관할세무서장에게 신고하여야 한다.
2. 다음의 부득이한 사유로 배우자상속재산분할기한까지 배우자의 상속재산을 분할할 수 없는 경우로서 배우자상속재산분할기한(부득이한 사유가 소의 제기나 심판청구로 인한 경우에는 소송 또는 심판청구가 종료된 날)의 다음날부터 6개월이 되는 날(배우자상속재산분할기한의 다음날부터 6개월을 경과하여 과세표준과 세액의 결정이 있는 경우에는 그 결정일)까지 상속재산을 분할하여 신고하는 경우에는 배우자상속재산분할기한 이내에 분할한 것으로 본다. 다만, 상속인이 그 부득이한 사유를 배우자상속재산분할기한까지 납세지 관할세무서장에게 신고하는 경우에 한정한다.
   ① 상속인 등이 상속재산에 대하여 상속회복청구의 소를 제기하거나 상속재산 분할의 심판을 청구한 경우
   ② 상속인이 확정되지 아니하는 부득이한 사유 등으로 배우자상속분을 분할하지 못하는 사실을 관할세무서장이 인정하는 경우

참고 민법상 법정상속순위와 법정상속분

피상속인의 유언에 의한 상속분 지정이 없는 경우 민법상의 법정상속분에 의한다.

법정상속순위		법정상속분
1순위	직계비속, 배우자	① 동순위 상속인이 수인인 경우 각 상속인에게 균등하게 배분한다. ② 배우자 상속분은 다른 상속인의 상속분의 1.5배로 한다.
2순위	직계존속, 배우자	
3순위	형제자매	
4순위	4촌 이내 방계혈족	

❷ 물적공제

물적공제액 : ① + ② + ③ + ④
① 가업상속공제 또는 영농상속공제
② 금융재산상속공제
③ 재해손실공제
④ 동거주택상속공제

(1) 가업상속공제와 영농상속공제

가업상속 또는 영농상속의 경우에는 가업상속공제 또는 영농상속공제를 적용한다. 단, 동일한 상속재산에 대해서는 가업상속공제와 영농상속공제를 동시에 적용하지 아니한다. → 중복적용배제

1) 가업상속공제

가업상속공제 : Min[①, ②]
① 가업상속 재산가액에 상당하는 금액
② 한도
  a. 피상속인이 10년 이상 20년 미만 계속하여 경영한 경우 : 300억원
  b. 피상속인이 20년 이상 30년 미만 계속하여 경영한 경우 : 400억원
  c. 피상속인이 30년 이상 계속하여 경영한 경우 : 600억원

* 가업 : 법소정 중소기업 또는 중견기업(상속이 개시되는 소득세 과세기간 또는 법인세 사업연도의 직전 3개 소득세 과세기간 또는 법인세 사업연도의 매출액의 평균금액이 5천억원 이상인 기업은 제외)으로서 피상속인이 10년 이상 계속하여 경영한 기업을 말한다.

2) 영농상속공제

영농상속공제 : Min[①, ②]
① 영농상속재산가액
② 한도 : 30억원

참고 가업(영농)상속의 사후관리

가업(영농)상속공제를 받은 상속인이 상속개시일부터 5년 이내에 정당한 사유없이 다음의 어느 하나에 해당하게 되면 공제받은 금액에 100%를 곱하여 계산한 금액(아래 ①에 해당하는 경우에는 가업용 자산의 처분 비율을 추가로 곱한 금액을 말한다)을 상속개시 당시의 상속세 과세가액에 산입하여 상속세를 부과한다. 이 경우 법소정의 이자상당액을 그 부과하는 상속세에 가산한다.

* 상속세를 부과한 후 재차 자산을 처분하여 상속세를 부과하는 경우 종전에 처분한 자산의 가액은 제외하고 처분비율을 산정한다.

구분	추징사유
가업상속공제	① 가업용 자산의 40% 이상을 처분하는 경우 ② 상속인이 가업에 종사하지 아니하게 된 경우 ③ 주식 등을 상속받은 상속인의 지분이 감소한 경우. 다만, 상속인이 상속받은 주식 등을 물납하여 지분이 감소한 경우는 제외하되, 이 경우에도 상속인은 최대주주나 최대출자자에 해당하여야 한다.
	④ 다음 a 및 b에 모두 해당하는 경우 a. 상속개시일부터 5년간 정규직 근로자 수의 전체 평균이 상속개시일이 속하는 소득세 과세기간 또는 법인세 사업연도의 직전 2개 소득세 과세기간 또는 법인세 사업연도의 정규직근로자 수의 평균의 90%에 미달하는 경우 b. 상속개시일부터 5년간 총급여액의 전체 평균이 상속개시일이 속하는 소득세 과세기간 또는 법인세 사업연도의 직전 2개 소득세 과세기간 또는 법인세 사업연도의 총급여액의 평균의 90%에 미달하는 경우
영농상속공제	영농상속공제의 대상인 상속재산을 처분하거나 해당 상속인이 영농에 종사하지 아니하게 된 경우

참고 조세포탈 또는 회계부정 행위 기업인에 대한 가업(영농)상속공제 배제

피상속인 또는 상속인이 가업의 경영(영농)과 관련하여 조세포탈 또는 회계부정 행위(조세범 처벌법 또는 주식회사 등의 외부감사에 관한 법률에 따른 죄를 범하는 것을 말하며, 상속개시일 전 10년 이내 또는 상속개시일부터 5년 이내의 기간 중의 행위로 한정한다)로 징역형 또는 일정한 벌금형을 선고받고 그 형이 확정된 경우에는 다음의 구분에 따른다.

구분	내용
상속세 과세표준과 세율의 결정이 있기 전에 피상속인 또는 상속인에 대한 형이 확정된 경우	가업(영농)상속공제를 적용하지 아니한다.
가업(영농)상속공제를 받은 후에 상속인에 대한 형이 확정된 경우	가업(영농)상속공제를 받은 금액을 상속개시 당시의 상속세 과세가액에 산입하여 상속세를 부과한다. 이 경우 법소정의 이자상당액을 그 부과하는 상속세에 가산한다.

참고 상속세 추징시 양도소득세의 이중과세조정

가업상속공제의 사후관리 규정에 따라 상속세를 부과할 때 또는 가업상속공제를 받은 후 조세포탈 또는 회계부정 행위로 형이 확정되어 상속세를 부과할 때 소득세법상 이월과세규정에 따라 납부하였거나 납부할 양도소득세가 있는 경우에는 다음과 같이 계산한 양도소득세 상당액을 상속세 산출세액에서 공제한다. 다만, 공제한 해당 금액이 음수인 경우에는 영으로 본다.

> (① − ②) × 기간별추징율
> ① 가업상속재산에 대한 이월과세규정을 적용하여 계산한 양도소득세액
> ② 가업상속재산에 대한 이월과세규정을 적용하지 않고 계산한 양도소득세액

(2) 금융재산상속공제

순금융재산가액	공제액
2,000만원 이하	순금융재산가액 전액
2,000만원 초과	순금융재산가액 × 20%(최소 2,000만원 ~ 최대 2억원) ① 공제액이 2,000만원에 미달 → 2,000만원 ② 공제액이 2억원을 초과 → 2억원

*1. 순금융재산가액 : 금융재산가액에서 금융채무를 공제한 금액을 말한다.
2. 금융재산가액 : 다음의 재산을 말한다. 단, 최대주주의 주식과 상속세 과세표준 신고기한까지 신고하지 아니한 타인명의의 금융재산은 제외한다.
① 금융회사등이 취급하는 예금 · 적금 · 부금 · 계금 · 출자금 · 금전신탁재산 · 보험금 · 공제금 · 주식 · 채권 · 수익증권 · 출자지분 · 어음 등의 금전 및 유가증권 cf) 퇴직금×, 현금×
② 거래소에 상장되지 아니한 주식 · 출자지분으로서 금융회사등이 취급하지 아니하는 것
③ 발행회사가 금융기관을 통하지 아니하고 직접 모집하거나 매출하는 방법으로 발행한 회사채
3. 금융채무 : 해당 기관에 대한 채무임을 확인할 수 있는 서류에 의해 입증된 금융기관에 대한 채무를 말한다.

(3) 재해손실공제

거주자의 사망으로 상속이 개시되는 경우로서 상속세 과세표준 신고기한 이내에 재난으로 인하여 상속재산이 멸실되거나 훼손된 경우에는 그 손실가액을 상속세 과세가액에서 공제한다. 다만, 그 손실가액에 대한 보험금 등의 수령 또는 구상권 등의 행사에 의하여 그 손실가액에 상당하는 금액을 보전받을 수 있는 경우에는 그러하지 아니하다.

> 재해손실공제액 = 손실된 상속재산가액 − 보험금 · 구상권으로 보전받을 수 있는 금액

(4) 동거주택 상속공제

> 동거주택 상속공제액 : Min[①, ②]
> ① (상속주택가액 - 상속개시일 현재 주택 및 주택부수토지에 담보된 피상속인의 채무액) × 100%
> ② 한도 : 6억원

참고 동거주택상속공제의 요건

다음의 요건을 모두 갖춘 경우에는 동거주택상속공제를 적용한다.

구 분	법정상속분
동거요건	피상속인과 상속인(직계비속 및 민법상 상속순위에 따라 상속인이 된 그 직계비속의 배우자인 경우로 한정함)이 상속개시일부터 소급하여 10년 이상(상속인이 미성년자인 기간은 제외) 계속하여 하나의 주택에서 동거할 것
1세대 1주택 요건	피상속인과 상속인이 상속개시일부터 소급하여 10년 이상 계속하여 1세대를 구성하면서 1세대 1주택(고가주택 포함)에 해당할 것. 이 경우 무주택인 기간이 있는 경우에는 해당 기간은 1세대 1주택에 해당하는 기간에 포함한다.
무주택자 요건	상속개시일 현재 무주택자이거나 피상속인과 공동으로 1세대 1주택을 보유한 자로서 피상속인과 동거한 상속인이 상속받은 주택일 것

*1. 피상속인과 상속인이 다음의 사유에 해당하여 동거하지 못한 경우에는 계속하여 동거한 것으로 보되, 그 동거하지 못한 기간은 동거 기간에 산입하지 아니한다.
   ① 징집
   ② 취학, 근무상 형편, 질병의 요양
   ③ ①, ②와 비슷한 사유
2. 1세대가 법정사유에 의해 일시적으로 2주택 이상을 소유한 경우에도 1세대가 1주택을 소유한 것으로 보며, 상속개시일에 피상속인과 상속인이 동거한 주택을 동거주택으로 본다.

❸ 상속공제의 한도

상속공제는 다음의 금액을 한도로 한다.

> 상속공제 한도 : ① - ② - ③ - ④
> ① 상속세 과세가액
> ② 선순위인 상속인이 아닌 자에게 유증 등을 한 재산가액
> ③ 선순위인 상속인의 상속포기로 그 다음 순위의 상속인이 상속받은 재산의 가액
> ④ 사전증여재산가액(증여재산공제, 혼인 · 출산 증여재산 공제 또는 재해손실공제를 차감한 후의 금액)*

* 사전증여재산가액은 상속세 과세가액이 5억원을 초과하는 경우에만 적용한다.

❹ 감정평가수수료공제

상속세를 신고 · 납부하기 위하여 상속재산을 평가하는데 드는 수수료로서 다음의 어느 하나에 해당하는 것은 일정 한도내에서 상속세 과세가액에서 공제한다.

> 감정평가수수료공제 : Min[①, 한도] + Min[②, 한도] + Min[③, 한도]

공제대상 수수료	한도액
① 감정평가업자의 평가에 따른 수수료	500만원
② 판매용이 아닌 서화 · 골동품 등 예술적 가치가 있는 유형재산의 평가에 따른 감정수수료	500만원
③ 신용평가전문기관에 의한 비상장주식 평가에 따른 수수료	평가대상 법인수 및 평가를 의뢰한 신용평가전문기관의 수별로 각각 1천만원
* 상속세 납부목적용으로 감정평가하는 경우로서, 평가된 가액으로 상속세를 신고 · 납부한 경우에 한하여 적용한다.	

❺ 과세최저한

상속세 과세가액에서 상속공제와 감정평가수수료공제를 차감하여 산출한 과세표준이 50만원 미만인 경우에는 상속세를 부과하지 아니한다.

제4절 상속세 신고납부세액의 계산

산 출 세 액	
+ 세대생략가산액	세대를 건너뛴 상속에 대한 30% 또는 40% 할증
산 출 세 액 계	
− 지정문화유산 등 징수유예세액	지정문화유산자료 · 박물관자료 · 미술관자료
− 세 액 공 제	증여세액공제, 외국납부세액공제, 단기재상속세액공제, 신고세액공제
+ 가 산 세	신고불성실가산세, 납부지연가산세
차 감 납 부 세 액	

❶ 상속세 산출세액

(1) 상속세 세율

과세표준		세 율
	1억원 이하	과세표준의 10%
1억원 초과	5억원 이하	1,000만원 + 1억원을 초과하는 금액의 20%
5억원 초과	10억원 이하	9,000만원 + 5억원을 초과하는 금액의 30%
10억원 초과	30억원 이하	2억 4,000만원 + 10억원을 초과하는 금액의 40%
30억원 초과		10억 4,000만원 + 30억원을 초과하는 금액의 50%

(2) 세대를 건너뛴 상속에 대한 할증과세

상속인이나 수유자가 피상속인의 자녀를 제외한 직계비속인 경우에는 상속세 산출세액에 다음의 금액을 가산한다. 다만, 민법에 따른 대습상속의 경우에는 그러하지 아니하다.

$$\text{세대생략 가산액} = \text{상속세 산출세액} \times \frac{\text{피상속인의 자녀를 제외한 직계비속이 상속받은 재산가액}^{*2}}{\text{총상속재산가액}^{*1}} \times 30\%(40\%^{*3})$$

*1. 총상속재산가액은 상속세 과세가액 상당액을 말하며, 상속재산에 가산한 증여재산 중 상속인 또는 수유자가 아닌 자가 받은 증여재산이 상속세 과세가액에 포함되어 있는 경우에는 그 가액을 차감한다. 즉, 상속인 · 수유자에 대한 증여재산가액은 포함하되 상속인 또는 수유자가 아닌 자가 받은 증여재산은 포함하지 않는다.

2. 피상속인의 자녀를 제외한 직계비속이 상속받은 재산가액에는 상속세 과세가액에 가산한 증여재산가액은 포함하지 않는다.(서면인터넷방문상담4팀-1447, 2008.06.17.)

3. 피상속인의 자녀를 제외한 직계비속이면서 미성년자에 해당하는 상속인 또는 수유자가 받았거나 받을 상속재산의 가액이 20억원을 초과하는 경우에는 40%로 한다.

❷ 지정문화유산 등에 대한 상속세의 징수유예

납세지 관할세무서장은 상속재산 중 다음의 어느 하나에 해당하는 재산이 포함되어 있는 경우에는 법령으로 정하는 바에 따라 계산한 그 재산가액에 상당하는 상속세액의 징수를 유예한다. 이에 따른 징수유예를 받으려는 자는 그 유예할 상속세액에 상당하는 담보를 제공하여야 한다. 다만, ③ 국가지정문화유산등 및 ④ 천연기념물등에 대한 상속세를 징수유예 받으려는 자는 그 유예할 상속세액에 상당하는 담보를 제공하지 아니할 수 있다.[3)]

① 문화유산자료등[4)]과 보호구역에 있는 토지로서 법령으로 정하는 토지
② 박물관자료 또는 미술관자료등[5)]
③ 국가지정문화유산등[6)]
④ 천연기념물등[7)]

$$\text{징수유예세액} = \text{상속세 산출세액} \times \frac{\text{지정문화유산 등의 가액}}{\text{총상속재산가액} + \text{상속인} \cdot \text{수유자에 대한 증여재산가액}}$$

---

3) ① 납세담보를 제공하지 아니한 자는 매년 말 관할세무서장에게 국가지정문화유산등 또는 천연기념물등의 보유현황을 제출하여야 하며, 관할세무서장은 보유현황의 적정성을 점검하여야 한다. 납세담보를 제공하지 아니한 자가 국가지정문화유산등 또는 천연기념물등을 유상으로 양도할 때에는 국가지정문화유산등 또는 천연기념물등을 양도하기 7일 전까지 그 사실을 법령으로 정하는 바에 따라 관할세무서장에게 신고하여야 한다.
② 세무서장 등은 납세담보를 제공하지 아니한 자가 다음의 어느 하나에 해당하면 다음에 따른 금액을 징수하여야 한다.
a. 국가지정문화유산등 및 천연기념물등의 보유현황 자료를 제출하지 아니한 경우 징수유예 받은 상속세액의 1%에 상당하는 금액
b. 국가지정문화유산등 및 천연기념물등의 양도 사실을 신고하지 아니한 경우 징수유예 받은 상속세액의 20%에 상당하는 금액

4) 문화유산의 보존 및 활용에 관한 법률에 따른 문화유산자료 및 근현대문화유산의 보존 및 활용에 관한 법률에 따른 국가등록문화유산

5) 박물관 및 미술관 진흥법에 따라 등록한 박물관자료 또는 미술관자료로서 박물관 또는 미술관(사립박물관이나 사립미술관의 경우에는 공익법인등에 해당하는 것만을 말한다)에 전시 중이거나 보존 중인 재산

6) 문화유산의 보존 및 활용에 관한 법률에 따른 국가지정문화유산 및 시·도지정문화유산과 보호구역에 있는 토지로서 법령으로 정하는 토지

7) 자연유산의 보존 및 활용에 관한 법률에 따라 지정된 천연기념물등과 보호구역에 있는 토지로서 법령으로 정하는 토지

❸ 세액공제

(1) 증여세액공제

상속세재산가액에 증여재산가액이 포함되어 있는 경우에는 이중과세를 조정하기 위하여 증여세액(증여 당시의 해당 증여재산에 대한 증여세 산출세액)을 상속세 산출세액에서 공제한다.

수증자	증여세액공제
(1) 상속인 또는 수유자의 경우	다음의 금액을 각자가 납부할 상속세에서 공제한다. 증여세액공제액 : Min[①, ②] ① 증여세 산출세액 ② $\text{상속인 등 각자가 납부할 상속세 산출세액} \times \frac{\text{상속인 등 각자의 증여재산에 대한 증여세 과세표준}}{\text{상속인 등의 각자의 상속재산에 대한 상속세 과세표준상당액}}$
(2) 그 외의 경우	다음의 금액을 상속세 산출세액에서 공제한다. 증여세액공제액 : Min[①, ②] ① 증여세 산출세액 ② $\text{상속세 산출세액}^{*} \times \frac{\text{증여재산에 대한 증여세 과세표준}}{\text{상속세 과세표준}}$

* 다만, 상속세 과세가액에 가산하는 증여재산에 대하여 제척기간의 만료로 인하여 증여세가 부과되지 않는 경우와 상속세 과세가액이 5억원 이하인 경우에는 증여세액공제를 적용하지 않는다.

(2) 외국납부세액공제

거주자 사망으로 상속세를 부과하는 경우에 외국에 있는 상속재산에 대하여 외국의 법령에 따라 상속세를 부과받은 경우에는 다음의 금액을 상속세 산출세액에서 공제한다.

> 외국납부세액공제액 : Min[①, ②]
> ① 외국에서 부과된 상속세액
> ② 한도 : $\text{상속세 산출세액} \times \frac{\text{외국의 법령에 의한 상속세 과세표준}}{\text{상속세 과세표준}}$

(3) 단기재상속세액공제

상속개시 후 10년 이내에 상속인이나 수유자의 사망으로 다시 상속이 개시되는 경우에는 전의 상속세가 부과된 상속재산(상속재산에 가산하는 증여재산 중 상속인이나 수유자가 받은 증여재산을 포함한다.) 중 재상속되는 상속재산에 대한 전의 상속세 상당액을 상속세 산출세액에서 공제한다.

$$\text{단기재상속세액공제액} = \text{전의 상속세 산출세액} \times \frac{\text{재상속분의 재산가액} \times \dfrac{\text{전의 상속세 과세가액}}{\text{전의 상속재산가액}}}{\text{전의 상속세 과세가액}} \times \text{공제율}$$

*1. 단기재상속세액공제액은 상속세 산출세액에서 증여세액공제액 및 외국납부세액공제액을 차감한 금액을 한도로 한다.

2. 공제율

재상속 기간	1년 이내	2년 이내	3년 이내	4년 이내	5년 이내	6년 이내	7년 이내	8년 이내	9년 이내	10년 이내
공제율	100%	90%	80%	70%	60%	50%	40%	30%	20%	10%

(4) 신고세액공제

상속세 신고기한 이내에 과세표준신고를 한 경우에는 상속세 산출세액에서 다음의 금액을 공제한다.

$$\text{신고세액공제}^{*} = \left\{ \begin{array}{c}\text{상속세 산출세액}\\ \text{(세대생략가산액 포함)}\end{array} - \begin{array}{c}\text{지정문화유산 등}\\ \text{징수유예세액}\end{array} - \begin{array}{c}\text{공제·}\\ \text{감면세액}\end{array} \right\} \times 3\%$$

* 신고세액공제는 상속세 세액을 납부하지 않은 경우에도 적용한다.

제 5 절 상속세 납세절차

❶ 신고

상속세 납부의무가 있는 상속인 또는 수유자는 상속개시일이 속하는 달의 말일부터 6개월(피상속인 또는 상속인이 외국에 주소를 둔 경우에는 9개월)이내에 상속세의 과세가액 및 과세표준을 납세지 관할세무서장에게 신고하여야 한다.

❷ 납부

(1) 납부기한

상속세를 신고하는 자는 신고기한까지 산출세액에서 징수유예세액, 공제 · 감면세액, 연부연납 · 납부유예신청금액 · 물납신청금액을 뺀 금액을 납세지 관할세무서, 한국은행 또는 우체국에 납부하여야 한다.

(2) 분납

납부할 금액이 1천만원을 초과하는 경우에는 다음의 금액을 납부기한이 지난 후 2개월 이내에 분할납부할 수 있다. 다만, 연부연납을 허가받은 경우에는 그러하지 아니하다.

구 분	내 용
① 납부할세액이 2천만원 이하인 경우	1천만원을 초과하는 금액
② 납부할세액이 2천만원 초과하는 경우	그 납부할세액의 50% 이하의 금액

(3) 연부연납

1) 연부연납요건

구 분	내 용
① 금액요건	납세지 관할세무서장은 상속세납부세액이 2천만원을 초과하는 경우에는 납세의무자의 신청을 받아 연부연납을 허가할 수 있다.
② 담보제공요건	납세의무자는 담보를 제공하여야 하며, 국세기본법에 의해 금전, 국채 또는 지방채, 납세보증서로 납세담보를 제공하여 연부연납 허가를 신청하는 경우에는 그 신청일에 허가받은 것으로 본다.

* 연부연납을 신청하려는 자는 상속세 과세표준신고 및 증여세 과세표준신고를 하는 경우(국세기본법에 따른 수정신고 또는 기한 후 신고를 하는 경우 포함)에는 납부해야 할 세액에 대하여 연부연납신청서를 상속세과세 표준신고 또는 증여세 과세표준신고와 함께 납세지 관할세무서장에게 제출해야 한다. 다만, 과세표준과 세액의 결정통지를 받은 자는 해당 납부고지서의 납부기한(연대납세의무자가 통지를 받은 경우에는 해당 납부고지서상의 납부기한을 말한다)까지 그 신청서를 제출할 수 있다.

2) 연부연납기간

연부연납기간은 다음의 상속재산별 구분에 따른 기간의 범위에서 해당 납세의무자가 신청한 기간으로 한다. 다만, 각 회분의 분납세액이 1천만원을 초과하도록 연부연납기간을 정하여야 한다.

구 분	내 용
① 일반적인 경우	연부연납허가일부터 10년 cf) 증여세는 5년
② 가업상속재산*이 있는 경우	연부연납허가일부터 20년 또는 연부연납 허가 후 10년이 되는 날부터 10년 cf) 증여세는 15년
* 가업상속재산 : 가업상속공제를 받았거나 법소정 요건에 따라 중소기업 또는 중견기업을 상속받은 경우의 법소정 상속재산(유아교육법에 따른 사립유치원에 직접 사용하는 교지, 실습지, 교사 등의 상속재산 포함)	

3) 연부연납금액

$$연부연납금액 = \frac{연부연납대상금액}{연부연납기간 + 1}$$

4) 연부연납가산금

연부연납의 허가를 받은 자는 연부연납가산금을 각 회분의 분납세액에 가산하여 납부하여야 한다.

(4) 가업상속에 대한 상속세의 납부유예

1) 납부유예요건

납세지 관할세무서장은 납세의무자가 다음의 요건을 모두 갖추어 상속세의 납부유예를 신청하는 경우에는 법령으로 정하는 금액에 대하여 상속인이 상속받은 가업상속재산을 양도 · 상속 · 증여하는 시점까지 상속세 납부유예를 허가할 수 있다.

구 분	내 용
① 가업요건	상속인이 가업상속공제대상인 가업(중소기업으로 한정한다)을 상속받았을 것
② 미공제요건	가업상속공제를 받지 아니하였을 것. 이 경우 가업상속공제 대신 영농상속공제를 받은 경우에는 가업상속공제를 받은 것으로 본다. → 상속인이 가업상속공제 방식과 납부유예 방식 중 하나를 선택할 수 있다.
* 납부유예 허가를 받으려는 납세의무자는 담보를 제공하여야 한다.	

2) 상속세 납부사유

납세지 관할세무서장은 상속인이 정당한 사유 없이 다음의 어느 하나에 해당하는 경우 납부유예허가를 취소하거나 변경하고, 다음에 따른 세액과 이자상당액을 징수한다. 납부유예 허가를 받은 자는 상속인이 다음의 어느 하나에 해당하는 경우 그 날이 속하는 달의 말일부터 6개월 이내에 납세지 관할세무서장에게 신고하고 해당 상속세와 이자상당액을 납세지 관할세무서, 한국은행 또는 체신관서에 납부하여야 한다. 다만, 이미 상속세와 이자상당액이 징수된 경우에는 그러하지 아니하다.

구 분[*1]	내 용
(1) 가업유지 위반	① 소득세법을 적용받는 가업을 상속받은 경우로서 가업용 자산의 40% 이상을 처분한 경우: 납부유예된 세액 중 처분 비율을 고려하여 법령으로 정하는 바에 따라 계산한 세액 ② 해당 상속인이 가업에 종사하지 아니하게 된 경우: 납부유예된 세액의 전부
(2) 지분유지 위반[*2]	③ 주식등을 상속받은 상속인의 지분이 감소한 경우: 다음의 구분에 따른 세액 a. 상속개시일부터 5년 이내에 감소한 경우: 납부유예된 세액의 전부 b. 상속개시일부터 5년 후에 감소한 경우: 납부유예된 세액 중 지분 감소 비율을 고려하여 법령으로 정하는 바에 따라 계산한 세액
(3) 고용유지 위반	④ 다음에 모두 해당하는 경우: 납부유예된 세액의 전부 a. 상속개시일부터 5년간 정규직 근로자수의 전체 평균이 상속개시일이 속하는 소득세 과세기간 또는 법인세 사업연도의 직전 2개 소득세 과세기간 또는 법인세 사업연도의 정규직근로자 수의 평균의 70%에 미달하는 경우 b. 상속개시일부터 5년간 총급여액의 전체 평균이 상속개시일이 속하는 소득세 과세기간 또는 법인세 사업연도의 직전 2개 소득세 과세기간 또는 법인세 사업연도의 총급여액의 평균의 70%에 미달하는 경우
(4) 재차 상속[*3]	⑤ 해당 상속인이 사망하여 상속이 개시되는 경우: 납부유예된 세액의 전부

*1. 업종 유지 요건은 없다.
2. 다만, 수증자가 조세특례제한법에 따른 가업의 승계에 대한 증여세 과세특례를 적용받거나 증여세 납부유예 허가를 받은 경우에는 납세지 관할세무서장에게 해당 세액과 이자상당액의 납부유예 허가를 신청할 수 있다.
3. 다만, 다시 상속을 받은 상속인이 상속받은 가업에 대하여 가업상속공제를 받거나 납부유예 허가를 받은 경우에는 납세지 관할세무서장에게 해당 세액과 이자상당액의 납부유예 허가를 신청할 수 있다.

3) 상속세 징수사유

납세지 관할세무서장은 납부유예 허가를 받은 자가 다음의 어느 하나에 해당하는 경우 그 허가를 취소하거나 변경하고, 납부유예된 세액의 전부 또는 일부와 이자상당액을 징수할 수 있다.

① 담보의 변경 또는 그 밖의 담보 보전에 필요한 관할 세무서장의 명령에 따르지 아니한 경우

② 국세징수법의 납부기한 전 징수사유의 어느 하나에 해당되어 납부유예된 세액의 전액을 징수할 수 없다고 인정되는 경우

(5) 물납

1) 물납요건

납세지 관할세무서장은 다음의 요건을 모두 갖춘 경우에는 납세의무자의 신청을 받아 물납을 허가할 수 있다. 다만, 물납을 신청한 재산의 관리처분이 적당하지 아니하다고 인정되는 경우에는 물납허가를 하지 아니할 수 있다.

구 분	내 용
① 금액요건	상속세 납부세액이 2천만원을 초과할 것
② 부동산등요건	상속재산(상속재산에 가산하는 증여재산 중 상속인 및 수유자가 받은 증여재산포함) 중 부동산과 유가증권(국내의 소재하는 부동산 등 물납에 충당할 수 있는 재산으로 한정함)의 가액이 해당 상속재산가액의 1/2을 초과할 것
③ 금융재산요건	상속세 납부세액이 상속재산가액 중 금융재산[*1](상속재산에 가산하는 증여재산의 가액은 포함하지 아니함)의 가액을 초과할 것

*1. 금융재산 : 금전과 금융회사 등이 취급하는 예금 · 적금 · 부금 · 계금 · 출자금 · 특정금전신탁 · 보험금 · 공제금 및 어음

2. 재산을 분할하거나 재산의 분할을 전제로 하여 물납신청을 하는 경우에는 물납을 신청한 재산의 가액이 분할 전보다 감소되지 아니하는 경우에만 물납을 허가할 수 있다.

3. 납세지 관할세무서장은 물납을 허가하는 때에는 그 허가를 한 날부터 30일 이내의 범위에서 물납재산의 수납일을 지정하여야 한다. 이 경우 물납재산의 분할 등의 사유로 해당 기간 내에 물납재산의 수납이 어렵다고 인정되는 경우에는 1회만 20일 이내의 범위에서 물납재산의 수납일을 다시 지정할 수 있다.

4. 물납재산의 수납일까지 물납재산의 수납이 이루어지지 아니하는 때에는 해당 물납허가는 그 효력을 상실한다.

참고 문화유산 등에 대한 물납

다음의 요건을 모두 갖춘 납세의무자는 상속재산에 법소정 문화유산 및 미술품이 포함된 경우 납세지 관할 세무서장에게 해당 문화유산 등에 대한 물납을 신청할 수 있다. 다만, 물납을 신청할 수 있는 납부세액은 상속재산 중 물납에 충당할 수 있는 문화유산 등의 가액에 대한 상속세 납부세액을 초과할 수 없다.

구 분	내 용
① 금액요건	상속세 납부세액이 2천만원을 초과할 것
② 금융재산요건	상속세 납부세액이 상속재산가액 중 금융재산의 가액(상속재산에 가산하는 증여재산의 가액은 포함하지 아니함)을 초과할 것

*1. 납세지 관할 세무서장은 물납 신청이 있는 경우 해당 물납 신청 내역 등을 문화체육관광부장관에게 통보하여야 한다.

2. 문화체육관광부장관은 물납을 신청한 문화유산 등이 역사적 · 학술적 · 예술적 가치가 있는 등 물납이 필요하다고 인정되는 경우 납세지 관할 세무서장에게 해당 문화유산 등에 대한 물납을 요청하여야 한다.

3. 납세지 관할 세무서장은 문화체육관광부장관의 물납 요청을 받은 경우 해당 문화유산 등이 국고 손실의 위험이 크지 아니하다고 인정되는 경우 물납을 허가한다.

참고 관리 · 처분이 부적당한 재산의 물납

세무서장은 물납신청을 받은 재산이 다음 중 어느 하나에 해당하는 사유로 관리 · 처분상 부적당하다고 인정하는 경우에는 그 재산에 대한 물납허가를 하지 아니하거나 관리 · 처분이 가능한 다른 물납대상재산으로의 변경을 명할 수 있다.

구 분	내 용
부동산	① 지상권 · 지역권 · 전세권 · 저당권 등 재산권이 설정된 경우 ② 물납신청한 토지와 그 지상건물의 소유자가 다른 경우 ③ 토지의 일부에 묘지가 있는 경우 ④ 건축허가를 받지 아니하고 건축된 건축물 및 그 부수토지 ⑤ 소유권이 공유로 되어 있는 재산
유가증권	① 유가증권을 발행한 회사의 폐업 등으로 부가가치세법에 따라 관할세무서장이 사업자등록을 말소한 경우 ② 유가증권을 발행한 회사가 상법에 따른 해산사유가 발생하거나 채무자회생 및 파산에 관한 법률에 따른 회생절차 중에 있는 경우 ③ 유가증권을 발행한 회사의 물납신청일 전 2년 이내 또는 물납신청일부터 허가일까지의 기간이 속하는 사업연도에 법인세법에 따른 결손금이 발생한 경우. 다만, 납세지 관할세무서장이 한국자산관리공사와 공동으로 물납 재산의 적정성을 조사하여 물납을 허용하는 경우는 제외한다. ④ 유가증권을 발행한 회사가 물납신청일 전 2년 이내 또는 물납신청일부터 허가일까지의 기간이 속하는 사업연도에 주식회사 등의 외부감사에 관한 법률에 따른 회계감사 대상임에도 불구하고 감사인의 감사보고서가 작성되지 않은 경우 ⑤ 자본시장과 금융투자업에 관한 법률에 따라 상장이 폐지된 경우의 해당 주식등

* 물납을 신청한 납세자는 물납이 허가되기 전에 신청한 물납재산이 위의 어느 하나에 해당하는 경우에는 납세지 관할세무서장에게 물납신청을 철회해야 하며 물납에 충당할 유가증권의 재평가 사유[8]에 해당하는 경우 납세지 관할세무서장에게 물납 재산 수납가액 재평가를 신청해야 한다.

---

8) 물납에 충당할 유가증권의 가액이 평가기준일부터 물납허가통지서 발송일 전일까지의 기간(물납기간) 중 정당한 사유 없이 다음의 어느 하나에 해당하는 사유로 해당 유가증권의 가액이 평가기준일 현재의 상속재산의 가액에 비하여 30% 이상 하락한 경우에는 물납허가통지서 발송일 전일 현재의 시가 또는 보충적 평가가액으로 한다. 이 경우 물납신청한 유가증권(물납신청한 것과 동일한 종목의 유가증권을 말한다.)의 전체평가액이 물납신청세액에 미달하는 경우로서 물납신청한 유가증권 외의 상속받은 다른 재산의 가액을 합산하더라도 해당 물납신청세액에 미달하는 경우에는 해당 미달하는 세액을 물납신청한 유가증권의 전체평가액에 가산한다.
① 물납기간 중 유가증권을 발행한 회사가 합병 또는 분할하는 경우
② 물납기간 중 유가증권을 발행한 회사가 주요 재산을 처분하는 경우
③ 물납기간 중 유가증권을 발행한 회사의 배당금이 물납을 신청하기 직전 사업연도의 배당금에 비하여 증가한 경우
④ 위 ①부터 ③까지의 규정에 따른 사유와 유사한 사유로서 유가증권의 수납가액을 재평가할 필요가 있다고 기획재정부령으로 정하는 경우

2) 물납신청의 범위

물납을 신청할 수 있는 납부세액은 다음의 금액을 초과할 수 없다. 다만, 상속재산인 부동산 및 유가증권 중 납부세액을 납부하는데 적합한 가액의 물건이 없을 때에는 세무서장은 해당 납부세액을 초과하는 납부세액에 대해서도 물납을 허가할 수 있다.

Min[①, ②]
① 상속재산 중 물납에 충당할 수 있는 부동산 및 유가증권의 가액에 대한 상속세 납부세액
② 상속세 납부세액 − (금융재산의 가액[*1] + 거래소에 상장된 유가증권의 가액[*2])

*1. 금융재산의 가액은 금융회사등에 대한 채무의 금액을 차감한 금액을 말한다.
2. 거래소에 상장된 유가증권의 가액에는 법령에 따라 처분이 제한된 것은 제외한다.

위의 규정에도 불구하고 비상장주식으로 물납할 수 있는 납부세액은 상속세 납부세액에서 상속세 과세가액(비상장주식 등과 상속개시일 현재 상속인이 거주하는 주택 및 그 부수토지의 가액을 차감한 금액)을 차감한 금액을 초과할 수 없다.

참고 물납에 충당할 수 있는 재산의 범위

물납에 충당할 수 있는 부동산 및 유가증권은 다음의 것으로 한다.

1. 국내에 소재하는 부동산
2. 국채 · 공채 · 주권 및 내국법인이 발행한 채권 또는 증권과 그 밖에 기획재정부령으로 정하는 유가증권. 다만, 다음의 어느 하나에 해당하는 유가증권은 제외한다.
   ① 상장유가증권. 다만, 최초로 거래소에 상장되어 물납허가통지서 발송일 전일 현재 자본시장과 금융투자업에 관한 법률에 따라 처분이 제한된 경우에는 그러하지 아니하다.
   ② 비상장주식 등. 다만, 상속의 경우로서 그 밖의 다른 상속재산이 없거나 상속재산 중 국채 및 공채, 상장유가증권 및 국내에 소재하는 부동산으로 상속세 물납에 충당하더라도 부족하면 그러하지 아니하다.

3) 물납에의 충당순서

물납에 충당하는 재산은 세무서장이 인정하는 정당한 사유가 없는 한 다음의 순서에 따라 신청 및 허가하여야 한다.

① 국채 및 공채
② 상장유가증권(① 제외)
③ 국내에 소재하는 부동산(⑥ 제외)
④ 유가증권(①,②,⑤ 제외)
⑤ 비상장주식 등
⑥ 상속개시일 현재 상속인이 거주하는 주택 및 그 부수토지

4) 물납의 수납가액

물납에 충당할 부동산 및 유가증권의 수납가액은 원칙적으로 상속재산의 가액으로 한다. 상속재산에 가산하는 증여재산의 수납가액은 상속개시일 현재 상속세 및 증여세법에 따라 평가한 가액으로 한다.

제 6 절 결정과 경정

❶ 결정과 경정

납세지 관할세무서장(국세청장이 특히 중요하다고 인정하는 것에 대하여는 관할지방국세청장)은 상속세나 증여세 과세표준 신고에 의하여 과세표준과 세액을 결정한다. 다만, 신고를 하지 아니하였거나 그 신고한 과세표준이나 세액에 탈루 또는 오류가 있는 경우에는 그 과세표준과 세액을 조사하여 결정한다. 세무서장 등은 과세표준과 세액을 결정할 수 없거나 결정 후 그 과세표준과 세액에 탈루 또는 오류가 있는 것을 발견한 경우에는 즉시 그 과세표준과 세액을 조사하여 결정하거나 경정한다.

(1) 결정기한

세무서장 등은 신고를 받은 날부터 다음의 법정결정기한 이내에 과세표준과 세액을 결정하여야 한다. 다만, 상속재산 또는 증여재산의 조사, 가액의 평가 등에 장기간이 걸리는 등 부득이한 사유가 있어 그 기간 이내에 결정할 수 없는 경우에는 그 사유를 상속인 · 수유자 또는 수증자에게 알려야 한다.

구 분	법정결정기한
상속세	상속세 과세표준 신고기한부터 9월
증여세	증여세 과세표준 신고기한부터 6월

(2) 결정통지

세무서장 등은 결정한 과세표준과 세액을 상속인 · 수유자 또는 수증자에게 통지하여야 한다. 이 경우 상속인이나 수유자가 2명 이상이면 그 상속인이나 수유자 모두에게 통지하여야 한다.

❷ 고액상속인에 대한 사후관리

세무서장 등은 결정된 상속재산의 가액이 30억원 이상인 경우로서 상속개시 후 5년 이내에 상속인이 보유한 부동산, 주식 등 주요 재산의 가액이 상속개시 당시에 비하여 크게 증가한 경우에는 그 결정한 과세표준과 세액에 탈루 또는 오류가 있는지를 조사하여야 한다. 다만, 상속인이 그 증가한 재산의 자금 출처를 증명한 경우에는 그러하지 아니하다.

❸ 경정청구 등의 특례

상속세 과세표준 및 세액을 신고한 자 또는 상속세 과세표준 및 세액의 결정 또는 경정을 받은 자에게 다음 중 어느 하나에 해당하는 사유가 발생한 경우에는 그 사유가 발생한 날부터 6개월 이내에 결정이나 경정을 청구할 수 있다. 이는 국세기본법상 후발적 사유로 인한 경정청구 등 청구기한(그 사유가 발생한 것을 안 날로부터 3개월 이내)에 대한 별도 규정에 해당한다.

① 상속재산에 대한 상속회복청구소송 등의 사유로 상속개시일 현재 상속인 간에 상속재산가액이 변동된 경우

② 상속개시 후 1년이 되는 날까지 상속재산의 수용 등 다음의 사유로 상속재산의 가액이 크게 하락한 경우

a. 상속재산이 수용 · 경매(민사집행법에 의한 경매를 말한다) 또는 공매된 경우로서 그 보상가액 · 경매가액 또는 공매가액이 상속세 과세가액보다 하락한 경우

b. 주식등을 할증평가하였으나 일괄하여 매각(피상속인 및 상속인과 친족 등의 관계에 있는 자에게 일괄하여 매각한 경우를 제외한다)함으로써 최대주주등의 주식등에 해당되지 아니하는 경우

MEMO

CHAPTER 02 증여세

제 1 절 증여세 총론

❶ 용어의 정의

증여	그 행위 또는 거래의 명칭·형식·목적 등과 관계없이 직접 또는 간접적인 방법으로 타인에게 무상으로 유형·무형의 재산 또는 이익을 이전(현저히 낮은 대가를 받고 이전하는 경우를 포함)하거나 타인의 재산가치를 증가시키는 것을 말한다. 다만, 유증과 사인증여, 유언대용신탁 및 수익자연속신탁은 제외한다.
증여재산	증여로 인하여 수증자에게 귀속되는 모든 재산 또는 이익을 말하며, 다음의 물건, 권리 및 이익을 포함한다. ① 금전으로 환산할 수 있는 경제적 가치가 있는 모든 물건 ② 재산적 가치가 있는 법률상 또는 사실상의 모든 권리 ③ 금전으로 환산할 수 있는 모든 경제적 이익
수증자	증여재산을 받은 거주자(본점이나 주된 사무소의 소재지가 국내에 있는 비영리법인을 포함) 또는 비거주자(본점이나 주된 사무소의 소재지가 외국에 있는 비영리법인을 포함)를 말한다.

❷ 증여세 과세대상

(1) 일반

다음 중 어느 하나에 해당하는 증여재산에 대해서는 증여세를 부과한다.

① 무상으로 이전받은 재산 또는 이익

② 현저히 낮은 대가를 주고 재산 또는 이익을 이전받음으로써 발생하는 이익이나 현저히 높은 대가를 받고 재산 또는 이익을 이전함으로써 발생하는 이익. 다만, 특수관계인이 아닌 자 간의 거래인 경우에는 거래의 관행상 정당한 사유가 없는 경우로 한정한다.

③ 재산 취득 후 해당 재산의 가치가 증가한 경우의 그 이익. 다만, 특수관계인이 아닌 자 간의 거래인 경우에는 거래의 관행상 정당한 사유가 없는 경우로 한정한다.

④ 변칙적인 증여거래에 해당하는 경우 그 재산 또는 이익

⑤ 증여추정에 해당하는 경우 그 재산 또는 이익

⑥ 변칙적인 증여거래의 경우와 경제적 실질이 유사한 경우 등 변칙적인 증여거래의 각 규정을 준용하여 증여재산의 가액을 계산할 수 있는 경우의 그 재산 또는 이익

(2) 증여의제

증여의제 규정에 해당하는 경우에는 그 재산 또는 이익을 증여받은 것으로 보아 그 재산 또는 이익에 대하여 증여세를 부과한다.

정리 증여세 과세대상

구 분	내 용
일반	1. 무상으로 이전받은 재산 또는 이익 2. 저가로 이전받은 재산 또는 이익이나, 고가로 이전한 재산 또는 이익 3. 재산 취득 후 해당 재산의 가치가 증가한 경우의 그 이익
변칙적인 증여거래	1. 신탁이익의 증여 2. 보험금의 증여 3. 저가 양수 또는 고가 양도에 따른 이익의 증여 4. 채무면제 등에 따른 증여 5. 부동산 무상사용에 따른 이익의 증여 6. 금전 무상대출 등에 따른 이익의 증여 7. 합병 · 증자 · 감자에 따른 이익의 증여 8. 현물출자에 따른 이익의 증여 9. 전환사채 등의 주식전환 등에 따른 이익의 증여 10. 초과배당에 따른 이익의 증여 11. 주식의 상장 등에 따른 이익의 증여 12. 합병에 따른 상장 등 이익의 증여 13. 재산사용 및 용역제공 등에 따른 이익의 증여 14. 법인의 조직 변경 등에 따른 이익의 증여 15. 재산 취득 후 재산가치 증가에 따른 이익의 증여
증여추정	1. 배우자 등에게 양도한 재산의 증여추정 2. 재산 취득자금 등의 증여추정
증여의제	1. 명의신탁재산의 증여의제 2. 특수관계법인과의 거래를 통한 이익의 증여의제 3. 특수관계법인으로부터 제공받은 사업기회로 발생한 이익의 증여의제 4. 특정법인과의 거래를 통한 이익의 증여의제

(3) 상속재산 확정후의 협의 분할

상속개시 후 상속재산에 대하여 등기 · 등록 · 명의개서 등으로 각 상속인의 상속분이 확정된 후, 그 상속재산에 대하여 공동상속인이 협의하여 분할한 결과 특정 상속인이 당초 상속분을 초과하여 취득하게 되는 재산은 그 분할에 의하여 상속분이 감소한 상속인으로부터 증여받은 것으로 보아 증여세를 부과한다. 다만, 상속세 과세표준 신고기한 이내에 분할에 의하여 당초 상속분을 초과하여 취득한 경우와 당초 상속재산의 분할에 대하여 무효 또는 취소 등 다음과 같은 정당한 사유가 있는 경우에는 증여세를 부과하지 아니한다.

① 상속회복청구의 소에 의한 법원의 확정판결에 따라 상속인 및 상속재산에 변동이 있는 경우
② 민법에 따른 채권자대위권의 행사에 의하여 공동상속인들의 법정상속분대로 등기 등이 된 상속재산을 상속인 사이의 협의분할에 의하여 재분할하는 경우
③ 상속세 과세표준 신고기한 내에 상속세를 물납하기 위하여 민법에 따른 법정상속분으로 등기 · 등록 및 명의개서 등을 하여 물납을 신청하였다가 물납허가를 받지 못하거나 물납재산의 변경명령을 받아 당초의 물납재산을 상속인 사이의 협의분할에 의하여 재분할하는 경우

(4) 증여재산(금전은 제외)의 반환

구 분	당초 증여	반환
(1) 증여세 신고기한*1 내에 반환*2	증여×	증여×
(2) 증여세 신고기한으로부터 3개월 이내에 반환	증여○	증여×
(3) 증여세 신고기한으로부터 3개월 경과 후에 반환	증여○	증여○

*1. 증여세 신고기한 : 증여받은 날이 속하는 달의 말일부터 3개월 이내
2. 반환하기 전에 과세표준과 세액을 결정받은 경우는 제외한다

❸ 증여세 납부의무

(1) 수증자가 거주자 또는 비거주자인 경우

수증자는 다음의 구분에 따른 증여재산에 대하여 증여세를 납부할 의무가 있다. 다만, 명의신탁재산의 증여의제에 따라 재산을 증여한 것으로 보는 경우(명의자가 영리법인인 경우를 포함)에는 실제소유자가 해당 재산에 대하여 증여세를 납부할 의무가 있다.

구 분		내 용
수증자 (증여자×)	거주자인 경우 (비영리내국법인인 경우)	국내외에 있는 모든 증여재산 (무제한 납세의무)
	비거주자인 경우 (비영리외국법인인 경우)	국내에 있는 모든 증여재산 (제한 납세의무)

*1. 거주자가 비거주자에게 국외에 있는 재산을 증여(사인증여 제외)하는 경우 그 증여자는 국제조세조정에 관한 법률에 따라 증여세를 납부할 의무가 있다. 다만, 수증자가 증여자의 특수관계인이 아닌 경우로서 해당 재산에 대하여 외국의 법령에 따라 증여세(실질적으로 이와 같은 성질을 가지는 조세를 포함)가 부과되는 경우(세액을 면제받는 경우를 포함)에는 증여세 납부의무를 면제한다.
2. 수증자에게 소득세 및 법인세가 부과되는 경우에는 이중과세를 방지하기 위하여 증여세를 부과하지 않는다. 이 경우 소득세 및 법인세가 비과세 또는 감면되는 경우에도 증여세를 부과하지 않는다.

참고 법인 아닌 단체

법인격이 없는 사단 · 재단 또는 그 밖의 단체는 다음의 어느 하나에 해당하는 자로 보아 상속세 및 증여세법을 적용한다.

구 분	내 용
① 국세기본법에 따른 법인으로 보는 단체에 해당하는 경우	비영리법인
② ① 외의 경우	거주자 또는 비거주자

(2) 수증자가 영리법인인 경우

영리법인이 증여받은 재산 또는 이익에 대하여 법인세법에 따른 법인세가 부과되는 경우(법인세가 법인세법 또는 다른 법률에 따라 비과세되거나 감면되는 경우 포함) 해당 법인의 주주 등에 대해서는 다음의 증여의제 규정에 따른 경우를 제외하고는 증여세를 부과하지 아니한다.

① 특수관계법인과의 거래를 통한 이익의 증여 의제

② 특수관계법인으로부터 제공받은 사업기회로 발생한 이익의 증여 의제

③ 특정법인과의 거래를 통한 이익의 증여 의제

(3) 수증자가 납부능력이 없는 경우 증여세 면제

다음에 해당하는 경우로서 수증자가 증여세를 납부할 능력이 없다고 인정되는 경우로서 강제징수를 하여도 증여세에 대한 조세채권을 확보하기 곤란한 경우에는 그에 상당하는 증여세의 일부 또는 전부를 면제한다.

① 저가양수 또는 고가양도에 따른 이익의 증여

② 채무면제 등에 따른 증여

③ 부동산 무상사용에 따른 이익의 증여

④ 금전 무상대출 등에 따른 이익의 증여

(4) 증여자의 연대납세의무

증여자는 다음 중 어느 하나에 해당하는 경우에는 수증자가 납부할 증여세에 대하여 연대하여 납부할 의무가 있다.

① 수증자의 주소나 거소가 분명하지 아니한 경우로서 증여세에 대한 조세채권을 확보하기 곤란한 경우

② 수증자가 증여세를 납부할 능력이 없다고 인정되는 경우로서 강제징수를 하여도 증여세에 대한 조세채권을 확보하기 곤란한 경우

③ 수증자가 비거주자(비영리외국법인 포함)인 경우

참고 증여세 연대납세의무의 제외대상

증여자는 다음에 해당하는 경우는 증여세를 연대하여 납부할 의무가 없다.

① 현저히 낮은 대가를 주고 재산 또는 이익을 이전받음으로써 발생하는 이익이나 현저히 높은 대가를 받고 재산 또는 이익을 이전함으로써 발생하는 이익
② 재산취득 후 재산가치가 증가하는 경우
③ 저가양수 또는 고가양도에 따른 이익의 증여
④ 채무면제 등에 따른 증여
⑤ 부동산 무상사용에 따른 이익의 증여
⑥ 합병 · 증자 · 감자에 따른 이익의 증여
⑦ 현물출자에 따른 이익의 증여
⑧ 전환사채 등의 주식전환에 따른 이익의 증여
⑨ 초과배당에 따른 이익의 증여
⑩ 주식 등의 상장 등에 따른 이익의 증여
⑪ 금전 무상대출 등에 따른 이익의 증여
⑫ 합병에 따른 상장 등 이익의 증여
⑬ 재산사용 및 용역제공 등에 따른 이익의 증여
⑭ 법인의 조직변경 등에 따른 이익의 증여
⑮ 재산 취득 후 재산가치 증가에 따른 이익의 증여
⑯ 재산 취득자금 등의 증여 추정
⑰ 특수관계법인과의 거래를 통한 이익의 증여의제
⑱ 특수관계법인으로부터 제공받은 사업기회로 발생한 이익의 증여의제
⑲ 특정법인과의 거래를 통한 이익의 증여의제
⑳ 공익법인 등이 출연받은 재산에 대한 과세가액 불산입 등(출연자가 해당 공익법인의 운영에 책임이 없는 경우로서 법소정의 경우만 해당)

❹ 과세관할

구 분	내 용
(1) 원칙	수증자의 주소지(또는 거소지)를 관할하는 세무서장(또는 관할지방국세청장)이 과세한다.
(2) 예외	다음의 어느 하나에 해당하는 경우에는 증여자의 주소지를 관할하는 세무서장 등이 과세한다. ① 수증자가 비거주자인 경우 ② 수증자의 주소 및 거소가 분명하지 아니한 경우 ③ 명의신탁 증여의제에 따라 재산을 증여한 것으로 보는 경우

* 다음의 어느 하나에 해당하는 경우에는 증여재산의 소재지를 관할하는 세무서장이 과세한다.
① 수증자와 증여자가 모두 비거주자인 경우
② 수증자와 증여자 모두의 주소 또는 거소가 분명하지 아니한 경우
③ 수증자가 비거주자이거나 주소 또는 거소가 분명하지 아니하고 증여자가 합병에 따른 이익의 증여 등의 의제규정에 따라 의제된 경우

❺ 증여세 계산구조

증 여 재 산 가 액	
− 비 과 세 재 산 가 액	국가 등으로부터 증여받은 재산가액 등
− 과세가액불산입재산가액	공익법인에 출연한 재산, 장애인 수증재산 등
− 부담부증여시 채무인수액	
+ 합산대상증여재산가액	10년 이내에 동일인으로부터 증여받은 재산가액
증 여 세 과 세 가 액	
− 증 여 공 제	증여재산공제, 혼인 · 출산 증여재산공제, 재해손실공제
− 감정평가수수료공제	
증 여 세 과 세 표 준	
× 세 율	10%~50%의 초과누진세율
산 출 세 액	
+ 세 대 생 략 가 산 액	세대를 건너뛴 증여에 대한 30% 또는 40% 할증
산 출 세 액	
− 징 수 유 예 세 액	박물관 · 미술관자료에 대한 징수유예
− 세 액 공 제	기납부세액공제, 외국납부세액공제, 신고세액공제
+ 가 산 세	신고불성실가산세, 납부지연가산세
신 고 납 부 세 액	
− 연 부 연 납 신 청 금 액	분할납부할세액
차 감 납 부 세 액	

제 2 절 증여세 과세가액

❶ 증여재산가액 계산의 일반원칙

증여재산가액은 다음의 방법으로 계산한다.

구 분	내 용
(1) 재산을 무상으로 이전받은 경우	증여재산의 시가(보충적 평가방법에 따라 평가한 가액으로 포함)상당액
(2) 재산 또는 이익을 현저히 낮은 대가를 주고 이전받거나, 현저히 높은 대가를 받고 이전한 경우	시가와 대가의 차액*1
(3) 재산 취득 후 해당 재산의 가치가 증가하는 경우	재산가치상승금액*2
(4) 변칙적인 증여거래, 증여추정, 변칙적인 증여거래와 경제적 실질이 유사한 경우 및 증여의제	해당 규정에 따라 계산한 증여재산가액

*1. 시가와 대가의 차액이 3억원 이상이거나 시가의 30% 이상인 경우로 한정한다.
2. 재산가치상승금액이 3억원 이상이거나 재산가치상승비율이 30% 이상인 경우로 한정한다.
3. 재산가치상승금액과 재산가치상승비율

```
   ① 해 당 재 산 가 액
 - ② 해당 재산의 취득가액
 - ③ 통상적인 가치상승분
 - ④ 가 치 상 승 기 여 분
 = ⑤ 재 산 가 치 상 승 금 액
```

$$\text{재산가치상승비율} = \frac{⑤}{(② + ③ + ④)}$$

참고 증여재산의 취득시기

구 분	취득시기
(1) 권리의 이전이나 그 행사에 등기 · 등록을 요하는 재산	등기 · 등록 접수일(민법에 따른 등기를 요하지 아니하는 부동산의 취득에 대하여는 실제로 부동산의 소유권을 취득한 날)
(2) 건물을 신축하여 증여할 목적으로 수증자의 명의로 건축허가를 받거나 신고를 하여 해당 건물을 완성한 경우 또는 건물을 증여할 목적으로 수증자의 명의로 해당 건물의 분양권을 건설사업자로부터 취득하거나 분양권을 타인으로부터 전득한 경우	그 건물의 사용승인서 교부일(사용승인 전에 사실상 사용하거나 임시사용승인을 얻은 경우에는 그 사실상의 사용일 또는 임시사용승인일로 하고, 건축허가를 받지 아니하거나 신고하지 아니하고 건축하는 건축물에 있어서는 그 사실상의 사용일)
(3) 타인의 기여에 의하여 재산가치가 증가한 경우	① 개발사업의 시행 : 개발구역으로 지정되어 고시된 날 ② 형질변경 : 해당 형질변경허가일 ③ 공유물의 분할 : 공유물 분할등기일 ④ 사업의 인가 · 허가 또는 지하수개발 · 이용의 허가 등 : 해당 인가 · 허가일 ⑤ 주식 등의 상장 및 비상장주식의 등록, 법인의 합병 : 주식 등의 상장일 또는 비상장주식의 등록일, 법인의 합병등기일 ⑥ 생명보험 또는 손해보험의 보험금 지급 : 보험사고가 발생한 날 ⑦ ①~⑥ 외의 경우: 재산가치증가사유가 발생한 날
(4) 주식 등인 경우	수증자가 배당금의 지급이나 주주권의 행사등에 의하여 해당 주식 등을 인도받은 사실이 객관적으로 확인되는 날(해당 주식 등을 인도받은 날이 불분명하거나 해당 주식 등을 인도받기 전에 취득자의 주소와 성명 등을 주주명부 또는 사원명부에 기재한 경우에는 그 명의개서일 또는 그 기재일)
(5) 무기명채권인 경우	해당 채권에 대한 이자지급사실 등에 의하여 취득사실이 객관적으로 확인되는 날(그 취득일이 불분명한 경우에는 해당 채권에 대하여 취득자가 이자지급을 청구한 날 또는 해당 채권의 상환을 청구한 날)
(6) 위 외의 재산	인도한 날 또는 사실상의 사용일

❷ 비과세재산가액

① 국가 또는 지방자치단체로부터 증여받은 재산의 가액
② 내국법인의 종업원으로서 우리사주조합에 가입한 자가 해당 법인의 주식을 우리사주조합을 통하여 취득한 경우로서 그 조합원이 소액주주기준에 해당하는 경우 그 주식의 취득가액과 시가와의 차액으로 인하여 받은 이익에 상당하는 가액
③ 정당이 증여받은 재산의 가액
④ 사내근로복지기금 · 우리사주조합, 공동근로복지기금 및 근로복지진흥기금이 증여받은 재산의 가액
⑤ 사회통념상 인정되는 이재구호금품, 치료비, 피부양자의 생활비, 교육비 기타 이와 유사한 것 등
⑥ 신용보금기금 · 기술신용보증기금 및 신용보증재단 등의 단체가 증여받은 재산의 가액
⑦ 국가 · 지방자치단체 또는 공공단체가 증여받은 재산의 가액
⑧ 장애인, 상이자 및 항상 치료를 요하는 중증환자를 수익자로 한 보험의 보험금(연간 4천만원 한도)
⑨ 국가유공자의 유족이나 의사자의 유족이 증여받은 성금 및 물품 등 재산의 가액
⑩ 비영리법인의 설립근거가 되는 법령의 변경으로 비영리법인이 해산되거나 업무가 변경됨에 따라 해당 비영리법인의 재산과 권리 · 의무를 다른 비영리법인이 승계받은 경우 승계받은 해당 재산의 가액

❸ 과세가액불산입액

구 분	내 용
(1) 공익법인출연재산가액	공익법인 등이 출연받은 재산의 가액은 증여세 과세가액에 산입하지 아니한다.
(2) 공익신탁재산가액	증여재산 중 증여자가 공익신탁(종교 · 자선 · 학술 또는 그 밖의 공익을 목적으로 하는 신탁)을 통하여 공익법인 등에 출연하는 재산의 가액은 증여세 과세가액에 산입하지 아니한다.
(3) 장애인증여재산가액	장애인이 재산을 증여받고 과세표준 신고기한까지 법소정 요건을 모두 갖춘 경우에는 그 증여받은 재산가액을 일정 한도내에서 증여세 과세가액에 산입하지 아니한다.

참고 장애인 증여재산가액의 과세가액불산입

구 분	내 용
자익신탁	장애인이 재산을 증여받고 그 재산을 본인을 수익자로 하여 신탁한 경우로서 해당 신탁이 다음의 요건을 모두 충족하는 경우에는 그 증여받은 재산가액은 증여세 과세가액에 산입하지 아니한다. ① 신탁업자에게 신탁되었을 것 ② 그 장애인이 신탁의 이익 전부를 받는 수익자일 것 ③ 신탁기간이 그 장애인이 사망할 때까지로 되어 있을 것. 다만, 장애인이 사망하기 전에 신탁기간이 끝나는 경우에는 신탁기간을 장애인이 사망할 때까지 계속 연장하여야 한다.
타익신탁	타인이 장애인을 수익자로 하여 재산을 신탁한 경우로서 해당 신탁이 다음의 요건을 모두 충족하는 경우에는 장애인이 증여받은 그 신탁의 수익은 증여세 과세가액에 산입하지 아니한다. ① 신탁업자에게 신탁되었을 것 ② 그 장애인이 신탁의 이익 전부를 받는 수익자일 것. 다만, 장애인이 사망한 후의 잔여재산에 대해서는 그러하지 아니하다 ③ 다음의 내용이 신탁계약에 포함되어 있을 것 a. 장애인이 사망하기 전에 신탁이 해지 또는 만료되는 경우에는 잔여재산이 그 장애인에게 귀속될 것 b. 장애인이 사망하기 전에 수익자를 변경할 수 없을 것 c. 장애인이 사망하기 전에 위탁자가 사망하는 경우에는 신탁의 위탁자 지위가 그 장애인에게 이전될 것
한도	자익신탁한 경우 그 증여받은 재산가액(그 장애인이 살아 있는 동안 증여받은 재산가액을 합친 금액을 말한다) 및 타익신탁 원본의 가액(그 장애인이 살아 있는 동안 그 장애인을 수익자로 하여 설정된 타익신탁의 설정 당시 원본가액을 합친 금액을 말한다)을 합산한 금액은 5억원을 한도로 한다.

❹ 부담부 증여시 채무인수액

(1) 일반적인 부담부증여

증여세 과세가액은 증여재산가액(합산배제증여재산 제외)은 그 증여재산에 담보된 채무(증여자가 해당 재산을 타인에게 임대한 경우의 임대보증금 포함)로서 수증자가 인수한 금액을 뺀 금액으로 한다.

증여자	수증자
증여재산가액 중 채무인수액 → 양도소득세 과세	증여재산가액 - 채무인수액 → 증여세 과세

(2) 배우자 · 직계존비속간 부담부증여

배우자 간 또는 직계존비속 간의 부담부증여(배우자 등에게 양도시 증여로 추정되는 경우 포함)에 대해서는 수증자가 증여자의 채무를 인수한 경우에도 그 채무액은 수증자에게 인수되지 아니한 것으로 추정한다.

증여자	수증자
채무인수액을 양도로 보지 않음 → 양도소득세 과세×	증여재산가액 전액 → 증여세 과세

* 다만, 해당 채무액이 국가 및 지방자치단체, 금융기관에 대한 채무 등 객관적으로 인정되는 경우에는 일반적인 부담부증여와 동일하게 과세한다.

❺ 합산대상 증여재산가액

구 분	내 용
합산대상 증여재산	해당 증여일 전 10년 이내에 동일인(증여자가 직계존속인 경우에는 그 직계존속의 배우자 포함)으로부터 받은 증여재산가액을 합친 금액이 1,000만원 이상인 경우에는 그 가액을 증여세 과세가액에 가산한다. 증여재산가액을 증여세 과세가액에 가산한 경우 그 증여재산에 대한 당초의 증여세액(증여세 산출세액)은 기납부세액으로 공제한다.
합산배제 증여재산	다음의 증여재산은 합산을 배제한다. ① 재산 취득 후 해당 재산의 가치가 증가하는 경우의 재산가치상승금액 ② 전환사채 등에 의하여 주식전환 등을 함으로써 얻은 이익 ③ 전환사채 등을 특수관계인에게 양도한 경우로서 양도인이 얻은 이익 ④ 주식 등의 상장 등에 따른 이익의 증여 ⑤ 합병에 따른 상장 등 이익의 증여 ⑥ 재산 취득 후 재산가치 증가에 따른 이익의 증여 ⑦ 재산 취득자금 등의 증여 추정 ⑧ 명의신탁재산의 증여 의제 ⑨ 특수관계법인과의 거래를 통한 이익의 증여 의제 ⑩ 특수관계법인으로부터 제공받은 사업기회로 발생한 이익의 증여 의제

제3절 증여세 과세표준의 계산

❶ 증여공제

(1) 증여재산공제

거주자(수증자)가 다음의 어느 하나에 해당하는 사람으로부터 증여를 받은 경우에는 다음의 구분에 따른 금액을 증여세 과세가액에서 공제한다.

증여자	공제액
(1) 배우자	6억원
(2) 직계존속[수증자의 직계존속과 혼인(사실혼 제외) 중인 배우자 포함]	5,000만원*1
(3) 직계비속(수증자와 혼인 중인 배우자의 직계비속을 포함)	5,000만원
(4) 이외의 친족	1,000만원

*1. 미성년자가 직계존속으로부터 증여를 받는 경우에는 2,000만원으로 한다.

2. 수증자를 기준으로 그 증여를 받기 전 10년 이내에 공제받은 금액과 해당 증여가액에서 공제받을 금액을 합친 금액이 위 공제액을 초과하는 경우에는 그 초과하는 부분은 공제하지 아니한다. 이 경우 그 증여세 과세가액에서 공제받을 금액과 수증자가 그 증여를 받기 전 10년 이내에 공제받은 금액(혼인 · 출산 증여재산 공제 금액은 제외한다)을 합한 금액이 위 공제액을 초과하는 경우에는 그 초과하는 부분은 공제하지 아니한다.

참고 증여재산공제의 방법

증여재산공제 및 혼인 · 출산 증여재산공제규정을 적용할 때 증여세 과세가액에서 공제할 금액의 계산은 다음의 어느 하나의 방법에 따른다.

1. 2 이상의 증여가 그 증여시기를 달리하는 경우에는 2 이상의 증여 중 최초의 증여세 과세가액에서부터 순차로 공제하는 방법
2. 2 이상의 증여가 동시에 있는 경우에는 각각의 증여세 과세가액에 대하여 안분하여 공제하는 방법

(2) 혼인 · 출산 증여재산공제

① 혼인 증여재산공제

거주자가 직계존속으로부터 혼인일(가족관계의 등록 등에 관한 법률에 따른 혼인관계증명서상 신고일을 말한다) 전후 2년(총 4년) 이내에 증여를 받는 경우에는 출산 증여재산공제 및 직계존속으로부터 증여받는 경우 적용하는 일반적 증여재산공제[5천만원(미성년자는 2천만원)]와 별개로 1억원을 증여세 과세가액에서 공제한다. 이 경우 그 증여세 과세가액에서 공제받을 금액과 수증자가 이미 공제받은 금액을 합한 금액이 1억원을 초과하는 경우에는 그 초과하는 부분은 공제하지 아니한다.

참고 혼인 증여재산공제의 사후관리

1. 거주자가 혼인 증여재산공제를 받은 후 약혼자의 사망 등 부득이한 사유가 발생하여 해당 증여재산을 그 사유가 발생한 달의 말일부터 3개월 이내에 증여자에게 반환하는 경우에는 처음부터 증여가 없었던 것으로 본다.
2. 혼인 전에 혼인 증여재산공제를 받은 거주자가 증여일(공제를 적용받은 증여가 다수인 경우 최초 증여일을 말한다.)부터 2년 이내에 혼인하지 아니한 경우로서 증여일부터 2년이 되는 날이 속하는 달의 말일부터 3개월이 되는 날까지 국세기본법에 따른 수정신고 또는 기한 후 신고를 한 경우에는 신고불성실가산세 및 납부지연가산세의 전부 또는 일부를 부과하지 아니하되, 법령으로 정하는 바에 따라 계산한 이자상당액을 증여세에 가산하여 부과한다.
3. 혼인 증여재산공제를 받은 거주자가 혼인이 무효가 된 경우로서 혼인무효의 소에 대한 판결이 확정된 날이 속하는 달의 말일부터 3개월이 되는 날까지 국세기본법에 따른 수정신고 또는 기한 후 신고를 한 경우에는 신고불성실가산세 및 납부지연가산세의 전부 또는 일부를 부과하지 아니하되, 법령으로 정하는 바에 따라 계산한 이자상당액을 증여세에 가산하여 부과한다.

② 출산 증여재산공제

거주자가 직계존속으로부터 자녀의 출생일(가족관계의 등록 등에 관한 법률에 따른 출생신고서상 출생일을 말한다) 또는 입양일(가족관계의 등록 등에 관한 법률에 따른 입양신고일을 말한다)부터 2년 이내에 증여를 받는 경우에는 혼인증여재산공제 및 직계존속으로부터 증여받는 경우 적용하는 일반적 증여재산공제[5천만원(미성년자는 2천만원)]와 별개로 1억원을 증여세 과세가액에서 공제한다. 이 경우 그 증여세 과세가액에서 공제받을 금액과 수증자가 이미 공제받은 금액을 합한 금액이 1억원을 초과하는 경우에는 그 초과하는 부분은 공제하지 아니한다.

구 분	증여자	공제액	통합한도
① 혼인 증여재산공제	직계존속*1	1억원	1억원*2
② 출산 증여재산공제	직계존속*1	1억원	

*1. 수증자의 직계존속과 혼인(사실혼 제외) 중인 배우자를 포함한다.
2. 위 혼인 증여재산공제 및 출산 증여재산공제에 따라 증여세 과세가액에서 공제받았거나 받을 금액을 합한 금액이 1억원(통합공제한도)을 초과하는 경우에는 그 초과하는 부분은 공제하지 아니한다.
3. 다음의 증여재산에 대해서는 혼인 증여재산공제 및 출산 증여재산공제를 적용하지 아니한다.
① 신탁이익의 증여
② 보험금의 증여
③ 저가 양수 또는 고가 양도에 따른 이익의 증여
④ 채무면제 등에 따른 증여
⑤ 부동산 무상사용에 따른 이익의 증여
⑥ 합병에 따른 이익의 증여
⑦ 증자에 따른 이익의 증여
⑧ 감자에 따른 이익의 증여
⑨ 현물출자에 따른 이익의 증여
⑩ 전환사채 등의 주식전환 등에 따른 이익의 증여
⑪ 초과배당에 따른 이익의 증여
⑫ 주식등의 상장 등에 따른 이익의 증여
⑬ 금전 무상대출 등에 따른 이익의 증여
⑭ 합병에 따른 상장 등 이익의 증여
⑮ 재산사용 및 용역제공 등에 따른 이익의 증여
⑯ 법인의 조직 변경 등에 따른 이익의 증여
⑰ 재산 취득 후 재산가치 증가에 따른 이익의 증여
⑱ 배우자 등에게 양도한 재산의 증여 추정
⑲ 재산 취득자금 등의 증여 추정
⑳ 명의신탁재산의 증여 의제
㉑ 특수관계법인과의 거래를 통한 이익의 증여 의제
㉒ 특수관계법인으로부터 제공받은 사업기회로 발생한 이익의 증여 의제
㉓ 특정법인과의 거래를 통한 이익의 증여 의제

(3) 재해손실공제 → 상속세와 동일

타인으로부터 재산을 증여받은 경우로서 증여세 신고기한 이내에 재난으로 인하여 증여재산이 멸실되거나 훼손된 경우에는 그 손실가액을 증여세 과세가액에서 공제한다. 다만, 그 손실가액에 대한 보험금 등의 수령 또는 구상권 등의 행사에 의하여 그 손실가액에 상당하는 금액을 보전받을 수 있는 경우에는 그러하지 아니하다.

❷ 감정평가수수료공제 → 상속세와 동일

증여세를 신고 · 납부하기 위하여 증여재산을 평가하는데 드는 수수료로서 다음의 어느 하나에 해당하는 것은 일정 한도내에서 증여세 과세가액에서 공제한다.

감정평가수수료공제 : Min[①, 한도] + Min[②, 한도] + Min[③, 한도]

공제대상 수수료	한도액
① 감정평가업자의 평가에 따른 수수료	500만원
② 판매용이 아닌 서화 · 골동품 등 예술적 가치가 있는 유형재산의 평가에 따른 감정수수료	500만원
③ 신용평가전문기관에 의한 비상장주식 평가에 따른 수수료	평가대상 법인수 및 평가를 의뢰한 신용평가전문기관의 수별로 각각 1천만원

* 증여세 납부목적용으로 감정평가하는 경우로서, 평가된 가액으로 증여세를 신고 · 납부한 경우에 한하여 적용한다.

❸ 증여세 과세표준

일반적인 경우	합산배제증여재산	
	일정한 증여의제[*1]	그 외의 경우
증여세과세가액 − 증 여 공 제 − 감정평가수수료공제 증여세과세표준	증 여 의 제 이 익 − − − 감정평가수수료공제 증여세과세표준	증여세과세가액 − 3 천 만 원 − 감정평가수수료공제 증여세과세표준

*1. 일정한 증여의제는 다음 중 어느 하나의 경우를 말한다.
   ① 특수관계법인과의 거래를 통한 이익의 증여의제
   ② 특수관계법인으로부터 제공받은 사업기회로 발생한 이익의 증여의제
   ③ 명의신탁재산의 증여의제
 2. 증여세 과세표준이 50만원 미만인 경우에는 증여세를 부과하지 아니한다.

제 4 절 증여세 신고납부세액의 계산

❶ 증여세 산출세액

(1) 증여세 세율 → 상속세 세율과 동일

과세표준		세　　율
	1억원 이하	과세표준의 10%
1억원 초과	5억원 이하	1,000만원 + 1억원을 초과하는 금액의 20%
5억원 초과	10억원 이하	9,000만원 + 5억원을 초과하는 금액의 30%
10억원 초과	30억원 이하	2억 4,000만원 + 10억원을 초과하는 금액의 40%
30억원 초과		10억 4,000만원 + 30억원을 초과하는 금액의 50%

(2) 세대를 건너뛴 증여에 대한 할증과세

수증자가 증여자의 자녀가 아닌 직계비속인 경우에는 증여세 산출세액에 다음의 금액을 가산한다. 다만, 증여자의 최근친인 직계비속이 사망하여 그 사망자의 최근친인 직계비속이 증여받은 경우에는 그러하지 아니하다.

> 세대생략가산액 : ① − ②
>
> ① 증여세 산출세액 × $\dfrac{\text{수증자의 부모를 제외한 직계존속으로부터 증여받은 재산가액}^{*2}}{\text{총증여재산가액}^{*1}}$ × 30%(40%[*3])
>
> ② 종전에 납부한 할증과세액

*1. 총증여재산가액은 증여세 과세가액에 가산하는 증여재산을 포함한다.

2. 수증자의 증여받은 재산가액은 증여세 과세가액에 가산하는 증여재산 중 부모를 제외한 직계존속으로부터 증여받은 재산을 포함한다.

3. 수증자가 증여자의 자녀가 아닌 직계비속이면서 미성년자인 경우로서 증여재산가액(증여세 과세가액에 가산하는 증여재산 포함)이 20억원을 초과하는 경우에는 40%로 한다.

4. 세대생략가산액이 음수인 경우에는 영으로 한다.

❷ 박물관자료에 대한 징수유예

납세지 관할세무서장은 증여재산 중 박물관자료(미술관자료 포함)가 포함되어 있는 경우에는 그에 대한 증여세액의 징수를 유예한다. → 상속세와 달리 문화유산자료에 대해서는 징수유예규정이 없다.

❸ 세액공제

(1) 납부세액공제

증여세 과세가액에 가산한 증여재산의 가액(둘 이상의 증여가 있을 때에는 그 가액을 합친 금액)에 대하여 납부하였거나 납부할 증여세액(증여 당시의 해당 증여재산에 대한 증여세 산출세액)은 증여세 산출세액에서 공제한다. 다만, 증여세 과세가액에 가산하는 증여재산에 대하여 제척기간의 만료로 인하여 증여세가 부과되지 아니하는 경우에는 그러하지 아니하다.

> 기납부세액공제 : Min[①, ②]
> ① 가산한 증여재산에 대한 증여당시 증여세 산출세액
> ② 한도액 = 증여세 산출세액 × $\frac{\text{가산한 증여재산가액의 과세표준}}{\text{증여세 과세표준}}$

(2) 외국납부세액공제

타인으로부터 재산을 증여받은 경우에 외국에 있는 증여재산에 대하여 외국의 법령에 따라 증여세를 부과받은 경우에는 다음의 금액을 증여세 산출세액에서 공제한다.

> 외국납부세액공제액 : Min[①, ②]
> ① 외국에서 부과된 증여세액
> ② 한도 : 증여세 산출세액 × $\frac{\text{외국의 법령에 의한 증여세 과세표준}}{\text{증여세 과세표준}}$

(3) 신고세액공제

증여세 신고기한 내에 과세표준신고를 한 경우에는 증여세 산출세액에서 다음의 금액을 공제한다.

> 신고세액공제* = { 증여세 산출세액(세대생략가산액 포함) − 박물관자료 징수유예세액 − 공제·감면세액 } × 3%

* 신고세액공제는 증여세 세액을 납부하지 않은 경우에도 적용한다.

PART 02 상증세법

제5절 증여세 납세절차

❶ 신고

증여세 납부의무가 있는 자는 증여받은 날이 속하는 달의 말일부터 3개월 이내에 증여세의 과세가액 및 과세표준을 납세지 관할세무서장에게 신고하여야 한다.

참고 예외적인 증여세 신고기한

구 분	신고기한
비장주식의 상장 또는 법인의 합병 등에 따른 증여세 과세표준 정산신고기한	정산기준일이 속하는 달의 말일부터 3개월이 되는 날
특수관계법인과의 거래를 통한 이익의 증여의제 및 특정법인과의 거래를 통한 이익의 증여의제에 따른 증여세 과세표준 신고기한	수혜법인 또는 특정법인의 법인세 과세표준의 신고기한이 속하는 달의 말일부터 3개월이 되는 날

❷ 납부

(1) 납부기한

증여세를 신고하는 자는 신고기한까지 산출세액에서 징수유예세액, 공제·감면세액, 연부연납신청금액을 뺀 금액을 납세지 관할세무서, 한국은행 또는 우체국에 납부하여야 한다.

(2) 분납 → 상속세와 동일

납부할 금액이 1천만원을 초과하는 경우에는 다음의 금액을 납부기한이 지난 후 2개월 이내에 분할납부할 수 있다. 다만, 연부연납을 허가받은 경우에는 그러하지 아니하다.

(3) 연부연납

납세지 관할세무서장은 증여세 납부세액이 2천만원을 초과하는 경우에는 납세의무자의 신청을 받아 연부연납을 허가할 수 있다. 이 경우 납세의무자는 담보를 제공하여야 하며, 국세징수법에 따른 납세담보를 제공하여 연부연납 허가를 신청하는 경우에는 그 신청일에 연부연납을 허가받은 것으로 본다. 연부연납의 기간은 다음의 구분에 따른 기간의 범위에서 해당 납세의무자가 신청한 기간으로 한다. 다만, 각 회분의 분할납부 세액이 1천만원을 초과하도록 연부연납기간을 정하여야 한다.

구 분	내 용
① 일반적인 경우	연부연납허가일부터 5년 cf) 상속세는 10년
② 조세특례제한법에 따른 가업의 승계에 대한 증여세 과세특례를 적용받은 증여재산	연부연납허가일부터 15년 cf) 상속세는 최대 20년

(4) 물납

상속세와 달리 증여세의 물납은 허용되지 않는다.

제 6 절 결정과 경정

❶ 결정과 경정

세무서장 등은 신고를 받은 날부터 증여세 과세표준 신고기한부터 6월 이내에 증여세의 과세표준과 세액을 결정하여야 한다. → 그 외 결정 및 경정 규정은 상속세와 동일

❷ 경정청구 등의 특례

다음의 어느 하나에 해당하는 경우에는 그 사유발생일로부터 3개월 이내에 결정 또는 경정을 청구할 수 있다.

① 부동산 무상사용에 따른 이익의 증여에 따른 증여세를 결정 또는 경정받은 자가 부동산 무상사용기간 중 부동산소유자로부터 해당 부동산을 상속 또는 증여받거나 법소정 사유로 해당 부동산을 무상으로 사용하지 아니하게 되는 경우

② 금전 무상대출 등에 따른 이익의 증여에 따른 증여세를 결정 또는 경정받은 자가 대출기간 중에 대부자로부터 해당 금전을 상속 또는 증여받거나 법소정 사유로 해당 금전을 무상으로 또는 적정이자율보다 낮은 이자율로 대출받지 아니하게 되는 경우

③ 타인의 재산을 무상으로 담보로 제공하고 금전 등을 차입함에 따라 재산사용 및 용역제공 등에 따른 이익의 증여에 따른 증여세를 결정 또는 경정받은 자가 재산의 사용기간 중에 재산 제공자로부터 해당 재산을 상속 또는 증여받거나 법소정 사유로 무상으로 또는 적정이자율보다 낮은 이자율로 차입하지 아니하게 되는 경우

제 7 절 변칙적인 증여거래

상속세 및 증여세법은 포괄주의 과세방식을 취하고 있으며, 변칙적인 증여거래로 재산 또는 이익을 이전하는 것도 증여세 과세대상에 포함하고 있다.

변칙적인 증여거래의 유형은 다음과 같다.

1. 신탁이익의 증여
2. 보험금의 증여
3. 저가 양수 또는 고가 양도에 따른 이익의 증여
4. 채무면제 등에 따른 증여
5. 부동산 무상사용에 따른 이익의 증여
6. 금전 무상대출 등에 따른 이익의 증여
7. 합병 · 증자 · 감자에 따른 이익의 증여
8. 현물출자에 따른 이익의 증여
9. 전환사채 등의 주식전환 등에 따른 이익의 증여
10. 초과배당에 따른 이익의 증여
11. 주식 등의 상장 등에 따른 이익의 증여
12. 합병에 따른 상장 등 이익의 증여
13. 재산사용 및 용역제공 등에 따른 이익의 증여
14. 법인의 조직 변경 등에 따른 이익의 증여
15. 재산 취득 후 재산가치 증가에 따른 이익의 증여

❶ 신탁이익의 증여

신탁계약에 의하여 위탁자가 타인을 신탁의 이익의 전부 또는 일부를 받을 수익자로 지정한 경우로서 다음의 어느 하나에 해당하는 경우에는 원본 또는 수익이 수익자에게 실제 지급되는 날 등*을 증여일로 하여 해당 신탁의 이익을 받을 권리의 가액을 수익자의 증여재산가액으로 한다. 다만, 수익자가 특정되지 아니하거나 아직 존재하지 아니하는 경우에는 위탁자 또는 그 상속인을 수익자로 보고, 수익자가 특정되거나 존재하게 된 때에 새로운 신탁이 있는 것으로 본다.

① 원본을 받을 권리를 소유하게 한 경우에는 수익자가 그 원본을 받은 경우
② 수익을 받을 권리를 소유하게 한 경우에는 수익자가 그 수익을 받은 경우

참고 **원본 또는 수익이 수익자에게 실제 지급되는 날 등**

원본 또는 수익이 수익자에게 실제 지급되는 날 등 이란 다음의 구분에 따른 날을 제외하고는 원본 또는 수익이 수익자에게 실제 지급되는 날을 말한다.

1. 수익자로 지정된 자가 그 이익을 받기 전에 해당 신탁재산의 위탁자가 사망한 경우 : 위탁자가 사망한 날
2. 신탁계약에 의하여 원본 또는 수익을 지급하기로 약정한 날까지 원본 또는 수익이 수익자에게 지급되지 아니한 경우 : 해당 원본 또는 수익을 지급하기로 약정한 날
3. 원본 또는 수익을 여러 차례 나누어 지급하는 경우 : 해당 원본 또는 수익이 최초로 지급된 날. 다만, 다음의 어느 하나에 해당하는 경우에는 해당 원본 또는 수익이 실제 지급된 날로 한다.
   ① 신탁계약을 체결하는 날에 원본 또는 수익이 확정되지 아니한 경우
   ② 위탁자가 신탁 설정을 해지하거나 신탁의 수익자를 변경할 수 있는 등 신탁재산을 실질적으로 통제 또는 지배하는 경우

❷ 보험금의 증여

생명보험이나 손해보험에서 보험사고(만기보험금 지급의 경우 포함)가 발생한 경우 해당 보험사고가 발생한 날을 증여일로 하여 다음의 구분에 따른 금액을 보험금 수령인의 증여재산가액으로 한다. 다만, 보험금을 상속재산으로 보는 경우에는 증여재산가액에 포함하지 아니한다.

① 보험금 수령인과 보험료 납부자가 다른 경우(보험금 수령인이 아닌 자가 보험료의 일부를 납부한 경우 포함)

$$증여재산가액 = 보험금 \times \frac{보험금\ 수령인이\ 아닌\ 자가\ 납부한\ 보험료납부액}{총보험료납부액}$$

② 보험계약 기간에 보험금 수령인이 재산을 증여받아 보험료를 납부한 경우

$$증여재산가액 = 보험금 \times \frac{증여받은\ 재산으로\ 납부한\ 보험료납부액}{총보험료납부액} - 증여받은\ 재산으로\ 납부한\ 보험료납부액$$

❸ 채무면제 등에 따른 이익의 증여

채권자로부터 채무를 면제받거나 제3자로부터 채무의 인수 또는 변제를 받은 경우에는 그 면제, 인수 또는 변제를 받은 날을 증여일로 하여 그 면제 등으로 인한 이익에 상당하는 금액(보상액을 지급한 경우에는 그 보상액을 뺀 금액)을 그 이익을 얻은 자의 증여재산가액으로 한다.

참고 **면제, 인수 또는 변제를 받은 날**

면제 등을 받은 날은 다음의 구분에 따른 날로 한다.

① 채권자로부터 채무를 면제받은 경우 : 채권자가 면제에 대한 의사표시를 한 날
② 제3자로부터 채무의 인수를 받은 경우 : 제3자와 채권자 간의 채무의 인수계약이 체결된 날

❹ 저가양수 · 고가양도에 따른 이익의 증여

(1) 특수관계인간 양수도

특수관계인 간에 재산을 시가보다 낮은 가액으로 양수하거나 시가보다 높은 가액으로 양도한 경우로서 현저한 이익분여요건을 충족한 경우에는 해당 재산의 양수일 또는 양도일을 증여일로 하여 법소정의 금액을 그 이익을 얻은 자의 증여재산가액으로 한다.

(2) 비특수관계인간 양수도

특수관계인이 아닌 자 간에 거래의 관행상 정당한 사유 없이 재산을 시가보다 현저히 낮은 가액으로 양수하거나 시가보다 현저히 높은 가액으로 양도한 경우로서 현저한 이익분여요건을 충족한 경우에는 해당 재산의 양수일 또는 양도일을 증여일로 하여 법소정의 금액을 그 이익을 얻은 자의 증여재산가액으로 한다.

구 분	특수관계인간 양수도	비특수관계인간 양수도
(1) 현저한 이익분여요건	| 시가 − 거래가 | ≥ Min[①[*1], ②[*2]]	| 시가 − 거래가 | ≥ ①[*1]
(2) 증여재산가액	| 시가 − 거래가 | − Min[①[*1], ②[*2]]	| 시가 − 거래가 | − ②[*2]

*1. 시가 × 30%
2. 3억원

참고 양수일 또는 양도일

양수일 또는 양도일은 각각 해당 재산의 대금을 청산한 날을 기준으로 한다. 다만, 매매계약 후 환율의 급격한 변동 등 기획재정부령으로 정하는 사유가 있는 경우에는 매매계약일을 기준으로 한다.

(3) 적용배제

다음의 경우에는 저가양수 · 고가양도에 따른 이익의 증여 규정을 적용하지 않는다.

① 다음 중 어느 하나에 해당하는 재산을 양수도하는 경우
  a. 전환사채, 신주인수권부사채(신주인수권증권이 분리된 경우에는 신주인수권증권) 또는 그 밖의 주식으로 전환 · 교환하거나 주식을 인수할 수 있는 권리가 부여된 사채
  b. 거래소에 상장되어 있는 법인의 주식 및 출자지분으로서 증권시장에서 거래된 것(시간외시장에서 매매된 것 제외)

② 재산을 양수하거나 양도하는 경우로서 그 대가가 법인세법에 따른 시가에 해당하여 그 거래에 대하여 법인세법 및 소득세법상 부당행위계산부인규정이 적용되지 아니하는 경우(다만, 거짓이나 그 밖의 부정한 방법으로 상속세 또는 증여세를 감소시킨 것으로 인정되는 경우에는 그러하지 아니하다.)

⑤ 부동산 무상사용에 따른 이익의 증여

(1) 부동산 무상사용

타인의 부동산(해당 부동산 소유자와 함께 거주하는 주택과 그에 딸린 토지는 제외)을 무상으로 사용함에 따라 1억원 이상의 이익(증여재산가액 기준)을 얻은 경우에는 그 무상 사용을 개시한 날을 증여일로 하여 다음의 금액을 부동산 무상사용자의 증여재산가액으로 한다. 다만, 특수관계인이 아닌 자 간의 거래인 경우에는 거래의 관행상 정당한 사유가 없는 경우에 한하여 이 규정을 적용한다.

증여재산가액 = 각 연도의 부동산 무상사용이익의 현재가치(기간 : 5년, 이자율 : 10%)

*1. 각 연도의 부동산 무상사용이익 = 부동산가액 × 1년간 부동산사용료를 감안하여 기획재정부령이 정하는 율(2%)
2. 해당 부동산에 대한 무상사용 기간은 5년으로 하고, 무상사용 기간이 5년을 초과하는 경우에는 그 무상사용을 개시한 날부터 5년이 되는 날의 다음 날에 새로 해당 부동산의 무상사용을 개시한 것으로 본다.

참고 부동산 무상사용자

수인이 부동산을 무상사용하는 경우로서 각 부동산사용자의 실제 사용면적이 분명하지 않은 경우에는 해당 부동산사용자들이 각각 동일한 면적을 사용한 것으로 본다. 이 경우 부동산소유자와 친족관계에 있는 부동산사용자가 2명 이상인 경우 그 부동산사용자들에 대해서는 근친관계 등을 고려하여 기획재정부령으로 정하는 대표사용자를 무상사용자로 보고, 그 외의 경우에는 해당 부동산사용자들을 각각 무상사용자로 본다.

(2) 부동산을 무상으로 담보로 이용하여 금전 등 차입

타인의 부동산을 무상으로 담보로 이용하여 금전 등을 차입함에 따라 1천만원 이상의 이익(증여재산가액 기준)을 얻은 경우에는 그 부동산 담보 이용을 개시한 날을 증여일로 하여 다음의 금액을 부동산을 담보로 이용한 자의 증여재산가액으로 한다. 다만, 특수관계인이 아닌 자 간의 거래인 경우에는 거래의 관행상 정당한 사유가 없는 경우에 한하여 이 규정을 적용한다.

증여재산가액 = 차입금 × 적정이자율*1 − 실제로 지급하였거나 지급할 이자

*1. 적정이자율이란 당좌대출이자율을 고려하여 기획재정부령으로 정하는 이자율을 말한다. 다만, 법인으로부터 대출받은 경우에는 법인세법상 인정이자율(가중평균차입이자율 또는 당좌대출이자율)을 적정이자율로 본다.
2. 차입기간이 정하여지지 아니한 경우에는 그 차입기간은 1년으로 하고, 차입기간이 1년을 초과하는 경우에는 그 부동산 담보 이용을 개시한 날부터 1년이 되는 날의 다음 날에 새로 해당 부동산의 담보 이용을 개시한 것으로 본다.

❻ 금전 무상대출 등에 따른 이익의 증여

타인으로부터 금전을 무상 또는 적정이자율보다 낮은 이자율로 대출받음에 따라 1천만원 이상의 이익(증여재산가액 기준)을 얻은 경우에는 그 금전을 대출받은 날에 다음의 금액을 해당 금전을 대출받은 자의 증여재산가액으로 한다. 다만, 특수관계인이 아닌 자 간의 거래인 경우에는 거래의 관행상 정당한 사유가 없는 경우에 한하여 이 규정을 적용한다.

> 증여재산가액 = 대출금액 × 적정이자율*1 – 실제 지급한 이자상당액

*1. 적정이자율이란 당좌대출이자율을 고려하여 기획재정부령으로 정하는 이자율을 말한다. 다만, 법인으로부터 대출받은 경우에는 법인세법상 인정이자율(가중평균차입이자율 또는 당좌대출이자율)을 적정이자율로 본다.
2. 대출기간이 정해지지 아니한 경우에는 그 대출기간을 1년으로 보고, 대출기간이 1년 이상인 경우에는 1년이 되는 날의 다음 날에 매년 새로 대출받은 것으로 보아 해당 증여재산가액을 계산한다.

❼ 합병 · 증자 · 감자에 따른 이익의 증여

불공정자본거래(불공정합병 · 불공정증자 · 불공정감자)를 통해 주주가 이익을 얻은 경우에는 해당 이익에 상당하는 금액을 그 이익을 얻은 자의 증여재산가액으로 한다.

구 분			특수관계여부	현저한 이익요건*1
(1) 불공정 합병			×*2	○
(2) 불균등 증자	① 저가발행	재배정	×	×
		실권	○	○
	② 고가발행	재배정	○	×
		실권	○	○
(3) 불균등 감자			○*2	○

*1. 현저한 이익이란 이익률이 30% 이상이거나 이익분여액이 3억원 이상인 경우를 말한다.
2. 상증세법상 대주주(발행주식총수의 1% 이상을 소유하거나 소유주식의 액면가액이 3억원 이상인 주주)만 증여세 납세의무가 있다.

❽ 현물출자에 따른 이익의 증여

현물출자를 함에 있어서 시가보다 낮은 가액 또는 높은 가액으로 주식 등을 인수함에 따라 이익을 얻은 경우에는 현물출자 납입일을 증여일로 하여 그 이익에 상당하는 금액을 그 이익을 얻은 자의 증여재산가액으로 한다.

(1) 주식 등을 시가보다 낮은 가액으로 인수한 경우

주식 등을 시가보다 낮은 가액으로 인수함에 따라 현물출자자가 이익을 얻은 경우에는 다음의 금액을 현물출자자의 증여재산가액으로 한다.

> 증여재산가액 = (현물출자후 1주당 평가액 – 1주당 인수가액) × 현물출자자가 배정받은 주식수

(2) 주식 등을 시가보다 높은 가액으로 인수하는 경우

주식 등을 시가보다 높은 가액으로 인수함에 따라 현물출자자의 특수관계인에 해당하는 주주 또는 출자자가 이익을 얻은 경우에는 다음의 금액을 특수관계인에 해당하는 주주 등의 증여재산가액으로 한다. 단, 이 규정은 1주당 인수가액에서 현물출자후 1주당 평가액을 차감한 금액이 현물출자후 1주당 평가액의 30% 이상이거나 특수관계에 해당하는 주주 등의 이익(증여재산가액 기준)이 3억원 이상인 경우에 한하여 적용한다.

> 증여재산가액 = (1주당 인수가액 − 현물출자후 1주당 평가액) × 현물출자자가 인수한 주식수 × 현물출자전 특수관계인에 해당하는 주주의 지분비율

⑨ 전환사채 등의 주식전환 등에 따른 이익의 증여

전환사채, 신주인수권부사채, 기타 주식으로 전환 · 교환하거나 주식을 인수할 수 있는 권리가 부여된 사채를 특수관계자간 인수 · 취득 · 양도하거나 전환사채 등에 의하여 주식으로의 전환 · 교환 또는 주식의 인수를 함으로써 이익을 얻은 경우에는 인수 · 취득일, 양도일, 주식전환일을 증여일로 하여 해당 이익에 상당하는 금액을 그 이익을 얻은 자의 증여재산가액으로 한다.

⑩ 초과배당에 따른 이익의 증여

법인이 이익이나 잉여금을 배당 또는 분배는 경우로서 그 법인의 최대주주 또는 최대출자자* 가 본인이 지급받을 배당 등의 금액의 전부 또는 일부를 포기하거나 본인이 보유한 주식 등에 비례하여 균등하지 아니한 조건으로 배당 등을 받음에 따라 그 최대주주 등의 특수관계인이 본인이 보유한 주식 등에 비하여 높은 금액의 배당 등을 받은 경우에는 법인이 배당 또는 분배한 금액을 지급한 날을 증여일로 하여 그 최대주주 등의 특수관계인이 본인이 보유한 주식 등에 비례하여 균등하지 아니한 조건으로 배당 등을 받은 금액(초과배당금액)에서 해당 초과배당금액에 대한 소득세 상당액을 공제한 금액을 그 최대주주 등의 특수관계인의 증여재산가액으로 한다.

* 최대주주 또는 최대출자자란 주주 등 1인과 그의 특수관계인의 보유주식 등을 합하여 그 보유주식 등의 합계가 가장 많은 경우의 해당 주주 등 1인과 그의 특수관계인 모두를 말한다.

(1) 초과배당금액

$$\text{초과배당금액} = \left(\frac{\text{최대주주 등의}}{\text{특수관계인 배당금액}} - \frac{\text{최대주주 등의}}{\text{특수관계인 균등배당액}^{*1}}\right) \times \frac{\text{최대주주 등의 과소배당금액}^{*2}}{\text{과소배당받은 모든 주주의 과소배당금액}^{*2}}$$

*1. 균등배당액 : 본인이 보유한 주식 등에 비례하여 배당 등을 받을 경우의 그 배당 등의 금액

2. 과소배당금액 : 보유한 주식 등에 비하여 낮은 금액의 배당 등을 받은 주주 등이 보유한 주식 등에 비례하여 배당 등을 받을 경우에 비해 적게 배당 등을 받은 금액

(2) 소득세 상당액

초과배당금액에 대한 소득세 상당액은 다음의 구분에 따른 금액으로 한다.

구 분	소득세 상당액
① 초과배당금액에 대한 증여세 과세표준 신고기한이 해당 초과배당금액이 발생한 연도의 다음 연도 6월 1일(성실신고확인대상사업자에 해당하는 경우에는 7월 1일) 이후인 경우	초과배당금액에 대한 실제 소득세액
② 그 밖의 경우	초과배당금액 × 법소정 소득세율

* 초과배당금액에 대한 법소정 소득세율

초과배당금액		소득세율	
	5,220만원 이하		초과배당금액 × 14%
5,220만원 초과	8,800만원 이하	731만원 +	(초과배당금액 - 5,220만원) × 24%
8,800만원 초과	1억 5천만원 이하	1,590만원 +	(초과배당금액 - 8,800만원) × 35%
1억 5천만원 초과	3억원 이하	3,760만원 +	(초과배당금액 - 1억 5천만원) × 38%
3억원 초과	5억원 이하	9,460만원 +	(초과배당금액 - 3억원) × 40%
5억원 초과	10억원 이하	1억 7천 460만원 +	(초과배당금액 - 5억원) × 42%
10억원 초과		3억 8천 460만원 +	(초과배당금액 - 10억원) × 45%

(3) 증여세액의 정산

초과배당금액에 대하여 증여세를 부과받은 자는 해당 초과배당금액에 대한 소득세를 납부할 때(납부할 세액이 없는 경우 포함) 다음의 금액을 관할 세무서장에게 납부하여야 한다. 다만, ②의 증여세액이 ①의 증여세액을 초과하는 경우에는 그 초과되는 금액을 환급받을 수 있다.

> 증여재산가액 = ① - ②
> ① 정산증여재산가액[*1]을 기준으로 계산한 증여세액
> ② 당초증여재산가액을 기준으로 계산한 증여세액

*1. 정산증여재산가액 : 초과배당금액 - 실제소득세액
2. 정산증여재산가액의 증여세 과세표준의 신고기한은 초과배당금액이 발생한 연도의 다음 연도 5월 1일부터 5월 31일(성실신고확인서를 제출한 성실신고확인대상사업자의 경우에는 6월 30일)까지로 한다.
3. 초과배당금액에 대한 증여세 과세표준 신고기한이 해당 초과배당금액이 발생한 연도의 다음 연도 6월 1일(성실신고확인대상사업자에 해당하는 경우에는 7월 1일) 이후인 경우에는 증여세액의 정산을 적용하지 않는다.

⓫ 주식의 상장 등에 따른 이익의 증여

기업의 경영 등에 관하여 공개되지 아니한 정보를 이용할 수 있는 지위에 있다고 인정되는 최대주주 등의 특수관계인이 해당 법인의 주식 등을 증여받거나 취득한 경우 그 주식 등을 증여받거나 취득한 날부터 5년 이내에 그 주식 등이 증권시장(유가증권시장 및 코스닥시장)에 상장됨에 따라 그 가액이 증가한 경우로서 그 주식 등을 증여받거나 취득한 자가 당초 증여세 과세가액(증여받은 재산으로 주식 등을 취득한 경우 제외) 또는 취득가액을 초과하여 이익을 얻은 경우에는 그 이익에 상당하는 금액을 그 이익을 얻은 자의 증여재산가액으로 한다. 다만, 그 이익에 상당하는 금액이 기준금액(법소정금액의 30%와 3억원 중 적은 금액) 미만인 경우는 제외한다.

> 증여재산가액 = [① − (② + ③)] × 주식수
>
> ① 정산기준일(해당 주식등의 상장일부터 3개월이 되는 날) 현재 1주당 평가가액
>
> ② 주식등을 증여받은 날 현재의 1주당 증여세 과세가액(취득의 경우에는 취득일 현재의 1주당 취득가액)
>
> ③ 1주당 기업가치의 실질적인 증가로 인한 이익

*1. 기준금액 계산시 30%를 적용하는 법소정금액 : 위 (② + ③) × 주식수

2. 최대주주 등은 다음의 어느 하나에 해당하는 자를 말한다.
   ① 최대주주 또는 최대출자자
   ② 내국법인의 발행주식총수의 25% 이상을 소유한 자(특수관계인의 소유주식을 합하여 지분율을 계산함)

3. 주식 등을 증여받거나 취득한 경우는 다음의 어느 하나에 해당하는 경우로 한다.
   ① 최대주주 등으로부터 해당 법인의 주식 등을 증여받거나 유상으로 취득한 경우
   ② 증여받은 재산(주식 등을 유상으로 취득한 날부터 소급하여 3년 이내에 최대주주 등으로부터 증여받은 재산을 말함)으로 최대주주 등이 아닌 자로부터 해당 법인의 주식 등을 취득한 경우

⑫ 합병에 따른 상장 등 이익의 증여

최대주주 등[*1]의 특수관계인이 해당 법인의 주식 등을 증여받거나 취득한 경우[*2] 그 주식 등을 증여받거나 취득한 날부터 5년 이내에 그 주식 등을 발행한 법인이 특수관계에 있는 주권상장법인과 합병되어 그 주식 등의 가액이 증가함으로써 그 주식 등을 증여받거나 취득한 자가 당초 증여세 과세가액(증여받은 재산으로 주식 등을 취득한 경우 제외) 또는 취득가액을 초과하여 이익을 얻은 경우에는 그 이익에 상당하는 금액을 그 이익을 얻은 자의 증여재산가액으로 한다. 다만, 그 이익에 상당하는 금액이 기준금액(법소정금액[*3]의 30%와 3억원 중 적은 금액) 미만인 경우는 제외한다.

*1. 최대주주 등은 주식의 상장 등에 따른 이익의 증여규정과 동일하다.
2. 주식 등을 증여받거나 취득한 경우는 다음의 어느 하나에 해당하는 경우로 한다.
   ① 최대주주 등으로부터 해당 법인의 주식 등을 증여받거나 유상으로 취득한 경우
   ② 증여받은 재산으로 최대주주 등이 아닌 자로부터 해당 법인의 주식 등을 취득한 경우
   ③ 증여받은 재산으로 최대주주 등이 주식 등을 보유하고 있는 다른 법인의 주식 등을 최대주주 등이 아닌 자로부터 취득함으로써 최대주주 등과 그의 특수관계인이 보유한 주식 등을 합하여 그 다른 법인의 최대주주 등에 해당하게 되는 경우
3. 기준금액계산시 30%를 적용하는 법소정금액은 주식의 상장 등에 따른 이익의 증여규정과 동일하다.

⑬ 재산사용 및 용역제공 등에 따른 이익의 증여

재산의 사용 또는 용역의 제공에 의하여 이익을 얻은 경우에는 그 이익에 상당하는 금액(시가와 대가의 차액을 말함)을 그 이익을 얻은 자의 증여재산가액으로 한다. 다만, 그 이익에 상당하는 금액이 기준금액 미만인 경우는 제외한다.

(1) 적용대상

다음의 어느 하나에 해당하는 이익을 얻는 경우 재산사용 및 용역제공 등에 따른 이익의 증여규정을 적용한다.

구 분	내 용
재산	① 타인에게 시가보다 낮은 대가를 지급하거나 무상으로 타인의 재산*을 사용함으로써 얻은 이익 ② 타인으로부터 시가보다 높은 대가를 받고 재산*을 사용하게 함으로써 얻은 이익
용역	③ 타인에게 시가보다 낮은 대가를 지급하거나 무상으로 용역을 제공받음으로써 얻은 이익 ④ 타인으로부터 시가보다 높은 대가를 받고 용역을 제공함으로써 얻은 이익
* 재산에는 부동산과 금전은 제외한다.	

(2) 증여재산가액

재산 또는 용역	증여재산가액	기준금액
(1) 무상으로 제공받는 경우	① 타인의 재산을 무상으로 담보로 제공하고 금전 등을 차입한 경우 : 차입금 × 적정이자율 – 실제로 지급하였거나 지급할 이자 ② 그 외의 경우 : 무상으로 재산을 사용하거나 용역을 제공받음에 따라 지급하여야 할 시가 상당액	1,000만원
(2) 저가로 제공받는 경우	시가와 대가와의 차액 상당액	시가의 30%
(3) 고가로 제공한 경우	대가와 시가와의 차액 상당액	

* 재산의 사용기간 또는 용역의 제공기간이 정해지지 아니한 경우에는 그 기간을 1년으로 하고, 그 기간이 1년 이상인 경우에는 1년이 되는 날의 다음 날에 매년 새로 재산을 사용 또는 사용하게 하거나 용역을 제공 또는 제공받은 것으로 본다.

⑭ 법인의 조직변경 등에 따른 이익의 증여

주식의 포괄적 교환 및 이전, 사업의 양수 · 양도, 사업 교환 및 법인의 조직 변경 등에 의하여 소유지분이나 그 가액이 변동됨에 따라 이익을 얻은 경우에는 그 이익에 상당하는 금액(소유지분이나 그 가액의 변동 전 · 후 재산의 평가차액)을 그 이익을 얻은 자의 증여재산가액으로 한다. 다만, 그 이익에 상당하는 금액이 기준금액(변동 전 해당 재산가액의 30% 또는 3억원 중 적은 금액)미만인 경우는 제외한다.

* 특수관계인이 아닌 자 간의 거래인 경우에는 거래의 관행상 정당한 사유가 없는 경우에 한정하여 적용한다.

(1) 소유지분이 변동된 경우

증여재산가액 = (변동 후 지분 – 변동 전 지분) × 지분 변동 후 1주당 가액

(2) 평가액이 변동된 경우

증여재산가액 = 변동 후 가액 – 변동 전 가액

⑮ 재산 취득 후 재산가치 증가에 따른 이익의 증여

직업, 연령, 소득 및 재산상태로 보아 자력으로 해당 행위를 할 수 없다고 인정되는 자가 법소정 사유로 재산을 취득하고 그 재산을 취득한 날부터 5년 이내에 재산가치증가사유로 인하여 이익을 얻은 경우에는 그 이익에 상당하는 금액을 그 이익을 얻은 자의 증여재산가액으로 한다. 다만, 그 이익에 상당하는 금액이 기준금액(법소정금액*의 30% 또는 3억원 중 적은 금액)미만인 경우는 제외한다.

* 법소정금액 : ① 해당 재산의 취득가액 + ② 통상적인 가치상승분 + ③ 가치상승기여분

(1) 재산취득사유 및 재산가치증가사유

재산취득사유	재산가치증가사유
① 특수관계인으로부터 재산을 증여받은 경우 ② 특수관계인으로부터 기업의 경영 등에 관하여 공표되지 아니한 내부 정보를 제공받아 그 정보와 관련된 재산을 유상으로 취득한 경우 ③ 특수관계인으로부터 증여받거나 차입한 자금 또는 특수관계인의 재산을 담보로 차입한 자금으로 재산을 취득한 경우	① 개발사업의 시행, 형질변경, 공유물 분할, 지하수개발 · 이용권 등의 인가 · 허가 및 그 밖에 사업의 인가 · 허가 ② 비상장주식의 자본시장과 금융투자업에 관한 법률에 따라 설립된 한국금융투자협회에의 등록 ③ 그 밖에 ① 및 ②의 사유와 유사한 것으로서 재산가치를 증가시키는 사유

* 거짓이나 그 밖의 부정한 방법으로 증여세를 감소시킨 것으로 인정되는 경우에는 특수관계인이 아닌 자 간의 증여에 대해서도 위 규정을 적용한다. 이 경우 본문의 기간에 관한 규정(5년)은 없는 것으로 본다.

(2) 증여재산가액

① 해 당 재 산 가 액
− ② 해당 재산의 취득가액
− ③ 통상적인 가치상승분
− ④ 가 치 상 승 기 여 분
= ⑤ 재 산 가 치 상 승 금 액

참고 재산가치상승금액 계산시의 재산가액 등

구 분	내 용
① 해당 재산가액	재산가치증가사유가 발생한 날 현재의 가액(상증세 및 증여세법에 따라 평가한 가액). 다만, 재산가치증가사유 발생일 전에 그 재산을 양도한 경우에는 그 양도한 날을 재산가치증가사유 발생일로 본다.
② 해당 재산의 취득가액	실제 취득하기 위하여 지불한 금액(증여받은 재산의 경우에는 증여세 과세가액)
③ 통상적인 가치상승분	기업가치의 실질적인 증가로 인한 이익과 연평균지가상승률 · 연평균주택가격상승률 및 전국소비자물가상승률 등을 감안하여 해당 재산의 보유기간 중 정상적인 가치상승분에 상당하다고 인정되는 금액
④ 가치상승기여분	개발사업의 시행, 형질변경, 사업의 인가 · 허가 등에 따른 자본적지출액 등 해당 재산가치를 증가시키기 위하여 지출한 금액

⑯ 증여세과세특례

(1) 중복배제

하나의 증여에 대하여 다음의 규정이 2 이상 동시에 적용되는 경우에는 그 중 이익이 가장 많게 계산되는 것 하나만을 적용한다.

내 용	비 고
• 신탁이익의 증여 • 보험금의 증여 • 저가 양수 또는 고가 양도에 따른 이익의 증여 • 채무면제 등에 따른 증여 • 부동산 무상사용에 따른 이익의 증여 • 합병에 따른 이익의 증여 • 증자에 따른 이익의 증여 • 감자에 따른 이익의 증여 • 현물출자에 따른 이익의 증여 • 전환사채 등의 주식전환 등에 따른 이익의 증여 • 초과배당에 따른 이익의 증여 • 주식 등의 상장 등에 따른 이익의 증여 • 금전 무상대출 등에 따른 이익의 증여 • 합병에 따른 상장 등 이익의 증여 • 재산사용 및 용역제공 등에 따른 이익의 증여 • 법인의 조직 변경 등에 따른 이익의 증여 • 재산 취득 후 재산가치 증가에 따른 이익의 증여	변칙적인 증여거래
• 배우자 등에게 양도한 재산의 증여추정 • 재산 취득자금 등의 증여추정	증여추정
• ~~명의신탁재산의 증여의제~~ • 특수관계법인과의 거래를 통한 이익의 증여의제 • 특수관계법인으로부터 제공받은 사업기회로 발생한 이익의 증여의제 • 특정법인과의 거래를 통한 이익의 증여의제	증여의제

(2) 합산계산

다음의 규정에 따른 이익을 계산할 때 그 증여일부터 소급하여 1년 이내에 동일한 거래 등이 있는 경우에는 각각의 거래 등에 따른 이익(시가와 대가의 차액)을 해당 이익별로 합산하여 계산한다.

내 용	비 고
• 저가로 이전받은 재산 또는 이익이나 고가로 이전한 재산 또는 이익	일반
• 저가 양수 또는 고가 양도에 따른 이익의 증여 • 부동산 무상사용에 따른 이익의 증여 • 합병에 따른 이익의 증여 • 증자에 따른 이익의 증여 • 감자에 따른 이익의 증여 • 현물출자에 따른 이익의 증여 • 전환사채 등의 주식전환 등에 따른 이익의 증여 • 금전 무상대출 등에 따른 이익의 증여 • 초과배당에 따른 이익의 증여 • 재산사용 및 용역제공 등에 따른 이익의 증여	변칙적인 증여거래
• 특정법인과의 거래를 통한 이익의 증여의제	증여의제

제8절 증여추정 및 증여의제

증여추정	증여의제
1. 배우자 등에게 양도한 재산의 증여추정 2. 재산 취득자금 등의 증여추정	1. 명의신탁재산의 증여의제 2. 특수관계법인과의 거래를 통한 이익의 증여의제 3. 특수관계법인으로부터 제공받은 사업기회로 발생한 이익의 증여의제 4. 특정법인과의 거래를 통한 이익의 증여의제

❶ 증여추정

(1) 배우자 등에 대한 양도시의 증여추정

구 분	내 용
직접양도	배우자 또는 직계존비속에게 양도한 재산은 양도자가 그 재산을 양도한 때에 그 재산의 가액을 배우자 등이 증여받은 것으로 추정하여 이를 배우자 등의 증여재산가액으로 한다.
우회양도	① 특수관계인에게 양도한 재산을 그 특수관계인(양수자)이 양수일부터 3년 이내에 당초 양도자의 배우자 등에게 다시 양도한 경우에는 양수자가 그 재산을 양도한 당시의 재산가액을 그 배우자 등이 증여받은 것으로 추정하여 이를 배우자 등의 증여재산가액으로 한다. 다만, 당초 양도자 및 양수자가 부담한 소득세법에 따른 결정세액을 합친 금액이 양수자가 그 재산을 양도한 당시의 재산가액을 당초 그 배우자 등이 증여받은 것으로 추정할 경우의 증여세액보다 큰 경우에는 그러하지 아니하다. ② 우회양도시의 증여추정규정에 따라 배우자 등에게 증여세가 부과된 경우에는 당초 양도자 및 양수자에게 그 재산 양도에 따른 소득세를 부과하지 아니한다.

* 다음의 경우에는 증여추정규정을 적용하지 아니한다.

① 법원의 결정으로 경매절차에 따라 처분된 경우
② 파산선고로 인하여 처분된 경우
③ 국세징수법에 따라 공매된 경우
④ 증권시장을 통하여 유가증권이 처분된 경우. 다만, 불특정 다수인 간의 거래에 의하여 처분된 것으로 볼 수 없는 시간외 대량매매방법으로 매매된 것은 제외한다.
⑤ 배우자 등에게 대가를 받고 양도한 사실이 명백히 인정되는 경우

(2) 재산취득자금 및 채무상환자금의 증여추정

구 분	내 용
재산취득자금	재산취득자의 직업 · 연령 · 소득 및 재산상태 등으로 볼 때 재산을 자력으로 취득하였다고 인정하기 어려운 경우로서 자금출처로 입증된 금액의 합계액이 취득재산가액에 미달하는 경우에는 그 재산을 취득한 때에 그 재산의 취득자금을 그 재산의 취득자가 증여받은 것으로 추정하여 이를 그 재산취득자의 증여재산가액으로 한다.
채무상환자금	채무자의 직업 · 연령 · 소득 · 재산상태 등으로 볼 때 채무를 자력으로 상환(일부상환포함)하였다고 인정하기 어려운 경우로서 자금출처로 입증된 금액이 채무상환자금에 미달하는 경우에는 그 채무를 상환한 때에 그 상환자금을 그 채무자가 증여받은 것으로 추정하여 이를 그 채무자의 증여재산가액으로 한다.

* 다음의 경우에는 증여추정규정을 적용하지 아니한다.
① 재산취득일 전 또는 채무상환일 전 10년 이내에 해당 재산 취득자금 또는 해당 채무 상환자금의 합계액이 5천만원 이상으로서 연령 · 세대주 · 직업 · 재산상태 · 사회경제적 지위 등을 고려하여 국세청장이 정하는 금액 이하인 경우
② 취득자금 또는 상환자금의 출처에 관한 충분한 소명이 있는 경우
③ 입증되지 아니하는 금액이 취득재산의 가액 또는 채무의 상환금액의 20%에 상당하는 금액과 2억원 중 적은 금액에 미달하는 경우

❷ 증여의제

(1) 명의신탁재산의 증여의제

구 분	내 용
증여의제	권리의 이전이나 그 행사에 등기 등이 필요한 재산(토지 · 건물은 제외)에 있어서 실제소유자와 명의자가 다른 경우에는 국세기본법상의 실질과세원칙에 불구하고 그 명의자로 등기 등을 한 날(그 재산이 명의개서를 하여야 하는 재산인 경우에는 소유권취득일이 속하는 해의 다음 해 말일의 다음날)[*1]에 그 재산의 가액(그 재산이 명의개서를 하여야 하는 재산인 경우에는 소유권취득일을 기준으로 평가한 가액)을 실제소유자가 명의자에게 증여한 것으로 본다.
적용배제	다만, 다음의 어느 하나에 해당하는 경우에는 그러하지 아니하다. ① 조세 회피의 목적 없이 타인의 명의로 재산의 등기 등을 하거나 소유권을 취득한 실제소유자 명의로 명의개서를 하지 아니한 경우 ② 신탁재산인 사실의 등기 등을 한 경우 ③ 비거주자가 법정대리인 또는 재산관리인의 명의로 등기 등을 한 경우

*1. 다만, 주주명부 또는 사원명부가 작성되지 아니한 경우 법인세법에 따라 납세지 관할세무서장에게 제출한 주주 등에 관한 서류 및 주식등변동상황명세서에 의하여 명의개서 여부를 판정하며, 이 경우 증여일은 다음의 순서에 따라 정한 날을 말한다.
① 양도소득세, 증여세 등 과세표준신고서에 기재된 소유권 이전일
② 주식등변동상황명세서에 기재된 거래일
2. 명의신탁 재산에 대한 물적납세의무 : 실제소유자가 명의신탁 증여의제에 따른 증여세 · 가산금 또는 강제징수비를 체납한 경우에 그 실제소유자의 다른 재산에 대하여 강제징수를 하여도 징수할 금액에 미치지 못하는 경우에는 국세징수법에서 정하는 바에 따라 명의자에게 증여한 것으로 보는 재산으로써 납세의무자인 실제소유자의 증여세 · 가산금 또는 강제징수비를 징수할 수 있다.

참고 조세회피목적의 추정

타인의 명의로 재산의 등기 등을 한 경우 및 실제소유자 명의로 명의개서를 하지 아니한 경우에는 조세회피목적이 있는 것으로 추정한다. 다만, 실제소유자 명의로 명의개서를 하지 아니한 경우로서 다음의 어느 하나에 해당하는 경우에는 조세회피목적이 있는 것으로 추정하지 아니한다.

① 매매로 소유권을 취득한 경우로서 종전 소유자가 소득세법에 따른 양도소득 과세표준신고 또는 증권거래세법에 따른 신고와 함께 소유권 변경 내용을 신고하는 경우
② 상속으로 소유권을 취득한 경우로서 상속인이 다음의 어느 하나에 해당하는 신고와 함께 해당 재산을 상속세 과세가액에 포함하여 신고한 경우. 다만, 상속세 과세표준과 세액을 결정 또는 경정할 것을 미리 알고 수정신고하거나 기한 후 신고를 하는 경우는 제외한다.
   a. 상속세 과세표준신고
   b. 국세기본법에 따른 수정신고
   c. 국세기본법에 따른 기한 후 신고

(2) 특수관계법인과의 거래를 통한 이익의 증여의제 (일감몰아주기)

일감을 몰아주는 방식으로 수혜법인의 지배주주와 그 지배주주의 친족은 증여의제이익을 각각 증여받은 것으로 본다. 이 경우 수혜법인이 사업부문별로 회계를 구분하여 기록하는 등의 요건을 갖춘 경우에는 법령으로 정하는 바에 따라 사업부문별로 특수관계법인거래비율 및 세후영업이익 등을 계산할 수 있다.

증여세 과세표준 신고기한은 수혜법인의 법인세 과세표준의 신고기한이 속하는 달의 말일부터 3개월이 되는 날로 한다.

1) 수혜법인요건

구 분	내 용
(1) 중소기업 · 중견기업	특수관계법인거래비율이 정상거래비율을 초과하는 경우
(2) 그 외의 기업	다음의 어느 하나에 해당하는 경우 ① 특수관계법인거래비율이 정상거래비율을 초과하는 경우 ② 특수관계법인거래비율이 정상거래비율의 2/3를 초과하는 경우로서 특수관계법인에 대한 매출액이 다음의 구분에 따른 금액을 초과하는 경우 a. 사업부문별 과세의 경우 : 1천억원 $\times \frac{\text{사업부문별 매출액}}{\text{매출액}}$ b. 위 a외의 경우 : 1천억원

* 위 중소기업 · 중견기업은 독점규제 및 공정거래에 관한 법률에 따른 공시대상기업집단에 소속되지 아니한 중소기업 · 중견기업을 말한다.

① 특수관계법인거래비율

특수관계법인이란 지배주주와 상속세 및 증여세법상 특수관계에 있는 자를 말하며, 특수관계법인거래비율을 계산할 때 특수관계법인이 둘 이상인 경우에는 각각의 매출액을 모두 합하여 계산한다.

$$\text{특수관계법인거래비율} = \frac{\text{특수관계법인에 대한 매출액}^{*2} - \text{과세제외매출액}^{*3}}{\text{수혜법인의 사업연도 매출액}^{*1} - \text{과세제외매출액}^{*3}}$$

*1. 기업회계기준에 따라 계산한 매출액을 말한다.

2. 증여의제를 회피할 목적 또는 독점규제 및 공정거래에 관한 법률에 따른 특수관계인에 대한 부당한 이익제공 등의 금지를 회피할 목적으로 공시대상기업집단 간에 계약 · 협정 및 결의 등에 따라 제3자를 통한 간접적인 방법이나 둘 이상의 거래를 거치는 방법으로 발생한 수혜법인의 매출액을 포함한다.

3. 과세제외매출액은 다음의 어느 하나에 해당하는 금액을 말한다. 이 경우 ①~⑧에 동시에 해당하는 경우에는 더 큰 금액으로 한다.

① 중소기업인 수혜법인이 중소기업인 특수관계법인과 거래한 매출액
② 수혜법인이 본인의 주식보유비율이 50% 이상인 특수관계법인과 거래한 매출액
③ 수혜법인이 본인의 주식보유비율이 50% 미만인 특수관계법인과 거래한 매출액에 그 특수관계법인에 대한 수혜법인의 주식보유비율을 곱한 금액
④ 수혜법인이 지주회사인 경우로서 수혜법인의 자회사 및 손자회사(증손회사 포함)와 거래한 매출액
⑤ 수혜법인이 제품 · 상품의 수출을 목적으로 특수관계법인과 거래한 매출액
⑥ 수혜법인이 다른 법률에 따라 의무적으로 특수관계법인과 거래한 매출액
⑦ 프로스포츠구단 운영을 주된 사업으로 하는 수혜법인이 특수관계법인과 거래한 광고 매출액
⑧ 수혜법인이 국가, 지방자치단체, 공공기관 또는 지방공기업이 운영하는 사업에 참여함에 따라 국가등이나 공공기금(또는 공공기금이 100%를 출자하고 있는 법인)이 50% 이상을 출자하고 있는 법인에 출자한 경우 해당 법인과 거래한 매출액
⑨ 수혜법인이 용역의 국외공급(부가가치세법에 따라 영세율이 적용되는 경우에 한정한다)을 목적으로 특수관계법인과 거래한 매출액
⑩ 수혜법인이 특수관계법인과 거래한 매출액 중 부가가치세법에 따라 국내에서 국내사업장이 없는 비거주자 또는 외국법인에 공급되는 다음의 용역으로서 영세율이 적용되는 경우(비거주자 또는 외국법인이 공급받은 용역을 거주자 또는 내국법인에게 공급하는 경우는 제외한다)
a. 사업지원 및 임대서비스업 중 무형재산권 임대업
b. 정보통신업 중 뉴스 제공업, 영상 · 오디오 기록물 제작 및 배급업(영화관 운영업과 비디오물 감상실 운영업은 제외한다), 소프트웨어 개발업, 컴퓨터 프로그래밍, 시스템 통합관리업, 자료처리, 호스팅, 포털 및 기타 인터넷 정보매개서비스업, 기타 정보 서비스업

② 정상거래비율

중소기업	중견기업	그 외기업
50%	40%	30%

2) 지배주주요건

① 지배주주

다음을 모두 충족하는 자로 한다.

a. 내국법인의 주식등을 직접 또는 간접으로 보유할 것 개정

b. 다음의 어느 하나에 해당하는 자일 것

구 분	지배주주
수혜법인의 최대주주 등 중에서 수혜법인에 대한 직접보유비율*1이 가장 높은 자가 개인인 경우	그 개인
수혜법인의 최대주주 등 중에서 수혜법인에 대한 직접보유비율*1이 가장 높은 자가 법인인 경우	수혜법인에 대한 직접보유비율*1과 간접보유비율*2*3을 모두 합하여 계산한 비율이 가장 높은 개인*4

*1. 직접보유비율 : 보유하고 있는 법인의 주식 등을 그 법인의 발행주식총수 등(자기주식은 제외)으로 나눈 비율

2. 간접보유비율 : 개인과 수혜법인 사이에 주식보유를 통하여 한 개 이상의 법인(간접출자법인)이 개재되어 있는 경우(간접출자관계)에 각 단계의 직접보유비율을 모두 곱하여 산출한 비율을 말한다. 이 경우 개인과 수혜법인 사이에 둘 이상의 간접출자관계가 있는 경우에는 개인의 수혜법인에 대한 간접보유비율은 각각의 간접출자관계에서 산출한 비율을 모두 합하여 산출한다.

3. 간접출자법인 : 다음의 어느 하나에 해당하는 법인을 말한다.
   ① 지배주주 등이 발행주식총수 등의 30% 이상을 출자하고 있는 법인
   ② 지배주주 등 및 ①에 해당하는 법인이 발행주식총수 등의 50% 이상을 출자하고 있는 법인
   ③ ① 및 ②의 법인과 수혜법인 사이에 주식 등의 보유를 통하여 하나 이상의 법인이 개재되어 있는 경우에는 해당 법인

4. 다만, 다음에 해당하는 자는 제외한다.
   ① 수혜법인의 주주 등이면서 수혜법인의 최대주주 등에 해당하지 아니한 자
   ② 수혜법인의 최대주주 등 중에서 수혜법인에 대한 직접보유비율이 가장 높은 자에 해당하는 법인의 주주 등이면서 최대주주 등에 해당하지 아니한 자

② 지배주주의 친족

지배주주의 친족으로서 수혜법인의 사업연도 말에 수혜법인에 대한 직접보유비율과 간접보유비율을 합하여 계산한 비율이 한계보유비율을 초과하는 자를 말한다.

③ 한계보유비율

중소기업	중견기업	그 외기업
10%	10%	3%

3) 증여의제이익의 계산

증여의제이익은 사업연도 말 현재 지배주주와 그 친족의 수혜법인에 대한 출자관계(간접보유비율이 0.1% 미만인 경우의 해당 출자관계는 제외)별로 각각 구분하여 계산한 금액을 모두 합하여 계산한다. 이 경우 수혜법인에 대한 간접보유비율이 있는 경우에는 해당 간접보유비율에서 각 한계보유비율 또는 한계보유비율의 50%를 먼저 빼고 간접출자관계가 두 개 이상인 경우에는 각각의 간접보유비율 중 작은 것에서부터 뺀다.

수혜법인	증여의제이익
중소기업	$\text{수혜법인의 세후영업이익} \times (\text{특수관계법인 거래비율} - \text{정상 거래비율}) \times (\text{주식 보유비율} - \text{한계 보유비율})$
중견기업	$\text{수혜법인의 세후영업이익} \times (\text{특수관계법인 거래비율} - \text{정상 거래비율} \times 50\%) \times (\text{주식 보유비율} - \text{한계 보유비율} \times 50\%)$
그 외기업	$\text{수혜법인의 세후영업이익} \times (\text{특수관계법인 거래비율} - 5\%) \times \text{주식 보유비율}$

*1. 증여의제이익의 계산은 수혜법인의 사업연도 단위로 하고, 수혜법인의 해당 사업연도 종료일을 증여시기로 본다.
2. 증여의제이익의 계산 시 지배주주와 지배주주의 친족이 수혜법인에 직접적으로 출자하는 동시에 간접출자법인을 통하여 수혜법인에 간접적으로 출자하는 경우에는 위의 계산식에 따라 각각 계산한 금액을 합산하여 계산한다.

① 특수관계법인거래비율

$$\text{특수관계법인거래비율} = \frac{\text{특수관계법인에 대한 매출액} - \text{과세제외매출액}(+\alpha^{*})}{\text{수혜법인의 사업연도 매출액} - \text{과세제외매출액}(+\alpha^{*})}$$

* 추가과세제외매출액 : 증여의제이익을 계산할 때 원칙적 과세제외매출액에 해당하지 아니하는 경우로서 지배주주 등의 출자관계별로 다음의 어느 하나에 해당하는 금액을 과세제외매출액에 포함하여 계산한다. 이 경우 ①~④에 동시에 해당하는 경우에는 더 큰 금액으로 한다.

① 수혜법인이 간접출자법인인 특수관계법인과 거래한 매출액

② 지주회사의 자회사 또는 손자회사에 해당하는 수혜법인이 그 지주회사의 다른 자회사 또는 손자회사에 해당하는 특수관계법인과 거래한 매출액에 그 지주회사의 특수관계법인에 대한 주식보유비율을 곱한 금액. 다만, 지배주주 등이 수혜법인 및 특수관계법인과 지주회사를 통하여 각각 간접출자관계에 있는 경우로 한정한다.

③ 수혜법인이 특수관계법인과 거래한 매출액에 지배주주 등의 그 특수관계법인에 대한 주식보유비율을 곱한 금액

④ 간접출자법인의 자법인(특정 법인이 어느 법인의 최대주주등에 해당하는 경우 그 법인을 특정 법인의 자법인이라 한다.)에 해당하는 수혜법인이 그 간접출자법인의 다른 자법인에 해당하는 특수관계법인과 거래한 경우로서 다음을 모두 충족하는 경우에는 해당 거래에 따른 매출액에 그 간접출자법인의 특수관계법인에 대한 주식보유비율을 곱한 금액

a. 지배주주등 및 지배주주의 특수관계인(그 간접출자법인은 제외)이 수혜법인 및 특수관계법인의 주식등을 보유하지 않을 것

b. 특수관계법인이 수혜법인의 주식등을 직접 또는 간접으로 보유하지 않고 수혜법인이 특수관계법인의 주식등을 직접 또는 간접으로 보유하지 않을 것

c. 수혜법인 및 특수관계법인이 지배주주등과 수혜법인 및 특수관계법인 사이에 주식보유를 통하여 개재되어 있는 법인의 주식을 직접 또는 간접으로 보유하지 않을 것

② 수혜법인의 세후영업이익

$$\text{세후 영업이익} = \left(\text{세법상 영업손익}^{*1} - \text{법인세 상당액}^{*2} \right) \times \left(1 - \frac{\text{과세제외 매출액}(+\alpha)}{\text{총 매출액}} \right)$$

*1. 세법상 영업손익

회 계 상 영 업 손 익	기업회계기준에 의한 수혜법인의 매출액 – 매출원가 – 판매비와 관리비
+ 익금산입 · 손금불산입	(감가상각비, 퇴직급여충당금 및 퇴직연금충당금, 대손충당금, 손익의
– 손금산입 · 익금불산입	귀속사업연도, 자산의 취득가액, 재고자산 평가손익관련 세무조정사항)
세 법 상 영 업 손 익	

2. 법인세 상당액 : 수혜법인의 법인세** × $\frac{\text{세법상 영업손익}}{\text{각사업연도소득금액}}$ (100% 한도)

** 수혜법인의 법인세 : 법인세 산출세액(토지 등 양도소득에 대한 법인세 제외) – 공제 · 감면세액

4) 배당소득의 이중과세조정

지배주주 등이 수혜법인의 직전 사업연도의 증여세 과세표준 신고기한 말일의 다음날부터 증여세 과세표준 신고기한까지 수혜법인 또는 간접출자법인으로부터 배당받은 소득이 있는 경우에는 다음의 금액을 해당 출자관계의 증여의제이익에서 공제한다. 다만, 공제 후의 금액이 음수인 경우에는 영으로 본다.

① 수혜법인으로부터 받은 배당소득

$$\text{배당소득} \times \frac{\text{직접출자관계의 증여의제이익}}{\text{수혜법인의 사업연도 말일 배당가능이익} \times \text{지배주주 등의 수혜법인에 대한 직접보유비율}}$$

② 간접출자법인으로부터 받은 배당소득

$$\text{배당소득} \times \frac{\text{간접출자관계의 증여의제이익}}{\left[\text{간접출자법인의 사업연도말일 배당가능이익} + \left(\text{수혜법인의 사업연도말일 배당가능이익} \times \text{간접출자법인의 주식보유비율} \right) \right] \times \text{지배주주 등의 간접출자법인에 대한 직접보유비율}}$$

(3) 특수관계법인으로부터 제공받은 사업기회로 발생한 이익의 증여의제

지배주주[*1]와 그 친족의 직접 또는 간접 주식보유비율이 30% 이상인 법인(수혜법인)이 지배주주와 특수관계에 있는 법인(조세특례제한법에 따른 중소기업과 수혜법인이 본인의 주식보유비율이 50% 이상인 법인은 제외)으로부터 법소정의 방법으로 사업기회를 제공받는 경우[*2]에는 그 사업기회를 제공받은 날(사업기회제공일)이 속하는 사업연도(개시사업연도)의 종료일에 그 수혜법인의 지배주주 등이 증여의제이익을 증여받은 것으로 본다. 이 경우 증여세 과세표준 신고기한은 개시사업연도의 법인세법상 과세표준 신고기한이 속하는 달의 말일부터 3개월이 되는 날로 한다.

*1. 지배주주 : 특수관계법인과의 거래를 통한 이익의 증여의제 규정과 동일하다.

2. 사업기회를 제공받는 경우란 특수관계법인이 직접 수행하거나 다른 사업자가 수행하고 있던 사업기회를 임대차계약, 입점계약 등 대리점계약 및 프랜차이즈계약 등 명칭 여하를 불문한 약정으로 제공받는 경우를 말한다.

1) 증여의제이익의 계산

$$\left(\text{제공받은 사업기회로 발생한 개시사업연도의 수혜법인의 이익}^{*1} \times \text{지배주주 등의 주식보유비율}^{*2} - \text{개시사업연도분의 법인세 상당액}^{*3}\right) \times \frac{12}{\text{개시사업연도 월수}} \times 3$$

*1. 수혜법인의 이익

	회계상 영업손익	사업기회로 제공받은 해당 사업부문의 영업이익
+	익금산입 · 손금불산입	(감가상각비, 퇴직급여충당금 및 퇴직연금충당금, 대손충당금, 손익의
−	손금산입 · 익금불산입	귀속사업연도, 자산의 취득가액, 재고자산 평가손익관련 세무조정사항)
	수혜법인의 이익	

2. 지배주주 등의 주식보유비율은 개시사업연도 종료일을 기준으로 적용한다.

3. 법인세 상당액 : $\text{수혜법인의 법인세}^{**} \times \frac{\text{수혜법인의 이익}}{\text{각사업연도소득금액}}$ (100% 한도)

** 수혜법인의 법인세 : 법인세 산출세액(토지 등 양도소득에 대한 법인세 제외) − 공제 · 감면세액

2) 증여의제이익의 정산

증여의제이익이 발생한 수혜법인의 지배주주 등은 정산사업연도(개시사업연도부터 사업기회제공일 이후 2년이 경과한 날이 속하는 사업연도)까지 수혜법인이 제공받은 사업기회로 인하여 발생한 실제 이익을 반영하여 다음 계산식에 따라 계산한 금액(정산증여의제이익)에 대한 증여세액과 당초 납부한 증여의제이익에 대한 증여세액과의 차액을 관할세무서장에게 납부하여야 한다. 다만, 정산증여의제이익이 당초의 증여의제이익보다 적은 경우에는 그 차액에 상당하는 증여세액(당초 납부한 세액을 한도로 함)을 환급받을 수 있다. 이 경우 정산의제이익에 대한 증여세 과세표준의 신고기한은 정산사업연도의 법인세 과세표준의 신고기한이 속하는 달의 말일부터 3개월이 되는 날로 한다.

$$\text{제공받은 사업기회로 발생한 개시사업연도부터 정산사업연도까지 발생한 수혜법인의 이익} \times \text{지배주주 등의 주식보유비율}^{*} - \text{개시사업연도분부터 정산사업연도분까지의 법인세 납부세액 중 상당액}$$

* 지배주주 등의 주식보유비율은 개시사업연도 종료일을 기준으로 적용한다.

3) 배당소득의 이중과세조정

① 증여의제이익에 대한 배당소득의 공제

지배주주 등이 수혜법인의 사업연도 말일부터 증여세 과세표준 신고기한까지 수혜법인으로부터 배당받은 소득이 있는 경우에는 다음의 계산식에 따라 계산한 금액을 증여의제이익에서 공제한다. 다만, 공제 후의 금액이 음수인 경우에는 영으로 본다.

$$\text{배당소득} \times \frac{\text{증여의제이익}}{\text{수혜법인의 사업연도 말일 배당가능이익}^{*} \times \text{지배주주 등의 수혜법인에 대한 주식보유비율}}$$

* 배당가능이익이란 법인세법의 소득공제규정상 배당가능이익을 말한다.

② 정산증여의제이익에 대한 배당소득의 공제

지배주주 등이 수혜법인의 개시사업연도 말일부터 정산증여의제이익에 대한 과세표준 신고기한까지 수혜법인으로부터 배당받은 소득이 있는 경우에는 다음의 계산식에 따라 계산한 금액을 정산증여의제이익에서 공제한다. 다만, 공제 후의 금액이 음수인 경우에는 영으로 본다.

$$\text{배당소득}^{*1} \times \frac{\text{정산증여의제이익}}{\text{수혜법인의 배당가능이익}^{*2} \times \text{지배주주 등의 수혜법인에 대한 주식보유비율}}$$

*1. 배당소득 : 개시사업연도 말일부터 정산증여의제이익에 대한 증여세 과세표준 신고기한 종료일까지 수혜법인으로부터 배당받은 소득의 합계

2. 수혜법인의 배당가능이익 : 수혜법인의 개시사업연도 말일의 배당가능이익부터 정산사업연도 말일의 배당가능이익의 합계

(4) 특정법인과의 거래를 통한 이익의 증여의제

특정법인*1이 지배주주*2의 특수관계인과 증여의제대상거래를 하는 경우에는 거래를 한 날을 증여일로 하여 증여의제이익(1억원 이상인 경우로 한정함)을 그 특정법인의 지배주주와 그 친족이 증여받은 것으로 본다.

*1. 특정법인 : 지배주주와 그 친족(지배주주 등)이 직접 또는 간접으로 보유하는 주식보유비율이 30% 이상인 내국 · 외국법인은 특정법인에 해당한다.

2. 지배주주 : 특수관계법인과의 거래를 통한 이익의 증여의제 규정에서의 지배주주 요건(a, b) 중 b요건만을 충족한 지배주주를 말한다.[9] 개정

1) 증여의제이익

(특정법인이 거래를 통하여 얻은 이익 - 법인세 해당액*1) × 특정법인의 지배주주 등의 직 · 간접 주식보유비율

*1. 법인세 해당액 : 특정법인의 법인세** × $\frac{\text{특정법인이 거래를 통하여 얻은 이익}}{\text{각사업연도소득금액}}$ (100% 한도)

** 특정법인의 법인세 : 법인세 산출세액(토지 등 양도소득에 대한 법인세 제외) - 공제 · 감면세액

2. 특정법인과의 거래를 통한 이익의 증여의제 규정에 따른 증여세액이 지배주주 등이 직접 증여받은 경우의 증여세 상당액에서 법인세 상당액(위 1.의 법인세 해당액에 해당 지배주주 등의 주식보유비율을 곱한 금액)을 차감한 금액을 초과하는 경우 그 초과액은 없는 것으로 본다.

증여세액 : Min[①, ②]
① 특정법인과의 거래를 통한 이익의 증여의제 규정에 따른 증여세액
② 한도 : 직접 증여받은 것으로 볼 때의 증여세 - 법인세 해당액 × 지배주주 등의 직 · 간접 주식보유비율

2) 증여의제대상거래

① 재산이나 용역을 무상으로 제공하는 것

② 재산이나 용역을 통상적인 거래 관행에 비추어 볼 때 현저히 낮은 대가로 양도 · 제공하는 것(시가*와 대가와의 차액이 시가*의 30% 이상이거나 3억원 이상인 경우)

③ 재산이나 용역을 통상적인 거래 관행에 비추어 볼 때 현저히 높은 대가로 양도 · 제공받는 것(시가*와 대가와의 차액이 시가*의 30% 이상이거나 3억원 이상인 경우)

④ 해당 법인의 채무를 면제 · 인수 또는 변제하는 것. 다만, 해당 법인이 해산(합병 또는 분할에 의한 해산은 제외) 중인 경우로서 주주 등에게 분배할 잔여재산이 없는 경우는 제외한다.

⑤ 시가보다 낮은 가액으로 해당 법인에 현물출자하는 것

* 재산이나 용역의 시가가 불분명한 경우에 그 시가는 법인세법 부당행위계산부인 규정의 시가에 따른다.

---

9) 특정법인과의 거래를 통한 이익의 증여의제 규정상 지배주주는 내국법인의 주식등을 직접 또는 간접으로 보유할 것이라는 요건을 충족하지 않아도 되는 것으로 개정되었다. 즉, 증여의제가 적용되는 특정법인에 외국법인이 추가되었다.
(종전) 내국법인 → (개정) 내국 · 외국법인

CHAPTER 03 상속 및 증여재산의 평가

제 1 절 재산평가의 일반원칙

❶ 시가평가의 원칙

상속세나 증여세가 부과되는 재산의 가액은 평가기준일(상속개시일 또는 증여일) 현재의 시가에 따른다. 다만, 상속재산의 가액에 가산하는 증여재산의 가액은 증여일 현재의 시가에 따른다.

(1) 시가

시가는 불특정 다수인 사이에 자유롭게 거래가 이루어지는 경우에 통상적으로 성립된다고 인정되는 가액으로 하고 수용가격 · 공매가격 및 감정가격 등 시가로 인정되는 것을 포함한다.

(2) 시가로 보는 가액

시가로 인정되는 것이란 평가기간[평가기준일 전후 6개월(증여재산의 경우에는 평가기준일 전 6개월부터 평가기준일 후 3개월까지)]이내의 기간 중 매매 · 감정 · 수용 · 경매 또는 공매가 있는 경우에 다음의 어느 하나에 따라 확인되는 가액을 말한다.

구 분	내 용
① 해당 재산에 대한 매매사실이 있는 경우	그 거래가액*1
② 해당 재산(주식 제외)에 대하여 둘 이상의 공신력 있는 감정기관이 평가한 감정가액이 있는 경우	그 감정가액의 평균액*2
③ 해당 재산에 대하여 수용 · 경매 또는 공매사실이 있는 경우	그 보상가액 · 경매가액 또는 공매가액*3

*1. 거래가액에는 다음의 어느 하나에 해당하는 경우는 제외한다.
① 특수관계인과의 거래 등으로 그 거래가액이 객관적으로 부당하다고 인정되는 경우
② 거래된 비상장주식의 가액(액면가액의 합계액을 말함)이 다음의 금액 중 적은 금액 미만인 경우(평가심의위원회의 심의를 거쳐 그 거래가액이 거래의 관행상 정당한 사유가 있다고 인정되는 경우는 제외)
a. 액면가액의 합계액으로 계산한 해당 법인의 발행주식총액 또는 출자총액의 1%에 해당하는 금액
b. 3억원

2. 감정가액에는 다음의 어느 하나에 해당하는 것은 제외하며, 해당 감정가액이 기준금액(보충적 평가방법에 따라 평가한 가액과 시가의 90%에 해당하는 가액 중 적은 금액)에 미달하는 경우(기준금액 이상인 경우에도 평가심의위원회의 심의를 거쳐 감정평가목적 등을 감안하여 동 가액이 부적정하다고 인정되는 경우를 포함)에는 세무서장(관할지방국세청장 포함)이 다른 감정기관에 의뢰하여 감정한 가액에 의하되, 그 가액이 납세자가 제시한 감정가액보다 낮은 경우에는 그러하지 아니하다.
① 일정한 조건이 충족될 것을 전제로 당해 재산을 평가하는 등 상속세 및 증여세의 납부목적에 적합하지 아니한 감정가액
② 평가기준일 현재 당해재산의 원형대로 감정하지 아니한 경우의 당해 감정가액

3. 경매가액 또는 공매가액에는 다음의 어느 하나에 해당하는 것은 제외한다.
   ① 물납한 재산을 상속인 또는 그의 특수관계인이 경매 또는 공매로 취득한 경우
   ② 경매 또는 공매로 취득한 비상장주식의 가액(액면가액의 합계액을 말함)이 다음의 금액 중 적은 금액 미만인 경우
      a. 액면가액의 합계액으로 계산한 당해 법인의 발행주식총액 또는 출자총액의 1%에 해당하는 금액
      b. 3억원
   ③ 경매 또는 공매절차의 개시 후 관련 법령이 정한 바에 따라 수의계약에 의하여 취득하는 경우
   ④ 최대주주 등의 상속인 또는 최대주주 등의 특수관계인이 최대주주 등이 보유하고 있던 비상장주식 등을 경매 또는 공매로 취득한 경우
4. 유사자산의 매매 등의 가액 : 해당 재산과 면적·위치·용도·종목 및 기준시가가 동일하거나 유사한 다른 재산에 대한 매매 등의 가액(상속세 또는 증여세 과세표준을 신고한 경우에는 평가기준일 전 6개월부터 평가기간 이내의 신고일까지의 가액을 말한다)이 있는 경우에는 해당 가액을 시가로 본다.
5. 시가로 보는 가액이 둘 이상인 경우에는 평가기준일을 전후하여 가장 가까운 날에 해당하는 가액(그 가액이 둘 이상인 경우에는 그 평균액)을 적용한다. 다만, 해당 재산의 매매 등의 가액이 있는 경우에는 유사자산의 매매 등의 가액을 적용하지 아니한다.

참고 평가기간에 해당하지 아니하는 기간의 매매가액 등

평가기간에 해당하지 아니하는 기간으로서 평가기준일 전 2년 이내의 기간 중에 매매등이 있거나 평가기간이 경과한 후부터 법정결정기한* 까지의 기간 중에 매매등이 있는 경우에도 평가기준일부터 매매계약일, 가격산정기준일과 감정가액평가서 작성일, 보상가액·경매가액 또는 공매가액이 결정된 날까지의 기간 중에 주식발행회사의 경영상태, 시간의 경과 및 주위환경의 변화 등을 고려하여 가격변동의 특별한 사정이 없다고 보아 상속세 또는 증여세 납부의무가 있는 자, 지방국세청장 또는 관할세무서장이 신청하는 때에는 평가심의위원회의 심의를 거쳐 해당 매매 등의 가액을 시가로 인정되는 가액에 포함시킬 수 있다.

* 법정결정기한
① 상속세 : 상속세과세표준 신고기한부터 9개월
② 증여세 : 증여세과세표준 신고기한부터 6개월

참고 감정가액의 적용

감정가격을 결정할 때에는 둘 이상의 감정기관[기준시가 10억원 이하의 부동산 또는 <u>공급계약서상 공급가격(선택품목에 대한 가격은 제외)이 10억원 이하인 분양권</u> 개정 의 경우에는 하나 이상의 감정기관]에 감정을 의뢰하여야 한다. 이 경우 관할세무서장 또는 지방국세청장은 감정기관이 평가한 감정가액이 다른 감정기관이 평가한 감정가액의 80%에 미달하는 경우에는 1년의 범위에서 기간을 정하여 해당 감정기관을 시가불인정 감정기관으로 지정할 수 있으며, 시가불인정 감정기관으로 지정된 기간 동안 해당 시가불인정 감정기관이 평가하는 감정가액은 시가로 보지 아니한다.

❷ 시가가 불분명한 경우

시가를 산정하기 어려운 경우에는 해당 재산의 종류 · 규모 · 거래상황 등을 고려하여 규정한 보충적 평가방법으로 평가한 가액을 시가로 본다.

❸ 저당권이 설정된 자산의 평가특례

다음의 어느 하나에 해당하는 재산은 위의 규정에 불구하고 다음의 금액으로 평가한다.

① 저당권, 담보권 또는 질권이 설정된 재산
② 양도담보재산
③ 전세권이 등기된 재산(임대보증금을 받고 임대한 재산 포함)
④ 위탁자의 채무이행을 담보할 목적으로 신탁계약을 체결한 재산

> 평가액 : Max[①, ②]
> ① 시가 또는 보충적 평가방법에 의한 평가액
> ② 해당 재산이 담보하는 채권액*1*2

*1. 당해 재산에 설정된 근저당의 채권최고액이 담보하는 채권액보다 적은 경우에는 채권최고액으로 하고, 당해 재산에 설정된 물적담보 외에 신용보증기관의 보증이 있는 경우에는 담보하는 채권액에서 당해 신용보증기관이 보증한 금액을 차감한 가액으로 하며, 동일한 재산이 다수의 채권(전세금채권과 임차보증금채권을 포함)의 담보로 되어 있는 경우에는 그 재산이 담보하는 채권액의 합계액으로 한다.
2. 신탁계약을 체결한 재산의 가액은 당해 신탁계약 또는 수익증권이 우선수익자인 채권자에 대해 담보하는 채권액 개정

제 2 절 부동산 등의 보충적 평가방법

❶ 부동산

구 분	평가액
(1) 토지	① 일반지역 : 개별공시지가*1 ② 지정지역 : 개별공시지가*1 × 배율
(2) 건물	국세청장이 고시한 가액
(3) 오피스텔 및 상업용 건물	매년 1회 이상 국세청장이 토지와 건물에 대하여 일괄하여 산정 · 고시한 가액
(4) 주택	고시주택가격*2(개별주택가격 및 공동주택가격) 다만, 국세청장이 결정 · 고시한 공동주택이 있는 때에는 그 가격을 말한다.

*1. 다만, 개별공시지가가 없는 토지의 가액은 납세지 관할세무서장이 인근 유사 토지의 개별공시지가를 고려하여 법령으로 정하는 방법으로 평가한 금액으로 한다.
2. 다만, 다음의 어느 하나에 해당하는 경우에는 납세지 관할세무서장이 인근 유사주택의 고시주택가격을 고려하여 평가한 금액으로 한다.
① 해당 주택의 고시주택가격이 없는 경우
② 고시주택가격 고시 후에 해당 주택을 건축법에 따른 대수선 또는 리모델링을 하여 고시주택가격으로 평가하는 것이 적절하지 아니한 경우

❷ 부동산에 관한 권리 등

구 분	평가액
(1) 지상권	지상권 설정 토지가액에 연 2%를 곱한 금액을 지상권의 잔존연수(민법상 지상권의 존속기간을 준용함)를 감안하여 현재가치(10%이자율)로 평가한 금액
(2) 부동산을 취득할 수 있는 권리 및 특정시설물을 이용할 수 있는 권리	① 기준시가가 있는 경우 : 기준시가 ② 기준시가가 없는 경우 : 평가기준일까지 납입한 금액* + 평가기준일 현재의 프리미엄에 상당하는 금액 * 조합원입주권의 경우 조합원권리가액과 평가기준일까지 납입한 계약금, 중도금 등을 합한 금액으로 한다.

❸ 그 밖의 유형재산

선박, 항공기, 차량, 기계장비, 입목, 상품, 제품, 서화, 골동품, 소유권의 대상이 되는 동물, 그 밖의 유형재산에 대해서는 해당 재산의 종류, 규모, 거래 상황 등을 고려하여 법령으로 정하는 방법으로 평가한다.

구 분	평가액
(1) 기타 시설물 및 구축물(토지 또는 건물과 일괄하여 평가하는 것은 제외)	재취득가액 등 – 설치일부터 평가기준일까지의 감가상각비 상당액
(2) 선박 · 항공기 · 차량 · 기계장비 및 입목	재취득가액(그 가액이 확인되지 않는 경우에는 장부가액 및 지방세법상 시가표준액을 순차로 적용한 가액)
(3) 재고자산 및 소유권의 대상이 되는 동산	재취득가액(그 가액이 확인되지 않는 경우에는 장부가액)
(4) 판매용이 아닌 서화 · 골동품 등 예술적 가치가 있는 유형재산	Max[①, ②] ① 2 이상의 전문가가 감정한 가액의 평균액 ② 감정평가심의위원회에서 감정한 감정가액
(5) 소유권 대상이 되는 동물 및 따로 평가방법을 규정하지 않은 기타 유형재산	재취득가액(그 가액이 확인되지 않는 경우에는 장부가액)

*1. 재취득가액 : 해당 재산을 처분할 경우 다시 취득할 수 있다고 예상되는 가액을 말한다.
 2. 장부가액 : 취득가액에서 감가상각비를 뺀 가액을 말한다.

❹ 사실상 임대차계약이 체결되거나 임차권이 등기된 재산

구 분	평가액
(1) 선박, 항공기, 차량, 기계장비	평가액 : Max[①, ②] ① 선박, 항공기, 차량, 기계장비의 평가방법으로 평가한 가액 ② 임대료 등의 환산가액 = $\frac{\text{각 연도에 받을 임대료}}{(1 + 3\%)^n}$ + 임대보증금 n : 평가기준일부터 수익시기까지의 연수
(2) 위 외 유형재산	평가액 : Max[①, ②] ① 부동산, 부동산에 관한 권리 등, 그 밖의 유형자산의 평가방법으로 평가한 가액 ② 임대료 등의 환산가액 = $\frac{\text{1년간 임대료}}{12\%}$ + 임대보증금

제3절 주식 및 출자지분에 대한 보충적 평가방법

❶ 상장주식의 평가방법

상장주식은 다음과 같이 평가한다. 다만, 합병으로 인한 이익을 계산할 때 합병(분할합병을 포함)으로 소멸하거나 흡수되는 법인 또는 신설되거나 존속하는 법인이 보유한 상장주식의 시가는 평가기준일 현재의 거래소 최종 시세가액으로 한다. 상장주식의 경우에는 상속세 및 증여세법상 평가한 가액을 시가로 본다. → 보충적평가방법 = 시가

> 평가기준일*1 이전 · 이후 각 2개월간 공포된 매일의 거래소 최종시세가액*2의 평균액*3

*1. 평가기준일이 공휴일 등 매매가 없는 날인 경우에는 그 전일을 기준으로 한다.
2. 최종시세가액은 거래실적 유무를 따지지 아니한다.
3. 평균액을 계산할 때 평가기준일 이전 · 이후 각 2개월 동안에 증자 · 합병 등의 사유가 발생하여 그 평균액으로 하는 것이 부적당한 경우에는 다음의 기간의 평균액으로 한다.

구 분	기 간
평가기준일 이전에 증자 · 합병 등의 사유가 발생한 경우	사유발생일의 다음날 ~ 평가기준일 이후 2월이 되는 날
평가기준일 이후에 증자 · 합병 등의 사유가 발생한 경우	평가기준일 이전 2월이 되는 날~ 사유발생일의 전일
평가기준일 이전 · 이후에 증자 · 합병 등의 사유가 발생한 경우	평가기준일 이전 사유발생일의 다음날 ~ 평가기준일 이후 사유발생일의 전일

4. 평가기준일 전후 2개월 이내에 거래소가 정하는 기준에 따라 매매거래가 정지되거나 관리종목으로 지정된 기간의 일부 또는 전부가 포함되는 주식 등(적정하게 시가를 반영하여 정상적으로 매매거래가 이루어지는 경우로서 법소정의 경우는 제외)을 제외한 주식 등은 비상장주식의 평가방법을 적용한다.

❷ 비상장주식의 평가방법

(1) 원칙

비상장주식은 다음과 같이 평가한다.

평가액 : Max[①, ②]

① 가중평균평가액* : $\dfrac{(1주당\ 순손익가치 \times 3) + (1주당\ 순자산가치 \times 2)}{5}$

② 한도 : 1주당 순자산가치 × 80%

* 부동산과다보유법인(자산총액 중 부동산 등의 가액이 차지하는 비율이 50% 이상인 법인)의 가중평균평가액은 다음과 같이 계산한다.

가중평균평가액 : $\dfrac{(1주당\ 순손익가치 \times 2) + (1주당\ 순자산가치 \times 3)}{5}$

(2) 예외

다음의 어느 하나에 해당하는 경우에는 원칙적인 비상장주식 평가방법에도 불구하고 순자산가치에 따른다.

① 상속세 및 증여세 과세표준 신고기한 이내에 평가대상 법인의 청산절차가 진행중이거나 사업자의 사망 등으로 인하여 사업의 계속이 곤란하다고 인정되는 법인의 주식

② 사업개시전의 법인, 사업개시후 3년 미만의 법인과 휴·폐업 중에 있는 법인의 주식. 다만, 적격분할 또는 적격물적분할로 신설된 법인의 사업기간은 분할 전 동일 사업부분의 사업개시일부터 기산한다.

③ 법인의 자산총액 중 토지·건물 및 부동산에 관한 권리 등의 자산가액 합계액이 차지하는 비율이 80% 이상인 법인의 주식

④ 해당 법인의 자산총액 중 주식 등의 가액의 합계액이 차지하는 비율이 80% 이상인 법인의 주식 등

⑤ 법인의 설립시 정관에 존속기한이 확정된 법인으로서 평가기준일 현재 잔여 존속기한이 3년 이내인 법인의 주식

(3) 순손익가치

$$1주당\ 순손익가치 = \frac{1주당\ 최근\ 3년간\ 순손익액의\ 가중평균액}{기획재정부령으로\ 정하는\ 이자율(10\%)}$$

*1. 최근 3년간 순손익액의 가중평균액은 다음과 같이 계산하며, 다음의 가액이 음수인 경우에는 영으로 한다.

$$\left[\frac{평가기준일\ 이전\ 3년이\ 되는}{사업연도의\ 1주당\ 순손익액} \times 1 + \frac{평가기준일\ 이전\ 2년이\ 되는}{사업연도의\ 1주당\ 순손익액} \times 2 + \frac{평가기준일\ 이전\ 1년이\ 되는}{사업연도의\ 1주당\ 순손익액} \times 3 \right] \times \frac{1}{6}$$

2. 각사업연도의 1주당 순손익액

$$\frac{각사업연도의\ 순손익액}{각사업연도\ 종료일\ 현재의\ 발행주식총수}$$

3. 각사업연도의 순손익액

각사업연도의 순손익액 = 각사업연도소득금액 + 가산항목 − 차감항목

가산항목	차감항목
① 국세 · 지방세의 과오납금의 환급금에 대한 이자 ② 수입배당금 익금불산입액 ③ 기부금한도초과액의 이월손금산입액 ④ 업무용승용차의 감가상각비(또는 감가상각상당액) 및 처분손실 중 800만원 초과액의 이월손금산입액 ⑤ 각 사업연도소득을 계산할 때 화폐성외화자산 · 부채 또는 통화선도 등에 대하여 해당 사업연도 종료일 현재의 매매기준율등으로 평가하지 않은 경우 해당 화폐성외화자산등에 대하여 해당 사업연도 종료일 현재의 매매기준율등으로 평가하여 발생한 이익	① 각사업연도의 법인세액(외국법인세액으로서 손금에 산입되지 아니하는 세액을 포함), 농어촌특별세액 및 지방소득세액 ② 가산세 · 공과금 · 벌금 등 손금불산입액 ③ 징벌적 목적의 손해배상금 등 손금불산입액 ④ 과다경비 · 업무무관비용 손금불산입액 ⑤ 인건비 · 기업업무추진비 · 기부금 · 지급이자 손금불산입액 ⑥ 업무용승용차 관련비용 손금불산입액 ⑦ 시인부족액에서 상각부인액을 손금으로 추인한 금액을 뺀 금액 ⑧ 각 사업연도소득을 계산할 때 화폐성외화자산 · 부채 또는 통화선도 등에 대하여 해당 사업연도 종료일 현재의 매매기준율등으로 평가하지 않은 경우 해당 화폐성외화자산등에 대하여 해당 사업연도 종료일 현재의 매매기준율등으로 평가하여 발생한 손실

(4) 순자산가치

$$1주당\ 순자산가치 = \frac{평가기준일\ 현재의\ 해당\ 법인의\ 순자산가액(자산 - 부채)}{평가기준일\ 현재의\ 발행주식총수}$$

*1. 순자산가액이 음수인 경우에는 영으로 한다.

2. 자산은 상속세 및 증여세법에 따라 시가(또는 보충적평가방법)로 평가한다. 다만, 자산을 보충적 평가방법 및 저당권 등이 설정된 재산 평가방법에 따라 평가한 가액이 장부가액(취득가액에서 감가상각비를 차감한 가액)보다 적은 경우에는 장부가액으로 하되, 장부가액보다 적은 정당한 사유가 있는 경우에는 그러하지 아니하다.

3. 자산과 부채의 범위는 다음과 같다.

구분	가산항목	차감항목
자산	• 영업권평가액* • 평가기준일 현재 지급받을 권리가 확정된 가액	• 개발비 • 평가기준일 현재 비용으로 확정된 선급비용
부채	• 평가기준일까지 발생된 소득에 대한 법인세액, 법인세액의 감면액 또는 과세표준에 부과되는 농어촌특별세액 및 지방소득세액 • 평가기준일 현재 이익의 처분으로 확정된 배당금·상여금 및 기타 지급의무가 확정된 금액 • 평가기준일 현재 재직하는 임원 또는 사용인 전원이 퇴직할 경우에 퇴직급여로 지급되어야 할 금액의 추계액	• 평가기준일 현재의 충당금·준비금(다만, 충당금 중 평가기준일 현재 비용으로 확정된 것은 부채에서 차감하지 않는다.)

* 다만, 다음의 경우에는 영업권평가액을 자산가액에 가산하지 않는다.
① 비상장주식을 순자산가치로 평가하는 사유 중 ①~③에 해당하는 경우
② 평가기준일이 속하는 사업연도 전 3년 내의 사업연도부터 계속하여 법인세법에 따라 각 사업연도에 속하거나 속하게 될 손금의 총액이 그 사업연도에 속하거나 속하게 될 익금의 총액을 초과하는 결손금이 있는 법인인 경우

❸ 최대주주의 보유주식 할증평가

최대주주*1 및 그의 특수관계인에 해당하는 주주의 주식(중소기업 및 법소정 중견기업*2의 주식은 제외)에 대해서는 상속세 및 증여세법에 따라 인정되는 가액에 20%를 곱한 금액을 가산한다.

*1. 최대주주란 주주 등 1인과 그의 특수관계인의 보유주식 등을 합하여 그 보유주식 등의 합계가 가장 많은 경우의 해당 주주 등 1인과 그의 특수관계인 모두를 말한다.

2. 법소정 중견기업이란 상속개시일 또는 증여일이 속하는 소득세 과세기간 또는 법인세 사업연도의 직전 3개 소득세 과세기간 또는 법인세 사업연도의 매출액의 평균금액이 5천억원 미만인 중견기업을 말한다. 이 경우 매출액은 기업회계기준에 따라 작성한 손익계산서상의 매출액을 기준으로 하며, 소득세 과세기간 또는 법인세 사업연도가 1년 미만인 소득세 과세기간 또는 법인세 사업연도의 매출액은 1년으로 환산한 매출액을 말한다.

참고 **할증평가적용배제**

다음의 어느 하나에 해당하는 경우의 주식은 할증평가를 하지 않는다.

1. 평가기준일이 속하는 사업연도 전 3년 이내의 사업연도부터 계속하여 법인세법에 따른 결손금이 있는 경우
2. 평가기준일 전후 6월(증여재산의 경우에는 평가기준일 전 6개월부터 평가기준일 후 3개월) 이내의 기간 중 최대주주 등이 보유하는 주식이 전부 매각된 경우
3. 다음의 이익의 증여규정에 따른 이익을 계산하는 경우
   ① 합병에 따른 이익의 증여
   ② 증자에 따른 이익의 증여
   ③ 감자에 따른 이익의 증여
   ④ 현물출자에 따른 이익의 증여
   ⑤ 전환사채 등의 주식전환 등에 따른 이익의 증여
4. 평가대상인 주식등을 발행한 법인이 다른 법인이 발행한 주식등을 보유함으로써 그 다른 법인의 최대주주등에 해당하는 경우 그 다른 법인의 주식등을 평가하는 경우
5. 평가기준일부터 소급하여 3년 이내에 사업을 개시한 법인으로서 사업개시일이 속하는 사업연도부터 평가기준일이 속하는 사업연도의 직전사업연도까지 각 사업연도의 기업회계기준에 의한 영업이익이 모두 영 이하인 경우
6. 상속세 과세표준 신고기한 또는 증여세 과세표준 신고기한 이내에 평가대상 주식 등을 발행한 법인의 청산이 확정된 경우
7. 최대주주 등이 보유하고 있는 주식 등을 최대주주 등 외의 자가 10년 이내에 상속 또는 증여받은 경우로서 상속 또는 증여로 인하여 최대주주 등에 해당되지 아니하는 경우
8. 주식 등의 실제소유자와 명의자가 다른 경우로서 명의신탁재산의 증여의제 규정에 따라 해당 주식 등을 명의자가 실제소유자로부터 증여받은 것으로 보는 경우

제4절 기타의 재산에 대한 보충적 평가방법

❶ 국 · 공채 등 기타의 유가증권의 평가방법

구 분	내 용
국 · 공채 및 사채(전환사채 제외)	① 상장된 경우 : Max[a, b] a. 평가기준일 이전 2개월간 공표된 매일의 최종시세가액의 평균액 b. 평가기준일 이전 최근일의 최종시세가액 ② 그 외의 경우 : 매입가액 + 평가기준일까지의 미수이자상당액 다만, 액면가액으로 매입한 경우에는 처분예상가액에 의하되, 처분예상가액을 산정하기 어려운 때에는 2 이상의 증권회사에서 평가한 금액의 평균액으로 할 수 있다.
전환사채 등	① 상장 전환사채 : 국 · 공채 및 사채 평가방법을 준용하여 평가한 가액 ② 그 외의 경우 : 법소정의 방식으로 평가한 가액
대부금 · 외상매출금 및 받을어음 등	① 원본의 회수기간이 3년을 초과하거나 회사정리절차 또는 화의절차의 개시 등의 사유로 당초 채권의 내용이 변경된 경우 : 각 연도에 회수할 금액(원본 + 이자상당액)을 적정할인율에 의하여 현재가치로 할인한 금액의 합계액 ② 위 ①외에 채권의 경우 : 원본의 가액 + 평가기준일까지의 미수이자상당액 * 채권의 전부 또는 일부가 평가기준일 현재 회수불가능한 것으로 인정되는 경우에는 그 가액을 산입하지 않는다.
집합투자증권	평가기준일 현재의 거래소의 가준가격 또는 집합투자업자 및 투자회사가 산정 · 공고한 기준가격. 다만, 평가기준일 현재의 기준가격이 없는 경우에는 평가기준일 현재의 환매가격 또는 평가기준일전 가장 가까운 날의 기준가격으로 한다.
예금 · 저금 · 적금 등	평가기준일 현재의 예입총액 + 같은 날 현재 이미 지난 미수이자상당액 − 원천징수세액상당액

❷ 무체재산권 등의 평가방법

(1) 무체재산권의 평가액

> 평가액 : Max[①, ②]
> ① 재산의 취득가액 – 취득한 날부터 평가기준일까지의 법인세법상의 감가상각비
> ② 장래의 경제적 이익 등을 고려하여 평가한 금액

(2) 장래의 경제적 이익 등을 고려하여 평가한 금액

구 분	내 용
영업권 (어업권 포함)	초과이익금액을 평가기준일 이후의 영업권지속연수(원칙적으로 5년으로 한다)를 감안하여 현재가치(10% 이자율)로 환산한 가액 *1. 초과이익금액 : 최근 3년간 순손익액의 가중평균액 × 50% – 자기자본 × 10% 2. 최근 3년간 가중평균순손익은 비상장주식의 경우를 준용하여 계산하며 3년에 미달하는 경우에는 해당 연수(법인전환한 사업자의 경우 개인사업자로서 사업을 영위한 기간을 포함함)로 가중평균한다. 3. 매입한 무체재산권으로서 그 성질상 영업권에 포함시켜 평가되는 무체재산권의 경우에는 이를 별도로 평가하지 아니하되, 해당 무체재산권의 평가액이 환산한 가액보다 큰 경우에는 해당 가액을 영업권의 평가액으로 한다.
특허권 · 실용신안권 · 상표권 · 디자인권 · 저작권	그 권리에 의하여 장래에 받을 각 연도의 수입금액을 현재가치로 환산한 금액의 합계액
광업권 · 채석권	평가기준일 이후의 채굴가능연수에 대하여 평가기준일 전 3년간 평균소득(실적이 없는 경우에는 예상순소득)을 각 연도마다 현재가치로 환산한 금액의 합계액. 다만, 조업할 가치가 없는 경우에는 설비 등에 의하여만 평가한 가액으로 한다.

❸ 기타 조건부권리 등의 평가방법

조건부 권리, 존속기간이 확정되지 아니한 권리, 신탁의 이익을 받을 권리 또는 소송 중인 권리 및 정기금(定期金)을 받을 권리에 대해서는 해당 권리의 성질, 내용, 남은 기간 등을 기준으로 법령으로 정하는 방법으로 그 가액을 평가한다.

<table>
<tr><th>구 분</th><th>내 용</th></tr>
<tr><td>조건부권리</td><td>본래의 권리의 가액을 기초로 하여 평가기준일 현재의 조건내용을 구성하는 사실, 조건성취의 확실성 기타 제반사정을 참작한 적정가액</td></tr>
<tr><td>존속기간이 불확정한 권리</td><td>평가기준일 현재의 권리의 성질, 목적물의 내용연수 기타 제반사정을 감안한 적정가액</td></tr>
<tr><td>소송 중의 권리</td><td>평가기준일 현재의 분쟁관계의 진상을 조사하고 소송진행의 상황을 감안한 적정가액</td></tr>
<tr><td>신탁의 이익을 받을 권리</td><td>다음의 어느 하나에 따라 평가한 가액으로 한다. 다만, 평가기준일 현재 신탁계약의 철회, 해지, 취소 등을 통해 받을 수 있는 일시금이 다음에 따라 평가한 가액보다 큰 경우에는 그 일시금의 가액으로 한다. → Max[평가액, 일시금의 가액]
① 원본을 받을 권리와 수익을 받을 권리의 수익자가 같은 경우 : 평가기준일 현재 법에 따라 평가한 신탁재산의 가액
② 원본을 받을 권리와 수익을 받을 권리의 수익자가 다른 경우 : 다음에 따른 가액
a. 원본을 받을 권리를 수익하는 경우에는 평가기준일 현재 법에 따라 평가한 신탁재산의 가액에서 아래 b의 계산식에 따라 계산한 금액의 합계액을 뺀 금액
b. 수익을 받을 권리를 수익하는 경우에는 평가기준일 현재 기획재정부령으로 정하는 방법에 따라 추산한 장래에 받을 각 연도의 수익금에 대하여 수익의 이익에 대한 원천징수세액상당액등을 고려하여 다음의 계산식에 따라 계산한 금액의 합계액
$$\frac{\text{각 연도에 받을 수익의 이익} - \text{원천징수세액상당액}}{(1 + 3\%)^n}$$
n : 평가기준일부터 수익시기까지의 연수
* 수익시기가 정해지지 않은 경우 평가기준일부터 수익시기까지의 연수는 무기정기금 또는 종신정기금을 준용하여 20년 또는 기대여명의 연수로 계산한다.</td></tr>
<tr><td>정기금을 받을 권리</td><td>다음의 어느 하나에 따라 평가한 가액에 의한다. 다만, 평가기준일 현재 계약의 철회, 해지, 취소 등을 통해 받을 수 있는 일시금이 다음에 따라 평가한 가액보다 큰 경우에는 그 일시금의 가액에 의한다. → Max[평가액, 일시금의 가액]
① 유기정기금 : 잔존기간에 각 연도에 받을 정기금액을 기준으로 다음 계산식에 따라 계산한 금액의 합계액. 다만, 1년분 정기금액의 20배를 초과할 수 없다.
$$\frac{\text{각 연도에 받을 정기금액}}{(1 + 3\%)^n}$$
n : 평가기준일부터의 경과연수
② 무기정기금 : 1년분 정기금 × 20배
③ 종신정기금 : 정기금을 받을 권리가 있는 자의 법소정의 기대여명의 연수(소수점 이하는 버린다)까지의 기간 중 각 연도에 받을 정기금액을 기준으로 ①의 계산식에 따라 계산한 금액의 합계액</td></tr>
</table>

가상자산	① 가상자산사업자 중 국세청장이 고시하는 가상자산사업자의 사업장에서 거래되는 가상자산 : 평가기준일 전 · 이후 각 1개월 동안에 해당 가상자산사업자가 공시하는 일평균가액의 평균액 ② 그 밖의 가상자산 : 가상자산사업자 외의 가상자산사업자 및 이에 준하는 사업자의 사업장에서 공시하는 거래일의 일평균가액 또는 종료시각에 공시된 시세가액 등 합리적으로 인정되는 가액

❹ 국외재산과 외화자산 · 부채의 평가방법

구 분	내 용
국외재산	① 외국에 있는 상속 또는 증여재산으로서 시가 또는 보충적평가방법을 적용하는 것이 부적당한 경우 : 당해 재산이 소재하는 국가에서 양도소득세 · 상속세 또는 증여세 등의 부과목적으로 평가한 가액 ② ①에 의한 평가액이 없는 경우 : 세무서장 등이 2 이상의 국내 또는 외국의 감정기관(상속 또는 증여재산이 주식등인 경우 기획재정부령으로 정하는 신용평가전문기관, 공인회계사법에 따른 회계법인 또는 세무사법에 따른 세무법인 포함)에 의뢰하여 감정한 가액을 참작하여 평가한 가액
외화자산 · 부채	평가기준일 현재 기준환율 또는 재정환율에 따라 환산한 가액

MEMO

03편

지방세법

2/0/2/5/시/험/전/엔/기/타/세/법

CHAPTER 01 지방세기본법 등

제 1 절 지방세기본법

❶ 지방세의 의의

지방세란 특별시세, 광역시세, 특별자치시세, 도세, 특별자치도세 또는 시 · 군세, 구세(자치구의 구세를 말한다.)를 말하며, 관련 법률은 다음과 같다.

지방세기본법	지방세에 관한 기본적이고 공통적인 사항과 납세자의 권리 · 의무 및 권리구제에 관한 사항 등을 규정함으로써 지방세에 관한 법률관계를 명확하게 하고, 공정한 과세를 추구하며, 지방자치단체 주민이 납세의무를 원활히 이행하도록 함을 목적으로 한다.
지방세징수법	지방세 징수에 필요한 사항을 규정함으로써 지방세수입을 확보함을 목적으로 한다.
지방세법	지방자치단체가 과세하는 지방세 11가지 세목(취득세, 재산세 등)의 과세요건 및 부과 · 징수, 그 밖에 필요한 사항을 규정함을 목적으로 한다.
지방세특례제한법	지방세 감면 및 특례에 관한 사항과 이의 제한에 관한 사항을 규정하여 지방세 정책을 효율적으로 수행함으로써 건전한 지방재정 운영 및 공평과세 실현에 이바지함을 목적으로 한다. 지방세 감면 뿐만 아니라 최저한세액에 미달하는 세액에 대한 감면 등의 배제규정 등도 마련되어 있다.

❷ 지방세의 분류

구 분	도세 및 시 · 군세		특별시 · 광역시세 및 구세	
	도세	시 · 군세	특별시 · 광역시세[*1]	구세
보통세	취득세	–	취득세	–
	등록면허세	–	–	등록면허세
	레저세	–	레저세	–
	–	담배소비세	담배소비세	–
	지방소비세[*2]	–	지방소비세[*2]	–
	–	주민세	주민세[*3]	–
	–	지방소득세	지방소득세	–
	–	재산세	–	재산세[4]
	–	자동차세	자동차세	–
목적세	지역자원시설세	–	지역자원시설세	–
	지방교육세	–	지방교육세	–

*1. 다만, 광역시의 군 지역에서는 도세를 광역시세로 한다.
2. 다만, 지방세법에 따라 시 · 군 · 구에 납입된 금액은 시 · 군 · 구세로 한다.
3. 다만, 광역시의 경우에는 지방세법에 따른 주민세 사업소분 및 종업원분은 구세로 한다.
4. 특별시의 관할구역 재산세의 공동과세
① 특별시 관할구역에 있는 구의 경우에 재산세(선박 및 항공기에 대한 재산세 제외)는 특별시세 및 구세인 재산세로 한다.
② 특별시세 및 구세인 재산세 중 특별시분 재산세와 구(區)분 재산세는 각각 재산세액의 50%를 그 세액으로 한다. 이 경우 특별시분 재산세는 보통세인 특별시세로 보고 구분 재산세는 보통세인 구세로 본다.

❸ 지방세의 납세절차

지방세의 납세절차는 다음과 같이 구분된다.

구 분	내 용	비 고
① 신고납부	납세의무자가 그 납부할 지방세의 과세표준과 세액을 신고하고, 신고한 세금을 납부하는 것을 말한다.	취득세, 등록면허세 등
② 보통징수	세무공무원이 납부고지서를 납세자에게 발급하여 지방세를 징수하는 것을 말한다.	재산세 등
③ 특별징수	지방세를 징수할 때 편의상 징수할 여건이 좋은 자로 하여금 징수하게 하고 그 징수한 세금을 납부하게 하는 것을 말한다.	지방소득세

❹ 지방세의 세율

구 분	내 용	비 고
① 일정세율	지방세를 부과할 경우에 적용하여야 할 세율로 지방자치단체의 조례에 의해 조정할 수 없는 세율을 말한다.	지방소비세, 등록면허세(부동산 등기는 제외) 등
② 표준세율	지방자치단체가 지방세를 부과할 경우에 통상 적용하여야 할 세율로서 재정상의 사유 또는 그 밖의 특별한 사유가 있는 경우에는 이에 따르지 아니할 수 있는 세율을 말한다.	취득세, 재산세, 부동산등기분 등록면허세 등
③ 제한세율	세율을 정함에 있어서 초과할 수 없는 최고의 세율만을 규정하는 것을 말한다. 지방자치단체의 조례에 의해 제한세율 이하의 세율을 정할 수 있다.	주민세 개인분 등
④ 임의세율	지방자치단체의 조례에 의해 임의로 정할 수 있는 세율을 말한다.	현재 없음

제2절 지방세징수법

❶ 다른 법률과의 관계

지방세징수법에서 규정한 사항 중 지방세기본법이나 지방세관계법(지방세징수법은 제외)에 특별한 규정이 있는 것에 관하여는 그 법률에서 정하는 바에 따른다.

→ 지방세기본법, 다른 지방세관계법 > 지방세징수법(하위법)

❷ 지방세 등의 징수제도

간접적 징수제도	임의적 징수제도	강제적 징수제도
1. 납세증명서 2. 미납지방세 등의 열람 3. 관허사업의 제한 4. 체납 또는 결손처분 자료의 제공 5. 출국금지 요청 6. 고액 · 상습체납자 명단공개	1. 납세고지 2. 독촉	1. 압류 2. 매각 3. 청산

참고 고액 · 상습체납자 명단공개

지방자치단체의 장 또는 지방세조합장은 비밀유지의 규정에도 불구하고 지방세심의위원회(지방세조합장의 경우에는 지방세징수심의위원회를 말한다.)의 심의를 거쳐 고액 · 상습체납자에 대한 인적사항 및 체납정보를 공개할 수 있다. 다만, 체납된 지방세와 관련하여 지방세기본법에 따른 이의신청, 심판청구, 감사원법에 따른 심사청구 또는 행정소송이 계류 중이거나 그 밖에 법소정의 사유가 있는 경우에는 체납정보를 공개할 수 없다.

명단공개대상	명단공개제외
체납발생일부터 1년이 지난 지방세[*1]가 1천만원 이상[*2]인 체납자 *1. 정리보류액을 포함한다 2. 체납정보 공개(지방자치단체의 장이 공개하는 경우로 한정한다)의 기준이 되는 최저 금액은 1천만원 이상 3천만원 이하의 범위에서 조례로 달리 정할 수 있다.	① 체납된 지방세가 이의신청 · 심판청구 · 감사원법에 따른 심사청구 또는 행정소송이 계속중인 경우 ② 체납액의 50% 이상을 납부한 경우 ③ 채무자 회생 및 파산에 관한 법률에 따른 회생계획인가의 결정에 따라 체납된 지방세의 징수를 유예받고 그 유예기간 중에 있거나 체납된 지방세를 회생계획의 납부일정에 따라 납부하고 있는 경우 ④ 재산 상황, 미성년자 해당 여부 및 그 밖의 사정 등을 고려할 때 지방세심의위원회가 공개할 실익이 없거나 공개하는 것이 부적절하다고 인정하는 경우 ⑤ 신탁재산 수탁자, 양도담보권자 또는 명의수탁자의 물적납세의무와 관련하여 재산세등 또는 지방자치단체의 징수금을 체납한 경우

* 법인인 체납자의 명단을 공개하는 경우에는 법인의 대표자를 함께 공개할 수 있다.

참고 신용카드에 의한 지방세 납부

납세의무자는 지방세기본법 또는 지방세관계법에 따라 신고하거나 지방자치단체의 장이 결정 또는 경정하여 고지한 지방세 중 자동차 주행에 대한 자동차세를 제외한 모든 지방자치단체 징수금(부가되는 농어촌특별세 포함)에 대해서는 지방세수납대행기관을 통하여 신용카드로 납부할 수 있다.

MEMO

CHAPTER 02 취득세

제 1 절 과세대상 및 납세의무자

❶ 과세대상

(1) 과세대상자산

취득세는 다음의 자산을 취득한 자에게 부과한다.

구 분	내 용
(1) 부동산	토지 및 건축물
(2) 동산	차량, 기계장비, 항공기, 선박, 입목
(3) 무형자산 및 회원권	광업권, 어업권, 양식업권, 골프회원권, 승마회원권, 콘도미니엄 회원권, 종합체육시설 이용회원권, 요트회원권

(2) 취득의 유형

부동산 등의 취득은 관계 법령에 따른 등기·등록 등을 하지 아니한 경우라도 사실상 취득하면 각각 취득한 것으로 보고 해당 취득물건의 소유자 또는 양수인을 각각 취득자로 한다. 다만, 차량, 기계장비, 항공기 및 주문을 받아 건조하는 선박은 승계취득인 경우에만 해당한다.

* 취득 : 매매, 교환, 상속, 증여, 기부, 법인에 대한 현물출자, 건축, 개수(改修), 공유수면의 매립, 간척에 의한 토지의 조성 등과 그 밖에 이와 유사한 취득으로서 원시취득(수용재결로 취득한 경우, 도시개발법에 따른 체비지를 취득한 경우 등 과세대상이 이미 존재하는 상태에서 취득하는 경우는 제외한다), 승계취득 또는 유상·무상의 모든 취득을 말한다.

구 분	내 용
(1) 승계취득	① 유상취득*1 : 매매, 교환, 현물출자 등 ② 무상취득 : 상속, 증여, 기부
(2) 원시취득	토지의 공유수면매립, 건물의 건축 및 개수, 선박 등의 건조, 제조, 조립, 광업권 어업권 및 양식업권의 출원, 민법에 따른 시효취득 * 다만, 차량, 기계장비, 항공기 및 주문을 받아 건조하는 선박은 승계취득인 경우에만 해당한다.
(3) 간주취득	① 종류변경, 지목변경으로 인한 간주취득*2 ② 과점주주의 간주취득

*1. ① 증여자가 배우자 또는 직계존비속이 아닌 경우로서 부동산을 부담부 증여하는 경우 그 채무액에 상당하는 부분은 부동산을 유상으로 취득하는 것으로 본다.
② 권리의 이전에 등기가 필요한 부동산을 배우자 간 서로 교환한 경우 유상으로 취득한 것으로 본다.
2. 선박, 차량과 기계장비의 종류를 변경하거나 토지의 지목을 사실상 변경함으로써 그 가액이 증가한 경우에는 취득으로 본다.
3. 법인의 주식 또는 지분을 취득함으로써 과점주주가 되었을 때에는 그 과점주주가 해당 법인의 취득세 과세대상인 부동산등(법인이 신탁법에 따라 신탁한 재산으로서 수탁자 명의로 등기·등록이 되어 있는 부동산등을 포함)을 취득한 것으로 본다. 이 경우 간주취득으로 인한 취득세는 과점주주가 연대하여 납부할 의무를 진다.

참고 취득세 납세의무가 있는 과점주주의 범위

취득세 납세의무가 있는 과점주주란 다음의 요건을 모두 갖춘 자를 말한다.

① 주주 또는 유한책임사원 1명과 그의 특수관계인의 소유주식의 합계 또는 출자액의 합계가 해당 법인의 발행주식 총수(의결권이 없는 주식은 제외) 또는 출자총액의 50%를 초과하면서 그에 관한 권리를 실질적으로 행사하는 자들인 경우. 이 경우 특수관계인이란 본인과 친족관계, 경제적 연관관계 또는 경영지배관계 등 법령으로 정하는 관계에 있는 경우를 말하며, 본인도 그 특수관계인의 특수관계인으로 본다.

② 다음에 해당하지 않는 경우

a. 주식을 자본시장과 금융투자업에 관한 법률에 따른 증권시장으로서 법령으로 정하는 증권시장에 상장한 법인의 과점주주가 된 경우

b. 법인설립 시에 발행하는 주식 또는 지분을 취득함으로써 과점주주가 된 경우

❷ 납세의무자

(1) 납세의무자

구 분	내 용
(1) 원칙	취득세 과세대상 물건을 취득하는 자 * 자연인, 법인 및 법인 아닌 단체를 포함한다.
(2) 주체구조부 취득자	건축물 중 조작설비, 그 밖의 부대설비에 속하는 부분으로서 그 주체구조부(主體構造部)와 하나가 되어 건축물로서의 효용가치를 이루고 있는 것에 대하여는 주체구조부 취득자 외의 자가 가설(加設)한 경우에도 주체구조부의 취득자가 함께 취득한 것으로 본다.
(3) 수입자	외국인 소유의 취득세 과세대상 물건(차량, 기계장비, 항공기 및 선박만 해당한다)을 직접 사용하거나 국내의 대여시설 이용자에게 대여하기 위하여 소유권을 이전 받는 조건으로 임차하여 수입하는 경우에는 수입하는 자가 취득한 것으로 본다.
(4) 상속인	상속(피상속인이 상속인에게 한 유증 및 포괄유증과 신탁재산의 상속을 포함한다.)으로 인하여 취득하는 경우에는 상속인 각자가 상속받는 취득물건(지분을 취득하는 경우에는 그 지분에 해당하는 취득물건을 말한다)을 취득한 것으로 본다.
(5) 조합원 등	주택조합 등이 해당 조합원용으로 취득하는 조합주택용 부동산(공동주택과 부대시설 · 복리시설 및 그 부속토지를 말한다)은 그 조합원이 취득한 것으로 본다. 다만, 조합원에게 귀속되지 아니하는 비조합용 부동산은 제외한다.
(6) 시설대여업자	시설대여업자가 건설기계나 차량의 시설대여를 하는 경우로서 대여시설이용자의 명의로 등록하는 경우라도 그 건설기계나 차량은 시설대여업자가 취득한 것으로 본다.
(7) 기계장비, 차량 취득자	기계장비나 차량을 기계장비대여업체 또는 운수업체의 명의로 등록하는 경우(영업용으로 등록하는 경우로 한정한다)라도 해당 기계장비나 차량의 구매계약서, 세금계산서, 차주대장(車主臺帳) 등에 비추어 기계장비나 차량의 취득대금을 지급한 자가 따로 있음이 입증되는 경우 그 기계장비나 차량은 취득대금을 지급한 자가 취득한 것으로 본다.

(8) 배우자 또는 직계존비속의 부동산 등을 취득하는 경우	배우자 또는 직계존비속의 부동산 등을 취득하는 경우에는 증여로 취득한 것으로 본다. 다만, 다음의 어느 하나에 해당하는 경우에는 유상으로 취득한 것으로 본다. ① 공매(경매 포함)를 통하여 부동산 등을 취득한 경우 ② 파산선고로 인하여 처분되는 부동산 등을 취득한 경우 ③ 권리의 이전이나 행사에 등기 또는 등록이 필요한 부동산 등을 서로 교환한 경우 ④ 해당 부동산 등의 취득을 위하여 그 대가를 지급한 사실이 다음의 어느 하나에 의하여 증명되는 경우 a. 그 대가를 지급하기 위한 취득자의 소득이 증명되는 경우 b. 소유재산을 처분 또는 담보한 금액으로 해당 부동산을 취득한 경우 c. 이미 상속세 또는 증여세를 과세(비과세 또는 감면받은 경우를 포함한다) 받았거나 신고한 경우로서 그 상속 또는 수증 재산의 가액으로 그 대가를 지급한 경우 d. a부터 c까지에 준하는 것으로서 취득자의 재산으로 그 대가를 지급한 사실이 입증되는 경우
(9) 부담부증여	증여자의 채무를 인수하는 부담부증여의 경우에는 그 채무액에 상당하는 부분은 부동산 등을 유상으로 취득하는 것으로 본다. 다만, 배우자 또는 직계존비속으로부터의 부동산 등의 부담부 증여의 경우에는 위 (8)을 적용한다.
(10) 상속재산 재분할	상속개시 후 상속재산에 대하여 등기 · 등록 · 명의개서(名義改書) 등에 의하여 각 상속인의 상속분이 확정되어 등기등이 된 후, 그 상속재산에 대하여 공동상속인이 협의하여 재분할한 결과 특정 상속인이 당초 상속분을 초과하여 취득하게 되는 재산가액은 그 재분할에 의하여 상속분이 감소한 상속인으로부터 증여받아 취득한 것으로 본다. 다만, 다음의 어느 하나에 해당하는 경우에는 그러하지 아니하다. ① 신고 · 납부기한 내에 재분할에 의한 취득과 등기등을 모두 마친 경우 ② 상속회복청구의 소에 의한 법원의 확정판결에 의하여 상속인 및 상속재산에 변동이 있는 경우 ③ 민법에 따른 채권자대위권의 행사에 의하여 공동상속인들의 법정상속분대로 등기등이 된 상속재산을 상속인사이의 협의분할에 의하여 재분할하는 경우
(11) 토지의 지목변경	관계 법령에 따른 택지공사가 준공된 토지에 정원 또는 부속시설물 등을 조성 · 설치하는 경우에는 그 정원 또는 부속시설물 등은 토지에 포함되는 것으로서 토지의 지목을 사실상 변경하는 것으로 보아 토지의 소유자가 취득한 것으로 본다. 다만, 건축물을 건축하면서 그 건축물에 부수되는 정원 또는 부속시설물 등을 조성 · 설치하는 경우에는 그 정원 또는 부속시설물 등은 건축물에 포함되는 것으로 보아 건축물을 취득하는 자가 취득한 것으로 본다.

⑿ 위탁자 지위의 이전	신탁법에 따라 신탁재산의 위탁자 지위의 이전이 있는 경우에는 새로운 위탁자가 해당 신탁재산을 취득한 것으로 본다. 다만, 위탁자 지위의 이전에도 불구하고 신탁재산에 대한 실질적인 소유권 변동이 있다고 보기 어려운 경우로서 법소정의 경우에는 그러하지 아니하다.
⒀ 도시개발사업 및 재개발사업	도시개발법에 따른 도시개발사업과 도시 및 주거환경정비법에 따른 재개발사업의 시행으로 해당 사업의 대상이 되는 부동산의 소유자(상속인 포함)가 환지계획, 토지상환채권 및 관리처분계획에 따라 취득하는 토지 및 건축물에 대해서는 건축물은 신축에 따른 원시취득으로 보고, 토지의 경우 당초 소유한 토지 면적을 초과하는 경우 그 초과한 면적에 한하여 취득으로 본다.
⒁ 환지, 체비지, 보류지	도시개발법에 따른 환지 방식에 의한 사업 시행으로 토지의 지목을 사실상 변경한 경우 환지계획에 따른 환지에 대해서는 조합원이, 체비지 또는 보류지에 대해서는 사업시행자가 취득한 것으로 본다.

(2) 납세의무의 성립

취득세는 취득세 과세물건을 취득하는 때에 납세의무가 성립된다.

❸ 납세지

취득세의 납세지는 다음에서 정하는 바에 따른다.

구 분	내 용
(1) 부동산	부동산 소재지
(2) 차량	자동차관리법에 따른 등록지. 다만, 등록지가 사용본거지와 다른 경우에는 사용본거지를 납세지로 하고, 철도차량의 경우에는 해당 철도차량의 청소, 유치(留置), 조성, 검사, 수선 등을 주로 수행하는 철도차량기지의 소재지를 납세지로 한다.
(3) 기계장비	건설기계관리법에 따른 등록지
(4) 항공기	항공기의 정치장 소재지
(5) 선박	선적항 소재지. 다만, 동력수상레저기구의 경우에는 등록지로 하고, 그 밖에 선적항이 없는 선박의 경우에는 정계장 소재지(정계장이 일정하지 아니한 경우에는 선박 소유자의 주소지)로 한다.
(6) 입목	입목 소재지
(7) 광업권	광구 소재지
(8) 어업권, 양식업권	어장 소재지
(9) 골프회원권, 승마회원권, 콘도미니엄 회원권, 종합체육시설 이용회원권 또는 요트회원권	골프장 · 승마장 · 콘도미니엄 · 종합체육시설 및 요트 보관소의 소재지

*1. 납세지가 분명하지 아니한 경우에는 해당 취득물건의 소재지를 그 납세지로 한다.
2. 같은 취득물건이 둘 이상의 지방자치단체에 걸쳐 있는 경우에는 법령으로 정하는 바에 따라 소재지별로 안분한다.

❹ 비과세

구 분	내 용
(1) 국가 등의 취득	① 국가 또는 지방자치단체, 지방자치단체조합, 외국정부 및 주한국제기구의 취득에 대해서는 취득세를 부과하지 아니한다. 다만, 대한민국 정부기관의 취득에 대하여 과세하는 외국정부의 취득에 대해서는 취득세를 부과한다. ② 국가, 지방자치단체 또는 지방자치단체조합에 귀속 또는 기부채납을 조건으로 취득하는 부동산 및 사회기반시설에 대해서는 취득세를 부과하지 아니한다. 다만, 다음의 어느 하나에 해당하는 경우 그 해당 부분에 대해서는 취득세를 부과한다. a. 국가등에 귀속등의 조건을 이행하지 아니하고 타인에게 매각 · 증여하거나 귀속등을 이행하지 아니하는 것으로 조건이 변경된 경우 b. 국가등에 귀속등의 반대급부로 국가등이 소유하고 있는 부동산 및 사회기반시설을 무상으로 양여받거나 기부채납 대상물의 무상사용권을 제공받는 경우
(2) 신탁재산의 소유권이전	신탁으로 인한 신탁재산의 취득으로서 다음의 어느 하나에 해당하는 경우에는 취득세를 부과하지 아니한다. 다만, 신탁재산의 취득 중 주택조합등과 조합원 간의 부동산 취득 및 주택조합등의 비조합원용 부동산 취득은 제외한다. ① 위탁자로부터 수탁자에게 신탁재산을 이전하는 경우 ② 신탁의 종료로 인하여 수탁자로부터 위탁자에게 신탁재산을 이전하는 경우 ③ 수탁자가 변경되어 신수탁자에게 신탁재산을 이전하는 경우
(3) 환매권 행사	징발재산정리에 관한 특별조치법 또는 국가보위에 관한 특별조치법 폐지법률에 따른 동원대상지역 내의 토지의 수용 · 사용에 관한 환매권의 행사로 매수하는 부동산의 취득에 대하여는 취득세를 부과하지 아니한다.
(4) 임시건축물의 취득	임시흥행장, 공사현장사무소 등(중과세율 과세대상은 제외한다) 임시건축물의 취득에 대하여는 취득세를 부과하지 아니한다. 다만, 존속기간이 1년을 초과하는 경우에는 취득세를 부과한다.
(5) 공동주택의 개수	주택법에 따른 공동주택의 개수(건축법에 따른 대수선은 제외한다)로 인한 취득 중 일정한 가액 이하의 주택과 관련된 개수로 인한 취득에 대해서는 취득세를 부과하지 아니한다.
(6) 차량의 상속	① 상속개시 이전에 천재지변 · 화재 · 교통사고 · 폐차 · 차령초과 등으로 사용할 수 없게 된 차량에 대해서는 상속에 따른 취득세를 부과하지 아니한다. ② 차령초과로 사실상 차량을 사용할 수 없는 경우 등의 사유로 상속으로 인한 이전등록을 하지 아니한 상태에서 폐차함에 따라 상속개시일이 속하는 달의 말일부터 6개월(외국에 주소를 둔 상속인이 있는 경우에는 9개월) 개정 이내에 말소등록된 차량에 대해서는 상속에 따른 취득세를 부과하지 아니한다.

제 2 절 과세표준과 세율

❶ 과세표준

취득세의 과세표준은 취득 당시의 가액으로 한다. 다만, 연부로 취득하는 경우에는 연부금액(매회 사실상 지급되는 금액을 말하며, 취득금액에 포함되는 계약보증금을 포함한다.)으로 한다.

* 취득가액이 50만원 이하인 경우에는 취득세를 부과하지 아니한다. 이 경우 토지나 건축물을 취득한 자가 그 취득한 날부터 1년 이내에 그에 인접한 토지나 건축물을 취득한 경우에는 각각 그 전후의 취득에 관한 토지나 건축물의 취득을 1건의 토지 취득 또는 1구의 건축물 취득으로 보아 면세점을 적용한다.

(1) 과세표준의 원칙

구 분	내 용
무상취득	① 시가인정액*2 ② 위 ①에도 불구하고 다음에 따른 취득의 경우에는 다음의 가액을 취득당시가액으로 한다. a. 상속에 따른 무상취득의 경우 : 시가표준액 b. 법소정 가액 이하의 부동산등을 무상취득(a의 경우는 제외)하는 경우: 시가인정액과 시가표준액 중에서 납세자가 정하는 가액 c. a 및 b에 해당하지 아니하는 경우: 시가인정액으로 하되, 시가인정액을 산정하기 어려운 경우에는 시가표준액
유상승계취득	① 일반 : 사실상의 취득가격*1 ② 부당행위계산부인* : 시가인정액*2 * 지방자치단체의 장은 특수관계인 간의 거래로 그 취득에 대한 조세부담을 부당하게 감소시키는 행위 또는 계산을 한 것으로 인정되는 경우에는 시가인정액을 취득당시가액으로 결정할 수 있다.
원시취득	① 사실상취득가격 ② 위 ①에도 불구하고 법인이 아닌 자가 건축물을 건축하여 취득하는 경우로서 사실상취득가격을 확인할 수 없는 경우의 취득당시가액은 시가표준액으로 한다.

*1. 사실상의 취득가격 : 부동산등을 유상거래(매매, 교환 등 취득에 대한 대가를 지급하는 거래)로 승계취득하는 경우 취득당시가액은 취득시기 이전에 해당 물건을 취득하기 위하여 다음의 자가 거래 상대방 또는 제3자에게 지급하였거나 지급하여야 할 일체의 비용

① 납세의무자

② 신탁법에 따른 신탁의 방식으로 해당 물건을 취득하는 경우에는 같은 법에 따른 위탁자

③ 그 밖에 해당 물건을 취득하기 위하여 비용을 지급하였거나 지급하여야 할 자로서 법령으로 정하는 자

2. 시가인정액 : 불특정 다수인 사이에 자유롭게 거래가 이루어지는 경우에 통상적으로 성립된다고 인정되는 가액(매매사례가액, 감정가액, 공매가액 등 법령으로 정하는 바에 따라 시가로 인정되는 가액)

3. 납세자가 취득세 신고를 할 때 과세표준으로 감정가액을 신고하려는 경우에는 둘 이상의 감정기관(시가표준액이 10억원 이하인 부동산 등과 법인 합병·분할 및 조직 변경을 원인으로 취득하는 부동산 등의 경우에는 하나의 감정기관으로 한다)에 감정을 의뢰하고 그 결과를 첨부하여야 한다. 신고를 받은 지방자치단체의 장은 감정기관이 평가한 감정가액이 다른 감정기관이 평가한 감정가액의 80%에 미달하는 등 법령으로 정하는 사유에 해당하는 경우에는 1년의 범위에서 기간을 정하여 해당 감정기관을 시가불인정 감정기관으로 지정할 수 있다. 시가불인정 감정기관으로 지정된 감정기관이 평가한 감정가액은 그 지정된 기간 동안 시가인정액으로 보지 아니한다.

4. 증여자의 채무를 인수하는 부담부 증여의 경우 유상으로 취득한 것으로 보는 채무부담액에 대해서는 유상승계취득에서의 과세표준을 적용하고, 취득물건의 시가인정액에서 채무부담액을 뺀 잔액에 대해서는 무상취득에서의 과세표준을 적용한다.

5. 취득세 납세의무자가 신고기한까지 취득세를 시가인정액으로 신고한 후 지방자치단체의 장이 세액을 경정하기 전에 그 시가인정액을 수정신고한 경우에는 지방세기본법에 따른 신고불성실가산세를 부과하지 아니한다.

(2) 무상취득 · 유상승계취득 · 원시취득 과세표준에 대한 특례

과세표준의 원칙에도 불구하고 차량 또는 기계장비를 취득하는 경우 취득당시가액은 다음의 구분에 따른 가격 또는 가액으로 한다.

구 분	내 용
무상취득	시가표준액
유상승계취득	사실상취득가격. 다만, 사실상취득가격에 대한 신고 또는 신고가액의 표시가 없거나 그 신고가액이 시가표준액보다 적은 경우 취득당시가액은 시가표준액으로 한다.
자동차 제조회사가 생산한 차량을 직접 사용하는 경우	사실상취득가격

* 다만, 천재지변, 화재, 교통사고 등으로 중고 차량이나 중고 기계장비의 가액이 시가표준액보다 하락한 것으로 시장·군수·구청장이 인정하는 경우 그 차량 또는 기계장비의 취득당시가액은 사실상취득가액으로 한다.

참고 **유상 · 무상 · 원시취득의 경우 과세표준에 대한 특례**

구 분	내 용
(1) 대물변제, 교환, 양도담보 등 유상거래를 원인으로 취득하는 경우	다음의 구분에 따른 가액. 다만, 특수관계인으로부터 부동산 등을 취득하는 경우로서 부당행위계산을 한 것으로 인정되는 경우 취득당시가액은 시가인정액으로 한다. ① 대물변제 : 대물변제액(대물변제액 외에 추가로 지급한 금액이 있는 경우에는 그 금액을 포함한다). 다만, 대물변제액이 시가인정액보다 적은 경우 취득당시가액은 시가인정액으로 한다. ② 교환 : 교환을 원인으로 이전받는 부동산등의 시가인정액과 이전하는 부동산등의 시가인정액(상대방에게 추가로 지급하는 금액과 상대방으로부터 승계받는 채무액이 있는 경우 그 금액을 더하고, 상대방으로부터 추가로 지급받는 금액과 상대방에게 승계하는 채무액이 있는 경우 그 금액을 차감한다) 중 높은 가액 ③ 양도담보 : 양도담보에 따른 채무액(채무액 외에 추가로 지급한 금액이 있는 경우 그 금액을 포함한다). 다만, 그 채무액이 시가인정액보다 적은 경우 취득당시가액은 시가인정액으로 한다.
(2) 법인의 합병 · 분할 및 조직변경을 원인으로 취득하는 경우	시가인정액. 다만, 시가인정액을 산정하기 어려운 경우 취득당시가액은 시가표준액으로 한다.
(3) 도시 및 주거환경정비법의 사업시행자, 빈집 및 소규모주택 정비에 관한 특례법의 사업시행자 및 주택법의 주택조합이 취득하는 경우	공시지가 × 비조합원용 부동산의 취득 면적

(3) 간주취득

구 분	내 용
지목 및 종류변경	토지의 지목을 사실상 변경한 경우 또는 선박, 차량 및 기계장비의 용도 등을 변경한 경우 취득당시가액은 그 변경으로 증가한 가액에 해당하는 사실상취득가격으로 한다.
건축물개수	취득당시가액은 원칙적인 원시취득의 과세표준에 따른다.
과점주주의 간주취득	과점주주가 취득한 것으로 보는 해당 법인의 부동산등의 취득당시가액은 해당 법인의 결산서와 그 밖의 장부등에 따른 그 부동산등의 총가액을 그 법인의 주식 또는 출자의 총수로 나눈 가액에 과점주주가 취득한 주식 또는 출자의 수를 곱한 금액으로 한다. 이 경우 과점주주는 조례로 정하는 바에 따라 취득당시가액과 그 밖에 필요한 사항을 신고하여야 한다.

참고 과점주주의 간주취득

1. 법인의 과점주주가 아닌 주주 또는 유한책임사원이 다른 주주 또는 유한책임사원의 주식 또는 지분을 취득하거나 증자 등으로 최초로 과점주주가 된 경우에는 최초로 과점주주가 된 날 현재 해당 과점주주가 소유하고 있는 법인의 주식등을 모두 취득한 것으로 보아 취득세를 부과한다.
2. 이미 과점주주가 된 주주 또는 유한책임사원이 해당 법인의 주식등을 취득하여 해당 법인의 주식등의 총액에 대한 과점주주가 가진 주식등의 비율이 증가된 경우에는 그 증가분을 취득으로 보아 취득세를 부과한다. 다만, 증가된 후의 주식등의 비율이 해당 과점주주가 이전에 가지고 있던 주식등의 최고비율보다 증가되지 아니한 경우에는 취득세를 부과하지 아니한다.
3. 과점주주였으나 주식등의 양도, 해당 법인의 증자 등으로 과점주주에 해당되지 아니하는 주주 또는 유한책임사원이 된 자가 해당 법인의 주식등을 취득하여 다시 과점주주가 된 경우에는 다시 과점주주가 된 당시의 주식등의 비율이 그 이전에 과점주주가 된 당시의 주식등의 비율보다 증가된 경우에만 그 증가분만을 취득으로 보아 취득세를 부과한다.
4. 과점주주의 취득세 과세자료를 확인한 시장 · 군수 · 구청장은 그 과점주주에게 과세할 과세물건이 다른 특별자치시 · 특별자치도 · 시 · 군 또는 구에 있을 경우에는 지체 없이 그 과세물건을 관할하는 시장 · 군수 · 구청장에게 과점주주의 주식등의 비율, 과세물건, 가격명세 및 그 밖에 취득세 부과에 필요한 자료를 통보하여야 한다.

❷ 세율

지방자치단체의 장은 조례로 정하는 바에 따라 취득세의 세율을 표준세율의 50% 범위에서 가감할 수 있다.

(1) 부동산

부동산에 대한 취득세는 과세표준에 다음에 해당하는 표준세율을 적용하여 계산한 금액을 그 세액으로 한다.

<table>
<tr><th colspan="3">구 분</th><th>표준세율</th></tr>
<tr><td rowspan="5">① 유상취득</td><td colspan="2">a. 일반(b, c 제외)</td><td>4%</td></tr>
<tr><td colspan="2">b. 농지일반</td><td>3%</td></tr>
<tr><td rowspan="3">c. 주택</td><td>9억원 초과</td><td>3%</td></tr>
<tr><td>6억원 초과 9억원 이하</td><td>1% ~ 3%*1</td></tr>
<tr><td>6억원 이하</td><td>1%</td></tr>
<tr><td rowspan="3">② 무상취득</td><td colspan="2">a. 일반</td><td>3.5%*2</td></tr>
<tr><td rowspan="2">b. 상속</td><td>농지</td><td>2.3%</td></tr>
<tr><td>농지외의 것</td><td>2.8%</td></tr>
<tr><td colspan="3">③ 원시취득</td><td>2.8%</td></tr>
<tr><td colspan="3">④ 공유물의 분할 등</td><td>2.3%</td></tr>
</table>

*1. 다음 계산식에 따라 산출한 세율을 적용한다. 이 경우 소수점이하 다섯째자리에서 반올림하여 소수점 넷째자리까지 계산한다.

$$\left(\text{해당 주택의 취득당시가액} \times \frac{2}{\text{3억원}} - 3\right) \times 1\%$$

2. 비영리사업자의 경우에는 2.8%로 한다.
3. 법인의 합병, 분할에 따라 부동산을 취득하는 경우에는 위 ①의 a, b의 세율을 적용한다.

(2) 부동산 외의 자산

다음에 해당하는 자산에 대한 취득세는 과세표준에 다음의 표준세율을 적용하여 계산한 금액을 그 세액으로 한다.

구 분			표준세율
① 선박			2.02% ~ 3%
② 차량	비영업용 승용자동차	일반	7%
		경자동차	4%
	그 외 차량		2%~5%
③ 기계장비	일반		3%
	등록대상이 아닌 경우		2%
④ 항공기, 입목, 광업권, 어업권, 양식업권, 골프회원권, 승마회원권, 콘도미니엄 회원권, 종합체육시설 이용회원권 또는 요트회원권			2%*

* 항공안전법에 따른 항공기 외의 항공기는 2.02%로 하되, 최대이륙중량이 5,700kg 이상인 항공기는 2.01%로 한다.

(3) 과밀억제권역 안 취득 등 중과

구 분	중과세율	내용
(1) 과밀억제권역 안 취득 중과(종전 취득세만 3배 중과)	① + ② × 2배	① 표준세율 ② 중과기준세율(2%)
(2) 대도시내 법인 설립 등에 따른 부동산 취득 중과(종전 등록세만 3배 중과)	① × 3배 − ② × 2배	
(3) 사치성재산[*1]의 취득에 대한 중과(종전 취득세만 5배 중과)	① + ② × 4배	
(4) 위 (1), (2) 동시적용시(종전 취득세와 등록세 동시 중과)	① × 3배	
(5) 위 (2), (3) 동시적용시(종전 취득세와 등록세 동시 중과)	① × 3배 + ② × 2배	

*1. 사치성 재산이란 골프장, 고급주택, 고급오락장, 고급선박을 말한다.
2. 같은 취득물건에 대하여 둘 이상의 세율이 해당되는 경우에는 그 중 높은 세율을 적용한다.
3. 토지나 건축물을 취득한 후 5년 이내에 해당 토지나 건축물이 중과대상에 해당하게 된 경우에는 중과세율을 적용하여 취득세를 추징한다.

(4) 법인의 주택 취득 등 중과

다음의 어느 하나에 해당하는 경우에는 주택에 대한 유상취득세율(1%~3%) 규정에도 불구하고 다음에 따른 세율을 적용한다.

<table>
<tr><th colspan="2">구 분</th><th>세율</th></tr>
<tr><td>① 1세대 2주택(일시적 2주택* 은 제외)</td><td>조정대상지역</td><td rowspan="2">8%</td></tr>
<tr><td rowspan="2">② 1세대 3주택</td><td>일반</td></tr>
<tr><td>조정대상지역</td><td rowspan="5">12%</td></tr>
<tr><td rowspan="2">③ 1세대 4주택 이상</td><td>일반</td></tr>
<tr><td>조정대상지역</td></tr>
<tr><td colspan="2">④ 조정대상지역에 있는 주택으로서 시가표준액 3억원 이상의 주택을 무상취득하는 경우
* 다만, 1세대 1주택자가 소유한 주택을 배우자 또는 직계존비속이 무상취득하는 등 법령으로 정하는 경우는 제외한다.</td></tr>
<tr><td colspan="2">⑤ 법인(법인으로 보는 단체, 법인 아닌 사단·재단 등 개인이 아닌 자 포함)이 주택을 취득하는 경우</td></tr>
<tr><td colspan="2">⑥ 위 ①~⑤의 주택이 사치성재산에 동시에 해당하는 경우</td><td>위 ①~⑤의 세율 + 8%</td></tr>
</table>

* 일시적 2주택이란 국내에 주택, 조합원입주권, 주택분양권 또는 오피스텔을 1개 소유한 1세대가 그 주택, 조합원입주권, 주택분양권 또는 오피스텔(종전 주택등)을 소유한 상태에서 이사·학업·취업·직장이전 및 이와 유사한 사유로 다른 1주택(신규 주택)을 추가로 취득한 후 3년 이내에 종전 주택등(신규 주택이 조합원입주권 또는 주택분양권에 의한 주택이거나 종전 주택등이 조합원입주권 또는 주택분양권인 경우에는 신규 주택을 포함한다)을 처분하는 경우 해당 신규 주택을 말한다.

제3절 납세절차

❶ 신고납부

(1) 원칙

취득세 과세물건을 취득한 자는 그 취득한 날부터 60일[무상취득(상속은 제외) 또는 증여자의 채무를 인수하는 부담부 증여로 인한 취득의 경우는 취득일이 속하는 달의 말일부터 3개월, 상속으로 인한 경우는 상속개시일이 속하는 달의 말일부터, 실종으로 인한 경우는 실종선고일이 속하는 달의 말일부터 각각 6개월(외국에 주소를 둔 상속인이 있는 경우에는 각각 9개월)] 이내에 그 과세표준에 세율을 적용하여 산출한 세액을 신고하고 납부하여야 한다. 다만, 신고 · 납부기한 이내에 재산권과 그 밖의 권리의 취득 · 이전에 관한 사항을 공부(公簿)에 등기하거나 등록(등재 포함)하려는 경우에는 등기 또는 등록 신청서를 등기 · 등록관서에 접수하는 날까지 취득세를 신고 · 납부하여야 한다.

참고 중과대상주택 신고절차

주택을 취득하고 일시적 2주택으로 신고하였으나 그 취득일로부터 3년(일시적 2주택기간) 내에 종전 주택을 처분하지 못하여 1주택으로 되지 아니한 경우에는 일시적 2주택기간이 경과한 날부터 60일 이내에 중과세율을 적용하여 산출한 세액에서 이미 납부한 세액(가산세는 제외)을 공제한 금액을 세액으로 하여 신고하고 납부하여야 한다.

(2) 예외

① 취득세 과세물건이 중과대상이 된 경우 : 취득세 과세물건을 취득한 후에 그 과세물건이 중과세율의 적용대상이 되었을 때에는 법령으로 정하는 날부터 60일 이내에 중과세율을 적용하여 산출한 세액에서 이미 납부한 세액(가산세는 제외)을 공제한 금액을 세액으로 하여 신고하고 납부하여야 한다.

② 비과세 등을 받은 후에 취득세 부과대상이 된 경우 : 취득세를 비과세, 과세면제 또는 경감받은 후에 해당 과세물건이 취득세 부과대상 또는 추징 대상이 되었을 때에는 그 사유 발생일부터 60일 이내에 해당 과세표준에 세율을 적용하여 산출한 세액[경감받은 경우에는 이미 납부한 세액(가산세는 제외)을 공제한 세액을 말한다]을 신고하고 납부하여야 한다.

❷ 보통징수와 가산세

(1) 일반

다음의 어느 하나에 해당하는 경우에는 산출세액 또는 그 부족세액에 지방세기본법에 따라 산출한 가산세를 합한 금액을 세액으로 하여 보통징수의 방법으로 징수한다.

① 취득세 납세의무자가 신고 또는 납부의무를 다하지 아니한 경우

② 사실상의 취득가격 또는 연부금액 등의 과세표준이 확인된 경우

(2) 중가산세

납세의무자가 취득세 과세물건을 사실상 취득한 후 신고를 하지 아니하고 매각하는 경우에는 지방세기본법상 가산세 규정에도 불구하고 산출세액에 80%를 가산한 금액을 세액으로 하여 보통징수의 방법으로 징수한다. 다만, 다음의 어느 하나에 해당하는 것에 대하여는 그러하지 아니하다.

① 취득세 과세물건 중 등기 또는 등록이 필요하지 아니하는 과세물건(골프회원권, 승마회원권, 콘도미니엄 회원권, 종합체육시설 이용회원권 및 요트회원권은 제외)

② 지목변경, 차량 · 기계장비 또는 선박의 종류 변경, 주식등의 취득 등 취득으로 보는 과세물건

CHAPTER 03 재산세

제 1 절 과세대상 및 납세의무자

❶ 과세대상

재산세는 매년 6월 1일(과세기준일) 현재 주택, 토지, 건축물, 항공기 및 선박을 사실상 소유하고 있는 자에게 부과한다. → 자동차는 과세대상에 포함×

주택분 재산세	토지분 재산세	건축물 등 재산세
주거용 건축물 및 부수토지	분리과세대상 토지 별도합산과세대상 토지 종합합산과세대상 토지[10]	건축물 · 선박 · 항공기

*1. 주택이란 주택법에 따른 주택을 말하며, 토지와 건축물의 범위에서 주택은 제외한다.
2. 토지란 공간정보의 구축 및 관리 등에 관한 법률에 따라 지적공부의 등록대상이 되는 토지와 그 밖에 사용되고 있는 사실상의 토지를 말한다.
3. 건축물이란 건축법에 따른 건축물(이와 유사한 형태의 건축물 포함)과 토지에 정착하거나 지하 또는 다른 구조물에 설치하는 레저시설, 저장시설, 도크(dock)시설, 접안시설, 도관시설, 급수 · 배수시설, 에너지 공급 시설 및 그 밖에 이와 유사한 시설(이에 딸린 시설 포함)로서 법령으로 정하는 것을 말한다.
4. 재산세의 과세대상 물건이 토지대장, 건축물대장 등 공부상 등재되지 아니하였거나 공부상 등재현황과 사실상의 현황이 다른 경우에는 사실상의 현황에 따라 재산세를 부과한다. 다만, 재산세의 과세대상 물건을 공부상 등재현황과 달리 이용함으로써 재산세 부담이 낮아지는 경우 등 법령으로 정하는 경우에는 공부상 등재현황에 따라 재산세를 부과한다.

❷ 납세의무자

구 분	내 용
(1) 원칙	재산세 과세대상 재산을 사실상 소유하고 있는 자
(2) 공유재산	그 지분에 해당하는 부분(지분의 표시가 없는 경우에는 지분이 균등한 것으로 본다)에 대해서는 그 지분권자
(3) 주택의 건물과 부속토지의 소유자가 다를 경우	그 주택에 대한 산출세액을 건축물과 그 부속토지의 시가표준액 비율로 안분계산한 부분에 대해서는 그 소유자
(4) 신탁법에 따라 수탁자 명의로 등기 · 등록된 신탁재산의 경우	위탁자*(이 경우 위탁자가 신탁재산을 소유한 것으로 본다.) * 주택법에 따른 지역주택조합 및 직장주택조합이 조합원이 납부한 금전으로 매수하여 소유하고 있는 신탁재산의 경우에는 해당 지역주택조합 및 직장주택조합을 말한다.

10) 종합합산과세대상: 과세기준일 현재 납세의무자가 소유하고 있는 토지 중 별도합산과세대상 또는 분리과세대상이 되는 토지를 제외한 토지를 말한다.

*1. 위의 규정에도 불구하고 재산세 과세기준일 현재 다음의 어느 하나에 해당하는 자는 재산세를 납부할 의무가 있다.

① 공부상의 소유자가 매매 등의 사유로 소유권이 변동되었는데도 신고하지 아니하여 사실상의 소유자를 알 수 없을 때에는 공부상 소유자

② 상속이 개시된 재산으로서 상속등기가 이행되지 아니하고 사실상의 소유자를 신고하지 아니하였을 때에는 행정안전부령으로 정하는 주된 상속자[11)]

③ 공부상에 개인 등의 명의로 등재되어 있는 사실상의 종중재산으로서 종중소유임을 신고하지 아니하였을 때에는 공부상 소유자

④ 국가, 지방자치단체, 지방자치단체조합과 재산세 과세대상 재산을 연부(年賦)로 매매계약을 체결하고 그 재산의 사용권을 무상으로 받은 경우에는 그 매수계약자

⑤ 도시개발법에 따라 시행하는 환지(換地) 방식에 의한 도시개발사업 및 도시 및 주거환경정비법에 따른 정비사업(재개발사업만 해당한다)의 시행에 따른 환지계획에서 일정한 토지를 환지로 정하지 아니하고 체비지 또는 보류지로 정한 경우에는 사업시행자

⑥ 외국인 소유의 항공기 또는 선박을 임차하여 수입하는 경우에는 수입하는 자

⑦ 채무자 회생 및 파산에 관한 법률에 따른 파산선고 이후 파산종결의 결정까지 파산재단에 속하는 재산의 경우 공부상 소유자

2. 재산세 과세기준일 현재 소유권의 귀속이 분명하지 아니하여 사실상의 소유자를 확인할 수 없는 경우에는 그 사용자가 재산세를 납부할 의무가 있다.

❸ 납세지

재산세는 다음의 납세지를 관할하는 지방자치단체에서 부과한다.

구 분	내 용
토지, 건축물, 주택	토지, 건축물, 주택의 소재지
선박	선박법에 따른 선적항의 소재지. 다만, 선적항이 없는 경우에는 정계장(定繫場) 소재지(정계장이 일정하지 아니한 경우에는 선박 소유자의 주소지)로 한다.
항공기	항공안전법에 따른 등록원부에 기재된 정치장의 소재지(항공안전법에 따라 등록을 하지 아니한 경우에는 소유자의 주소지)

11) 주된 상속자란 민법상 상속지분이 가장 높은 사람으로 하되, 상속지분이 가장 높은 사람이 2명 이상이면 그 중 나이가 가장 많은 사람으로 한다.

❹ 비과세

구 분	내 용
(1) 국가 등의 재산	국가, 지방자치단체, 지방자치단체조합, 외국정부 및 주한국제기구의 소유에 속하는 재산에 대하여는 재산세를 부과하지 아니한다. 다만, 다음의 어느 하나에 해당하는 재산에 대하여는 재산세를 부과한다. ① 대한민국 정부기관의 재산에 대하여 과세하는 외국정부의 재산 ② 매수계약자에게 납세의무가 있는 재산
(2) 국가 등의 공용재산	국가, 지방자치단체 또는 지방자치단체조합이 1년 이상 공용 또는 공공용으로 사용(1년 이상 사용할 것이 계약서 등에 의하여 입증되는 경우를 포함한다)하는 재산에 대하여는 재산세를 부과하지 아니한다. 다만, 다음의 어느 하나에 해당하는 경우에는 재산세를 부과한다. ① 유료로 사용하는 경우 ② 소유권의 유상이전을 약정한 경우로서 그 재산을 취득하기 전에 미리 사용하는 경우
(3) 도로, 하천 등	다음에 따른 재산(중과세율 과세대상은 제외)에 대하여는 재산세를 부과하지 아니한다. 다만, 법령으로 정하는 수익사업에 사용하는 경우와 해당 재산이 유료로 사용되는 경우의 그 재산(③ 및 ⑤의 재산은 제외) 및 해당 재산의 일부가 그 목적에 직접 사용되지 아니하는 경우의 그 일부 재산에 대하여는 재산세를 부과한다. ① 법령으로 정하는 도로 · 하천 · 제방 · 구거 · 유지 및 묘지 ② 산림보호법에 따른 산림보호구역, 그 밖에 공익상 재산세를 부과하지 아니할 타당한 이유가 있는 것으로서 법령으로 정하는 토지 ③ 임시로 사용하기 위하여 건축된 건축물로서 재산세 과세기준일 현재 1년 미만의 것 ④ 비상재해구조용, 무료도선용, 선교(船橋) 구성용 및 본선에 속하는 전마용(傳馬用) 등으로 사용하는 선박 ⑤ 행정기관으로부터 철거명령을 받은 건축물 등 재산세를 부과하는 것이 적절하지 아니한 건축물 또는 주택(건축법에 따른 건축물 부분으로 한정한다)으로서 법령으로 정하는 것

제 2 절 과세표준과 세율

❶ 과세표준

토지 · 건축물 · 주택에 대한 재산세의 과세표준은 시가표준액에 부동산 시장의 동향과 지방재정 여건 등을 고려하여 다음의 어느 하나에서 정한 범위에서 법령으로 정하는 공정시장가액 비율을 곱하여 산정한 가액으로 한다.

구 분	과세표준	공정시장가액 비율의 범위
① 토지 · 건축물	시가표준액 × 70%(현행)	50% ~ 90%
② 주택	시가표준액 × 60%(현행)*	40% ~ 80%
③ 선박 · 항공기	시가표준액	–

* 다만, 2024년도에 납세의무가 성립하는 재산세의 과세표준을 산정하는 경우 1세대 1주택으로 인정되는 주택(시가표준액이 9억원을 초과하는 주택 포함)에 대해서는 다음의 구분에 따른다.

구 분	과세표준
시가표준액이 3억원 이하인 주택	시가표준액 × 43%
시가표준액이 3억원을 초과하고 6억원 이하인 주택	시가표준액 × 44%
시가표준액이 6억원을 초과하는 주택	시가표준액 × 45%

❷ 세율

재산세는 과세표준에 다음의 표준세율을 적용하여 계산한 금액을 그 세액으로 한다.

구 분			표준세율
① 토지*1*2	종합합산대상		0.2% ~ 0.5%(3단계 초과누진세율)
	별도합산대상		0.2% ~ 0.4%(3단계 초과누진세율)
	분리과세대상	일반	0.2%
		전 · 답 · 과수원 · 목장용지 및 임야	0.07%
		골프장용 토지 및 고급오락장용 토지	4%
② 주택*3			0.1% ~ 0.4%(4단계 초과누진세율)*4
③ 건축물	일반		0.25%
	일정한 공장용 건축물		0.5%
	골프장, 고급오락장용 건축물		4%
④ 선박	일반		0.3%
	고급선박		5%
⑤ 항공기			0.3%

제 3 절 납세절차

❶ 부과징수

재산세는 관할 지방자치단체의 장이 세액을 산정하여 보통징수의 방법으로 부과 · 징수한다. 재산세를 징수하려면 토지, 건축물, 주택, 선박 및 항공기로 구분한 납세고지서에 과세표준과 세액을 적어 늦어도 납기개시 5일 전까지 발급하여야 한다. 다만, 고지서 1장당 재산세로 징수할 세액이 ₩2,000 미만인 경우에는 해당 재산세를 징수하지 아니한다.

구 분		납 기
① 토지		매년 9월 16일부터 9월 30일까지
② 주택	1/2	매년 7월 16일부터 7월 31일까지
	1/2	매년 9월 16일부터 9월 30일까지*1
③ 건축물 · 선박 · 항공기		매년 7월 16일부터 7월 31일까지

*1. 다만, 해당 연도에 부과할 세액이 20만원 이하인 경우에는 조례로 정하는 바에 따라 납기를 7월 16일부터 7월 31일까지로 하여 한꺼번에 부과 · 징수할 수 있다.

2. 위의 납기에도 불구하고 지방자치단체의 장은 과세대상 누락, 위법 또는 착오 등으로 인하여 이미 부과한 세액을 변경하거나 수시부과하여야 할 사유가 발생하면 수시로 부과 · 징수할 수 있다.

❷ 물납 및 분납

① 물납 : 지방자치단체의 장은 재산세의 납부세액이 1천만원을 초과하는 경우에는 납세의무자의 신청을 받아 해당 지방자치단체의 관할구역에 있는 부동산에 대하여만 물납을 허가할 수 있다. 이 경우 물납을 허가하는 부동산의 가액은 재산세 과세기준일 현재의 시가로 한다.

② 분납 : 지방자치단체의 장은 재산세의 납부세액이 250만원을 초과하는 경우에는 납부할 세액의 일부를 납부기한이 지난 날부터 3개월 이내에 분할납부하게 할 수 있다.

구 분	분납할 수 있는 금액
납부할 세액이 500만원 이하인 경우	250만원을 초과하는 금액
납부할 세액이 500만원 초과하는 경우	그 세액의 50% 이하의 금액

❸ 세부담의 상한

해당 재산에 대한 재산세의 산출세액이 법소정 방법에 따라 계산한 직전 연도의 해당 재산에 대한 재산세액 상당액의 150%를 초과하는 경우에는 150%에 해당하는 금액을 해당 연도에 징수할 세액으로 한다. 다만, 주택의 경우에는 적용하지 아니한다.

CHAPTER 04

기타의 지방세

❶ 지방소득세

구 분	내 용
(1) 과세대상	개인 또는 법인의 소득
(2) 납세의무자	소득세 또는 법인세의 납세의무자
(3) 납세의무 성립시기	소득세 또는 법인세의 납세의무가 성립하는 때
(4) 과세기간(사업연도)	소득세 또는 법인세의 과세기간
(5) 과세표준	소득세 또는 법인세의 과세표준
(6) 세율	소득세 또는 법인세 세율 × 10%(표준세율)
(7) 징수방법	신고납부, 특별징수 ① 개인지방소득세 : 소득세법에 따른 신고기한 ② 법인지방소득세 : 각 사업연도 종료일이 속하는 달의 말일부터 4개월이내 (연결사업연도의 경우 5개월 이내) * 청산소득에 대한 법인지방소득세는 잔여재산가액확정일이 속하는 달의 말일부터 3개월 이내
(8) 소액부징수	2천원 미만(특별징수하는 지방소득세는 제외)
(9) 분납	① 종합소득 또는 퇴직소득에 대한 개인지방소득세의 납부할 세액이 각각 100만원을 초과납하는 자는 그 납부할 세액의 일부를 납부기한이 지난 후 2개월 이내에 분할납부할 수 있다. cf) 양도소득에 대한 개인지방소득세 분납× ② 납부할 세액이 100만원을 초과하는 내국법인은 그 납부할 세액의 일부를 납부기한이 지난 후 1개월(조세특례제한법에 따른 중소기업의 경우에는 2개월) 이내에 분할납부할 수 있다.

❷ 지방소비세

구 분	내 용
(1) 과세대상	재화 또는 용역의 공급, 재화의 수입
(2) 납세의무자	부가가치세 납세의무자
(3) 납세의무 성립시기	부가가치세의 납세의무가 성립하는 때
(4) 납세지	부가가치세법에 따른 납세지
(5) 과세표준	부가가치세의 납부세액 - 공제감면세액 + 가산세
(6) 세율	25.3%(일정세율)
(7) 징수방법	부가가치세 신고기한까지 신고납부 → 특별징수의무자(세무서장 또는 세관장) 다음달 20일까지 납입 → 납입관리자(도지사, 특광시장) 5일 이내 지자체의 장, 시도교육감에게 납입
(8) 부가가치세법 규정 준용	부가가치세법을 준용한다.

❸ 등록면허세

구 분	등록분 등록면허세	면허분 등록면허세
(1) 과세대상	① 광업권, 어업권 및 양식업권의 취득에 따른 등록 ② 외국인 소유의 취득세 과세대상 물건(차량, 기계장비, 항공기 및 선박만 해당한다)의 연부 취득에 따른 등기 또는 등록 ③ 취득세 부과제척기간이 경과한 물건의 등기 또는 등록 ④ 취득세의 면세점에 해당하는 물건의 등기 또는 등록	면허행위 * 면허란 각종 법령에 규정된 면허·허가·인가·등록·지정·검사·검열·심사 등 특정한 영업설비 또는 행위에 대한 권리의 설정, 금지의 해제 또는 신고의 수리 등 행정청의 행위를 말한다.
(2) 납세의무자	등기, 등록을 하는 자	면허를 받는 자
(3) 납세의무 성립시기	재산권과 그 밖의 권리를 등기하거나 등록하는 때	각종의 면허를 받는 때와 납기가 있는 달의 1일
(4) 납세지	과세대상 자산의 소재지 또는 등록지	영업장, 사무소 소재지, 주소지 또는 면허부여기관소재지

구 분	등록분 등록면허세	면허분 등록면허세
(5) 과세표준	① 부동산, 선박, 항공기, 자동차 및 건설기계 : Max[등록 당시의 신고한 가액, 시가표준액] ② 취득을 원인으로 하는 등록 : 다음의 구분에 따른 가액(단, 자산재평가 또는 감가상각 등의 사유로 그 가액이 달라진 경우에는 변경된 가액) a. 취득세 부과제척기간이 경과한 물건의 취득을 원인으로 하는 등록의 경우: Max[등록 당시의 가액, 취득세 과세표준 규정에서 정하는 취득당시가액] b. 위 a 외의 취득을 원인으로 하는 등록의 경우 : 취득세 과세표준 규정에서 정하는 정하는 취득당시가액 ③ 각종 권리 : 채권가액(채권금액으로 과세액을 정하는 경우에 일정한 채권금액이 없을 때에는 채권의 목적이 된 것의 가액 또는 처분의 제한의 목적이 된 금액을 그 채권금액으로 본다.) ④ 변경 말소 등 : 건수	면허의 종별과세
(6) 세율	① 부동산등기 : 표준세율 ② 기타의 등기 : 일정세율 ③ 중과세율 : 대도시 내 등기, 등록	1종 ~ 5종까지 종별 4,500원 ~ 67,500원(정액세율)
(7) 징수방법	① 원칙 : 신고납부(등록을 하기 전까지 납세지를 관할하는 지방자치단체의 장에게 신고하고 납부하여야 한다.) ② 특허권, 저작권 등 : 특별징수	
(8) 비과세	① 국가, 지방자치단체, 지방자치단체조합, 외국정부 및 주한국제기구가 자기를 위하여 받는 등록 또는 면허에 대하여는 등록면허세를 부과하지 아니한다. 다만, 대한민국 정부기관의 등록 또는 면허에 대하여 과세하는 외국정부의 등록 또는 면허의 경우에는 등록면허세를 부과한다. ② 다음의 어느 하나에 해당하는 등기·등록 또는 면허에 대하여는 등록면허세를 부과하지 아니한다. a. 채무자 회생 및 파산에 관한 법률에 따른 등기 또는 등록 b. 행정구역의 변경, 주민등록번호의 변경, 지적(地籍) 소관청의 지번 변경, 계량단위의 변경, 등기 또는 등록 담당 공무원의 착오 및 이와 유사한 사유로 인한 등기 또는 등록으로서 주소, 성명, 주민등록번호, 지번, 계량단위 등의 단순한 표시변경·회복 또는 경정 등기 또는 등록 c. 그 밖에 지목이 묘지인 토지 등 법령으로 정하는 등록 d. 면허의 단순한 표시변경 등 등록면허세의 과세가 적합하지 아니한 것으로서 법령으로 정하는 면허	

❹ 그 밖의 지방세

구 분	납세의무자	과세표준	세율
(1) 레저세	경륜 및 경정, 경마, 소싸움 등 과세대상에 해당하는 사업을 영위하는 자	승자투표권, 승마투표권 등 발매금 총액	10%(일정세율)
(2) 담배소비세	담배제조자, 수입판매업자, 입국자	담배의 개비수, 중량, 니코틴용액의 용량 등	정액세율(일정세율로서 법령에 의해 30% 범위 내에서 조정가능)
(3) 주민세	① 개인분 : 과세기준일(7/1) 현재 지방자치단체에 주소를 둔 개인	세대	1만원 범위 내(제한세율) * 단, 주민의 청구가 있는 경우에는 개인분의 세율을 1만 5천원을 초과하지 아니하는 범위에서 조례로 읍 · 면 · 동별로 달리 정할 수 있다.
	② 사업소분 : 과세기준일(7/1) 현재 지방자치단체에 사업소를 둔 법인 또는 개인	사업소 또는 사업소 연면적	1. 기본세율(표준세율) 개인사업주 : 5만원 법인사업주 : 5만원 ~ 20만원 2. 연면적에 따른 세율(표준세율) 사업소 연면적 1㎡당 250원. 다만, 오염물질 배출 사업소의 경우 2배 중과(1㎡당 500원)
	③ 종업원분 : 종업원에게 급여를 지급하는 사업주	종업원의 급여총액(소득세법상 비과세 대상 급여 제외)	종업원 급여총액의 0.5%
(4) 자동차세	① 소유분 : 자동차를 소유하는 자 * 과세기준일 현재 상속이 개시된 자동차로서 사실상의 소유자 명의로 이전등록을 하지 아니한 경우에는 다음의 순위에 따라 자동차세를 납부할 의무를 진다. ① 상속지분이 가장 높은 자 ② 연장자	자동차의 배기량 또는 대수	종별 정액세율(표준세율) * 표준세율의 50%까지 초과하여 정할 수 있음
	② 주행분 : 교통 · 에너지 · 환경세의 납세의무자	교통 · 에너지 · 환경세액	일정세율 : 36% 현행세율 : 26%(법령에 의해 30% 범위 내 조정가능) * 다만, 자동차세로 징수할 세액이 고지서 1장당 2천원 미만인 경우에는 그 자동차세를 징수하지 아니한다.

구 분	납세의무자	과세표준	세율
(5) 지역자원시설세	① 특정자원분 : 수력발전(양수발전은 제외)을 하는 자, 지하수 채수자, 지하자원 채광자	특정자원 등의 수량 또는 발전량 * 단, 지하자원의 경우 광물가액	특정자원별 정액세율 또는 정률세율(표준세율)
	② 특정시설분 : 컨테이너 입출항자, 원자력, 화력발전을 하는 자	컨테이너 티이유, 발전량	① 컨테이너 : TEU당 1만 5천원(표준세율) ② 원자력 : kWh당 1원(일정세율) ③ 화력 : kWh당 0.6원(일정세율)
	③ 소방분 : 건축물 또는 선박에 대한 재산세 납세의무자	재산세 과세표준 * 소방분 지역자원시설세는 재산세의 규정 중 과세기준일(매년 6월 1일), 납기, 분납(재산세를 분할납부하는 경우에만 해당한다) 및 세부담의 상한(150%) 규정을 준용한다.	0.04% ~ 0.012%(표준세율) * 일반화재위험건축물(2배 중과), 대형 화재위험건축물(3배 중과)
(6) 지방교육세	일부 지방세 납세의무자	본세의 세액 * 본세의 가산세는 지방교육세의 과세표준에 산입하지 아니함.	10% ~ 50%(표준세율) * 단, 레저세에 대한 지방교육세는 일정세율임

참고 **담배소비세의 납세지**

구 분	내 용
(1) 제조자 및 수입판매업자	담배가 판매된 소매인의 영업장 소재지
(2) 입국자	담배가 국내로 반입되는 세관 소재지
(3) 위 외	① 담배를 제조한 경우: 담배를 제조한 장소 ② 담배를 국내로 반입하는 경우: 국내로 반입하는 자의 주소지 (법인의 경우에는 본점이나 주사무소 소재지)

참고 **지방교육세 납세의무자**

다음의 세목의 납세의무자는 지방교육세 납세의무가 있다.

세목	세율
① 주민세 개인분 및 사업소분	10%*1
② 취득세*2	20%
③ 등록면허세	20%
④ 재산세	20%
⑤ 비영업용 소형승용차에 대한 자동차세	30%
⑥ 레저세	40%
⑦ 담배소비세	43.99%

*1. 다만, 인구 50만 이상 시의 경우에는 25%로 한다.
2. 취득세 세율에서 2%를 뺀 세율을 적용한 과세표준에 적용한다.

04편

국세징수법

2 / 0 / 2 / 5 / 시 / 험 / 전 / 엔 / 기 / 타 / 세 / 법

CHAPTER 01 국세징수법 총설

국세징수법은 국세의 징수에 필요한 사항을 규정함으로써 국민의 납세의무의 적정한 이행을 통하여 국세수입을 확보하는 것을 목적으로 한다.

제 1 절 용어의 정의

납부기한	납세의무가 확정된 국세(가산세 포함)를 납부하여야 할 기한으로서 다음의 구분에 따른 기한 ① 법정납부기한 : 국세의 종목과 세율을 정하고 있는 법률, 국세기본법, 조세특례제한법 및 국제조세조정에 관한 법률에서 정한 기한 ② 지정납부기한 : 관할 세무서장이 납부고지를 하면서 지정한 기한 * 다음의 기한은 지정납부기한으로 본다. 다만, 납세의무자가 신고함에 따라 세액의 결정이 없었던 것으로 보는 경우는 제외한다. ① 관할 세무서장이 소득세법에 따라 중간예납세액을 징수하여야 하는 기한 ② 관할 세무서장이 부가가치세법에 따라 예정고지세액을 징수하여야 하는 기한 ③ 관할 세무서장이 종합부동산세법에 따라 종합부동산세액을 징수하여야 하는 기한
체납	국세를 지정납부기한까지 납부하지 아니하는 것(다만, 지정납부기한 후에 납세의무가 성립 · 확정되는 국세기본법에 따른 납부지연가산세 및 원천징수 등 납부지연가산세의 경우 납세의무가 확정된 후 즉시 납부하지 아니하는 것)
체납자	국세를 체납한 자
체납액	체납된 국세와 강제징수비

제 2 절 국세징수법 개요

❶ 다른 법률과의 관계

국세의 징수에 관하여 국세기본법이나 다른 세법에 특별한 규정이 있는 경우를 제외하고는 국세징수법에서 정하는 바에 따른다. → 국세기본법, 다른 세법 > 국세징수법(하위법)

❷ 국세 등의 징수순위

체납액의 징수순위는 다음의 순서에 따른다.

1순위 강제징수비 → 2순위 국세(가산세는 제외)* → 3순위 가산세

* 2순위 국세 : ① 교육세 → ② 농어촌특별세 → ③ 교통 · 에너지 · 환경세 → ④ 기타의 국세

❸ 국세 등의 징수제도

간접적 징수제도	임의적 징수제도	강제적 징수제도
1. 납세증명서 2. 미납국세 등의 열람 3. 사업에 관한 허가등의 제한 4. 체납자료의 제공 5. 출국금지 6. 고액·상습체납자의 명단 공개 7. 고액·상습체납자의 감치	1. 납부고지 2. 독촉	1. 압류 2. 매각 3. 청산

제3절 간접적 징수제도

❶ 납세증명서

구 분	내 용
(1) 납세증명서	발급일 현재 다음을 제외하고는 다른 체납액이 없다는 것을 증명하는 문서를 말하며, 지정납부기한이 연장된 경우 그 사실도 기재되어야 한다. 관할 세무서장은 납세자로부터 납세증명서의 발급을 신청받은 경우 그 사실을 확인한 후 즉시 납세증명서를 발급하여야 한다. ① 납부고지의 유예액, 독촉장에서 정하는 기한의 연장에 관계된 금액, 압류·매각의 유예액, 징수유예액 또는 강제징수에 따라 압류된 재산의 환가유예에 관련된 체납액 ② 부가가치세법상 물적납세의무, 종합부동산세법상 물적납세의무, 국세기본법상 물적납세의무 관련 체납* * 다음의 어느 하나에 해당하는 경우를 말한다. ① 부가가치세법에 따라 물적납세의무를 부담하는 수탁자가 그 물적납세의무와 관련한 부가가치세 또는 강제징수비를 체납한 경우 ② 종합부동산세법에 따라 물적납세의무를 부담하는 수탁자가 그 물적납세의무와 관련한 종합부동산세 또는 강제징수비를 체납한 경우 ③ 국세기본법에 따라 물적납세의무를 부담하는 양도담보권자가 그 물적납세의무와 관련한 국세 또는 강제징수비를 체납한 경우 ③ 조세특례제한법에 따른 재기중소기업인의 압류·매각의 유예액, 납부고지의 유예액 및 지정납부기한·독촉장에서 정하는 기한의 연장에 관계된 금액, 영세개인사업자의 징수곤란 체납액
(2) 제출사유	① 국가·지방자치단체 또는 정부관리기관으로부터 대금을 지급을 받을 경우(체납액이 없다는 사실의 증명이 필요하지 아니한 경우로서 법소정의 경우는 제외한다) → 계약을 체결하는 경우× ② 출입국관리법에 따른 외국인등록 또는 재외동포의 출입국과 법적 지위에 관한 법률에 따른 국내거소신고를 한 외국인이 체류기간 연장허가 등 체류 관련 허가 등을 법무부장관에게 신청하는 경우 ③ 내국인이 해외이주 목적으로 해외이주법에 따라 재외동포청장에게 해외이주신고를 하는 경우
(3) 제출의무 면제	① 국가를 당사자로 하는 계약에 관한 법률 시행령 및 지방자치단체를 당사자로 하는 계약에 관한 법률 시행령에 해당하는 수의계약과 관련하여 대금을 지급받는 때 ② 국가·지방자치단체가 대금을 지급받아 그 대금이 국고 또는 지방자치단체금고에 귀속되는 때 ③ 국세 강제징수에 따른 채권 압류로 관할 세무서장이 그 대금을 지급받는 경우 ④ 채무자 회생 및 파산에 관한 법률에 따른 파산관재인이 납세증명서를 발급받지 못하여 관할법원이 파산절차를 원활하게 진행하기 곤란하다고 인정하는 경우로서 관할 세무서장에게 납세증명서 제출의 예외를 요청하는 경우 ⑤ 납세자가 계약대금 전액을 체납세액으로 납부하거나 계약대금 중 일부 금액으로 체납세액 전액을 납부하려는 경우

(4) 제출대상자	① 원칙 : 국가 등으로부터 대금을 지급받는 자 등 ② 예외 : 국가 등으로부터 대금을 지급받는 자가 원래의 계약자 이외의 자인 경우는 다음의 자 a. 채권양도로 인한 경우 : 양도인과 양수인 b. 법원의 전부명령에 따르는 경우 : 압류채권자 c. 건설공사의 하도급대금을 직접 지급받는 경우 : 수급사업자
(5) 유효기간	① 원칙 : 발급한 날부터 30일간 ② 예외 : 발급일 현재 해당 신청인에게 납부고지된 국세가 있는 경우에는 해당 지정납부기한까지로 할 수 있다. 이 경우 관할 세무서장은 유효기간을 지정납부기한까지로 정하는 경우 해당 납세증명서에 그 사유와 유효기간을 분명하게 적어야 한다.

참고 납세증명서 발급신청 및 발급절차[1]

구 분	내 용
(1) 발급신청	① 개인 : 주소지(주소가 없는 외국인의 경우에는 거소지) 또는 사업장 소재지를 관할하는 세무서장에게 제출 ② 법인 : 본점(외국법인인 경우에는 국내 주사업장) 소재지를 관할하는 세무서장에게 제출
(2) 발급절차	관할 세무서장은 납세자로부터 납세증명서의 발급을 신청받은 경우 그 사실을 확인한 후 즉시 납세증명서를 발급하여야 한다.

❷ 미납국세 등의 열람

구 분	내 용
(1) 열람신청	① 주택임대차보호법에 따른 주거용 건물 또는 상가건물 임대차보호법에 따른 상가건물을 임차하여 사용하려는 자는 해당 건물에 대한 임대차계약을 하기 전 또는 임대차계약을 체결하고 임대차 기간이 시작하는 날까지 임대인의 동의를 받아 그 자가 납부하지 아니한 국세 또는 체납액의 열람을 임차할 건물 소재지의 관할 세무서장에게 신청할 수 있다. 이 경우 열람 신청은 관할 세무서장이 아닌 다른 세무서장에게도 할 수 있으며, 신청을 받은 세무서장은 열람 신청에 따라야 한다. ② 위 ①에도 불구하고 임대차계약을 체결한 임차인으로서 해당 계약에 따른 보증금이 1,000만원을 초과하는 자는 임대차 기간이 시작하는 날까지 임대인의 동의 없이도 위 ①에 따른 신청을 할 수 있다. 이 경우 신청을 받은 세무서장은 열람 내역을 지체 없이 임대인에게 통지하여야 한다.

1) 납세자가 납세증명서를 제출해야 하는 경우 해당 주무관서 등이 국세청장 또는 관할 세무서장에게 조회(국세청장에게 조회하는 경우에는 국세정보통신망을 통한 방법으로 한정한다)하거나 납세자의 동의를 받아 전자정부법에 따른 행정정보의 공동이용을 통하여 그 체납사실 여부를 확인하는 경우에는 납세증명서를 제출받은 것으로 볼 수 있다.

(2) 열람대상국세	임차인이 열람할 수 있는 국세는 다음의 것으로 한정한다. ① 체납액 ② 납부고지서를 발급한 후 지정납부기한이 도래하지 아니한 국세 ③ 세법에 따른 과세표준 및 세액의 신고기한까지 신고한 국세 중 납부하지 아니한 국세

* 열람신청을 받은 관할 세무서장은 각 세법에 따른 과세표준 및 세액의 신고기한까지 임대인이 신고한 국세 중 납부하지 않은 국세에 대해서는 신고기한부터 30일(종합소득세의 경우에는 60일)이 지났을 때부터 열람신청에 따라 열람할 수 있게 해야 한다.

❸ 사업에 관한 허가등의 제한

(1) 제한사유 및 제한방법

구 분	내 용
① 사전적 제한	관할 세무서장은 납세자가 허가 · 인가 · 면허 및 등록 등을 받은 사업과 관련된 소득세, 법인세 및 부가가치세를 체납한 경우 해당 사업의 주무관청에 그 납세자에 대하여 허가등의 갱신과 그 허가등의 근거 법률에 따른 신규 허가등을 하지 아니할 것을 요구할 수 있다. 다만, 재난, 질병 또는 사업의 현저한 손실, 그 밖에 법소정 사유*가 있는 경우에는 그러하지 아니하다. → 체납횟수 & 체납금액 불문
② 사후적 제한	관할 세무서장은 허가등을 받아 사업을 경영하는 자가 해당 사업과 관련된 소득세, 법인세 및 부가가치세를 3회 이상(납부고지서 1통을 1회로 보아 계산) 체납하고 그 체납된 금액의 합계액이 500만원 이상인 경우 해당 주무관청에 사업의 정지 또는 허가등의 취소를 요구할 수 있다. 다만, 재난, 질병 또는 사업의 현저한 손실, 그 밖에 법소정 사유*가 있는 경우에는 그러하지 아니하다.

* 재난, 질병 또는 사업의 현저한 손실, 그 밖에 법소정 사유는 다음과 같다.

① 공시송달의 방법으로 납부고지된 경우
② 납세자에게 재난 등으로 인한 납부기한등의 연장사유 중 다음의 사유가 있는 경우
  a. 납세자가 재난 또는 도난으로 재산에 심한 손실을 입은 경우
  b. 납세자가 경영하는 사업에 현저한 손실이 발생하거나 부도 또는 도산의 우려가 있는 경우
  c. 납세자 또는 그 동거가족이 질병이나 중상해로 6개월 이상의 치료가 필요한 경우 또는 사망하여 상중인 경우
③ 납세자에게 납부기한 전 징수사유 중 다음의 사유가 있는 경우
  a. 강제집행 및 담보권 실행 등을 위한 경매가 시작되거나 파산선고를 받은 경우
  b. 어음법 및 수표법에 따른 어음교환소에서 거래정지처분을 받은 경우
④ 납세자에게 압류 해제사유 중 총 재산의 추산가액이 강제징수비(압류에 관계되는 국세에 우선하는 국세기본법에 따른 채권 금액이 있는 경우 이를 포함)를 징수하면 남을 여지가 없어 강제징수를 종료할 필요가 있는 경우
⑤ 위 ①~④에 준하는 사유가 있는 경우
⑥ 부가가치세법상 물적납세의무, 종합부동산세법상 물적납세의무, 국세기본법상 물적납세의무 관련 체납
⑦ 관할 세무서장이 납세자에게 납부가 곤란한 사정이 있다고 인정하는 경우(사후적 제한에 한하여 적용함)

(2) 제한절차 및 제한철회

구 분	내 용
① 제한절차	해당 주무관청은 관할 세무서장의 요구가 있는 경우 정당한 사유가 없으면 요구에 따라야 하며, 그 조치 결과를 즉시 관할 세무서장에게 알려야 한다.
② 제한철회	관할 세무서장은 사업에 관한 허가등의 제한요구를 한 후 해당 국세를 징수한 경우 즉시 그 요구를 철회하여야 한다.

❹ 체납자료의 제공

관할 세무서장(지방국세청장 포함)은 국세징수 또는 공익 목적을 위하여 필요한 경우로서 신용정보의 이용 및 보호에 관한 법률에 따른 신용정보집중기관 등이 일정한 체납자의 체납자료(인적사항 및 체납액에 관한 자료)를 요구한 경우 이를 제공할 수 있다. 이 경우 체납자료를 제공받은 자는 이를 누설하거나 업무 목적 외의 목적으로 이용할 수 없다.

(1) 체납자료 제공대상

체납자료 제공대상은 다음의 어느 하나에 해당하는 체납자로 한다.

구 분	내 용
① 장기체납자	체납발생일부터 1년이 지나고 체납액이 500만원 이상인 자
② 상습체납자	1년에 3회 이상 체납하고 체납액이 500만원 이상인 자

(2) 체납자료 제공배제

다음의 경우에는 체납자료를 제공하지 아니한다.

① 체납된 국세와 관련하여 국세기본법에 따른 이의신청 · 심사청구 또는 심판청구 및 행정소송이 계속 중인 경우

② 재난 등으로 인한 납부기한등의 연장사유 중 다음의 사유에 해당하는 경우
   a. 납세자가 재난 또는 도난으로 재산에 심한 손실을 입은 경우
   b. 납세자가 경영하는 사업에 현저한 손실이 발생하거나 부도 또는 도산의 우려가 있는 경우

③ 압류 또는 매각이 유예된 경우

④ 부가가치세법상 물적납세의무, 종합부동산세법상 물적납세의무, 국세기본법상 물적납세의무 관련 체납

참고 재산조회 및 강제징수를 위한 지급명세서 등의 사용

국세청장 · 지방국세청장 또는 관할 세무서장은 금융실명거래 및 비밀보장에 관한 법률에도 불구하고 소득세법 및 법인세법에 따라 제출받은 이자소득, 배당소득 개정 에 대한 지급명세서 등 금융거래에 관한 정보를 체납자의 재산조회와 강제징수를 위하여 사용할 수 있다.

❺ 출국금지 요청

국세청장은 고액체납자 중 해외도피 및 조세회피 우려가 있는 일정한 자에 대하여 법무부장관에게 출입국관리법에 따라 출국금지를 요청하여야 한다. 법무부장관은 이에 따라 출국금지를 한 경우 국세청장에게 그 결과를 정보통신망 등을 통하여 통보하여야 한다.

(1) 출국금지 요청대상

출국금지 요청대상은 다음의 요건을 모두 갖춘 자로 한다.

구 분		내 용
요건1	고액체납자일 것	정당한 사유 없이 5천만원 이상의 국세를 체납한 자
요건2	해외도피 및 조세회피 우려가 있을 것	다음의 어느 하나에 해당하는 사람으로서 관할 세무서장이 압류·공매, 담보 제공, 보증인의 납세보증서 등으로 조세채권을 확보할 수 없고, 강제징수를 회피할 우려가 있다고 인정되는 사람 ① 배우자 또는 직계존비속이 국외로 이주(국외에 3년 이상 장기체류 중인 경우를 포함)한 사람 ② 출국금지 요청일 현재 최근 2년간 미화 5만달러 상당액 이상을 국외로 송금한 사람 ③ 미화 5만달러 상당액 이상의 국외자산이 발견된 사람 ④ 명단이 공개된 고액·상습체납자 ⑤ 출국금지 요청일을 기준으로 최근 1년간 사업 목적, 질병 치료, 직계존비속의 사망 등 정당한 사유 없이 국외 출입횟수가 3회 이상이거나 국외 체류 일수가 6개월 이상인 사람 ⑥ 사해행위 취소소송 중이거나 국세기본법에 따라 제3자와 짜고 한 거짓계약에 대한 취소소송 중인 사람

(2) 출국금지 해제 요청

구 분	내 용
① 필요적 해제 요청	국세청장은 출국금지 중인 사람에게 다음의 어느 하나에 해당하는 사유가 발생한 경우에는 지체 없이 법무부장관에게 출국금지의 해제를 요청하여야 한다. ① 체납액의 납부 또는 부과결정의 취소 등에 따라 체납된 국세가 5천만원 미만으로 된 경우(요건1 해소) ② 출국금지 요청대상의 요건2가 해소된 경우
② 임의적 해제 요청	국세청장은 출국금지 중인 사람에게 다음의 어느 하나에 해당하는 사유가 발생한 경우로서 강제징수를 회피할 목적으로 국외로 도피할 우려가 없다고 인정할 때에는 법무부장관에게 출국금지의 해제를 요청할 수 있다. ① 국외건설계약 체결, 수출신용장 개설, 외국인과의 합작사업 계약 체결 등 구체적인 사업계획을 가지고 출국하려는 경우 ② 국외에 거주하는 직계존비속이 사망하여 출국하려는 경우 ③ 위 ① 및 ②의 사유 외에 본인의 신병 치료 등 불가피한 사유로 출국금지를 해제할 필요가 있다고 인정되는 경우

❻ 고액 · 상습체납자 명단공개

국세청장은 비밀유지의 규정에 불구하고 고액 · 상습체납자에 대한 인적사항 및 체납액 등을 공개할 수 있다.

구 분	명단공개대상	명단공개제외
(1) 고액 · 상습체납자	체납 발생일부터 1년이 지난* 국세의 합계액이 2억 원 이상인 체납자	① 체납된 국세와 관련하여 이의신청 · 심사청구 · 심판청구 등이 계속 중인 경우 ② 최근 2년 간의 체납액 납부비율이 50% 이상인 경우 ③ 채무자 회생 및 파산에 관한 법률에 따른 회생계획인가의 결정에 따라 체납된 국세의 징수를 유예받고 그 유예기간 중에 있거나 체납된 국세를 회생계획의 납부일정에 따라 납부하고 있는 경우 ④ 재산상황, 미성년자 해당여부 및 그 밖의 사정 등을 고려할 때 국세정보위원회가 공개할 실익이 없거나 공개하는 것이 부적절하다고 인정하는 경우 ⑤ 부가가치세법상 물적납세의무, 종합부동산세법상 물적납세의무, 국세기본법상 물적납세의무 관련 체납

* 체납발생일부터 1년이 지났는지 여부는 명단 공개일이 속하는 연도의 직전 연도 12월 31일을 기준으로 판단한다.

❼ 고액 · 상습체납자의 감치

① 국세청장의 감치 신청 → ② 검사의 감치 청구 → ③ 법원의 결정 → ④ 30일 이내 감치

(1) 감치 대상자 및 감치 절차

국세청장은 체납자가 다음의 사유에 모두 해당하는 경우에는 체납자의 주소 또는 거소를 관할하는 지방검찰청 또는 지청의 검사에게 체납자의 감치를 신청할 수 있다. 법원은 검사의 청구에 따라 체납자가 다음의 사유에 모두 해당하는 경우 결정으로 30일의 범위에서 체납된 국세가 납부될 때까지 그 체납자를 감치에 처할 수 있다.

① 국세를 3회 이상 체납하고 있고, 체납발생일부터 각 1년이 경과하였으며, 체납된 국세의 합계액이 2억원 이상인 경우

② 체납된 국세의 납부능력이 있음에도 불구하고 정당한 사유 없이 체납한 경우

③ 국세기본법에 따른 국세정보위원회의 의결에 따라 해당 체납자에 대한 감치 필요성이 인정되는 경우

(2) 기본권 보호 조치

① 국세청장은 체납자의 감치를 신청하기 전에 체납자에게 소명자료를 제출하거나 의견을 진술할 수 있는 기회를 주어야 한다.

② 감치 결정에 대하여는 즉시항고를 할 수 있다.

③ 감치에 처하여진 체납자는 동일한 체납사실로 인하여 다시 감치되지 아니한다.

④ 감치에 처하는 재판을 받은 체납자가 그 감치의 집행 중에 체납된 국세를 납부한 경우에는 감치집행을 종료하여야 한다.

⑤ 세무공무원은 감치집행시 감치대상자에게 감치사유, 감치기간, 감치집행의 종료 등 감치결정에 대한 사항을 설명하고 그 밖의 감치집행에 필요한 절차에 협력하여야 한다.

⑥ 감치에 처하는 재판 절차 및 그 집행, 그 밖에 필요한 사항은 대법원규칙으로 정한다.

참고 고액 · 상습체납자의 감치 시 의견진술

1. 국세청장은 체납자가 소명자료를 제출하거나 의견을 진술할 수 있도록 다음의 사항이 모두 포함된 서면(체납자가 동의하는 경우 전자문서를 포함한다)을 체납자에게 통지해야 한다. 이 경우 ④에 따른 기간(30일)에 소명자료를 제출하지 않거나 의견진술 신청이 없는 경우에는 의견이 없는 것으로 본다.
   ① 체납자의 성명과 주소
   ② 감치 요건, 감치 신청의 원인이 되는 사실, 감치 기간 및 적용 법령
   ③ 체납된 국세를 납부하는 경우 감치 집행이 종료될 수 있다는 사실
   ④ 체납자가 소명자료를 제출하거나 의견을 진술할 수 있다는 사실과 소명자료 제출 및 의견진술 신청 기간. 이 경우 그 기간은 통지를 받은 날부터 30일 이상으로 해야 한다.
   ⑤ 그 밖에 소명자료 제출 및 의견진술 신청에 관하여 필요한 사항
2. 의견을 진술하려는 사람은 1. ④에 따른 기간(30일)에 국세청장에게 진술하려는 내용을 간략하게 적은 문서(전자문서 포함)를 제출하여야 한다.
3. 의견진술 신청을 받은 국세청장은 국세정보위원회의 회의 개최일 3일 전까지 신청인에게 회의 일시 및 장소를 통지해야 한다.

MEMO

CHAPTER 02 임의적 징수절차

제 1 절 납부고지와 독촉

❶ 납부고지와 독촉

구 분	납부고지	독촉
(1) 의의	확정된 조세채권에 대해 납부이행을 청구하는 절차*1	납부고지서상 납부기한까지 국세를 납부하지 않은 경우 납부를 촉구하는 절차*2
(2) 효력	① 국세징수권의 소멸시효 중단 ② 납세의무의 확정	① 국세징수권의 소멸시효 중단 ② 압류요건의 충족*3

*1. 납부고지는 부과처분과 징수처분의 성질을 가진다.
2. 다음의 어느 하나에 해당하는 경우에는 독촉장을 발급하지 아니할 수 있다.
 ① 국세를 납부기한 전에 징수하는 경우
 ② 체납된 국세가 1만원 미만인 경우
 ③ 물적납세의무를 부담하는 경우
3. 다만, 납부기한 전 징수, 확정전보전압류 및 양도담보권자의 물적납세의무는 독촉없이 압류가 가능하다.

참고 납부고지 및 독촉

구 분	납부고지	독촉
(1) 본래의 납세의무자	납부고지	독촉
(2) 제2차 납세의무자 & 보증인	납부고지	독촉
(3) 양도담보권자 등 물적납세의무자	납부고지	×*

* 양도담보권자의 경우 독촉없이 압류가 가능하다.

❷ 납부고지

구 분	내 용
납세자에 대한 납부고지 등	① 관할 세무서장은 납세자로부터 국세를 징수하려는 경우 국세의 과세기간, 세목, 세액, 산출 근거, 납부하여야 할 기한(납부고지를 하는 날부터 30일 이내의 범위로 정한다) 및 납부장소를 적은 납부고지서를 납세자에게 발급하여야 한다. 다만, 납부지연가산세 및 원천징수 등 납부지연가산세 중 지정납부기한이 지난 후의 가산세를 징수하는 경우에는 납부고지서를 발급하지 아니할 수 있다. * 하나의 납부고지서로 여러 종류의 가산세를 함께 부과하는 경우에는 그 가산세 종류별로 세액과 산출근거 등을 구분하여 기재하여야 한다. ② 관할 세무서장은 납세자가 체납액 중 국세만을 완납하여 강제징수비를 징수하려는 경우 강제징수비의 징수와 관계되는 국세의 과세기간, 세목, 강제징수비의 금액, 산출 근거, 납부하여야 할 기한(강제징수비 고지를 하는 날부터 30일 이내의 범위로 정한다) 및 납부장소를 적은 강제징수비고지서를 납세자에게 발급하여야 한다.
제2차 납세의무자 등에 대한 납부고지	① 관할 세무서장은 납세자의 체납액을 다음의 어느 하나에 해당하는 자로부터 징수하는 경우 징수하려는 체납액의 과세기간, 세목, 세액, 산출 근거, 납부하여야 할 기한(납부고지를 하는 날부터 30일 이내의 범위로 정한다), 납부장소, 제2차 납세의무자등으로부터 징수할 금액, 그 산출 근거, 그 밖에 필요한 사항을 적은 납부고지서를 제2차 납세의무자등에게 발급하여야 한다. a. 제2차 납세의무자 b. 보증인 c. 물적납세의무를 부담하는 자 ② 관할 세무서장은 제2차 납세의무자등에게 납부고지서를 발급하는 경우 납세자에게 그 사실을 통지하여야 하고, 물적납세의무를 부담하는 자로부터 납세자의 체납액을 징수하는 경우 물적납세의무를 부담하는 자의 주소 또는 거소를 관할하는 세무서장에게도 그 사실을 통지하여야 한다.

참고 납부고지서 및 독촉장 발부시기 및 납부기한의 지정

구 분	납부고지	독촉
(1) 발부시기	① 원칙 : 징수결정 즉시 ② 납부고지를 유예한 경우 : 유예기간이 끝난 날의 다음 날	지정납부기한이 지난 후 10일 이내
(2) 납부기한의 지정	납부고지를 하는 날부터 30일 이내	독촉을 하는 날부터 20일 이내

* 발부시기와 납부기한의 지정은 훈시규정에 불과하므로 발부시기 이후에 발부되거나 납부기한을 달리 정하더라도 고지서 및 독촉장의 효력에는 영향이 없다.

❸ 납부기한 전 징수

관할 세무서장은 납세자에게 일정한 사유가 있을 때에는 납부기한 전이라도 이미 납세의무가 확정된 국세를 징수할 수 있다.

<table>
<tr><th>구 분</th><th colspan="2">내 용</th></tr>
<tr><td rowspan="2">(1) 사유</td><td>① 국세, 지방세 또는 공과금의 체납으로 강제징수 또는 체납처분이 시작된 경우
② 민사집행법에 따른 강제집행 및 담보권 실행 등을 위한 경매가 시작되거나 채무자 회생 및 파산에 관한 법률에 따른 파산선고를 받은 경우
③ 법인이 해산한 경우</td><td>교부청구사유○</td></tr>
<tr><td>④ 어음법 및 수표법에 따른 어음교환소에서 거래정지처분을 받은 경우
⑤ 국세를 포탈하려는 행위가 있다고 인정되는 경우
⑥ 납세관리인을 정하지 아니하고 국내에 주소 또는 거소를 두지 아니하게 된 경우</td><td>교부청구사유×</td></tr>
<tr><td>(2) 절차</td><td colspan="2">① 관할 세무서장은 납부기한 전에 국세를 징수하려는 경우 당초의 납부기한보다 단축된 기한을 정하여 납세자에게 납부고지를 하여야 한다.
② 관할 세무서장은 ①에 따라 납부고지를 하는 경우 납부고지서에 당초의 납부기한, 납부기한 전 징수 사유 및 납부기한 전에 징수한다는 뜻을 부기하여야 한다.</td></tr>
<tr><td>(3) 효력</td><td colspan="2">① 독촉절차의 생략 : 납세자가 납부기한 전에 납부고지를 받고 지정납부기한까지 완납하지 아니한 경우에는 독촉없이 납세자의 재산을 압류한다.
② 송달 지연으로 인한 지정납부기한등의 연장 : 납부기한 전에 납부고지를 하는 경우에는 다음의 구분에 따른 날을 납부하여야 할 기한으로 한다.
a. 단축된 기한 전에 도달한 경우 : 단축된 기한
b. 단축된 기한이 지난 후에 도달한 경우 : 도달한 날</td></tr>
</table>

❹ 체납액 징수 관련 사실행위의 위탁

관할 세무서장은 독촉에도 불구하고 납부되지 아니한 체납액을 징수하기 위하여 한국자산관리공사에 다음의 징수 관련 사실행위를 위탁할 수 있다. 이 경우 한국자산관리공사는 위탁받은 업무를 제3자에게 다시 위탁할 수 없다.

① 체납자의 주소 또는 거소 확인

② 체납자의 재산 조사

③ 체납액의 납부를 촉구하는 안내문 발송과 전화 또는 방문 상담

④ ①~③의 규정에 준하는 단순 사실행위에 해당하는 업무로서 일정한 사항

구 분	내 용
(1) 위탁대상 체납액의 범위	관할 세무서장이 체납액 징수 업무를 위탁하는 경우는 다음의 어느 하나에 해당하는 경우로 한다. ① 체납자별 체납액이 1억원 이상인 경우 ② 관할 세무서장이 체납자 명의의 소득 또는 재산이 없는 등의 사유로 징수가 어렵다고 판단한 경우
(2) 위탁수수료	위탁수수료는 한국자산관리공사가 징수 업무를 위탁받은 체납액 중 다음의 금액에 25%를 초과하지 아니하는 범위에서 기획재정부령으로 정하는 비율을 곱한 금액으로 한다. ① 체납자가 체납액의 전부 또는 일부를 납부하였을 경우 해당 금액 ② 한국자산관리공사가 체납자의 소득 또는 재산을 발견하여 관할 세무서장에게 통보한 금액 중 징수한 금액

참고 체납액 징수업무의 위탁방법 등

구 분	내 용
(1) 체납액 징수업무의 위탁 절차	① 관할 세무서장은 징수 업무(체납액 징수 관련 사실행위)를 위탁하는 경우 한국자산관리공사에 체납자가 체납한 국세의 과세기간 · 세목 · 세액과 지정납부기한 등을 적은 위탁의뢰서를 보내야 한다. ② 관할 세무서장은 ①에 따라 체납액 징수업무를 위탁한 경우 즉시 그 위탁사실을 체납자에게 통지하여야 한다.
(2) 위탁 해지	관할 세무서장은 다음의 어느 하나에 해당하는 사유가 발생한 경우 해당 체납액에 대하여 징수업무의 위탁을 해지하여야 한다. ① 체납자의 납부의무가 소멸된 경우 ② 체납자가 납세담보를 제공하여 체납액 징수가 가능하게 된 경우
(3) 위탁 징수업무 감독	국세청장은 위탁된 징수업무의 관리를 위하여 필요하다고 인정하는 경우 한국자산관리공사에 관할 세무서장이 위탁한 업무에 관한 사항을 보고하게 하거나, 필요한 조치를 하도록 요구할 수 있다. 이 경우 한국자산관리공사는 특별한 사유가 없으면 국세청장의 요구에 따라야 한다.

⑤ 납부의 방법

국세 또는 강제징수비는 다음의 방법으로 납부한다.

구 분	내 용
납부방법	국세 또는 강제징수비는 다음의 방법으로 납부한다. ① 현금(계좌이체[*1*2]하는 경우 포함) ② 증권에 의한 세입납부에 관한 법률에 따른 증권 ③ 지정된 국세납부대행기관[*3*4]을 통해 처리되는 신용카드 또는 직불카드, 통신과금서비스 등 * 신용카드 등으로 국세를 납부하는 경우에는 국세납부대행기관의 승인일을 납부일로 본다.
제3자의 납부	① 국세 및 강제징수비는 납세자를 위하여 제3자도 납부할 수 있으며, 이 경우 제3자의 납부는 납세자의 명의로 납부하는 경우로 한정한다. ② 위 ①에 따라 국세 및 강제징수비를 납부한 제3자는 국가에 대하여 그 납부한 금액의 반환을 청구할 수 없다.

*1. 국고금 출납사무를 취급하는 금융회사 등에 개설된 계좌에서 다른 계좌로 전자금융거래법에 따른 전자적 장치에 의하여 자금을 이체하는 것(자동이체를 하는 경우를 포함)을 말한다. 이 경우 납세자는 전자적 장치를 활용한 납부확인서 등 납부증명서류를 세법에서 정한 수납기관이 발급한 영수증을 갈음하여 사용할 수 있다.
2. 납세자는 납부고지받은 국세 중 기획재정부령으로 정하는 국세는 금융회사 등에 개설된 예금계좌로부터 자동이체하는 방법으로 납부할 수 있다. 다만, 지정납부기한이 지난 국세는 자동이체의 방법으로 납부할 수 없다.
3. 지정된 국세납부대행기관이란 정보통신망을 이용하여 신용카드, 직불카드, 통신과금서비스 등에 의한 결제를 수행하는 기관으로서 기획재정부령으로 정하는 바에 따라 국세납부대행기관으로 지정받은 자를 말한다.
4. 국세납부대행기관은 납세자로부터 신용카드 등에 의한 국세납부 대행용역의 대가로 해당 납부세액의 1% 이내에서 기획재정부령으로 정하는 바에 따라 납부대행수수료를 받을 수 있다.
5. 위 1.~4.에서 규정한 사항 외에 계좌이체 및 신용카드 등에 의한 납부절차에 관하여 필요한 세부사항은 국세청장이 정한다.

제 2 절 납부기한등의 연장

구 분	납부기한등의 연장 및 납부고지의 유예	압류 · 매각의 유예
(1) 의의	① 재난 등으로 인한 납부기한등의 연장 : 일정한 사유로 국세를 납부기한 또는 독촉장에서 정하는 기한까지 납부할 수 없다고 인정되는 경우 납부기한등을 연장함 ② 납부고지의 유예 : 일정한 사유로 국세를 납부할 수 없다고 인정되는 경우 납부고지를 유예(세액을 분할하여 납부고지하는 것 포함)함	강제징수에 따른 재산의 압류 또는 압류재산의 매각을 유예함
(2) 효력	① 국세징수권의 소멸시효의 정지 ② 납세증명서 발급가능 ③ 연장 또는 유예 기간동안 납부지연가산세 및 원천징수 등 납부지연가산세를 징수하지 않음* ④ 교부청구 가능함	① 국세징수권의 소멸시효의 정지 ② 납세증명서 발급가능 ③ 압류 · 매각의 유예기간동안 납부지연가산세 및 원천징수 등 납부지연가산세를 징수함 ④ 교부청구 가능함

* 납세자가 납부고지 또는 독촉을 받은 후에 채무자 회생 및 파산에 관한 법률에 따른 징수의 유예를 받은 경우에도 또한 같다.

참고 연장 또는 유예의 대상이 되는 국세

연장 또는 유예의 대상이 되는 국세는 각 세법에 따른 자진납부분 이외의 것을 말하며, 상속세 및 증여세법에 따른 연부연납분도 포함된다.

❶ 직권 연장 및 통지

관할 세무서장은 납세자가 다음의 어느 하나에 해당하는 사유로 국세를 납부기한 또는 독촉장에서 정하는 기한까지 납부할 수 없다고 인정되는 경우 납부기한 등을 연장(세액을 분할하여 납부하도록 하는 것 포함)할 수 있다. 또한 관할 세무서장은 납세자가 다음의 어느 하나에 해당하는 사유로 국세를 납부할 수 없다고 인정되는 경우 납부고지를 유예(세액을 분할하여 납부고지하는 것 포함)할 수 있다. 관할 세무서장은 납부기한등을 연장 또는 납부고지를 유예하는 경우 즉시 납세자에게 그 사실을 통지하여야 한다.

구 분	재난 등으로 인한 납부기한 등의 연장 및 납부고지의 유예 사유	담보요구 가능여부
납부 연장	① 납세자가 경영하는 사업에 현저한 손실이 발생하거나 부도 또는 도산의 우려가 있는 경우	△*
신고 신청 청구 제출 통지 납부 연장	② 납세자가 재난 또는 도난으로 재산에 심한 손실을 입은 경우	×
	③ 납세자 또는 그 동거가족이 질병이나 중상해로 6개월 이상의 치료가 필요한 경우 또는 사망하여 상중(喪中)인 경우	○
	④ 정전, 프로그램의 오류 그 밖의 부득이한 사유로 한국은행(그 대리점 포함) 및 체신관서의 정보통신망의 정상적인 가동이 불가능한 경우	×
	⑤ 금융회사(한국은행 국고대리점 및 국고수납대리점인 금융회사등만 해당한다) 또는 체신관서의 휴무 그 밖의 부득이한 사유로 인하여 정상적인 국세 납부가 곤란하다고 국세청장이 인정하는 경우	×
	⑥ 권한있는 기관에 장부나 서류가 압수 또는 영치된 경우 및 이에 준하는 경우	○
	⑦ 납세자의 장부 작성을 대행하는 세무사(세무법인 포함) 또는 공인회계사(회계법인 포함)가 세무대리인이 화재, 전화, 그 밖에 재해를 입거나 도난을 당한 경우	○

* 납세자가 그 사업에서 심각한 손해를 입거나 그 사업이 중대한 위기에 처한 경우로서 관할 세무서장이 납부하여야 할 금액, 연장 또는 유예기간 및 납세자의 과거 국세 납부내역 등을 고려하여 납세자가 그 연장 또는 유예기간 내에 해당 국세를 납부할 수 있다고 인정하는 경우 납세담보를 요구하지 않는다.

❷ 신청에 의한 연장 및 승인

납세자는 납부기한등의 연장 또는 유예 사유로 납부기한등의 연장 또는 납부고지의 유예를 받으려는 경우 관할 세무서장에게 신청할 수 있다.

구 분	내 용
신청기한	① 원칙 : 기한만료일* 3일 전 ② 예외 : 기한만료일*(관할 세무서장이 신청자가 기한만료일 3일 전까지 신청서를 제출할 수 없다고 인정하는 경우)
승인여부 통지기한	① 원칙 : 기한만료일* ② 예외 : 납세자가 기한만료일* 10일 전까지 신청을 하였으나 관할 세무서장이 그 신청일부터 10일 이내에 승인 여부를 통지하지 아니한 경우에는 신청일부터 10일이 되는 날에 신청을 승인한 것으로 본다.

* 납부기한 등의 만료일 또는 납부고지 예정인 국세의 납부하여야 할 기한의 만료일을 말한다

정리 통지기한

구 분	직권 연장 또는 유예	신청에 의한 연장 또는 유예
연장 또는 유예 통지기한	즉시	기한만료일(10일이 되는 날)

❸ 연장 또는 유예 기간과 분납 한도

구 분	연장 또는 유예 기간
원칙	연장 또는 유예한 날의 다음날부터 9개월 이내*1
예외	연장 또는 유예한 날의 다음날부터 2년 이내*2

*1. 연장 또는 유예 기간 중의 분납기한 및 분납금액은 관할 세무서장이 정할 수 있으며, 관할 세무서장은 연장 또는 유예 기간이 6개월을 초과할 때에는 가능하면 연장 또는 유예 기간 개시 후 6개월이 지난 날부터 3개월 이내에 균등액을 분납할 수 있도록 정하여야 한다.
2. 세무서장은 고용재난지역 등[2]에 사업장을 가진 자가 연장 또는 유예 사유 중 ①~③ 및 이에 준하는 사유로 납부기한등의 연장 또는 납부고지의 유예를 신청하는 경우(같은 사유로 연장 또는 유예를 받고 그 연장 또는 유예 기간 중에 신청하는 경우 포함) 그 연장 또는 유예(소득세, 법인세, 부가가치세 및 이에 부가되는 세목에 대한 연장 또는 유예로 한정한다)의 기간은 연장 또는 유예한 날의 다음날부터 2년(연장 또는 유예를 받은 분에 대해서는 연장 또는 유예를 받은 기간을 포함하여 산정한다) 이내로 할 수 있고, 연장 또는 유예 기간 중의 분납기한 및 분납금액은 관할세무서장이 정할 수 있다.

---

2) 고용재난지역 등은 다음의 어느 하나에 해당하는 지역을 말한다.
   a. 고용정책 기본법에 따라 선포된 고용재난지역
   b. 고용정책 기본법 시행령에 따라 지정·고시된 지역
   c. 국가균형발전 특별법에 따라 지정된 산업위기대응특별지역
   d. 재난 및 안전관리 기본법에 따라 선포된 특별재난지역(선포된 날부터 2년으로 한정한다) → 이 경우 다음에 해당하는 자에 대해서도 소득세, 부가가치세 및 이에 부가되는 세목에 대하여 납부기한 등의 연장 또는 납부고지의 유예를 적용할 수 있다. 개정
   ㉠ 해당 특별재난지역에서 발생한 재난으로 인하여 신체에 대한 피해를 입은 소득세법 및 부가가치세법에 따른 사업자
   ㉡ 해당 특별재난지역에서 발생한 재난으로 인하여 사망한 자에 귀속되는 사업장을 상속받은 국세기본법에 따른 상속인

❹ 납부기한등 연장 등에 관한 담보

관할 세무서장은 납부기한등의 연장 또는 납부고지의 유예를 하는 경우 그 연장 또는 유예와 관계되는 금액에 상당하는 납세담보의 제공을 요구할 수 있다. 다만, 연장 및 유예 사유 중 일정한 경우에는 그러하지 아니하다.

❺ 송달 지연으로 인한 지정납부기한등의 연장

구 분	내 용
일반	납부고지서 또는 독촉장의 송달이 지연되어 다음의 어느 하나에 해당하는 경우에는 도달한 날부터 14일이 지난 날을 지정납부기한등으로 한다. ① 도달한 날에 이미 지정납부기한등이 지난 경우 ② 도달한 날부터 14일 이내에 지정납부기한등이 도래하는 경우
납부기한 전 징수	납부기한 전에 납부고지를 하는 경우에는 다음의 구분에 따른 날을 납부하여야 할 기한으로 한다. ① 단축된 기한 전에 도달한 경우 : 단축된 기한 ② 단축된 기한이 지난 후에 도달한 경우 : 도달한 날

❻ 연장 및 유예의 취소

관할 세무서장은 납부기한등의 연장 또는 납부고지의 유예를 한 후 해당 납세자가 다음의 어느 하나의 사유에 해당하게 된 경우 그 납부기한등의 연장 또는 납부고지의 유예를 취소하고 연장 또는 유예와 관계되는 국세를 한꺼번에 징수할 수 있다. 이 경우 관할 세무서장은 납세자에게 그 사실을 통지하여야 한다.

연장 및 유예의 취소사유	재연장가능여부
① 국세를 분할납부하여야 하는 각 기한까지 분할납부하여야 할 금액을 납부하지 아니한 경우 ② 관할 세무서장의 납세담보물의 추가 제공 또는 보증인의 변경 요구에 따르지 아니한 경우 ③ 납부기한 전 징수에 해당하는 사유가 있어 그 연장 또는 유예한 기한까지 연장 또는 유예와 관계되는 국세의 전액을 징수할 수 없다고 인정되는 경우	×*
④ 재산 상황의 변동 등의 사유로 납부기한등의 연장 또는 납부고지의 유예를 할 필요가 없다고 인정되는 경우 ⑤ 연장 또는 유예 사유 중 ④, ⑤(정보통신망 가동 불가능, 금융회사 등 휴무)의 사유가 소멸된 경우 ⑥ 그 밖에 납부기한등의 연장 또는 납부고지의 유예를 한 당시의 사정이 변화된 경우	○

* 관할 세무서장은 위 ①~③에 따라 지정납부기한 또는 독촉장에서 정한 기한의 연장을 취소한 경우 그 국세에 대하여 다시 지정납부기한등의 연장을 할 수 없다.

제 3 절 납세담보

납세담보란 납세자가 세법에 따라 제공하는 담보를 말한다. 납세담보는 다음의 어느 하나에 해당하는 것이어야 한다. → 열거주의

구 분	내 용
(1) 인적납세담보	납세보증서
(2) 물적납세담보	① 금전 ② 납세보증보험증권 ③ 유가증권[*1] ④ 토지 ⑤ 보험에 든 등기 · 등록된 건물, 공장재단, 광업재단, 선박, 항공기 또는 건설기계

*1. 유가증권 : 국채증권, 지방채증권 및 특수채증권, 상장법인의 보증사채 및 전환사채, 상장 유가증권, 무기명 수익증권 및 환매청구가 가능한 수익증권, 양도성 예금증서
2. 보석류, 자동차 등은 열거되어 있지 아니하므로 납세담보로 제공될 수 없다.

❶ 납세담보의 종류 등

담보제공금액	종류	평가방법	제공방법
110% 이상[*1]	① 금전	–	공탁하고 공탁수령증 제출
	② 납세보증보험증권	보험금액	납세보증보험증권[*2] 제출
	③ 은행의 납세보증서	보증금액	납세보증서 제출
120% 이상[*1]	④ 신용보증기금 등의 납세보증서	보증금액	납세보증서 제출
	⑤ 유가증권	담보로 제공하는 날의 전날을 평가기준일로 하여 상속세 및 증여세법을 준용한 평가가액	공탁하고 공탁수령증 제출 * 다만, 등록된 유가증권의 경우에는 담보 제공의 뜻을 등록하고 그 등록확인증을 제출
	⑥ 토지 · 건물	담보를 제공하는 날을 평가기준일로 하여 개정 상속세 및 증여세법상 평가가액[*5]	등기 · 등록필증 제출[*3] * 토지를 제외한 보험에 든 자산은 그 화재보험증권[*4]을 함께 제출
	⑦ 공장재단 · 광업재단 · 선박 · 항공기 · 건설기계	담보를 제공하는 날을 평가기준일로 하여 개정 감정가액 또는 지방세법상 시가표준액	

*1. 납세담보를 제공하는 경우에는 담보할 국세의 120%(금전, 납세보증보험증권 또는 은행의 납세보증서로 제공하는 경우에는 110%) 이상의 가액에 상당하는 담보를 제공하여야 한다. 다만, 국세가 확정되지 아니한 경우에는 국세청장이 정하는 가액에 상당하는 담보를 제공하여야 한다.
2. 납세보증보험증권 : 그 보험기간이 납세담보를 필요로 하는 기간에 30일 이상을 더한 것이어야 한다. 다만, 납부하여야 할 기한이 확정되지 아니한 국세의 경우에는 국세청장이 정하는 기간으로 하여야 한다.
3. 관할 세무서장은 제시된 등기필증, 등기완료통지서 또는 등록필증이 사실과 일치하는지를 조사하여 다음의 어느 하나에 해당하는 경우에는 다른 담보를 제공하게 하여야 한다.
   ① 법령에 따라 담보 제공이 금지되거나 제한된 경우(관계 법령에 따라 주무관청의 허가를 받아 제공하는 경우는 제외한다).
   ② 법령에 따라 사용 · 수익이 제한되어 있는 등의 사유로 담보의 목적을 달성할 수 없다고 인정되는 경우
4. 화재보험증권 : 그 보험기간은 납세담보를 필요로 하는 기간에 30일 이상을 더한 것이어야 한다.
5. 상속세 및 증여세법상 평가가액 : 평가기준일 현재의 시가 평가를 원칙으로 하되, 시가를 산정하기 어려운 경우에는 보충적 평가가액으로 한다.

참고 납세의무자가 납세담보를 제공해야 하는 경우

1. 법소정 사유로 납부기한등을 연장 또는 납부고지를 유예하는 경우
2. 상속세 및 증여세법상 연부연납 또는 지정문화유산자료 등에 대한 징수유예하는 경우
3. 개별소비세법상 수입면허 전에 보세구역에서 반출하거나 과세유흥장소의 경영자에 대하여 납세보전상 필요하다고 인정되는 경우
4. 주세법상 주류제조업자에 대하여 주세보전에 필요하다고 인정되는 경우

❷ 납세담보 관련 기타사항

구 분	내 용
담보의 변경*	납세담보를 제공한 자는 관할 세무서장의 승인을 받아 그 담보를 변경할 수 있다. 관할 세무서장은 납세자가 이미 제공한 납세담보를 변경하려는 경우 다음의 어느 하나에 해당하면 이를 승인하여야 한다. ① 보증인의 납세보증서를 갈음하여 다른 담보재산을 제공한 경우 ② 제공한 납세담보의 가액이 변동되어 과다하게 된 경우 ③ 납세담보로 제공한 유가증권 중 상환기간이 정해진 것이 그 상환시기에 이른 경우
담보의 보충*	세무서장은 납세담보물의 가액 감소, 보증인의 자력 감소 또는 그 밖의 사유로 그 납세담보로는 국세 및 강제징수비의 납부를 담보할 수 없다고 인정할 때에는 담보를 제공한 자에게 담보물의 추가 제공 또는 보증인의 변경을 요구할 수 있다.
담보에 의한 납부	납세담보로서 금전을 제공한 자는 그 금전으로 담보한 국세 및 강제징수비를 납부할 수 있다. → 유가증권(×), 토지 · 건물(×)
담보에 의한 징수	관할 세무서장은 납세담보를 제공받은 국세 및 강제징수비가 담보의 기간에 납부되지 아니하면 그 담보로써 그 국세 및 강제징수비를 징수한다.
담보의 해제	관할 세무서장은 납세담보를 제공받은 국세 및 강제징수비가 납부되면 지체 없이 담보 해제 절차를 밟아야 한다.

* 납세담보의 변경 승인 신청 또는 납세담보물의 추가 제공이나 보증인의 변경 요구는 문서로 해야 한다.

참고 납세담보에 의한 납부와 징수

1. 납세담보로 제공한 금전으로 국세 및 강제징수비를 납부하려는 자는 그 뜻을 적은 문서로 관할 세무서장에게 납부를 신청해야 한다. 이 경우 신청한 금액에 상당하는 국세 및 강제징수비를 납부한 것으로 본다.
2. 관할 세무서장은 납세담보를 제공받은 국세 및 강제징수비가 그 담보기간에 납부되지 않는 경우 납세담보가 금전이면 그 금전으로 해당 국세 및 강제징수비를 징수하고, 납세담보가 금전 외의 것이면 다음의 구분에 따른 방법으로 현금화하거나 징수한 금전으로 해당 국세 및 강제징수비를 징수한다.
   ① 유가증권, 토지, 건물, 공장재단, 광업재단, 선박, 항공기 또는 건설기계인 경우 : 공매절차에 따라 매각
   ② 납세보증보험증권인 경우 : 해당 납세보증보험사업자에게 보험금의 지급을 청구
   ③ 납세보증서인 경우 : 보증인으로부터 징수절차에 따라 징수
3. 위 2에 따라 납세담보를 현금화한 금전으로 징수해야 할 국세 및 강제징수비를 징수하고 남은 금전이 있는 경우 공매대금의 배분방법에 따라 배분한 후 납세자에게 지급한다.

MEMO

CHAPTER 03 강제적 징수절차

제 1 절 강제징수절차

❶ 통칙

(1) 강제징수

관할 세무서장(체납 발생 후 1개월이 지나고 체납액이 5천만원 이상인 체납자의 경우에는 지방국세청장 포함)은 납세자가 독촉 또는 납부기한 전 징수의 고지를 받고 지정된 기한까지 국세 또는 체납액을 완납하지 아니한 경우 재산의 압류(교부청구 · 참가압류 포함), 압류재산의 매각 · 추심 및 청산의 절차에 따라 강제징수를 한다.

(2) 사해행위의 취소 및 원상회복

① 관할세무서장은 강제징수를 할 때[3] 납세자가 국세의 징수를 피하기 위하여 한 재산의 처분이나 그 밖에 재산권을 목적으로 한 법률행위(신탁법에 따른 사해신탁 포함)에 대하여 신탁법 및 민법을 준용하여[4] 사해행위의 취소 및 원상회복을 법원에 청구할 수 있다.

→ 세무서장의 직권취소X

② 사해행위의 취소를 요구할 수 있는 경우는 압류를 면하고자 양도한 재산 이외에 다른 자력이 없어 국세를 완납할 수 없는 경우로 한다. 제2차 납세의무자, 보증인 등으로부터 국세의 전액을 징수할 수 있는 경우에는 납세의무자를 무자력으로 인정하지 아니한다.

참고 국세가 목적물의 가액보다 적은 경우의 처리

사해행위취소의 소를 제기하는 경우에 있어 국세가 사해행위의 목적이 된 재산의 처분예정가액보다 적은 때에는 다음에 의한다.

① 사해행위의 목적이 된 재산이 가분인 때에는 국세에 상당하는 사해행위의 일부의 취소와 재산의 일부의 반환을 청구하는 것으로 한다.

② 사해행위의 목적이 된 재산이 불가분인 때에는 사해행위의 전부취소와 재산의 반환을 청구하는 것으로 한다. 다만, 그 재산의 처분예정가액이 현저히 국세를 초과할 때는 그 재산의 반환 대신에 상당액의 손해배상을 청구하여도 무방하다.

---

3) 강제징수를 할 때라 함은 세무서장이 사해행위의 취소를 요구할 수 있는 시점을 정한 것으로서 사해행위의 시점을 정한 것이 아니다.

4) 납세자가 국세채권자를 해함을 알고 재산권을 목적으로 한 법률행위를 한 때에는 국세채권자는 그 취소 및 원상회복을 법원에 청구할 수 있다. 그러나 그 행위로 인하여 이익을 받은 자나 전득한 자가 그 행위 또는 전득당시에 국세채권자를 해함을 알지 못한 경우에는 그러하지 아니하다.

참고 취소후의 강제징수 등

사해행위의 취소에 의하여 납세자의 일반재산에 복귀한 재산 또는 재산의 반환에 대신한 손해배상금에 대한 강제징수은 다음에 의한다.

① 인도받은 동산·유가증권에 대하여는 압류를 한다. 또한 판결이 있음에도 불구하고 피고가 인도하지 아니할 때에도 같다.

② 등기를 말소하여야 할 취지의 판결을 받은 부동산 기타 재산에 관하여는 즉시 그 판결에 의하여 등기말소를 함과 동시에 압류를 한다.

③ 손해의 배상금액의 지급을 받은 경우에는 채권압류시에 있어서 제3채무자로부터 지급을 받은 금전에 준하여 처리한다. 또한 판결이 있음에도 불구하고 피고가 지급을 하지 아니할 때에는 집행문의 부여를 받아 민사집행법에 의하여 강제집행을 한다.

④ 반환을 받은 재산에 대하여 강제징수를 하고 국세에 충당한 후 잔여가 있는 경우에는 그 잔여분은 체납자에게 주지 아니하고 그 재산의 반환을 한 수익자 또는 전득자에게 반환한다.

참고 채권자대위권과 사해행위취소권

구 분	채권자대위권 (민법)	사해행위취소권 (국세징수법, 국세기본법, 민법)
1. 의의	국세채권의 보전을 위하여 체납자의 권리를 대신 행사할 수 있는 권리	체납자의 국세징수를 면탈하기 위한 재산권을 목적으로 한 법률행위의 취소를 청구할 수 있는 권리
2. 요건	① 국세의 납부기한 도래 ② 납세자의 무자력 ③ 납세자의 권리 불행사 ④ 대상권리의 비전속성	① 체납자의 사해행위 ② 체납자의 사해의사 ③ 수익자·전득자의 사해의사
3. 대상	비전속적 권리로서 체납자 재산 보전과 관련된 일체의 권리(보존등기·소유권 이전 대위등기)	재산가치를 감소시키는 일체의 법률행위(양도·증여·담보권설정 등)
4. 행사	재판 외로도 행사 가능	재판상 행사만 가능(민사재판)
5. 효과	납세자에 귀속 후 강제징수	납세자에 귀속 후 강제징수

(3) 가압류 · 가처분 재산에 대한 강제징수

① 관할 세무서장은 재판상의 가압류 또는 가처분 재산이 강제징수 대상인 경우에도 강제징수를 한다.

② 세무공무원이 재판상의 가압류 또는 가처분을 받은 재산을 압류하려는 경우 그 뜻을 해당 법원, 집행공무원 또는 강제관리인에게 통지하여야 한다. 그 압류를 해제하려는 경우에도 또한 같다.

(4) 상속 또는 합병의 경우 강제징수의 속행 등

구 분	내 용
(1) 상속 또는 합병	① 체납자의 재산에 대하여 강제징수를 시작한 후 체납자가 사망하였거나 체납자인 법인이 합병으로 소멸된 경우에도 그 재산에 대한 강제징수는 계속 진행하여야 한다. ② ①을 적용할 때 체납자가 사망한 후 체납자 명의의 재산에 대하여 한 압류는 그 재산을 상속한 상속인에 대하여 한 것으로 본다.
(2) 파산선고	관할 세무서장은 체납자가 파산선고를 받은 경우에도 이미 압류한 재산이 있을 때에는 강제징수를 속행하여야 한다.

(5) 인지세와 등록면허세의 면제

구 분	내 용
(1) 인지세	압류재산을 보관하는 과정에서 작성하는 문서에 관하여는 인지세를 면제한다.
(2) 등록면허세	압류, 압류말소, 공매공고, 공매공고 말소의 등기 또는 등록에 관하여는 등록면허세를 면제한다.

(6) 고액 · 상습체납자의 수입물품에 대한 강제징수의 위탁

구 분	내 용
(1) 위탁대상	관할 세무서장은 고액 · 상습체납자(체납발생일부터 1년이 지난 국세의 합계액이 2억원 이상인 자)의 수입물품에 대한 강제징수를 세관장에게 위탁할 수 있다.
(2) 위탁통지	① 사전통지 : 관할 세무서장은 고액 · 상습체납자에 대하여 1개월 이내의 기간을 정하여 체납된 세금을 납부하지 아니하는 경우 강제징수가 세관장에게 위탁될 수 있다는 사실을 알려야 한다. ② 사후통지 : 관할 세무서장은 세관장에게 강제징수를 위탁한 경우 즉시 그 위탁사실을 고액 · 상습체납자에게 통지하여야 한다.
(3) 위탁철회	관할 세무서장은 고액 · 상습체납자가 고액 · 상습체납자 명단 공개 대상에서 제외되는 경우 즉시 해당 고액 · 상습체납자의 수입물품에 대한 강제징수의 위탁을 철회하여야 한다.

(7) 강제징수의 인계

① 관할 세무서장은 체납자가 관할구역 밖에 거주하거나 압류할 재산이 관할구역 밖에 있는 경우 체납자의 거주지 또는 압류할 재산의 소재지를 관할하는 세무서장에게 강제징수를 인계할 수 있다. 다만, 압류할 재산이 채권이거나 체납자의 거주지 또는 압류할 재산의 소재지가 둘 이상의 세무서가 관할하는 구역인 경우에는 강제징수를 인계할 수 없다.

② 위 ①에 따라 강제징수를 인계받은 세무서장은 압류할 재산이 그 관할구역에 없는 경우 강제징수의 인수를 거절할 수 있다. 이 경우 체납자가 그 관할구역에 거주하고 있는 경우에는 수색조서를 강제징수를 인계한 세무서장에게 보내야 한다.

❷ 압류

(1) 압류의 요건

관할 세무서장은 다음의 어느 하나에 해당하는 경우 납세자의 재산을 압류한다.

① 납세자가 독촉을 받고 독촉장에서 정한 기한까지 국세를 완납하지 아니한 경우

② 납세자가 납부고지를 받고 단축된 기한까지 국세를 완납하지 아니한 경우

(2) 확정전보전압류

확정전보전압류는 일정한 경우 국세의 확정전에 납세자의 재산을 압류하는 것을 말한다.

구 분	내 용
(1) 요건	다음의 요건을 모두 충족한 경우 확정전보전압류를 할 수 있다. ① 납세자에게 납부기한 전 징수 사유가 있어 국세가 확정된 후 그 국세를 징수할 수 없다고 인정될 것 ② 미리 지방국세청장의 승인을 받아야 할 것
(2) 통지	압류 후에는 납세자에게 문서로 그 압류사실을 통지하여야 한다.
(3) 한도	국세로 확정되리라고 추정되는 금액의 한도에서 재산을 압류할 수 있다.
(4) 충당	관할 세무서장은 압류를 한 후 압류에 따라 징수하려는 국세를 확정한 경우 압류한 재산이 금전, 납부기한 내 추심 가능한 예금 또는 유가증권에 해당하고 납세자의 신청이 있으면 압류한 재산의 한도에서 확정된 국세를 징수한 것으로 볼 수 있다.
(5) 공매의 금지	압류한 재산은 그 압류에 관계되는 국세의 납세의무가 확정되기 전에는 공매할 수 없다.
(6) 해제	다음의 어느 하나에 해당하면 즉시 압류를 해제하여야 한다. ① 납세자가 납세담보를 제공하고 압류 해제를 요구한 경우 ② 압류를 한 날부터 3개월(국세 확정을 위하여 실시한 세무조사가 중지된 경우에 그 중지 기간은 빼고 계산한다)이 지날 때까지 압류에 따라 징수하려는 국세를 확정하지 아니한 경우

(3) 초과압류의 금지

관할 세무서장은 국세를 징수하기 위하여 필요한 재산 외의 재산을 압류할 수 없다. 다만, 불가분물(不可分物) 등 부득이한 경우에는 압류할 수 있다.

(4) 압류재산 선택 시 제3자의 권리보호

관할 세무서장은 압류재산을 선택하는 경우 강제징수에 지장이 없는 범위에서 전세권 · 질권 · 저당권 등 체납자의 재산과 관련하여 제3자가 가진 권리를 침해하지 아니하도록 하여야 한다.

(5) 공유물에 대한 압류

압류할 재산이 공유물인 경우 각자의 지분이 정해져 있지 아니하면 그 지분이 균등한 것으로 보아 압류한다.

(6) 압류의 절차

구 분	내 용
증표 등의 제시	세무공무원은 압류, 수색 또는 질문 · 검사를 하는 경우 그 신분을 표시하는 증표 및 압류 · 수색 등 통지서를 지니고 이를 관계자에게 보여 주어야 한다.
수색	① 수색방법 : 세무공무원은 재산을 압류하기 위하여 필요한 경우에는 체납자의 주거 · 창고 · 사무실 · 선박 · 항공기 · 자동차 또는 그 밖의 장소를 수색할 수 있고, 해당 주거등의 폐쇄된 문 · 금고 또는 기구를 열게 하거나 직접 열 수 있다. ② 세무공무원은 다음의 어느 하나에 해당하는 경우 제3자의 주거등을 수색할 수 있고, 해당 주거등의 폐쇄된 문 · 금고 또는 기구를 열게 하거나 직접 열 수 있다. a. 체납자 또는 제3자가 제3자의 주거등에 체납자의 재산을 감춘 혐의가 있다고 인정되는 경우 b. 체납자의 재산을 점유 · 보관하는 제3자가 재산의 인도 또는 이전을 거부하는 경우 ② 수색시간 : 수색은 해가 뜰 때부터 해가 질 때까지만 할 수 있다. 다만, 해가 지기 전에 시작한 수색은 해가 진 후에도 계속할 수 있다. 주로 야간에 영업을 하는 장소에 대해서는 해가 진 후에도 영업 중에는 수색을 시작할 수 있다.
질문 · 검사	세무공무원은 강제징수를 하면서 압류할 재산의 소재 또는 수량을 알아내기 위하여 필요한 경우 다음의 어느 하나에 해당하는 자에게 구두 또는 문서로 질문하거나 장부, 서류, 그 밖의 물건을 검사할 수 있다. ① 체납자 ② 체납자와 거래관계가 있는 자 ③ 체납자의 재산을 점유하는 자 ④ 체납자와 채권 · 채무 관계가 있는 자 ⑤ 체납자가 주주 또는 사원인 법인 ⑥ 체납자인 법인의 주주 또는 사원 ⑦ 체납자와 친족관계나 경제적 연관관계가 있는 자 중에서 체납자의 재산을 감춘 혐의가 있다고 인정되는 자

구 분	내 용
참여자설정	① 세무공무원은 수색 또는 검사를 할 때에는 그 수색 또는 검사를 받는 사람, 그 가족 · 동거인이나 사무원 또는 그 밖의 종업원을 참여시켜야 한다. ② 참여시켜야 할 자가 없거나 참여 요청에 따르지 아니하는 경우 성인 2명 이상 또는 특별시 · 광역시 · 특별자치시 · 특별자치도 · 시 · 군 · 자치구의 공무원이나 경찰공무원 1명 이상을 증인으로 참여시켜야 한다.
압류, 수색 또는 질문 · 검사 중의 출입 제한	세무공무원은 압류, 수색 또는 질문 · 검사를 하는 경우를 하는 경우로서 강제징수를 위하여 필요하다고 인정하는 경우 체납자 및 참여자 등 관계자를 제외한 사람에 대하여 해당 장소에서 나갈 것을 요구하거나 그 장소에 출입하는 것을 제한할 수 있다.
수색조서의 작성	① 세무공무원은 수색을 하였으나 압류할 재산이 없는 경우 수색조서를 작성하고 수색조서에 참여자와 함께 서명날인하여야 한다. 다만, 참여자가 서명날인을 거부한 경우에는 그 사실을 수색조서에 적는 것으로 참여자의 서명날인을 갈음할 수 있다. * 압류하기 위하여 수색을 하였으나 압류할 재산이 없어 압류할 수 없는 경우에도 그 수색을 착수했을 때에 시효중단의 효력이 발생한다. 이 경우에 그 수색이 제3자의 주거 등에 대하여 행하여진 경우에는 수색한 취지를 수색조서의 등본 등에 의거 체납자에게 통지하여야 시효중단의 효력이 발생한다. ② 세무공무원은 수색조서를 작성한 경우 그 등본을 수색을 받은 체납자 또는 참여자에게 내주어야 한다.
압류조서의 작성	① 세무공무원은 체납자의 재산을 압류할 때에는 압류조서를 작성하여야 한다. 다만, 참가압류에 압류의 효력이 생긴 경우에는 압류조서를 작성하지 아니할 수 있다. ② 압류재산이 다음의 어느 하나에 해당하는 경우 압류조서 등본을 체납자에게 내주어야 한다. a. 동산 또는 유가증권 b. 채권 c. 채권과 소유권을 제외한 그 밖의 재산권 ③ 압류조서에는 압류에 참여한 세무공무원이 참여자와 함께 서명날인을 하여야 한다. 다만, 참여자가 서명날인을 거부한 경우에는 그 사실을 압류조서에 적는 것으로 참여자의 서명날인을 갈음할 수 있다. ④ 세무공무원은 질권이 설정된 동산 또는 유가증권을 압류한 경우 그 동산 또는 유가증권의 질권자에게 압류조서의 등본을 내주어야 한다. ⑤ 압류조서에는 압류한 재산에 관하여 양도, 제한물권의 설정, 채권의 영수(領收) 및 그 밖의 처분을 할 수 없다는 뜻이 기재되어야 한다. * 압류조서는 압류에 대한 사실을 기록하는 것에 불과하므로 압류조서작성에 하자가 있더라도 압류의 효력에는 영향이 없다.
저당권자등에 대한 압류 통지	① 관할 세무서장은 재산을 압류한 경우 전세권, 질권, 저당권 또는 그 밖에 압류재산 위의 등기 또는 등록된 권리자에게 그 사실을 통지하여야 한다. ② 국세에 대하여 우선권을 가진 저당권자등이 위 ①에 따라 통지를 받고 그 권리를 행사하려는 경우 통지를 받은 날부터 10일 이내에 그 사실을 관할 세무서장에게 신고하여야 한다.

❸ 압류금지

(1) 압류대상자산

압류의 대상이 되는 재산은 압류당시에 체납자가 소유하는 국내소재재산으로서 금전적 가치가 있고 양도가 가능한 것이어야 한다. 단, 압류금지재산은 압류할 수 없다.

(2) 압류금지재산

① 체납자 또는 그 동거가족(체납자와 생계를 같이하는 가족을 말하며, 사실상 혼인관계에 있는 사람을 포함한다.)의 생활에 없어서는 아니 될 의복, 침구, 가구, 주방기구, 그 밖의 생활필수품
② 체납자 또는 그 동거가족에게 필요한 3개월간의 식료품 또는 연료
③ 인감도장이나 그 밖에 직업에 필요한 도장
④ 제사 또는 예배에 필요한 물건, 비석 또는 묘지
⑤ 체납자 또는 그 동거가족의 장례에 필요한 물건
⑥ 족보, 일기 등 체납자 또는 그 동거가족에게 필요한 장부 또는 서류
⑦ 직무 수행에 필요한 제복
⑧ 훈장이나 그 밖의 명예의 증표
⑨ 체납자와 그 동거가족의 학업에 필요한 서적과 기구
⑩ 발명 또는 저작에 관한 것으로서 공표되지 아니한 것
⑪ 주로 자기의 노동력으로 농업을 하는 사람에게 없어서는 아니 될 기구, 가축, 사료, 종자, 비료, 그 밖에 이에 준하는 물건
⑫ 주로 자기의 노동력으로 어업을 하는 사람에게 없어서는 아니 될 어망, 기구, 미끼, 새끼 물고기, 그 밖에 이에 준하는 물건
⑬ 전문직 종사자 · 기술자 · 노무자, 그 밖에 주로 자기의 육체적 또는 정신적 노동으로 직업 또는 사업에 종사하는 사람에게 없어서는 아니 될 기구, 비품, 그 밖에 이에 준하는 물건
⑭ 체납자 또는 그 동거가족의 일상생활에 필요한 안경 · 보청기 · 의치 · 의수족 · 지팡이 · 장애보조용 바퀴의자, 그 밖에 이에 준하는 신체보조기구 및 자동차관리법에 따른 경형자동차
⑮ 재해의 방지 또는 보안을 위하여 법령에 따라 설치하여야 하는 소방설비, 경보기구, 피난시설, 그 밖에 이에 준하는 물건
⑯ 법령에 따라 지급되는 사망급여금 또는 상이급여금
⑰ 주택임대차보호법에 따라 우선변제를 받을 수 있는 금액
⑱ 체납자의 생계유지에 필요한 소액금융재산으로서 법소정 보장성보험의 보험금과 250만원 미만의 예금(적금, 부금, 예탁금과 우편대체 포함)

참고 **압류금지재산에 해당하는 법소정 보장성보험의 보험금**

압류금지재산에 해당하는 법소정 보장성보험의 보험금은 다음의 구분에 따른 보장성보험의 보험금, 해약환급금 및 만기환급금으로 한다.

구 분	내 용
(1) 사망보험금	사망보험금 중 1천 5백만원 이하의 보험금
(2) 상해보험금	상해 · 질병 · 사고 등을 원인으로 체납자가 지급받는 보장성보험의 보험금 중 다음에 해당하는 보험금 ① 실비보험금 : 진료비, 치료비, 수술비, 입원비, 약제비 등 치료 및 장애 회복을 위하여 실제 지출되는 비용을 보장하기 위한 보험금 ② 일반보험금 : 치료 및 장애 회복을 위한 보험금 중 ①의 보험금을 제외한 보험금의 1/2에 해당하는 금액
(3) 해약환급금	보장성보험의 해약환급금 중 250만원 이하의 금액
(4) 만기환급금	보장성보험의 만기환급금 중 250만원 이하의 금액

(3) 급여채권의 압류 제한

① 급료 · 연금 · 임금 · 봉급 · 상여금 · 세비 · 퇴직연금, 그 밖에 이와 비슷한 성질을 가진 급여채권에 대하여는 그 총액*의 1/2에 해당하는 금액은 압류가 금지되는 금액으로 한다. 다만, 최저생계비 및 표준적인 가구의 생계비를 고려하여 다음의 금액은 압류하지 못한다.

월급여	압류금지금액
250만원 이하	해당 급여액
250만원 초과 500만원 이하	250만원(최저생계비)
500만원 초과 600만원 이하	급여의 1/2
600만원 초과	$300\text{만원} + \left(\frac{\text{급여}}{2} - 300\text{만원}\right) \times \frac{1}{2}$(표준생계비)

② 퇴직금이나 그 밖에 이와 비슷한 성질을 가진 급여채권에 대하여는 그 총액*의 1/2에 해당하는 금액은 압류하지 못한다.

* 총액은 근로소득의 합계액(비과세소득의 금액은 제외) 또는 퇴직소득의 금액의 합계액(비과세소득의 금액은 제외)에서 그 근로소득 또는 퇴직소득에 대한 소득세 및 소득세분 지방소득세를 뺀 금액으로 한다.

❹ 압류의 효력

(1) 자산별 압류의 효력발생시점

구 분	압류절차	압류의 효력발생시점
동산 · 유가증권	① 동산 또는 유가증권의 압류는 세무공무원이 점유함으로써 한다. ② 세무공무원은 제3자가 점유하고 있는 체납자 소유의 동산 또는 유가증권을 압류하기 위해서는 먼저 그 제3자에게 문서로 해당 동산 또는 유가증권의 인도를 요구하여야 한다. ③ 세무공무원은 인도를 요구받은 제3자가 해당 동산 또는 유가증권을 인도하지 아니하는 경우 제3자의 주거등에 대한 수색을 통하여 이를 압류할 수 있다. ④ 세무공무원은 체납자와 그 배우자의 공유재산으로서 체납자가 단독 점유하거나 배우자와 공동 점유하고 있는 동산 또는 유가증권을 압류할 수 있다. ⑤ 다만, 운반하기 곤란한 동산은 체납자 또는 제3자로 하여금 보관하게 할 수 있다.	세무공무원이 그 재산을 점유한 때에 발생한다.
채 권	채권을 압류할 때에는 그 뜻을 해당 채권의 채무자(제3채무자)에게 통지하여야 한다.	채권 압류 통지서가 제3채무자에게 송달된 때에 발생한다.
부동산 · 공장재단 · 광업재단 · 선박 · 항공기 · 건설기계 · 자동차	① 등기(부동산, 공장재단 및 광업재단, 선박) : 압류조서를 첨부하여 압류등기를 관할 등기소에 촉탁하여야 한다. 그 변경등기에 관하여도 또한 같다. ② 등록(자동차, 등록대상 선박, 항공기, 건설기계) : 압류의 등록을 관계 행정기관의 장 또는 지방자치단체의 장에게 촉탁하여야 한다. 그 변경등록에 관하여도 또한 같다.	그 압류의 등기 또는 등록이 완료된 때에 발생한다.
예탁된 유가증권	① 관할 세무서장은 자본시장과 금융투자업에 관한 법률에 따라 한국예탁결제원에 예탁된 유가증권(예탁결제원에 예탁된 것으로 보는 경우 포함)에 관한 공유지분(예탁유가증권지분)을 압류하려는 경우에는 그 뜻을 다음의 구분에 따른 자에게 통지하여야 한다. a. 체납자가 예탁자인 경우 : 예탁결제원 b. 체납자가 투자자인 경우 : 예탁자 ② 관할 세무서장은 예탁유가증권지분을 압류한 경우에는 그 사실을 체납자에게 통지하여야 한다.	그 압류 통지서가 송달된 때에 발생한다.

<table>
<tr><td>전자등록된 주식 등</td><td>① 관할 세무서장은 주식·사채 등의 전자등록에 관한 법률에 따른 전자등록주식 등을 압류하려는 경우 그 뜻을 다음의 구분에 따른 자에게 통지하여야 한다.
a. 체납자가 계좌관리기관등인 경우 : 전자등록기관
b. 체납자가 계좌관리기관에 고객계좌를 개설한 자인 경우 : 계좌관리기관
c. 체납자가 특별계좌의 명의자인 경우 : 명의개서대행회사 등
② 관할 세무서장은 전자등록주식등을 압류한 경우 그 사실을 체납자에게 통지하여야 한다.</td><td>그 압류 통지서가 송달된 때에 발생한다.</td></tr>
<tr><td>그 밖의 재산권</td><td colspan="2">① 관할 세무서장은 권리의 변동에 등기 또는 등록이 필요한 그 밖의 재산권을 압류하려는 경우 압류의 등기 또는 등록을 관할 등기소, 관계 행정기관의 장, 지방자치단체의 장에게 촉탁하여야 한다. 그 변경의 등기 또는 등록에 관하여도 또한 같다.
② 관할 세무서장은 권리의 변동에 등기 또는 등록이 필요하지 아니한 그 밖의 재산권을 압류하려는 경우 그 뜻을 다음의 구분에 따른 자에게 통지하여야 한다.
a. 제3채무자가 있는 경우: 제3채무자
b. 제3채무자가 없는 경우: 체납자
③ 관할 세무서장은 가상자산을 압류하려는 경우 체납자(가상자산사업자 등 제3자가 체납자의 가상자산을 보관하고 있을 때에는 그 제3자를 말한다)에게 해당 가상자산의 이전을 문서로 요구할 수 있고, 요구받은 체납자 또는 그 제3자는 이에 따라야 한다.
* 관할 세무서장은 ① 및 ② a에 따라 압류를 한 경우 및 ③에 따라 체납자의 가상자산을 보관하고 있는 제3자에게 해당 가상자산의 이전을 요구한 경우 그 사실을 체납자에게 통지하여야 한다.</td></tr>
<tr><td>국가 또는 지방자치단체의 재산에 관한 권리</td><td colspan="2">① 관할 세무서장은 체납자가 국가 또는 지방자치단체의 재산을 매수한 경우 소유권 이전 전이라도 그 재산에 관한 체납자의 국가 또는 지방자치단체에 대한 권리를 압류한다.
② 압류재산을 매각함에 따라 이를 매수한 자는 그 대금을 완납한 때에 그 재산에 관한 체납자의 국가 또는 지방자치단체에 대한 모든 권리·의무를 승계한다.</td></tr>
</table>

참고 **가상자산의 압류**

가상자산의 이전 및 압류해제는 다음의 구분에 따른다.

구 분	가상자산의 이전*	가상자산의 압류 해제
(1) 가상자산사업자가 체납자의 가상자산을 보관하고 있는 경우	가상자산사업자가 해당 가상자산사업자에 개설된 관할 세무서장 명의 계정으로 이전	관할 세무서장이 해당 가상자산사업자에 개설된 체납자 명의 계정으로 이전
(2) 그 밖의 경우	체납자가 관할 세무서장이 지정하는 가상자산주소로 이전	관할 세무서장이 체납자의 가상자산주소로 이전

* 체납자의 가상자산이 두 가지 종류 이상일 경우 관할 세무서장은 매각의 용이성, 개별 가상자산의 규모 등을 고려하여 가상자산의 이전 우선순위를 정할 수 있다.

(2) 일반적 효력

<table>
<tr><th>구 분</th><th>내 용</th></tr>
<tr><td>처분의 제한</td><td>① 세무공무원이 재산을 압류한 경우 체납자는 압류한 재산에 관하여 양도, 제한물권의 설정, 채권의 영수, 그 밖의 처분을 할 수 없다.*
* 압류는 그 대상이 된 재산의 법률상 또는 사실상 처분을 금지하는 효력이 있다. 따라서 압류 후에 있어서의 그 재산의 양도 또는 권리설정 등의 법률상 처분은 압류채권자인 국가에 대항하지 못한다. 이 경우 압류에 의하여 금지되는 법률상 또는 사실상의 처분은 압류채권자인 국가에 불이익한 것에 한하므로 국가에 유리한 처분은 포함되지 아니한다. (예 : 압류재산에 관한 전세계약의 해제)
② 세무공무원이 채권 또는 그 밖의 재산권을 압류한 경우 해당 채권의 채무자 및 그 밖의 재산권의 채무자 또는 이에 준하는 자(제3채무자)는 체납자에 대한 지급을 할 수 없다. 따라서 채권압류통지서의 송달을 받은 후에 제3채무자가 체납자에 대하여 이행을 한 경우에 그 채무이행으로서 압류채권자인 국가에 대항할 수 없다.
③ 세무공무원이 예탁유가증권지분 또는 전자등록주식 등을 압류한 경우 예탁결제원 또는 예탁자는 해당 체납자에 대하여 계좌대체 및 증권반환을 할 수 없고, 전자등록기관, 계좌관리기관 또는 명의개서대행회사 등은 해당 체납자에 대하여 계좌대체 및 전자등록말소를 할 수 없다.
④ 압류된 재산이 동산인 경우에는 세무공무원이 점유하고 있으므로 체납자가 사용 · 수익을 할 수 없다. 다만, 운반하기 곤란한 동산의 경우에는 강제징수에 지장이 없다고 인정되면 체납자 등에게 사용 또는 수익을 허가할 수 있다.* 허가를 받은 자는 압류 동산을 사용하거나 수익하는 경우 선량한 관리자의 주의의무를 다하여야 하며, 관할 세무서장이 해당 재산의 인도를 요구하는 경우 즉시 이에 따라야 한다.
* 압류된 동산을 사용하거나 수익하려는 자는 압류재산 사용 · 수익 허가신청서를 관할 세무서장에게 제출하여야 하며, 압류재산 사용 · 수익 허가신청서를 받은 관할 세무서장은 해당 사용 · 수익 행위가 압류재산의 보전에 지장을 주는지를 조사하여 30일 이내에 그 허가 여부를 신청인에게 통지하여야 한다.
⑤ 압류된 재산이 부동산, 공장재단, 광업재단, 선박, 항공기, 자동차 또는 건설기계인 경우에는 원칙적으로 체납자 등이 사용 · 수익을 할 수 있다. 다만, 관할 세무서장은 그 가치가 현저하게 줄어들 우려가 있다고 인정할 경우에는 그 사용 또는 수익을 제한할 수 있다.</td></tr>
<tr><td>저당권자 등에 대한 압류 통지</td><td>① 관할 세무서장은 재산을 압류한 경우 저당권자 등(전세권, 질권, 저당권 또는 그 밖에 압류재산 위의 등기 또는 등록된 권리자)에게 그 사실을 통지하여야 한다.
② 국세에 대하여 우선권을 가진 저당권자 등이 통지를 받고 그 권리를 행사하려는 경우 통지를 받은 날부터 10일 이내에 그 사실을 관할 세무서장에게 신고하여야 한다.</td></tr>
<tr><td>과실에 대한 압류의 효력</td><td>① 압류의 효력은 압류재산으로부터 생기는 천연과실(과일, 달걀, 우유 등) 또는 법정과실(임대료, 이자 등)에도 미친다.
② 위 ①에도 불구하고 체납자 또는 제3자가 압류재산의 사용 또는 수익을 하는 경우 그 재산의 매각으로 인하여 권리를 이전하기 전까지 이미 거두어들인 천연과실에 대해서는 압류의 효력이 미치지 아니한다.</td></tr>
</table>

기타의 효력	① 압류는 국세징수권의 소멸시효의 진행을 중단시키며, 압류를 해제하면 소멸시효가 새로이 진행을 개시한다. ② 압류에 관계되는 국세 등은 그 매각대금에서 교부청구한 다른 국세 등과 지방세에 우선하여 징수한다.

(3) 개별적 효력

구 분	내 용
금전압류의 효력	그 금전 액수만큼 체납자의 압류에 관계되는 체납액을 징수한 것으로 본다.
유가증권압류의 효력	① 관할 세무서장은 유가증권을 압류한 경우 그 유가증권에 따라 행사할 수 있는 금전의 급부를 목적으로 한 채권을 추심할 수 있다. ② 관할 세무서장이 채권을 추심하였을 때에는 그 추심한 채권의 한도에서 체납자의 압류와 관계되는 체납액을 징수한 것으로 본다.
채권압류의 효력	① 급료 · 임금 · 봉급 · 세비 · 퇴직연금 또는 그 밖에 계속적 거래관계에서 발생하는 이와 유사한 채권에 대한 압류의 효력은 체납액을 한도로 하여 압류 후에 발생할 채권에도 미친다. ② 채권을 압류한 때에는 체납액을 한도로 하여 체납자인 채권자를 대위한다. 관할 세무서장은 채권자를 대위하는 경우 압류 후 1년 이내에 제3채무자에 대한 이행의 촉구와 채무 이행의 소송을 제기하여야 한다. 다만, 체납된 국세와 관련하여 국세기본법에 따른 이의신청 · 심사청구 · 심판청구, 감사원법에 따른 심사청구 또는 행정소송법에 따른 행정소송이 계속 중이거나 그 밖에 이에 준하는 사유로 법률상 · 사실상 추심이 불가능한 경우에는 그러하지 아니하다. * 관할 세무서장은 채권을 압류하는 경우 체납액을 한도로 하여야 한다. 다만, 압류하려는 채권에 국세보다 우선하는 질권이 설정되어 있어 압류에 관계된 체납액의 징수가 확실하지 아니한 경우 등 필요하다고 인정되는 경우 채권 전액을 압류할 수 있다. → 즉, 이 경우에 한하여 초과압류가 가능하다. * 관할 세무서장은 사실상 추심이 불가능한 사유가 해소되어 추심이 가능해진 때에는 지체 없이 제3채무자에 대한 이행의 촉구와 채무 이행의 소송을 제기하여야 한다. ③ 관할 세무서장은 채권 압류의 통지를 받은 제3채무자가 채무이행의 기한이 지나도 이행하지 아니하는 경우 체납자인 채권자를 대위하여 이행의 촉구를 하여야 한다. ④ 관할 세무서장은 이행의 촉구를 받은 제3채무자가 촉구한 기한까지 채무를 이행하지 아니하는 경우 체납자인 채권자를 대위하여 제3채무자를 상대로 소송을 제기하여야 한다. 다만, 채무이행의 자력이 없다고 인정하는 경우에는 채권의 압류를 해제할 수 있다.

그 밖의 재산권 압류의 효력	관할 세무서장이 그 밖의 재산권을 압류한 경우 채권자를 대위(이행의 촉구와 채무 이행의 소송을 제기)규정을 준용하거나 매각 · 추심에 착수한다.
부동산 등의 압류의 효력	부동산 · 공장재단 · 광업재단 · 선박 또는 등록된 항공기 · 건설기계 · 자동차의 압류의 효력은 해당 압류재산의 소유권이 이전되기 전에 법정기일이 도래한 국세의 체납액에 대해서도 미친다.

❺ 압류의 해제

(1) 압류해제의 요건

구 분	내 용
필요적 해제 요건	다음의 어느 하나에 해당하는 경우 압류를 즉시 해제하여야 한다. ① 압류와 관계되는 체납액의 전부가 납부 또는 충당(국세환급금, 그 밖에 관할 세무서장이 세법상 납세자에게 지급할 의무가 있는 금전을 체납액과 대등액에서 소멸시키는 것)된 경우 ② 국세 부과의 전부를 취소한 경우 ③ 여러 재산을 한꺼번에 공매하는 경우로서 일부 재산의 공매대금으로 체납액 전부를 징수한 경우 ④ 총 재산의 추산가액이 강제징수비(압류에 관계되는 국세에 우선하는 채권 금액이 있는 경우 이를 포함)를 징수하면 남을 여지가 없어 강제징수를 종료할 필요가 있는 경우. 다만, 교부청구 또는 참가압류가 있는 경우로서 교부청구 또는 참가압류와 관계된 체납액을 기준으로 할 경우 남을 여지가 있는 경우는 제외한다. ⑤ 압류금지재산을 압류한 경우 ⑥ 제3자의 재산을 압류한 경우 ⑦ 그 밖에 ①~④의 규정에 준하는 사유로 압류할 필요가 없게 된 경우 ⑧ 제3자의 소유권 주장 및 반환 청구가 정당하다고 인정되는 경우 또는 제3자가 체납자를 상대로 소유권에 관한 소송을 제기하여 승소 판결을 받고 그 사실을 증명한 경우 ⑨ 확정전보전압류를 받은 자가 납세담보를 제공하고 압류해제를 요구하거나 확정전보전압류를 한 날부터 3개월(국세기본법에 따른 세무조사 중지기간은 제외)이 지날 때까지 압류에 따라 징수하려는 국세를 확정하지 아니한 경우
임의적 해제 요건	다음의 경우에는 압류재산의 전부 또는 일부에 대하여 압류를 해제할 수 있다. ① 압류 후 재산가격이 변동하여 체납액의 전액을 현저히 초과한 경우 ② 압류에 관계되는 체납액의 일부가 납부 또는 충당된 경우 ③ 국세 부과의 일부를 취소한 경우 ④ 체납자가 압류할 수 있는 다른 재산을 제공하여 그 재산을 압류한 경우

(2) 압류해제의 절차

① 관할 세무서장은 재산의 압류를 해제한 경우 그 사실을 그 재산의 압류 통지를 한 체납자, 제3채무자 및 저당권자등에게 통지하여야 한다. 압류의 등기 또는 등록을 한 것에 대해서는 압류 해제 조서를 첨부하여 압류 말소의 등기 또는 등록을 관할 등기소등에 촉탁하여야 한다.

② 관할 세무서장은 제3자에게 보관하게 한 압류재산의 압류를 해제한 경우 그 보관자에게 압류 해제 통지를 하고 압류재산을 체납자 또는 정당한 권리자에게 반환하여야 한다. 이 경우 관할 세무서장이 받았던 압류재산의 보관증은 보관자에게 반환하여야 한다. 관할 세무서장은 필요하다고 인정하는 경우 보관자가 체납자 또는 정당한 권리자에게 그 압류재산을 직접 인도하게 할 수 있다. 이 경우 체납자 또는 정당한 권리자에게 보관자로부터 압류재산을 직접 인도받을 것을 통지하여야 한다.

③ 관할 세무서장은 보관 중인 재산을 반환하는 경우 영수증을 받아야 한다. 다만, 체납자 또는 정당한 관리자에게 압류조서에 영수 사실을 적고 서명날인하게 함으로써 영수증을 받는 것에 갈음할 수 있다.

(3) 제3자의 소유권 주장

① 압류한 재산에 대하여 소유권을 주장하고 반환을 청구하려는 제3자는 그 재산의 매각 5일 전까지 소유자로 확인할 만한 증거서류를 관할 세무서장에게 제출하여야 한다.

② 관할 세무서장은 제3자가 소유권을 주장하고 반환을 청구하는 경우 그 재산에 대한 강제징수를 정지하여야 한다.

청구가 정당하다고 인정되는 경우	청구가 부당하다고 인정되는 경우
관할 세무서장은 제3자의 소유권 주장 및 반환 청구가 정당하다고 인정되는 경우 즉시 압류를 해제하여야 한다.	① 관할 세무서장은 제3자의 소유권 주장 및 반환 청구가 부당하다고 인정되면 즉시 그 뜻을 제3자에게 통지하여야 한다. ② 관할 세무서장은 통지를 받은 제3자가 통지를 받은 날부터 15일 이내에 그 재산에 대하여 체납자를 상대로 소유권에 관한 소송을 제기한 사실을 증명하지 아니하면 즉시 강제징수를 계속하여야 한다. ③ 관할 세무서장은 통지를 받은 제3자가 체납자를 상대로 소유권에 관한 소송을 제기하여 승소 판결을 받고 그 사실을 증명한 경우 압류를 즉시 해제하여야 한다.

제2절 교부청구와 참가압류

❶ 교부청구

교부청구란 체납자의 재산에 대하여 다른 기관의 강제환가절차가 개시된 경우에 동일재산에 대한 중복압류를 피하고, 당해 재산의 환가대금 중에서 조세채권징수의 목적을 달성하기 위하여 관계집행기관에 그 배당을 요구하는 강제징수절차를 말한다.

구 분	내 용
(1) 사유	관할 세무서장은 다음의 어느 하나에 해당하는 경우 해당 관할 세무서장, 지방자치단체의 장, 공공기관의 장, 지방공사 또는 지방공단의 장, 집행법원, 집행공무원, 강제관리인, 파산관재인 또는 청산인에 대하여 체납액(지정납부기한이 연장된 국세 포함)의 교부를 청구하여야 한다. ① 국세, 지방세 또는 공과금의 체납으로 체납자에 대한 강제징수 또는 체납처분이 시작된 경우 ② 체납자에 대하여 민사집행법에 따른 강제집행 및 담보권 실행 등을 위한 경매가 시작되거나 체납자가 채무자 회생 및 파산에 관한 법률에 따른 파산선고를 받은 경우 ③ 체납자인 법인이 해산한 경우
(2) 대상	교부청구를 할 수 있는 국세는 확정된 국세이며, 다음의 것이 포함된다. ① 제2차납세의무자의 국세 ② 납세보증인의 국세 ③ 확정전보전압류에 관련된 국세 ④ 지정납부기한이 연장된 국세, 납부고지의 유예를 한 국세 ⑤ 압류·매각의 유예를 한 국세
(3) 절차	관계기관에 교부청구서를 송달함으로써 교부를 청구할 수 있다.
(4) 효력	① 교부청구시에는 매각대금의 배분권리가 발생한다. ② 소멸시효의 진행이 중단된다. ③ 교부청구 후 교부청구를 받은 집행기관의 강제징수, 강제집행 또는 경매의 절차가 해제되거나 취소되는 경우에는 교부청구는 그 효력을 상실한다.
(5) 해제	① 관할 세무서장은 납부, 충당, 국세 부과의 취소나 그 밖의 사유로 교부를 청구한 체납액의 납부의무가 소멸된 경우 그 교부청구를 해제하여야 한다. ② 관할 세무서장은 교부청구를 해제하려는 경우 그 사실을 교부청구를 받은 기관에 통지하여야 한다.

❷ 참가압류

참가압류란 압류할 재산이 이미 다른 기관에서 압류한 재산인 경우 교부청구에 갈음하여 압류에 참가하는 행정처분으로서 선행압류기관이 압류를 해제할 때에 소급하여 압류의 효력을 유지하기 위한 것이다.

구 분	내 용
(1) 사유	압류하려는 재산이 이미 다른 기관에 압류되어 있는 경우 그 압류에 참가할 수 있다.
(2) 대상	참가압류를 할 수 있는 국세는 압류의 요건을 충족한 국세이다.
(3) 절차	① 관할 세무서장은 압류하려는 재산이 이미 다른 기관에 압류되어 있는 경우 참가압류 통지서를 그 재산을 이미 압류한 기관(선행압류기관)에 송달함으로써 교부청구를 갈음하고 그 압류에 참가할 수 있다. ② 관할 세무서장은 권리의 변동에 등기 또는 등록이 필요한 재산에 대하여 참가압류를 하려는 경우 참가압류의 등기 또는 등록을 관할 등기소등에 촉탁하여야 한다. ③ 관할 세무서장은 참가압류를 한 경우 그 사실을 체납자, 제3채무자 및 저당권자등에게 통지하여야 한다.
(4) 효력	① 참가압류시에는 매각대금의 배분권리가 발생한다. ② 소멸시효의 진행이 중단된다. ③ 선행압류해제시 효력 : 참가압류를 한 후에 선행압류기관이 그 재산에 대한 압류를 해제한 경우 그 참가압류는 다음의 구분에 따른 시기로 소급하여 압류의 효력을 갖는다. a. 일반재산 : 참가압류 통지서가 선행압류기관에 송달된 때 b. 등기 또는 등록을 필요로 하는 재산 : 참가압류의 등기 또는 등록이 완료된 때 ④ 매각의 촉구 및 매각 : 참가압류를 한 관할 세무서장은 선행압류기관이 그 압류재산을 장기간이 지나도록 매각하지 아니한 경우 이에 대한 매각을 선행압류기관에 촉구할 수 있다. 참가압류를 한 관할 세무서장은 매각의 촉구를 받은 선행압류기관이 촉구를 받은 날부터 3개월 이내에 공매공고 등 매각 착수 행위를 하지 아니한 경우 해당 압류재산을 매각할 수 있다.
(5) 해제	참가압류의 해제에 관하여는 압류해제규정을 준용한다.

비교 **교부청구 vs 참가압류**

구 분	교부청구	참가압류
(1) 요 건	해당 국세가 확정되어 있으며 강제환가절차가 개시되어 있을 것(압류의 요건이 충족될 필요 없음)	해당 국세가 압류의 요건을 충족하고 이미 다른 기관에 의해 압류되어 있을 것
(2) 절 차	교부통지서를 선행집행기관에 송달 (등기 · 등록 불필요)	참가압류통지서를 선행압류기관에 송달 (권리의 변동시 등기 · 등록을 요구하는 재산은 등기 · 등록 필요)
(3) 효 력	① 매각대금을 배분받을 권리 발생 ② 국세징수권 소멸시효 중단 ③ 기집행기관에 매각 촉구 불가 ④ 강제환가절차 해제 · 취소시 교부청구의 효력 상실	① 매각대금을 배분받을 권리 발생 ② 국세징수권 소멸시효 중단 ③ 선행압류기관에 매각 촉구 및 참가압류자산의 매각 가능 ④ 선행압류기관의 압류해제시 소급하여 압류의 효력 발생
(4) 해제사유	납부 · 충당 · 부과취소 등	압류의 해제 준용

제3절 압류재산의 매각

❶ 통칙

(1) 매각의 착수시기

구 분	내 용
(1) 원칙	관할 세무서장은 압류 후 1년 이내에 매각을 위한 다음의 어느 하나에 해당하는 행위를 하여야 한다. ① 수의계약으로 매각하려는 사실의 체납자 등에 대한 통지 ② 공매공고 ③ 공매 또는 수의계약을 대행하게 하는 의뢰서의 송부
(2) 예외	체납된 국세와 관련하여 심판청구등이 계속 중인 경우, 국세징수법 또는 다른 세법에 따라 압류재산의 매각을 유예한 경우, 압류재산의 감정평가가 곤란한 경우, 그 밖에 이에 준하는 사유로 법률상 · 사실상 매각이 불가능한 경우에는 공매공고 등 매각 착수행위를 하지 아니한다. 다만, 해당 사유가 해소되어 매각이 가능해진 때에는 지체 없이 공매공고 등 매각 착수행위를 하여야 한다.

(2) 매각방법

압류재산은 공매 또는 수의계약으로 매각한다.

구 분	내 용
(1) 공매	공매는 다음의 어느 하나에 해당하는 방법(정보통신망을 이용한 것 포함)으로 한다. ① 경쟁입찰 : 공매를 집행하는 공무원이 공매예정가격을 제시하고, 매수신청인에게 문서로 매수신청을 하게 하여 공매예정가격 이상의 신청가격 중 최고가격을 신청한 자(최고가 매수신청인)를 매수인으로 정하는 방법 ② 경매 : 공매를 집행하는 공무원이 공매예정가격을 제시하고, 매수신청인에게 구두 등의 방법으로 신청가격을 순차로 올려 매수신청을 하게 하여 최고가 매수신청인을 매수인으로 정하는 방법
(2) 수의계약	수의계약이란 매각계약을 함에 있어서 일반의 경쟁에 붙이지 않고, 매각예정가격을 우선 결정하여 그 업무에 경험이 있고 신용이 확실한 자를 임의로 선택하여 체결하는 계약을 말하며, 이는 특수한 압류재산일 경우에 그 매각에 있어서 조세채권확보 또는 체납자의 재산상의 손실을 최소화하는데 그 목적이 있다.

❷ 공매

(1) 공매의 요건

구 분	내 용
(1) 압류한 재산일 것	적법하게 압류한 재산이어야 한다.
(2) 확정된 국세일 것	압류한 재산은 그 압류에 관계되는 국세의 납세의무가 확정되기 전에는 공매할 수 없다.
(3) 불복절차가 진행 중인 경우가 아닐 것	국세기본법에 따른 이의신청·심사청구 또는 심판청구 절차가 진행 중이거나 행정소송이 계속 중인 국세의 체납으로 압류한 재산은 그 신청 또는 청구에 대한 결정이나 소에 대한 판결이 확정되기 전에는 공매할 수 없다. 다만, 그 재산이 부패·변질 또는 감량되기 쉬운 재산으로서 속히 매각하지 아니하면 그 재산가액이 줄어들 우려가 있는 경우에는 예외로 한다.

참고 **개별공매 및 일괄공매**

구 분	내 용
1. 원칙 : 개별공매	관할 세무서장은 여러 개의 재산을 공매에 부치는 경우 이를 각각 공매하여야 한다. 다만, 관할 세무서장이 해당 재산의 위치·형태·이용관계 등을 고려하여 이를 일괄하여 공매하는 것이 알맞다고 인정하는 경우에는 직권으로 또는 이해관계인의 신청에 따라 일괄하여 공매할 수 있다.
2. 예외 : 일괄공매	① 여러 개의 재산을 일괄하여 공매할 때 각 재산의 매각대금을 특정할 필요가 있는 경우 각 재산에 대한 공매예정가격의 비율을 정하여야 하며, 각 재산의 매각대금은 총 매각대금을 각 재산의 공매예정가격비율에 따라 나눈 금액으로 한다. ② 여러 개의 재산을 일괄하여 공매하는 경우 그 가운데 일부의 매각대금으로 체납액을 변제하기에 충분하면 다른 재산은 공매하지 아니한다. 이 경우 체납자는 공매 대상 재산을 지정할 수 있다. 다만, 토지와 그 위의 건물을 일괄하여 공매하는 경우나 재산을 분리하여 공매하면 그 경제적 효용이 현저하게 떨어지는 경우 또는 체납자의 동의가 있는 경우에는 그러하지 아니하다.

(2) 공매자

구 분	내 용
(1) 원칙 : 세무서장	관할 세무서장은 압류한 부동산등, 동산, 유가증권, 그 밖의 재산권과 체납자를 대위하여 받은 물건(금전은 제외)을 공매하며, 압류된 재산이 다음의 어느 하나에 해당하는 경우 압류한 재산을 직접 매각할 수 있다. ① 증권시장에 상장된 증권 : 증권시장에서 매각 ② 가상자산사업자를 통해 거래되는 가상자산 : 가상자산사업자를 통해 매각 * 관할 세무서장은 위의 구분에 따라 압류재산을 직접 매각하려는 경우에는 매각 전에 그 사실을 체납자 등 법령으로 정하는 자에게 통지하여야 한다.
(2) 예외 : 한국자산관리공사 또는 전문매각기관	① 관할 세무서장은 공매등(수의계약, 매각재산의 권리이전, 금전의 배분 포함)에 전문지식이 필요하거나 그 밖에 직접 공매등을 하기에 적당하지 아니하다고 인정되는 경우 한국자산관리공사에 공매등을 대행하게 할 수 있다. 이 경우 공매등은 관할 세무서장이 한 것으로 본다. 한국자산관리공사가 공매등 업무를 대행하는 경우 한국자산관리공사의 직원은 형법이나 그 밖의 법률에 따른 벌칙을 적용할 때 세무공무원으로 본다. ② 관할 세무서장은 압류한 재산이 예술적 · 역사적 가치가 있어 가격을 일률적으로 책정하기 어렵고, 그 매각에 전문적인 식견이 필요하여 직접 매각을 하기에 적당하지 아니한 물품(예술품등)인 경우 직권이나 납세자의 신청에 따라 예술품등의 매각에 전문성과 경험이 있는 기관 중에서 전문매각기관을 선정하여 예술품등의 감정, 매각기일 · 기간의 진행 등 매각에 관련된 사실행위를 대행하게 할 수 있다. 전문매각기관이 매각 관련 사실행위를 대행하는 경우 전문매각기관의 임직원은 형법 규정을 적용할 때에는 공무원으로 본다. ③ 관할 세무서장은 위 ②에 따라 전문매각기관에 매각관련사실행위의 대행을 의뢰하는 경우 예술품등의 감정가액에 상응하는 납세담보를 제공할 것을 요구할 수 있다.

*1. 관할 세무서장은 한국자산관리공사가 공매등을 대행하는 경우 또는 전문매각기관이 매각 관련 사실행위를 대행하는 경우 수수료를 지급할 수 있다. 이 경우 수수료는 공매대행 또는 매각대행에 드는 실제 비용을 고려하여 기획재정부령으로 정한다.

2. 관할 세무서장(한국자산관리공사가 공매를 대행하는 경우에는 한국자산관리공사를 말한다)은 공매를 위하여 필요한 경우 전자정부법에 따라 가족관계의 등록 등에 관한 법률에 따른 전산정보자료를 공동이용(개인정보 보호법에 따른 처리[5]를 포함한다)할 수 있다.

5) 개인정보 보험법에 따른 "처리"란 개인정보의 수집, 생성, 연계, 연동, 기록, 저장, 보유, 가공, 편집, 검색, 출력, 정정(訂正), 복구, 이용, 제공, 공개, 파기(破棄), 그 밖에 이와 유사한 행위를 말한다.

(3) 매수인의 제한

구 분	내 용
체납자 또는 세무공무원 등	다음의 어느 하나에 해당하는 자는 자기 또는 제3자의 명의나 계산으로 압류재산을 매수하지 못한다. ① 체납자 ② 세무공무원 ③ 매각 부동산을 평가한 감정평가법인등(감정평가법인의 경우 그 감정평가법인 및 소속 감정평가사를 말한다)
매수신청인	공매재산의 매수신청인이 매각결정기일(매각결정기일이 연기된 경우 연기된 매각결정기일을 말한다) 전까지 공매재산의 매수인이 되기 위하여 다른 법령에 따라 갖추어야 하는 자격을 갖추지 못한 경우에는 공매재산을 매수하지 못한다.
전문매각기관 또는 전문매각기관의 임직원	전문매각기관 및 전문매각기관의 임직원은 직접적으로든 간접적으로든 매각 관련 사실행위 대행의 대상인 예술품등을 매수하지 못한다.

(4) 공매절차

구 분	내 용
공매공고	① 관할 세무서장은 공매를 하려는 경우 공매관련내용을 공고하여야 한다. 이 경우 동일한 재산에 대한 향후의 여러 차례의 공매에 관한 사항을 한꺼번에 공고할 수 있다. 공매공고는 정보통신망을 통하여 하되, 다음의 구분에 따른 게시 또는 게재도 함께 하여야 한다. a. 지방국세청, 세무서, 세관, 특별자치시 · 특별자치도 · 시 · 군 · 자치구, 그 밖의 적절한 장소에 게시 b. 관보 또는 일간신문에 게재 ② 공매공고 기간은 10일 이상으로 한다. 다만, 그 재산을 보관하는 데에 많은 비용이 들거나 재산의 가액이 현저히 줄어들 우려가 있으면 이를 단축할 수 있다.
공매통지	관할 세무서장은 공매공고를 한 경우 즉시 그 내용을 다음의 자에게 통지하여야 한다. ① 체납자 ② 납세담보물 소유자 ③ 다음의 구분에 따른 자 a. 공매재산이 공유물의 지분인 경우 : 공매공고의 등기 또는 등록 전 날 현재의 공유자 b. 공매재산이 부부공유의 동산 · 유가증권인 경우 : 배우자 ④ 공매공고의 등기 또는 등록 전 날 현재 공매재산에 대하여 전세권 · 질권 · 저당권 또는 그 밖의 권리를 가진 자 * 통지대상자 중 일부에 대한 공매통지의 송달 불능 등의 사유로 동일한 공매재산에 대하여 다시 공매공고를 하는 경우 그 이전 공매공고 당시 공매통지가 도달되었던 위 ③, ④에 해당하는 자에 대하여 다시 하는 공매통지는 주민등록표 등본 등 공매 집행기록에 표시된 주소, 거소, 영업소 또는 사무소에 등기우편을 발송하는 방법으로 할 수 있다. 이 경우 그 공매통지는 국세기본법상 송달의 효력발생시점(도달주의) 규정에도 불구하고 송달받아야 할 자에게 발송한 때부터 효력이 발생한다.

공매보증	① 관할 세무서장은 압류재산을 공매하는 경우 필요하다고 인정하면 공매에 참여하려는 자에게 공매보증을 받을 수 있다. ② 공매보증금액은 공매예정가격의 10% 이상으로 한다. ③ 공매보증은 다음의 어느 하나에 해당하는 것으로 한다. a. 금전 b. 국공채 c. 증권시장에 상장된 증권 d. 보험업법에 따른 보험회사가 발행한 보증보험증권

정리 **공매통지 송달의 효력발생시기**

구 분	체납자, 납세담보물 소유자	공유자, 배우자, 공매재산에 관한 권리자
1차 공매공고	도달주의	도달주의
2차 공매공고	도달주의	발신주의

참고 공매보증의 반환 및 지급

1. 관할 세무서장은 다음의 경우 다음의 구분에 따른 자가 제공한 공매보증을 반환한다.
   ① 개찰(開札) 후 : 최고가 매수신청인을 제외한 다른 매수신청인
   ② 매수인이 매수대금을 납부하기 전에 체납자가 매수인의 동의를 받아 압류와 관련된 체납액을 납부하여 압류재산의 매각결정이 취소된 경우 : 매수인
   ③ 차순위 매수신청인이 있는 경우로서 매수인이 대금을 모두 지급한 경우 : 차순위 매수신청인
   ④ 매수신청인이 다른 법령에 따라 갖추어야 하는 자격을 갖추지 못하여 매각결정을 받지 못한 경우 : 매수신청인
2. 관할 세무서장은 다음의 어느 하나에 해당하는 경우 공매보증을 강제징수비, 압류와 관계되는 국세의 순으로 충당한 후 남은 금액은 체납자에게 지급한다.
   ① 최고가 매수신청인이 개찰 후 매수계약을 체결하지 아니한 경우
   ② 매수인이 배분기일에 차액납부를 하지 아니하거나 이의가 제기된 금액을 납부하지 않아 압류재산의 매각결정이 취소된 경우
   ③ 납부를 촉구하여도 매수인이 매수대금을 지정된 기한까지 납부하지 않아 압류재산의 매각결정이 취소된 경우

참고 공매의 공고내용

1. 매수대금을 납부하여야 할 기한(대금납부기한)
2. 공매재산의 명칭, 소재, 수량, 품질, 공매예정가격, 그 밖의 중요한 사항
3. 입찰서 제출 또는 경매의 장소와 일시(기간입찰의 경우 그 입찰서 제출기간)
4. 개찰의 장소와 일시
5. 공매보증을 받을 경우 그 금액
6. 공매재산이 공유물의 지분 또는 부부공유의 동산 · 유가증권인 경우 공유자(체납자는 제외) · 배우자에게 각각 우선매수권이 있다는 사실
7. 배분요구의 종기
8. 배분요구의 종기까지 배분을 요구하여야 배분받을 수 있는 채권
9. 매각결정기일
10. 매각으로 소멸하지 아니하고 매수인이 인수하게 될 공매재산에 대한 지상권, 전세권, 대항력 있는 임차권 또는 가등기가 있는 경우 그 사실
11. 공매재산의 매수인으로서 일정한 자격이 필요한 경우 그 사실
12. 공매재산명세서 등 자료의 제공 내용 및 기간
13. 차순위 매수신청의 기간과 절차

참고 배분요구의 종기

① 배분요구의 종기는 절차 진행에 필요한 기간을 고려하여 정하되, 최초의 입찰서 제출 시작일 이전으로 하여야 한다. 다만, 공매공고에 대한 등기 또는 등록이 지연되거나 누락되는 등 법소정 사유로 공매 절차가 진행되지 못하는 경우에는 관할 세무서장은 배분요구의 종기를 최초의 입찰서 제출 마감일 이후로 연기할 수 있다.

② 매각결정기일은 개찰일부터 7일(토요일, 일요일, 공휴일에 관한 법률의 공휴일 및 대체공휴일은 제외) 이내로 정하여야 한다.

참고 공매공고에 대한 등기 또는 등록의 촉탁

1. 관할 세무서장은 공매공고를 한 압류재산이 권리의 변동에 등기 또는 등록이 필요한 경우 공매공고 즉시 그 사실을 등기부 또는 등록부에 기입하도록 관할 등기소등에 촉탁하여야 한다.
2. 공매공고의 등기 또는 등록과 공매공고 등기 또는 등록의 말소에 관하여는 등록면허세를 면제한다.

참고 **배분요구 등**

1. 공매공고의 등기 또는 등록 전까지 등기 또는 등록되지 아니한 압류재산과 관계되는 체납액 등의 채권을 가진 자는 배분을 받으려는 경우 배분요구의 종기까지 관할 세무서장에게 배분을 요구하여야 한다.
2. 매각으로 소멸되지 아니하는 전세권을 가진 자는 배분을 받으려는 경우 배분요구의 종기까지 배분을 요구하여야 한다.
3. 배분요구를 한 자는 배분요구에 따라 매수인이 인수하여야 할 부담이 달라지는 경우 배분요구의 종기가 지난 뒤에는 이를 철회할 수 없다.
4. 체납자의 배우자는 공매재산이 압류한 부부공유의 동산 또는 유가증권인 경우 공유지분에 따른 매각대금의 지급을 배분요구의 종기까지 관할 세무서장에게 요구할 수 있다.
5. 관할 세무서장은 공매공고의 등기 또는 등록 전에 등기 또는 등록된 채권신고대상채권자에게 채권의 유무, 그 원인 및 액수(원금, 이자, 비용, 그 밖의 부대채권 포함)를 배분요구의 종기까지 관할 세무서장에게 신고하도록 촉구하여야 한다.
6. 관할 세무서장은 채권신고대상채권자가 신고를 하지 아니한 경우 등기사항증명서 등 공매집행기록에 있는 증명자료에 따라 해당 채권신고대상채권자의 채권액을 계산한다. 이 경우 해당 채권신고대상채권자는 채권액을 추가할 수 없다.
7. 관할 세무서장은 압류재산과 관계되는 체납액등의 채권을 가진 자등과 행정안전부, 관세청, 국민건강보험공단, 국민연금공단, 근로복지공단의 장에게 배분요구의 종기까지 배분요구를 하여야 한다는 사실을 안내하여야 한다.
8. 공매통지에 채권 신고의 촉구 또는 배분요구의 안내에 관한 사항이 포함된 경우에는 해당 촉구 또는 안내를 한 것으로 본다.

참고 **공매재산명세서의 작성 및 비치 등**

1. 관할 세무서장은 공매재산에 대하여 현황조사를 기초로 공매재산명세서를 작성하여야 한다.
2. 관할 세무서장은 다음의 자료를 입찰서 제출 시작 7일 전부터 입찰서 제출 마감 전까지 세무서에 갖추어 두거나 정보통신망을 이용하여 게시함으로써 입찰에 참가하려는 자가 열람할 수 있게 하여야 한다.
   ① 공매재산명세서
   ② 감정인이 평가한 가액에 관한 자료
   ③ 그 밖에 입찰가격을 결정하는 데 필요한 자료

(5) 공매의 취소 및 정지

구 분	내 용
공매의 취소	관할 세무서장은 다음의 어느 하나에 해당하는 경우 공매를 취소하여야 한다.[*1] ① 해당 재산의 압류를 해제한 경우 ② 그 밖에 공매를 진행하기 곤란한 경우로서 세무서장이 직권으로 또는 한국자산관리공사의 요구에 따라 해당 재산에 대한 공매대행 의뢰를 해제한 경우
공매의 정지	관할 세무서장은 다음의 어느 하나에 해당하는 경우 공매를 정지하여야 한다.[*2] ① 압류 또는 매각을 유예한 경우 ② 국세기본법 또는 행정소송법에 따라 강제징수에 대한 집행정지의 결정이 있는 경우 ③ 그 밖에 공매를 정지하여야 할 필요가 있는 경우

*1. 관할 세무서장은 매각결정기일 전에 공매를 취소한 경우 공매취소 사실을 공고하여야 한다.
2. 관할 세무서장은 공매를 정지한 후 그 사유가 소멸되어 공매를 계속할 필요가 있다고 인정하는 경우 즉시 공매를 속행하여야 한다.

참고 **공매공고 등기 또는 등록 말소**

관할 세무서장은 다음의 어느 하나에 해당하는 경우 공매공고의 등기 또는 등록을 말소할 것을 관할 등기소등에 촉탁하여야 한다.

① 매각결정을 취소한 경우
② 공매취소의 공고를 한 경우

참고 **공매참가의 제한**

관할 세무서장은 다음의 어느 하나에 해당한다고 인정되는 사실이 있는 자에 대해서는 그 사실이 있은 후 2년간 공매장소 출입을 제한하거나 입찰에 참가시키지 아니할 수 있다. 그 사실이 있은 후 2년이 지나지 아니한 자를 사용인이나 그 밖의 종업원으로 사용한 자와 이러한 자를 입찰 대리인으로 한 자에 대해서도 또한 같다.

① 입찰을 하려는 자의 공매참가, 최고가 매수신청인의 결정 또는 매수인의 매수대금 납부를 방해한 사실
② 공매에서 부당하게 가격을 낮출 목적으로 담합한 사실
③ 거짓 명의로 매수신청을 한 사실

참고 **입찰과 개찰**

① 공매를 입찰의 방법으로 하는 경우 공매재산의 매수신청인은 그 성명 · 주소 · 거소, 매수하려는 재산의 명칭, 매수신청가격, 공매보증, 그 밖에 필요한 사항을 입찰서에 적어 개찰이 시작되기 전에 공매를 집행하는 공무원에게 제출하여야 한다.
② 개찰은 공매를 집행하는 공무원이 공개적으로 각각 적힌 매수신청가격을 불러 입찰조서에 기록하는 방법으로 한다.
③ 공매를 집행하는 공무원은 최고가 매수신청인을 정한다. 이 경우 최고가 매수신청가격이 둘 이상이면 즉시 추첨으로 최고가 매수신청인을 정한다.
④ 공매를 집행하는 공무원은 해당 매수신청인 중 출석하지 아니한 자 또는 추첨을 하지 아니한 자가 있는 경우 입찰 사무와 관계없는 공무원으로 하여금 대신하여 추첨하게 할 수 있다.
⑤ 공매를 집행하는 공무원은 공매예정가격 이상으로 매수신청한 자가 없는 경우 즉시 그 장소에서 재입찰을 실시할 수 있다.

(6) 국세에 우선하는 제한물권 등의 인수 등

관할 세무서장은 공매재산에 압류와 관계되는 국세보다 우선하는 제한물권 등이 있는 경우 제한물권 등을 매수인에게 인수하게 하거나 매수대금으로 그 제한물권 등에 의하여 담보된 채권을 변제하는 데 충분하다고 인정된 경우가 아니면 그 재산을 공매하지 못한다.

참고 **공매재산에 설정된 제한물권 등의 소멸과 인수 등**

1. 공매재산에 설정된 모든 질권 · 저당권 및 가등기담보권은 매각으로 소멸된다.
2. 지상권 · 지역권 · 전세권 및 등기된 임차권 등은 압류채권(압류와 관계되는 국세 포함) · 가압류채권 및 위 1.에 따라 소멸하는 담보물권에 대항할 수 없는 경우 매각으로 소멸된다.
3. 위 2. 외의 경우 지상권 · 지역권 · 전세권 및 등기된 임차권 등은 매수인이 인수한다. 다만, 전세권자가 배분요구를 한 전세권의 경우에는 매각으로 소멸된다.
4. 매수인은 유치권자(留置權者)에게 그 유치권(留置權)으로 담보되는 채권을 변제할 책임이 있다.

(7) 공유자 · 배우자의 우선매수권

① 공유자 또는 체납자의 배우자는 공매재산이 공유물의 지분이거나 압류한 부부공유의 동산 또는 유가증권인 경우 매각결정기일 전까지 공매보증을 제공하고 다음의 구분에 따른 가격으로 공매재산을 우선매수하겠다는 신청을 할 수 있다. 관할 세무서장은 우선매수 신청이 있는 경우 그 공유자 또는 체납자의 배우자에게 매각결정을 하여야 한다.
 a. 최고가 매수신청인이 있는 경우: 최고가 매수신청가격
 b. 최고가 매수신청인이 없는 경우: 공매예정가격
 * 관할 세무서장은 여러 사람의 공유자가 우선매수 신청을 하고 위 ①의 절차를 마친 경우 공유자 간의 특별한 협의가 없으면 공유지분의 비율에 따라 공매재산을 매수하게 한다.

② 관할 세무서장은 위 ①에 따른 매각결정 후 매수인이 매수대금을 납부하지 아니한 경우 최고가 매수신청인에게 다시 매각결정을 할 수 있다.

(8) 차순위 매수신청

① 최고가 매수신청인이 결정된 후 해당 최고가 매수신청인 외의 매수신청인은 매각결정기일 전까지 공매보증을 제공하고 법소정 사유[*1]로 매각결정이 취소되는 경우 차순위 매수신청[*2]을 할 수 있다.

*1. 다음의 어느 하나에 해당하는 경우를 말한다.
① 매수인이 배분기일에 차액납부를 하지 아니하거나 이의가 제기된 금액을 납부하지 아니한 경우
② 납부를 촉구하여도 매수인이 매수대금을 지정된 기한까지 납부하지 아니한 경우

2. 차순위 매수신청 : 최고가 매수신청가격에서 공매보증을 뺀 금액 이상의 가격으로 공매재산을 매수하겠다는 신청을 말한다.

② 관할 세무서장은 차순위 매수신청을 한 자가 둘 이상인 경우 최고액의 매수신청인을 차순위 매수신청인으로 정하고, 최고액의 매수신청인이 둘 이상인 경우에는 추첨으로 차순위 매수신청인을 정한다.

③ 관할 세무서장은 차순위 매수신청이 있는 경우 법소정 사유로 매각결정을 취소한 날부터 3일(토요일, 일요일, 공휴일에 관한 법률의 공휴일 및 대체공휴일은 제외) 이내에 차순위 매수신청인을 매수인으로 정하여 매각결정을 할 것인지 여부를 결정하여야 한다. 다만, 다음의 사유가 있는 경우에는 차순위 매수신청인에게 매각결정을 할 수 없다.

a. 공유자 · 배우자의 우선매수 신청이 있는 경우
b. 차순위 매수신청인이 매수인의 제한 또는 공매참가의 제한을 받는 자에 해당하는 경우
c. 매각결정 전에 공매 취소 · 정지 사유가 있는 경우
d. 그 밖에 매각결정을 할 수 없는 중대한 사실이 있다고 관할 세무서장이 인정하는 경우

(9) 재공매

구 분	내 용
재공매대상	관할 세무서장은 다음의 어느 하나에 해당하는 경우 재공매를 한다. ① 재산을 공매하여도 매수신청인이 없거나 매수신청가격이 공매예정가격 미만인 경우 ② 매수인이 배분기일에 차액납부를 하지 아니하거나 이의가 제기된 금액을 납부하지 아니한 경우 ③ 납부를 촉구하여도 매수인이 매수대금을 지정된 기한까지 납부하지 아니하여 매각결정을 취소한 경우
재공매가격	관할 세무서장은 재공매를 할 때마다 최초의 공매예정가격의 10%에 해당하는 금액을 차례로 줄여 공매하며, 최초의 공매예정가격의 50%에 해당하는 금액까지 차례로 줄여 공매하여도 매각되지 아니할 때에는 새로 공매예정가격을 정하여 재공매를 할 수 있다. 다만, 공매예정가격 이상으로 매수신청한 자가 없어 즉시 재입찰을 실시한 경우에는 최초의 공매예정가격을 줄이지 아니한다.
재공매공고	관할 세무서장은 재공매시 공매공고 기간을 5일까지 단축할 수 있다.

(10) 매각결정 및 대금납부기한 등

① 관할 세무서장은 다음의 사유가 없으면 매각결정기일에 최고가 매수신청인을 매수인으로 정하여 매각결정을 하여야 한다.

a. 공유자 · 배우자의 우선매수 신청이 있는 경우

b. 최고가 매수신청인이 매수인의 제한 또는 공매참가의 제한을 받는 자에 해당하는 경우

c. 매각결정 전에 공매 취소 · 정지 사유가 있는 경우

d. 그 밖에 매각결정을 할 수 없는 중대한 사실이 있다고 관할 세무서장이 인정하는 경우

② 관할 세무서장은 최고가 매수신청인이 공매재산의 매수인이 되기 위하여 다른 법령에 따라 갖추어야 하는 자격을 갖추지 못한 경우에는 매각결정기일을 1회에 한정하여 당초 매각결정기일부터 10일 이내의 범위에서 연기할 수 있다.

③ 매각결정의 효력은 매각결정기일에 매각결정을 한 때에 발생한다.

④ 관할 세무서장은 매각결정을 한 경우 매수인에게 대금납부기한을 정하여 매각결정 통지서를 발급하여야 한다. 다만, 권리 이전에 등기 또는 등록이 필요 없는 재산의 매수대금을 즉시 납부시킬 경우에는 구두로 통지할 수 있다.

⑤ 위 ④의 대금납부기한은 매각결정을 한 날부터 7일 이내로 한다. 다만, 관할 세무서장이 필요하다고 인정하는 경우에는 그 대금납부기한을 30일의 범위에서 연장할 수 있다.

(11) 매수대금의 차액납부

① 공매재산에 대하여 저당권이나 대항력 있는 임차권 등을 가진 매수신청인으로서 법령으로 정하는 자는 매각결정기일 전까지 관할 세무서장에게 자신에게 배분될 금액을 제외한 금액을 매수대금으로 납부(차액납부)하겠다는 신청을 할 수 있다.

② 위 ①에 따른 신청을 받은 관할 세무서장은 그 신청인을 매수인으로 정하여 매각결정을 할 때 차액납부 허용 여부를 함께 결정하여 통지하여야 한다.

③ 관할 세무서장은 위 ②에 따라 차액납부 여부를 결정할 때 차액납부를 신청한 자가 다음의 어느 하나에 해당하는 경우에는 차액납부를 허용하지 아니할 수 있다.

a. 배분요구의 종기까지 배분요구를 하지 아니하여 배분받을 자격이 없는 경우

b. 배분받으려는 채권이 압류 또는 가압류되어 지급이 금지된 경우

c. 배분순위에 비추어 실제로 배분받을 금액이 없는 경우

d. 그 밖에 a부터 c까지에 준하는 사유가 있는 경우

④ 관할 세무서장은 차액납부를 허용하기로 결정한 경우에는 대금납부기한의 지정규정에도 불구하고 대금납부기한을 정하지 아니하며, 아래 ⑤에 따른 배분기일에 매수인에게 차액납부를 하게 하여야 한다.

⑤ 관할 세무서장은 차액납부를 허용하기로 결정한 경우에는 배분기일의 지정규정에도 불구하고 그 결정일부터 30일 이내의 범위에서 배분기일을 정하여 배분하여야 한다. 다만, 30일 이내에 배분계산서를 작성하기 곤란한 경우에는 배분기일을 30일 이내의 범위에서 연기할 수 있다.

⑥ 관할 세무서장으로부터 차액납부를 허용하는 결정을 받은 매수인은 그가 배분받아야 할 금액에 대하여 이의가 제기된 경우 이의가 제기된 금액을 위 ⑤에 따른 배분기일에 납부하여야 한다.

⑦ 위 ①부터 ⑥까지에서 규정한 사항 외에 차액납부의 신청 절차 및 차액납부 금액의 계산 방법 등에 관하여 필요한 사항은 법령으로 정한다.

(12) 공매보증과 매수대금 납부

① 매수인이 공매보증으로 금전을 제공한 경우 그 금전은 매수대금으로서 납부된 것으로 본다.

② 관할 세무서장은 매수인이 공매보증으로 국공채등을 제공한 경우 그 국공채등을 현금화하여야 한다. 이 경우 그 현금화에 사용된 비용을 뺀 금액은 공매보증 금액을 한도로 매수대금으로서 납부된 것으로 본다.

③ 관할 세무서장은 국공채 등을 현금화한 금액(현금화에 사용된 비용을 뺀 금액을 말한다)이 공매보증 금액보다 적으면 다시 대금납부기한을 정하여 매수인에게 그 부족액을 납부하게 하여야 하고, 공매보증 금액보다 많으면 그 차액을 매수인에게 반환하여야 한다.

(13) 매수대금 납부의 효과

① 매수인은 매수대금을 완납한 때에 공매재산을 취득한다.

② 관할 세무서장이 매수대금을 수령한 때에는 체납자로부터 매수대금만큼의 체납액을 징수한 것으로 본다.

(14) 공매재산에 설정된 제한물권 등의 소멸과 인수 등

① 공매재산에 설정된 모든 질권 · 저당권 및 가등기담보권은 매각으로 소멸된다.

② 지상권 · 지역권 · 전세권 및 등기된 임차권 등은 압류채권(압류와 관계되는 국세 포함) · 가압류채권 및 위 ①에 따라 소멸하는 담보물권에 대항할 수 없는 경우 매각으로 소멸된다.

③ 위 ② 외의 경우 지상권 · 지역권 · 전세권 및 등기된 임차권 등은 매수인이 인수한다. 다만, 전세권자가 배분요구를 한 전세권의 경우에는 매각으로 소멸된다.

④ 매수인은 유치권자에게 그 유치권으로 담보되는 채권을 변제할 책임이 있다.

참고 매각재산의 권리이전 절차

관할 세무서장은 매각재산에 대하여 체납자가 권리이전의 절차를 밟지 아니한 경우 체납자를 대신하여 그 절차를 밟는다.

(15) 매각결정의 취소

관할 세무서장은 매각결정의 취소사유가 있는 경우 압류재산의 매각결정을 취소하고 그 사실을 매수인에게 통지하여야 한다.

매각결정의 취소사유	매각결정의 취소시 공매보증금
① 매각결정을 한 후 매수인이 매수대금을 납부하기 전에 체납자가 압류와 관련된 체납액을 납부하고 매수인의 동의를 받아 매각결정의 취소를 신청하는 경우	매수인에게 반환○
② 매수인이 배분기일에 차액납부를 하지 아니하거나 이의가 제기된 금액을 납부하지 아니한 경우 ③ 납부를 촉구하여도 매수인이 매수대금을 지정된 기한까지 납부하지 아니한 경우	매수인에게 반환×*

* 공매보증금은 강제징수비, 압류와 관계되는 국세의 순으로 충당한 후 남은 금액은 체납자에게 지급한다.

❸ 수의계약

구 분	내 용
(1) 사유	관할 세무서장은 압류재산이 다음의 어느 하나에 해당하는 경우 수의계약으로 매각할 수 있다. ① 수의계약으로 매각하지 아니하면 매각대금이 강제징수비 금액 이하가 될 것으로 예상되는 경우 ② 부패 · 변질 또는 감량되기 쉬운 재산으로서 속히 매각하지 아니하면 그 재산가액이 줄어들 우려가 있는 경우 ③ 압류한 재산의 추산가격이 1천만원 미만인 경우 ④ 법령으로 소지 또는 매매가 금지 및 제한된 재산인 경우 ⑤ 제1회 공매 후 1년간 5회 이상 공매하여도 매각되지 아니한 경우 ⑥ 공매가 공익을 위하여 적절하지 아니한 경우
(2) 절차	① 관할 세무서장은 압류재산을 수의계약으로 매각하려는 경우 추산가격조서를 작성하고 2인 이상으로부터 견적서를 받아야 한다. 다만, 위 사유 중 ⑤에 해당하여 수의계약을 하는 경우로서 그 매각금액이 최종 공매 시의 공매예정가격 이상인 경우에는 견적서를 받지 아니할 수 있다. ② 관할 세무서장은 압류재산을 수의계약으로 매각하려는 경우 그 사실을 체납자, 납세담보물소유자, 그 재산에 전세권 · 질권 · 저당권 또는 그 밖의 권리를 가진 자에게 통지하여야 한다.

제 4 절 청산

청산이라 함은 압류재산의 매각대금 등 강제징수절차로 획득한 금전에 대하여 조세 기타 채권에의 배분금액을 확정시키는 처분을 말한다.

❶ 배분금전의 범위 및 배분방법

관할 세무서장은 다음의 금전을 배분하여야 한다.

배분금전	배분방법
(1) 압류한 금전 (2) 교부청구에 따라 받은 금전	압류 또는 교부청구에 관계되는 체납액에 배분한다.
(3) 채권 · 유가증권 · 그 밖의 재산권의 압류에 따라 체납자 또는 제3채무자로부터 받은 금전 (4) 압류재산의 매각대금 및 그 매각대금의 예치 이자	다음의 체납액과 채권에 배분한다. ① 압류재산과 관계되는 체납액 ② 교부청구를 받은 체납액 · 지방세 또는 공과금 ③ 압류재산과 관계되는 전세권 · 질권 · 저당권 또는 가등기담보권에 의하여 담보된 채권 ④ 주택임대차보호법 또는 상가건물 임대차보호법에 따라 우선변제권이 있는 임차보증금 반환채권 ⑤ 근로기준법 또는 근로자퇴직급여 보장법에 따라 우선변제권이 있는 임금, 퇴직금, 재해보상금 및 그 밖에 근로관계로 인한 채권 ⑥ 압류재산에 관계되는 가압류채권 ⑦ 집행문이 있는 판결정본에 의한 채권

*1. 관할 세무서장은 금전을 배분하고 남은 금액이 있는 경우 체납자에게 지급한다.
2. 관할 세무서장은 매각대금이 체납액 및 채권의 총액보다 적은 경우 민법이나 그 밖의 법령에 따라 배분할 순위와 금액을 정하여 배분하여야 한다.
3. 관할 세무서장은 배분을 할 때 국세보다 우선하는 채권이 있음에도 불구하고 배분 순위의 착오나 부당한 교부청구 또는 그 밖에 이에 준하는 사유로 체납액에 먼저 배분한 경우 그 배분한 금액을 국세보다 우선하는 채권의 채권자에게 국세환급금 환급의 예에 따라 지급한다.

참고 배분기일의 지정

1. 관할 세무서장은 금전을 배분하려면 체납자, 제3채무자 또는 매수인으로부터 해당 금전을 받은 날부터 30일 이내에서 배분기일을 정하여 배분하여야 한다. 다만, 30일 이내에 배분계산서를 작성하기 곤란한 경우에는 배분기일을 30일 이내에서 연기할 수 있다.
2. 관할 세무서장은 배분기일을 정한 경우 체납자, 채권신고대상채권자 및 배분요구를 한 채권자에게 그 사실을 통지하여야 한다. 다만, 체납자등이 외국에 있거나 있는 곳이 분명하지 아니한 경우 통지하지 아니할 수 있다.

참고 국가 또는 지방자치단체의 재산에 관한 권리의 매각대금의 배분

1. 압류한 국가 또는 지방자치단체의 재산에 관한 체납자의 권리를 매각한 경우 다음의 순서에 따라 매각대금을 배분한다.
   ① 국가 또는 지방자치단체가 체납자로부터 지급받지 못한 매각대금
   ② 체납액
2. 관할 세무서장은 위 1.에 따라 배분하고 남은 금액은 체납자에게 지급한다.

❷ 배분계산서의 작성

① 관할 세무서장은 금전을 배분하는 경우 배분계산서 원안을 작성하고, 이를 배분기일 7일 전까지 갖추어 두어야 한다.

② 체납자등은 관할 세무서장에게 교부청구서, 감정평가서, 채권신고서, 배분요구서, 배분계산서 원안 등 배분금액 산정의 근거가 되는 서류의 열람 또는 복사를 신청할 수 있다.

③ 관할 세무서장은 열람 또는 복사의 신청을 받은 경우 이에 따라야 한다.

❸ 배분계산서에 대한 이의 등

① 배분기일에 출석한 체납자등은 배분기일이 끝나기 전까지 자기의 채권과 관계되는 범위에서 배분계산서 원안에 기재된 다른 채권자의 채권 또는 채권의 순위에 대하여 이의제기를 할 수 있다.

② 체납자는 배분기일에 출석하지 아니한 경우에도 배분계산서 원안이 갖추어진 이후부터 배분기일이 끝나기 전까지 문서로 이의제기를 할 수 있다.

③ 관할 세무서장은 다음의 구분에 따라 배분계산서를 확정하여 배분을 실시하고, 확정되지 아니한 부분에 대해서는 배분을 유보한다.

이의제기가 있는 경우	이의제기가 없는 경우
① 이의제기가 정당하다고 인정하거나 배분계산서 원안과 다른 내용으로 체납자등이 한 합의가 있는 경우 : 정당하다고 인정된 이의제기의 내용 또는 합의에 따라 배분계산서를 수정하여 확정 ② 이의제기가 정당하다고 인정하지 아니하고 배분계산서 원안과 다른 내용으로 체납자등이 한 합의도 없는 경우 : 배분계산서 중 이의제기가 없는 부분에 한정하여 확정*	배분계산서 원안대로 확정

* 배분계산서 중 이의제기가 있어 확정되지 아니한 부분이 있는 경우 이의를 제기한 체납자등이 관할 세무서장의 배분계산서 작성에 관하여 심판청구등을 한 사실을 증명하는 서류를 배분기일부터 1주일 이내에 제출하지 아니하면 이의제기가 취하된 것으로 본다.

④ 배분기일에 출석하지 아니한 채권자는 배분계산서 원안과 같이 배분을 실시하는 데에 동의한 것으로 보고, 그가 다른 체납자등이 제기한 이의에 관계된 경우 그 이의제기에 동의하지 아니한 것으로 본다.

참고 배분금전의 예탁

1. 관할 세무서장은 다음의 어느 하나에 해당하는 사유가 있는 경우 그 채권에 관계되는 배분금전을 한국은행(국고대리점 포함)에 예탁하여야 한다.
   a. 채권에 정지조건 또는 불확정기한이 붙어 있는 경우
   b. 가압류채권자의 채권인 경우
   c. 체납자등이 배분계산서 작성에 대하여 심판청구등을 한 사실을 증명하는 서류를 제출한 경우
   d. 그 밖의 사유로 배분금전을 체납자등에게 지급하지 못한 경우
2. 관할 세무서장은 위 1.에 따라 예탁한 경우 그 사실을 체납자등에게 통지하여야 한다.

참고 예탁금에 대한 배분의 실시

1. 관할 세무서장은 배분금전을 예탁한 후 다음의 어느 하나에 해당하는 사유가 있는 경우 예탁금을 당초 배분받을 체납자등에게 지급하거나 배분계산서 원안을 변경하여 예탁금에 대한 추가 배분을 실시하여야 한다.
   a. 배분계산서 작성에 관한 심판청구등의 결정 · 판결이 확정된 경우
   b. 그 밖에 예탁의 사유가 소멸한 경우
2. 관할 세무서장은 예탁금의 추가 배분을 실시하려는 경우 당초의 배분계산서에 대하여 이의를 제기하지 아니한 체납자등을 위해서도 배분계산서를 변경하여야 한다.
3. 체납자등은 추가 배분기일에 이의를 제기할 경우 종전의 배분기일에서 주장할 수 없었던 사유만을 주장할 수 있다.

제5절 압류 · 매각의 유예

❶ 압류 · 매각의 유예

(1) 강제징수유예의 사유

관할 세무서장은 체납자가 다음의 어느 하나에 해당하는 경우 체납자의 신청 또는 직권으로 그 체납액에 대하여 강제징수에 따른 재산의 압류 또는 압류재산의 매각을 유예할 수 있다.

① 국세청장이 성실납세자로 인정하는 기준에 해당하는 경우
② 재산의 압류나 압류재산의 매각을 유예함으로써 체납자가 사업을 정상적으로 운영할 수 있게 되어 체납액의 징수가 가능하게 될 것이라고 관할 세무서장이 인정하는 경우

(2) 강제징수유예의 절차

구 분	내 용
(1) 압류해제	관할 세무서장은 압류 · 매각의 유예를 하는 경우 필요하다고 인정하면 이미 압류한 재산의 압류를 해제할 수 있다.
(2) 유예기간	압류 또는 매각의 유예의 기간은 그 유예한 날의 다음 날부터 1년 이내로 한다.*
(3) 분할징수	관할 세무서장은 압류 또는 매각이 유예된 체납세액을 압류 또는 매각의 유예기간 이내에 분할하여 징수할 수 있다.

* 관할 세무서장은 다음의 요건을 모두 갖춘 자가 압류 또는 매각의 유예를 신청하는 경우(압류 또는 매각의 유예를 받고 그 유예기간 중에 신청하는 경우 포함) 그 압류 또는 매각의 유예(소득세, 법인세, 부가가치세 및 이에 부가되는 세목에 대한 압류 또는 매각의 유예로 한정한다)의 기간은 유예한 날의 다음날부터 2년(압류 또는 매각의 유예를 받은 분에 대해서는 유예 받은 기간을 포함하여 산정한다) 이내로 할 수 있다.
① 조세특례제한법 시행령에 따른 중소기업에 해당할 것
② 고용재난지역 등[6]에 사업장이 소재할 것

(3) 압류 · 매각의 유예에 관한 담보

관할 세무서장은 재산의 압류를 유예하거나 압류를 해제하는 경우 그에 상당하는 납세담보의 제공을 요구할 수 있다. 다만, 성실납세자가 체납세액 납부계획서를 제출하고 국세체납정리위원회가 체납세액 납부계획의 타당성을 인정하는 경우에는 그러하지 아니하다.

---

6) 고용재난지역 등은 다음의 어느 하나에 해당하는 지역을 말한다.
a. 고용정책 기본법에 따라 선포된 고용재난지역
b. 고용정책 기본법 시행령에 따라 지정 · 고시된 지역
c. 국가균형발전 특별법에 따라 지정된 산업위기대응특별지역
d. 재난 및 안전관리 기본법에 따라 선포된 특별재난지역(선포된 날부터 2년으로 한정한다) → 이 경우 다음에 해당하는 자에 대해서도 소득세, 부가가치세 및 이에 부가되는 세목에 대하여 압류 또는 매각의 유예를 적용할 수 있다. 개정
㉠ 해당 특별재난지역에서 발생한 재난으로 인하여 신체에 대한 피해를 입은 소득세법 및 부가가치세법에 따른 사업자
㉡ 해당 특별재난지역에서 발생한 재난으로 인하여 사망한 자에 귀속되는 사업장을 상속받은 국세기본법에 따른 상속인

(4) 강제징수유예의 효과

구 분	내 용
(1) 소멸시효의 정지	압류 · 매각의 유예기간 중에는 국세징수권의 소멸시효가 정지된다.
(2) 납세증명서의 발급가능	압류 · 매각의 유예기간 중에는 납세증명서를 발급받을 수 있다.
(3) 납부지연가산세	압류 · 매각의 유예기간동안 납부지연가산세 및 원천징수 등 납부지연가산세를 징수한다.
(4) 압류나 매각의 유예	관할 세무서장은 압류 · 매각을 유예한 기간 중에는 재산압류나 압류재산의 매각을 할 수 없다.

❷ 압류 · 매각의 유예 취소

압류 · 매각의 유예 취소와 체납액의 일시징수에 관하여는 납부기한등 연장 등의 취소 규정을 준용한다.

❸ 국세체납정리위원회

국세의 체납정리에 관한 사항을 심의하기 위하여 지방국세청과 법령으로 정하는 세무서에 국세체납정리위원회를 둔다.

참고 국세체납정리위원회의 구성

1. 지방국세청에 두는 국세체납정리위원회를 지방국세청위원회(지방국세청국세체납정리위원회)라 하고 세무서에 두는 국세체납정리위원회를 세무서위원회(세무서국세체납정리위원회)라 한다.
2. 지방국세청위원회는 위원장을 포함한 7명 이상 9명 이하의 위원으로 구성하고, 세무서위원회는 위원장을 포함한 5명 이상 7명 이하의 위원으로 구성하며, 지방국세청위원회의 위원장은 지방국세청장이 되고, 세무서위원회의 위원장은 세무서장이 된다.
3. 국세체납정리위원회의 위원은 관계 공무원과 법률 · 회계 또는 경제에 관하여 자격을 보유하고 있거나 학식과 경험이 풍부한 사람 중에서 다음의 구분에 따른 사람이 된다.
   ① 지방국세청에 두는 국세체납정리위원회: 지방국세청장이 임명 또는 위촉하는 사람
   ② 세무서에 두는 국세체납정리위원회: 세무서장이 임명 또는 위촉하는 사람
4. 국세체납정리위원회의 위원 중 공무원이 아닌 위원은 형법을 적용할 때에는 공무원으로 본다.

MEMO

05편

국제조세조정에 관한 법률

2 / 0 / 2 / 5 / 시 / 험 / 전 / 엔 / 기 / 타 / 세 / 법

CHAPTER 01 국제조세조정에 관한 법률 총칙

국제조세조정에 관한 법률은 국제거래에 관한 조세의 조정 및 국가 간의 조세행정 협조, 해외자산의 신고 및 자료 제출과 글로벌최저한세의 과세에 관한 사항을 규정함으로써 국가 간의 이중과세 및 조세 회피를 방지하고 원활한 조세협력을 도모함을 목적으로 한다.

제 1 절 용어의 정의

<table>
<tr><th>구 분</th><th>내 용</th></tr>
<tr><td>국제거래</td><td>거래 당사자의 어느 한 쪽이나 양쪽이 비거주자 또는 외국법인(비거주자 또는 외국법인의 국내사업장은 제외)인 거래로서 유형자산 또는 무형자산의 매매 · 임대차, 용역의 제공, 금전의 대출 · 차용, 그 밖에 거래자의 손익 및 자산과 관련된 모든 거래</td></tr>
<tr><td>조세조약</td><td>소득 · 자본 · 재산에 대한 조세 또는 조세행정의 협력에 관하여 우리나라가 다른 나라와 체결한 조약 · 협약 · 협정 · 각서 등 국제법에 따라 규율되는 모든 유형의 국제적 합의
* 조세조약에서 용어 및 문구에 대하여 정의하지 아니한 경우에는 국세기본법에 따른 세법에서 정의하거나 사용하는 의미에 따라 조세조약을 해석 · 적용한다.</td></tr>
<tr><td>체약상대국</td><td>우리나라와 조세조약을 체결한 국가</td></tr>
<tr><td>권한 있는 당국</td><td>① 우리나라 : 기획재정부장관 또는 그의 권한을 위임받은 자
② 체약상대국 : 조세조약에서 권한 있는 당국으로 지정된 자</td></tr>
<tr><td>상호합의절차</td><td>조세조약의 적용 · 해석이나 부당한 과세처분 또는 과세소득의 조정에 대하여 우리나라의 권한 있는 당국과 체약상대국의 권한 있는 당국 간에 협의를 통하여 해결하는 절차</td></tr>
<tr><td>국내사업장</td><td>소득세법에 따른 비거주자의 국내사업장 및 법인세법에 따른 외국법인의 국내사업장</td></tr>
<tr><td>과세당국</td><td>납세지 관할세무서장 또는 지방국세청장</td></tr>
<tr><td>국외특수관계인</td><td>거주자, 내국법인 또는 국내사업장과 특수관계에 있는 비거주자 또는 외국법인(비거주자 또는 외국법인의 국내사업장은 제외)</td></tr>
<tr><td>정상가격</td><td>거주자, 내국법인 또는 국내사업장이 국외특수관계인이 아닌 자와의 통상적인 거래에서 적용되거나 적용될 것으로 판단되는 가격</td></tr>
<tr><td>국외지배주주</td><td><table><tr><th>구 분</th><th>내 용</th></tr><tr><td>① 내국법인의 경우</td><td>내국법인의 경우에는 외국의 주주 · 출자자 및 그 외국주주가 출자한 외국법인</td></tr><tr><td>② 외국법인의 국내사업장의 경우</td><td>외국법인의 국내사업장의 경우에는 외국법인의 본점 · 지점, 그 외국법인의 외국주주 및 그 외국법인 · 외국주주가 출자한 외국법인</td></tr></table></td></tr>
</table>

제2절 다른 법률과의 관계

구 분	내 용
(1) 원칙 : 국조법 〉 다른 법률	국제조세조정에 관한 법률은 국세와 지방세에 관하여 규정하는 다른 법률보다 우선하여 적용한다.
(2) 특례 : 국조법 〈 다른 법률	국제거래에 대해서는 소득세법과 법인세법의 부당행위계산부인 규정을 적용하지 아니한다. 다만, 다음의 경우에 대해서는 그러하지 아니하다. ① 자산을 무상으로 이전(현저히 저렴한 대가를 받고 이전하는 경우는 제외)하거나 채무를 면제하는 경우 ② 수익이 없는 자산을 매입하였거나 현물출자를 받았거나 그 자산에 대한 비용을 부담한 경우 ③ 출연금을 대신 부담한 경우 ④ 법인세법상 불공정자본거래에 해당하는 경우

정리 부당행위계산부인

국조법 〉 부당행위계산부인(원칙)	국조법 〈 부당행위계산부인(특례)	
사업거래	증여거래	자본거래
① 고가매입 · 저가양도 ② 금전 · 자산대차거래	① 자산증여 · 채무면제 ② 무수익자산 매입 · 현물출자 받은 경우	① 출연금 대신 부담 ② 불공정 자본거래

제3절 국제거래에 관한 실질과세

구 분	내 용
귀속에 관한 실질과세	국제거래에서 과세의 대상이 되는 소득, 수익, 재산, 행위 또는 거래의 귀속에 관하여 사실상 귀속되는 자가 명의자와 다른 경우에는 사실상 귀속되는 자를 납세의무자로 하여 조세조약을 적용한다.
거래내용에 관한 실질과세	국제거래에서 과세표준의 계산에 관한 규정은 소득, 수익, 재산, 행위 또는 거래의 명칭이나 형식과 관계없이 그 실질 내용에 따라 조세조약을 적용한다.
우회거래 등에 관한 실질과세*	국제거래에서 조세조약 및 국제조세조정에 관한 법률의 혜택을 부당하게 받기 위하여 제3자를 통한 간접적인 방법으로 거래하거나 둘 이상의 행위 또는 거래를 거친 것으로 인정되는 경우에는 그 경제적 실질에 따라 당사자가 직접 거래한 것으로 보거나 연속된 하나의 행위 또는 거래로 보아 조세조약과 국제조세조정에 관한 법률을 적용한다.

* 우회거래를 통하여 우리나라에 납부할 조세부담이 현저히 감소하는 경우[7] 납세의무자가 해당 우회거래에 정당한 사업 목적이 있다는 사실 등 조세를 회피할 의도가 없음을 입증하지 아니하면 조세조약 및 국제조세조정에 관한 법률의 혜택을 부당하게 받기 위하여 거래한 것으로 추정하여 우회거래 등에 관한 실질과세 규정을 적용한다.

제4절 특수관계

다음의 어느 하나에 해당하는 관계를 말한다.

구 분		내 용
지분소유 관계	일반	① 거래 당사자의 어느 한 쪽이 다른 쪽의 의결권 있는 주식(출자지분 포함)의 50% 이상을 직접 또는 간접으로 소유하고 있는 관계
	제3자 개입	② 제3자와 그 친족등(국세기본법상 친족관계가 있는 자)이 거래 당사자 양쪽의 의결권 있는 주식의 50% 이상을 직접 또는 간접으로 각각 소유하고 있는 경우 그 양쪽 간의 관계
실질지배 관계	일반	① 자본의 출자관계, 재화 · 용역의 거래관계, 자금의 대여 등에 의하여 거래 당사자 간에 공통의 이해관계가 있고 거래 당사자의 어느 한 쪽이 다른 쪽의 사업 방침을 실질적으로 결정할 수 있는 관계
	제3자 개입	② 자본의 출자관계, 재화 · 용역의 거래관계, 자금의 대여 등에 의하여 거래 당사자 간에 공통의 이해관계가 있고 제3자가 거래 당사자 양쪽의 사업 방침을 실질적으로 결정할 수 있는 경우 그 거래 당사자 간의 관계

참고 주식의 간접소유비율 계산

구 분	내 용
어느 한 쪽 법인이 다른 쪽 법인의 주주법인의 의결권 있는 주식의 50% 이상을 소유하고 있는 경우	주주법인의 주식소유비율(주주법인이 소유하고 있는 다른 쪽 법인의 의결권 있는 주식이 그 다른 쪽 법인의 의결권 있는 주식에서 차지하는 비율)을 어느 한 쪽 법인의 다른 쪽 법인에 대한 간접소유비율로 한다. 다만, 주주법인이 둘 이상인 경우에는 주주법인별로 계산한 비율을 합계한 비율을 어느 한 쪽 법인의 다른 쪽 법인에 대한 간접소유비율로 한다.
어느 한 쪽 법인이 다른 쪽 법인의 주주법인의 의결권 있는 주식의 50% 미만을 소유하고 있는 경우	그 소유비율에 주주법인의 주식소유비율을 곱한 비율을 어느 한 쪽 법인의 다른 쪽 법인에 대한 간접소유비율로 한다. 다만, 주주법인이 둘 이상인 경우에는 주주법인별로 계산한 비율을 합계한 비율을 어느 한 쪽 법인의 다른 쪽 법인에 대한 간접소유비율로 한다.

* 다른 쪽 법인의 주주법인과 어느 한 쪽 법인 사이에 하나 이상의 법인이 개재되어 있고 이들 법인이 주식소유관계를 통하여 연결되어 있는 경우에도 위의 계산방법을 준용한다.

---

7) 조세부담이 현저히 감소하는 경우란 우회거래를 통해 우리나라에 납부할 조세부담(소득세, 법인세, 그 밖에 조세조약의 적용 대상이 되는 조세만 포함하여 산정함)이 우회거래의 경제적 실질에 따라 계산한 조세부담의 50% 이하인 경우를 말한다. 다만, 다음 요건을 모두 충족하는 경우는 제외한다.
① 우회거래의 금액이 10억원 이하인 경우
② 우회거래를 통한 조세부담 감소액이 1억원 이하인 경우

[사례1] A → B and A → C → B

구 분	출자자	피출자자	출자비율	직 · 간접 소유비율
직접소유	A	B	10%	10%
간접소유	A	C	50%	1 × 40% = 40%
	C	B	40%	
합 계				50%

[사례2] A → B and A → C → D → B

구 분	출자자	피출자자	출자비율	직 · 간접 소유비율
직접소유	A	B	40%	40%
간접소유	A	C	50%	1 × 1 × 10% = 10%
	C	D	50%	
	D	B	10%	
합 계				50%

[사례3] A → B and A → C → B

구 분	출자자	피출자자	출자비율	직 · 간접 소유비율
직접소유	A	B	30%	30%
간접소유	A	C	40%	40% × 50% = 20%
	C	B	50%	
합 계				50%

[사례4] A → B and A → C → D → B

구 분	출자자	피출자자	출자비율	직 · 간접 소유비율
직접소유	A	B	40%	40%
간접소유	A	C	40%	40% × 50% × 50% = 10%
	C	D	50%	
	D	B	50%	
합 계				50%

[사례5] A → C → B and A → D → B

구 분	출자자	피출자자	출자비율	직 · 간접 소유비율
간접소유	A	C	50%	1 × 20% = 20%
	C	B	20%	
간접소유	A	D	50%	1 × 30% = 30%
	D	B	30%	
합 계				50%

CHAPTER 02 국외특수관계인과의 거래에 대한 과세조정 (이전가격세제)

이전가격세제란 국외특수관계인과의 국제거래에 있어서 그 거래가격이 정상가격에 미달하거나 초과하는 경우에 정상가격을 기준으로 거주자(내국법인과 국내사업장 포함)의 과세표준과 세액을 결정 또는 경정하는 것을 말한다.

제 1 절 정상가격

정상가격에 의한 신고 및 경정청구	정상가격에 의한 결정 및 경정
거주자(내국법인과 국내사업장 포함)는 국외특수관계인과의 국제거래에서 그 거래가격이 정상가격보다 낮거나 높은 경우에는 정상가격을 기준으로 조정한 과세표준 및 세액을 다음의 어느 하나에 해당하는 기한까지 납세지 관할 세무서장에게 신고하거나 경정청구를 할 수 있다. ① 소득세법 또는 법인세법에 따른 과세표준 신고기한 ② 국세기본법에 따른 수정신고기한 ③ 국세기본법에 따른 경정청구기한 ④ 국세기본법에 따른 기한 후 신고기한	① 과세당국은 거주자와 국외특수관계인 간의 국제거래에서 그 거래가격이 정상가격보다 낮거나 높은 경우에는 정상가격을 기준으로 거주자의 과세표준 및 세액을 결정하거나 경정할 수 있다. ② 과세당국은 위 ①을 적용할 때 정상가격 산출방법 중 같은 정상가격 산출방법을 적용하여 둘 이상의 과세연도에 대하여 정상가격을 산출하고 그 정상가격을 기준으로 일부 과세연도에 대한 과세표준 및 세액을 결정하거나 경정하는 경우에는 나머지 과세연도에 대해서도 그 정상가격을 기준으로 과세표준 및 세액을 결정하거나 경정하여야 한다. ③ 납세자가 특수관계에 해당하지 아니한다는 명백한 사유를 제시한 경우에는 위 ① 및 ②를 적용하지 아니한다.

*1. 정상가격에 의한 신고 및 경정청구를 할 때에는 다음의 구분에 따른 서류를 제출하여야 한다.
① 정상가격을 기준으로 조정한 과세표준 및 세액을 신고하는 경우: 기획재정부령으로 정하는 거래가격 조정신고서
② 정상가격을 기준으로 조정한 과세표준 및 세액을 경정청구하는 경우: 다음의 서류
a. 위 ①의 거래가격 조정신고서
b. 기획재정부령으로 정하는 정상가격 산출방법 입증 서류 개정

2. 경정청구를 받은 납세지 관할 세무서장은 위 ②에 따라 제출된 서류에 누락된 사항이나 미비한 사항이 있는 경우에는 30일 이내의 기간을 정하여 보완을 요구할 수 있다. 이 경우 보완에 걸린 기간은 아래 4에 따른 기간에 산입하지 아니한다. 개정
3. 납세지 관할 세무서장은 위 2에 따른 보완을 요구할 때에는 보완을 요구받은 거주자가 정당한 사유 없이 30일 이내에 서류를 보완하여 제출하지 아니하는 경우에는 경정하지 아니할 수 있다는 뜻을 알려야 한다. 개정
4. 경정청구를 받은 납세지 관할 세무서장은 경정청구를 받은 날부터 6개월 이내 개정 에 과세표준 및 세액을 경정하거나 경정하여야 할 이유가 없다는 뜻을 그 청구를 한 자에게 알려야 한다.

❶ 정상가격에 의한 과세조정

정상가격은 국외특수관계인이 아닌 자와의 통상적인 거래에서 적용되거나 적용될 것으로 판단되는 재화 또는 용역의 특성 · 기능 및 경제환경 등 거래조건을 고려하여 다음의 방법 중 가장 합리적인 방법으로 계산한 가격으로 한다. 다만, ⑥의 방법은 ①~⑤의 방법으로 정상가격을 산출할 수 없는 경우에만 적용한다.

구 분	정상가격 산출방법
원칙	① 비교가능 제3자 가격방법 ② 재판매가격방법 ③ 원가가산방법 ④ 이익분할방법 ⑤ 거래순이익률방법
예외	⑥ 기타 합리적 방법

*1. 과세당국은 정상가격 산출방법을 적용할 때 거주자와 국외특수관계인 사이의 상업적 또는 재무적 관계 및 해당 국제거래에서 중요한 거래조건을 고려하여 해당 국제거래의 실질적인 내용을 명확하게 파악하여야 하며, 해당 국제거래가 그 거래와 유사한 거래 상황에서 특수관계가 없는 독립된 사업자 사이의 거래와 비교하여 상업적으로 합리적인 거래인지 여부를 판단하여야 한다.[8]

2. 과세당국은 위 1.의 판단 결과 거주자와 국외특수관계인 사이의 국제거래가 상업적으로 합리적인 거래가 아니고, 해당 국제거래에 기초하여 정상가격을 산출하는 것이 현저히 곤란한 경우 그 경제적 실질에 따라 해당 국제거래를 없는 것으로 보거나 합리적인 방법에 따라 새로운 거래로 재구성하여 정상가격 산출방법을 적용할 수 있다.

PART 05 국조법

8) 과세당국은 거주자와 국외특수관계인 사이의 국제거래의 실질적인 내용을 명확하게 파악하기 위해 다음의 요소를 고려해야 한다.

① 계약조건

② 사용된 자산과 부담한 위험 등을 고려하여 평가된 거래 당사자가 수행한 기능. 이 경우 부담한 위험은 거래 당사자의 위험에 대한 관리 · 통제 활동 및 위험을 부담할 재정적 능력 등을 고려하여 기획재정부령으로 정하는 바에 따라 분석해야 하며, 거래 당사자가 수행한 기능은 거래 당사자뿐만 아니라 거래 당사자와 특수관계에 있는 자 모두를 고려하여 전체적으로 사업활동이 수행되고 있는 방식, 거래 상황 및 관행을 종합적으로 고려해야 한다.

③ 거래된 재화나 용역의 종류 및 특성

④ 경제 여건 및 사업전략

참고 정상가격 산출방법

구 분	내 용
① 비교가능 제3자 가격방법	거주자와 국외특수관계인 간의 국제거래에서 그 거래와 유사한 거래 상황에서 특수관계가 없는 독립된 사업자 간의 거래가격을 정상가격으로 보는 방법
② 재판매가격방법	거주자와 국외특수관계인이 자산을 거래한 후 거래의 어느 한 쪽인 그 자산의 구매자가 특수관계가 없는 자에게 다시 그 자산을 판매하는 경우 그 판매가격에서 그 구매자의 통상의 이윤으로 볼 수 있는 금액을 뺀 가격을 정상가격으로 보는 방법 → 재판매가격 - 재판매가격 × 매가이익률
③ 원가가산방법	거주자와 국외특수관계인 간의 국제거래에서 자산의 제조 · 판매나 용역의 제공 과정에서 발생한 원가에 자산 판매자나 용역 제공자의 통상의 이윤으로 볼 수 있는 금액을 더한 가격을 정상가격으로 보는 방법 → 매입가격 + 매입가격 × 원가이익률
④ 이익분할방법	거주자와 국외특수관계인 간의 국제거래에서 거래 쌍방이 함께 실현한 거래순이익을 합리적인 배부기준에 의하여 측정된 거래당사자들 간의 상대적 공헌도에 따라 배부하고 이와 같이 배부된 이익을 기초로 산출한 거래가격을 정상가격으로 보는 방법
⑤ 거래순이익률방법	거주자와 국외특수관계인 간의 국제거래에서 거주자와 특수관계가 없는 자 간의 거래 중 해당 거래와 비슷한 거래에서 실현된 통상의 거래순이익률을 기초로 산출한 거래가격을 정상가격으로 보는 방법
⑥ 기타 합리적 방법	위 ①~⑤의 방법으로 정상가격을 산출할 수 없는 경우에만 적용한다.

* 정상가격 산출방법 중 동일한 정상가격 산출방법을 적용하여 둘 이상의 과세연도에 대하여 정상가격을 산출하고 그 정상가격을 기준으로 일부 과세연도에 대한 과세표준 및 세액을 결정하거나 경정하는 경우에는 나머지 과세연도에 대하여도 그 정상가격을 기준으로 과세표준 및 세액을 결정하거나 경정하여야 한다.

참고 무형자산 거래에 대한 정상가격

거주자와 국외특수관계인 간의 무형자산 거래에 대한 정상가격 산출방법은 다음의 어느 하나에 해당하는 방법을 우선적으로 적용하여야 한다.

① 비교가능 제3자 가격방법

② 이익분할방법

③ 해당 무형자산의 사용으로 창출할 수 있는 미래의 현금흐름 예상액을 현재가치로 할인하는 가치평가방법

❷ 정상가격산출방법의 사전승인

<table>
<tr><th>구 분</th><th>내 용</th></tr>
<tr><td>(1) 신청</td><td>정상가격 산출방법을 적용하려는 일정기간의 과세연도 중 최초의 과세연도 개시일의 전날*까지 국세청장에게 승인신청할 수 있다.</td></tr>
<tr><td>(2) 사전승인</td><td>국세청장은 거주자가 승인신청 대상 기간 전의 과세연도에 대하여 정상가격 산출방법을 소급하여 적용해 줄 것을 사전승인 신청과 동시에 신청하는 경우 다음의 기간이 지나지 아니한 범위에서 소급하여 적용하도록 승인할 수 있다.
<table><tr><th>구 분</th><th>소급적용범위</th><th>비 고</th></tr><tr><td>상호합의에 의한 사전승인</td><td>7년</td><td>역외거래의 일반적 국세부과제척기간</td></tr><tr><td>일방적 사전승인*</td><td>5년</td><td>일반적 경정청구 기한</td></tr></table>* 국세청장은 신청인이 일방적 사전승인을 신청하는 경우에는 신청일부터 2년 이내에 사전승인 여부를 결정하여야 한다.</td></tr>
<tr><td>(3) 사후관리</td><td>① 수정신고 또는 경정청구
거주자는 정상가격 산출방법이 승인된 경우 매년 소득세법 또는 법인세법상 신고기한까지 그 승인된 방법에 따른 과세표준 및 세액을 납세지 관할 세무서장에게 신고하여야 하며, 필요한 경우 사전승인 통지서를 받은 날로부터 3개월 이내에 수정신고 또는 경정청구를 하여야 한다.
② 연례보고서 제출의무
정상가격 산출방법의 사전승인을 받은 신청인은 매년 소득세법에 따른 과세기간 또는 법인세법에 따른 사업연도 종료일이 속하는 달의 말일부터 12개월 이내에 국세청장에게 산출된 정상가격 및 그 산출 과정 등이 포함된 연례보고서를 제출(국세정보통신망에 의한 제출 포함)해야 한다. 이 경우 소득세법 또는 법인세법상 신고기한이 지난 과세기간의 연례보고서는 사전승인 이후 최초로 연례보고서를 제출할 때 함께 제출한다.
③ 사전승인된 방법의 준수
국세청장과 거주자는 정상가격 산출방법이 승인된 경우에는 그 승인된 방법을 준수하여야 한다. 다만, 다음의 사전승인 취소 · 철회사유가 있는 경우에는 그 승인된 방법을 준수하지 아니할 수 있다.
<table><tr><th>사전승인 취소 · 철회사유</th><th>비 고</th></tr><tr><td>a. 사전승인신청시 제출하여야 할 자료 또는 연례보고서의 중요한 부분이 제출되지 아니하거나 거짓으로 작성된 경우
b. 거주자가 사전승인 내용 또는 그 조건을 준수하지 아니한 경우</td><td>변경신청 불가</td></tr><tr><td>c. 사전승인된 정상가격 산출방법의 전제가 되는 조건이나 가정의 중요한 부분이 실현되지 아니한 경우
d. 관련 법령 또는 조세조약이 변경되어 사전승인 내용이 적절하지 않게 된 경우</td><td>변경신청 가능*</td></tr></table>* 그 사유가 발생한 과세연도의 과세표준 및 세액의 확정신고기한까지 해당 과세연도를 포함한 그 이후의 잔여 대상기간에 대하여 처음 사전승인 내용의 변경을 신청할 수 있다.</td></tr>
</table>

❸ 정상원가분담액 등에 의한 과세조정

구 분	내 용
(1) 정상원가 기준	과세당국은 거주자가 국외특수관계인과 무형자산을 공동으로 개발 또는 확보하기 위하여 사전에 원가 · 비용 · 위험의 분담에 대한 약정을 체결하고 이에 따라 공동개발하는 경우 거주자의 원가 등의 분담액이 정상원가분담액보다 적거나 많을 때에는 정상원가분담액*을 기준으로 거주자의 원가등의 분담액을 조정하여 거주자의 과세표준과 세액을 결정하거나 경정할 수 있다. * 정상원가분담액은 거주자가 국외특수관계인이 아닌 자와의 통상적인 원가등의 분담에 대한 약정에서 적용하거나 적용할 것으로 판단되는 분담액으로서 무형자산의 공동개발을 위한 원가등을 그 무형자산으로부터 기대되는 편익에 비례하여 배분한 금액으로 한다. 다만, 천재지변이나 그 밖의 불가항력적인 사유로 원가등이 당초 약정대로 분담되지 못하였다고 인정되는 경우에는 해당 사유를 고려하여 재산정한 금액을 정상원가분담액으로 할 수 있다.
(2) 변동된 기대편익 기준	과세당국은 거주자와 국외특수관계인이 공동개발한 무형자산에 대하여 적정하게 원가등을 배분하여 각 참여자의 지분을 결정하는 약정을 체결한 후 공동개발한 무형자산으로부터의 기대편익이 약정 체결 시 예상한 기대편익과 비교하여 20% 이상* 변동된 경우에는 원래 결정된 각 참여자의 지분을 변동된 기대편익을 기준으로 조정하여 거주자의 과세표준과 세액을 결정하거나 경정할 수 있다. * 무형자산 개발 후 실현되는 총 기대편익에 대한 거주자의 기대편익 비율이 처음 약정 체결 시 예상한 총 기대편익에 대한 거주자의 기대편익 비율에 비해 20% 증가하거나 감소한 경우를 말한다.

❹ 제3자 개입거래

거주자가 국외특수관계인이 아닌 자와 국제거래를 하는 경우에도 그 거래가 다음의 요건을 모두 충족하는 경우에는 국외특수관계인과 국제거래를 한 것으로 보아 그 거래에 대하여 이전가격세제를 적용한다.

구 분	내 용
① 사전계약	해당 거주자와 국외특수관계인 간에 그 거래에 대한 사전계약(거래와 관련된 증거에 따라 사전에 실질적인 합의가 있는 것으로 인정되는 경우를 포함한다)이 있을 것
② 실질적으로 결정	해당 거주자와 국외특수관계인 간에 그 거래의 조건이 실질적으로 결정될 것

❺ 상계거래의 인정

구 분	내 용
(1) 원칙 : 상계○	국제거래에서 그 거래가격이 정상가격보다 낮거나 높은 경우에도 다음의 요건을 모두 갖춘 경우에는 상계되는 모든 국제거래를 하나의 국제거래로 보아 이전가격세제를 적용한다. ① 거주자가 같은 국외특수관계인과 같은 과세연도 내의 다른 국제거래를 통하여 그 차액을 상계하기로 사전에 합의할 것 ② 해당 거주자가 사전 합의 사실과 상계거래 내용을 증명할 것
(2) 예외 : 상계×	증명되는 상계거래 중 원천징수의 대상이 되는 거래의 경우에는 상계거래가 없는 것으로 보아 해당 원천징수 규정을 적용한다.

제2절 소득금액 조정에 따른 소득처분 및 세무조정

구 분	내 용
(1) 반환	이전소득 결정 → 임시유보처분 통지[*1] → 반환○ → 소득처분×
(2) 미반환	이전소득 결정 → 임시유보처분 통지[*1] → 반환×[*2] → 소득처분○[*3]
(3) 미반환의제	이전소득 결정 → 소득처분○[*3]

*1. 과세당국은 임시유보로 처분하는 경우 그 사실을 임시유보처분통지서에 따라 소득세법 소득금액변동통지서 규정(결정일 또는 경정일부터 15일내 통지)을 준용하여 통지하여야 한다.
2. 내국법인이 임시유보처분통지서를 받은 날(임시유보 처분 통지서를 받은 날부터 90일이 되는 날까지 상호합의절차가 개시된 경우에는 상호합의 결과를 통보받은 날을 말한다) 또는 과세표준 및 세액을 신고한 날부터 90일 이내에 국외특수관계인이 내국법인에게 이전가격세제에 따라 익금에 산입되는 금액 중 반환하려는 금액에 반환이자를 가산하여 반환하였음을 확인하는 이전소득금액반환확인서를 과세당국에 제출하지 아니한 경우를 말한다.
3. 과세당국은 소득처분 또는 세무조정하는 경우 그 사실을 이전소득금액반환확인서의 제출기한이 만료된 날(미반환의제의 경우 결정 또는 경정일)로부터 15일 이내에 이전소득금액통지서에 의하여 통지하여야 하며, 이 경우 배당은 그 통지서를 받은 날에 지급한 것으로 한다.

❶ 소득처분

국외특수관계인	소득처분
① 내국법인의 주주에 해당하는 경우	배당
② 내국법인이 출자한 법인에 해당하는 경우	유보
③ 위 외의 자인 경우	배당

❷ 미반환의제사유

과세당국은 소득금액 조정에 따른 소득처분 및 세무조정을 하는 경우에는 반환 여부를 확인하기 전까지는 임시유보로 처분한다. 다만, 다음과 같은 미반환의제사유에 해당하는 경우에는 임시유보로 처분하지 아니하고 미반환시와 같이 소득처분하거나 조정한다. 임시유보 처분을 한 후에 ① 또는 ②에 해당하는 사유가 발생한 경우에는 다시 소득처분하거나 조정한다.

① 해당 내국법인이 이전소득금액 처분 요청서를 과세당국에 제출하는 경우
② 해당 내국법인이 폐업한 경우(사실상 폐업한 경우 포함)
③ 과세당국이 과세표준 및 세액을 결정하거나 경정한 날부터 4개월 이내에 부과제척기간이 만료되는 경우
④ 내국법인이 과세표준 및 세액을 신고할 당시 익금산입액이 국외특수관계인으로부터 내국법인에 반환된 것임이 확인되지 않은 금액을 임시유보로 처분하지 않고 소득처분하거나 조정하기를 원하는 경우

* 다만, 납세자가 이전소득금액통지서를 받은 날부터 90일 이내에 이전소득금액 반환 확인서를 제출한 경우에는 이전소득금액통지서에 따른 처분이나 조정이 없었던 것으로 본다.

제 3 절 체약상대국의 과세조정에 대한 대응조정

구 분	내 용
(1) 대응조정	체약상대국이 거주자와 국외특수관계인의 거래가격을 정상가격으로 조정하고, 이에 대한 상호합의절차가 종결된 경우에는 과세당국은 그 합의에 따라 거주자의 각 과세연도 과세표준 및 세액을 조정하여 계산할 수 있다.
(2) 수정신고 · 경정청구	① 각 과세연도 과세표준 및 세액의 조정을 받으려는 거주자는 상호합의결과의 통보를 받은 날부터 3개월 이내에 소득금액 계산특례 신청서에 국세청장이 발급한 상호합의 종결 통보서를 첨부하여 납세지 관할 세무서장에게 수정신고 또는 경정청구(국세정보통신망을 활용한 청구 포함)를 해야 한다. ② 일방적 사전승인을 받은 거주자가 과세표준 및 세액을 조정받으려는 경우에는 소득금액 계산특례 신청서에 국세청장이 발급한 사전승인 통지서를 첨부하여 통지서를 받은 날부터 3개월 이내에 납세지 관할 세무서장에게 수정신고 또는 경정청구(국세정보통신망을 활용한 청구 포함)를 해야 한다.
(3) 감액조정된 금액 중 국외특수관계인에게 미반환된 금액의 처리	① 내국법인 : 이월익금으로 보아 익금에 산입하지 아니한다. ② 거주자 : 소득금액으로 보지 아니한다.

제 4 절 국세의 정상가격과 관세의 과세가격 간 조정

❶ 경정청구

구 분	내 용
(1) 청구	국외특수관계인으로부터 물품을 수입하는 거래와 관련하여 납세의무자가 과세당국에 법인세 등 과세표준신고서를 제출한 후 관세법에 따른 세관장의 경정처분으로 인하여 관세의 과세가격과 신고한 법인세 등의 과세표준 및 세액의 산정기준이 되는 거래가격(정상가격) 간에 차이가 발생한 경우에는 그 경정처분이 있음을 안 날(처분의 통지를 받은 때에는 그 받은 날)부터 3개월내에 과세당국에 법인세 등의 과세표준 및 세액의 경정을 청구할 수 있다.
(2) 통지	과세당국은 경정청구를 받은 날부터 2개월 내에 과세표준 및 세액을 경정하거나 경정하여야 할 이유가 없다는 뜻을 그 청구를 한 자에게 통지하여야 한다.

❷ 조정신청

구 분	내 용
(1) 신청	납세의무자는 경정청구에 따른 통지를 받은 날(2개월 내에 통지를 받지 못한 경우에는 2개월이 지난 날)부터 30일 내에 기획재정부장관에게 국세의 정상가격과 관세의 과세가격 간 조정을 신청할 수 있다.
(2) 통지	기획재정부장관은 과세당국 또는 세관장에게 거래가격에 대한 과세의 조정을 권고할 수 있고, 그 조정권고에 대한 과세당국 또는 세관장의 이행계획(불이행시 그 이유포함)을 제출받아 조정신청을 받은 날부터 90일 내에 납세의무자에게 통지하여야 한다.

* 조정기간(조정을 신청한 날부터 통지를 받은 날까지의 기간)은 국세기본법에 따른 이의신청, 심사청구 및 심판청구의 신청기간 또는 청구기간에 산입하지 아니한다.

참고 국세의 정상가격 산출방법과 관세의 과세가격 결정방법의 사전조정

1. 국세의 정상가격 산출방법에 대하여 사전승인(일방적 사전승인의 대상인 경우에 한정한다)을 신청하는 거주자는 국세의 정상가격과 관세의 과세가격을 사전조정받기 위하여 관세법에 따른 관세 과세가격 결정방법의 사전심사를 국세청장에게 신청할 수 있다.
2. 국세청장은 사전조정 신청을 받은 경우에는 관세청장에게 관세가격 사전심사 신청서류를 첨부하여 신청을 받은 사실을 통보하고, 관세청장과 정상가격 산출방법, 과세가격 결정방법 및 사전조정 가격의 범위에 대하여 협의하여야 한다.
3. 국세청장은 협의가 이루어진 경우에는 사전조정을 하여야 하며, 신청의 처리결과를 사전조정을 신청한 자와 기획재정부장관에게 통보하여야 한다.

❸ 국제거래 관련 정보제공

과세당국은 국제거래에 필요한 조세의 부과ㆍ징수 및 국세의 정상가격과 관세의 과세가격 간 조정을 위하여 필요한 경우에는 세관장에게 ① 관세법에 따른 과세정보, ② 그 밖의 관세의 과세가격 결정(또는 경정)과 관련된 자료를 요구할 수 있다. 이 경우 요구를 받은 세관장은 정당한 사유가 없으면 요구에 따라야 한다.

제5절 국제거래에 대한 자료제출의무

❶ 국제거래명세서 등의 제출

국외특수관계인과 국제거래를 하는 납세의무자는 국제거래명세서 등을 법정기한까지 납세지 관할세무서장에게 제출하여야 한다.

구 분		내 용
(1) 일반	①	① 국제거래명세서[9], 국외특수관계인의 요약손익계산서, 정상가격 산출방법 신고서 → 소득세법에 따른 과세기간 또는 법인세법에 따른 사업연도 종료일이 속하는 달의 말일부터 6개월 이내* ② 국제거래정보통합보고서(통합기업보고서, 개별기업보고서 및 국가별 보고서) → 법인세법에 따른 사업연도 종료일이 속하는 달의 말일부터 12개월 이내*
(2) 대규모법인[10]	① + ②	

* 납세지 관할세무서장은 납세의무자가 법 소정의 부득이한 사유(화재·재난 및 도난 또는 사업의 중대한 위기 등)로 국제거래명세서, 요약손익계산서, 정상가격 산출방법 신고서 및 국제거래정보통합보고서(통합기업보고서, 개별기업보고서 및 국가별보고서)를 법정기한까지 제출할 수 없는 경우로서 납세의무자의 신청을 받은 경우에는 1년의 범위에서 그 제출기한의 연장을 승인할 수 있다.

9) 다만, 해당 사업연도의 국외특수관계인과의 국제거래 유형별 거래금액의 합계가 다음의 요건을 모두 충족하는 경우 국제거래명세서의 제출의무를 면제한다.
① 재화거래 금액의 합계: 5억원 이하
② 용역거래 금액의 합계: 1억원 이하
③ 무형자산거래 금액의 합계: 1억원 이하

10) 대규모법인은 다음의 구분에 따른 납세의무자를 말한다.
① 기획재정부령으로 정하는 최종 모회사가 국내에 소재하는 경우로서 직전 과세연도 연결재무제표의 매출액이 1조원을 초과하는 경우 : 국내의 최종모회사
② 최종모회사가 외국에 소재하는 경우로서 직전 과세연도 연결재무제표의 매출액이 다음의 구분에 따른 금액을 초과하는 경우: 국내관계회사
a. 최종모회사가 소재하는 국가의 법령상 국가별보고서 제출의무가 있는 경우 : 해당 법령으로 정한 기준 금액
b. 최종모회사가 소재하는 국가의 법령상 국가별보고서 제출의무가 없는 경우 : 7억 5천만유로

❷ 정상가격산정방법 등 자료제출

① 과세당국은 이전가격세제를 적용하기 위하여 필요한 거래가격산정방법 등의 관련자료를 제출하도록 납세의무자에게 요구할 수 있으며, 이러한 요구를 받은 자는 자료제출을 요구받은 날부터 60일 이내에 해당 자료를 제출하여야 한다. 다만, 법 소정의 부득이한 사유로 제출기한의 연장을 신청하는 경우에는 과세당국은 60일의 범위에서 한 차례만 그 제출기한의 연장을 승인할 수 있다.

② 자료제출을 요구받은 납세의무자가 부득이한 사유 없이 자료를 기한내에 제출하지 아니하고, 불복신청 또는 상호합의절차시 자료를 제출하는 경우 과세당국 및 관련기관은 해당 자료를 과세자료로 이용하지 아니할 수 있다.

③ 통합기업보고서 및 개별기업보고서를 제출하여야 하는 납세의무자와 정상가격 산출에 관한 자료의 제출을 요구받은 납세의무자가 부득이한 사유 없이 자료를 기한까지 제출하지 아니하는 경우 과세당국은 유사한 사업을 영위하는 사업자로부터 입수하는 자료 등 과세당국이 확보할 수 있는 자료에 근거하여 합리적으로 정상가격 및 정상원가분담액을 추정하여 과세조정을 할 수 있다.

❸ 자료제출의무 불이행에 대한 제재

① 부득이한 사유 없이 자료를 기한까지 제출하지 아니하거나 거짓의 자료를 제출하는 경우에는 1억원 이하의 과태료를 부과한다.

② 과세당국은 ①에 따라 과태료를 부과받은 자에게 30일의 이행기간을 정하여 자료를 제출하거나 거짓 자료를 시정할 것을 요구할 수 있으며, 그 기간 내에 자료 제출이나 시정 요구를 이행하지 아니하는 경우에는 지연기간에 따라 2억원 이하의 과태료를 추가로 부과할 수 있다.

구 분	과태료	상한
① 국제거래명세서 미제출 · 거짓제출	국외특수관계인별 500만원	1억원
② 국제거래통합보고서 미제출 · 거짓제출	보고서별 3천만원	
③ 거래가격 산정방법 등의 자료 미제출 · 거짓제출	3천만원 ~ 7천만원	
④ 글로벌최저한세정보신고서 또는 국외 소재 구성기업에 관한 사항의 신고자료 미제출 · 거짓제출[*1]	1억원	
⑤ 자료 제출이나 시정 요구 불이행	①~④에 따른 금액 $\times \left(1 + \frac{\text{지연기간}^{*2}}{30\text{일}}\right)$	2억원

*1. 다만, 해당 국내구성기업이 전환기사업연도의 글로벌최저한세소득 · 결손 계산 내용을 공개하는 등 법령으로 정하는 조치를 한 경우에는 해당 전환기사업연도의 글로벌최저한세정보신고서 제출과 관련한 의무 위반행위에 대한 과태료를 부과하지 아니한다.
2. 지연기간(과세당국이 정한 30일의 이행기간의 말일 다음날부터 자료제출이나 시정요구를 이행하는 날까지의 기간)을 30으로 나눈 결과 소수점 이하는 버린다.
3. 과태료는 그 위반행위의 정도, 위반 횟수, 위반행위의 동기와 결과 등을 고려하여 해당 과태료의 50% 범위에서 줄이거나 늘릴 수 있다. 다만, 과태료를 늘리는 경우에는 과태료의 상한을 넘을 수 없다.
4. 과태료를 부과할 때 자료를 제출하는 자가 경미한 착오로 자료의 일부를 제출하지 않거나 일부 항목에 오류를 발생시킨 경우에는 과세당국은 보정 자료를 받고 과태료를 부과하지 않을 수 있다.

❹ 자료제출의무 불이행에 대한 과태료 감경

국제거래관련 자료의 제출의무를 불이행함에 따라 산정된 과태료는 일정기간 이내에 수정 제출 또는 기한 후 제출한 경우 해당 과태료에 다음에서 정하는 감경비율을 적용해야 한다. 다만, 납세의무자가 과세당국의 과태료 부과를 미리 알고 신고한 경우는 제외한다.

수정 제출한 날	감경비율	기한 후 제출한 날	감경비율
제출기한 후 6개월 이내	90%	제출기한 후 1개월 이내	90%
제출기한 후 6개월 초과 1년 이내	70%	제출기한 후 1개월 초과 6개월 이내	70%
제출기한 후 1년 초과 2년 이내	50%	제출기한 후 6개월 초과 1년 이내	50%
제출기한 후 2년 초과 4년 이내	30%	제출기한 후 1년 초과 2년 이내	30%

제 6 절 가산세적용의 특례

과세당국은 이전가격세제를 적용할 때, 다음 중 어느 하나에 해당하는 경우에는 국세기본법상 과소신고가산세를 부과하지 아니한다.

① 신고된 거래가격과 정상가격과의 차이에 대하여 납세의무자의 과실이 없다고 상호합의절차의 결과에 따라 확인되는 경우

② 납세의무자가 일방적 사전승인을 받은 경우로서 신고한 거래가격과 정상가격의 차이에 대하여 납세의무자의 과실이 없다고 국세청장이 판정하는 경우

③ 납세의무자가 소득세나 법인세를 신고할 때 적용한 정상가격 산출방법에 관한 증명자료를 보관·비치하거나 개별기업보고서를 기한까지 제출하고, 합리적 판단에 따라 그 정상가격 산출방법을 선택하여 적용한 것으로 인정되는 경우

MEMO

CHAPTER 03 국외지배주주 등에게 지급하는 이자에 대한 과세조정

제 1 절 배당으로 간주된 이자의 손금불산입(과소자본세제)

내국법인(외국법인의 국내사업장 포함)의 차입금 중 국외지배주주로부터 차입한 금액(친족 등 국외지배주주의 특수관계인으로부터 차입한 금액 포함)과 국외지배주주의 지급보증(담보의 제공 등 실질적으로 지급을 보증하는 경우를 포함)에 의하여 제3자로부터 차입한 금액이 그 국외지배주주가 출자한 출자금액의 2배(금융업은 6배)를 초과하는 경우에는 그 초과분에 대한 지급이자 및 할인료는 그 내국법인의 손금에 산입하지 아니하며 배당 또는 기타사외유출로 처분된 것으로 본다. 이 규정을 적용할 때 서로 다른 이자율이 적용되는 이자나 할인료가 함께 있는 경우에는 높은 이자율이 적용되는 것부터 먼저 손금에 산입하지 아니한다.

❶ 지급이자 손금불산입액의 계산

손금에 산입하지 않는 금액은 다음 계산식에 따른 초과차입금적수에 각 차입금에 대한 이자율을 곱하여 더한 이자등의 금액으로 한다.

$$\text{초과차입금적수} = \frac{\text{내국법인의 국외지배주주}}{\text{등에 대한 총차입금적수}} - \frac{\text{국외지배주주 등의}}{\text{내국법인 출자금액적수}} \times 2(\text{금융업은 } 6)$$

*1. 높은 이자율이 적용되는 차입금의 적수가 초과차입금적수에 먼저 포함되는 것으로 하고, 같은 이자율이 적용되는 차입금이 둘 이상인 경우에는 차입시기가 늦은 차입금의 적수부터 초과차입금적수에 포함하며, 이자율과 차입시기가 모두 같은 경우에는 차입금의 비율에 따라 안분하여 초과차입금적수에 포함한다.

2. 내국법인이 금융업과 금융업이 아닌 업종을 겸영하고, 그 내국법인의 출자금액 또는 차입금이 업종별로 구분되지 않는 경우에는 다음의 구분에 따라 출자금액 또는 차입금을 배분한 후 각각 업종별 배수(2배 또는 6배)를 적용한다.

① 금융업과 금융업이 아닌 업종의 기업회계기준에 따른 영업이익이 각각 발생한 경우 : 각 영업이익에 비례하여 출자금액 또는 차입금을 배분

② 금융업과 금융업이 아닌 업종 중 어느 한 업종에서 영업이익이 발생하지 않은 경우 : 법인세법상 국외원천소득과 그 밖의 소득에 공통적으로 관련된 비용의 배분방법을 준용하여 출자금액 또는 차입금을 배분

(1) 이자 및 할인료의 범위

국외지배주주등차입금에서 발생한 모든 이자비용으로서 내국법인이 국외지배주주에게 지급해야 할 사채할인발행차금 상각액, 융통어음 할인료 등 그 경제적 실질이 이자에 해당하는 것을 모두 포함한다. 다만, 건설자금이자는 이자등의 범위에서 제외한다.

(2) 국외지배주주의 출자금액

구 분	내 용
① 내국법인인 경우	$\text{자기자본}^{*1} \times \dfrac{\text{국외지배주주가 납입한 자본금}}{\text{납입자본총액}}$
② 외국법인의 국내 사업장인 경우	각 사업연도 종료일 현재 그 국내사업장의 재무상태표상 순자산 (자산총액 - 부채총액)

*1. 자기자본 : Max[①, ②]

① 해당 사업연도 종료일 현재 재무상태표상 순자산[자산 - 부채(충당금 포함, 미지급법인세 제외)]

② 해당 사업연도 종료일 현재 납입자본금(자본금 + 주식발행액면초과액 및 감자차익 - 주식할인발행차금 및 감자차손)

2. 사업연도 중 합병 · 분할 또는 증자 · 감자 등에 따라 자본이 변동된 경우에는 해당 사업연도 개시일부터 자본 변동일 전날까지의 기간과 그 변동일부터 해당 사업연도 종료일까지의 기간으로 각각 나누어 계산한 자본의 적수를 합한 금액을 순자산금액의 적수 또는 납입자본금의 적수로 한다.

참고 **차입금의 범위**

1. 차입금의 범위는 이자 및 할인료를 발생시키는 부채로 한다. 다만, 은행법에 따른 외국은행의 국내지점이 정부(한국은행 포함)의 요청에 따라 외화로 차입하는 금액 또는 다음의 어느 하나의 방법으로 사용하기 위하여 해당 외국은행의 본점 · 지점으로부터 외화로 예수하거나 차입하는 금액은 제외한다.
   ① 외국환거래법에 따른 비거주자 또는 외국환은행에 대하여 외화로 예치하거나 대출하는 방법
   ② 외국환거래법에 따른 비거주자 또는 외국환은행이 발행한 외화표시증권을 인수하거나 매매하는 방법
2. 위 1.을 적용할 때 외국은행의 본점 · 지점으로부터 외화로 예수하거나 차입한 금액인지가 불분명한 경우로서 해당 사업연도의 재무상태표(연평균 잔액 기준) 등에 계상된 자금의 원천 비율로 그 구분이 가능한 경우에는 그 비율에 따라 계산된 금액을 본점 · 지점으로부터 차입한 금액으로 간주한다. 이 경우 연평균 잔액은 일별 또는 월별로 계산할 수 있다.
3. 국외지배주주에 내국법인의 의결권 있는 주식의 50% 이상을 직접 또는 간접으로 소유하고 있는 외국주주와 해당 외국주주가 의결권 있는 주식의 50% 이상을 직접 또는 간접으로 소유하고 있는 외국법인이 모두 포함되어 있는 경우에는 외국법인과 관련된 국외지배주주등차입금을 외국주주와 관련된 국외지배주주등차입금에 더한다.
4. 국외지배주주등차입금은 사업연도 종료일 현재의 외국환거래법에 따른 기준환율 또는 재정환율을 적용하여 환산한다.
5. 위 4.에도 불구하고 통계청장이 고시하는 한국표준산업분류에 따른 금융업에 종사하는 내국법인은 차입한 금액을 환산할 때 다음의 환율 중 어느 하나를 선택하여 적용할 수 있다. 이 경우 선택하여 적용한 환산방식은 그 후의 사업연도에도 계속하여 적용해야 한다. 다만, 선택한 환산방식을 적용한 사업연도를 포함하여 5개 사업연도가 지난 후에는 다른 방법을 선택하여 적용할 수 있다.
   ① 사업연도 종료일 현재의 외국환거래법에 따른 기준환율 또는 재정환율
   ② 외국환거래법에 따른 일별 기준환율 또는 재정환율

❷ 지급이자 손금불산입액의 소득처분

구 분	소득처분
국외지배주주로부터 차입한 금액에 대한 이자	배당*1
국외지배주주의 특수관계인으로부터 차입한 금액이나 국외지배주주의 지급보증에 의하여 제3자로부터 차입한 금액에 대한 이자	기타사외유출

*1. 내국법인이 각 사업연도 중에 지급한 이자와 할인료에 대하여 국외지배주주에 대한 소득세 또는 법인세를 원천징수한 경우에는 배당에 대한 소득세 또는 법인세를 계산할 때 이미 원천징수한 세액과 상계하여 조정한다.

2. 내국법인은 원천징수세액에 대한 상계조정을 한 결과 납부할 세액이 있는 경우에는 법인세 과세표준과 세액의 신고기한이 속하는 달의 다음 달 10일까지 납세지 관할세무서장에게 납부하여야 하며, 환급받을 세액이 있는 경우에는 납세지 관할세무서장에게 환급을 신청할 수 있다.

❸ 적용배제

내국법인이 차입금의 규모 및 차입 조건이 특수관계가 없는 자 간의 통상적인 차입 규모 및 차입 조건과 같거나 유사한 것임을 증명하는 경우에는 그 차입금에 대한 지급이자 및 할인료에 대해서는 배당으로 간주된 이자의 손금불산입규정을 적용하지 아니한다.

다만, 국외지배주주의 내국법인 출자금액에 대한 차입금의 배수가 비교대상배수(해당 내국법인과 같은 종류의 사업을 하는 비교가능한 법인의 자기자본에 대한 차입금의 배수)를 초과하는 경우 내국법인의 배당으로 간주된 이자의 손금불산입액을 계산하며, 초과적수 계산시 기준배수는 비교대상배수로 본다.

$$\text{초과차입금적수} = \frac{\text{내국법인의 국외지배주주}}{\text{등에 대한 총차입금적수}} - \frac{\text{국외지배주주 등의}}{\text{내국법인 출자금액적수}} \times \text{비교대상배수}$$

❹ 제3자 개입거래

내국법인이 국외지배주주가 아닌 자로부터 차입한 금액이 다음의 요건 모두를 충족하는 경우에는 국외지배주주로부터 직접 차입한 금액으로 보아 배당으로 간주된 이자의 손금불산입규정을 적용한다. 다만, 내국법인이 국외지배주주가 아닌 국외특수관계인으로부터 차입한 경우에는 ②의 요건에만 해당하여도 손금불산입규정을 적용한다.

구 분	내 용
① 사전계약	해당 내국법인과 국외지배주주 간에 그 차입에 대한 사전계약(차입과 관련된 증거에 따라 사전에 실질적인 합의가 있는 것으로 인정되는 경우를 포함한다)이 있을 것
② 실질적으로 결정	해당 내국법인과 국외지배주주 간에 그 차입의 조건이 실질적으로 결정될 것

제2절 소득 대비 과다이자비용의 손금불산입

내국법인이 국외특수관계인으로부터 차입한 금액에 대한 순이자비용이 조정소득금액의 30%를 초과하는 경우에는 그 초과하는 금액은 손금에 산입하지 아니하며 기타사외유출로 처분된 것으로 본다.

손금불산입액 = 순이자비용*1 − 조정소득금액*2 × 30%

*1. 순이자비용 : 국외특수관계인에게 지급한 이자등에서 국외특수관계인으로부터 받은 이자수익을 뺀 금액
2. 조정소득금액 : 감가상각비와 순이자비용을 빼기 전 소득금액(이 경우 조정소득금액이 음수인 경우에는 이를 0(영)으로 본다.)
3. 적용배제 : 소득 대비 과다이자비용의 손금불산입 규정은 한국표준산업분류에 따른 금융 및 보험업을 영위하는 내국법인(내국법인이 지주회사인 경우에는 금융지주회사법에 따른 금융지주회사만 말한다. 개정)에는 적용하지 아니한다.
4. 서로 다른 이자율이 적용되는 이자나 할인료가 함께 있는 경우에는 높은 이자율이 적용되는 것부터 먼저 손금에 산입하지 아니한다. 같은 이자율이 적용되는 차입금이 둘 이상인 경우에는 차입시기가 늦은 차입금부터 손금에 산입하지 아니하고, 이자율과 차입시기가 모두 같은 경우에는 차입금의 비율에 따라 안분하여 손금에 산입하지 아니한다.
5. 국외지배주주등차입금에서 발생한 모든 이자소득으로서 내국법인이 국외지배주주에게 지급해야 할 사채할인발행차금 상각액, 융통어음 할인료 등 그 경제적 실질이 이자에 해당하는 것을 모두 포함한다. 다만, 건설자금이자는 이자등의 범위에서 제외한다.

제3절 혼성금융상품 거래에 따라 발생하는 이자비용의 손금불산입

내국법인이 국외특수관계인과의 혼성금융상품(자본 및 부채의 성격을 동시에 갖고 있는 이익참가부사채 등의 금융상품) 거래에 따라 지급한 이자등 중 적정기간 이내에 그 거래 상대방이 소재한 국가에서 거래 상대방의 소득에 포함되지 아니하는 등 과세되지 아니한 금액은 적정기간 종료일이 속하는 사업연도의 소득금액을 계산할 때 익금에 산입하며 기타사외유출로 처분된 것으로 본다.11) 이 경우 내국법인은 이자 상당액을 적정기간 종료일이 속하는 사업연도의 법인세에 더하여 납부하여야 한다.

$$\text{거래상대방에게 지급하는 이자 및 할인료} \times \frac{\text{거래상대방에 과세되지 아니한 금액}}{\text{거래상대방이 지급받는 배당소득}}$$

구 분	내 용
① 혼성금융상품	자본 및 부채의 성격을 동시에 갖고 있는 금융상품 예 이익참가부사채 등
② 적정기간	내국법인이 혼성금융상품의 거래에 따라 이자등을 지급하는 사업연도의 종료일부터 12개월 이내에 개시하는 거래상대방의 사업연도의 종료일까지의 기간
③ 거래상대방의 과세되지 아니한 금액	과세되지 않은 금액의 범위는 내국법인이 지급한 이자등이 거래상대방이 소재한 국가의 세법에 따라 배당소득으로 취급되어 과세소득에 포함되지 않은 금액으로서 다음의 구분에 따른다. ① 해당 이자등의 전부가 거래상대방의 과세소득에 포함되지 않은 경우: 전체 금액 ② 해당 이자등의 10% 미만의 금액만 거래상대방의 과세소득에 포함되는 경우: 과세소득에 포함되지 않은 금액

11) ① 익금에 산입하는 내국법인은 혼성금융상품 거래에 관한 자료를 적정기간 종료일이 속하는 사업연도를 기준으로 하여 법인세법 과세표준 신고기한까지 납세지 관할 세무서장에게 제출하여야 한다.
② 혼성금융상품 거래에 관한 자료 제출 의무가 있는 내국법인이 자료를 제출하지 아니하거나 거짓의 자료를 제출하는 경우에는 상품별로 3천만원 이하의 과태료를 부과한다.

제4절 지급이자의 손금불산입 적용 순서

구 분	적용 순서
① 배당으로 간주된 이자의 손금불산입 ② 소득 대비 과다이자비용의 손금불산입	① 또는 ②는 ③, ④, ⑤에 우선하여 적용한다.
③ 혼성금융상품 거래에 따라 발생하는 이자비용의 손금불산입	③은 ④, ⑤에 우선하여 적용한다.
④ 정상가격에 따른 과세조정 ⑤ 법인세법의 지급이자 손금불산입 및 손금의 귀속사업연도와 관련하여 결산을 확정할 때 이미 경과한 기간에 대응하는 이자 및 할인료 중 차입일부터 이자지급일이 1년을 초과하는 특수관계인과의 거래에 따른 이자 및 할인료에 적용되는 손금불산입 개정	

* ① 및 ②가 동시에 적용되는 경우에는 그 중 손금에 산입하지 아니하는 금액이 크게 계산되는 것 하나만을 적용한다. 이 경우 그 금액이 같은 경우에는 ①을 적용한다

MEMO

특정외국법인의 유보소득에 대한 합산과세 (조세피난방지세제)

저세율 국가 또는 지역에 본점, 주사무소 또는 실질적 관리장소를 둔 외국법인에 대하여 내국인이 출자한 경우에는 그 외국법인 중 내국인과 특수관계*가 있는 법인(특정외국법인)의 각 사업연도 말 현재 배당 가능한 유보소득 중 내국인에게 귀속될 금액은 내국인이 배당받은 것으로 본다.

* 특수관계 중 의결권 있는 주식의 50% 이상을 직접 또는 간접으로 소유하고 있는 관계에 해당하는지를 판단할 때에는 친족 등 내국인의 특수관계인이 직접 또는 간접으로 보유하는 주식을 포함한다.

제 1 절 적용대상

❶ 내국인의 출자비율

내국인의 범위는 특정외국법인의 각 사업연도 말 현재 발행주식의 총수 또는 출자총액의 10% 이상을 직접 또는 간접으로 보유한 자로 한다. 이 경우 발행주식의 총수 또는 출자총액의 10%를 판단하는 경우에는 내국인과 특수관계인 중 친족관계 및 경제적 연관관계에 있는 자가 직접 보유하는 발행주식 또는 출자지분을 포함한다.

❷ 저세율 국가

저세율 국가는 외국법인의 실제부담세액이 다음 계산식에 따라 산출한 금액 이하인 국가 또는 지역을 말한다. 다만, 특정외국법인의 각 사업연도 말 현재 실제 발생 소득을 각 사업연도 말 현재 기준환율 또는 재정환율로 환산한 금액이 2억원 이하인 경우에는 배당간주규정을 적용하지 아니한다.

외국법인의 실제발생소득 × 법인세법에 따른 세율 중 최고세율(24%)의 70%

참고 외국신탁의 외국법인의제

내국인이 외국신탁(외국 법령에 따라 설정된 신탁 중에서 목적신탁, 수익증권발행신탁 또는 유한책임신탁과 유사한 것을 말한다)의 수익권을 직접 또는 간접으로 보유하는 경우에는 신탁재산별로 각각을 하나의 외국법인으로 보아 특정외국법인의 유보소득 배당간주규정을 적용한다.

참고 실제발생소득과 실제부담세액의 범위

1. 법인의 실제발생소득의 범위는 해당 법인의 본점, 주사무소 또는 실질적 관리장소가 있는 국가 또는 지역(거주지국)에서 재무제표 작성 시에 일반적으로 인정되는 회계원칙(우리나라의 기업회계기준과 현저히 다른 경우에는 우리나라의 기업회계기준을 말한다)에 따라 산출한 법인세 차감 전 당기순이익(해당 외국법인의 거주지국 세법에 따라 산출한 법인 소득에 대한 조세 및 이에 부수되는 조세에 의하여 부담되는 금액을 빼기 전의 순이익을 말한다.)으로부터 다음의 구분에 따른 사항을 조정한 금액으로 한다.
   ① 세전이익에 주식 또는 출자증권의 평가이익 및 평가손실이 반영되어 있는 경우: 그 평가이익을 빼고 평가손실을 더할 것. 다만, 거주지국에서 그 자산의 평가손익의 전부 또는 일부가 해당 외국법인의 과세소득을 계산할 때 반영되어 있는 경우에는 그 평가손익은 빼거나 더하지 않는다.
   ② 주식 또는 출자증권을 매각하거나 그 자산에서 생기는 배당금 또는 분배금을 받은 경우로서 그 사업연도 이전에 그 자산에 대한 평가손익이 있는 경우: 그 평가손익을 포함할 것
2. 실제발생소득은 외국법인의 해당 사업연도를 포함한 최근 3개 사업연도 실제발생소득의 합계액의 평균금액으로 한다. 이 경우 세전이익이 결손인 사업연도의 경우 실제발생소득은 영으로 본다.
3. 실제부담세액은 외국법인의 해당 사업연도를 포함한 최근 3개 사업연도 실제부담세액의 합계액의 평균금액으로서 해당 외국법인의 거주지국 세법에 따라 산정한 금액으로 한다. 이 경우 실제부담세액은 그 외국법인의 세전이익에 대한 조세를 말하며, 해당 거주지국 외의 국가에서 납부한 세액과 이월결손금 공제로 인한 감소세액을 포함한다.
4. 위 2. 3.에 따른 최근 3개 사업연도를 계산할 때에는 도매업등 법소정 업종을 하는 기간 또는 수동소득을 발생시키는 행위(선박 · 항공기 · 장비의 임대 등)를 주된 사업으로 하는 기간으로 한정하여 계산하고, 그 기간이 3개 사업연도에 미달하는 경우에는 해당 사업연도까지의 기간으로 한정하여 계산한다.

❸ 특정외국법인

(1) 고정된 시설을 가지고 있고 사업을 실질적으로 영위하는 특정외국법인

특정외국법인이 저세율 국가 또는 지역에 사업을 위하여 필요한 사무소, 점포, 공장 등의 고정된 시설을 가지고 있고, 그 법인이 스스로 사업을 관리하거나 지배 또는 운영을 하며, 그 국가 또는 지역에서 주로 사업을 하는 경우에는 배당간주규정을 적용하지 아니한다. 다만, 다음의 어느 하나에 해당하는 특정외국법인의 경우에는 그러하지 아니하다.

① 도매업, 금융 및 보험업, 부동산업, 전문, 과학 및 기술 서비스업(건축 기술, 엔지니어링 및 관련 기술서비스업 제외), 사업시설관리 및 사업지원 및 임대서비스업을 하는 특정외국법인으로서 다음의 요건에 해당하는 법인

a. 해당 업종에서 발생한 수입금액의 합계 또는 매입원가의 합계가 총수입금액 또는 총매입원가의 50%를 초과할 것. 다만, 도매업의 경우에는 최근 3개 사업연도(3개 사업연도에 미달하는 경우에는 해당 사업연도까지의 기간)의 평균금액을 기준으로 한다.

b. 해당 업종에서 발생한 수입금액의 합계 또는 매입원가의 합계 중 특수관계인과 거래한 금액이 이들 업종에서 발생한 총수입금액 또는 총매입원가의 합계의 50%를 초과할 것.

② 주식 또는 채권의 보유, 지식재산권의 제공, 선박 · 항공기 · 장비의 임대, 투자신탁 또는 기금에 대한 투자를 주된 사업(해당 특정외국법인의 총수입금액 중 50%를 초과하는 수입금액을 발생시키는 사업)으로 하는 법인

③ 위 ②의 행위에서 발생하는 소득 및 위 ② 행위에서 발생하는 소득과 관련된 자산[12]의 매각손익의 합계가 해당 특정외국법인의 총 수입금액의 5%를 초과하는 경우의 해당 소득. 이 경우 원칙적인 배당간주금액 계산방식에도 불구하고 다음과 같이 배당간주금액을 계산한다.

$$\text{배당간주금액} = \frac{\text{특정외국법인의}}{\text{배당가능한 유보소득}} \times \frac{\text{해당 내국인의 특정외국법인에}}{\text{대한 주식보유비율}} \times \frac{\text{수동소득} - \text{배당금}^{*}}{\text{특정외국법인 총수입금액}}$$

* 해당 특정외국법인이 배당간주규정이 적용배제되는 사업을 하는 외국법인의 주식을 10% 이상 보유한 경우에는 그 주식에서 발생하는 배당금을 해당 수동소득에서 제외한다.

참고 **도매업 배당간주규정 적용배제 특례**

도매업을 하는 특정외국법인이 같은 국가 또는 같은 지역[유럽연합(EU), 중국과 홍콩]에 있는 특수관계가 없는 자에게 판매하는 경우로서 같은 국가 등에 있는 특수관계가 없는 자에게 판매한 금액이 총 수입금액의 50%를 초과하는 경우에는 배당간주규정을 적용하지 아니한다.

---

12) 통계법에 따라 통계청장이 작성 · 고시하는 한국표준산업분류에 따른 금융 및 보험업을 하는 특정외국법인이 주식 또는 채권의 보유 소득과 관련된 자산을 금융 및 보험업의 수행과 관련하여 보유하는 경우 및 특정외국법인이 선박 · 항공기 · 장비의 임대 소득과 관련된 자산을 특정외국법인의 사업에 직접 사용하는 경우의 해당 자산은 제외한다.

(2) 해외지주회사의 유보소득의 배당간주규정 적용배제 특례

주식의 보유를 주된 사업으로 하는 특정외국법인으로서 자회사(특정외국법인이 발행주식총수 또는 출자총액의 40% 이상을 소유하고 있고 배당간주규정을 적용받지 않는 외국법인)의 주식을 보유한 법인(해외지주회사)이 다음의 요건을 모두 갖춘 경우에는 사무소, 점포, 공장 등의 고정된 시설을 통한 사업의 경영 여부와 관계없이 배당간주규정을 적용하지 아니한다.

① 해외지주회사가 자회사의 주식을 그 자회사의 배당기준일 현재 6개월 이상 계속하여 보유하고 있을 것

② 해외지주회사가 자회사 중 같은 국가 등에 본점 또는 주사무소를 두고 있는 자회사로부터 받은 이자소득, 배당소득, 그 밖에 법령으로 정하는 소득을 합친 금액이 그 해외지주회사의 소득금액(사무실, 점포, 공장 등의 고정된 시설을 가지고 그 시설을 통하여 (1) ①, ②에 해당하는 사업 외의 사업을 실질적으로 운영함에 따라 발생하는 소득과 자회사의 주식을 처분함에 따라 발생하는 소득은 제외)에서 차지하는 비율이 각 사업연도 말 현재 90% 이상일 것

참고 국외투과단체에 귀속되는 소득에 관한 과세특례

1. 국외투과단체란 다음의 요건을 모두 충족하는 단체를 말한다.
   ① 법인세법의 외국법인, 국외투자기구 또는 국세기본법에 따른 법인 아닌 단체와 유사한 단체로서 국외에서 설립된 단체일 것
   ② 외국법인등이 설립되었거나 외국법인등의 본점 또는 주사무소가 소재하는 국가의 세법에 따라 그 외국법인등의 소득에 대하여 해당 외국법인등이 아닌 외국법인등의 주주, 출자자 또는 수익자가 직접 납세의무를 부담할 것
2. 국외투과단체의 출자자등에 해당하는 거주자 또는 내국법인이 국외투과단체과세특례의 적용 신청을 한 경우 국외투과단체에 귀속되는 소득은 그 출자자등에게 귀속되는 소득으로 보아 소득세법 또는 법인세법을 적용한다.
3. 국외투과단체과세특례가 적용되는 경우 특정외국법인의 유보소득 배당간주 규정은 적용하지 아니한다.

PART 05 국조법

제 2 절 배당간주금액

❶ 배당간주금액의 계산

$$\text{배당간주금액} = \frac{\text{특정외국법인의}}{\text{배당가능한 유보소득}} \times \frac{\text{해당 내국인의 특정외국법인에}}{\text{대한 주식보유비율}}$$

❷ 배당간주금액의 귀속시기

배당간주금액은 특정외국법인의 해당 사업연도 종료일의 다음날부터 60일이 되는 날이 속하는 내국인의 과세연도의 익금 또는 배당소득에 산입한다.

❸ 배당간주금액의 외화환산

배당간주금액은 해당 특정외국법인의 각 사업연도 종료일의 다음 날부터 60일이 되는 날 현재의 환율을 적용하여 환산하되, 그 환율은 기준환율 또는 재정환율로 한다.

제 3 절 외국납부세액공제

❶ 간접외국납부세액

익금 등에 산입한 배당간주금액은 간접외국납부세액의 세액공제 규정을 적용할 때 이를 익금 등에 산입한 과세연도의 수입배당금액으로 본다.

❷ 직접외국납부세액

특정외국법인이 내국인에게 실제로 배당을 지급할 때에 외국에 납부한 세액이 있는 경우 익금 등에 산입한 과세연도의 배당간주금액은 국외원천소득으로 보고, 실제 배당 시 외국에 납부한 세액은 익금 등에 산입한 과세연도에 외국에 납부한 세액으로 보아 법인세법 또는 소득세법에 따른 직접외국납부세액의 세액공제 규정을 적용한다.

이를 적용받으려는 자는 실제로 배당을 받은 과세연도의 소득세 · 법인세 신고기한으로부터 1년 이내에 납세지 관할세무서장에게 경정을 청구하여야 한다.

* 경정을 청구하려는 자가 외국정부의 배당소득에 대한 세액의 결정 · 통지가 지연되거나, 과세기간이 다르다는 사유 등으로 소득세 · 법인세 신고 시 경정청구를 할 수 없는 경우에는 외국정부의 국외배당소득에 대한 세액결정 통지를 받은 날부터 3개월 이내에 증명서류를 첨부하여 경정을 청구할 수 있다.

제 4 절 사후관리

❶ 실제배당금의 익금불산입

특정외국법인의 유보소득이 내국인의 익금 등으로 산입된 후 그 법인이 그 유보소득을 실제로 배당(의제배당 포함)한 경우에는 법인세법에 따른 익금에 산입하지 아니하는 소득으로 보거나 소득세법에 따른 배당소득에 해당하지 아니하는 것으로 본다. 이 경우 특정외국법인이 내국인에게 실제로 배당(의제배당 포함)을 한 경우에는 배당 가능한 유보소득이 발생한 순서에 따라 그 유보소득으로부터 실제로 배당이 이루어진 것으로 본다.

❷ 주식양도시 익금불산입 등

특정외국법인의 유보소득이 내국인의 익금 등으로 산입된 후 그 내국인이 그 특정외국법인의 주식을 양도한 경우에는 다음의 금액을 익금에 산입하지 아니하는 소득으로 보거나 소득세법에 따른 양도소득에 해당하지 아니하는 것으로 본다.

이월익금 등으로 보는 금액 : ① - ② ① 양도한 주식에 대한 배당으로 간주된 금액의 합계에 상당하는 금액 ② 그 양도한 주식에 대하여 실제로 배당한 금액

* 계산된 금액이 영 이하인 경우에는 영으로 본다.

❸ 장부등의 보존

이월된 익금 등의 계산에 필요한 장부 및 증명서류는 국세기본법상의 보존기간(법정신고기한이 지난 날부터 5년간)규정에도 불구하고 배당 또는 양도일이 속하는 과세연도의 법정신고기한까지 보존하여야 한다.

CHAPTER 05 국외 증여에 대한 증여세 과세특례

제 1 절 증여세 과세특례

거주자[*1]가 비거주자[*2]에게 국외에 있는 재산을 증여(사인증여 제외)하는 경우 그 증여자는 국제조세조정에 관한 법률에 따라 증여세를 납부할 의무가 있다. 다만, 수증자가 증여자의 특수관계인이 아닌 경우로서 해당 재산에 대하여 외국의 법령에 따라 증여세(실질적으로 이와 같은 성질을 가지는 조세를 포함)가 부과되는 경우(세액을 면제받는 경우를 포함)에는 증여세 납부의무를 면제한다.

*1. 거주자에는 본점이나 주된 사무소의 소재지가 국내에 있는 비영리법인을 포함한다.
2. 비거주자에는 본점이나 주된 사무소의 소재지가 국내에 없는 비영리법인을 포함한다.

구 분		국내 증여자	국외 수증자
외국에서 증여세 부과○	특수관계자×	증여세×	증여세○
	특수관계자○	증여세○*	증여세○
외국에서 증여세 부과×		증여세○	증여세×

* 외국에서 증여세를 납부한 경우에는 외국납부세액공제를 적용한다.

제 2 절 증여재산가액의 산정

❶ 시가평가원칙

증여세 과세특례를 적용할 때 증여재산의 가액은 증여재산이 있는 국가의 증여 당시의 현황을 반영한 시가에 따르되 시가를 산정하는 경우 다음의 어느 하나에 해당하는 가액이 확인될 때에는 그 가액을 해당 증여재산의 시가로 한다.

① 증여재산의 증여일 전후 6개월 이내에 이루어진 실제 매매가액
② 증여재산의 증여일 전후 6개월 이내에 공신력 있는 감정기관이 평가한 감정가액
③ 증여재산의 증여일 전후 6개월 이내에 수용 등을 통하여 확정된 증여재산의 보상가액

❷ 시가를 산정하기 어려운 경우

시가를 산정하기 어려울 때에는 해당 재산의 종류, 규모, 거래 상황 등을 고려하여 상속세 및 증여세법의 규정을 준용하여 증여재산가액을 평가한다. 다만, 그 평가방법이 적절하지 아니한 경우에는 감정평가업자가 평가하는 가액으로 한다.

❸ 유가증권가액의 산정

유가증권가액의 산정에 관하여는 상속세 및 증여세법에 따른 평가방법을 준용한다.

제 3 절 외국납부세액공제

증여세 과세특례를 적용할 때 외국의 법령에 따라 증여세를 납부한 경우에는 그 납부한 증여세에 상당하는 금액을 증여세 산출세액에서 공제한다.

❶ 외국납부세액의 범위

증여세 산출세액에서 공제할 증여세 납부액은 다음의 세액(가산세 제외)으로서 증여세 납부의무자가 실제로 외국정부(지방자치단체 포함)에 납부한 세액(외국납부세액)으로 한다.

① 증여를 원인으로 과세하고, 증여한 재산의 가액을 과세표준으로 하여 외국의 법령에 따라 부과된 조세(실질적으로 이와 같은 성질을 가지는 조세를 포함)의 세액

② 위 ①에 따른 세액의 부가세액

❷ 외국납부세액공제액의 계산

외국납부세액공제액 : Min[①, ②]

① 외국납부세액

② 한도* : 상속세 및 증여세법에 따른 증여세 산출세액 × $\frac{\text{외국의 법령에 따른 증여세 과세표준}}{\text{상속세 및 증여세법에 따른 증여세 과세표준}}$

* 공제한도는 증여세 산출세액을 초과할 수 없다.

제 4 절 상속세 및 증여세법의 준용

증여세 과세특례규정에 따라 증여세를 과세하는 경우에는 증여세 과세가액, 증여재산공제, 세율 등에 있어 상속세 및 증여세법의 규정을 준용한다.

PART 05 국조법

CHAPTER 06 상호합의절차

상호합의절차란 조세조약의 해석이나 부당한 과세처분 또는 과세소득의 조정에 대하여 우리나라의 권한있는 당국과 체약상대국의 권한있는 당국간에 협의를 통하여 해결하는 절차를 말한다.

제 1 절 상호합의절차의 개시

❶ 상호합의절차의 개시신청

상호합의절차 개시신청사유	신청기관
① 조세조약의 적용 · 해석에 관하여 체약상대국과 협의할 필요가 있는 경우	기획재정부장관
② 체약상대국의 과세당국으로부터 조세조약의 규정에 부합하지 않는 과세처분을 받았거나 받을 우려가 있는 경우 ③ 조세조약에 따라 우리나라와 체약상대국가간에 조세조정이 필요한 경우	국세청장

*1. 국세청장은 상호합의절차의 개시신청을 받거나 직권으로 상호합의절차 개시를 요청한 경우에는 기획재정부장관에게 보고하여야 하며, 기획재정부장관은 필요한 경우 상호합의절차와 관련된 지시를 할 수 있다.
2. 기획재정부장관 또는 국세청장은 상호합의절차의 개시 신청을 받은 경우에는 다음의 사항을 고려하여 신청을 받은 날로부터 3개월 이내에 체약상대국의 권한 있는 당국에 상호합의절차 개시를 요청할 것인지 여부를 결정해야 한다.
   ① 상호합의절차의 개시 요건에 해당하는 지 여부
   ② 과세당국이 상호합의절차를 개시하지 않고도 필요한 조치를 함으로써 합리적인 조정을 할 수 있는지 여부
3. 기획재정부장관 또는 국세청장은 위 2.에 따른 검토 결과 상호합의절차 신청 요건을 갖추지 못한 경우에는 신청인에게 이를 보완하여 다시 신청하도록 요구할 수 있다.

❷ 상호합의절차의 개시요청

신청을 받은 기관은 체약상대국의 권한있는 당국에게 상호합의절차의 개시를 요청하고 신청인에게 그 요청사실을 통보해야 한다.

구 분	내 용
(1) 직권 개시요청	기획재정부장관 또는 국세청장은 필요한 경우 직권으로 상호합의개시를 요청할 수 있다.
(2) 개시요청 거부	다음의 경우 상호합의개시요청을 하지 않을 수 있다. ① 과세 사실을 안 날부터 3년이 지나 신청한 경우 ② 조세 회피를 목적으로 상호합의절차를 이용하려고 하는 사실이 인정되는 경우 ③ 법원의 확정판결이 있는 경우(체약상대국의 과세조정에 대한 대응조정이 필요한 경우는 제외) ④ 신청자격이 없는 자가 신청한 경우

*1. 기획재정부장관 또는 국세청장은 상호합의절차 개시 신청을 받은 이후에도 신청인이 동의하는 경우에는 체약상대국에 상호합의절차 개시를 요청하지 아니하거나 개시된 상호합의절차를 중단할 수 있다.
2. 기획재정부장관 또는 국세청장은 상호합의절차 개시 신청을 거부하는 경우 그 사실을 신청인 및 체약상대국의 권한 있는 당국에 통지해야 한다.

제 2 절 상호합의절차의 개시일과 종료일

❶ 상호합의절차의 개시일

구 분	개시일
① 개시요청을 받은 경우	수락의사를 통보한 날
② 개시요청을 한 경우	수락의사를 통보받은 날

❷ 상호합의절차의 종료일

구 분	종료일
① 상호합의○	우리나라와 체약상대국의 권한있는 당국간에 문서에 의하여 합의가 이루어진 날
② 상호합의×	개시일의 다음날부터 5년이 되는 날*1
③ 법원확정판결*2	확정판결일
④ 개시신청철회	신청철회일
⑤ 직권종료	신청인이 상호합의절차가 종료되었음을 통지받은 날

*1. 상호합의절차를 계속 진행하기로 합의하는 경우에는 상호합의절차가 종료되지 아니하며, 이 경우 상호합의절차 종료일은 개시일의 다음날부터 8년을 초과할 수 없다.

2. 체약상대국의 과세조정에 대한 대응조정이 필요한 경우는 제외한다. 대응조정이 필요한 경우란 다음의 어느 하나에 해당하는 경우를 말한다.
   ① 체약상대국이 거주자와 국외특수관계인의 거래가격을 정상가격으로 조정하여 이에 대응하여 과세당국이 거주자의 각 사업연도 과세표준 및 세액을 조정하여 계산할 필요가 있는 경우
   ② 과세당국이 거주자와 국외특수관계인의 거래가격을 정상가격으로 조정하여 이에 대응하여 체약상대국이 국외특수관계인의 각 사업연도 과세표준 및 세액을 조정하여 계산할 필요가 있는 경우

참고 납세자의 협조의무 및 협조의무 위반시 상호합의절차의 직권종료

1. 기획재정부장관이나 국세청장은 상호합의절차의 개시를 신청한 납세자에게 상호합의절차의 진행에 필요한 서류를 제출하도록 요구할 수 있다.
2. 기획재정부장관이나 국세청장은 납세자가 위 1.의 자료제출 요구에 성실하게 협조하지 아니하는 경우에는 상호합의절차를 직권으로 종료할 수 있다. 이 경우 상호합의절차의 종료일은 그 신청인이 그 절차가 종료되었음을 통지받은 날로 한다.

제 3 절 상호합의결과

❶ 상호합의에 따른 중재

① 신청인은 상호합의절차 개시 이후 조세조약에서 정한 기간이 지날 때까지 우리나라와 체약 상대국의 권한 있는 당국 사이에 합의가 이루어지지 못한 경우 조세조약에서 정하는 바에 따라 권한 있는 당국이 각각 선정한 중재인단을 통하여 중재(분쟁을 해결)하는 절차의 개시를 기획재정부장관이나 국세청장에게 요청할 수 있다.

② 중재의 신청 대상, 신청 시기, 적용 가능 사건의 범위, 중재인의 구성, 의사결정 방법, 중재 결정의 효력 등 중재에 관한 구체적인 사항은 조세조약에서 정하는 바에 따른다.

참고 중재신청절차 등

구 분	내 용
① 중재절차의 개시 신청 등	① 중재절차의 개시 신청을 하려는 자는 기획재정부령으로 정하는 중재절차 개시 신청서를 기획재정부장관 또는 국세청장에게 제출해야 한다. ② 기획재정부장관 또는 국세청장은 위 ①에 따라 중재절차의 개시 신청을 받은 경우에는 중재신청인에게 중재절차의 진행에 필요한 서류를 제출하도록 요구할 수 있다.
② 중재절차에 대한 의견제출	① 중재신청인은 조세조약에서 정하는 바에 따라 중재절차의 개시일부터 종료일까지의 기간 동안 조세조약의 해석 및 적용, 소득금액의 조정, 중재인 선정 및 그 밖에 중재절차의 진행 등에 관한 의견을 기획재정부장관 또는 국세청장에게 제출할 수 있다. ② 중재신청인은 조세조약에서 정하는 바에 따라 중재절차에서 직접 서면으로 의견을 제출하거나 구두로 의견을 개진할 수 있다. 이 경우 의견제출 등과 관련하여 발생하는 비용은 모두 중재신청인이 부담한다.
③ 중재인의 자격 요건	기획재정부장관 또는 국세청장은 조세 · 법률 · 회계분야에 관한 전문지식과 경험이 풍부하게 있는 등 기획재정부장관이 정하는 기준을 충족하는 사람으로서 중재절차의 공정성 및 독립성을 확보할 수 있는 사람을 중재인으로 임명해야 한다. 다만, 중재신청인 및 상호합의 대상 과세처분 등과 관련하여 이해관계가 있는 자 등 기획재정부장관이 정하는 사람은 제외한다.

❷ 상호합의결과의 적용 및 확대적용

과세당국 또는 지방자치단체의 장은 상호합의가 종결된 후 상호합의절차의 개시를 신청한 자가 상호합의종결통보서를 받은 날부터 3년 이내에 상호합의결과를 신청인과 상호합의대상국 외에 소재하는 특수관계인과의 거래에 대하여도 적용하여 줄 것을 신청하는 경우로서 다음의 요건을 모두 갖춘 경우에는 그 상호합의결과를 상호합의대상국 외에 소재하는 특수관계인과의 거래에 대하여도 적용할 수 있다.

① 상호합의결과와 동일한 유형의 거래일 것
② 상호합의결과와 동일한 방식으로 과세되었을 것
③ 정상가격 산출시 적용한 통상의 이윤 또는 거래순이익률이 동일할 것

❸ 상호합의결과의 시행

① 기획재정부장관 또는 국세청장은 상호합의절차가 종결된 경우에는 과세당국, 지방자치단체의 장, 조세심판원장 기타 관련 기관에 그 결과를 상호합의절차의 종료일의 다음날부터 15일 이내에 통보하여야 한다. 이 경우 기획재정부장관은 조세조약의 적용 및 해석에 관한 합의내용을 즉시 고시하여야 한다.

② 신청인은 상호합의 내용을 통보받은 경우 상호합의 내용에 대한 수락 여부 및 관련 불복쟁송의 취하 여부를 그 통보를 받은 날부터 2개월 이내에 기획재정부장관 또는 국세청장에게 서면으로 제출해야 한다. 신청인이 제출기한까지 합의 내용에 대하여 동의하지 않는다는 의사를 제출하거나 관련 쟁송을 취하하지 않는 경우 또는 수락 여부나 관련 불복쟁송의 취하 여부를 서면으로 제출하지 않는 경우에는 해당 상호합의절차 개시의 신청은 철회한 것으로 본다.

③ 기획재정부장관이나 국세청장은 상호합의절차를 개시하여 문서로 합의에 도달하고 다음의 요건을 모두 갖춘 경우에는 지체 없이 그 합의를 이행하여야 한다. 과세당국이나 지방자치단체의 장은 상호합의의 결과에 따라 부과처분, 경정결정 또는 그 밖에 세법에 따른 필요한 조치를 하여야 한다.

a. 신청인이 상호합의 내용을 수락하는 경우

b. 상호합의절차와 불복쟁송이 동시에 진행되는 경우로서 신청인이 상호합의 결과와 관련된 불복쟁송을 취하하는 경우

제 4 절 상호합의절차시의 특례

❶ 납부기한등의 연장 등의 적용 특례

신청인은 납세지 관할 세무서장 또는 지방자치단체의 장에게 국세징수법에 따른 납부기한등의 연장(지방세징수법에 따른 징수유예를 포함함) 또는 국세징수법에 따른 압류 · 매각의 유예(지방세징수법에 따른 체납처분 유예를 포함함)의 적용 특례를 신청할 수 있다. 다만, 해당 특례는 체약상대국이 상호합의절차의 진행 중에 납부기한등의 연장 또는 압류 · 매각의 유예를 허용하는 경우에만 적용한다.

구 분	내 용
(1) 고지 전 상호합의절차가 개시가 된 경우	상호합의절차의 종료일까지 국세징수법에 따른 납부고지의 유예(지방세징수법에 따른 고지유예와 분할고지를 포함함)를 할 수 있다. 이 경우 납세지 관할 세무서장 및 지방자치단체의 장은 납부할 세액을 상호합의절차 종료일의 다음 날부터 30일 이내에 고지하여야 한다.
(2) 고지 또는 독촉 후 상호합의절차가 개시가 된 경우	① 상호합의절차의 개시일부터 종료일까지는 납부기한등의 연장 또는 압류 · 매각의 유예를 할 수 있다. 이 경우 납세지 관할 세무서장 및 지방자치단체의 장은 상호합의절차 종료일의 다음 날부터 30일 이내에 납부기한을 다시 정하여 연장 또는 유예된 세액을 징수하여야 한다. ② 납세지 관할 세무서장 및 지방자치단체의 장은 납부기한등의 연장 또는 압류 · 매각의 유예를 허용하는 경우에는 그 기간에 대하여 이자 상당액을 더하여 징수한다. 이자상당가산액 = 연장 또는 유예를 한 해당 국세 또는 지방세 금액 × 유예기간[*1] × $\frac{2.2}{10,000}$[*2] *1. 유예기간 : 세액 납부기한의 다음날 또는 상호합의 개시일 중 나중에 도래하는 날부터 상호합의절차 종료일까지의 기간 2. 유예기간이 2년을 초과하는 경우 그 초과기간에 대해서는 국세환급가산금의 이자율을 적용한다.

* 납세지 관할 세무서장 또는 지방자치단체의 장은 다음의 어느 하나에 해당하는 경우에는 납부고지의 유예, 납부기한등의 연장 또는 압류 · 매각의 유예를 허용해서는 안 된다. 이 경우 고지유예등이 이미 허용되었을 때에는 즉시 취소하고 유예에 관계되는 세액 및 체납액을 한꺼번에 징수해야 한다.

① 신청인이 신청일 현재 국세 또는 지방세를 체납하고 있는 경우
② 신청인이 국제거래정보통합보고서, 국제거래명세서, 과세당국이 제출을 요구하는 자료의 제출의무를 이행하지 않은 경우
③ 조세를 징수할 수 없게 될 가능성이 매우 높은 경우

❷ 불복청구기간 및 부과제척기간의 특례

구 분	내 용
불복청구기간의 특례	상호합의절차가 개시된 경우 상호합의절차의 개시일부터 종료일까지의 기간은 국세기본법 및 지방세법상 불복청구기간과 결정기간 및 행정소송제기기간에 이를 산입하지 않는다.
부과제척기간의 특례	체약상대국과 상호합의절차가 개시된 경우에 상호합의절차의 종료일의 다음날부터 1년간의 기간과 국세기본법 및 지방세법상의 부과제척기간 중 나중에 도래하는 기간이 만료된 날 후에는 국세를 부과할 수 없다.

참고 상호합의절차의 이행 등을 위한 협의기구

기획재정부장관은 다음의 사항을 협의하기 위하여 필요한 경우에는 체약상대국의 권한 있는 당국과 공동으로 협의기구를 구성하여 운영할 수 있다.

① 상호합의절차의 원활한 이행에 관한 사항
② 우리나라와 체약상대국 세법의 주요 개정내용 통보에 관한 사항
③ 그 밖에 우리나라와 체약상대국 간의 조세조약 이행과 조세협력에 관한 사항

CHAPTER 07 국가간 조세협력

제 1 절 조세징수의 위탁

❶ 조세징수를 위탁하는 경우

① 납세지 관할세무서장 또는 지방자치단체의 장은 국내에서 납부할 조세를 징수하기 곤란하여 체약상대국에서 징수하는 것이 불가피하다고 판단되는 경우에는 국세청장에게 체약상대국에 대하여 조세 징수를 위하여 필요한 조치를 하도록 요청할 수 있다.

② 국세청장은 ①의 요청을 받은 경우에는 체약상대국의 권한 있는 당국에 그 조세를 징수해 주도록 위탁할 수 있다.

❷ 조세징수를 위탁받은 경우

① 기획재정부장관이나 국세청장은 조세조약에 따라 체약상대국의 권한 있는 당국으로부터 체약상대국에 납부할 조세를 우리나라에서 징수하도록 위탁받은 경우 납세지 관할 세무서장에게 국세 징수의 예에 따라 징수하도록 할 수 있다.

② 국세청장은 위탁받은 조세 징수와 관련된 법원의 확정판결문, 불복쟁송의 처리 결과 등 조세 징수 대상자의 납세의무를 확인할 수 있는 자료를 체약상대국의 권한 있는 당국에 요구할 수 있다.

제 2 절 정보의 교환

❶ 조세정보의 교환

권한 있는 당국은 조세의 부과와 징수, 조세 불복에 대한 심리 및 형사 소추 등을 위하여 필요한 조세정보(납세의무자를 최종적으로 지배하거나 통제하는 실제소유자에 대한 정보 포함)와 국제적 관행으로 일반화되어 있는 조세정보를 다른 법률에 어긋나지 아니하는 범위에서 획득하여 체약상대국과 교환할 수 있다.

* 과세당국은 조세정보의 교환을 위하여 필요한 경우 납세의무자의 실제소유자 정보를 납세의무자에게 요구할 수 있다.

❷ 금융정보의 교환

(1) 요청에 의한 금융정보제공

우리나라의 권한 있는 당국은 체약상대국의 권한 있는 당국이 조세조약에 따라 거주자 · 내국법인 또는 비거주자 · 외국법인의 금융정보[13]를 요청하는 경우 금융실명거래 및 비밀보장에 관한 법률에도 불구하고 다음의 어느 하나에 해당하는 금융정보의 제공을 금융회사 등의 특정 점포(체약상대국의 권한 있는 당국이 요청하는 정보가 특정 금융거래와 관련된 명의인의 인적 사항을 특정할 수 없는 집단과 관련된 정보인 경우와 상속세 및 증여세법에 따른 금융재산 일괄 조회에 해당하는 정보인 경우에는 금융회사 등의 장)에 요구할 수 있다. 이 경우 그 금융회사등에 종사하는 사람은 요구받은 금융정보를 제공하여야 한다. 다만, 우리나라의 권한 있는 당국은 상호주의 원칙에 따라 체약상대국에 금융정보를 제공하는 것을 제한할 수 있다.

① 조세에 관한 법률에 따라 제출 의무가 있는 과세자료에 해당하는 금융정보
② 상속 · 증여재산의 확인에 필요한 금융정보
③ 체약상대국의 권한 있는 당국이 조세탈루 혐의를 인정할 만한 명백한 자료의 확인에 필요한 금융정보
④ 체약상대국 체납자의 재산조회에 필요한 금융정보
⑤ 체약상대국의 권한 있는 당국이 국세징수법의 납부기한 전 징수사유로 필요한 금융정보

(2) 정기적인 금융정보의 교환

우리나라의 권한 있는 당국은 조세조약에 따라 체약상대국과 상호주의에 따른 정기적인 금융정보등의 교환을 위하여 필요한 경우 금융실명거래 및 비밀보장에 관한 법률 및 그 밖에 금융거래 정보 · 자료의 제공에 관한 법률에도 불구하고 체약상대국의 조세 부과 및 징수와 납세의 관리에 필요한 거주자 · 내국법인 또는 비거주자 · 외국법인의 금융거래 내용 등 금융정보등의 제공을 금융거래회사등(금융거래를 하는 법인 또는 단체로서 법령으로 정하는 법인 또는 단체를 말한다.)의 장에게 요구할 수 있다. 이 경우 그 금융거래회사등에 종사하는 사람은 법소정의 절차에 따라 이를 제공하여야 한다.

(3) 사전적 정보 확인 · 보유

금융거래회사등은 국가 간 금융정보등의 교환을 지원하기 위하여 권한 있는 당국의 요구가 없는 경우에도 그 사용 목적에 필요한 최소한의 범위에서 해당 금융거래회사등의 금융거래 상대방(조세조약에 따른 체약상대국이 아닌 다른 국가의 금융거래 상대방 포함)에 대한 납세자번호(개별 국가에서 납세자 식별을 위하여 부여된 고유번호를 말한다)를 포함한 인적 사항 등을 미리 확인 · 보유할 수 있다.

13) ① 금융정보 : 금융실명거래 및 비밀보장에 관한 법률에 따른 금융거래의 내용에 대한 정보 또는 자료를 말한다.
② 금융정보등 : 금융정보 및 그 밖에 금융거래의 내용에 관한 정보 또는 자료로서 법령으로 정하는 정보 또는 자료를 말한다.

(4) 비밀유지의무 등

① 조세정보, 금융정보 또는 금융정보등과 관련된 자 또는 금융거래 상대방은 조세정보, 금융정보 또는 금융정보등의 획득, 교환 또는 제공을 부당하게 방해하거나 지연시켜서는 아니 된다.

② 금융회사등 또는 금융거래회사등에 종사하는 사람은 금융정보제공 규정을 위반하여 금융정보 또는 금융정보등의 제공을 요구받으면 그 요구를 거부하여야 한다.

③ 금융정보제공 규정에 따라 금융정보 또는 금융정보등을 알게 된 사람은 그 금융정보 또는 금융정보등을 체약상대국의 권한 있는 당국 외의 자에게 제공 또는 누설하거나 그 목적 외의 용도로 이용해서는 아니되며, 누구든지 금융정보 또는 금융정보등을 알게 된 사람에게 그 금융정보 또는 금융정보등의 제공을 요구해서는 아니된다.

④ 금융정보제공 규정을 위반하여 제공되거나 누설된 금융정보 또는 금융정보등을 취득한 사람은 그 위반 사실을 알게 된 경우 그 금융정보 또는 금융정보등을 타인에게 제공하거나 누설해서는 아니 된다.

* 위의 의무를 위반한 사람은 조세범처벌법에 따라 5년 이하의 징역 또는 3천만원 이하의 벌금에 처한다. 이 경우 정상에 따라 징역형과 벌금형은 병과할 수 있다.

(5) 과태료

다음의 어느 하나에 해당하는 자가 정당한 사유 없이 요구받은 정보를 제공하지 아니하거나 거짓으로 제공하는 경우에는 3천만원 이하의 과태료를 부과한다.

① 납세의무자의 실제소유자 정보의 제공을 요구받은 자

② 금융정보 또는 금융정보등의 제공을 요구받은 금융회사등 또는 금융거래회사등

제 3 절 세무조사 협력

우리나라의 권한 있는 당국은 조세조약이 적용되는 자와의 거래에 대하여 세무조사가 필요하다고 판단되는 경우에는 그 거래에 대하여 체약상대국과 동시에 세무조사를 하거나 체약상대국에 세무공무원을 파견하여 직접 세무조사를 하게 하거나 체약상대국의 세무조사에 참여하게 할 수 있으며, 체약상대국이 조세조약에 따라 세무조사 협력을 요청하는 경우 수락할 수 있다.

MEMO

CHAPTER 08 해외금융계좌의 신고

제 1 절 해외금융계좌의 신고

❶ 신고의무자와 신고기한

해외금융회사[*1]에 개설된 해외금융계좌를 보유한 거주자 및 내국법인[*2] 중에서 해당 연도의 매월 말일 중 어느 하루의 해외금융계좌 잔액(해외금융계좌가 여러 개인 경우에는 각 해외금융계좌 잔액을 합산한 금액을 말한다)이 5억원을 초과하는 자는 해외금융계좌정보를 다음 연도 6월 1일부터 30일까지 납세지 관할 세무서장에게 신고하여야 한다.

*1. 해외금융회사란 국외에 소재하는 금융 및 보험업과 이와 유사한 업종을 하는 금융회사, 가상자산사업자 및 이와 유사한 사업자(내국법인의 국외사업장을 포함하고, 외국법인의 국내사업장은 제외한다.)를 말한다.

2. 해외금융계좌의 신고규정을 적용할 때 거주자 및 내국법인의 판정은 신고대상 연도 종료일을 기준으로 한다.

❷ 계좌신고의무면제자

계좌신고의무자 중 다음의 어느 하나에 해당하는 경우 신고의무를 면제한다.

① 다음의 어느 하나에 해당하는 사람

a. 소득세법에 따른 외국인 거주자(해당 과세기간 종료일 10년 전부터 국내에 주소나 거소를 둔 기간의 합계가 5년 이하인 외국인 거주자)

b. 재외국민으로서 해당 신고대상연도 종료일 1년 전부터 국내에 거소를 둔 기간의 합계가 182일 개정 이하인 사람

c. 국제기관에 근무하는 사람 중 법령으로 정하는 사람

② 다음의 어느 하나에 해당하는 기관

a. 국가, 지방자치단체 및 공공기관의 운영에 관한 법률기관에 따른 공공기관

b. 우리나라가 다른 국가와 체결한 조약 · 협약 · 협정 · 각서 등 국제법에 따라 규율되는 모든 유형의 국제적 합의에 의하여 설립된 기관

③ 금융회사등

④ 해외금융계좌 관련자 중 다른 공동명의자 등의 신고를 통하여 본인의 해외금융계좌 정보를 확인할 수 있게 되는 등 법 소정의 요건에 해당하는 자

⑤ 다른 법령에 따라 국가의 관리 · 감독이 가능한 기관으로서 금융투자업관계기관 · 집합투자기구 · 집합투자기구평가회사 · 채권평가회사, 금융지주회사, 외국환업무취급기관 · 외국환중개회사 및 신용정보회사

⑥ 해외신탁명세를 제출할 때 해외금융계좌정보를 함께 제출한 자 개정

⑦ 조세조약에 따라 체약상대국의 거주자로 인정된 자 개정

❸ 해외금융계좌정보

① 보유자의 성명 · 주소 등 신원에 관한 정보

② 계좌번호 · 금융회사의 이름 · 매월 말일의 보유계좌잔액의 최고금액 등 보유계좌에 관한 정보

③ 해외금융계좌 관련자*에 관한 정보

* 다음의 구분에 따른 자는 해당 해외금융계좌를 각각 보유한 것으로 본다.

① 해외금융계좌 중 실지명의에 의하지 아니한 계좌 등 그 계좌의 명의자와 실질적 소유자가 다른 경우 : 그 명의자와 실질적 소유자

② 해외금융계좌가 공동명의계좌인 경우 : 각 공동명의자

제 2 절 신고의무 위반 및 불이행에 대한 소명 및 제재

❶ 해외금융계좌 신고의무 위반금액의 출처에 대한 소명

구 분	내 용
소명요구	계좌신고의무자가 신고기한까지 해외금융계좌정보를 신고하지 아니하거나 과소 신고한 경우에는 해당 과세당국(납세지 관할세무서장 및 지방국세청장)은 그 계좌신고의무자에게 신고의무 위반금액(신고기한까지 신고하지 아니한 금액이나 과소 신고한 금액)의 출처에 대하여 소명을 요구할 수 있다.
소명절차	소명을 요구받은 해당 계좌신고의무자는 통지를 받은 날부터 90일 이내에 소명을 하여야 하며, 이 경우 계좌신고의무자가 소명을 요구받은 금액의 80% 이상에 대하여 출처를 소명한 해외금융계좌에 대해서는 신고의무 위반으로 소명을 요구받은 전액에 대하여 소명한 것으로 본다. 다만, 계좌신고의무자가 자료의 수집 · 작성에 상당한 기간이 걸리는 등 부득이한 사유(화재 · 재난 및 도난, 사업의 중대한 위기 등)로 소명기간의 연장을 신청하는 경우에는 과세당국은 60일의 범위에서 한 차례만 그 소명기간의 연장을 승인할 수 있다.

* 계좌신고의무자가 해외금융계좌의 수정신고 및 기한 후 신고를 한 경우(과세당국의 과태료 부과를 미리 알고 신고한 경우는 제외)에는 소명의무를 면제한다.

PART 05 국조법

❷ 해외금융계좌 신고의무 불이행에 대한 과태료[14)]

구 분	내 용
미신고 또는 과소신고	계좌신고의무자가 신고기한까지 해외금융계좌정보를 신고하지 아니하거나 과소 신고한 경우에는 신고 대상 계좌별로 미신고 또는 과소신고한 금액을 합하여 그 합계액의 20%(상한) 이하에 상당하는 과태료를 부과한다. 다만, 과태료의 금액은 10억원 개정 을 넘을 수 없으며, 조세범처벌법에 따라 처벌되거나 조세범처벌절차법에 따른 통고처분을 받고 그 통고대로 이행한 경우에는 해당 과태료를 부과하지 아니한다. * 조세범처벌법에 따른 처벌 : 해외금융계좌정보의 신고의무자로서 신고기한 내에 신고하지 아니한 금액이나 과소 신고한 금액이 50억원을 초과하는 경우에는 2년 이하의 징역 또는 신고의무 위반금액의 13% 이상 20% 이하에 상당하는 벌금에 처한다. 다만, 정당한 사유가 있는 경우에는 그러하지 아니하다. 이 경우 죄를 범한 자에 대해서는 정상에 따라 징역형과 벌금형을 병과할 수 있다.
미소명 또는 거짓소명	계좌신고의무자가 신고의무 위반금액의 출처에 대하여 소명하지 아니하거나 거짓으로 소명한 경우에는 소명하지 아니하거나 거짓으로 소명한 금액의 20%(상한)에 상당하는 과태료를 부과한다. 다만, 다음의 부득이한 사유가 있는 경우에는 과태료를 부과하지 아니한다. ① 천재지변, 화재·재난, 도난 등 불가항력적 사유로 증명서류 등이 없어져 소명이 불가능한 경우 ② 해외금융계좌 소재 국가의 사정 등으로 신고의무자가 신고의무 위반금액의 출처에 대하여 소명하는 것이 불가능한 경우

14) 과태료의 부과기준은 다음의 구분에 따른다. 이에 따라 산정된 과태료는 그 위반행위의 정도, 위반 횟수, 위반행위의 동기와 결과 등을 고려하여 그 금액의 50% 범위에서 줄이거나 늘릴 수 있다. 다만, 과태료를 늘리는 경우에는 과태료의 상한(20%)을 넘을 수 없다.

구 분	과태료 개정
미신고 또는 과소신고	Min[①, ②] ① 신고 대상 계좌별 미신고·과소신고한 금액의 합계액 × 10% ② 10억원
미소명 또는 거짓소명	소명하지 않거나 거짓으로 소명한 금액 × 10%

제3절 기타의 사항

❶ 해외금융계좌 정보의 비밀유지

세무공무원은 해외금융계좌정보를 타인에게 제공 또는 누설하거나 목적 외의 용도로 사용하여서는 아니된다. 다만, 국세기본법의 비밀유지의무의 예외에 해당하는 경우에는 그 사용목적에 맞는 범위에서 해외금융계좌정보를 제공할 수 있다. 또한, 해외금융계좌정보를 알게 된 사람은 이를 타인에게 제공 또는 누설하거나 그 목적 외의 용도로 사용하여서는 아니된다.

* 이러한 해외금융계좌정보의 비밀유지의무를 위반한 사람은 조세범처벌법에 따라 5년 이하의 징역 또는 3천만원 이하의 벌금에 처한다. 이 경우 정상에 따라 징역형과 벌금형은 병과할 수 있다.

❷ 해외금융계좌 수정신고 및 기한 후 신고

해외금융계좌 신고기한까지 신고하지 아니하거나 과소신고한 경우에는 과세당국이 과태료를 부과하기 전까지 기한후신고를 하거나 수정신고할 수 있다. 기한후신고 또는 수정신고(과세당국의 과태료 부과를 미리알고 제출한 경우는 제외)하는 경우에는 다음과 같이 과태료를 감경한다.

수정신고	감경비율	기한후신고	감경비율
신고기한 후 6개월 이내	90%	신고기한 후 1개월 이내	90%
신고기한 후 6개월 초과 1년 이내	70%	신고기한 후 1개월 초과 6개월 이내	70%
신고기한 후 1년 초과 2년 이내	50%	신고기한 후 6개월 초과 1년 이내	50%
신고기한 후 2년 초과 4년 이내	30%	신고기한 후 1년 초과 2년 이내	30%

참고 해외현지법인 등에 대한 자료 제출의무

1. 외국환거래법에 따른 해외직접투자(또는 해외신탁설정)를 한 거주자(해당 과세기간 종료일 10년 전부터 국내에 주소나 거소를 둔 기간의 합계가 5년 이하인 외국인 거주자는 제외) 또는 내국법인은 소득세법에 따른 과세기간 또는 법인세법에 따른 사업연도 종료일이 속하는 달의 말일부터 6개월 이내에 해외직접투자명세등(해외신탁의 경우에는 해외신탁명세)을 법령으로 정하는 바에 따라 납세지 관할 세무서장에게 제출하여야 한다. 소득세법에 따른 과세기간 또는 법인세법에 따른 사업연도 중 해외직접투자를 받은 외국법인의 주식 또는 출자지분을 양도하거나 해외직접투자를 받은 외국법인이 청산하여 해외직접투자에 해당하지 아니하게 되는 경우에도 또한 같다.
2. 외국환거래법에 따른 자본거래 중 외국에 있는 부동산 또는 이에 관한 권리(해외부동산등)를 취득하여 보유하고 있거나 처분한 거주자 또는 내국법인이 다음의 어느 하나에 해당하는 경우에는 소득세법에 따른 과세기간 또는 법인세법에 따른 사업연도 종료일이 속하는 달의 말일부터 6개월 이내에 해외부동산등명세를 법령으로 정하는 바에 따라 납세지 관할 세무서장에게 제출하여야 한다.
   ① 해외부동산등의 취득가액이 2억원 이상인 경우: 해외부동산등의 취득 · 투자운용(임대 포함) · 처분 명세 및 과세기간 또는 사업연도 종료일 현재 보유현황
   ② 해외부동산등의 취득가액이 2억원 미만으로서 처분가액이 2억원 이상인 경우: 해외부동산등의 처분 명세

CHAPTER 09 글로벌최저한세의 과세

제 1 절 통칙

글로벌최저한세 제도는 다국적기업그룹의 소득이전을 통한 조세회피와 세원잠식에 대응하기 위하여 국제적으로 합의한 글로벌최저한세 규칙(Global anti-Base Erosion Rules)을 적용하는 데 필요한 사항을 규정함으로써 다국적기업그룹이 소득에 대하여 적정한 수준의 조세를 부담하도록 함을 목적으로 한다.

❶ 용어의 정의

용어	정의
기업	다음의 것 ① 법인. 다만, 국가 및 지방자치단체는 제외한다. ② 별도의 회계계정이 있는 조합 또는 신탁 등 약정(arrangement)
그룹	다음의 집단 등 ① 소유 또는 지배를 통하여 서로 연관 개정 된 기업들의 집단으로서 법령으로 정하는 집단 ② 위 ①의 그룹에 속하지 아니하는 기업으로서 해당 기업이 소재하는 국가[재정자치권(fiscal autonomy)을 보유하는 지역을 포함하며, 그 지역은 별개의 국가로 본다.] 외의 국가에 하나 이상의 고정사업장을 가지고 있는 기업(아래 고정사업장 ④만을 가지고 있는 기업은 제외한다)
고정사업장 개정	사업의 전부 또는 일부를 수행하는 고정된 장소로서 다음의 사업장 ① 적용가능하고 유효한 조세조약(우리나라가 체약당사자가 아닌 조세조약 포함)에 따라 고정된 사업장이 있는 것으로 인정되고 경제협력개발기구에서 채택된 소득과 자본에 관한 표준조세조약(Model Tax Convention on Income and on Capital)에 따른 사업소득의 계산방법이나 이와 유사한 방법으로 그 사업장의 소재지국이 해당 사업장에 귀속되는 소득에 대하여 과세하는 사업장 ② 적용가능하고 유효한 조세조약이 없는 경우의 사업장으로서 그 사업장의 소재지국 세법에서 정한 거주자에 대한 과세방법과 유사한 방법으로 그 사업장의 소재지국이 해당 사업장에 귀속되는 순소득에 대하여 과세하는 사업장 ③ 법인세제가 없는 국가에 있는 사업장으로서 표준조세조약에 따르면 해당 국가에 고정된 사업장이 있는 것으로 인정되어 표준조세조약에 따른 사업소득의 계산방법에 따라 그 사업장의 소재지국이 해당 사업장에 귀속되는 소득에 대하여 과세할 수 있는 사업장 ④ 위 ①부터 ③까지에서 규정한 사업장 외의 사업장으로서 기업이 그 사업장의 소재지국 외의 국가에서 그 사업장을 통하여 사업을 수행하고 그 기업의 소재지국이 해당 사업장에 귀속되는 소득에 대하여 과세하지 아니하는 사업장
다국적기업그룹	최종모기업이 소재하는 국가 외의 국가에 기업 또는 고정사업장을 가지고 있는 그룹
모기업	글로벌최저한세 제외기업이 아닌 최종모기업, 중간모기업 또는 부분소유모기업 개정

최종모기업	다음의 기업 ① 다음의 요건을 모두 갖춘 기업 a. 해당 기업이 다른 기업에 대한 지배지분을 직접 또는 간접으로 소유할 것 b. 다른 기업이 해당 기업에 대한 지배지분을 직접 또는 간접으로 소유하지 아니할 것 ② 위 그룹 ②의 본점
중간모기업 개정	같은 다국적기업그룹에 속하는 다른 구성기업의 소유지분을 직접 또는 간접으로 보유하는 구성기업으로서 최종모기업, 고정사업장, 부분소유모기업 또는 투자구성기업이 아닌 구성기업
부분소유 모기업 개정	같은 다국적기업그룹에 속하는 다른 구성기업의 소유지분을 직접 또는 간접으로 보유하는 구성기업 중 다국적기업그룹에 속하지 아니하는 자가 그 구성기업의 소유지분 중 이익에 대한 것의 20%를 초과하여 직접 또는 간접으로 보유하는 구성기업으로서 최종모기업, 고정사업장 또는 투자구성기업이 아닌 구성기업
구성기업	다국적기업그룹에 포함 개정 된 기업과 그 기업을 본점(재무제표에 고정사업장의 회계상 순손익을 포함하는 기업을 말한다.)으로 하는 고정사업장 * 이 경우 각각의 고정사업장은 본점과 그 본점의 다른 고정사업장과는 별개의 기업으로 본다.
소유지분	기업의 이익, 자본금 또는 준비금(본점의 고정사업장의 이익, 자본금 또는 준비금을 포함한다)에 대한 권리를 수반하는 주식 또는 출자지분 및 이와 유사한 지분에 대한 권리 * 이 경우 본점은 고정사업장의 소유지분을 전부 보유하는 것으로 본다.
지배지분	기업의 소유지분을 보유한 자(정부기업 중 법령으로 정하는 정부기업은 제외한다)가 회계기준 등을 통하여 법령으로 정하는 바에 따라 해당 기업을 연결하여야 하는 경우의 해당 소유지분 * 이 경우 본점은 고정사업장의 지배지분을 보유하는 것으로 본다.
연결재무제표	주식회사 등의 외부감사에 관한 법률에 따른 연결재무제표와 그와 유사한 재무제표를 포함하는 것으로서 하나의 기업이 다른 기업에 대한 지배지분을 소유하는 경우 그 기업들을 연결하여 작성하는 재무제표 등 법령으로 정하는 재무제표
회계상 순손익	최종모기업의 연결재무제표를 작성하기 위하여 산정한 해당 구성기업의 순손익으로서 내부거래의 제거 등을 위한 연결조정(consolidation adjustments)을 반영하기 전의 금액
신고구성기업	글로벌최저한세정보신고서를 제출하는 기업(국외에 소재하는 구성기업이 글로벌최저한세정보신고서를 그 기업이 소재하는 국가의 과세당국에 제출하는 경우에는 그 제출하는 구성기업으로 한다)
주주구성기업	같은 다국적기업그룹에 속하는 다른 구성기업의 소유지분을 직접 또는 간접으로 보유하는 구성기업
소수지분구성기업	최종모기업이 같은 다국적기업그룹에 속하는 구성기업에 대하여 직접 또는 간접으로 보유하는 소유지분의 비율이 30% 이하인 경우 그 구성기업
저율과세구성기업	실효세율이 최저한세율(15%를 말한다)보다 낮은 국가에 소재하는 구성기업
투자구성기업	투자펀드, 부동산투자기구인 구성기업 등 법령으로 정하는 구성기업

* 특별히 정하지 아니한 용어로서 국제회계기준에서 그 뜻을 정하는 용어에 관하여는 국제회계기준에서 정하는 용어의 예에 따른다.

PART 05 국조법

❷ 적용대상

구 분	내 용
적용대상	각 사업연도(다국적기업그룹의 최종모기업이 연결재무제표를 작성하는 대상이 되는 회계기간을 말한다.)의 직전 4개 사업연도 중 2개 이상 사업연도의 다국적기업그룹 최종모기업의 연결재무제표상 매출액에 이와 별도로 표시되는 통상적인 사업활동에서 발생하는 수익의 가산 등 법령으로 정하는 조정사항을 반영한 금액 개정 (연결매출액)이 각각 7억 5천만 유로 이상인 경우 그에 해당하는 사업연도 다국적기업그룹의 구성기업에 대하여 적용한다. 이 경우 사업연도가 12개월이 아닌 경우에는 12개월로 환산하여 연결매출액을 계산한다.
제외기업	다음의 기관 등(제외기업)에 대해서는 구성기업이 아닌 것으로 보아 글로벌최저한세제도를 적용하지 아니한다. ① 정부기업(Governmental Entity) ② 국제기구(International Organization) ③ 비영리기구(Non-profit Organization) ④ 연금펀드(Pension Fund) ⑤ 최종모기업인 투자펀드(Investment Fund) ⑥ 최종모기업인 부동산투자기구(Real Estate Investment Vehicle) ⑦ 그 밖에 ①부터 ⑥까지에서 규정한 기관 등이 소유지분가치(기업이 발행하는 모든 종류의 소유지분에 대한 가치의 합계를 말한다)를 직접 또는 간접으로 소유하는 기업으로서 법령으로 정하는 기업*

* 위 제외기업에 대한 규정에도 불구하고 위 ⑦의 제외기업에 대해서는 신고구성기업의 선택에 따라 구성기업으로 보아 글로벌최저한세제도를 적용할 수 있다.

❸ 납세의무자

같은 다국적기업그룹에 속하는 구성기업으로서 국내에 소재하는 구성기업(국내구성기업)은 소득산입규칙에 따라 모기업인 국내구성기업에 대한 추가세액배분액과 소득산입보완규칙에 따라 국내구성기업에 배분되는 추가세액배분액을 법인세로서 납부할 의무가 있다.

❹ 기업의 소재지 및 납세지

구 분	내 용
소재지	기업이 소재하는 국가(소재지국)는 다음의 구분에 따른다. ① 투과기업*이 아닌 경우 : 다음의 구분에 따른 국가 a. 실질적 관리장소 또는 설립 장소나 이와 유사한 기준에 따라 국가에 납세의무(해당 국가 내의 원천으로부터 발생한 소득에 대해서만 그 국가에 납세할 의무가 있는 경우는 제외한다)가 있는 기업인 경우: 해당 국가 b. 위 a 외의 기업인 경우: 해당 기업이 법령에 따라 설립 · 등록된 국가 ② 투과기업으로서 다국적기업그룹의 최종모기업이거나 적격소득산입규칙을 적용하여야 하는 구성기업인 경우: 해당 기업이 법령에 따라 설립 · 등록된 국가 ③ 위 ② 외의 투과기업은 소재지국이 없는 것으로 본다.
납세지	국내구성기업의 납세지, 납세지의 지정 · 변경 등에 관하여는 법인세법상 납세지 규정을 준용한다.

* 투과기업 : 기업의 소득 등이 해당 기업의 소유자에게 귀속되는 것으로 보는 기업으로서 법령으로 정하는 기업

제2절 추가세액의 계산

❶ 글로벌최저한세소득 · 결손의 계산

구성기업의 각 사업연도 글로벌최저한세소득 · 결손(실효세율을 계산하기 위한 구성기업의 소득 · 결손을 말하며, 그 금액이 양수일 때는 글로벌최저한세소득, 영 또는 음수(陰數)일 때는 글로벌최저한세결손이라 한다.)은 해당 사업연도의 회계상 순손익에 순조세비용의 가산, 배당소득의 차감, 뇌물 등 정책적 부인(否認)비용의 가산 등 법령으로 정하는 조정사항을 반영하여 계산한다.

* 구성기업의 회계상 순손익에 포함된 국제항행 선박을 통한 여객 또는 화물의 운송 소득 등 법령으로 정하는 국제해운소득 · 결손과 국제항행 선박을 통한 여객 또는 화물의 운송과 관련하여 수행하는 활동에서 발생하는 소득 · 결손으로서 법령으로 정하는 적격국제해운부수소득 · 결손은 해당 구성기업의 글로벌최저한세소득 · 결손의 계산에서 제외한다.

❷ 조정대상조세의 계산

각 사업연도 구성기업의 조정대상조세는 해당 사업연도 구성기업의 소득 또는 이익에 부과되는 세금 등 대상조세 중 해당 사업연도 구성기업의 회계상 당기법인세비용으로 계상된 금액에 총이연법인세조정금액과 그 밖에 법령으로 정하는 조정사항을 반영하여 계산한다. 이 경우 고정사업장의 소득, 다른 구성기업으로부터 받은 배당소득 등과 관련된 대상조세는 관련된 소득의 배분 등을 고려하여 법령으로 정하는 바에 따라 다른 구성기업에 배분한다.

❸ 신고 후 조정 및 세율변경

각 사업연도에 구성기업의 이전 사업연도 회계상 계상된 대상조세 금액이 글로벌최저한세정보 신고서의 제출 이후에 결정이나 경정 등으로 증가 또는 감소되는 경우에는 다음의 구분에 따라 결정이나 경정 등이 이루어진 날이 속하는 사업연도(경정사업연도)의 대상조세 또는 결정이나 경정의 대상이 되는 이전 사업연도(경정대상사업연도)의 조정대상조세에 가산하거나 조정대상조세에서 차감한다.

구 분	내 용
경정대상사업연도의 대상조세 금액이 증가되는 경우	대상조세 금액의 증가액을 경정사업연도의 대상조세에 가산한다.
경정대상사업연도의 대상조세 금액이 감소되는 경우	대상조세 금액의 감소액을 경정대상사업연도의 조정대상조세에서 차감하고 법령으로 정하는 바에 따라 경정대상사업연도의 실효세율과 추가세액을 다시 계산한다. * 단, 경정대상사업연도 대상조세의 감소액이 법령으로 정하는 경미한 감액에 해당하는 경우에는 신고구성기업의 선택에 따라 그 감소액을 해당 구성기업의 경정사업연도 대상조세에서 차감할 수 있다.

❹ 실효세율의 계산

각 사업연도 다국적기업그룹의 실효세율은 국가별로 다음과 같이 계산한다.

$$\cdot \text{실효세율} : \frac{\text{해당 국가에 소재한 각 구성기업의 조정대상조세 금액의 합계액}^{*1}}{\text{순글로벌최저한세소득금액}^{*2}}$$

*1. 조정대상조세 금액의 합계액이 음수일 때에는 실효세율은 영으로 본다. 이에 따라 실효세율 계산에 산입되지 아니한 금액은 그 후 사업연도의 실효세율을 계산할 때 법령으로 정하는 방법에 따라 조정대상조세 금액의 합계액에 산입한다.

2. 순글로벌최저한세소득금액은 다음 계산식에 따라 계산하며, 해당 금액이 영이거나 음수일 때에는 순글로벌최저한세소득금액은 없는 것으로 보아 해당 국가에 대해서는 실효세율을 계산하지 아니한다.

> 순글로벌최저한세소득금액 : ① - ②
> ① 해당 국가에 소재하는 각 구성기업 해당 사업연도의 글로벌최저한세소득금액 합계액
> ② 해당 국가에 소재하는 각 구성기업 해당 사업연도의 글로벌최저한세결손금액 합계액

❺ 구성기업 소재지국의 추가세액 계산

각 사업연도 해당 다국적기업그룹의 구성기업이 소재한 국가의 추가세액은 다음 계산식에 따라 계산한 금액으로 한다.

> · 해당 다국적기업그룹의 구성기업이 소재한 국가의 추가세액 : (① × ②) + ③ − ④
> ① 해당 다국적기업그룹의 구성기업이 소재한 국가의 추가세액비율*1
> ② 해당 다국적기업그룹의 구성기업이 소재한 국가의 초과이익금액*2
> ③ 해당 다국적기업그룹의 구성기업이 소재한 국가의 당기추가세액가산액*3
> ④ 해당 다국적기업그룹의 구성기업이 소재한 국가의 적격소재국추가세액*4

*1. 추가세액비율 : 최저한세율에서 실효세율을 차감하여 계산한 비율을 말하며, 그 계산 결과가 음수인 경우 추가세액비율은 영으로 본다.
2. 초과이익 금액 : 순글로벌최저한세소득금액에서 해당 국가에 소재하는 구성기업의 법령으로 정하는 인건비 관련 제외금액과 유형자산 장부가액 관련 제외금액의 합계액(실질기반제외소득금액)을 차감한 금액을 말하며, 그 계산 결과가 음수인 경우 초과이익 금액은 영으로 본다.
3. 당기추가세액가산액 : 이전 사업연도의 실효세율을 다시 계산하는 경우 발생하는 추가세액의 가산금액 등 법령으로 정하는 바에 따라 해당 사업연도의 추가세액에 가산하는 금액을 말한다.
4. 적격소재국추가세액 : 추가세액을 영으로 만들기 위하여 소재지국에서 부과하는 세금으로서 법령으로 정하는 해당 국가의 적격소재국추가세제도에 따라 납부하였거나 납부할 금액을 말하며, 다음의 어느 하나에 해당하는 경우에는 해당 사업연도 추가세액은 없는 것으로 본다.
   ① 해당 다국적기업그룹의 구성기업이 소재한 국가의 적격소재국추가세액을 차감한 결과 해당 국가의 추가세액이 영이거나 음수인 경우
   ② 해당 다국적기업그룹의 구성기업이 소재한 국가의 적격소재국추가세제도가 해당 사업연도의 추가세액을 없는 것으로 보기 위한 회계요건 등 법령으로 정하는 요건을 충족하는 경우

❻ 구성기업의 추가세액 계산

각 사업연도 구성기업의 추가세액은 다음 계산식에 따라 계산한다.

> · 구성기업의 추가세액 : $① \times \frac{②}{③}$
> ① 각 사업연도 해당 다국적기업그룹의 구성기업이 소재한 국가의 추가세액
> ② 각 사업연도 해당 구성기업의 글로벌최저한세소득금액
> ③ 각 사업연도 해당 국가에 소재하는 각 구성기업의 글로벌최저한세소득금액 합계

PART 05 국조법

제 3 절 추가세액의 과세

❶ 소득산입규칙의 적용

저율과세구성기업의 추가세액에 대해서는 추가세액배분액(발생한 추가세액을 모기업 또는 다른 구성기업들에 배분한 후의 그 배분된 추가세액을 말한다.)을 다음과 같이 계산하여 모기업에 과세하는 소득산입규칙을 우선 적용한다. 이 경우 국내구성기업은 추가세액배분액을 계산하여 납부하여야 한다. 개정

· 모기업에 대한 추가세액배분액 : ① × ②
① 저율과세구성기업의 추가세액
② 저율과세구성기업의 글로벌최저한세소득 중 해당 모기업에 귀속되는 비율로서 법령으로 정하는 비율

*1. 국내구성기업인 최종모기업이 해당 사업연도 중 저율과세구성기업의 소유지분을 직접 또는 간접으로 보유하는 경우 해당 최종모기업은 그 최종모기업에 대한 추가세액배분액을 납부하여야 한다.
2. 국내구성기업인 중간모기업이 해당 사업연도 중 저율과세구성기업의 소유지분을 직접 또는 간접으로 보유하는 경우(해당 중간모기업의 고정사업장이 보유하는 해당 저율과세구성기업의 소유지분을 포함한다) 해당 중간모기업은 그 중간모기업에 대한 추가세액배분액을 납부하여야 한다. 다만, 다음에 해당하는 경우에는 그러하지 아니하다.
① 해당 사업연도에 저율과세구성기업이 속하는 다국적기업그룹의 최종모기업이 소득산입규칙으로서 법령으로 정하는 요건을 갖춘 규칙(적격소득산입규칙)을 적용받는 경우
② 해당 사업연도에 중간모기업의 지배지분을 직접 또는 간접으로 보유하는 다른 중간모기업이 적격소득산입규칙을 적용받는 경우
3. 국내구성기업인 부분소유모기업이 해당 사업연도 중 저율과세구성기업의 소유지분을 직접 또는 간접으로 보유하는 경우 해당 부분소유모기업은 그 부분소유모기업에 대한 추가세액배분액을 납부하여야 한다. 개정
4. 해당 사업연도에 적격소득산입규칙을 적용하여야 하는 부분소유모기업이 다른 부분소유모기업의 소유지분을 직접 또는 간접으로 모두 보유하고 있는 경우 그 다른 부분소유모기업에 대해서는 위 3을 적용하지 아니한다. 개정
5. 국내 저율과세구성기업에 대해서는 위 1~4까지의 규정을 적용하지 아니한다.
6. 모기업이 적격소득산입규칙을 적용받는 중간모기업 또는 부분소유모기업을 통하여 저율과세구성기업의 소유지분을 간접으로 보유하는 경우 해당 모기업에 대한 추가세액배분액은 위 산식에 따라 계산된 추가세액배분액에서 해당 중간모기업 또는 부분소유모기업이 납부하는 추가세액배분액을 고려하여 법령으로 정하는 금액을 차감하여 계산한다. 개정

❷ 소득산입보완규칙의 적용

저율과세구성기업의 추가세액 중 적격소득산입규칙이 적용되지 아니하는 금액에 대해서는 추가세액배분액을 다국적기업그룹의 구성기업들에 과세하는 소득산입보완규칙을 적용한다. 이 경우 국내구성기업은 추가세액배분액을 계산하여 납부하여야 한다. 개정

> · 각 사업연도 다국적기업그룹의 소득산입보완규칙 추가세액 국내 배분액 : ① × ②
> ① 소득산입보완규칙 추가세액*1
> ② 소득산입보완규칙 국내 배분비율*2

*1. 각 사업연도 다국적기업그룹의 소득산입보완규칙 추가세액은 모든 저율과세구성기업의 추가세액 합계액으로 하며, 저율과세구성기업의 추가세액은 다음의 구분에 따른 금액으로 한다.
   ① 최종모기업이 직접 또는 간접으로 보유하고 있는 저율과세구성기업의 소유지분을 해당 사업연도에 그 저율과세구성기업에 대하여 적격소득산입규칙을 적용하는 하나 이상의 모기업이 직접 또는 간접으로 모두 보유하는 경우 : 영
   ② 위 ①에 해당되지 아니하는 경우 : 적격소득산입규칙에 따라 해당 저율과세구성기업의 모기업에 부과된 추가세액 배분액만큼 차감한 금액

2. 소득산입보완규칙 국내 배분비율

> · 소득산입보완규칙 국내 배분비율 : $\frac{①}{②} \times 50\% + \frac{③}{④} \times 50\%$
> ① 해당 다국적기업그룹 각 국내구성기업의 종업원 수 합계
> ② 적격소득산입보완규칙을 시행하는 국가에 소재하는 해당 다국적기업그룹 구성기업의 종업원 수 합계
> ③ 해당 다국적기업그룹 국내구성기업의 유형자산 순장부가액 합계액
> ④ 적격소득산입보완규칙을 시행하는 국가에 소재하는 해당 다국적기업그룹 구성기업의 유형자산 순장부가액 합계액

참고 최소적용제외 특례 개정

1. 글로벌최저한세 규정에도 불구하고 신고구성기업은 다음의 요건을 모두 갖춘 국가의 경우에는 법령으로 정하는 바에 따라 해당 국가에 소재하는 각 구성기업의 각 사업연도 추가세액을 영으로 할 수 있다.
   ① 해당 국가에 소재하는 각 구성기업의 해당 사업연도와 그 직전 2개 사업연도의 법령으로 정하는 매출액 합계의 평균이 1천만유로 미만일 것
   ② 해당 국가에 소재하는 각 구성기업의 해당 사업연도와 그 직전 2개 사업연도의 법령으로 정하는 글로벌최저한세소득 · 결손 금액 합계의 평균이 1백만유로 미만일 것
2. 다음의 구성기업에 대해서는 위 1을 적용하지 아니한다.
   ① 무국적구성기업 또는 투자구성기업
   ② 신고구성기업이 글로벌최저한세정보신고서를 제출할 때에는 위 1의 요건을 갖추었으나 신고 후 조정 등 법령으로 정하는 사유로 위 1의 요건을 갖추지 못하게 된 국가에 소재하는 각 구성기업
   ③ 신고구성기업이 글로벌최저한세정보신고서를 제출할 때에는 위 1의 요건을 갖추지 못하였으나 신고 후 조정 등 법령으로 정하는 사유로 위 1의 요건을 갖추게 된 국가에 소재하는 각 구성기업

제4절 신고 및 납부 등

❶ 글로벌최저한세정보신고서의 제출

① 국내구성기업은 각 사업연도의 글로벌최저한세정보신고서를 법령으로 정하는 바에 따라 해당 사업연도 종료일부터 15개월(최초적용연도의 경우에는 18개월)이 되는 날과 2026. 6. 30. 중 늦은 날까지 개정 납세지 관할 세무서장에게 제출하여야 한다.

② 위 ①에 따라 국내구성기업이 제출하여야 하는 글로벌최저한세정보신고서는 해당 국내구성기업과 같은 다국적기업그룹에 속하는 국내구성기업으로서 법령으로 정하는 기업(지정국내기업)이 대신하여 제출할 수 있다.

③ 위 ① 및 ②에도 불구하고 국내구성기업은 해당 국내구성기업과 같은 다국적기업그룹에 속하는 국외 소재 구성기업이 위 ①에 따른 글로벌최저한세정보신고서에 해당하는 신고서를 그 소재지국 과세당국에 제출하는 경우로서 법령으로 정하는 경우에는 위 ① 및 ②에 따른 글로벌최저한세정보신고서를 제출하지 아니할 수 있다.

④ 국내구성기업이 위 ③에 따라 글로벌최저한세정보신고서를 제출하지 아니하는 경우에도 해당 국내구성기업 또는 지정국내기업은 위 ③에 따른 신고서를 제출하는 국외 소재 구성기업에 관한 사항을 해당 사업연도 종료일부터 15개월(최초적용연도의 경우에는 18개월)이 되는 날과 2026. 6. 30. 중 늦은 날까지 개정 납세지 관할 세무서장에게 신고하여야 한다.

⑤ 납세지 관할 세무서장 또는 관할 지방국세청장은 위 ① 및 ②에 따라 제출된 글로벌최저한세정보신고서 또는 그 밖의 제출서류에 미비한 점이 있거나 오류가 있을 때에는 보정할 것을 요구할 수 있다.

❷ 추가세액배분액의 신고 및 납부

① 소득산입규칙에 따라 모기업인 국내구성기업에 대한 추가세액배분액 및 소득산입보완규칙에 따라 국내구성기업에 배분되는 추가세액배분액을 우리나라에 납부할 의무가 있는 국내구성기업은 해당 사업연도 종료일부터 15개월(최초적용연도의 경우에는 18개월)이 되는 날과 2026. 6. 30. 중 늦은 날까지 개정 법령으로 정하는 바에 따라 추가세액배분액을 납세지 관할 세무서장에게 신고하여야 한다. 이 경우 추가세액배분액의 원화 환산에 사용되는 환율에 관하여는 법령으로 정한다.

② 추가세액배분액을 우리나라에 납부할 의무가 있는 국내구성기업은 위 ①에 따른 신고기한까지 법령으로 정하는 바에 따라 납세지 관할 세무서, 한국은행(그 대리점 포함) 또는 체신관서에 그 금액을 납부하여야 한다.

③ 국내구성기업이 위 ②에 따라 납부할 추가세액배분액이 1천만원을 초과하는 경우에는 법령으로 정하는 바에 따라 납부할 금액의 일부를 납부기한이 지난 날부터 1개월(조세특례제한법에 따른 중소기업의 경우에는 2개월) 이내에 분납할 수 있다.

④ 위 ①에 따라 추가세액배분액을 신고한 경우에는 국세기본법을 적용할 때 국세의 과세표준과 세액을 신고한 것으로 본다.

⑤ 전환기사업연도의 추가세액배분액을 우리나라에 신고·납부할 의무가 있는 국내구성기업에 대해서는 국세기본법상 신고불성실가산세를 적용하지 아니하며, 해당 국내구성기업에 대한 추가세액배분액의 납부지연가산세는 원칙적인 납부지연가산세 금액의 50%에 해당하는 금액으로 한다.

MEMO

06편

조세범처벌법

CHAPTER 01 조세범처벌법 총론

제 1 절 조세범처벌법

조세범처벌법은 세법을 위반한 자에 대한 형벌 및 과태료 등에 관한 사항을 규정하여 세법의 실효성을 높이고 국민의 건전한 납세의식을 확립함을 목적으로 한다.

❶ 다른 법률과의 관계

조세범처벌법 〉 형법 : 조세범처벌법은 형법에 대한 특별법이므로 조세범처벌법에 규정된 사항은 형법에 우선하여 적용된다.

❷ 적용범위

조세범처벌법에서 조세란 관세를 제외한 국세를 말한다. 따라서 관세와 지방세는 조세범처벌법의 적용대상이 아니다.

제 2 절 조세포탈범

조세포탈범이란 사기 · 기타 부정한 행위로써 조세를 포탈하거나 조세의 환급 · 공제를 받는 범칙행위를 한 자를 말한다.

참고 사기나 그 밖의 부정한 행위

사기나 그 밖의 부정한 행위(부정행위)란 다음의 어느 하나에 해당하는 행위로서 조세의 부과와 징수를 불가능하게 하거나 현저히 곤란하게 하는 적극적 행위를 말한다.

① 이중장부의 작성 등 장부의 거짓 기장
② 거짓 증빙 또는 거짓 문서의 작성 및 수취
③ 장부와 기록의 파기
④ 재산의 은닉, 소득 · 수익 · 행위 · 거래의 조작 또는 은폐
⑤ 고의적으로 장부를 작성하지 아니하거나 비치하지 아니하는 행위 또는 계산서, 세금계산서 또는 계산서합계표, 세금계산서합계표의 조작
⑥ 전사적 기업자원 관리설비의 조작 또는 전자세금계산서의 조작
⑦ 그 밖에 위계에 의한 행위 또는 부정한 행위

❶ 기수시기

기수란 범죄의 구성요건이 완전히 성립되어 실현되는 것으로 범죄의 실행에 착수하여 그 행위를 종료함으로써 일정한 결과를 발생시켜 완성하는 것을 말한다. 기수시기란 범죄의 구성요건이 완전히 실현되는 때를 말하는 시간적 개념으로 공소시효의 기산점이 된다. 형법은 기수범의 처벌을 원칙으로 하고, 미수범은 특별한 규정이 있는 경우에 한하여 처벌한다. 따라서 미수범처벌의 경우를 제외하고는 원칙적으로 기수시기가 지나야 처벌할 수 있다.

구 분	기수시기
(1) 납세의무자의 신고에 의하여 부과징수하는 조세(상속세 · 증여세 등)	① 원칙 : 해당 세목의 과세표준에 대한 정부의 결정 또는 조사결정을 한 후 그 납부기한이 지난 때 ② 예외 : 납세의무자가 조세를 포탈할 목적으로 법에 의한 과세표준을 신고하지 않음으로써 해당 세목의 과세표준을 정부가 결정 또는 조사결정할 수 없는 경우에는 해당 세목의 과세표준의 신고기한이 지난 때
(2) 상기 이외의 조세	그 신고납부기한이 지난 때

❷ 조세포탈범에 대한 처벌 등

구 분	내 용
(1) 처벌	2년 이하의 징역 또는 포탈세액의 2배 이하의 벌금 (법 소정의 경우* 3년 이하의 징역 또는 포탈세액의 3배 이하의 벌금)
(2) 감경	조세포탈범이 포탈세액 등에 대하여 국세기본법에 따라 법정신고기한이 지난 후 2년 이내에 수정신고를 하거나 법정신고기한 지난 후 6개월 이내에 기한후신고를 하였을 때는 형을 감경할 수 있다.
(3) 가중처벌	상습범은 형의 2분의 1을 가중한다.

* 다음의 어느 하나에 해당하는 경우에 3년 이하의 징역 또는 포탈세액의 3배 이하의 벌금에 처한다.
① 포탈세액 등이 3억원 이상이고, 그 포탈세액 등이 신고 · 납부하여야 할 세액(납세의무자의 신고에 따라 정부가 부과 · 징수하는 조세의 경우에는 결정 · 고지하여야 할 세액을 말한다)의 30% 이상인 경우
② 포탈세액 등이 5억원 이상인 경우

CHAPTER 02 조세범처벌법의 특례 및 처벌

제 1 절 조세범처벌법의 특례규정

❶ 양벌 규정

법인(국세기본법에 따른 법인으로 보는 단체 포함)의 대표자, 법인 또는 개인의 대리인, 사용인 그 밖의 종업원이 그 법인 또는 개인의 업무에 관하여 이 법에서 규정하는 범칙행위(국제조세조정에 관한 법률상 해외금융계좌정보의 비밀유지의무를 위반한 행위는 제외)를 하면 그 행위자를 벌할 뿐만 아니라 그 법인 또는 개인에게도 해당 조문의 벌금형을 과(科)한다. 다만, 법인 또는 개인이 그 위반행위를 방지하기 위하여 해당업무에 관하여 상당한 주의와 감독을 게을리 하지 아니한 경우에는 그러하지 아니한다.

❷ 병과

다음의 죄를 범한 자에 대해서는 정상에 따라 징역형과 벌금형을 병과할 수 있다.

① 조세포탈범

② 재화 또는 용역을 공급하지 않거나 공급받지 않고 다음의 행위를 한 자

a. 세금계산서(계산서)를 발급하거나 발급받은 행위

b. 매출 · 매입처별 세금계산서(계산서)합계표를 거짓으로 기재하여 정부에 제출한 행위

③ 해외금융계좌정보의 비밀유지의무 등의 위반

④ 해외금융계좌 신고의무 불이행

❸ 형법 적용의 일부 배제

다음의 범칙행위를 한 자에 대해서는 형법 중 벌금경합에 관한 제한가중규정을 적용하지 아니한다.

① 조세포탈(3조)

② 면세유의 부정 유통(4조 & 4조의2)

③ 가짜석유제품 제조(5조)

④ 무면허 주류 제조 및 판매(6조)

⑤ 세금계산서 발급의무 위반(10조)

⑥ 납세증명표지 불법사용(12조)

⑦ 원천징수의무 불이행(13조)

⑧ 거짓으로 기재한 근로소득 원천징수영수증 발급(14조)

❹ 고발전치주의

조세범처벌법에 따른 범칙행위에 대해서는 국세청장, 지방국세청장 또는 세무서장의 고발이 없으면 검사는 공소를 제기할 수 없다.

❺ 공소시효 기간

조세범칙행위의 공소시효는 7년이 지나면 완성된다. 다만, 양벌규정에 따른 행위자가 특정범죄가중처벌 등에 관한 법률의 적용을 받는 경우에는 법인에 대한 공소시효는 10년이 지나면 완성된다.

* 조세질서범에 대해서는 형벌이 아닌 과태료만 부과하므로 그 성격상 공소시효가 존재하지 않는다.

제 2 절 조세범의 유형과 처벌

<table>
<tr><th rowspan="2">구 분</th><th rowspan="2">요 건</th><th colspan="2">처벌의 내용</th><th rowspan="2">병과</th><th rowspan="2">벌금경합가중 제한규정</th></tr>
<tr><th>징역상한</th><th>벌금상한</th></tr>
<tr><td rowspan="2">(3조) 조세포탈 등</td><td>기본형량</td><td>2년</td><td>2배</td><td rowspan="2">○</td><td rowspan="2">적용배제</td></tr>
<tr><td>가중형량</td><td>3년</td><td>3배</td></tr>
<tr><td>(4조) 면세유의 부정유통</td><td>면세유 다른 용도 사용·판매 등</td><td>3년</td><td>5배</td><td>×</td><td>적용배제</td></tr>
<tr><td>(4조의 2) 면세유류 구입카드 등의 부정발급</td><td>거짓 또는 부정한 방법으로 면세유류 구입카드 발급</td><td>3년</td><td>3천만원</td><td>×</td><td>적용배제</td></tr>
<tr><td>(5조) 가짜석유제품 제조판매</td><td>가짜석유제품을 제조·판매</td><td>5년</td><td>5배</td><td>×</td><td>적용배제</td></tr>
<tr><td>(6조) 무면허 주류 제조 및 판매</td><td>무면허로 주류·밑술·술덧을 제조 또는 판매(자가소비를 위한 제조는 제외)</td><td>3년</td><td>Max[①, ②]
① 3천만원
② 3배</td><td>×</td><td>적용배제</td></tr>
<tr><td rowspan="2">(7조) 체납처분 면탈</td><td>① 체납처분의 집행을 면탈하거나 면탈하게 할 목적으로 재산 은닉·탈루·거짓계약
② 압류물건보관자가 물건을 은닉·탈루·손괴·소비</td><td>3년</td><td>3천만원</td><td rowspan="2">×</td><td rowspan="2">–</td></tr>
<tr><td>③ 위 ①, ② 방조 또는 거짓계약 승낙</td><td>2년</td><td>2천만원</td></tr>
<tr><td>(8조) 장부의 소각·파기 등</td><td>조세포탈을 위한 증거인멸 목적으로 장부·증빙서류를 5년 이내 소각·파기·은닉</td><td>2년</td><td>2천만원</td><td>×</td><td>–</td></tr>
<tr><td rowspan="2">(9조) 성실신고 방해 행위</td><td>세무대리인이 거짓신고</td><td>2년</td><td>2천만원</td><td rowspan="2">×</td><td rowspan="2">–</td></tr>
<tr><td>거짓신고·무신고의 선동·교사행위</td><td>1년</td><td>1천만원</td></tr>
<tr><td rowspan="2">(10조) 세금계산서의 발급 의무 위반 등</td><td>① 세금계산서(계산서) 미발급·거짓발급·합계표 거짓제출(공급자와 공급받은 자 모두에게 해당함)</td><td>1년</td><td>2배</td><td>×</td><td rowspan="2">적용배제</td></tr>
<tr><td>② 공급없이 가공세금계산서(계산서) 수수·가공세금계산서합계표의 거짓 제출(공급자와 공급받은 자 모두에게 해당함) 및 이러한 행위의 알선·중개*
* 알선·중개자가 세무사, 공인회계사, 변호사인 경우 1/2을 가중한다.</td><td>3년</td><td>3배</td><td>○</td></tr>
</table>

(11조) 명의대여행위 등	① 타인명의로 사업자등록 등	2년	2천만원	×	–
	② 자신의 성명 사용 허락 등	1년	1천만원		
(12조) 납세증명표지 불법 사용	납세증명표지 재사용 · 위조 · 변조하거나, 종이문서용 전자수입인지 재사용	2년	2천만원	×	적용배제
(13조) 원천징수의무자의 처벌	① 원천징수불이행	–	1천만원	×	적용배제
	② 원천징수한 세금의 납부불이행	2년	2천만원		
(14조) 거짓으로 기재한 근로소득 원천징수 영수증 발급 등	① 타인이 근로장려금을 거짓으로 신청할 수 있도록 근로를 제공받지 않고 근로소득 원천징수영수증 거짓발급 또는 지급명세서 거짓제출	2년	급여의 20%	×	적용배제
	② 위 ①의 알선 · 중개				
(15조) 해외금융계좌정보의 비밀유지 의무 등의 위반	국제조세조정에 관한 법률상 금융정보의 비밀유지의무 및 해외금융계좌정보의 비밀유지의무위반	5년	3천만원	○	–
(16조) 해외금융계좌 신고의무 불이행	국제조세조정에 관한 법률에 따른 해외금융계좌정보의 신고의무 위반금액이 50억원을 초과하는 경우 * 다만, 정당한 사유가 있는 경우에는 처벌을 하지 않는다.	2년	신고의무 위반금액의 13% 이상 20% 이하	○	–

비교 **조세포탈범 vs 질서범**

구 분	조세포탈범	질서범
(1) 조세범의 유형	실질범 (조세의 실질적 감원 초래○)	형식범 (조세의 실질적 감원 초래×)
(2) 부정행위 여부	부정행위 있어야 함	부정행위여부와 무관
(3) 벌금경합의 제한가중규정	적용배제	적용
(4) 미수범 처벌	미수범 처벌×	미수범이 없음
(5) 공소시효	7년	–

참고 **조세범의 유형과 처벌**

구 분	내 용
(3조) 조세포탈 등	① 사기나 그 밖의 부정한 행위로써 조세를 포탈하거나 조세의 환급·공제를 받은 자는 2년 이하의 징역 또는 포탈세액, 환급·공제받은 세액(포탈세액등)의 2배 이하에 상당하는 벌금에 처한다. 다만, 법소정의 경우에는 3년 이하의 징역 또는 포탈세액등의 3배 이하에 상당하는 벌금에 처한다. ② 상습범은 형의 2분의 1 을 가중한다.
(4조) 면세유의 부정유통 (4조의 2) 면세유류 구입카드 등의 부정발급	① 조세특례제한법에 따른 면세유(농업·임업 또는 어업에 사용하기 위한 석유류)를 용도 외의 다른 용도로 사용·판매하여 조세를 포탈하거나 조세의 환급·공제를 받은 석유판매업자는 3년 이하의 징역 또는 포탈세액등의 5배 이하의 벌금에 처한다. ② 개별소비세법 및 교통·에너지·환경세법에 따른 외국항행선박 또는 원양어업선박에 사용할 목적으로 개별소비세 및 교통·에너지·환경세를 면제받는 석유류를 외국항행선박 또는 원양어업선박 외의 용도로 반출하여 조세를 포탈하거나, 외국항행선박 또는 원양어업선박 외의 용도로 사용된 석유류에 대하여 외국항행선박 또는 원양어업선박에 사용한 것으로 환급·공제받은 자는 3년 이하의 징역 또는 포탈세액등의 5배 이하의 벌금에 처한다. ③ 거짓이나 그 밖의 부정한 방법으로 면세유류 구입카드등을 발급하는 행위를 한 자는 3년 이하의 징역 또는 3천만원 이하의 벌금에 처한다.
(5조) 가짜석유제품 제조 또는 판매	석유 및 석유대체연료 사업법에 따른 가짜석유제품을 제조 또는 판매하여 조세를 포탈한 자는 5년 이하의 징역 또는 포탈한 세액의 5배 이하의 벌금에 처한다.
(6조) 무면허 주류 제조 및 판매	주류 면허 등에 관한 법률에 따른 면허를 받지 아니하고 주류, 밑술·술덧을 제조(개인의 자가소비를 위한 제조는 제외한다)하거나 판매한 자는 3년 이하의 징역 또는 3천만원(해당 주세 상당액의 3배의 금액이 3천만원을 초과할 때에는 그 주세 상당액의 3배의 금액) 이하의 벌금에 처한다. 이 경우 밑술과 술덧은 탁주로 본다.
(7조) 체납처분 면탈	① 납세의무자 또는 납세의무자의 재산을 점유하는 자가 체납처분의 집행을 면탈하거나 면탈하게 할 목적으로 그 재산을 은닉·탈루하거나 거짓 계약을 하였을 때에는 3년 이하의 징역 또는 3천만원 이하의 벌금에 처한다. ② 형사소송법에 따른 압수물건의 보관자 또는 국세징수법에 따른 압류물건의 보관자가 그 보관한 물건을 은닉·탈루하거나 손괴 또는 소비하였을 때에도 위 ①과 같다. ③ 위 ①과 ②의 사정을 알고도 위 ①과 ②의 행위를 방조하거나 거짓 계약을 승낙한 자는 2년 이하의 징역 또는 2천만원 이하의 벌금에 처한다.

구 분	내 용
(8조) 장부의소각·파기 등	조세를 포탈하기 위한 증거인멸의 목적으로 세법에서 비치하도록 하는 장부 또는 증빙서류(국세기본법에 따른 전산조직을 이용하여 작성한 장부 또는 증빙서류를 포함한다)를 해당 국세의 법정신고기한이 지난 날부터 5년 이내에 소각·파기 또는 은닉한 자는 2년 이하의 징역 또는 2천만원 이하의 벌금에 처한다.
(9조) 성실신고 방해 행위	① 납세의무자를 대리하여 세무신고를 하는 자가 조세의 부과 또는 징수를 면하게 하기 위하여 타인의 조세에 관하여 거짓으로 신고를 하였을 때에는 2년 이하의 징역 또는 2천만원 이하의 벌금에 처한다. ② 납세의무자로 하여금 과세표준의 신고(신고의 수정 포함)를 하지 아니하게 하거나 거짓으로 신고하게 한 자 또는 조세의 징수나 납부를 하지 않을 것을 선동하거나 교사한 자는 1년 이하의 징역 또는 1천만원 이하의 벌금에 처한다.
(10조) 세금계산서의 발급의무 위반 등	① 다음의 어느 하나에 해당하는 행위를 한 자는 1년 이하의 징역 또는 공급가액에 부가가치세의 세율을 적용하여 계산한 세액의 2배 이하에 상당하는 벌금에 처한다. a. 부가가치세법에 따라 세금계산서(전자세금계산서 포함 이하 같다)를 발급하여야 할 자가 세금계산서를 발급하지 아니하거나 거짓으로 기재하여 발급한 행위 b. 소득세법 또는 법인세법에 따라 계산서(전자계산서 포함. 이하 같다)를 발급하여야 할 자가 계산서를 발급하지 아니하거나 거짓으로 기재하여 발급한 행위 c. 부가가치세법에 따라 매출처별 세금계산서합계표를 제출하여야 할 자가 매출처별 세금계산서합계표를 거짓으로 기재하여 제출한 행위 d. 소득세법 또는 법인세법에 따라 매출처별 계산서합계표를 제출하여야 할 자가 매출처별 계산서합계표를 거짓으로 기재하여 제출한 행위 ② 다음의 어느 하나에 해당하는 행위를 한 자는 1년 이하의 징역 또는 공급가액에 부가가치세의 세율을 적용하여 계산한 세액의 2배 이하에 상당하는 벌금에 처한다. a. 부가가치세법에 따라 세금계산서를 발급받아야 할 자가 통정하여 세금계산서를 발급받지 아니하거나 거짓으로 기재한 세금계산서를 발급받은 행위 b. 소득세법 또는 법인세법에 따라 계산서를 발급받아야 할 자가 통정하여 계산서를 발급받지 아니하거나 거짓으로 기재한 계산서를 발급받은 행위 c. 부가가치세법에 따라 매입처별 세금계산서합계표를 제출하여야 할 자가 통정하여 매입처별 세금계산서합계표를 거짓으로 기재하여 제출한 행위 d. 소득세법 또는 법인세법에 따라 매입처별 계산서합계표를 제출하여야 할 자가 통정하여 매입처별 계산서합계표를 거짓으로 기재하여 제출한 행위

구분	내용
(10조) 세금계산서의 발급의무 위반 등	③ 재화 또는 용역을 공급하지 아니하거나 공급받지 아니하고 다음의 어느 하나에 해당하는 행위를 한 자는 3년 이하의 징역 또는 공급가액에 부가가치세의 세율을 적용하여 계산한 세액의 3배 이하에 상당하는 벌금에 처한다. a. 부가가치세법에 따른 세금계산서를 발급하거나 발급받은 행위 b. 소득세법 및 법인세법에 따른 계산서를 발급하거나 발급받은 행위 c. 부가가치세법에 따른 매출·매입처별 세금계산서합계표를 거짓으로 기재하여 제출한 행위 d. 소득세법 및 법인세법에 따른 매출·매입처별계산서합계표를 거짓으로 기재하여 제출한 행위 ④ 위 ③의 행위를 알선하거나 중개한 자도 위 ③과 같은 형에 처한다. 이 경우 세무를 대리하는 세무사·공인회계사 및 변호사가 위 ③의 행위를 알선하거나 중개한 때에는 세무사법에도 불구하고 해당 형의 2분의 1을 가중한다. ⑤ 위 ③의 죄를 범한 자에 대해서는 정상에 따라 징역형과 벌금형을 병과할 수 있다.
(11조) 명의대여행위 등	① 조세의 회피 또는 강제집행의 면탈을 목적으로 타인의 성명을 사용하여 사업자등록을 하거나 타인 명의의 사업자등록을 이용하여 사업을 영위한 자는 2년 이하의 징역 또는 2천만원 이하의 벌금에 처한다. ② 조세의 회피 또는 강제집행의 면탈을 목적으로 자신의 성명을 사용하여 타인에게 사업자등록을 할 것을 허락하거나 자신 명의의 사업자등록을 타인이 이용하여 사업을 영위하도록 허락한 자는 1년 이하의 징역 또는 1천만원 이하의 벌금에 처한다.
(12조) 납세증명표지 불법 사용	다음의 어느 하나에 해당하는 자는 2년 이하의 징역 또는 2천만원 이하의 벌금에 처한다. ① 주류 면허 등에 관한 법률에 따른 납세증명표지를 재사용하거나 정부의 승인을 받지 아니하고 이를 타인에게 양도한 자 ② 납세증명표지를 위조하거나 변조한 자 ③ 위조하거나 변조한 납세증명표지를 소지 또는 사용하거나 타인에게 교부한 자 ④ 인지세법에 따라 첨부한 종이문서용 전자수입인지를 재사용한 자
(13조) 원천징수의무자의 처벌	① 조세의 원천징수의무자가 정당한 사유 없이 그 세금을 징수하지 아니하였을 때에는 1천만원 이하의 벌금에 처한다. ② 조세의 원천징수의무자가 정당한 사유 없이 징수한 세금을 납부하지 아니하였을 때에는 2년 이하의 징역 또는 2천만원 이하의 벌금에 처한다.

구 분	내 용
(14조) 거짓으로 기재한 근로소득 원천징수 영수증발급등	① 타인이 근로장려금을 거짓으로 신청할 수 있도록 근로를 제공받지 아니하고 다음의 어느 하나에 해당하는 행위를 한 자는 2년 이하의 징역 또는 그 원천징수영수증 및 지급명세서에 기재된 총급여·총지급액의 20% 이하에 상당하는 벌금에 처한다. a. 근로소득 원천징수영수증을 거짓으로 기재하여 타인에게 발급한 행위 b. 근로소득 지급명세서를 거짓으로 기재하여 세무서에 제출한 행위 ② 위 ①의 행위를 알선하거나 중개한 자도 위 ①과 같은 형에 처한다.
(15조) 해외금융계좌정보의 비밀유지 의무 등의 위반	① 국제조세조정에 관한 법률상 비밀유지의무 등을 위반한 사람은 5년 이하의 징역 또는 3천만원 이하의 벌금에 처한다. ② 위 ①의 죄를 범한 자에 대해서는 정상에 따라 징역형과 벌금형을 병과할 수 있다.
(16조) 해외금융계좌 신고의무 불이행	① 국제조세조정에 관한 법률에 따른 계좌신고의무자로서 신고기한 내에 신고하지 아니한 금액이나 과소 신고한 금액(신고의무 위반금액)이 50억원을 초과하는 경우에는 2년 이하의 징역 또는 신고의무 위반금액의 13% 이상 20% 이하에 상당하는 벌금에 처한다. 다만, 정당한 사유가 있는 경우에는 그러하지 아니하다. ② 위 ①의 죄를 범한 자에 대해서는 정상에 따라 징역형과 벌금형을 병과할 수 있다.

07 편

부 록
회계사·세무사 기출문제

2025 시험전엔 기타세법

01편

국세기본법

회계사 · 세무사 기출문제

국세기본법 총설

01 국세기본법상 국세부과의 원칙에 관한 설명으로 옳지 않은 것은? (2013. CPA)

① 과세의 대상이 되는 소득, 수익, 재산, 행위 또는 거래의 귀속이 명의일 뿐이고 사실상 귀속되는 자가 따로 있을 때에는 사실상 귀속되는 자를 납세의무자로 하여 세법을 적용한다.

② 납세의무자가 세법에 따라 장부를 갖추어 기록하고 있는 경우에는 해당 국세 과세표준의 조사와 결정은 그 장부와 이에 관계되는 증거자료에 의하여야 한다.

③ 국세를 조사 · 결정할 때 장부의 기록 내용이 사실과 다르거나 장부의 기록에 누락된 것이 있을 때에는 그 부분에 대해서만 정부가 조사한 사실에 따라 결정할 수 있다. 이때는 정부가 조사한 사실과 결정의 근거를 결정서에 적어야 한다.

④ 행정기관의 장은 해당 납세의무자 또는 그 대리인이 요구하면 결정서를 열람 또는 복사하게 하거나 그 등본 또는 초본이 원본과 일치함을 확인하여야 한다.

⑤ 국세기본법에서 규정하고 있는 실질과세의 원칙에 반하는 규정을 다른 세법에서 규정하고 있는 경우 국세기본법에서 규정하고 있는 실질과세의 원칙을 우선하여 적용한다.

 ⑤

해설

다른 세법에 별도의 규정이 있는 경우 해당 세법이 국세기본법에 우선 적용된다.

02 국세에 관하여 세법에 별도의 규정이 있는 경우를 제외하고는 국세기본법에서 정하는 바에 따른다. 개별세법에 국세기본법과 다른 별도의 규정이 있는 경우에 해당하지 않는 것은? (2017. CPA)

① 국세환급금의 충당과 환급

② 국세부과의 제척기간

③ 국세부과의 원칙

④ 경정 등의 청구

⑤ 연대납세의무

 ②

해설

국세부과의 제척기간은 개별세법에 별도규정이 없는 부분으로 국세기본법에서 정하는 바에 따른다.

[관련규정] 개별세법과의 관계

개별세법에 별도의 규정이 있는 부분 → 개별세법 적용	개별세법에 별도의 규정이 없는 부분 → 국세기본법 적용
국세부과의 원칙(상속세 및 증여세법상 명의신탁재산의 증여의제), 연대납세의무(소득세법상 공동사업에 대한 각 거주자별 과세), 경정청구(상속세 및 증여세법상 후발적사유로 인한 경정청구), 국세환급금의 충당과 환급 등	세법적용의 원칙(세법해석의 기준, 소급과세의 금지, 세무공무원의 재량의 한계, 기업회계의 존중), 국세부과의 제척기간, 납세의무의 성립과 확정 등

03 국세기본법상 국세부과 및 세법적용의 원칙에 관한 설명이다. 옳지 않은 것은? (2019. CPA)

① 둘 이상의 행위 또는 거래를 거치는 방법으로 세법의 혜택을 부당하게 받기 위한 것으로 인정되는 경우에는 각각의 행위 또는 거래를 기준으로 세법을 적용하여 과세한다.

② 세무공무원이 국세의 과세표준을 조사·결정할 때에는 세법에 특별한 규정이 없으면 납세의무자가 계속하여 적용하고 있는 기업회계의 기준 또는 관행으로서 일반적으로 공정 · 타당하다고 인정되는 것은 존중하여야 한다.

③ 세법을 해석·적용할 때에는 과세의 형평과 해당 조항의 합목적성에 비추어 납세자의 재산권이 부당하게 침해되지 않도록 하여야 한다.

④ 납세의무자가 세법에 따라 장부를 갖추어 기록하고 있는 경우에는 해당 국세 과세표준의 조사와 결정은 그 장부와 이에 관계되는 증거자료에 의하여야 한다.

⑤ 세무공무원이 재량으로 직무를 수행할 때에는 과세의 형평과 해당 세법의 목적에 비추어 일반적으로 적당하다고 인정되는 한계를 엄수하여야 한다.

①

해설

제3자를 통한 간접적인 방법이나 둘 이상의 행위 또는 거래를 거치는 방법으로 국세기본법 또는 세법의 혜택을 부당하게 받기 위한 것으로 인정되는 경우에는 그 경제적 실질 내용에 따라 당사자가 직접 거래를 한 것으로 보거나 연속된 하나의 행위 또는 거래를 한 것으로 보아 국세기본법 또는 세법을 적용한다.

04 국세기본법상 납세의무자에 관한 설명이다. 옳지 않은 것은? (2020. CPA)

① 납세의무자란 세법에 따라 국세를 납부할 의무가 있는 자를 말하며 국세를 징수하여 납부할 의무가 있는 자도 포함한다.

② 제2차 납세의무자란 납세자가 납세의무를 이행할 수 없는 경우에 납세자를 갈음하여 납세의무를 지는 자를 말한다.

③ 납부의 고지에 관한 서류는 연대납세의무자 모두에게 각각 송달하여야 한다.

④ 세무공무원이 국세의 과세표준을 조사·결정할 때에는 해당 납세의무자가 계속하여 적용하고 있는 기업회계의 기준 또는 관행으로서 일반적으로 공정·타당하다고 인정되는 것은 존중하여야 하나 세법에 특별한 규정이 있는 것은 그러하지 아니하다.

⑤ 제2차 납세의무자로서 납부고지서를 받은 자가 세법에 따른 처분으로 인하여 권리나 이익을 침해당하게 될 이해관계인에 해당하는 경우 위법 또는 부당한 처분을 받은 자의 처분에 대하여 불복청구를 할 수 있다.

해설  ①

납세의무자란 세법에 따라 국세를 납부할 의무가 있는 자를 말하며, 국세를 징수하여 납부할 의무가 있는 자는 제외된다. 납세의무자와 국세를 징수하여 납부할 의무가 있는 자는 납세자에 해당한다.

05 국세기본법상 국세부과 및 세법적용의 원칙에 관한 설명이다. 옳은 것은? (2022. CPA)

① 사업자등록의 명의자와는 별도로 사실상의 사업자가 있는 경우에는 법적 형식이 경제적 실질에 우선하므로 사업자등록의 명의자를 납세의무자로 하여 세법을 적용한다.

② 납세의무자가 세법에 따라 장부를 갖추어 기록하고 있으나 장부의 기록에 일부 누락된 것이 있을 때에는 당해 납세의무자의 과세표준 전체에 대해서 정부가 조사한 사실에 따라 결정할 수 있다.

③ 세법을 해석·적용할 때에는 과세의 형평과 해당 세법의 목적에 비추어 국가의 과세권이 침해되지 아니하도록 하여야 한다.

④ 세무공무원이 국세의 과세표준을 조사·결정할 때에는 세법에 특별한 규정이 있는 경우에도 해당 납세의무자가 계속하여 적용하고 있는 기업회계의 기준 또는 관행으로서 일반적으로 공정·타당하다고 인정되는 것은 존중하여야 한다.

⑤ 세법의 해석이나 국세행정의 관행이 일반적으로 납세자에게 받아들여진 후에는 그 해석이나 관행에 의한 행위 또는 계산은 정당한 것으로 보며, 새로운 해석이나 관행에 의하여 소급하여 과세되지 아니한다.

해설

 ⑤

① 사업자등록의 명의자와는 별도로 사실상의 사업자가 있는 경우에는 사업자등록의 명의자와는 별도로 사실상의 사업자가 있는 경우에는 경제적 실질이 법적 형식에 우선하므로 사실상 귀속되는 자를 납세의무자로 하여 세법을 적용한다.(실질과세의 원칙)
② 납세의무자가 세법에 따라 장부를 갖추어 기록하고 있으나 장부의 기록에 일부 누락된 것이 있을 때에는 그 부분에 대해서만 정부가 조사한 사실에 따라 결정할 수 있다.
③ 세법을 해석·적용할 때에는 과세의 형평과 해당 세법의 목적에 비추어 납세자의 재산권이 침해되지 아니하도록 하여야 한다.
④ 세무공무원이 국세의 과세표준을 조사·결정할 때에는 해당 납세의무자가 계속하여 적용하고 있는 기업회계의 기준 또는 관행으로서 일반적으로 공정·타당하다고 인정되는 것은 존중하여야 한다. 다만, 세법에 특별한 규정이 있는 것은 그러하지 아니하다.

06 소급과세에 관한 설명으로 옳지 않은 것은? (2012. 세무사)

① 국세기본법은 입법에 의한 소급과세 이외에 해석에 의한 소급과세에 대해서도 규정하고 있다.
② 국세기본법은 새로운 입법에 의한 과세가 소급과세인지 여부를 판단하는 기준시점을 납세의무의 확정시점으로 규정하고 있다.
③ 부진정소급입법은 납세자에게 불리하더라도 통상의 경우에는 허용되지만, 납세자의 구법에 대한 신뢰가 보호할 가치가 있다고 할 특단의 사정이 있는 경우에는 허용되지 않을 수 있다.
④ 개별 납세자에게 유리한 소급입법이라고 하더라도 그것이 전체적으로 조세형평을 침해할 수 있는 경우에는 허용되지 않을 수 있다.
⑤ 국민의 기득권을 침해하지 않고 당사자의 법적 안정성 또는 신뢰보호에 위배되지 않는 일정한 경우에는 소급과세금지원칙의 예외가 인정될 수 있다.

해설

 ②

국세를 납부할 의무가 성립한 소득, 수익, 재산, 행위 또는 거래에 대해서는 그 성립 후의 새로운 세법에 따라 소급하여 과세하지 않는다. 즉, 입법에 의한 소급과세 여부를 판단하는 기준시점을 납세의무의 성립시점으로 규정하고 있다.

07 국세기본법상 서류의 송달에 관한 설명으로 옳지 않은 것은? (2013. 세무사)

① 소득세법에 따른 중간예납세액의 납부고지서는 금액에 관계없이 일반우편으로 송달할 수 있다.
② 연대납세의무자에게 서류를 송달할 때 대표자가 없으면 납부의 고지와 독촉에 관한 서류를 제외하고는 연대납세의무자 중 국세를 징수하기에 유리한 자를 명의인으로 한다.
③ 상속이 개시된 경우 상속재산관리인이 있을 때에는 그 상속재산관리인의 주소 또는 영업소에 송달한다.
④ 서류를 교부하였을 때에는 송달서에 수령인이 서명 또는 날인하게 하여야 하고, 수령인이 서명 또는 날인을 거부하면 그 사실을 송달서에 적어야 한다.
⑤ 교부에 의한 서류 송달의 경우에 해당 행정기관의 소속 공무원은 송달을 받아야 할 자가 거부하지 않으면 송달할 장소 이외의 장소에서 서류를 교부할 수 있다.

해설 정답 ①

소득세 중간예납세액의 납부고지는 50만원 미만인 경우에 한하여 일반우편으로 송달할 수 있다.

[관련규정] 우편송달

등기우편	일반우편
납세의 고지 · 독촉 · 강제징수 또는 세법에 따른 정부의 명령과 관계되는 서류의 송달을 우편으로 할 때에는 등기우편으로 하여야 한다.	소득세법상 중간예납세액의 납부고지서, 부가가치세법상 예정고지세액의 납부고지서, 신고납세세목에 해당하는 국세에 대한 과세표준신고서를 법정신고기한까지 제출하였으나 과세표준신고액에 상당하는 세액의 전부 또는 일부를 납부하지 아니하여 발급하는 납부고지서로서 50만원 미만에 해당하는 납부고지서는 일반우편으로 송달할 수 있다.

08 국세부과와 세법적용에 관한 설명으로 옳은 것은? (2014. 세무사)

① 기획재정부장관, 국세청장(지방국세청장 포함) 및 세무서장은 세법의 해석과 관련된 질의에 대하여 국세기본법에 따른 세법해석의 기준에 따라 해석하여 회신하여야 한다.

② 기획재정부장관이 수립한 중장기 조세정책운용계획은 국가재정법상의 국가재정운용계획과 연계되어야 하며, 관계 중앙행정기관의 장과의 협의를 거쳐 국무회의의 심의를 통해 확정된다.

③ 세법 외의 법률 중 국세의 부과 · 징수 · 감면 또는 그 절차에 관하여 규정하고 있는 조항은 세법의 해석 · 적용에 있어서는 이를 세법으로 본다.

④ 국세를 납부할 의무가 확정된 소득, 수익, 재산, 행위 또는 거래에 대해서는 그 확정 후의 새로운 세법에 따라 소급하여 과세하지 아니한다.

⑤ 세무공무원은 국세의 과세표준을 결정 · 경정할 때에는 세법에 특별한 규정이 있는 경우에도 납세의무자가 계속하여 적용하고 있는 기업회계의 기준 또는 관행을 존중하여야 한다.

 ③

해설

① 기획재정부장관 및 국세청장은 세법의 해석과 관련된 질의에 대하여 국세기본법에 따른 세법해석의 기준에 따라 해석하여 회신하여야 한다.

② 기획재정부장관은 효율적인 조세정책의 수립과 조세부담의 형평성 제고를 위하여 매년 해당 연도부터 5개 연도 이상의 기간에 대한 중장기 조세정책운용계획을 수립하여야 한다. 이 경우 중장기 조세정책운용계획은 국가재정법에 따른 국가재정운용계획과 연계되어야 한다. 또한, 기획재정부장관은 수립한 중장기 조세정책운용계획을 국회 소관 상임위원회에 보고하여야 한다. 즉, 국무회의의 심의를 통해 확정되는 것이 아니다.

④ 국세를 납부할 의무(세법에 징수의무자가 따로 규정되어 있는 국세의 경우에는 이를 징수하여 납부할 의무)가 성립한 소득, 수익, 재산, 행위 또는 거래에 대해서는 그 성립 후의 새로운 세법에 따라 소급하여 과세하지 아니한다.

⑤ 세무공무원이 국세의 과세표준을 조사 · 결정할 때에는 해당 납세의무자가 계속하여 적용하고 있는 기업회계의 기준 또는 관행으로서 일반적으로 공정 · 타당하다고 인정되는 것은 존중하여야 한다. 다만, 세법에 특별한 규정이 있는 것은 그러하지 아니하다.

09 법인 아닌 단체의 납세의무에 관한 설명으로 옳지 않은 것은? (2014. 세무사)

① 법인으로 보는 단체는 국세에 관한 의무 이행을 위하여 대표자나 관리인을 선임한 경우 세무서장에게 신고하여야 하나, 대표자나 관리인을 변경한 경우에는 관할세무서장에게 신고할 의무가 없다.

② 법인 아닌 단체 중 법인으로 보는 단체 외의 법인 아닌 단체는 국내에 주사무소 또는 사업의 실질적 관리장소를 둔 경우에는 1거주자로, 그 밖의 경우에는 1비거주자로 보아 소득세법을 적용한다.

③ 주무관청의 허가 또는 인가를 받아 설립되거나 법령에 따라 주무관청에 등록한 단체로서 수익을 구성원에게 분배하지 아니하는 것은 등기를 하지 않았어도 법인으로 다루어지며 그 수익사업에서 발생하는 소득 및 법인세법에 따른 토지 등 양도소득에 대하여 법인세 납세의무를 진다.

④ 국세기본법상 관할세무서장의 승인을 얻어 법인으로 보는 법인 아닌 단체는 그 승인일을 법인의 최초 사업연도 개시일로 한다.

⑤ 법인으로 보는 단체의 국세에 관한 의무는 그 대표자나 관리인이 이행하여야 하며, 이를 위해 대표자나 관리자를 선임 또는 변경한 때에는 관할세무서장에게 신고하여야 하나, 신고를 하지 아니하는 경우에는 관할세무서장이 단체의 구성원 또는 관계인 중 1명을 국세에 관한 의무이행자로 지정할 수 있다.

해설

①

법인으로 보는 단체는 국세에 관한 의무 이행을 위하여 대표자나 관리인을 선임하거나 변경한 경우에는 관할세무서장에게 신고하여야 한다.

10 국세기본법상 국세부과의 원칙과 관련이 없는 것은? (2015. 세무사)

① 거래의 형식은 매매이나 그 실질이 증여이면 증여로 보아 증여세를 과세한다.

② 세무서장이 종합소득 과세표준과 세액을 경정하는 경우 거주자가 추계신고한 경우에도 소득금액을 계산할 수 있는 장부 기타 증빙서류를 비치 · 기장하고 있는 때에는 그 장부 기타 증빙서류에 근거하여 실지조사결정하여야 한다.

③ 세무공무원이 재량으로 직무를 수행할 때에는 과세의 형평과 해당 세법의 목적에 비추어 일반적으로 적당하다고 인정되는 한계를 엄수하여야 한다.

④ 과세의 대상이 되는 소득, 수익, 재산, 행위 또는 거래의 귀속이 명의일 뿐이고 사실상 귀속되는 자가 따로 있을 때에는 사실상 귀속되는 자를 납세의무자로 하여 세법을 적용한다.

⑤ 납세자가 그 의무를 이행할 때에는 신의에 따라 성실하게 하여야 한다. 세무공무원이 그 직무를 수행할 때에도 또한 같다.

해설

③

세무공무원의 재량한계엄수 규정은 국세부과의 원칙이 아니라 세법적용의 원칙에 해당한다.

[관련규정] 국세부과의 원칙 vs 세법적용의 원칙

국세부과의 원칙	세법적용의 원칙
① 실질과세의 원칙	① 세법해석의 기준(재산권 부당침해금지)
② 신의성실의 원칙	② 소급과세의 금지
③ 근거과세의 원칙	③ 세무공무원의 재량의 한계
④ 조세감면의 사후관리	④ 기업회계의 존중

11 **국세기본법상 용어의 정의에 관한 설명으로 옳지 않은 것은?** (2016. 세무사)

① ‘세무공무원’에는 국세청장, 지방국세청장, 세무서장 또는 그 소속 공무원뿐만 아니라 세법에 따라 국세에 관한 사무를 세관장이 관장하는 경우의 그 소속 공무원도 포함한다.

② ‘가산세’란 국세기본법 및 세법에서 규정하는 의무의 성실한 이행을 확보하기 위하여 세법에 따라 산출한 세액에 가산하여 징수하는 금액을 말한다.

③ ‘공과금’이란 국세징수법에서 규정하는 강제징수의 예에 따라 징수할 수 있는 채권 중 국세, 관세, 임시수입부가세, 지방세와 이에 관계되는 강제징수비를 제외한 것을 말한다.

④ ‘납세의무자’는 연대납세의무자, 제2차 납세의무자, 보증인, 원천징수의무자를 포함한다.

⑤ ‘과세표준’이란 세법에 따라 직접적으로 세액산출의 기초가 되는 과세대상의 수량 또는 가액을 말한다.

④

해설

납세의무자는 세법에 따라 국세를 납부할 의무(징수의무자는 제외함)가 있는 자를 말한다. 따라서 납세의무자는 본래의 납세의무자(납세의무를 승계받은 자, 연대납세의무자 포함)뿐만 아니라 제2차 납세의무자와 납세보증인을 포함하며, 원천징수의무자는 납세의무자가 아니라 납세자일 뿐이다.

12 국세기본법상 신의성실의 원칙에 관한 설명으로 옳지 않은 것은? (다툼이 있으면 판례에 따름) (2017. 세무사)

① 조세실체법에 대한 신의성실의 원칙 적용은 합법성을 희생하여서라도 구체적 신뢰보호의 필요성이 인정되는 경우에 한하여 허용된다.

② 세무서 직원들이 명시적으로 부가가치세 면제대상으로 세무지도를 하여 납세자가 이를 믿고 부가가치세를 거래징수하지 않았으나 그 이후에 과세관청이 한 부가가치세 과세처분은 신의성실의 원칙에 위반된다.

③ 신의성실의 원칙은 과세관청이 과거의 언동에 반하여 소급 처분하는 것을 금지하는 것으로 과세관청이 과거의 언동을 시정하여 장래에 향하여 처분하는 것은 허용된다.

④ 납세의무자가 인터넷 국세종합상담센터의 답변에 따라 세액을 과소신고 · 납부한 경우 그 답변은 과세관청의 공식적인 견해표명에 해당하지 않는다.

⑤ 납세의무자가 자산을 과대계상하는 방법으로 분식결산을 하고 이에 따라 법인세를 과다신고 · 납부한 후 그 과다납부한 세액에 대한 감액을 주장하는 경우 납세의무자에게 신의성실의 원칙이 적용된다.

해설

 ⑤

납세의무자가 자산을 과대계상하는 방법으로 분식결산을 하고 이에 따라 법인세를 과다신고 · 납부한 후 그 과다납부한 세액에 대한 감액을 주장하는 경우에는 경정한 후 사실과 다른 회계처리로 인한 경정에 따른 세액공제를 적용하는 것이므로 신의성실의 원칙이 적용되는 경우로 볼 수 없다.

[관련규정] 신의성실의 원칙

구 분	내 용
의의	납세자가 그 의무를 이행할 때에는 신의에 따라 성실하게 하여야 한다. 세무공무원이 직무를 수행할 때에도 또한 같다.
과세관청에 대한 신의성실의 원칙 적용요건	① 납세자의 신뢰의 대상이 되는 과세관청의 공적인 견해표시가 있어야 한다. ② 납세자가 과세관청의 견해를 신뢰하여야 하고 그 신뢰에 납세자의 귀책사유가 없어야 한다. ③ 납세자가 과세관청의 견해에 대한 신뢰를 토대로 경제적 거래나 세무상 처리 등의 행위를 하여야 한다. ④ 과세관청이 처음의 견해에 반하는 적법한 행정처분을 하여야 한다. ⑤ 과세관청의 배신적 처분에 의해 납세자가 불이익을 받아야 한다.

13 **국세기본법상 관할세무서장에게 신청후 승인을 받은 법인으로 보는 단체에 관한 설명으로 옳은 것을 모두 고른 것은?** (2020. 세무사)

ㄱ. 공익을 목적으로 출연된 기본재산이 있는 재단으로서 등기되지 아니할 것을 요건으로 한다.
ㄴ. 주무관청의 허가를 받아 설립된 단체로서 등기되지 아니할 것을 요건으로 한다.
ㄷ. 단체의 수익을 구성원에게 분배할 것을 요건으로 한다.
ㄹ. 단체 자신의 계산과 명의로 수익과 재산을 독립적으로 소유·관리할 것을 요건으로 한다.
ㅁ. 관할 세무서장의 승인을 받은 날이 속하는 과세기간과 그 과세기간이 끝난 날부터 3년이 되는 날이 속하는 과세기간까지는 원칙적으로 소득세법에 따른 거주자 또는 비거주자로 변경할 수 없다.
ㅂ. 단체의 조직과 운영에 관한 규정을 가지고 대표자나 관리인을 선임하고 있을 것을 요건으로 한다.

① ㄱ, ㄷ, ㅁ ② ㄹ, ㅁ, ㅂ ③ ㄱ, ㄴ, ㄷ, ㅂ
④ ㄱ, ㄴ, ㄹ, ㅂ ⑤ ㄴ, ㄷ, ㄹ, ㅁ

②

해설

구 분	내 용
ㄱ, ㄴ	당연법인의제에 대한 설명이다.
ㄷ	당연법인의제 및 신청에 의한 법인의제는 단체의 수익을 구성원에게 분배하지 아니할 것을 요건으로 한다.
ㄹ, ㅁ, ㅂ	신청에 의한 법인의제에 대한 설명이다.

[관련규정] 법인으로 보는 단체

구 분	내 용
당연 법인의제	법인(내국법인 및 외국법인)이 아닌 사단, 재단, 그 밖의 단체 중 다음의 어느 하나에 해당하는 것으로서 수익을 구성원에게 분배하지 아니하는 것은 법인으로 보아 국세기본법과 세법을 적용한다. ① 인 · 허가 또는 등록된 미등기단체 : 주무관청의 인 · 허가를 받아 설립하였거나 법령에 의하여 주무관청에 등록한 사단, 재단, 그 밖의 단체로서 등기되지 아니한 것 ② 공익목적의 미등기재단 : 공익을 목적으로 출연된 기본재산이 있는 재단으로서 등기되지 아니한 것
신청에 의한 법인의제*	당연법인의제 외에 해당하는 법인 아닌 단체 중 다음의 요건을 모두 갖춘 것으로서 대표자 또는 관리인이 관할세무서장에게 법인으로 신청하여 승인을 받은 것도 법인으로 보아 국세기본법과 세법을 적용한다. 이 경우 해당 사단, 재단, 그 밖의 단체의 계속성과 동질성이 유지되는 것으로 본다. ① 사단, 재단, 그 밖의 단체의 조직과 운영에 관한 규정을 가지고 대표자 또는 관리인을 선임하고 있을 것 ② 사단, 재단, 그 밖의 단체 자신의 계산과 명의로 수익과 재산을 독립적으로 소유 · 관리하고 있을 것 ③ 사단, 재단, 그 밖의 단체의 수익을 구성원에게 분배하지 아니할 것

* 신청에 의해 법인으로 의제되는 단체는 그 신청에 대하여 관할세무서장의 승인을 받은 날이 속하는 과세기간과 그 과세기간이 끝난 날부터 3년이 되는 날이 속하는 과세기간까지는 소득세법에 따른 거주자 또는 비거주자로 변경할 수 없다. 다만, 요건을 갖추지 못하게 되어 승인취소를 받는 경우에는 그러하지 아니하다.

14 국세기본법상 서류의 송달에 관한 설명으로 옳은 것은? (다툼이 있으면 판례에 따름) (2021. 세무사)

① 세무공무원이 납세자를 방문해 서류를 교부하려고 하였으나 수취인이 부재중인 것으로 확인되어 납부기한까지 송달이 곤란하다고 인정되는 경우에는 공시송달을 할 수 있다.

② 납세의무자, 그 종업원 또는 동거인으로서 사리를 판별할 수 있는 사람이 부재하는 경우에는 송달할 장소에 서류를 둘 수 있다.

③ 집배원이 아파트경비원에게 서류를 교부하는 방식의 송달은 적법한 송달이라고 볼 수 없다.

④ 납부고지서의 우편송달은 등기우편으로만 하여야 한다.

⑤ 국세기본법은 서류를 등기우편으로 송달하였으나 수취인이 부재중인 것으로 확인되어 반송됨으로써 납부기한 내에 송달이 곤란하다고 인정되는 경우에는 공시송달을 할 수 있다고 규정하고 있다.

해설

정답 ⑤

① 세무공무원이 2회 이상 납세자를 방문[처음 방문한 날과 마지막 방문한 날 사이의 기간이 3일(기간을 계산할 때 공휴일 및 토요일은 산입하지 않는다) 이상이어야 한다]해 서류를 교부하려고 하였으나 수취인이 부재중인 것으로 확인되어 납부기한까지 송달이 곤란하다고 인정되는 경우에는 공시송달을 할 수 있다.

② 서류를 송달받아야 할 자 또는 그 사용인이나 그 밖의 종업원 또는 동거인으로서 사리를 판별할 수 있는 사람이 정당한 사유 없이 서류 수령을 거부할 때에는 송달할 장소에 서류를 둘 수 있다.

③ 서류 송달은 원칙적으로 교부, 우편 또는 전자송달의 방법으로 하므로, 집배원이 아파트경비원에게 서류를 교부하는 방식의 송달은 적법한 송달이라고 볼 수 있다.

④ 납부고지서의 우편송달은 원칙적으로 등기우편으로 하여야 하나, 다음의 납부고지서로서 법령으로 정하는 금액 미만에 해당하는 납부고지서는 일반우편으로 송달할 수 있다.

a. 소득세법상 중간예납세액의 납부고지서, 부가가치세법상 예정고지세액의 납부고지서

b. 신고납세세목에 해당하는 국세에 대한 과세표준신고서를 법정신고기한까지 제출하였으나 과세표준신고액에 상당하는 세액의 전부 또는 일부를 납부하지 아니하여 발급하는 납부고지서

15 국세기본법상 서류의 송달에 관한 설명이다. 옳지 않은 것은? (2024. CPA)

① 교부에 의한 서류 송달은 해당 행정기관의 소속 공무원이 서류를 송달할 장소에서 송달받아야 할 자에게 서류를 교부하는 것이 원칙이지만, 송달을 받아야 할 자가 송달받기를 거부하지 아니하면 다른 장소에서 교부할 수 있다.

② 납부의 고지에 관한 서류를 연대납세의무자에게 송달할 때에는 그 대표자를 명의인으로 하며, 대표자가 없을 때에는 연대납세의무자 중 국세를 징수하기에 유리한 자를 명의인으로 한다.

③ 서류를 송달받아야 할 자 또는 그 사용인이나 그 밖의 종업원 또는 동거인으로서 사리를 판별할 수 있는 사람이 정당한 사유 없이 서류 수령을 거부할 때에는 송달할 장소에 서류를 둘 수 있다.

④ 납세자가 전자송달된 납부고지서에 의한 세액을 그 납부기한까지 전액 납부하지 아니하고, 3회 연속하여 국세정보통신망에 송달된 서류를 법령에서 정한 기한까지 열람하지 아니하는 경우에는 전자송달의 신청을 철회한 것으로 본다.

⑤ 국세정보통신망을 이용하여 공시송달을 할 때에는 다른 공시송달 방법과 함께 하여야 한다.

해설

②

연대납세의무자에게 서류를 송달할 때에는 그 대표자를 명의인으로 하며, 대표자가 없을 때에는 연대납세의무자 중 국세를 징수하기에 유리한 자를 명의인으로 한다. 다만, 납부의 고지와 독촉에 관한 서류는 연대납세의무자 모두에게 각각 송달하여야 한다.

회계사 · 세무사 기출문제

납세의무

01 국세기본법상 납세의무의 성립과 확정에 관한 설명이다. 옳은 것은? (2012. CPA)

① 청산소득에 대한 법인세의 납세의무는 그 법인이 해산 또는 합병을 하는 때에 성립하고 과세표준과 세액을 정부가 결정하는 때에 확정된다.

② 중간예납하는 법인세를 정부가 조사 · 결정하는 경우 납세의무는 중간예납기간이 끝나는 때에 성립하고 특별한 절차 없이 그 세액이 확정된다.

③ 수시부과하여 징수하는 법인세의 납세의무는 수시부과할 사유가 발생한 때에 성립하고 특별한 절차 없이 그 세액이 확정된다.

④ 금융보험업자의 수익금액에 부과되는 교육세의 납세의무는 해당 매매거래가 확정되는 때에 성립하고 과세표준과 세액을 정부에 신고하는 때에 확정된다.

⑤ 수입주류에 대한 주세를 세법에 따라 기한후신고하는 경우에는 세관장에게 수입신고를 하는 때에 해당 주세의 납세의무가 성립하고 과세표준과 세액을 정부가 결정하는 때에 확정된다.

정답 ⑤

해설

① 청산소득에 대한 법인세의 납세의무는 그 법인이 해산하는 때에 성립하고 과세표준과 세액을 신고하는 때에 확정된다. 합병의 의한 해산의 경우 청산소득에 대한 법인세 납세의무가 없으며, 각사업연도소득에 대한 법인세 납세의무가 있다.

② 중간예납하는 법인세를 정부가 조사, 결정하는 경우에는 자동확정의 사유가 아니므로 납세의무는 중간예납기간이 끝나는 때에 성립하고 과세표준과 세액을 정부가 결정하는 때에 확정된다.

③ 수시부과하는 법인세는 자동확정의 사유가 아니므로 납세의무는 수시부과할 사유가 발생한 때에 성립하고 과세표준과 세액을 정부가 결정하는 때에 확정된다.

④ 금융보험업자의 수익금액에 부과되는 교육세는 과세기간이 끝나는 때에 성립하고 과세표준과 세액을 신고하는 때에 확정된다.

⑤ 주세를 기한후신고하는 경우이므로 확정권자가 정부가 된다. 따라서 과세표준과 세액을 정부가 결정하는 때에 확정된다. → 옳은 지문

[관련규정] 납세의무의 성립시기

구 분	납세의무의 성립시기
기간과세국세(법인세*1, 소득세, 부가가치세*2)	과세기간이 끝나는 때
상속세	상속이 개시되는 때
증여세	증여재산을 취득하는 때 → 증여계약일(×)
개별소비세, 주세, 교통 · 에너지 · 환경세*3	과세물품을 제조장으로부터 반출하거나 판매장에서 판매하는 때 또는 과세장소에 입장하거나 과세유흥장소에서 유흥음식행위를 한 때
인 지 세	과세문서를 작성한 때 → 인지를 붙이는 때(×)
증권거래세	해당 매매거래가 확정되는 때
종합부동산세	과세기준일(6월 1일)
농어촌특별세, 교육세*4	본세의 납세의무가 성립하는 때
원천징수하는 소득세 또는 법인세	소득금액 또는 수입금액을 지급하는 때
납세조합이 징수하는 소득세와 예정신고 · 납부하는 소득세	그 과세표준이 되는 금액이 발생한 달의 말일
중간예납하는 소득세 · 법인세 또는 예정신고기간 · 예정부과기간에 대한 부가가치세	중간예납기간 또는 예정신고기간 · 예정부과기간이 끝나는 때
수시부과에 의하여 징수하는 국세	수시부과할 사유가 발생한 때 → 수시부과할 때(×)

*1. 청산소득에 대한 법인세 : 해당 법인이 해산하는 때
2. 수입재화에 대한 부가가치세 : 세관장에게 수입신고하는 때
3. 수입물품에 대한 개별소비세 등 : 세관장에게 수입신고를 하는 때
4. 금융 · 보험업자의 수익금액에 부과되는 교육세 : 과세기간이 끝나는 때

[관련규정] 납세의무의 확정시기

구 분	납세의무의 확정시기
신고납세제도	과세표준과 세액을 정부에 신고하는 때*1
정부부과제도	과세표준과 세액을 정부가 결정하는 때
자동확정	① 인지세 ② 원천징수하는 소득세 또는 법인세 ③ 납세조합이 징수하는 소득세 ④ 중간예납하는 법인세(세법에 따라 정부가 조사 · 결정하는 경우는 제외) ⑤ 납부지연가산세 및 원천징수 등 납부지연가산세(납부고지서에 따른 납부기한 후의 가산세로 한정한다)

*1. 신고납세제도 세목일지라도 납세의무자가 과세표준과 세액의 신고를 하지 아니하거나 신고한 과세표준과 세액이 세법에서 정하는 바와 맞지 아니한 경우에는 정부가 과세표준과 세액을 결정하거나 경정하는 때에 그 결정 또는 경정에 따라 확정된다.
2. 종합부동산세의 경우 원칙적으로 정부부과세목에 해당하나 납세의무자가 종합부동산세법에 따라 과세표준과 세액을 정부에 신고하는 경우에 한정하여 신고하는 때에 납세의무가 확정되며, 신고하지 않은 경우 과세표준과 세액을 정부가 결정하는 때에 납세의무가 확정된다.
3. 상속세 및 증여세의 과세표준신고는 과세근거자료를 제출하는 협력의무에 불과하므로 납세의무를 확정하는 효력은 없다. 그러므로 신고와 무관하게 정부의 결정에 의하여 납세의무가 확정되며, 구체적으로는 결정통지서가 납세의무자에게 도달되는 때에 확정의 효력이 발생한다.

02 국세기본법상 국세부과의 제척기간과 국세징수권의 소멸시효에 관한 설명으로 옳지 않은 것은?

(2013. CPA)

① 국세징수권은 이를 행사할 수 있는 때부터 5년(5억원 이상의 국세는 10년) 동안 행사하지 아니하면 소멸시효가 완성된다. 소멸시효에 관하여는 국세기본법 또는 세법에 특별한 규정이 있는 것을 제외하고는 민법에 따른다.

② 과세표준과 세액을 신고하는 국세(종합부동산세법 규정에 의해 신고하는 종합부동산세는 제외함)의 경우 해당 국세의 과세표준신고기한의 다음날을 국세부과제척기간의 기산일로 한다. 이 경우 중간예납 · 예정신고기한과 수정신고기한은 과세표준신고기한에 포함되지 아니한다.

③ 소멸시효는 납부고지, 독촉, 납세담보 제공, 교부청구의 사유로 중단된다.

④ 소멸시효는 세무공무원이 국세징수법에 따른 사해행위취소소송을 제기하여 그 소송이 진행 중인 기간에는 진행되지 아니한다. 다만, 이러한 사해행위취소소송의 제기로 인한 시효정지의 효력은 소송이 각하 · 기각 또는 취하된 경우에는 효력이 없다.

⑤ 원천징수의무자 또는 납세조합으로부터 징수하는 국세의 경우 납부고지한 원천징수세액 또는 납세조합징수세액에 대하여는 그 고지에 따른 납부기한의 다음날을 소멸시효의 기산일로 한다.

 ③

해설

소멸시효 중단의 사유는 납부고지, 독촉, 교부청구, 압류이다. 납세담보의 제공은 소멸시효의 중단사유가 아니다.

[관련규정] 소멸시효의 중단과 정지

소멸시효의 중단사유	소멸시효의 정지사유
① 납부고지 ② 독촉 ③ 교부청구 ④ 압류(압류금지재산을 압류하거나 제3자 재산을 압류한 경우로 압류를 즉시 해제하는 경우는 제외한다)	① 분납기간, 연부연납기간 ② 납부고지의 유예, 지정납부기한 · 독촉장에서 정하는 기한의 연장, 징수 유예기간, 압류 · 매각의 유예기간 ③ 국세징수법에 따른 사해행위취소소송이나 민법에 따른 채권자대위소송이 진행중인 기간(단, 소송이 각하 · 기각 또는 취하된 경우에는 시효정지의 효력이 없다.) ④ 체납자가 국외에 6개월 이상 계속 체류하는 경우 해당 국외 체류 기간

03 국세기본법상 부과권의 제척기간에 관한 설명이다. 옳은 것은? (2015. CPA)

① 부담부증여에 따라 증여세와 함께 양도소득세가 과세되는 경우 증여세의 제척기간과 양도소득세의 제척기간은 다르다.
② 행정소송법에 따른 소송에 대한 판결이 있는 경우 그 판결이 확정된 날부터 3년이 지나기 전까지는 해당 판결에 따라 경정결정이나 그 밖에 필요한 처분을 할 수 있다.
③ 행정소송법에 따른 소송에 대한 판결에서 명의대여 사실이 확인된 경우 실제로 사업을 경영한 자에게 경정결정이나 그 밖에 필요한 처분을 할 수 없다.
④ 과세표준과 세액을 신고하는 국세(종합부동산세 제외)의 제척기간 기산일은 과세표준신고기한의 다음날이며, 이 경우 중간예납·예정신고기한과 수정신고기한도 과세표준신고기한에 포함한다.
⑤ 국세기본법상 통상적인 경정청구 및 후발적 사유에 의한 경정청구가 있는 경우 경정청구일부터 2개월이 지나기 전까지는 해당 경정청구에 따라 경정결정이나 그 밖에 필요한 처분을 할 수 있다.

해설

 ⑤

① 부담부증여에 따라 증여세와 함께 양도소득세가 과세되는 경우 그 양도소득세는 증여세에 대하여 정한 제척기간(15년, 10년)을 적용한다.
② 행정소송법에 따른 소송에 대한 판결이 있는 경우 그 판결이 확정된 날부터 1년이 지나기 전까지는 해당 판결에 따라 경정결정이나 그 밖에 필요한 처분을 할 수 있다.
③ 행정소송법에 따른 소송에 대한 판결에서 명의대여 사실이 확인된 경우 그 판결이 확정된 날부터 1년 이내에 명의대여자에 대한 부과처분을 취소하고 실제로 사업을 경영한 자에게 경정결정이나 그 밖에 필요한 처분을 할 수 있다.
④ 과세표준과 세액을 신고하는 국세(종합부동산세 제외)의 제척기간 기산일인 과세표준신고기한의 다음날이란 해당 국세의 정기분 과세표준과 세액에 대한 확정신고기한의 다음날을 말한다.

[관련규정] 원칙적 제척기간

구 분	내 용	제척기간	
		일반	역외거래
(1) 일반세목*	① 일반	5년	7년
	② 무신고	7년	10년
	③ 부정행위	10년	15년
(2) 상속세 및 증여세	① 일반	10년	
	② 부정행위, 무신고, 거짓신고, 누락신고	15년	

* 부담부증여에 따라 증여세와 함께 소득세법에 따른 양도소득세가 과세되는 경우 그 소득세는 위의 증여세에 대하여 정한 제척기간(10년, 15년)을 적용한다.

[관련규정] 특례제척기간

구 분	내 용	
상증세	부정행위로 상속세 · 증여세를 포탈하는 경우로서 제3자 명의신탁, 국외상속재산, 명의신탁재산의 증여의제 등에 해당하는 경우 상속 또는 증여가 있음을 안 날부터 1년 이내에 상속세 및 증여세를 부과할 수 있다. 다만, 다음 중 어느 하나에 해당하는 경우에는 특례제척기간을 적용하지 않는다. ① 상속인(수유자 포함)이나 증여자 및 수증자가 사망한 경우 ② 포탈세액산출의 기준이 되는 재산가액이 50억원 이하인 경우	
조세쟁송 등	① 조세쟁송 · 민사소송	결정 또는 판결이 확정된 날부터 1년
	② 경정청구 · 조정권고	경정청구일 또는 조정권고일부터 2개월

04 국세기본법상 납세의무에 관한 설명이다. 옳지 않은 것은? (2014. CPA)

① 원천징수하는 소득세 · 법인세는 소득금액 또는 수입금액을 지급하는 때에 납세의무가 성립한다.

② 세법에 따라 당초 확정된 세액을 증가시키는 경정은 당초 확정된 세액에 관한 국세기본법 또는 세법에서 규정하는 권리 · 의무관계에 영향을 미치지 아니한다.

③ 법인이 합병한 경우 합병 후 존속하는 법인 또는 합병으로 설립된 법인은 합병으로 소멸된 법인에 부과되거나 그 법인이 납부할 국세 및 강제징수비를 납부할 의무를 진다.

④ 교부청구시 국세징수권의 소멸시효는 중단된다.

⑤ 부담부증여에 따라 수증자에게 증여세가 과세되고, 증여자에게 양도소득세가 과세되는 경우 증여세와 양도소득세의 제척기간은 달리 적용된다.

정답 ⑤

해설

부담부증여에 따라 증여세와 함께 양도소득세가 과세되는 경우 증여세에 대하여 정한 기간(15년, 10년)을 그 양도소득세의 제척기간으로 한다.

05 국세기본법상 납세의무의 성립과 확정 등에 관한 설명이다. 옳지 않은 것은? (2016. CPA)

① 소득세법에서 과세대상으로 정하는 소득이 있으면 해당 과세기간이 끝나는 때에 소득세 납세의무가 성립한다.

② 상속세 및 증여세법에서 과세대상으로 정하는 증여가 있으면 그 증여에 의하여 재산을 취득하는 때에 증여세 납세의무가 성립한다.

③ 소득세의 납세의무자가 과세표준 및 세액을 신고하지 아니한 경우에는 정부가 이를 결정하는 때에 납세의무가 확정된다.

④ 소득세는 납세의무자가 과세표준 및 세액을 정부에 신고하는 때에 그 납세의무가 확정되지만, 신고의 내용에 잘못이 있는 경우에는 정부가 새로이 확정시킬 수 있으나 정부가 스스로 확정한 세액을 다시 고칠 수 없다.

⑤ 납세의무자가 적법한 소득세 신고를 하였으나 현금이 없다는 이유로 이를 납부하지 아니한 경우, 납세지 관할세무서장은 국세징수법에 따라 해당 세금을 징수한다.

해설

 ④

소득세는 납세의무자가 과세표준 및 세액을 정부에 신고하는 때에 그 납세의무가 확정되며 신고의 내용에 잘못이 있는 경우에는 정부가 경정결정(경정)한다. 정부가 과세표준과 세액을 결정 또는 경정한 후 그 결정 또는 경정에 탈루 또는 오류가 있는 것이 발견된 경우에는 즉시 그 과세표준과 세액을 다시 경정한다.

06 국세기본법에 관한 설명으로 옳지 않은 것은? (2017. CPA)

① 국외에 있는 상속재산을 상속인이 취득하면서 사기나 그 밖의 부정한 행위로 상속세를 포탈한 경우, 상속인이 사망하였더라도 해당 재산의 상속이 있음을 안 날부터 1년 이내에 상속세를 부과할 수 있다.

② 종합부동산세는 부과과세제도가 원칙이지만, 납세의무자가 신고하는 경우 그 신고하는 때 납세의무가 확정된다.

③ 부담부증여에 따라 증여세와 함께 과세되는 양도소득세에 대해서는 조세조약에 따라 상호합의 절차가 진행중인 경우가 아니라면 증여세와 동일한 제척기간을 적용한다.

④ 세법에 따라 당초 확정된 세액을 감소시키는 경정은 그 경정으로 감소되는 세액 외의 세액에 관한 국세기본법 또는 세법에서 규정하는 권리 · 의무관계에 영향을 미치지 아니한다.

⑤ 5억원 이상의 국세에 대한 징수권은 이를 행사할 수 있는 때부터 10년 동안 행사하지 아니하면 소멸시효가 완성된다.

해설

 ①

국외에 있는 상속재산을 상속인이 취득하면서 사기나 그 밖의 부정한 행위로 상속세를 포탈한 경우, 해당 재산의 상속이 있음을 안 날부터 1년 이내에 상속세를 부과할 수 있다. 다만, 상속인이 사망한 경우에는 그러하지 아니한다.

07 국세기본법에 관한 설명으로 옳은 것은? (2018. CPA)

① 무신고가산세의 납세의무 성립시기는 가산할 국세의 납세의무가 성립하는 때이다.

② 원천징수하는 소득세 · 법인세는 소득금액 또는 수입금액을 지급하는 달의 말일에 납세의무의 성립과 확정이 이루어진다.

③ 10억원의 국세에 대한 징수권은 이를 행사할 수 있는 때부터 5년 동안 행사하지 않으면 소멸시효가 완성된다.

④ 사기로 법인세를 포탈한 경우 그 법인세의 납세의무가 성립한 날부터 15년의 기간이 끝난 날 이후에는 부과할 수 없다.

⑤ 세법에 따라 당초 확정된 세액을 증가시키는 경정은 당초 확정된 세액에 관한 국세기본법 또는 세법에서 규정하는 권리 · 의무관계에 영향을 미치지 아니한다.

 ⑤

해설

① 무신고가산세의 납세의무 성립시기는 법정신고기한이 경과하는 때이다.
② 원천징수하는 소득세 · 법인세는 소득금액 또는 수입금액을 지급하는 때에 납세의무의 성립과 확정이 이루어진다.
③ 5억원 이상의 국세에 대한 징수권은 이를 행사할 수 있는 때부터 10년 동안 행사하지 않으면 소멸시효가 완성된다.
④ 사기나 그 밖의 부정한 행위로 국세를 포탈하거나 환급 · 공제받은 경우 그 국세를 부과할 수 있는 날부터 10년(역외거래에서 발생한 부정행위인 경우는 15년)의 기간이 끝난 날 이후에는 부과할 수 없다.

08 국세기본법상 납세의무의 성립·확정 및 소멸에 관한 설명이다. 옳지 않은 것은? (2019. CPA)

① 원천징수하는 소득세 또는 법인세는 소득금액 또는 수입금액을 지급하는 때에 납세의무가 성립하며, 동시에 특별한 절차 없이 납세의무가 확정된다.

② 세법에 따라 확정된 세액을 증가시키는 경정은 당초 확정된 세액에 관한 국세기본법 또는 세법에서 규정하는 권리·의무관계에 영향을 미치지 아니한다.

③ 국제조세조정에 관한 법률에 의한 국제거래 중 국외 제공 용역거래에서 발생한 부정행위로 법인세를 포탈하거나 환급·공제받은 경우, 그 법인세를 부과할 수 있는 날부터 10년이 지나면 부과할 수 없다.

④ 5억원 이상인 국세의 징수를 목적으로 하는 국가의 권리는 10년 동안 행사하지 않으면 소멸시효가 완성된다.

⑤ 국세징수권의 소멸시효는 납부고지, 독촉, 교부청구 및 압류의 사유로 중단된다.

 ③

해설

역외거래에서 발생한 부정행위로 법인세를 포탈하거나 환급 · 공제받은 경우, 그 법인세를 부과할 수 있는 날부터 15년이 지나면 부과할 수 없다.

09 국세기본법상 납세의무의 성립, 확정 및 소멸에 관한 설명이다. 옳지 않은 것은? (2022. CPA)

① 법인세의 납세의무 성립시기는 과세기간이 끝나는 때이다. 다만, 청산소득에 대한 법인세의 납세의무 성립시기는 그 법인이 해산을 하는 때이다.

② 납세의무자가 소득세의 과세표준과 세액의 신고를 하지 아니한 경우에는 정부가 과세표준과 세액을 결정하는 때에 그 결정에 따라 납세의무가 확정된다.

③ 과세표준신고서를 법정신고기한까지 제출한 자의 부가가치세 수정신고는 당초 신고에 따라 확정된 세액에 관한 국세기본법 또는 세법에서 규정하는 권리 · 의무관계에 영향을 미치지 아니한다.

④ 국세에 대한 경정청구는 당초 확정된 과세표준과 세액을 감액하여 확정하는 효력을 가진다.

⑤ 국세를 부과할 수 있는 기간에 국세가 부과되지 아니하고 그 기간이 끝나면 해당 국세의 납세의무는 소멸한다.

해설

 ④

국세에 대한 경정청구는 과세표준과 세액을 확정하는 효력이 없다. 반면, 수정신고(과세표준신고서를 법정신고기한까지 제출한 자의 수정신고로 한정한다)는 당초의 신고에 따라 확정된 과세표준과 세액을 증액하여 확정하는 효력을 가진다.

10 국세기본법상 국세 부과제척기간에 관한 설명이다. 옳은 것은? (2023. CPA)

① 납세자가 역외거래에서 이중장부를 작성하여 법인세를 포탈한 경우 부과제척기간은 그 법인세를 부과할 수 있는 날부터 10년이다.

② 납세자가 부정행위로 상속세를 포탈하는 경우로서 제3자의 명의로 되어 있는 피상속인의 재산을 취득한 상속인이 사망한 때에는 과세관청은 해당 재산의 상속이 있음을 안 날부터 1년 이내에 상속세를 부과할 수 있다.

③ 종합부동산세법에 따라 신고하는 종합부동산세의 부과제척기간 기산일은 과세표준신고기한의 다음 날이다.

④ 심사청구에 대한 결정이 확정됨에 따라 그 대상이 된 과세표준과 연동된 다른 세목의 과세표준 조정이 필요한 경우 지방국세청장 또는 세무서장은 그 결정이 확정된 날부터 1년이 지나기 전까지 경정이나 그 밖에 필요한 처분을 할 수 있다.

⑤ 공제세액을 의무불이행의 사유로 징수하는 경우 해당 공제세액의 부과제척기간 기산일은 과세관청이 의무불이행이 있음을 안 날이다.

해설

 ④

① 납세자가 역외거래에서 이중장부를 작성하여 법인세를 포탈한 경우 부과제척기간은 그 법인세를 부과할 수 있는 날부터 15년이다.

② 납세자가 부정행위로 상속세를 포탈하는 경우로서 제3자의 명의로 되어 있는 피상속인의 재산을 상속인이 취득한 경우 과세관청은 해당 재산의 상속이 있음을 안 날부터 1년 이내에 상속세를 부과할 수 있다. 다만, 상속인이 사망한 경우에는 그러하지 아니한다.

③ 종합부동산세법에 따라 신고하는 종합부동산세의 부과제척기간 기산일은 납세의무성립일(매년 6월 1일)이다.

⑤ 공제세액을 의무불이행의 사유로 징수하는 경우 해당 공제세액의 부과제척기간 기산일은 공제를 적용받은 국세를 징수할 수 있는 사유가 발생한 날이다.

11 국세부과의 제척기간 및 징수권 소멸시효에 관한 설명으로 옳지 않은 것은? (단, 조세조약에 따른 상호합의절차의 신청은 없는 것으로 전제함) (2014. 세무사)

① 거주자가 종합소득세 법정신고기한까지 과세표준신고서를 제출하지 아니한 경우(부정행위는 없음)에는 종합소득세를 부과할 수 있는 날부터 7년이 끝난 날 후에는 이를 부과할 수 없다.

② 5억원 미만의 국세의 징수를 목적으로 하는 국가의 권리는 이를 행사할 수 있는 때부터 5년간 행사하지 아니하면 소멸시효가 완성된다.

③ 법인이 필리핀에 설립한 형식상 회사와의 가공거래를 통해 법인세를 포탈한 경우 그와 관련하여 법인세법상 소득처분된 금액에 대한 소득세에 대해서는 그 소득세를 부과할 수 있는 날부터 15년이 끝난 날 후에는 이를 부과할 수 없다.

④ 부담부증여에 따라 증여세와 함께 소득세가 과세되는 경우 그 증여세는 소득세 부과의 제척기간이 끝난 날 이후에는 부과할 수 없다.

⑤ 민법 제404조에 따른 채권자대위 소송의 제기로 인한 국세징수권의 소멸시효 정지의 효력은 소송이 기각된 경우에는 효력이 없다.

 ④

해설

부담부증여에 따라 증여세와 함께 양도소득세가 과세되는 경우 증여세에 대한 제척기간(10년, 15년)을 그 양도소득세의 제척기간으로 한다.

12 국세부과의 제척기간과 국세징수권의 소멸시효에 관한 설명으로 옳지 않은 것은? (2015. 세무사)

① 내국법인인 (주)서울이 역외거래에 대해서 이중장부 작성을 하고 법인세를 포탈한 경우, 국세부과제척기간은 법인세를 부과할 수 있는 날부터 15년간이다.

② 내국법인인 (주)평촌의 2025년 제1기 부가가치세 예정신고세액에 대한 국세부과 제척기간의 기산일은 제1기 확정신고기한의 다음 날인 2025. 7. 26로 본다.

③ 국세징수권은 이를 행사할 수 있는 때부터 5년(5억원 이상의 국세는 10년) 동안 행사하지 아니하면 소멸시효가 완성된다.

④ 소멸시효는 납부고지, 독촉, 교부청구, 압류의 사유로 중단된다.

⑤ 부담부증여에 따라 증여세와 함께 양도소득세가 과세되는 경우로서 납세자가 부정행위로 해당 증여세를 포탈한 경우, 부담부증여와 관련되어 과세되는 양도소득세의 제척기간은 이를 부과할 수 있는 날부터 10년, 포탈한 증여세의 제척기간은 이를 부과할 수 있는 날부터 15년간이다.

 ⑤

해설

부담부증여에 따라 증여세와 함께 양도소득세가 과세되는 경우 증여세에 대한 제척기간을 그 양도소득세의 제척기간으로 한다. 따라서 납세자가 부정행위로 증여세를 포탈한 경우에는 포탈한 증여세의 제척기간은 15년이고, 부담부증여와 관련되어 과세되는 양도소득세의 제척기간도 15년이다.

13 납세의무의 성립시기에 관한 설명으로 옳지 않은 것은? (2015. 세무사)

① 내국법인인 (주)마포의 제2기 사업연도(2025.1.1~2025.12.31)의 법인세 납세의무는 2026. 3.31에 성립한다.

② 국세의 납세의무 성립시기는 새로운 세법 또는 해석이나 관행의 적용시 소급과세 여부를 판정하는 기준시점이 된다.

③ 내국법인인 (주)신촌이 개인주주에게 지급하는 배당금에 대하여 원천징수하는 소득세의 납세의무는 해당 배당금을 지급하는 때에 성립한다.

④ 내국법인인 (주)반포의 2025년 제1기 예정신고기간에 대한 부가가치세의 납세의무는 동 예정신고기간이 끝나는 때에 성립한다.

⑤ 금융 · 보험업자의 수익금액에 부과되는 교육세의 납세의무는 교육세의 법정 과세기간이 끝나는 때에 성립한다.

해설

 ①

법인세의 납세의무는 과세기간이 끝나는 때에 성립한다. 따라서 (주)마포의 제2기 사업연도(2025.1.1.~2025.12.31.)의 법인세 납세의무는 2025.12.31.에 성립한다.

14 다음의 거주자 甲의 납세의무 성립시기가 빠른 순서대로 나열한 것은? (2017. 세무사)

ㄱ. 부친이 2024.9.1.에 사망하여 甲에게 부과된 상속세에 대한 과소신고가산세
ㄴ. 甲이 2025.2.1.에 취득한 부동산에 대한 종합부동산세
ㄷ. 은행이 2025.5.1.에 甲에게 지급한 이자소득에 대하여 원천징수한 소득세
ㄹ. 甲이 2025년에 중간예납한 소득세
ㅁ. 甲이 금융업자로서 그 수익금액에 대하여 2025년에 부과 받은 교육세

① ㄱ－ㄷ－ㄴ－ㄹ－ㅁ ② ㄴ－ㄱ－ㄷ－ㅁ－ㄹ ③ ㄷ－ㄱ－ㄴ－ㅁ－ㄹ
④ ㄹ－ㄷ－ㄱ－ㄴ－ㅁ ⑤ ㅁ－ㄱ－ㄴ－ㄷ－ㄹ

해설

 ①

구 분	납세의무 성립시기	비 고	빠른 순서
ㄱ. 상속세에 대한 과소신고가산세*1	2025. 4. 1.	법정신고기한*2의 다음날	①
ㄴ. 종합부동산세	2025. 6. 1.	과세기준일	③
ㄷ. 원천징수한 소득세	2025. 5. 1.	지급하는 때	②
ㄹ. 중간예납한 소득세	2025. 6.30.	중간예납기간이 끝나는 때	④
ㅁ. 금융보험업자의 수익금액에 부과되는 교육세	2025.12.31.	과세기간종료일	⑤

*1. 과소신고가산세는 법정신고기한이 경과하는 때에 성립한다.
2. 상속세의 법정신고기한 : 상속개시일이 속하는 달의 말일로부터 6개월

15 국세기본법상 납세의무의 성립시기로 옳지 않은 것은? (2018. 세무사)

① 인지세 : 과세문서를 작성한 때
② 수시부과하여 징수하는 국세 : 수시부과할 사유가 발생한 때
③ 상속세 : 상속이 개시되는 때
④ 종합부동산세 : 과세기준일
⑤ 무신고가산세 : 가산할 국세의 납세의무가 성립되는 때

 ⑤

해설

무신고가산세 : 법정신고기한이 경과하는 때

[관련규정] 가산세의 납세의무 성립시기

구 분	성립시기
① 무신고가산세 및 과소신고 · 초과환급신고가산세	법정신고기한이 경과하는 때
② 납부지연가산세(③ 제외) 및 원천징수 등 납부지연가산세(④ 제외)*	법정납부기한 경과 후 1일마다 그 날이 경과하는 때
③ 납부지연가산세(3% 부분)*	납부고지서에 따른 납부기한이 경과하는 때
④ 원천징수 등 납부지연가산세(3% 부분)	법정납부기한이 경과하는 때
⑤ 그 밖의 가산세	가산할 국세의 납세의무가 성립하는 때
* ②, ③의 경우 출자자의 제2차 납세의무를 적용할 때에는 법정납부기한이 경과하는 때로 한다.	

16 국세기본법상 납세의무 성립시기에 관한 내용으로 옳은 것을 모두 고른 것은? (2019. 세무사)

ㄱ. 원천징수하는 소득세·법인세 : 과세기간이 끝나는 때
ㄴ. 증권거래세 : 해당 매매거래가 확정되는 때
ㄷ. 수입재화에 대한 부가가치세 : 세관장에게 수입신고를 하는 때
ㄹ. 수시부과하여 징수하는 국세 : 수시부과 납부일

① ㄱ, ㄴ　② ㄱ, ㄷ　③ ㄴ, ㄷ
④ ㄴ, ㄹ　⑤ ㄷ, ㄹ

 ③

해설

ㄱ. 원천징수하는 소득세 또는 법인세 : 소득금액 또는 수입금액을 지급하는 때
ㄹ. 수시부과에 의하여 징수하는 국세 : 수시부과할 사유가 발생한 때

17 국세부과의 제척기간에 관한 설명으로 옳은 것은? (2020. 세무사)

① 원칙적인 부과제척기간이 지났더라도 행정소송법에 따른 소송에 대한 판결이 확정된 경우 지방국세청장 또는 세무서장은 그 확정된 날부터 1년이 지나기 전까지 경정이나 그 밖에 필요한 처분을 할 수 있다.

② 과세표준과 세액을 신고하는 국세(신고하는 종합부동산세는 제외)의 제척기간 기산일은 해당 국세의 과세표준신고기한(예정신고기한 포함)의 다음 날로 한다.

③ 조세쟁송에 대한 결정 또는 판결에서 명의대여 사실이 확인되는 경우 그 결정 또는 판결이 확정된 날부터 2년이 지나기 전까지는 명의자에 대한 부과처분을 취소하고 실제로 사업을 경영한 자에게 경정이나 그 밖에 필요한 처분을 할 수 있다.

④ 원칙적인 부과제척기간이 끝난 날이 속하는 과세기간 이후의 과세기간에 법인세법에 따라 이월결손금을 공제하는 경우 그 결손금이 발생한 과세기간의 법인세의 부과제척기간은 이월결손금을 공제한 과세기간의 법정신고기한으로부터 2년으로 한다.

⑤ 부담부증여에 따라 증여세와 함께 양도소득세가 과세되는 때에 납세자가 법정신고기한까지 소득세 과세표준신고서를 제출하지 아니한 경우 그 양도소득세의 부과제척기간은 7년으로 한다.

해설  정답 ①

② 과세표준과 세액을 신고하는 국세 (신고하는 종합부동산세는 제외)의 제척기간 기산일은 해당 국세의 과세표준신고기한(확정신고기한을 의미함)의 다음 날로 한다. 즉, 중간예납 · 예정신고 및 수정신고기한의 다음날은 제척기간의 기산일이 될 수 없다.

③ 조세쟁송에 대한 결정 또는 판결에서 명의대여 사실이 확인되는 경우 그 결정 또는 판결이 확정된 날부터 1년이 지나기 전까지는 명의자에 대한 부과처분을 취소하고 실제로 사업을 경영한 자에게 경정이나 그 밖에 필요한 처분을 할 수 있다.

④ 원칙적인 부과제척기간이 끝난 날이 속하는 과세기간 이후의 과세기간에 법인세법에 따라 이월결손금을 공제하는 경우 그 결손금이 발생한 과세기간의 법인세의 부과제척기간은 이월결손금을 공제한 과세기간의 법정신고기한으로부터 1년으로 한다.

⑤ 부담부증여에 따라 증여세와 함께 양도소득세가 과세되는 때에 납세자가 법정신고기한까지 소득세 과세표준신고서를 제출하지 아니한 경우 그 양도소득세의 부과제척기간은 15년으로 한다.

18 **국세기본법상 납세의무의 성립시기에 관한 설명이다. 옳지 않은 것은?** (2021. CPA)

① 납세조합이 징수하는 소득세: 과세기간이 끝나는 때
② 수입물품에 대한 개별소비세: 세관장에게 수입신고하는 때
③ 청산소득에 대한 법인세: 그 법인이 해산하는 때
④ 법정신고기한까지 소득세의 과세표준 신고를 하지 아니한 경우의 무신고가산세: 법정신고기한이 경과하는 때
⑤ 수시부과하여 징수하는 국세: 수시부과할 사유가 발생한 때

정답 ①

해설

납세조합이 징수하는 소득세 : 그 과세표준이 되는 금액이 발생한 달의 말일

19 **(주)A는 제3기 사업연도(2018.1.1.~12.31.)의 매출기록을 조작하는 방식으로 매출을 일부 누락하여 법인세를 신고 · 납부하였다. 그 사실을 알게 된 과세관청은 2025.2.2. (주)A에게 법인세 부과처분을 함과 동시에 익금에 산입한 금액의 사외유출 귀속처가 불분명하다고 보아 대표이사인 甲에게 상여로 소득처분함을 내용으로 하는 소득금액변동통지를 하였다. 이에 관한 설명으로 옳지 않은 것은? (다툼이 있으면 판례에 따름)** (2021. 세무사)

① 소득처분 관련 甲의 소득세 납세의무의 성립시기는 2018년이 끝나는 때이다.
② 甲이 사외유출된 금액이 자신에게 귀속되지 아니하였다는 점만을 입증하였다면 소득세 납세의무를 면할 수 없다.
③ (주)A에 대한 소득금액변동통지는 행정소송의 대상이 될 수 있는 "처분"에 해당한다.
④ 甲이 스스로 부정행위를 하지 아니하였고 2018년 과세기간 귀속 소득의 소득세 신고를 법정신고기한까지 한 경우라면, 甲에 대한 소득세 부과제척기간의 만료일은 2024.5.31.이다.
⑤ 甲에 대한 소득세 부과제척기간이 도과하였다면 (주)A에 대한 소득금액변동통지는 위법하다.

해설

② 귀속이 불분명한 경우에는 대표자에게 귀속된 것으로 보므로 대표자가 사외유출된 금액이 자신에게 귀속되지 아니하였다는 점만을 입증하고 실제 귀속자를 밝히지 않는 경우 여전히 대표자에게 귀속된 것으로 본다.
④ 부정행위로 포탈하거나 환급 · 공제받은 국세가 법인세인 경우에는 해당 법인세와 관련하여 소득처분된 금액에 대한 소득세 또는 법인세에 대해서도 10년(역외거래에서 발생한 부정행위인 경우는 15년)으로 한다. → 甲의 부정행위와 무관하게 ㈜A가 부정행위로 법인세를 포탈하였으므로 2018년 과세기간 귀속 소득의 소득세 부과제척기간의 기산일은 2019.5.31.의 다음날이며, 만료일은 2029.5.31.이다.

20 국세기본법령상 납세의무가 성립하는 때에 특별한 절차 없이 그 세액이 확정되는 국세가 아닌 것은?

(2023. 세무사)

① 인지세
② 원천징수하는 소득세 또는 법인세
③ 납세조합이 징수하는 소득세
④ 중간예납하는 법인세(세법에 따라 정부가 조사 · 결정하는 경우로 한정한다)
⑤ 원천징수 등 납부지연가산세(납부고지서에 따른 납부기한 후의 가산세로 한정한다)

해설

정답 ④

다음의 국세는 납세의무가 성립하는 때에 특별한 절차 없이 그 세액이 확정된다.
① 인지세
② 원천징수하는 소득세 또는 법인세
③ 납세조합이 징수하는 소득세
④ 중간예납하는 법인세(세법에 따라 정부가 조사 · 결정하는 경우는 제외)
⑤ 납부지연가산세 및 원천징수 등 납부지연가산세(납부고지서에 따른 납부기한 후의 가산세로 한정한다)

21 국세기본법령상 납세의무의 성립과 확정에 관한 설명으로 옳은 것은?

(2024. 세무사)

① 원천징수하는 소득세 · 법인세를 납부할 의무의 성립시기는 과세기간이 끝나는 때이다.
② 과세표준신고서를 법정신고기한까지 제출한 자가 하는 국세의 수정신고는 당초의 신고에 따라 확정된 과세표준과 세액을 감액하여 확정하는 효력을 가진다.
③ 교통 · 에너지 · 환경세는 납세의무가 성립하는 때에 특별한 절차 없이 그 세액이 확정된다.
④ 납세의무가 확정된 소득, 수익, 재산, 행위 또는 거래에 대해서는 그 납세의무가 성립될 당시의 세법에 따라 과세한다.
⑤ 상속세 및 증여세는 납세의무자가 과세표준과 세액을 정부에 신고했을 때에 확정된다.

해설

정답 ④

① 원천징수하는 소득세 · 법인세를 납부할 의무의 성립시기는 소득금액 또는 수입금액을 지급하는 때이다.
② 과세표준신고서를 법정신고기한까지 제출한 자가 하는 국세의 수정신고는 당초의 신고에 따라 확정된 과세표준과 세액을 증액하여 확정하는 효력을 가진다.
③ 교통 · 에너지 · 환경세는 신고납세세목으로 납세의무자가 과세표준과 세액을 정부에 신고했을 때에 확정된다. 다만, 납세의무자가 과세표준과 세액의 신고를 하지 아니하거나 신고한 과세표준과 세액이 세법에서 정하는 바와 맞지 아니한 경우에는 정부가 과세표준과 세액을 결정하거나 경정하는 때에 그 결정 또는 경정에 따라 확정된다.
④ 국세를 납부할 의무(세법에 징수의무자가 따로 규정되어 있는 국세의 경우에는 이를 징수하여 납부할 의무)가 성립한 소득, 수익, 재산, 행위 또는 거래에 대해서는 그 성립 후의 새로운 세법에 따라 소급하여 과세하지 아니한다. 그러므로 납세의무가 성립한 소득, 수익, 재산, 행위 또는 거래에 대해서는 그 납세의무가 성립될 당시의 세법에 따라 과세한다. → 옳은 지문
⑤ 상속세 및 증여세는 해당 국세의 과세표준과 세액을 정부가 결정하는 때에 확정된다.

22 국세기본법령상 국세의 부과제척기간과 국세징수권의 소멸시효에 관한 설명으로 옳은 것은?

(2024. 세무사)

① 국세의 부과제척기간과 관련하여, 세무서장은 국세기본법상 경정청구가 있는 경우 경정청구일부터 1년이 지나기 전까지 경정이나 그 밖에 필요한 처분을 할 수 있다.

② 국세징수권의 소멸시효와 관련하여, 법정 신고납부기한이 연장되는 경우 그 연장된 기한의 마지막 날을 국세징수권을 행사할 수 있는 때로 본다.

③ 국세의 부과제척기간의 기산일과 관련하여, 공제세액등을 의무불이행 등의 사유로 징수하는 경우 해당 사유가 발생한 날을 국세를 부과할 수 있는 날로 한다.

④ 체납자가 국외에 6개월 이상 계속 체류하는 경우 국세징수권의 소멸시효는 해당 국외체류 기간이 지난 때부터 새로 진행한다.

⑤ 국세징수법상 압류금지재산을 압류했다는 사유로 압류를 즉시 해제하는 경우 국세징수권의 소멸시효는 위 압류해제까지의 기간이 지난 때부터 새로 진행한다.

 ③

해설

① 국세의 부과제척기간과 관련하여, 세무서장은 국세기본법상 경정청구가 있는 경우 경정청구일부터 2개월이 지나기 전까지 경정이나 그 밖에 필요한 처분을 할 수 있다.

② 국세징수권의 소멸시효와 관련하여, 법정 신고납부기한이 연장되는 경우 그 연장된 기한의 다음 날을 국세징수권을 행사할 수 있는 때로 본다.

④ 체납자가 국외에 6개월 이상 계속 체류하는 경우 국세징수권의 소멸시효는 해당 국외 체류 기간에는 진행되지 아니한다.(소멸시효의 정지)

⑤ 국세징수법상 압류금지재산을 압류했다는 사유로 압류를 즉시 해제하는 경우 국세징수권의 소멸시효는 중단되지 않는다.

회계사 · 세무사 기출문제

납세의무의 확장

01 국세기본법상 연대납세의무에 관한 설명이다. 옳은 것은? (2012. CPA)

① 연대납세의무에 관한 국세기본법의 규정은 개별세법에 별도 규정이 있음에도 불구하고 항상 개별세법에 우선하여 적용한다.

② 연대납세의무자 중 1인의 변제에 의하여 모든 연대납세의무자가 납세의무를 면하게 된 경우 그 1인은 다른 연대납세의무자 각자에게 전체 세액에 대하여 구상권을 행사할 수 있다.

③ 법인이 분할 또는 분할합병으로 해산하는 경우 해산하는 법인에 부과되거나 납세의무가 성립한 국세 및 강제징수비는 분할신설법인과 분할합병의 상대방 법인이 연대하여 납부할 의무를 진다.

④ 법인이 채무자 회생 및 파산에 관한 법률에 따라 신회사를 설립하는 경우 기존의 법인에 부과되거나 납세의무가 성립한 국세 및 강제징수비는 신회사가 연대하여 납부할 의무를 진다.

⑤ 공동사업에 속하는 재산에 관계되는 국세 및 강제징수비는 약정된 손익분배비율에 해당하는 소득금액을 한도로 각 공동사업자가 연대하여 납부할 의무를 진다.

해설

 ④

① 개별세법에 별도의 규정이 있는 경우에는 개별세법이 우선적으로 적용된다.

② 다른 연대납세의무자 각자에게 각자의 부담부분에 한하여 구상권을 행사할 수 있다.

③ 법인이 분할 또는 분할합병으로 해산하는 경우(소멸분할) 해산하는 법인에 부과되거나 그 법인이 납부할(성립한×) 국세 및 강제징수비는 분할신설법인과 분할합병의 상대방 법인이 승계된 재산가액을 한도로 하여 연대하여 납부할 의무를 진다.

⑤ 공동사업에 속하는 재산에 관계되는 국세 및 강제징수비는 공동사업자가 연대하여 납부할 의무를 진다. 약정된 손익분배비율에 해당하는 소득금액을 한도로 연대납세의무를 지는 것이 아니다. 다만, 국세 중 소득세는 소득세법에 별도의 규정이 있으므로 해당 규정에 따라 각 공동사업자가 개별적으로 납세의무를 진다.

[관련규정] 분할 · 분할합병에 관한 연대납세의무

구 분	존속분할(불완전분할)	소멸분할(완전분할)
연대납세의무자	① 분할법인 ② 분할신설법인 ③ 분할합병의 상대방 법인	① 분할신설법인 ② 분할합병의 상대방 법인
대상국세	분할등기일 이전에 분할법인에 부과되거나 납세의무가 성립한 국세 및 강제징수비	분할법인에 부과되거나 분할법인이 납부하여야 할 국세 및 강제징수비
한도	분할로 승계된 재산가액	분할로 승계된 재산가액

02 국세기본법상 제2차 납세의무에 관한 설명으로 옳지 않은 것은? (2013. CPA)

① 과점주주 또는 무한책임사원에 대한 법인의 제2차 납세의무 한도를 계산하는 경우 법인의 자산총액과 부채총액의 평가는 해당 법인의 사업연도 종료일 현재의 시가에 의한다.

② 법인(상장법인 제외)의 재산으로 그 법인에 부과되거나 그 법인이 납부할 국세 및 강제징수비에 충당하여도 부족한 경우에는 그 국세의 납세의무 성립일 현재 과점주주·과점조합원 또는 무한책임사원은 제2차 납세의무를 진다.

③ 무한책임사원이 제2차 납세의무를 지는 경우 무한책임사원은 징수부족한 국세 및 강제징수비 전액에 대하여 한도 없이 제2차 납세의무를 진다.

④ 청산인이 제2차 납세의무를 지는 경우 청산인은 분배하거나 인도한 재산의 가액을 한도로 제2차 납세의무를 진다.

⑤ 사업양수인이 제2차 납세의무를 지는 경우 사업양수인은 양수한 재산의 가액을 한도로 제2차 납세의무를 진다.

해설

 ①

과점주주 또는 무한책임사원에 대한 법인의 제2차 납세의무의 한도를 계산하는 경우 법인의 자산총액과 부채총액의 평가는 해당 국세(해당 국세가 둘 이상이면 납부기한이 뒤에 도래한 국세)의 납부기간 종료일 현재의 시가로 한다.

[관련규정] 제2차 납세의무

<table>
<tr><th>구 분</th><th>청산인 등</th><th colspan="2">출자자 등</th><th colspan="2">법인</th><th>사업양수인</th></tr>
<tr><td>(1) 주된 납세 의무자</td><td>해산한 법인</td><td colspan="2">법인(증권시장에 상장된 법인 제외)</td><td>납부 기간 만료일 현재</td><td>① 무한책임사원
② 과점주주</td><td>사업양도인</td></tr>
<tr><td>(2) 제2차 납세 의무자</td><td>① 청산인
② 잔여재산을 분배·인도받은 자</td><td>납세 의무 성립일 현재</td><td>① 무한책임사원
② 과점주주
③ 과점조합원</td><td colspan="2">법인</td><td>사업양수인</td></tr>
<tr><td>(3) 요건</td><td>① 법인의 국세 등을 납부하지 아니하고 잔여재산을 분배·인도
② 법인의 재산으로 징수부족</td><td colspan="2">법인의 재산으로 징수부족</td><td colspan="2">① 출자자의 소유주식 등에 매각불능 사유 또는 양도제한 사유 有
② 출자자의 재산으로 징수부족</td><td>① 사업의 포괄양수도
② 양수한 사업에 관한 국세로서 양도일 이전에 납세의무가 확정된 국세
③ 양도인의 재산으로 징수 부족</td></tr>
<tr><td>(4) 국세</td><td>부과되거나 납부할 국세등</td><td colspan="2">부과되거나 납부할 국세등</td><td colspan="2">납부할 국세등</td><td>양도일 전에 확정된 국세등</td></tr>
<tr><td>(5) 한도</td><td>① 청산인 : 분배·인도한 가액
② 잔여재산을 분배·인도받은 자 : 분배·인도받은 가액</td><td colspan="2">① 무한책임사원 : 한도 無(전액)
② 과점주주·과점조합원 : 징수부족액 × 지분율</td><td colspan="2">법인의 순자산가액* × 지분율</td><td>양수한 재산가액</td></tr>
</table>

* 법인의 순자산가액은 법인의 자산총액에서 부채총액을 뺀 가액으로 하며, 자산총액과 부채총액의 평가는 해당 국세(해당 국세가 둘 이상이면 납부기한이 뒤에 도래한 국세)의 납부기간 종료일 현재의 시가로 한다.

03 국세기본법상 사업양수인의 제2차 납세의무에 관한 설명이다. 옳지 않은 것은? (2015. CPA)

① 사업이 양도 · 양수된 경우에 양도일 이전에 양도인의 납세의무가 확정된 당해 사업에 관한 국세와 강제징수비를 양도인의 재산으로 충당하여도 부족한 경우 사업의 양수인이 제2차 납세의무를 진다.

② 사업의 양도인이 사업용 부동산을 양도함으로써 납부하여야 할 양도소득세에 대하여는 그 양수인이 제2차 납세의무를 진다.

③ 사업양수인의 제2차 납세의무는 양수한 재산의 가액을 한도로 한다.

④ 사업의 양수인이란 사업장별로 그 사업에 관한 모든 권리(미수금에 관한 것 제외)와 모든 의무(미지급금에 관한 것 제외)를 포괄적으로 승계한 자를 말한다.

⑤ 둘 이상의 사업장 중 하나의 사업장을 양수한 자의 제2차 납세의무는 양수한 사업장과 관계되는 국세와 강제징수비에 대해서만 진다.

해설

정답 ②

사업양수인은 양수한 사업에 관한 국세로서 양도일 이전에 납세의무가 확정된 국세에 대해서만 제2차 납세의무를 진다. 사업용 부동산을 양도함으로써 납부하여야 할 양도소득세는 양수한 사업에 관한 국세가 아니므로 사업양수인은 제2차 납세의무를 지지 않는다.

04 국세기본법상 제2차 납세의무에 관한 설명이다. 옳지 않은 것은? (2016. CPA)

① 사업이 일체로서 동일성을 유지한 채 양도되는 경우 양수인이 부담하는 제2차 납세의무는 양수인이 양수한 재산의 가액을 한도로 한다.

② 회사(상장법인 제외)의 재산으로 회사의 세금을 충당하여도 부족한 경우 무한책임사원은 그 부족한 세금에 대하여 한도 없이 납세의무를 진다.

③ 과점주주가 회사의 조세채무에 관하여 자신의 고유재산으로 책임을 져야 하는 경우, 그 책임의 한도는 해당 과점주주가 실질적으로 권리를 행사하는 주식수를 발행주식총수로 나눈 비율(의결권 없는 주식 제외)에 비례한다.

④ 법인이 무한책임사원의 조세채무에 대하여 부담하는 제2차 납세의무는 당해 법인의 순자산가액에 무한책임사원의 출자지분비율을 곱하여 산출한 금액을 한도로 한다.

⑤ 법인이 해산한 경우 그 법인에 부과된 세금을 다 내지 아니하고 잔여재산을 분배하였을 때에 해당 법인의 납세의무를 2차적으로 부담하는 자는 잔여재산의 분배업무를 처리한 청산인이 아니라 그 잔여재산을 가져간 출자자이다.

해설

정답 ⑤

법인이 해산한 경우 그 법인에 부과된 세금을 다 내지 아니하고 잔여재산을 분배하였을 때에 해당 법인의 납세의무를 2차적으로 부담하는 자는 잔여재산의 분배업무를 처리한 청산인과 잔여재산을 분배 · 인도받은 자이다.

05 국세 납세의무에 관한 설명으로 옳지 않은 것은? (2018. CPA)

① 법인이 합병한 경우 합병 후 존속하는 법인은 합병으로 소멸된 법인에 부과되거나 그 법인이 납부할 국세와 강제징수비를 납부할 의무를 진다.

② 피상속인에게 한 처분 또는 절차는 상속으로 인한 납세의무를 승계하는 상속인이나 상속재산관리인에 대해서도 효력이 있다.

③ 사업소득이 발생하는 소득세법에 따른 공동사업의 소득금액에 대해서는 공동사업자가 연대하여 소득세 납세의무를 진다.

④ 공동사업에서 발생하는 부가가치세는 공동사업자가 연대하여 납부할 의무를 진다.

⑤ 사업양수인은 사업양도일 이전에 양도인의 납세의무가 성립되었으나 사업양도일까지 확정되지 않은 국세와 강제징수비에 대하여 제2차 납세의무를 지지 아니한다.

 ③

해설

소득세법은 개인단위과세를 원칙으로 하므로 사업소득이 발생하는 소득세법에 따른 공동사업의 소득금액에 대한 소득세는 원칙적으로 공동사업자간의 연대납세의무를 부담하지 않는다. → 개별세법에 별도 규정이 있는 부분이다.

06 국세기본법상 납세의무의 승계 및 연대납세의무에 관한 설명이다. 옳지 않은 것은? (2022. CPA)

① 상속이 개시된 때에 그 상속인은 피상속인에게 부과되거나 그 피상속인이 납부할 국세 및 강제징수비를 상속으로 받은 재산의 한도에서 납부할 의무를 진다.

② 법인이 합병한 경우 합병 후 존속하는 법인은 합병으로 소멸된 법인에 부과되거나 그 법인이 납부할 국세 및 강제징수비를 합병으로 승계된 재산가액을 한도로 납부할 의무를 진다.

③ 법인이 분할 또는 분할합병한 후 소멸하는 경우 분할신설법인과 분할합병의 상대방 법인은 분할법인에 부과되거나 분할법인이 납부하여야 할 국세 및 강제징수비에 대하여 분할로 승계된 재산가액을 한도로 연대하여 납부할 의무가 있다.

④ 공유물, 공동사업 또는 그 공동사업에 속하는 재산과 관계되는 국세 및 강제징수비는 공유자 또는 공동사업자가 연대하여 납부할 의무를 진다.

⑤ 법인이 「채무자 회생 및 파산에 관한 법률」에 따라 신회사를 설립하는 경우 기존의 법인에 부과되거나 납세의무가 성립한 국세 및 강제징수비는 신회사가 연대하여 납부할 의무를 진다.

 ②

해설

법인이 합병한 경우 합병 후 존속하는 법인은 합병으로 소멸된 법인에 부과되거나 그 법인이 납부할 국세 및 강제징수비를 한도없이 납부할 의무를 진다.

07 국세기본법상 제2차 납세의무에 관한 설명이다. 옳은 것만을 모두 고른 것은? (2023. CPA)

ㄱ. 청산인의 제2차 납세의무 한도는 분배하거나 인도한 재산의 가액이며, 그 재산의 가액은 청산 후 남은 재산을 분배하거나 인도한 날 현재의 시가로 한다.
ㄴ. 합명회사의 재산으로 그 법인에 부과되거나 그 법인이 납부할 국세에 충당하여도 부족한 경우에는 그 국세의 납세의무 성립일 현재 그 합명회사의 사원에 해당하는 자가 그 부족한 금액에 대하여 제2차 납세의무를 진다.
ㄷ. 법인이 과점주주의 조세채무에 대하여 부담하는 제2차 납세의무는 당해 법인의 순자산가액에 과점주주의 지분비율을 곱하여 산출한 금액을 한도로 한다.
ㄹ. 제2차 납세의무를 부담하는 사업양수인은 사업장별로 그 사업에 관한 모든 권리(미수금에 관한 것은 제외)와 모든 의무(미지급금에 관한 것은 제외)를 포괄적으로 승계한 자로서 양도인과 특수관계인인 자 또는 양도인의 조세회피를 목적으로 사업을 양수한 자이다.

① ㄱ, ㄴ ② ㄴ, ㄹ ③ ㄱ, ㄷ, ㄹ
④ ㄴ, ㄷ, ㄹ ⑤ ㄱ, ㄴ, ㄷ, ㄹ

해설 정답 ⑤

모두 옳은 설명이다.

08 공동사업에 따른 연대납세의무에 관한 설명으로 옳지 않은 것은? (2012. 세무사)

① 연대납세의무자 1인에게 조세채무 전액에 대해 부과처분을 할 수 있다.
② 납부고지서는 연대납세의무자 모두에게 각각 송달하여야 한다.
③ 연대납세의무자 1인이 조세채무 전액을 납부한 경우 다른 연대납세의무자에게 그 부담부분에 대하여 구상권을 가지게 된다.
④ 공동사업에 따른 납세의무라 하더라도 세목에 따라 연대납세의무의 성립여부 등에 차이가 있을 수 있다.
⑤ 연대납세의무자 1인에 대한 부과처분의 무효 또는 취소의 사유는 다른 연대납세의무자에게 그 효력이 미친다.

해설 정답 ⑤

연대납세의무자의 1인에 대한 과세처분의 무효 또는 취소 등의 사유는 다른 연대납세의무자에게 그 효력이 미치지 않는다. (상대적 효력)

09 사업양수인의 제2차 납세의무에 관한 설명으로 옳지 않은 것은? (2012. 세무사)

① 사업양수인이 제2차 납세의무를 지게 되는 사업양도인의 납세의무는 사업양도일 이전에 납세의무가 확정된 그 사업에 관한 국세 및 강제징수비를 말한다.

② 사업의 양도·양수계약이 그 사업장 내의 시설물, 비품 등 대상목적에 따라 부분별, 시차별로 별도로 이루어졌다 하더라도 결과적으로 사회통념상 사업전부에 관하여 행하여진 것이라면 사업양수인의 제2차 납세의무 발생요건이 되는 사업의 양도·양수에 해당한다.

③ 사업양수인의 제2차 납세의무의 대상이 되는 '그 사업에 관한 국세'에는 사업의 양도·양수에 따른 사업용 부동산의 양도로 인하여 납부하여야 할 양도소득세는 포함하지 않는다.

④ 제2차 납세의무를 부담하는 사업양수인은 사업장별로 그 사업에 관한 모든 권리(미수금에 관한 것은 제외)와 의무(미지급금에 관한 것은 제외)를 포괄적으로 승계한 자를 말한다.

⑤ 사업양수인의 제2차 납세의무의 한도를 의미하는 '양수한 재산의 가액'은, 거래금액과 시가의 차액의 규모와 관계없이, 사업양수인이 양도인에게 지급하였거나 지급하여야 할 금액으로 한다.

 ⑤

해설

사업양수인의 제2차 납세의무의 한도를 의미하는 양수한 재산가액이란 다음의 가액을 말한다. 다만 ①의 금액과 시가의 차액이 3억원 이상이거나 시가의 30%에 상당하는 금액 이상인 경우에는 ①과 ②의 금액 중 큰 금액으로 한다.

① 사업양수인이 양도인에게 지급하였거나 지급하여야 할 금액이 있는 경우 : 그 금액

② ①의 금액이 없거나 불분명한 경우 : 양수한 자산 및 부채를 상속세 및 증여세법의 규정을 준용하여 평가한 후 그 자산총액에서 부채총액을 뺀 가액

10 연대납세의무에 관한 설명으로 옳지 않은 것은? (2016. 세무사)

① 공동사업에 관한 부가가치세는 공동사업자가 연대하여 납부할 의무를 진다.

② 법인이 분할되는 경우 분할되는 법인에 대하여 분할일 이전에 부과되거나 납세의무가 성립한 국세 및 강제징수비는 분할되는 법인과 분할로 설립되는 법인이 연대하여 납부할 의무를 진다.

③ 납부의 고지와 독촉에 관한 서류는 연대납세의무자 모두에게 각각 송달하여야 한다.

④ 법인이 해산한 경우에 원천징수를 하여야 할 소득세를 징수하지 아니하였거나 징수한 소득세를 납부하지 아니하고 잔여재산을 분배하였을 때에는 청산인은 그 분배액을 한도로 하여 그 법인과 연대하여 납부할 의무를 진다.

⑤ 어느 연대납세의무자에 대하여 소멸시효가 완성한 때에는 그 부담부분에 한하여 다른 연대납세의무자도 그 납부의무를 면한다.

 ④

해설

법인이 해산한 경우에 원천징수를 하여야 할 소득세를 징수하지 아니하였거나 징수한 소득세를 납부하지 아니하고 잔여재산을 분배하였을 때에는 청산인은 그 분배액을 한도로 하여 그 잔여재산의 분배를 받은 자와 연대하여 납부할 의무를 진다. ⇨ 법인×

11 국세기본법상 제2차 납세의무에 관한 설명으로 옳은 것은? (2019. 세무사)

① 증권시장에 상장된 법인의 과점주주도 해당 상장법인에 징수부족액이 발생하는 경우 제2차 납세의무를 부담한다.

② 법인의 제2차 납세의무와 관련하여 제2차 납세의무를 부담하는 법인의 과점주주인지의 여부는 국세의 납부기간 만료일 현재를 기준으로 판정한다.

③ 법인의 재산으로 그 법인이 납부할 국세와 강제징수비에 충당하여도 부족한 경우에는 그 국세의 납부기간 만료일 현재의 무한책임사원은 그 부족한 금액에 대하여 제2차 납세의무를 진다.

④ 사업양도일 이전에 양도인의 납세의무가 성립한 국세라면 아직 확정되지 않았더라도 사업양수인이 제2차 납세의무를 부담할 수 있다.

⑤ 사업양수인은 양도인과 특수관계인인 경우에 한하여 제2차 납세의무를 진다.

해설  ②

① 증권시장에 상장된 법인의 과점주주는 제2차 납세의무를 부담하지 않는다.
③ 법인의 재산으로 그 법인이 납부할 국세와 강제징수비에 충당하여도 부족한 경우에는 그 국세의 납세의무 성립일 현재의 무한책임사원은 그 부족한 금액에 대하여 제2차 납세의무를 진다.
④ 사업양도일 이전에 납세의무가 확정된 국세에 한하여 사업양수인이 제2차 납세의무를 부담한다.
⑤ 사업의 양수인이란 사업장별로 그 사업에 관한 모든 권리(미수금에 관한 것은 제외한다)와 모든 의무(미지급금에 관한 것은 제외)를 포괄적으로 승계한 자로서 다음의 어느 하나에 해당하는 자를 말한다.
a. 양도인과 특수관계인
b. 양도인의 조세회피를 목적으로 사업을 양수한 자
그러므로 양도인과 특수관계가 없더라도 양도인의 조세회피를 목적으로 사업을 양수한 자도 제2차 납세의무를 질 수 있다.

12 국세기본법상 제2차 납세의무에 관한 설명으로 옳은 것은? (2020. 세무사)

① 청산인의 제2차 납세의무의 한도는 그가 받은 보수의 총액이며, 잔여재산을 분배받은 자의 제2차 납세의무의 한도는 그가 받은 재산의 가액으로 한다.

② 사업이 양도 · 양수된 경우에 양도일 이전에 양도인의 납세의무가 확정된 그 사업에 관한 국세 및 강제징수비를 양도인의 재산으로 충당하여도 부족할 때에는 사업의 양수인은 그 부족한 금액에 대하여 제2차 납세의무를 진다. 이때 사업의 양수인은 양도인과 특수관계인인 자에 한한다.

③ 법인의 재산으로 그 법인에 부과되거나 그 법인이 납부할 국세 및 강제징수비에 충당하여도 부족한 경우에는 그 국세의 납세의무 확정일 현재 무한책임사원 또는 과점주주 · 과점조합원은 그 부족한 금액에 대하여 제2차 납세의무를 진다.

④ 법인의 주주 1인과 그의 자녀가 그 법인의 주주명부상 발행주식 총수의 100분의 50을 초과하는 경우 그들은 출자자의 제2차 납세의무를 부담하는 과점주주에 해당한다.

⑤ 정부가 국세의 납부기간 만료일 현재 법인의 과점주주인 출자자의 재산으로 그 출자자가 납부할 국세 및 강제징수비에 충당하여도 부족하지 않은 경우에는 그 법인은 그 출자자가 납부할 국세 및 강제징수비에 대한 제2차 납세의무를 부담하지 아니한다.

해설

 ⑤

① 청산인의 제2차 납세의무의 한도는 그가 분배한 가액을 한도로 하여 받은 보수의 총액이며, 잔여재산을 분배받은 자의 제2차 납세의무의 한도는 그가 받은 재산의 가액으로 한다.
② 사업의 양수인이란 사업장별로 그 사업에 관한 모든 권리(미수금에 관한 것은 제외한다)와 모든 의무(미지급금에 관한 것은 제외)를 포괄적으로 승계한 자로서 다음의 어느 하나에 해당하는 자를 말한다.
a. 양도인과 특수관계인
b. 양도인의 조세회피를 목적으로 사업을 양수한 자
그러므로 양도인과 특수관계가 없더라도 양도인의 조세회피를 목적으로 사업을 양수한 자도 제2차 납세의무를 질 수 있다.
③ 법인의 재산으로 그 법인에 부과되거나 그 법인이 납부할 국세 및 강제징수비에 충당하여도 부족한 경우에는 그 국세의 납세의무 성립일 현재 무한책임사원 또는 과점주주 · 과점조합원은 그 부족한 금액에 대하여 제2차 납세의무를 진다.
④ 과점주주는 주주 1인과 그의 특수관계인으로서 그들의 소유주식합계(의결권 없는 주식 제외)가 해당 법인의 발행주식총수(의결권 없는 주식 제외)의 50%를 초과하면서 그 법인의 경영에 대하여 지배적인 영향력을 행사하는 자들을 말한다.

13 국세기본법 및 소득세법상 납세의무의 승계와 연대납세의무에 관한 설명으로 옳지 않은 것은?

(2023. 세무사)

① 법인이 분할되거나 분할합병된 후 분할되는 법인이 존속하는 경우 분할법인, 분할신설법인 및 분할합병의 상대방 법인은 분할등기일 이후에 분할법인에 부과되거나 납세의무가 성립한 국세 및 강제징수비에 대하여 연대하여 납부할 의무가 있다.
② 법인이 채무자 회생 및 파산에 관한 법률 제215조에 따라 신회사를 설립하는 경우 기존의 법인에 부과되거나 납세의무가 성립한 국세 및 강제징수비는 신회사가 연대하여 납부할 의무를 진다.
③ 법인이 합병한 경우 합병 후 존속하는 법인 또는 합병으로 설립된 법인은 합병으로 소멸된 법인에 부과되거나 그 법인이 납부할 국세 및 강제징수비를 납부할 의무를 진다.
④ 소득세법상 공동사업자는 해당 공동사업자별로 납세의무를 지나 주된 공동사업자에게 합산과세되는 경우에는 주된 공동사업자의 특수관계인은 손익분배비율에 해당하는 그의 소득금액을 한도로 주된 공동사업자와 연대하여 납세의무를 진다.
⑤ 법인이 분할 또는 분할합병한 후 소멸하는 경우 분할신설법인, 분할합병의 상대방 법인은 분할법인에 부과되거나 분할법인이 납부하여야 할 국세 및 강제징수비에 대하여 분할로 승계된 재산가액을 한도로 연대하여 납부할 의무가 있다.

해설

 ①

법인이 분할되거나 분할합병된 후 분할되는 법인이 존속하는 경우 분할법인, 분할신설법인 및 분할합병의 상대방 법인은 분할등기일 이전에 분할법인에 부과되거나 납세의무가 성립한 국세 및 강제징수비에 대하여 연대하여 납부할 의무가 있다.

14 **국세기본법상 납세의무의 확장 및 소멸에 관한 설명이다. 옳지 않은 것은?** (2024. CPA)

① 법인이 합병한 경우 합병 후 존속하는 법인 또는 합병으로 설립된 법인은 합병으로 소멸된 법인에 부과되거나 그 법인이 납부할 국세 및 강제징수비를 납부할 의무를 진다.

② 법인이 분할 또는 분할합병한 후 소멸하는 경우 분할신설법인과 분할합병의 상대방 법인은 분할법인에 부과되거나 분할법인이 납부하여야 할 국세 및 강제징수비에 대하여 분할로 승계된 재산가액을 한도로 연대하여 납부할 의무가 있다.

③ 심판결정에 의하여 명의대여 사실이 확인된 경우에는 당초의 부과처분을 취소하고 그 결정이 확정된 날부터 1년 이내에 실제로 사업을 경영한 자에게 경정이나 그 밖에 필요한 처분을 할 수 있다.

④ 국세징수권의 소멸시효는 세법에 따른 분납기간이 지난 때부터 새로 진행한다.

⑤ 세무공무원이 사해행위 취소소송을 제기함으로 인한 시효정지의 효력은 소송이 각하·기각 또는 취하된 경우에는 그 효력이 없다.

해설 정답 ④

국세징수권의 소멸시효는 세법에 따른 분납기간에는 진행되지 아니한다. → 소멸시효의 정지

15 다음 자료를 이용하여 갑, 을, 병이 국세기본법상 제2차 납세의무자로서 납부할 세액(가산세는 제외)을 계산한 것으로 옳은 것은? (2014. CPA)

(1) 비상장법인 ㈜A는 2025년 제1기 부가가치세 ₩4,500,000과 제25기 사업연도(2025.1.1.~2025.12.31.) 법인세 ₩9,000,000을 체납하였다.

(2) 관할 세무서장이 ㈜A의 재산을 조사한 결과 2026년 10월 25일 현재 압류가능 재산은 없는 것으로 판명되었다.

(3) ㈜A의 2025년 주식변동내역은 다음과 같다.

주주	2025.1.1. 현재 보유주식수	2025.10.5. 주식변동상황	2025.12.31. 현재 보유주식수
갑	600주	−300주(양도)	300주
을	200주		200주
병	200주	+300주(양수)	500주
발행주식총수	1,000주		1,000주

(4) 을은 갑의 배우자이며, 병은 갑과 을의 특수관계인이 아니다.

(5) ㈜A의 발행주식총수 1,000주 중 100주는 의결권이 없는 주식으로 갑이 계속 보유중이다.

(6) 갑, 을, 병은 ㈜A의 경영에 대하여 지배적인 영향력을 행사하고 있다.

	갑	을	병
①	₩2,500,000	₩1,000,000	₩5,000,000
②	2,700,000	900,000	4,500,000
③	2,700,000	900,000	5,000,000
④	7,500,000	1,000,000	0
⑤	0	0	7,500,000

해설  ①

① 갑 : ₩4,500,000(부가가치세) × $\frac{500주}{900주}$ = ₩2,500,000

② 을 : ₩4,500,000(부가가치세) × $\frac{200주}{900주}$ = ₩1,000,000

③ 병 : ₩9,000,000(법인세) × $\frac{500주}{900주}$ = ₩5,000,000

구분	납세의무성립일*1	과점주주*2	과점주주지분율
부가가치세	2025년 6월 30일	갑, 을	$\frac{500주+200주}{900주}$
법인세	2025년 12월 31일	병	$\frac{500주}{900주}$

*1. 출자자 등의 제2차 납세의무는 주권비상장법인 등의 과점주주가 지며, 납세의무성립일을 기준으로 판단한다.
2. 과점주주는 주주 1인과 그의 특수관계인으로서 그들의 소유주식합계(의결권 없는 주식 제외)가 해당 법인의 발행주식총수(의결권 없는 주식 제외)의 50%를 초과하면서 그 법인의 경영에 대하여 지배적인 영향력을 행사하는 자들을 말한다.

회계사 · 세무사 기출문제

국세와 일반채권과의 관계

01 국세기본법상 국세의 우선에 관한 설명이다. 옳지 않은 것은? (2015, CPA)

① 지방세나 공과금의 체납처분 또는 강제징수를 할 때 그 체납처분 또는 강제징수금액 중에서 국세 및 강제징수비를 징수하는 경우 그 지방세나 공과금의 체납처분비 또는 강제징수비는 국세 및 강제징수비보다 우선하여 징수한다.

② 강제집행 · 경매 또는 파산 절차에 따라 재산을 매각할 때 그 매각금액 중에서 국세 · 강제징수비를 징수하는 경우 그 강제집행, 경매 또는 파산 절차에 든 비용은 국세 또는 강제징수비보다 우선하여 징수한다.

③ 과세표준과 세액을 정부가 결정 · 경정 또는 수시부과 결정을 하는 경우 고지한 해당 세액에 대한 법정기일은 그 납부고지서의 발송일이다.

④ 저당권이 설정된 토지에 대하여 부과된 종합부동산세는 그 설정일이 종합부동산세의 법정기일 후인 경우에는 그 저당권에 의하여 담보된 채권에 우선하지 못한다.

⑤ 주택임대차보호법이 적용되는 임대차관계에 있는 주택을 매각할 때 그 매각금액 중에서 국세를 징수하는 경우 임대차에 관한 보증금 중 임차인이 우선하여 변제받을 수 있는 금액에 관한 채권은 국세 또는 강제징수비보다 우선하여 징수한다.

 ④

해설

해당 재산에 부과된 상속세 · 증여세 · 종합부동산세는 저당권 등의 설정시기를 불문하고 피담보채권보다 우선징수한다. 다만, 확정일자 또는 설정일보다 법정기일이 늦은 경우 주택임대차보증금반환채권이 우선 징수 순서에 대신하여 변제될 수 있다.

[관련규정] 국세와 다른 채권의 우선순위

① 법정기일 → ② 담보설정일		① 담보설정일 → ② 법정기일	
1순위	체납처분비 등*1	1순위	체납처분비 등*1
2순위	소액보증금과 특정 임금채권*2	2순위	소액보증금과 특정 임금채권*2
3순위	국세	3순위	피담보채권
4순위	피담보채권	4순위	기타의 임금채권
5순위	기타의 임금채권	5순위	국세
6순위	공과금, 기타채권	6순위	공과금, 기타채권

*1. 체납처분비 등

① 선집행 지방세 · 공과금의 체납처분비 : 지방세나 공과금의 체납처분 또는 강제징수를 할 때 그 체납처분 또는 강제징수금액 중에서 국세 및 강제징수비를 징수하는 경우의 그 지방세나 공과금의 체납처분비 또는 강제징수비는 우선징수된다.

② 집행비용 : 강제집행 · 경매 또는 파산 절차에 따라 재산을 매각할 때 그 매각금액 중에서 국세 또는 강제징수비를 징수하는 경우의 그 강제집행, 경매 또는 파산 절차에 든 비용은 우선징수된다.

2. 특정 임금채권 : ① 최종 3개월분 임금채권, ② 최종 3년분의 퇴직금, ③ 재해보상금

02 **납세자의 재산을 강제매각절차에 의하여 매각할 때 국세의 우선징수권에 관한 설명 중 옳은 것을 모두 묶은 것은? (단, 소액임차보증금채권 및 임금 관련 채권은 고려하지 아니한다)** (2016. CPA)

㉠ 지방세나 공과금의 체납처분 또는 강제징수를 할 때 그 체납처분 또는 강제징수금액 중에서 국세 및 강제징수비를 징수하는 경우 그 지방세나 공과금의 체납처분비 또는 강제징수비는 국세 및 강제징수비보다 우선하여 징수한다.

㉡ 국가의 조세채권은 공과금보다 우선한다.

㉢ 국가의 조세채권은 담보물권이 설정되어 있지 아니한 민사채권보다 그 민사채권의 발생시기에 관계없이 우선한다.

㉣ 국가의 결정에 의하여 납세의무가 확정되는 조세채권의 납부고지서가 저당권이 설정되어 있는 민사채권의 그 설정 등기일보다 먼저 발송된 경우 조세채권이 민사채권보다 우선한다.

① ㉡　　② ㉠, ㉡　　③ ㉠, ㉡, ㉢
④ ㉠, ㉡, ㉣　　⑤ ㉠, ㉡, ㉢, ㉣

해설 정답 ⑤

㉠, ㉡, ㉢, ㉣ 모두 옳은 설명이다.

03 **증여세 관할세무서장이 갑의 토지(A)를 압류하여 2025년 12월 10일 ₩170,000,000에 매각하고 강제징수비 ₩10,000,000이 발생한 경우 다음 자료를 이용하여 부가가치세로 징수할 수 있는 금액을 계산한 것으로 옳은 것은?** (2018. CPA)

(1) 증여세 : ₩50,000,000(갑은 토지(A)를 2023년 6월 1일에 증여받고 증여세를 신고 · 납부하지 않았으며, 관할세무서장은 갑에게 2024년 6월 5일에 증여세 납부고지서를 발송하였으나 갑은 이를 체납함)
(2) 대한은행 대출금 : ₩40,000,000
(2025년 7월 5일 토지(A)에 저당권이 설정됨)
(3) 갑의 사업체에 종사하는 근로자들의 임금채권
– 최종 3월분 임금채권 : ₩10,000,000
– 기타 임금채권 : ₩20,000,000
(4) 부가가치세 : ₩100,000,000
(2025년 7월 15일에 신고하였으나 납부하지 못함)
(5) 부가가치세 관할세무서장은 토지(A) 매각대금에 대해 증여세 관할세무서장에게 부가가치세의 교부를 청구함

① ₩30,000,000 ② ₩40,000,000 ③ ₩60,000,000
④ ₩90,000,000 ⑤ ₩100,000,000

해설 정답 ②

채권순위	채권금액	배분금액
1. 강제징수비	₩10,000,000	₩10,000,000
2. 최종 3개월분 임금채권	10,000,000	10,000,000
3. 증여세	50,000,000	50,000,000
4. 담보채권	40,000,000	40,000,000
5. 기타임금채권	20,000,000	20,000,000
6. 부가가치세	100,000,000	40,000,000
합 계	₩230,000,000	₩170,000,000

*1. 당해세(상속세, 증여세, 종합부동산세)는 토지에 대하여 설정된 담보채권에 우선한다.
2. 부가가치세의 법정기일인 신고일(2025. 7. 15)이 대한은행의 대출금의 저당권 설정일(2025. 7. 5)보다 늦으므로 부가가치세는 담보채권과 기타임금채권에 우선하지 못한다.

04 국세기본법상 국세우선권에 관한 설명이다. 옳지 않은 것은? (2019. CPA)

① 지방세의 체납처분을 할 때 그 체납처분금액 중에서 국세 및 강제징수비를 징수하는 경우 그 지방세 및 체납처분비는 국세 및 강제징수비보다 우선하여 징수된다.

② 납세담보물을 매각하였을 때에는 압류 순서에 관계없이 그 담보된 국세 또는 강제징수비는 매각대금 중에서 다른 국세 또는 강제징수비와 지방세에 우선하여 징수한다.

③ 소득세의 법정기일 전에 주택임대차보호법에 따른 대항요건과 확정일자를 갖춘 사실이 증명되는 재산을 매각할 때 그 매각금액 중에서 소득세를 징수하는 경우, 그 확정일자를 갖춘 임대차계약서상의 보증금은 소득세보다 우선 변제된다.

④ 사용자의 재산을 매각할 때 그 매각금액 중에서 국세를 징수하는 경우에 근로기준법상 최종 3월분 임금채권은 법정기일에 관계없이 국세에 우선하여 변제된다.

⑤ 세무서장은 납세자가 제3자와 짜고 거짓으로 재산에 저당권을 설정함으로써 그 재산의 매각금액으로 국세를 징수하기가 곤란하다고 인정할 때에는 그 행위의 취소를 법원에 청구할 수 있다.

 ①

해설

지방세의 체납처분을 할 때 그 체납처분금액 중에서 국세 및 강제징수비를 징수하는 경우 그 지방세의 체납처분비는 국세 및 강제징수비보다 우선하여 징수된다.

05 국세기본법상 국세와 다른 채권의 관계에 관한 설명이다. 옳은 것은? (2020. CPA)

① 경매절차에 따라 재산을 매각할 때 그 매각금액 중에서 국세를 징수하는 경우 국세는 경매절차에 든 비용에 우선하여 징수한다.

② 납세조합으로부터 징수하는 소득세를 납세의무의 확정일 전에 저당권이 설정된 재산을 매각하여 그 매각금액에서 징수하는 경우 그 소득세는 저당권에 의하여 담보된 채권에 우선하여 징수한다.

③ 국세 강제징수에 따라 납세자의 재산을 압류한 경우 다른 국세 및 강제징수비 또는 지방세의 교부청구가 있으면 압류와 관계되는 국세 및 강제징수비는 교부청구된 다른 국세 및 강제징수비 또는 지방세보다 우선하여 징수한다.

④ 강제집행절차에 의하여 경락된 재산을 양수한 자는 양도일 이전에 양도인의 납세의무가 확정된 국세 및 강제징수비를 양도인의 재산으로 충당하여도 부족할 경우 제2차 납세의무를 진다.

⑤ 납세자가 국세 및 강제징수비를 체납한 경우에 그 국세의 법정기일 전에 담보의 목적이 된 그 납세자의 양도담보재산으로써 국세 및 강제징수비를 징수할 수 있다.

 ③

해설

① 강제집행 · 경매 또는 파산 절차에 따라 재산을 매각할 때 그 매각금액 중에서 국세 또는 강제징수비를 징수하는 경우의 그 강제집행, 경매 또는 파산 절차에 든 비용은 우선징수된다.

② 납세조합으로부터 징수하는 소득세를 납세의무의 확정일(법정기일) 전에 저당권이 설정된 재산을 매각하여 그 매각금액에서 징수하는 경우 저당권에 의하여 담보된 채권은 소득세에 우선하여 징수한다.

④ 강제집행절차에 의하여 경락된 재산을 양수하는 것은 사업의 양도 · 양수로 보지 아니하므로 양수인은 제2차 납세의무를 지지 않는다.

⑤ 납세자가 국세 및 강제징수비를 체납한 경우에 그 국세의 법정기일 후에 담보의 목적이 된 그 납세자의 양도담보재산으로써 국세 및 강제징수비를 징수할 수 있다.

06 국세기본법상 국세의 우선권에 관한 설명이다. 옳지 않은 것은? (2022. CPA)

① 과세표준과 세액의 신고에 따라 납세의무가 확정되는 국세의 경우 신고한 해당 세액의 법정기일은 법정신고납부기한의 다음 날이다.

② 강제집행에 따라 재산을 매각할 때 그 매각금액 중에서 국세 및 강제징수비를 징수하는 경우, 그 강제집행에 든 비용은 국세 및 강제징수비에 우선하여 변제된다.

③ 국세의 법정기일 전에 전세권이 설정된 재산을 매각하여 그 매각금액에서 해당 국세를 징수하는 경우, 그 전세권에 의하여 담보된 채권은 국세 및 강제징수비보다 우선하여 변제된다.

④ 국세 강제징수에 따라 납세자의 재산을 압류한 경우에 다른 국세 및 강제징수비의 교부청구가 있으면, 압류와 관계되는 국세 및 강제징수비는 교부청구된 다른 국세 및 강제징수비보다 우선하여 징수한다.

⑤ 납세담보물을 매각하였을 때에는 그 국세 및 강제징수비는 매각대금 중에서 다른 국세 및 강제징수비와 지방세에 우선하여 징수한다.

정답 ①

해설

과세표준과 세액의 신고에 따라 납세의무가 확정되는 국세의 경우 신고한 해당 세액의 법정기일은 그 신고일이다.

07 **관할세무서는 사업자인 거주자 甲의 체납 소득세를 징수하기 위하여 甲의 소유 토지를 압류하여 공매하였다. 다음 자료에 따라 관할세무서가 토지 매각대금 중 소득세로 징수할 수 있는 금액은 얼마인가?** (2013. 세무사)

(1) 토지 매각대금 : ₩150,000,000
(2) 토지 공매비용 : ₩5,000,000
(3) 소득세 등(신고일 : 2025. 5. 10)
- 소득세 : ₩70,000,000
- 강제징수비 : ₩5,000,000

(4) 당해 토지에 설정된 가등기(설정일 : 2025. 4. 20)에 의해 담보된 채권 : ₩40,000,000
(5) 당해 토지에 부과된 2023년분 종합부동산세 체납액 : ₩20,000,000
(6) 甲의 사업체에 종사하는 근로자들의 임금채권
- 최종 3월분 임금과 퇴직금 : ₩30,000,000
- 기타의 임금채권 : ₩10,000,000

(7) 공과금 채권 : ₩20,000,000

① ₩30,000,000
② ₩40,000,000
③ ₩45,000,000
④ ₩50,000,000
⑤ ₩55,000,000

해설

  정답 ②

순 위	내 용	채권금액	배분금액
1	토지공매비용과 강제징수비	₩10,000,000	₩10,000,000
2	최우선변제대상 임금채권	30,000,000	30,000,000
3	종합부동산세(당해세)	20,000,000	20,000,000
4	가등기 담보채권(저당권설정일 2025. 4. 20)	40,000,000	40,000,000
5	기타의 임금채권	10,000,000	10,000,000
6	소득세(법정기일 2025. 5. 10)	70,000,000	40,000,000
7	공과금채권	20,000,000	–
	계	₩200,000,000	₩150,000,000

08 국세기본법상 국세의 우선권에 관한 설명으로 옳지 않은 것은? (2018. 세무사)

① 국세상호간의 우선관계는 압류에 관한 국세, 교부청구한 국세, 납세담보 있는 국세 순이다.
② 세무서장은 대물변제의 예약에 의하여 권리이전 청구권의 보전을 위해 가등기된 재산을 압류할 때에는 그 사실을 가등기권리자에게 지체없이 통지하여야 한다.
③ 과세표준과 세액을 정부가 결정하여 납부고지한 경우 법정기일은 그 납부고지서의 발송일이다.
④ 인지세와 원천징수의무자나 납세조합으로부터 징수하는 소득세 · 법인세 및 농어촌특별세의 법정기일은 납세의무의 확정일이다.
⑤ 지방세의 체납처분을 할 때 그 체납처분금액 중에서 국세를 징수하는 경우 그 지방세의 체납처분비는 국세에 우선한다.

정답 ①

해설

국세상호간의 우선관계는 납세담보 있는 국세, 압류에 관한 국세, 교부청구한 국세 순이다.

09 국세기본법상 국세우선과 관련한 법정기일로 옳지 않은 것은? (2019. 세무사)

① 중간예납하는 법인세, 예정신고납부하는 부가가치세 및 양도소득과세표준을 예정신고하는 소득세의 경우 신고한 해당 세액에 대해서는 그 신고일
② 양도담보재산에서 국세를 징수하는 경우에는 법령에 따른 납부고지서의 발송일
③ 원천징수의무자나 납세조합으로부터 징수하는 국세와 인지세의 경우에는 그 납세의무의 확정일
④ 국세징수법상 납부기한 전 징수 규정에 따라 납세자의 재산을 압류한 경우에 그 압류와 관련하여 확정된 세액에 대해서는 그 납세의무의 확정일
⑤ 부가가치세법에 따른 신탁 관련 수탁자의 물적납세의무 규정에 따라 신탁재산에서 부가가치세 등을 징수하는 경우에는 법령에 따른 납부고지서의 발송일

정답 ④

해설

국세징수법상 납부기한 전 징수 규정에 따라 납세자의 재산을 압류한 경우에 그 압류와 관련하여 확정된 세액에 대해서는 그 압류등기일 또는 등록일을 법정기일로 한다.

[관련규정] 국세의 법정기일

구 분	법정기일
신고에 의해 납세의무가 확정되는 국세에 있어서 신고한 해당 세액	신고일
과세표준과 세액을 정부가 결정 · 경정 또는 수시부과결정하는 경우 및 제2차 납세의무자(보증인 포함)의 재산, 양도담보재산, 신탁재산에서 징수하는 경우	납부고지서의 발송일
인지세와 원천징수의무자나 납세조합으로부터 징수하는 소득세 · 법인세 및 농어촌특별세	납세의무의 확정일
납세자의 재산을 확정전보전압류한 경우에 그 압류와 관련하여 확정된 세액	압류등기일 또는 등록일

10 국세기본법상 국세의 우선에 관한 설명으로 옳은 것은? (다툼이 있으면 판례에 따름) (2021. 세무사)

① 납세의무자의 재산양도일이 국세채권의 법정기일 이후인 경우 양수인은 물적납세의무를 부담한다.

② 국세징수법 제7조 제1항에 따라 양도담보권자에게 납부고지가 있은 후 납세자가 양도에 의하여 실질적으로 담보된 채무를 불이행하여 해당 재산이 양도담보권자에게 확정적으로 귀속되고 양도담보권이 소멸하는 경우에는 납부고지 당시의 양도담보재산이 계속하여 양도담보재산으로서 존속하는 것으로 본다(납부지연가산세는 감안하지 아니함).

③ 현행법은 주택임대차보호법에 따라 대항요건과 확정일자를 갖춘 임차권 관련 보증금채권(소액임대차보증금 아님)에 대한 특칙을 두고 있지 아니하므로 국세채권이 위 보증금채권에 우선한다.

④ 납세의무자를 채무자로 하는 임금채권, 국세채권(법정기일 2020.3.), 근저당권부 채권(설정일 2020.2.)이 있는 경우 국세채권은 임금채권에 우선한다.

⑤ 납세의무자를 채무자로 하는 국세채권(법정기일 2020.1., 압류 2020.5.) ₩100, 근저당권부채권(근저당권설정일 2020.2.) ₩100, 지방세채권(법정기일 2020.3., 압류 2020.3.) ₩100이 있는 경우 압류재산 매각대금 ₩150의 배분은 국세채권 ₩100, 근저당권부채권 ₩50의 순으로 하여야 한다.

해설

 ②

① 납세자가 국세 및 강제징수비를 체납한 경우에 그 납세자에게 양도담보재산이 있을 때에는 납세의무자의 재산양도일이 국세채권의 법정기일 이후인 경우로서 그 납세자의 다른 재산에 대하여 강제징수를 하여도 징수할 금액에 미치지 못하는 경우에만 양수인은 물적납세의무를 부담한다.

③ 현행법은 다음과 같은 규정(특칙)을 두고 있다.
법정기일 전에 다음의 어느 하나에 해당하는 권리가 설정된 재산을 매각하여 그 매각금액에서 국세를 징수하는 경우 그 권리에 의하여 담보된 채권 또는 임대차보증금반환채권이 국세채권에 우선한다.
a. 전세권, 질권 또는 저당권
b. 주택임대차보호법 또는 상가건물 임대차보호법에 따라 대항요건과 확정일자를 갖춘 임차권
c. 납세의무자를 등기의무자로 하고 채무불이행을 정지조건으로 하는 대물변제(代物辨濟)의 예약에 따라 채권 담보의 목적으로 가등기(가등록 포함)를 마친 가등기 담보권

④ 납세의무자를 채무자로 하는 임금채권, 국세채권(법정기일 2020.3.), 근저당권부 채권(설정일 2020.2.)이 있는 경우 임금채권이 국세채권에 우선한다.(피담보채권 → 임금채권 → 국세채권)

⑤ 납세의무자를 채무자로 하는 국세채권(법정기일 2020.1., 압류 2020.5.) ₩100, 근저당권부채권(근저당권설정일 2020.2.) ₩100, 지방세채권(법정기일 2020.3., 압류 2020.3.) ₩100이 있는 경우 압류재산 매각대금 ₩150의 배분은 지방세채권 ₩100, 근저당권부채권 ₩50의 순으로 하여야 한다.
· 1차 조세채권과 근저당권부채권 간의 우선순위 : 국세채권 법정기일 〉 근저당권부채권 〉 지방세채권 법정기일
· 2차 조세채권 상호 간의 우선순위 : 지방세채권 압류 〉 국세채권 압류

※ 관련 판례 : 공시를 수반하는 담보물권이 설정된 부동산에 관하여 당해세를 제외한 조세채권과 담보물권 사이의 우선순위는 그 법정기일과 담보물권설정일의 선후에 의하여 결정하고, 매각대금을 배분한 후, 압류선착주의에 따라 각 조세채권 사이의 우선순위를 결정하여야 한다.[대법원2005두9088, 2005.11.24.]

11 국세기본법상 국세와 일반채권의 관계에 관한 설명이다. 옳은 것은? (2024. CPA)

① 납세담보물을 매각하였을 때에는 그 국세 및 강제징수비는 매각대금 중에서 다른 국세 및 강제징수비와 지방세에 우선하여 징수한다.

② 법정기일 전에 전세권이 설정된 재산이 국세의 강제징수 또는 경매 절차 등을 통하여 매각되어 그 매각금액에서 국세를 징수하는 경우, 그 전세권에 의하여 담보된 채권 또는 임대차보증금반환채권은 해당 재산에 대하여 부과된 증여세보다 우선한다.

③ 지방세 체납처분에 의하여 납세자의 재산을 압류한 경우에 국세 및 강제징수비의 교부청구가 있으면 교부청구된 국세 및 강제징수비는 압류에 관계되는 지방세와 같은 순위로 징수한다.

④ 납세자가 국세 및 강제징수비를 체납한 경우 그 납세자에게 그 국세의 법정기일 전에 담보의 목적이 된 양도담보재산이 있을 때에는 국세징수법에서 정하는 바에 따라 그 양도담보재산으로써 납세자의 국세 및 강제징수비를 징수할 수 있다.

⑤ 과세표준과 세액의 신고에 따라 납세의무가 확정되는 국세의 경우 신고한 해당 세액의 법정기일은 그 법정 신고납부기한의 다음 날이다.

정답 ①

해설

② 해당 재산에 대하여 부과된 상속세, 증여세 및 종합부동산세(당해세)는 원칙적으로 그 전세권에 의하여 담보된 채권 또는 임대차보증금반환채권보다 우선한다. 다만, 당해세 우선 원칙 규정에도 불구하고 주택임대차보호법에 따라 대항요건과 확정일자를 갖춘 임차권에 의하여 담보된 임대차보증금반환채권 또는 주거용 건물에 설정된 전세권에 의하여 담보된 채권은 해당 임차권 또는 전세권이 설정된 재산이 국세의 강제징수 또는 경매 절차 등을 통하여 매각되어 그 매각금액에서 국세를 징수하는 경우 그 확정일자 또는 설정일보다 법정기일이 늦은 해당 재산에 대하여 부과된 상속세, 증여세 및 종합부동산세의 우선 징수 순서에 대신하여 변제될 수 있다. 이 경우 대신 변제되는 금액은 우선 징수할 수 있었던 해당 재산에 대하여 부과된 상속세, 증여세 및 종합부동산세의 징수액에 한정하며, 임대차보증금반환채권등보다 우선 변제되는 저당권 등의 변제액과 해당 재산에 대하여 부과된 상속세, 증여세 및 종합부동산세를 우선 징수하는 경우에 배분받을 수 있었던 임대차보증금반환채권등의 변제액에는 영향을 미치지 아니한다.

③ 국세 강제징수에 따라 납세자의 재산을 압류한 경우에 다른 국세 및 강제징수비 또는 지방세의 교부청구(참가압류를 한 경우를 포함한다.)가 있으면 압류와 관계되는 국세 및 강제징수비는 교부청구된 다른 국세 및 강제징수비 또는 지방세보다 우선하여 징수한다.

④ 납세자가 국세 및 강제징수비를 체납한 경우에 그 납세자에게 양도담보재산이 있을 때에는 그 납세자의 다른 재산에 대하여 강제징수를 하여도 징수할 금액에 미치지 못하는 경우에만 국세징수법에서 정하는 바에 따라 그 양도담보재산으로써 납세자의 국세 및 강제징수비를 징수할 수 있다. 다만, 그 국세의 법정기일 전에 담보의 목적이 된 양도담보재산에 대해서는 그러하지 아니하다.

⑤ 과세표준과 세액의 신고에 따라 납세의무가 확정되는 국세의 경우 신고한 해당 세액의 법정기일은 그 신고일이다.

회계사 · 세무사 기출문제

과세와 환급

01 **국세기본법상 수정신고와 경정 등의 청구 및 가산세의 부과와 감면에 대한 설명이다. 옳지 않은 것은?**

(2011, CPA)

① 과세표준신고서를 법정신고기한까지 제출한 자 또는 기한후 과세표준신고서를 제출한 자는 과세표준신고서에 기재된 결손금액 또는 환급세액이 세법에 따라 신고하여야 할 결손금액이나 환급세액을 초과할 때에는 관할세무서장이 각 세법에 따라 해당 국세의 과세표준과 세액을 결정 또는 경정하여 통지하기 전까지 과세표준수정신고서를 제출할 수 있다.

② 정부는 국세기본법 또는 세법에 따라 가산세를 부과하는 경우 납세자가 의무를 의행하지 아니한 것에 대한 정당한 사유가 있는 때에는 해당 가산세를 부과하지 아니한다.

③ 과세표준신고서를 법정신고기한까지 제출한 자는 최초의 신고 · 결정 또는 경정에서 과세표준 및 세액의 계산근거가 된 거래 또는 행위 등이 그에 관한 소송에 대한 판결에 의하여 다른 것으로 확정되었을 때에는 그 사유가 발생한 것을 안 날부터 3개월 이내에 결정 또는 경정을 청구할 수 있다.

④ 정부는 과세전적부심사 결정 · 통지기간에 그 결과를 통지하지 아니한 경우에는 해당 가산세액을 전액 감면한다.

⑤ 가산세는 해당 의무가 규정된 세법의 해당 국세의 세목으로 한다. 다만, 해당 국세를 감면하는 경우에는 가산세를 그 감면대상에 포함시키지 아니하는 것으로 한다.

해설

④

과세전적부심사 결정 · 통지 기간 내에 그 결과를 통지하지 아니한 경우에는 결정 · 통지가 지연됨으로써 해당 기간에 부과되는 납부지연가산세의 50%를 감면한다.

02 **국세기본법상 과세표준신고서를 법정신고기한까지 제출한 자 또는 국세의 과세표준과 세액을 결정받은 자가 후발적 사유의 발생을 이유로 경정청구를 할 수 있는 경우이다. 옳지 않은 것은?**

(2012. CPA)

① 최초의 신고 · 결정 또는 경정에서 과세표준 및 세액의 계산근거가 된 거래 또는 행위 등이 그에 관한 소송에 대한 판결에 의하여 다른 것으로 확정되었을 때

② 최초의 신고 · 결정 또는 경정을 할 때 과세표준 및 세액의 계산근거가 된 거래 또는 행위 등의 효력과 관계되는 계약이 합의해제되거나 해당 계약의 효력발생 후 발생한 부득이한 사유로 취소된 경우

③ 최초의 신고 · 결정 또는 경정을 할 때 과세표준 및 세액의 계산근거가 된 거래 또는 행위 등의 효력과 관계되는 관청의 허가나 그 밖의 처분이 해당 국세의 법정신고기한이 지난 후에 취소된 경우

④ 최초의 신고 · 결정 또는 경정을 할 때 장부 및 증거서류의 압수, 그 밖의 부득이한 사유로 과세표준 및 세액을 계산할 수 없었으나 그 후 해당 사유가 해당 국세의 법정신고기한이 지난 후 소멸한 경우

⑤ 결정 또는 경정으로 인하여 그 결정 또는 경정의 대상이 된 과세표준 및 세액과 연동된 다른 과세기간(같은 세목)에 대하여 최초에 신고한 국세의 과세표준 및 세액이 세법에 따라 신고하여야 할 과세표준 및 세액을 초과할 때

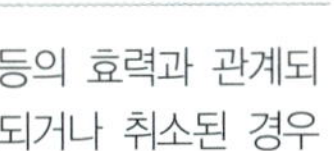

해설 정답 ②

최초의 신고 · 결정 또는 경정을 할 때 과세표준 및 세액의 계산근거가 된 거래 또는 행위 등의 효력과 관계되는 계약이 해제권의 행사로 해제되거나 해당 계약의 성립 후 발생한 부득이한 사유로 해제되거나 취소된 경우에 후발적 사유로 인한 경정청구가 가능하다. 합의해제는 계약이 해제권의 행사로 해제된 경우에 해당하지 않는다.

[관련규정] 후발적 사유

과세표준신고서를 법정신고기한까지 제출한 자 또는 국세의 과세표준 및 세액의 결정을 받은 자는 다음의 어느 하나에 해당하는 사유가 발생하였을 때에는 그 사유가 발생한 것을 안 날부터 3개월 이내에 결정 또는 경정을 청구할 수 있다.

① 최초의 신고 · 결정 또는 경정에서 과세표준 및 세액의 계산 근거가 된 거래 또는 행위 등이 그에 관한 심사청구, 심판청구, 감사원법에 따른 심사청구에 대한 결정이나 소송에 대한 판결(판결과 같은 효력을 가지는 화해나 그 밖의 행위 포함)에 의하여 다른 것으로 확정되었을 때

② 소득이나 그 밖의 과세물건의 귀속을 제3자에게로 변경시키는 결정 또는 경정이 있을 때

③ 조세조약에 따른 상호합의가 최초의 신고 · 결정 또는 경정의 내용과 다르게 이루어졌을 때

④ 결정 또는 경정으로 인하여 그 결정 또는 경정의 대상이 된 과세표준 및 세액과 연동된 다른 세목(같은 과세기간으로 한정한다)이나 연동된 다른 과세기간(같은 세목으로 한정한다)의 과세표준 또는 세액이 세법에 따라 신고하여야 할 과세표준 또는 세액을 초과할 때

⑤ 위 ①~④와 유사한 사유로서 다음의 어느 하나에 해당하는 사유가 해당 국세의 법정신고기한이 지난 후에 발생하였을 때

  a. 최초의 신고 · 결정 또는 경정을 할 때 과세표준 및 세액의 계산 근거가 된 거래 또는 행위 등의 효력과 관계되는 관청의 허가나 그 밖의 처분이 취소된 경우

  b. 최초의 신고 · 결정 또는 경정을 할 때 과세표준 및 세액의 계산 근거가 된 거래 또는 행위 등의 효력과 관계되는 계약이 해제권의 행사에 의하여 해제되거나 해당 계약의 성립 후 발생한 부득이한 사유로 해제되거나 취소된 경우

  c. 최초의 신고 · 결정 또는 경정을 할 때 장부 및 증거서류의 압수, 그 밖의 부득이한 사유로 과세표준 및 세액을 계산할 수 없었으나 그 후 해당 사유가 소멸한 경우

  d. a~c의 규정과 유사한 사유에 해당하는 경우

03 국세기본법상 과세관할에 관한 설명이다. 옳지 않은 것은? (2012. CPA)

① 관할세무서장 외의 세무서장이 한 국세의 과세표준과 세액의 결정 또는 경정결정 처분은 항상 적법하며 납세자는 소관 관할세무서를 밝혀 납세의무를 이행하여야 한다.

② 전자신고를 하는 경우에는 납세지 관할세무서장이 아닌 지방국세청장이나 국세청장에게 과세표준신고서를 제출할 수 있다.

③ 국세의 과세표준과 세액의 결정 또는 경정결정은 그 처분 당시 그 국세의 납세지를 관할하는 세무서장이 한다.

④ 과세표준신고서가 납세지 관할세무서장 외의 세무서장에게 제출된 경우에도 그 신고의 효력에는 영향이 없다.

⑤ 과세표준신고서는 신고 당시 해당 국세의 납세지를 관할하는 세무서장에게 제출하여야 한다.

정답 ①

해설

관할세무서장 외의 세무서장이 한 국세의 과세표준과 세액의 결정 또는 경정결정 처분은 그 효력이 없다.

04 국세기본법상 기한후신고와 추가자진납부에 관한 설명으로 옳지 않은 것은? (2013. CPA)

① 법정신고기한까지 과세표준신고서를 제출하지 아니한 자는 관할세무서장이 세법에 따라 해당 국세의 과세표준과 세액(가산세 포함)을 결정하여 통지하기 전까지 기한후과세표준신고서를 제출할 수 있다.

② 법정신고기한까지 과세표준신고서를 제출하지 아니한 자로서 기한후과세표준신고서를 제출할 수 있는 자는 납부할 세액이 있는 자만을 의미한다.

③ 기한후신고규정에 따라 기한후과세표준신고서를 제출한 자로서 세법에 따라 납부하여야 할 세액(가산세 포함)이 있는 자는 그 세액을 납부하여야 한다.

④ 법정신고기한이 지난 후 1개월 이내에 기한후신고를 한 경우 무신고가산세의 50%를 감면한다. 다만, 과세표준과 세액을 결정할 것을 미리 알고 기한후과세표준신고서를 제출한 경우는 제외한다.

⑤ 과세표준신고서를 법정신고기한까지 제출하였으나 과세표준신고액에 상당하는 세액의 전부 또는 일부를 납부하지 아니한 자는 그 세액과 국세기본법 또는 세법에서 정하는 가산세를 세무서장이 고지하기 전에 납부할 수 있다.

 ②

해설

법정신고기한 내에 과세표준신고서를 제출하지 아니한 자는 관할세무서장이 세법에 따라 해당 국세의 과세표준과 세액을 결정하여 통지하기 전까지 기한후과세표준신고서를 제출할 수 있다. 이 경우 법정신고기한 내에 과세표준신고서를 제출하지 아니한 자는 납부할 세액이 없거나 환급받을 세액이 있는 경우에도 기한후신고를 할 수 있다.

05 국세기본법상 과세와 환급에 관한 설명이다. 옳은 것은? (2014. CPA)

① 기한후과세표준신고서를 제출한 자로서 세법에 따라 납부하여야 할 세액이 있는 자는 기한후과세표준신고서 제출과 동시에 그 세액을 납부하여야 한다.

② 과세표준신고서를 법정신고기한까지 제출한 자 및 기한후과세표준신고서를 제출한 자는 과세표준신고서에 기재된 과세표준 및 세액이 세법에 따라 신고하여야 할 과세표준 및 세액에 미치지 못할 때에는 법정신고기한이 지난 후 6개월 이내에 수정신고를 하여야 한다.

③ 가산세는 해당 의무가 규정된 세법의 해당 국세의 세목으로 한다. 따라서 해당 국세를 감면하는 경우에는 가산세도 감면대상에 포함한다.

④ 납세자가 상속세를 물납한 후 해당 물납재산으로 환급받는 경우에는 국세환급가산금 규정이 적용되지 아니한다.

⑤ 납세자의 국세환급금과 국세환급가산금에 관한 권리는 행사할 수 있는 때부터 10년간 행사하지 아니하면 소멸시효가 완성된다.

해설 

① 기한후과세표준신고서를 제출한 자로서 세법에 따라 납부하여야 할 세액이 있는 자는 그 세액을 납부하여야 한다. 다만, 기한후과세표준신고서 제출로서 기한후 신고의 효력이 발생하며 기한후과세표준신고서 제출과 동시에 납부하여야 하는 것은 아니다.

② 과세표준신고서를 법정신고기한까지 제출한 자는 과세표준신고서에 기재된 과세표준 및 세액이 세법에 따라 신고하여야 할 과세표준 및 세액에 미치지 못할 때에는 관할세무서장이 각 세법에 따라 해당 국세의 과세표준과 세액을 결정 또는 경정하여 통지하기 전으로서 국세부과의 제척기간이 끝나기 전까지 과세표준수정신고서를 제출할 수 있다.

③ 가산세는 해당 의무가 규정된 세법의 해당 국세의 세목으로 한다. 다만, 해당 국세를 감면하는 경우에는 가산세는 그 감면대상에 포함시키지 아니하는 것으로 한다.

⑤ 납세자의 국세환급금과 국세환급가산금에 관한 권리는 행사할 수 있는 때부터 5년간 행사하지 아니하면 소멸시효가 완성된다.

06 국세기본법상 가산세에 관한 설명이다. 옳지 않은 것은? (2015. CPA)

① 가산세란 세법에서 규정하는 의무의 성실한 이행을 확보하기 위하여 세법에 따라 산출한 세액에 가산하여 징수하는 금액을 말한다.

② 가산세는 해당 의무가 규정된 세법의 해당 국세의 세목으로 한다.

③ 본세가 감면되면 가산세도 감면된다.

④ 납세자가 의무를 이행하지 아니한 데 대한 정당한 사유가 있는 때에는 해당 가산세를 부과하지 아니한다.

⑤ 세법에서 규정하는 의무를 고의적으로 위반한 경우에는 가산세 한도규정을 적용하지 아니한다.

해설 

가산세는 해당 의무가 규정된 세법의 해당 국세의 세목으로 하며, 해당 국세를 감면하는 경우에는 가산세는 그 감면대상에 포함시키지 않는다.

07 국세기본법상 경정 등 청구에 관한 설명이다. 옳은 것은? (2015. CPA)

① 최초의 신고 · 결정 또는 경정을 할 때 과세표준 및 세액의 계산근거가 된 거래 또는 행위 등의 효력과 관계되는 계약이 그 계약의 성립 후 발생한 부득이한 사유로 취소된 경우 후발적 사유에 해당한다.

② 국세의 과세표준 및 세액의 결정을 받은 자는 과세표준신고서를 법정신고기한까지 제출한 경우에 한하여 감액경정청구를 제기할 수 있다.

③ 국세의 과세표준 및 세액의 결정을 받은 자는 후발적 사유에 의한 경정청구를 제기하지 못한다.

④ 개별세법에서는 후발적 사유를 이유로 한 경정청구에 대한 별도규정을 두고 있지 아니하다.

⑤ 과세표준신고서를 법정신고기한까지 제출한 자 또는 기한후신고서를 제출한 자가 증액결정 또는 경정을 받지 아니하고 제기하는 감액경정청구기한은 법정신고기한이 지난 후 3년이다.

정답 ①

해설

② 결정 또는 경정으로 증가된 과세표준 및 세액에 대해서는 해당 처분이 있음을 안 날부터 3개월 이내(법정신고기한이 지난 후 5년 이내에 한함)에 경정을 청구할 수 있다. 이 경우 과세표준신고서를 법정신고기한까지 제출한 경우한 자 뿐만 아니라 기한후과세표준신고서를 제출한 자 및 과세기준일이 속한 연도에 종합부동산세를 부과받은 자도 경정청구가 가능하다.

③ 후발적 사유가 있는 경우에는 과세표준 및 세액의 결정을 받은 자도 경정청구를 할 수 있다.

④ 상속세 및 증여세법에 후발적 사유로 인한 경정청구의 별도규정을 두고 있다.

⑤ 결정 또는 경정을 받지 아니하고 제기하는 감액경정청구기한은 5년이다.

08 국세기본법상 납부의무의 소멸에 관한 설명 중 옳은 것을 모두 묶은 것은? (2016, CPA)

㉠ 납세의무자의 납세의무는 해당 납세의무자는 물론 연대납세의무자, 제2차 납세의무자, 납세보증인, 물적 납세의무자의 납부에 의하여 소멸하지만, 그 밖에 이해관계가 있는 제3자가 해당 납세의무자의 명의로 납부한 경우에는 소멸하지 아니한다.

㉡ 납세의무자가 자신의 물건이나 권리의 소유권을 국가에 이전하고 납세의무에서 벗어날 수 있게 하는 물납은 세법에서 정함이 없는 경우에도 인정된다.

㉢ 납세의무자 갑이 100만원의 증여세 납부고지서를 받았고 소득세 100만원을 돌려받을 권리가 있는 경우, 갑이 이러한 권리를 납부고지서상의 세금에 충당할 것을 청구하면 그 청구한 날에 해당 세금을 납부한 것으로 본다.

㉣ 납세의무자 을이 200만원의 부가가치세를 체납하였고 소득세 200만원을 돌려받을 권리가 있는 경우, 국가가 을에게 소득세 200만원을 돌려주지 아니하고 이를 을의 체납된 부가가치세 200만원에 충당하려면 을의 동의를 받아야 한다.

① ㉢ ② ㉣ ③ ㉠, ㉡
④ ㉠, ㉢ ⑤ ㉢, ㉣

해설 정답 ①

㉠ 납세의무자의 납세의무는 납부에 의하여 소멸하므로 해당 납세의무자는 물론 그 밖에 이해관계가 있는 제3자가 해당 납세의무자의 명의로 납부한 경우에도 소멸한다.

㉡ 조세는 금전으로 납부하며 원칙적으로 물납은 인정되지 않는다. 다만, 상속세 등의 경우로서 세법에서 정함이 있는 경우에는 물납을 인정하고 있다.

㉣ 체납된 국세는 납세자의 의사와 관계없이 세무서장이 충당한다. → 직권충당

cf. 납부고지에 의해 납부하는 국세(납부기한 전 징수 사유에 해당하는 경우는 제외)와 세법에 따라 자진납부하는 국세는 납세자가 그 충당에 동의하는 경우에만 충당한다. → 신청에 의한 충당

09 국세기본법상 수정신고 및 경정청구 등에 관한 설명이다. 옳지 않은 것은? (2016. CPA)

① 납세의무자 갑이 100만원의 소득세를 법에서 정한 기한까지 신고하였는데, 그 후 300만원으로 수정신고한 경우 세액이 300만원으로 확정된다.

② 납세의무자 을이 300만원의 소득세를 법에서 정한 기한이 지난 후 6개월 내에 신고한 경우 세액이 300만원으로 확정된다.

③ 납세의무자 병이 200만원의 소득세를 법에서 정한 기한까지 신고하였는데, 그 후 100만원으로 감액경정을 청구한 경우 그 청구만으로는 세액이 100만원으로 확정되지 아니한다.

④ 원래 신고하였어야 할 소득세보다 더 많은 세액을 신고하여 감액경정을 청구하려면 법에서 정한 기한 내에 과세표준신고서를 제출한 자 및 기한후 과세표준신고서를 제출한 자이어야 한다.

⑤ 납세의무자 정이 2024년 한 해 동안의 소득에 대하여 2025년 5월 20일에 500만원의 소득세를 신고·납부한 후 신고 내용에 계산 오류가 있어 감액경정을 청구하는 경우, 이 경정청구는 2030년 5월 31일까지 할 수 있다.

정답 ②

해설

기한후신고를 하더라도 해당 국세의 납세의무를 확정하는 효력은 없으며, 관할세무서장이 기한후신고일부터 3개월 이내에 해당 국세의 과세표준과 세액을 결정하여 신고인에게 통지하여야 한다.

10 국세기본법상 과세와 환급에 관한 설명으로 옳지 않은 것은? (2018. CPA)

① 과세표준신고서는 신고(전자신고 제외) 당시 해당 국세의 납세지를 관할하는 세무서장에게 제출하여야 하나, 관할세무서장 외의 세무 서장에게 제출된 경우에도 그 신고의 효력에는 영향이 없다.

② 세무서장이 국세환급금으로 결정한 금액을 세법에 따라 자진납부하는 국세에 충당시 납세자가 그 충당에 동의하는 경우에 한하여 충당할 수 있다.

③ 결정 또는 경정의 청구를 받은 세무서장은 그 청구를 받은 날부터 2개월 이내에 과세표준 및 세액을 결정 또는 경정하거나 결정 또는 경정하여야 할 이유가 없다는 뜻을 그 청구를 한 자에게 통지하여야 한다.

④ 납세자가 상속세를 물납한 후 그 부과의 일부를 감액하는 경정 결정에 따라 환급하는 경우에는 해당 물납재산으로 환급하여야 하며, 이 경우 국세환급가산금을 포함하여 지급한다.

⑤ 납세자의 국세환급금과 국세환급가산금에 관한 권리는 행사할 수 있는 때부터 5년간 행사하지 아니하면 소멸시효가 완성된다.

④

해설

납세자가 상속세를 물납한 후 그 부과의 일부를 감액하는 경정 결정에 따라 환급하는 경우에는 해당 물납재산으로 환급하여야 하며, 이 경우 국세환급가산금은 지급하지 아니한다.

11 국세기본법상 국세환급금에 관한 설명이다. 옳지 않은 것은? (2019. CPA)

① 국세환급금을 충당할 경우에는 체납된 국세와 강제징수비에 우선 충당하여야 하나, 납세자가 세법에 따라 자진납부하는 국세에 충당하는 것을 동의한 경우에는 해당 국세에 우선 충당하여야 한다.

② 국세환급금 중 국세 또는 강제징수비에 충당한 후 남은 금액이 20만원 이하이고, 지급결정을 한 날부터 1년 이내에 환급이 이루어지지 아니하는 경우에는 납부고지에 의하여 납부하는 국세에 충당할 수 있다.

③ 체납된 국세와 강제징수비에 국세환급금의 충당이 있는 경우, 체납된 국세 또는 강제징수비와 국세환급금은 체납된 국세의 법정납부기한과 국세환급금 발생일 중 늦은 때로 소급하여 대등액에 관하여 소멸한 것으로 본다.

④ 국세환급금 중 국세 또는 강제징수비에 충당한 후 남은 금액은 국세환급금의 결정을 한 날부터 30일 내에 납세자에게 지급하여야 한다.

⑤ 납세자가 상속세를 물납한 후 그 부과의 전부 또는 일부를 취소하거나 감액하는 경정결정에 따라 환급하는 경우에 해당 물납재산의 성질상 분할하여 환급하는 것이 곤란한 경우 금전으로 환급하여야 한다.

해설

①

국세환급금을 충당할 경우에는 체납된 국세 및 강제징수비에 우선 충당하여야 한다. 다만, 납세자가 납부고지에 의하여 납부하는 국세에 충당하는 것을 동의하거나 신청한 경우에는 납부고지에 의하여 납부하는 국세에 우선 충당하여야 한다.

12 국세기본법상 가산세에 관한 설명이다. 옳은 것은? (2020. CPA)

① 가산세는 해당 의무가 규정된 세법의 해당 국세의 세목으로 하며, 해당 국세를 감면하는 경우에는 가산세도 그 감면대상에 포함한다.

② 납세의무자가 법정신고기한까지 종합부동산세법에 따른 과세표준 신고를 하지 아니한 경우 무신고가산세를 부과한다.

③ 신고 당시 소유권에 대한 소송으로 상속재산으로 확정되지 아니하여 상속세 과세표준을 과소신고한 경우 과소신고가산세를 부과한다.

④ 부가가치세법에 따른 사업자가 아닌 자가 부가가치세액을 환급받은 경우는 납부지연가산세의 적용대상에 해당하지 아니한다.

⑤ 법령에 따른 세법해석에 관한 질의 · 회신 등에 따라 신고 · 납부하였으나 이후 다른 과세처분을 하는 경우 가산세를 부과하지 아니한다.

해설

① 가산세는 해당 의무가 규정된 세법의 해당 국세의 세목으로 한다. 다만, 해당 국세를 감면하는 경우에는 가산세는 그 감면대상에 포함시키지 아니하는 것으로 한다.
② 납세의무자가 법정신고기한까지 세법에 따른 국세의 과세표준신고(예정신고 및 중간신고를 포함하며, 교육세법에 따른 신고 중 금융 · 보험업자가 아닌 자의 신고와 농어촌특별세법 및 종합부동산세법에 따른 신고는 제외)를 하지 아니한 경우에는 무신고가산세를 부과한다.
③ 신고 당시 소유권에 대한 소송 등의 사유로 상속재산 또는 증여재산으로 확정되지 아니하여 상속세 · 증여세 과세표준을 과소신고한 경우 과소신고가산세를 적용하지 아니한다.
④ 부가가치세법에 따른 사업자가 아닌 자가 부가가치세액을 환급받은 경우에도 납부지연가산세를 적용한다.

13 국세기본법상 가산세에 관한 설명이다. 옳지 않은 것은? (2022. CPA)

① 가산세는 국세기본법 및 세법에서 규정하는 의무의 성실한 이행을 확보하기 위하여 세법에 따라 산출한 세액에 가산하여 징수하는 금액을 말한다.
② 가산세는 납부할 세액에 가산하거나 환급받을 세액에서 공제한다.
③ 가산세는 해당 의무가 규정된 세법의 해당 국세의 세목으로 한다. 다만, 해당 국세를 감면하는 경우에는 가산세는 그 감면 대상에 포함시키지 아니하는 것으로 한다.
④ 납세자가 의무를 이행하지 아니한 데에 정당한 사유가 있는 경우에 해당 가산세는 부과되지 아니한다.
⑤ 과세표준신고서를 법정신고기한까지 제출한 자가 법정신고기한이 지난 후 1개월 이내에 수정신고한 경우에는 과소신고 · 초과환급신고가산세가 부과되지 아니한다.

해설

과세표준신고서를 법정신고기한까지 제출한 자가 법정신고기한이 지난 후 1개월 이내에 수정신고한 경우에는 과소신고 · 초과환급신고가산세가 부과되나, 해당 가산세액의 90%에 상당하는 금액을 감면한다.

14 국세기본법상 신고와 경정청구에 관한 설명이다. 옳지 않은 것은? (2023. CPA)

① 과세표준신고서를 신고 당시 해당 국세의 납세지를 관할하는 세무서장 외의 세무서장에게 제출한 경우에도 그 신고의 효력에는 영향이 없다.
② 과세표준신고서를 법정신고기한까지 제출한 자는 과세표준신고서에 기재된 과세표준 및 세액이 세법에 따라 신고하여야 할 과세표준 및 세액에 미치지 못할 경우, 관할 세무서장이 결정 또는 경정하여 통지하기 전까지 법정기간 내에 과세표준수정신고서를 제출할 수 있다.
③ 과세표준신고서를 법정신고기한까지 제출한 자는 소득이나 그 밖의 과세물건의 귀속을 제3자에게로 변경시키는 결정 또는 경정이 있을 경우, 그 사유가 발생한 것을 안 날부터 3개월 이내에 결정 또는 경정을 청구할 수 있다.
④ 기한후과세표준신고서를 제출한 자가 과세표준수정신고서를 제출한 경우 관할 세무서장은 신고일부터 2개월 이내에 해당 국세의 과세표준과 세액을 결정 또는 경정하여 신고인에게 통지하여야 한다.
⑤ 경정의 청구를 받은 세무서장은 그 청구를 받은 날부터 2개월 이내에 과세표준 및 세액을 경정하거나 경정하여야 할 이유가 없다는 뜻을 그 청구를 한 자에게 통지하여야 한다.

해설 

기한후과세표준신고서를 제출한 자가 과세표준수정신고서를 제출한 경우 관할 세무서장은 신고일부터 3개월 이내에 해당 국세의 과세표준과 세액을 결정 또는 경정하여 신고인에게 통지하여야 한다.

15 다음 상황에 따른 증액경정에 관한 설명으로 옳지 않은 것은? (2013. 세무사)

- (주)A는 2023년 귀속분 법인세를 법정신고기한까지 미신고
- 2025.2.15 관할 과세관청은 2023년 귀속분 법인세로 2억원을 결정·고지하고 이후 이 세액은 (주)A의 불복청구 없이 확정되었음
- 2025.7.20 관할 과세관청은 증액경정에 의해 2023년 귀속분 법인세로 5천만원을 추가 고지하고, 2025.7.22 (주)A는 이를 수령함

① 당초 처분에 따라 확정된 세액 2억원에 대한 과세관청의 강제징수절차는 경정처분에 따라 영향을 받지 않는다.

② 당초 처분을 근거로 하여 행한 징수 등 후속처분은 경정처분에 의해 영향을 받지 않는다.

③ 경정처분에 따라 증액된 5천만원의 법인세에 대하여 당초 처분과 별개로 불복 청구의 대상으로 할 수 있다.

④ 증액경정에 대한 경정청구를 받은 세무서장은 그 청구를 받은 날부터 2개월 이내에 과세표준 및 세액을 결정 또는 경정하거나 결정 또는 경정하여야 할 이유가 없다는 뜻을 그 청구자에게 통지하여야 한다.

⑤ 경정으로 증가된 세액 5천만원에 대하여 2025년 11월 15일 경정청구를 한 경우에 해당 경정청구는 유효하다.

해설 

과세관청의 결정 또는 경정으로 인하여 증가된 과세표준 및 세액에 대하여는 해당 처분이 있음을 안날(2025년 7월 22일)부터 3개월 이내(법정신고기한이 지난 후 5년 이내에 한함)에 경정청구를 해야 하는 것으로 11월 15일에 한 청구는 청구기간이 지나 인정되지 아니한다.

16 국세환급금과 국세환급가산금에 관한 설명으로 옳은 것은? (2013. 세무사)

① 세무서장이 국세환급금의 결정이 취소됨에 따라 이미 지급된 금액의 반환을 청구하는 경우에는 국세징수법의 고지방법에 따른다.

② 세무서장이 국세환급금으로 결정한 금액을 체납된 국세 및 강제징수비에 충당한 경우 체납된 국세 및 강제징수비와 국세환급금은 체납된 국세의 법정납부기한과 국세환급금 발생일 중 이른 때로 하여 대등액에 관하여 소멸한 것으로 본다.

③ 납세자가 국세를 납부한 후 세무서장이 그 납부의 기초가 된 부과를 취소하는 경우 국세환급금에 관한 권리는 국세납부일부터 5년간 행사하지 아니하면 소멸시효가 완성된다.

④ 납세자가 상속세를 물납한 후 그 부과의 전부를 취소하는 경정 결정에 따라 환급하는 경우에는 해당 물납재산과 국세환급가산금을 가산하여 환급한다.

⑤ 납세자의 국세환급금에 관한 권리는 타인에게 양도할 수 없다.

 ①

해설

② 체납된 국세의 법정납부기한과 국세환급금 발생일 중 늦은 때로 하여 대등액에 관하여 소멸한 것으로 본다.

③ 납부한 후 그 납부의 기초가 된 신고 또는 부과를 경정하거나 취소하는 경우의 소멸시효는 경정결정일 또는 부과취소일부터 5년간으로 한다.

④ 물납재산으로 환급하는 경우에는 국세환급가산금을 지급하지 아니한다.

⑤ 납세자의 국세환급금에 관한 권리는 타인에게 양도할 수 있다.

17 가산세에 관한 설명으로 옳지 않은 것은? (2014. 세무사)

① 정부는 국세기본법 또는 세법에서 규정한 의무를 위반한 자에게 가산세를 부과할 수 있다.

② 가산세는 해당 의무가 규정된 세법의 해당 국세의 세목으로 한다. 다만, 해당 국세를 감면하는 경우에도 가산세는 감면되지 않는다.

③ 가산세는 세법상 의무이행의 해태나 위반을 이유로 납세자에 대해 가해지는 제재로서의 성격을 가지므로 가산세는 관할세무서장의 직권에 의하여만 감면된다.

④ 납부지연가산세는 납세의무자가 환급받은 세액이 정당한 환급세액을 초과하는 경우에도 부과된다.

⑤ 국세기본법 또는 세법에 따라 가산세를 부과하는 경우 납세자가 의무를 이행하지 아니한 데 대한 정당한 사유가 있는 때에는 해당 가산세를 부과하지 아니한다.

 ③

해설

가산세의 감면은 정부의 직권뿐만 아니라 납세의무자의 신청에 의해서도 가능하다.

18 경정 등의 청구에 관한 설명으로 옳은 것은? (2016. 세무사)

① 과세표준신고서를 법정신고기한까지 제출한 자는 과세관청의 결정 또는 경정으로 인하여 증가된 과세표준 및 세액에 대하여는 법정신고기한이 지난 후 5년이 경과하였더라도 해당 처분이 있음을 안 날부터 3개월 이내에 경정을 청구할 수 있다.

② 과세표준신고서를 법정신고기한까지 제출한 자라도 상속세 또는 증여세에 관하여는 결정 또는 경정을 청구할 수 없다.

③ 과세표준신고서를 법정신고기한까지 제출한 자는 과세표준신고서에 기재된 과세표준 및 세액이 세법에 따라 신고하여야 할 과세표준 및 세액에 미치지 못할 때에는 경정을 청구할 수 있다.

④ 거주자인 원천징수대상자에게 근로소득만 있어서 원천징수의무자가 연말정산에 의하여 그에 관한 소득세를 납부하고 지급명세서를 제출기한까지 제출한 경우, 원천징수영수증에 기재된 과세표준 및 세액이 세법에 따라 신고하여야 할 과세표준 및 세액을 초과할 때에는 원천징수의무자 뿐만 아니라 원천징수대상자도 경정을 청구할 수 있다.

⑤ 국세의 과세표준 및 세액의 결정을 받은 자는 해당 처분이 있음을 안 날부터 3개월이 지난 경우라도 최초의 결정을 할 때 과세표준 및 세액의 계산근거가 된 행위의 효력과 관계되는 계약이 해제권의 행사에 의하여 해제된 것을 안 날부터 1년 이내에 경정을 청구할 수 있다.

해설

④

① 과세표준신고서를 법정신고기한까지 제출한 자로서 증액결정 · 경정의 경우에는 해당 처분이 있음을 안 날부터 3개월 이내에 경정청구를 할 수 있으나 이 경우에도 법정신고기한 지난 후 5년 이내에 한하여 경정청구를 할 수 있다.

② 과세표준신고서를 법정신고기한까지 제출한 자는 상속세 또는 증여세에 관하여도 결정 또는 경정을 청구할 수 있다.

③ 과세표준신고서를 법정신고기한까지 제출한 자는 과세표준신고서에 기재된 과세표준 및 세액이 세법에 따라 신고하여야 할 과세표준 및 세액에 미치지 못할 때에는 수정신고를 할 수 있다. ⇨ 경정청구×

⑤ 최초의 결정을 할 때 과세표준 및 세액의 계산근거가 된 행위의 효력과 관계되는 계약이 해제권의 행사에 의하여 해제된 것은 후발적 사유에 해당한다. 후발적 사유가 발생한 경우에는 후발적 사유가 발생한 것을 안 날로부터 3개월 이내에 경정을 청구할 수 있다. ⇨ 1년 이내×

19 국세환급금에 관한 설명으로 옳지 않은 것은? (다툼이 있으면 판례에 따름) (2016. 세무사)

① 납세자의 국세환급금과 국세환급가산금에 관한 권리는 행사할 수 있는 때부터 5년간 행사하지 아니하면 소멸시효가 완성된다.

② 국세환급금의 발생원인으로서 '잘못 납부한 금액(오납금)'이라 함은 납부 또는 징수의 기초가 된 신고(신고납세의 경우) 또는 부과처분(부과과세의 경우)이 부존재하거나 당연무효임에도 불구하고 납부 또는 징수된 세액을 말한다.

③ 국세환급금의 발생원인으로서 '초과하여 납부한 금액(과납금)'은 신고납세방식에 있어서 신고로 또는 부과과세방식에 있어서 부과결정으로 각 확정된다.

④ 국세환급금의 발생원인으로서 '환급세액'이라 함은 세법에 따라 적법하게 납부 또는 징수되었으나 그 후 국가가 보유할 정당한 이유가 없게 되어 각 개별세법에서 환급하기로 정한 세액을 말한다.

⑤ 원천징수의무자가 원천징수하여 납부한 세액에서 환급받을 환급세액이 있는 경우, 그 원천징수의무자가 그 환급액을 즉시 환급해 줄 것을 요구하는 경우나 원천징수하여 납부하여야 할 세액이 없는 경우에는 즉시 환급한다.

해설

정답 ③

초과납부액의 경우에는 신고 또는 부과처분의 취소 · 경정에 의하여 조세채무의 전부 또는 일부가 소멸한 때에 확정된다(대법원 97다26432, 1997. 10. 10).

20 국세기본법상 가산세에 관한 설명으로 옳지 않은 것은? (2017. 세무사)

① 가산세는 해당 의무가 규정된 세법의 해당 국세의 세목으로 하나 해당 국세를 감면하는 경우 가산세는 감면대상에 포함되지 아니한다.

② 납세의무자가 역외거래에서 발생한 부정행위로 법정신고기한까지 법인세 과세표준 신고를 하지 아니한 경우에는 그 신고로 납부하여야할 세액에 100분의 60을 곱한 금액을 가산세로 한다.

③ 납세의무자가 법정신고기한까지 법인세의 과세표준 신고를 한 경우로서 착오에 의하여 과소신고를 한 때에는 과소신고납부세액의 100분의 10에 상당하는 금액을 가산세로 한다.

④ 납부지연가산세를 부과함에 있어 납세의무자가 법인세를 부정행위로 과소신고하면서 과세기간을 잘못 적용한 경우 실제 신고납부한 날에 실제 신고납부한 금액의 범위에서 신고납부하였어야 할 과세기간에 대한 법인세를 자진납부한 것으로 본다.

⑤ 정부는 납세자가 의무를 이행하지 아니한 데 대한 정당한 사유가 있는 때에는 해당 가산세를 부과하지 아니한다.

해설

④

소득세, 법인세 및 부가가치세의 신고납부(부정무신고 또는 부정과소신고에 해당하는 경우를 제외함)와 관련하여 과세기간을 잘못 적용하여 신고납부한 경우에는 납부지연가산세를 적용할 때 실제 신고납부한 날에 실제 신고납부한 금액의 범위에서 당초 신고납부하였어야 할 과세기간에 대한 소득세 등을 자진납부한 것으로 본다. 다만, 부정행위로 무신고한 경우 또는 부정행위로 과소신고 · 초과신고한 경우는 그러하지 아니한다.

21 국세기본법상 가산세 감면에 관한 설명으로 옳지 않은 것은? (2018. 세무사)

① 가산세를 부과하는 경우 납세자가 의무를 이행하지 아니한 데 대한 정당한 사유가 있는 때에는 해당 가산세를 부과하지 아니한다.

② 법정신고기한이 지난 후 1개월 이내에 기한 후 신고를 한 경우 무신고 가산세액의 100분의 50에 상당하는 금액을 감면한다.

③ 법정신고기한이 지난 후 1개월 초과 3개월 이내에 수정신고한 경우 과소신고 가산세액의 100분의 50에 상당하는 금액을 감면한다.

④ 과세전적부심사 결정 · 통지기간에 그 결과를 통지하지 아니한 경우 결정 · 통지가 지연됨으로써 해당 기간에 부과되는 납부지연가산세액의 100분의 50에 상당하는 금액을 감면한다.

⑤ 세법에 따른 제출의 기한이 지난 후 1개월 이내에 해당 세법에 따른 제출 의무를 이행하는 경우 제출 의무 위반 관련 가산세액의 100분의 50에 상당하는 금액을 감면한다.

해설  ③

법정신고기한이 지난 후 1개월 초과 3개월 이내에 수정신고한 경우 과소신고 가산세액의 100분의 75에 상당하는 금액을 감면한다.

[관련규정] 가산세 감면율

구 분	기한후신고시 무신고 가산세 감면	수정신고시 과소신고 가산세 감면
법정신고기한이 지난 후 1개월 이내	50%	90%
법정신고기한이 지난 후 1개월 초과 3개월 이내	30%	75%
법정신고기한이 지난 후 3개월 초과 6개월 이내	20%	50%
법정신고기한이 지난 후 6개월 초과 1년 이내	–	30%
법정신고기한이 지난 후 1년 초과 1년 6개월 이내	–	20%
법정신고기한이 지난 후 1년 6개월 초과 2년 이내	–	10%

22 국세기본법령상 국세환급금과 국세환급가산금에 관한 설명으로 옳은 것만을 모두 고른 것은? (2022. 세무사)

ㄱ. 명의대여자에 대한 과세를 취소하고 실질귀속자를 납세의무자로 하여 과세하는 경우 명의대여자 대신 실질귀속자가 납부한 것으로 확인된 금액은 실질귀속자의 기납부세액으로 먼저 공제하고 남은 금액이 있는 경우에는 실질귀속자에게 환급한다.
ㄴ. 적법하게 납부된 후 법률이 개정되어 발생한 국세환급금의 국세환급가산금 기산일은 개정된 법률의 시행일의 다음 날로 한다.
ㄷ. 국세환급금의 소멸시효는 세무서장이 납세자의 환급청구를 촉구하기 위하여 납세자에게 하는 환급청구의 안내 · 통지로 인하여 중단되지 아니한다.
ㄹ. 세무서장은 국세환급금으로 결정한 금액을 다른 세무서에 체납된 국세 및 강제징수비에 충당할 수 없다.

① ㄱ, ㄹ ② ㄴ, ㄷ ③ ㄱ, ㄴ, ㄷ
④ ㄴ, ㄷ, ㄹ ⑤ ㄱ, ㄴ, ㄷ, ㄹ

 ③

해설

세무서장은 국세환급금으로 결정한 금액을 체납된 국세 및 강제징수비(다른 세무서에 체납된 국세 및 강제징수비를 포함한다)에 충당하여야 한다.(직권충당)

23 국세기본법령상 국세환급금과 국세환급가산금에 관한 설명으로 옳지 않은 것은? (2023. 세무사)

① 국세환급금을 충당할 경우에는 체납된 국세 및 강제징수비에 우선 충당해야 하므로 납세자가 납부고지에 따라 납부하는 국세에 충당하는 것을 신청한 경우에도 체납된 국세 및 강제징수비에 우선 충당해야 한다.
② 원천징수의무자가 원천징수하여 납부한 세액에서 환급받을 환급세액이 있는 경우 그 원천징수의무자가 그 환급액을 즉시 환급해 줄 것을 요구하는 경우에는 즉시 환급한다.
③ 국세환급금의 소멸시효는 세무서장이 납세자의 환급청구를 촉구하기 위하여 납세자에게 하는 환급청구의 안내 · 통지 등으로 인하여 중단되지 아니한다.
④ 세무서장은 국세환급금에 관한 권리의 양도 요구가 있는 경우에 양도인 또는 양수인이 납부할 국세 및 강제징수비가 있으면 그 국세 및 강제징수비에 충당하고, 남은 금액에 대해서는 양도의 요구에 지체 없이 따라야 한다.
⑤ 납세자가 상속세를 물납한 후 그 부과의 전부 또는 일부를 취소하거나 감액하는 경정 결정에 따라 환급하는 경우에는 해당 물납재산으로 환급하여야 한다. 이 경우 국세환급가산금은 지급하지 아니한다.

 ①

해설

국세환급금을 충당할 경우에는 체납된 국세 및 강제징수비에 우선 충당하여야 한다. 다만, 납세자가 납부고지에 의하여 납부하는 국세에 충당하는 것을 동의하거나 신청한 경우에는 납부고지에 의하여 납부하는 국세에 우선 충당하여야 한다.

24 **국세기본법상 국세환급금 및 국세환급가산금에 관한 설명이다. 옳은 것은?** (2024. CPA)

① 납세자가 상속세 및 증여세법에 따라 상속세를 물납한 후 그 부과의 전부 또는 일부를 취소하거나 감액하는 경정결정에 따라 환급하는 경우에는 해당 물납재산으로 환급하여야 하며 국세환급가산금을 지급하여야 한다.

② 국세환급금을 체납된 국세 및 강제징수비에 충당하는 것은 납세자가 그 충당에 동의하는 경우에만 가능하다.

③ 국세환급금 중 충당한 후 남은 금액은 국세환급금의 결정을 한 날부터 30일 내에 납세자에게 지급하여야 한다.

④ 물납재산을 환급하는 경우에 국가가 물납재산을 유지 또는 관리하기 위하여 지출한 비용은 납세자의 부담으로 한다.

⑤ 체납된 국세 및 강제징수비가 있는 납세자가 국세환급금을 납부고지에 따라 납부하는 국세에 충당하는 것을 동의하거나 신청한 경우에도 국세환급금을 그 체납된 국세 및 강제징수비에 우선 충당해야 한다.

해설

정답 ③

① 납세자가 상속세 및 증여세법에 따라 상속세를 물납한 후 그 부과의 전부 또는 일부를 취소하거나 감액하는 경정결정에 따라 환급하는 경우에는 해당 물납재산으로 환급하여야 하며, 이 경우 국세환급가산금은 지급하지 아니한다.

② 체납된 국세 및 강제징수비는 납세자의 의사와 관계없이 세무서장이 충당한다. → 직권충당

④ 물납재산을 환급하는 경우에 국가가 물납재산을 유지 또는 관리하기 위하여 지출한 비용은 국가의 부담으로 한다. 다만, 국가가 물납재산에 대하여 자본적 지출을 한 경우에는 이를 납세자의 부담으로 한다.

⑤ 국세환급금을 충당할 경우에는 체납된 국세 및 강제징수비에 우선 충당하여야 한다. 다만, 납세자가 납부고지에 의하여 납부하는 국세에 충당하는 것을 동의하거나 신청한 경우에는 납부고지에 의하여 납부하는 국세에 우선 충당하여야 한다.

CHAPTER 06 회계사 · 세무사 기출문제

조세불복제도와 과세전적부심사

01 국세기본법상 이의신청, 심사청구 및 심판청구에 대한 설명이다. 옳지 않은 것은? (2011. CPA)

① 국세기본법 또는 세법에 따른 동일한 처분에 대하여 심사청구와 심판청구를 중복하여 제기할 수 없다.

② 국세기본법 또는 세법에 따른 처분이 국세청장의 과세표준 조사 · 결정에 따른 처분인 경우에는 그 처분에 대하여 심사청구 또는 심판청구에 앞서 이의신청을 할 수 있다.

③ 이의신청, 심사청구 및 심판청구는 세법에 특별한 규정이 있는 것을 제외하고는 해당 처분의 집행에 효력을 미치지 아니한다. 다만, 해당 재결청이 필요하다고 인정할 때에는 그 처분의 집행을 중지하게 할 수 있다.

④ 심판청구에 대한 결정이 있으면 해당 행정청은 결정의 취지에 따라 즉시 필요한 처분을 하여야 한다.

⑤ 조세심판관회의 또는 조세심판관합동회의는 심판청구에 대한 결정을 할 때 심판청구를 한 처분보다 청구인에게 불리한 결정을 하지 못한다.

 ②

해설

국세에 관한 처분이 국세청장이 조사 · 결정 또는 처리하거나 하였어야 할 경우에는 이의신청이 배제된다.

02 국세기본법상 조세불복제도에 관한 설명으로 옳지 않은 것은? (2013. CPA)

① 이의신청은 임의적 절차이므로 이의신청을 제기하지 않고 심사청구를 제기할 수 있다.

② 조세심판관은 심판청구에 관한 조사 및 심리의 결과와 과세의 형평을 고려하여 자유심증으로 사실을 판단한다.

③ 이의신청, 심사청구 또는 심판청구는 세법에 특별한 규정이 있는 것을 제외하고는 해당 처분의 집행에 효력을 미치지 아니한다. 다만, 해당 재결청이 필요하다고 인정할 때에는 그 처분의 집행을 중지하게 하거나 중지할 수 있다.

④ 동일한 처분에 대하여 심사청구를 한 후 인용되지 않을 경우 심판청구를 제기할 수 있다.

⑤ 조세심판관회의 또는 조세심판관합동회의는 심판청구에 따른 결정을 할 때 심판청구를 한 처분 외의 처분에 대하여는 그 처분의 전부 또는 일부를 취소 또는 변경하거나 새로운 처분의 결정을 하지 못한다.

 ④

해설

심사청구를 한 후 인용되지 않을 경우에는 심사청구에 대한 결정의 통지를 받은 날부터 90일 이내에 행정소송을 제기하여야 하다. 즉, 동일 심급인 심판청구를 제기할 수는 없다.

03 국세기본법상 조세불복제도에 관한 설명이다. 옳지 않은 것은? (2014. CPA)

① 심사청구서는 해당 처분을 하였거나 하였어야 할 세무서장에게 제출하여야 하며, 소관 세무서장 외의 세무서장, 지방국세청장 또는 국세청장에게 직접 제출한 경우에는 심사청구의 효력이 발생하지 아니한다.

② 이의신청, 심사청구 또는 심판청구는 세법에 특별한 규정이 있는 것을 제외하고는 해당 처분의 집행에 효력을 미치지 아니한다. 다만, 해당 재결청이 필요하다고 인정할 때에는 그 처분의 집행을 중지하게 하거나 중지할 수 있다.

③ 위법한 국세처분에 대한 행정소송은 국세기본법에 따른 심사청구 또는 심판청구, 감사원법에 따른 심사청구와 그에 대한 결정을 거치지 아니하면 제기할 수 없다. 다만, 심사청구 또는 심판청구에 대한 인용결정에 따라 처분의 취소 · 경정결정을 하거나 필요한 처분을 하기 위한 사실관계 확인 등 추가적으로 조사가 필요한 경우에 행한 재조사 결정에 따른 처분청의 처분에 대한 행정소송은 심사청구 또는 심판청구를 거치지 아니하고 제기할 수 있다.

④ 심판청구인은 담당 조세심판관에게 공정한 심판을 기대하기 어려운 사정이 있다고 인정될 때에는 그 조세심판관의 기피를 신청할 수 있다.

⑤ 조세범처벌절차법에 따른 통고처분에 대해서는 국세기본법에 따른 심사청구를 할 수 없다.

해설  ①

심사청구는 불복의 사유를 갖추어 해당 처분을 하였거나 하였어야 할 세무서장을 거쳐 국세청장에게 하여야 하나, 소관세무서장 외의 과세관청장에게 제출된 경우에도 그 효력에는 영향이 없다.

04 국세기본법상 조세불복제도에 관한 설명으로 옳은 것을 모두 묶은 것은? (2017. CPA)

ㄱ. 조세범 처벌절차법에 따른 통고처분은 국세기본법에 따른 불복을 할 수 없다.
ㄴ. 심사청구의 재결청은 그 청구에 대한 결정기간이 지나도 결정을 하지 못하였을 때에는 심사청구인은 결정의 통지를 받기 전이라도 그 결정기간이 지난 날부터 행정소송 제기를 할 수 있다는 내용을 서면으로 지체없이 그 청구인에게 통지하여야 한다.
ㄷ. 이의신청, 심사청구 또는 심판청구는 세법에 특별한 규정이 있는 것을 제외하고는 해당 처분의 집행에 효력을 미치지 아니한다. 다만, 해당 재결청이 필요하다고 인정할 때에는 그 처분의 집행을 중지하게 하거나 중지할 수 있다.
ㄹ. 조세심판관회의는 담당 조세심판관 과반수 이상의 출석으로 개의하고, 출석조세심판관 과반수의 찬성으로 의결한다.

① ㄱ, ㄴ ② ㄱ, ㄷ ③ ㄱ, ㄴ, ㄷ
④ ㄴ, ㄷ, ㄹ ⑤ ㄱ, ㄴ, ㄷ, ㄹ

해설  ③

조세심판관회의는 담당 조세심판관 3분의 2 이상의 출석으로 개의하고, 출석조세심판관 과반수의 찬성으로 의결한다.

05 국세기본법상 국세불복에 관한 설명으로 옳지 않은 것은? (2018. CPA)

① 청구기한까지 우편으로 제출한 심사청구서가 청구기간을 지나서 도달한 경우에는 그 기간의 만료일에 적법한 청구를 한 것으로 본다.

② 이의신청, 심사청구 또는 심판청구는 세법에 특별한 규정이 있는 것을 제외하고는 해당 처분의 집행에 효력을 미치지 아니하나, 해당 재결청이 필요하다고 인정할 때에는 그 처분의 집행을 중지하게 하거나 중지할 수 있다.

③ 조세심판관회의는 심판청구에 대한 결정을 할 때 심판청구를 한 처분 외의 처분에 대해서는 그 처분의 전부 또는 일부를 취소 또는 변경하거나 새로운 처분의 결정을 하지 못한다.

④ 담당 조세심판관은 필요하다고 인정하면 여러 개의 심판사항을 병합하거나 병합된 심판사항을 여러 개의 심판사항으로 분리할 수 있다.

⑤ 심사청구 또는 심판청구에 대한 재조사 결정에 따른 처분청의 처분에 대해서는 심사청구 또는 심판청구를 거치지 않을 경우 행정소송을 제기할 수 없다.

⑤

해설

행정소송은 국세기본법 또는 감사원법에 의한 불복절차를 거치지 아니하면 제기할 수 없는 것이 원칙이나, 심사청구 또는 심판청구에 대한 재조사 결정에 따른 처분청의 처분에 대해서는 심사청구 또는 심판청구를 거치지 아니하고 행정소송을 제기할 수 있다.

06 국세기본법상 과세전적부심사에 관한 설명이다. 옳지 않은 것은? (2019. CPA)

① 세무서장은 세무조사에서 확인된 것으로 조사대상자 외의 자에 대한 과세자료 및 현지 확인조사에 따라 세무서장이 과세하는 경우에는 미리 납세자에게 그 내용을 서면으로 통지하여야 한다.
② 세무서장에게 과세전적부심사를 청구할 수 있는 자가 법령과 관련하여 국세청장의 유권해석 변경이 필요한 경우 국세청장에게 과세전적부심사를 청구할 수 있다.
③ 세무조사 결과 통지 및 과세예고통지를 하는 날부터 국세부과 제척기간의 만료일까지의 기간이 3개월 이하인 경우에는 과세전적부심사를 청구할 수 없다.
④ 과세전적부심사 청구를 받은 세무서장은 국세심사위원회의 심사를 거쳐 결정을 하고 그 결과를 청구를 받은 날부터 30일 이내에 청구인에게 통지하여야 한다.
⑤ 과세예고통지를 받은 자가 과세전적부심사를 청구하지 아니하고 통지를 한 세무서장에게 통지받은 내용에 대하여 과세표준 및 세액을 조기에 결정해 줄 것을 신청한 경우, 해당 세무서장은 신청받은 내용을 검토하여 2개월 이내에 결정하여야 한다.

해설  ⑤

과세예고통지를 받은 자가 과세전적부심사를 청구하지 아니하고 통지를 한 세무서장에게 통지받은 내용에 대하여 과세표준 및 세액을 조기에 결정해 줄 것을 신청한 경우, 해당 세무서장 등은 신청받은 내용대로 즉시 결정이나 경정결정을 하여야 한다.

[관련규정] 과세전적부심사청구 vs 불복청구

구 분	과세전적부심사청구 (사전적 권리구제제도)	불복청구 (사후적 권리구제제도)
(1) 개념	과세예고통지 후 납세자가 과세의 옳고 그름에 대한 심사를 청구하게 하는 제도	납세고지 후 납세자가 납세처분을 취소하거나 변경을 구하는 제도
(2) 제기	30일 이내	90일 이내
(3) 결정	30일 이내	90일 이내 (단, 감사원심사청구는 3월 이내)
(4) 결정의 종류	① 심사거부결정 : 요건불충족 ② 불채택결정 : 채택하지 아니함 ③ 채택결정 : 채택함	① 각하 : 요건불충족 ② 기각 : 이유없다고 인정 ③ 인용 : 이유있다고 인정
(5) 효력	결정의 유보	집행부정지
(6) 청구배제사유	① 납부기한 전 징수 또는 수시부과의 사유 ② 조세범처벌법에 따른 통고처분 ③ 세무조사결과통지 및 과세예고통지를 하는 날부터 국세부과 제척기간의 만료일까지의 기간이 3개월 이하인 경우 ④ 국제조세조정에 관한 법률에 따라 조세조약을 체결한 상대국이 상호합의절차의 개시를 요청하는 경우 ⑤ 불복청구 · 과세전적부심사청구에 따른 재조사 결정에 의한 조사를 하는 경우	① 조세범처벌절차법에 의한 통고처분 ② 감사원법에 의하여 심사청구를 한 처분이나 그 심사청구에 대한 처분 ③ 국세기본법 및 세법에 따른 과태료 부과처분

07 국세기본법상 조세구제제도에 관한 설명이다. 옳지 않은 것은? (2020. CPA)

① 조세범 처벌절차법에 따른 통고처분에 대하여는 심사 또는 심판을 청구할 수 없다.
② 세법에 따라 국세청장이 하여야 할 처분에 대하여는 이의신청을 할 수 없다.
③ 심사청구는 세법에 특별한 규정이 있는 것을 제외하고는 해당 처분의 집행에 영향을 미치지 아니하므로 심사청구인이 심각한 재해를 입은 경우에만 집행정지를 결정할 수 있다.
④ 심사청구 또는 심판청구에 대한 재조사 결정에 따른 처분청의 처분에 대한 행정소송은 심사청구 또는 심판청구와 그에 대한 결정을 거치지 아니하고 제기할 수 있다.
⑤ 과세전적부심사 청구인은 법령에서 정한 요건을 갖추어 국선대리인을 선정하여 줄 것을 신청할 수 있다.

 ③

해설

심사청구는 세법에 특별한 규정이 있는 것을 제외하고는 해당 처분의 집행에 영향을 미치지 아니한다.(집행부정지의 원칙) 다만, 해당 재결청이 처분의 집행 또는 절차의 속행 때문에 이의신청인, 심사청구인 또는 심판청구인에게 중대한 손해가 생기는 것을 예방할 필요성이 긴급하다고 인정할 때에는 처분의 집행정지(집행 또는 절차 속행의 전부 또는 일부의 정지)를 결정할 수 있다.

08 국세기본법상 심판에 관한 설명이다. 옳지 않은 것은? (2023. CPA)

① 심판청구의 대상이 된 처분의 취소 · 경정 또는 필요한 처분을 하기 위하여 사실관계 확인 등 추가적으로 조사가 필요하여 재조사 결정을 한 경우, 해당 재조사 결정에 따른 처분청의 처분에 대하여는 심판청구를 제기할 수 없다.
② 조세심판원이 심판청구에 대한 결정기간이 지나도 결정을 하지 못한 경우 심판청구인은 결정의 통지를 받기 전이라도 그 결정기간이 지난 날부터 행정소송을 제기할 수 있다.
③ 담당 조세심판관에게 공정한 심판을 기대하기 어려운 사정이 있다고 인정될 때에는 심판청구인은 그 조세심판관의 기피를 신청할 수 있다.
④ 조세심판관회의는 심판청구를 한 처분 외의 처분에 대해서는 그 처분의 전부 또는 일부를 취소 또는 변경하거나 새로운 처분의 결정을 하지 못한다.
⑤ 조세심판원장은 심판청구의 내용이 세법에 적합하지 아니하나 보정할 수 있다고 인정되면 상당한 기간을 정하여 보정할 것을 요구할 수 있다.

 ①

해설

심판청구의 대상이 된 처분의 취소 · 경정 또는 필요한 처분을 하기 위하여 사실관계 확인 등 추가적으로 조사가 필요하여 재조사 결정을 한 경우, 해당 재조사 결정에 따른 처분청의 처분에 대하여는 재조사 결정을 한 재결청에 대하여 심사청구 또는 심판청구를 제기할 수 있다.

09 국세기본법상 심사와 심판에 관한 설명으로 옳지 않은 것은? (2015. 세무사)

① 국세에 관한 행정소송은 원칙적으로 국세기본법에 따른 심사청구나 심판청구 또는 감사원법에 따른 심사청구와 그에 대한 결정을 거치지 아니하면 제기할 수 없다.

② 이의신청인, 심사청구인, 심판청구인 및 과세전적부심사 청구인은 불복신청 또는 청구금액이 5천만원(지방세의 경우는 2천만원) 미만인 경우에는 그 배우자, 4촌 이내의 혈족 또는 그 배우자의 4촌 이내의 혈족을 대리인으로 선임할 수 있다.

③ 불복청구인의 이의신청과 관련하여 당초 처분의 적법성에 관하여 재조사하여 그 결과에 따라 과세표준과 세액을 경정하거나 당초 처분을 유지하는 등의 처분을 하도록 하는 결정에 따른 처분에 대하여는 심사청구 또는 심판청구가 가능하다.

④ 조세심판관회의는 심판청구에 관한 결정을 할 때 심판청구를 한 처분 외의 처분에 대해서는 그 처분의 전부 또는 일부를 취소 또는 변경하거나 새로운 처분의 결정을 하지 못한다.

⑤ 종합부동산세의 결정 고지세액 1천만원에 대하여 심판청구를 하려는 자가 재결청에 변호사 등을 국선대리인으로 선정하여 줄 것을 신청하는 경우, 재결청은 지체 없이 국선대리인을 선정하고 신청을 받은 날부터 5일 이내에 그 결과를 심판청구인과 국선대리인에게 각각 통지하여야 한다.

해설

 ⑤

국세기본법상 국선대리인 선정 신청은 상속세 · 증여세 및 종합부동산세가 아닌 세목에 대한 이의신청, 심사청구, 심판청구 및 과세전적부심사 청구인 경우에만 가능하다.

[관련규정] 국선대리인

이의신청인, 심사청구인, 심판청구인 및 과세전적부심사 청구인은 재결청(과세전적부심사의 경우에는 통지를 한 세무서장이나 지방국세청장을 말한다.)에 다음의 요건을 모두 갖추어 변호사, 세무사 또는 공인회계사를 국선대리인으로 선정하여 줄 것을 신청할 수 있다.

요건	내 용
(1) 소득과 재산	① 개인 : 종합소득금액 5천만원 이하이고, 소유재산가액이 5억원 이하일 것 ② 법인 : 수입금액이 3억원 이하이고 자산가액이 5억원 이하일 것
(2) 불복청구액	5천만원 이하인 신청 또는 청구일 것
(3) 세목	상속세, 증여세 및 종합부동산세가 아닌 세목에 대한 신청 또는 청구일 것

10 국세기본법상 심사와 심판에 관한 설명으로 옳지 않은 것은? (2017. 세무사)

① 감사원법에 따라 심사청구를 한 처분이나 그 심사청구에 대한 처분에 대하여는 국세기본법상 불복청구를 할 수 없다.

② 심사청구의 대상이 된 처분에 대한 재조사 결정에 따라 처분청의 처분이 있는 경우 해당 재조사 결정을 한 재결청에 대하여 심사청구 또는 심판청구를 제기할 수 없다.

③ 재결청은 처분의 집행 또는 절차의 속행 때문에 이의신청인, 심사청구인 또는 심판청구인에게 중대한 손해가 생기는 것을 예방할 필요성이 긴급하다고 인정할 때에만 해당 처분의 집행을 중지할 수 있다.

④ 조세심판관이 심판청구일 전 최근 5년 이내에 불복의 대상이 되는 처분, 처분에 대한 이의신청 또는 그 기초가 되는 세무조사에 관여하였던 경우에는 심판관여로부터 제척된다.

⑤ 조세심판관회의의 의결이 종전에 조세심판원에서 한 세법의 해석·적용을 변경하는 경우에 해당한다고 의결하는 경우에는 조세심판관합동회의가 심리를 거쳐 결정한다.

 ②

해설

심사청구 또는 심판청구에 대한 처분에 대해서는 이의신청·심사청구 또는 심판청구를 제기할 수 없다. 다만, 심사청구 및 심판청구의 인용결정에 따라 처분의 취소·경정결정을 하거나 필요한 처분을 하기 위한 사실관계 확인 등 추가적으로 조사가 필요한 경우 행한 재조사 결정에 따른 처분청의 처분에 대해서는 해당 재조사 결정을 한 재결청에 대하여 심사청구 또는 심판청구를 제기할 수 있다.

11 국세기본법상 심사와 심판에 관한 설명으로 옳지 않은 것은? (2018. 세무사)

① 조세심판관은 심판청구에 관한 조사 및 심리의 결과와 과세의 형평을 고려하여 자유심증으로 사실을 판단한다.

② 조세심판관은 심판청구일 전 최근 5년 이내에 불복의 대상이 되는 처분의 기초가 되는 세무조사에 관여하였던 경우에는 그 심판관여로부터 제척된다.

③ 조세심판관의 임기는 2년으로 하고 한 차례만 중임할 수 있다.

④ 심판청구를 제기한 후 심사청구를 제기한 경우에는 그 심사청구를 각하하는 결정을 한다.

⑤ 국세의 심판청구금액이 5천만원 미만인 것으로 청구사항이 법령의 해석에 관한 것이 아닌 경우 조세심판관회의의 심리를 거치지 아니하고 주심조세심판관이 심리하여 결정할 수 있다.

 ③

해설

상임조세심판관의 임기는 3년으로 하며, 한 차례만 중임할 수 있다. 또한 비상임조세심판관의 임기는 3년으로 하며, 한 차례만 연임할 수 있다.

12 과세관청은 2020.3.2. (주)A에 대하여 매출누락을 이유로 제5기 사업연도(2018.1.1.~12.31.)의 법인세 금 20억원의 부과처분을 하였다. 그에 대하여 (주)A는 행정심판을 제기하지 아니하였다. 한편, 과세관청은 같은 과세기간에 대하여, 2021.4.4. 업무무관가지급금 인정이자 익금산입을 이유로 금 10억원의 증액경정처분을 하였다가, 해당 인정이자 계산 상의 오류를 발견함에 따라 2021.5.6. 금 3억원의 감액경정처분을 하였다. (주)A는 2021.6.4. 조세심판원에 심판청구를 제기하여 2020.3.2.자 과세처분 사유인 매출누락 사실이 없음을 주장하였다. 그와 관련한 조세심판원의 결정에 대한 설명으로 옳은 것은? (다툼이 있으면 판례에 따름) (2021. 세무사)

① 2020.3.2.자 과세처분은 심판청구기간이 도과하여 불가쟁력이 발생하였으므로 심판청구 각하결정

② (주)A의 주장이 맞다고 하더라도 금 20억원의 세액은 "당초 확정된 세액"에 해당하므로 심판의 이익이 없어 심판청구 각하결정

③ 과세처분 취소결정이 필요한 경우 취소 대상으로 특정하여야 할 처분은 2020.3.2.자 과세처분이다.

④ (주)A의 주장이 맞다면 27억원의 부과처분 중 20억원을 넘는 부분의 부과처분 취소결정

⑤ (주)A의 주장이 맞다면 27억원의 부과처분 중 7억원을 넘는 부분의 부과처분 취소결정

해설

 ④

①, ② 2020.3.2.자 과세처분은 심판청구기간이 도과하였으며, 금 20억원의 세액은 당초 확정된 세액이나, 증액경정처분에 대해서는 증액된 세액의 한도내에서 취소를 구할 수 있다.

③ 과세처분 취소결정이 필요한 경우 취소 대상으로 특정하여야 할 처분은 2021.4.4.자 과세처분이다.

⑤ (주)A의 주장이 맞다면 증액된 세액의 한도내에서(27억원의 부과처분 중 20억원을 넘는 부분) 부과처분 취소결정을 한다.

※ 관련 판례 : 증액경정처분이 있는 경우 당초 신고나 결정은 증액경정처분에 흡수됨으로써 독립된 존재가치를 잃게 된다고 보아야 할 것이므로 당초 신고나 결정에 대한 불복기간의 경과 여부 등에 관계없이 증액경정처분만이 항고소송의 심판대상이 되고 납세의무자는 항고 소송에서 당초 신고나 결정에 대한 위법사유도 함께 주장할 수 있다.[대법원2006두17390 , 2009.05.14.] 다만, 증액경정처분이 있더라도 불복기간의 경과 등으로 확정된 당초 신고나 결정에서의 세액에 관하여는 취소를 구할 수 없고 증액경정처분에 의하여 증액된 세액의 한도 내에서만 취소를 구할 수 있다. 또한, 과세관청이 증액경정처분 후에 당초 신고나 결정에 위법사유가 있다는 이유로 쟁송절차와 무관하게 직권으로 일부 감액경정처분을 한 경우에는 그 실질이 증액된 세액을 다시 감액한 것이 아니라 당초 신고나 결정에서의 세액을 감액한 것인 만큼, 납세자는 이와는 상관없이 여전히 증액경정처분에 의하여 증액된 세액의 취소를 구할 수 있다.[대법원2010두9808 , 2011.04.14.]

13 국세기본법상 심판에 관한 설명으로 옳지 않은 것은? (2022. 세무사)

① 조세심판관회의는 담당 조세심판관 3분의 2 이상의 출석으로 개의하고, 출석조세심판관 과반수의 찬성으로 의결한다.

② 원장이 아닌 상임조세심판관의 임기는 3년으로 하고 중임할 수 없다.

③ 조세심판원장은 심판청구를 받으면 이에 관한 조사와 심리를 담당할 주심조세심판관 1명과 배석조세심판관 2명 이상을 지정하여 조세심판관회의를 구성하게 한다.

④ 조세심판관합동회의는 조세심판원장과 조세심판원장이 회의마다 지정하는 12명 이상 20명 이내의 상임조세심판관 및 비상임조세심판관으로 구성하되, 상임조세심판관과 같은 수 이상의 비상임조세심판관이 포함되어야 한다.

⑤ 담당 조세심판관은 필요하다고 인정하면 여러 개의 심판사항을 병합하거나 병합된 심판사항을 여러 개의 심판사항으로 분리할 수 있다.

 ②

해설

원장이 아닌 상임조세심판관의 임기는 3년으로 하고 각각 한 차례만 중임할 수 있다.

14 국세기본법령상 과세전적부심사가 배제되는 경우를 모두 고른 것은? (2022. 세무사)

ㄱ. 국제조세조정에 관한 법률에 따라 조세조약을 체결한 상대국이 상호합의 절차의 개시를 요청한 경우
ㄴ. 세법에서 규정하는 수시부과의 사유가 있는 경우
ㄷ. 과세예고통지를 하는 날부터 국세부과 제척기간의 만료일까지의 기간이 3개월 이하인 경우
ㄹ. 조세범처벌법위반으로 통고처분하는 경우

① ㄱ, ㄴ
② ㄷ, ㄹ
③ ㄱ, ㄴ, ㄷ
④ ㄴ, ㄷ, ㄹ
⑤ ㄱ, ㄴ, ㄷ, ㄹ

 ⑤

해설

모두 과세전적부심사 배제사유에 해당한다.

15 국세기본법상 심사청구에 관한 설명으로 옳지 않은 것은?

(2023. 세무사)

① 국세청장은 국세심사위원회 의결이 법령에 명백히 위반된다고 판단하는 경우 구체적인 사유를 적어 서면으로 국세심사위원회로 하여금 한 차례에 한정하여 다시 심의할 것을 요청할 수 있다.

② 심사청구는 천재 등으로 인한 기한의 연장사유에 해당되어 정한 기간에 심사청구를 할 수 없을 때에는 그 사유가 소멸한 날부터 14일 이내에 심사청구를 할 수 있다.

③ 심사청구의 보정요구를 받은 심사청구인은 보정할 사항을 서면으로 작성하여 국세청장에게 제출하거나, 국세청에 출석하여 보정할 사항을 말하고 그 말한 내용을 국세청 소속 공무원이 기록한 서면에 서명 또는 날인함으로써 보정할 수 있다.

④ 심사청구인은 송부받은 의견서에 대하여 항변하기 위하여 국세청장에게 증거서류나 증거물을 제출할 수 있으며, 국세청장이 요구하는 경우 정한 기한까지 해당 증거서류 또는 증거물을 제출하여야 한다.

⑤ 심사청구의 대상이 되는 처분으로 권리나 이익을 침해당하지 않는 경우에는 그 심사청구가 이유 없다고 인정되므로 청구인의 주장을 받아들이지 아니하는 기각결정을 한다.

해설

정답 ⑤

심사청구의 대상이 되는 처분으로 권리나 이익을 침해당하지 않는 경우에는 그 청구를 각하하는 결정을 한다.

16 국세기본법상 심사와 심판에 관한 설명이다. 옳지 않은 것은?

(2024. CPA)

① 조세범 처벌절차법에 따른 통고처분에 대해서는 국세기본법에 따른 불복을 할 수 없다.

② 재조사 결정에 따른 처분청의 처분에 대해서는 해당 재조사 결정을 한 재결청에 대하여 심사청구 또는 심판청구를 제기할 수 없다.

③ 행정소송은 심사청구 또는 심판청구에 대한 결정의 통지를 받은 날부터 90일 이내에 제기하여야 하나, 결정기간에 결정의 통지를 받지 못한 경우에는 결정의 통지를 받기 전이라도 그 결정기간이 지난 날부터 행정소송을 제기할 수 있다.

④ 심사청구에 대한 결정에 잘못된 기재, 계산착오, 그 밖에 이와 비슷한 잘못이 있는 것이 명백할 때에는 국세청장은 직권으로 또는 심사청구인의 신청에 의하여 경정할 수 있다.

⑤ 조세심판관회의는 심판청구에 대한 결정을 할 때 심판청구를 한 처분 외의 처분에 대해서는 그 처분의 전부 또는 일부를 취소 또는 변경하거나 새로운 처분의 결정을 하지 못한다.

해설

②

재조사 결정에 따른 처분청의 처분에 대해서는 해당 재조사 결정을 한 재결청에 대하여 심사청구 또는 심판청구를 제기할 수 있다.

17 **국세기본법령상 심사와 심판에 관한 설명으로 옳지 않은 것은?** (2024. 세무사)

① 조세심판관합동회의는 구성원 과반수의 출석으로 개의하고, 출석위원 과반수의 찬성으로 의결한다.

② 동일한 처분에 대해서 심사청구와 심판청구를 같은 날 제기한 경우 심사청구를 각하하는 결정을 한다.

③ 이의신청, 심사청구 또는 심판청구 모두 해당 재결청이 처분의 집행 또는 절차 속행의 전부 또는 일부의 정지를 결정할 수 있다.

④ 심판청구금액이 5천만원(지방세의 경우는 2천만원) 미만인 것으로 유사한 청구에 대하여 이미 조세심판관회의의 의결에 따라 결정된 사례가 있는 것은 조세심판관회의의 심리를 거치지 아니하고 주심조세심판관이 심리하여 결정할 수 있다.

⑤ 재조사 결정에 따른 처분청의 처분에 대해서는 해당 재조사 결정을 한 재결청에 대하여 심사청구 또는 심판청구를 제기할 수도 있고, 심사청구 또는 심판청구를 거치지 아니하고 행정소송을 제기할 수도 있다.

해설 정답 ①

조세심판관합동회의는 구성원 3분의 2 이상 출석으로 개의하고, 출석위원 과반수의 찬성으로 의결한다.

CHAPTER 07

회계사 · 세무사 기출문제

납세자의 권리 및 보칙

01 국세기본법상 세무공무원이 같은 세목 및 같은 과세기간에 대하여 재조사를 실시할 수 있는 경우가 아닌 것은? (2012, CPA)

① 이의신청, 심사청구, 심판청구가 이유 있다고 인정될 때 그 청구의 대상이 된 필요한 처분의 결정을 위한 조사를 하는 경우

② 거래상대방에 대한 조사가 필요한 경우

③ 2개 이상의 사업연도와 관련하여 잘못이 있는 경우

④ 납세자가 세무공무원에게 직무와 관련하여 금품을 제공하거나 금품제공을 알선한 경우

⑤ 각종 과세자료의 처리를 위한 재조사나 국세환급금의 결정을 위한 확인조사 등을 하는 경우

해설 정답 ①

필요한 처분의 결정을 위한 조사를 하는 경우에 재조사를 실시할 수 있는 것이 아니라, 불복청구 · 과세전적부심사가 이유가 있다고 인정되어 그 청구의 대상이 된 처분의 취소 · 경정 또는 필요한 처분을 하기 위한 사실관계 확인 등 추가적으로 조사가 필요한 경우에 행한 재조사결정에 따라 조사를 하는 경우에 재조사를 실시할 수 있다.

[관련규정] 재조사 금지

세무공무원은 다음의 경우를 제외하고는 같은 세목 및 같은 과세기간에 대하여 재조사를 할 수 없다.

① 조세탈루의 혐의를 인정할 만한 명백한 자료가 있는 경우

② 거래상대방에 대한 조사가 필요한 경우

③ 2 이상의 과세기간과 관련하여 잘못이 있는 경우

④ 불복청구 · 과세전적부심사가 이유가 있다고 인정되어 그 청구의 대상이 된 처분의 취소 · 경정 또는 필요한 처분을 하기 위한 사실관계 확인 등 추가적으로 조사가 필요한 경우에 행한 재조사결정에 따라 조사를 하는 경우(결정서 주문에 기재된 범위의 조사에 한정함)

⑤ 납세자가 세무공무원에게 직무와 관련하여 금품을 제공하거나 금품제공을 알선한 경우

⑥ 부분조사를 실시한 후 해당 조사에 포함되지 아니한 부분에 대하여 조사하는 경우

⑦ 부동산투기, 매점매석, 무자료거래 등 경제질서 교란 등을 통한 세금 탈루혐의가 있는 자에 대하여 일제조사를 하는 경우

⑧ 과세관청 외의 기관이 직무상 목적을 위하여 작성하거나 취득하여 과세관청에 제공한 자료의 처리를 위해 조사하는 경우

⑨ 국세환급금의 결정을 위한 확인조사를 하는 경우

⑩ 조세범 처벌절차법에 따른 조세범칙행위의 혐의를 인정할 만한 명백한 자료가 있는 경우

02 국세기본법상 납세자의 권리에 관한 설명이다. 옳은 것은? (2014. CPA)

① 세무공무원은 세무조사 기간을 연장하는 경우에는 그 사유와 기간을 납세자에게 문서 또는 구두로 통지하여야 한다.

② 세무공무원은 세무조사를 시작할 때 조사원증을 납세자 또는 관련인에게 제시한 후 납세자권리헌장을 교부하고 그 요지를 직접 낭독해 주어야 한다.

③ 세무조사 결과 통지 및 과세예고 통지를 하는 날부터 국세부과 제척기간의 만료일까지 2개월이 남은 경우에는 과세전적부심사를 청구할 수 있다.

④ 세무공무원은 납세자가 자료의 제출을 지연하여 세무조사를 진행하기 어려운 경우에는 세무조사를 중지할 수 있으며, 이 경우 그 중지기간은 세무조사 기간에 산입한다.

⑤ 세무공무원은 세무조사의 목적으로 납세자의 장부 또는 서류 등을 납세자의 동의 유무에 관계없이 세무관서에 보관할 수 없다.

해설

 ②

① 세무공무원은 세무조사 기간을 연장하는 경우에는 연장사유와 기간을 납세자에게 문서로 통지하여야 한다.
③ 세무조사 결과 통지 및 과세예고 통지를 하는 날부터 국세부과의 제척기간의 만료일까지의 기간이 3개월 이하인 경우 과세전 적부심사를 청구할 수 없다.
④ 세무조사 중지기간은 세무조사 기간에 산입하지 아니한다.
⑤ 세무공무원은 세무조사의 목적으로 납세자의 장부 또는 서류 등을 세무관서에 임의로 보관할 수 없다. 다만 납세자의 동의가 있는 경우에는 목적에 필요한 최소한의 범위에서 세무조사의 기간동안 일시 보관할 수 있다.

03 국세기본법상 납세자의 권리에 관한 설명으로 옳지 않은 것은? (2017. CPA)

① 세무조사 결과통지 및 과세예고통지를 하는 날부터 국세부과 제척기간의 만료일까지의 기간이 6개월이 남은 경우에는 과세전적부심사를 청구할 수 없다.

② 거래상대방에 대한 조사가 필요한 경우 세무공무원은 같은 세목 및 같은 과세기간에 대하여 재조사를 실시할 수 있다.

③ 세무조사는 특정한 세목만을 조사할 필요가 있는 등 대통령령으로 정하는 경우를 제외하고는 납세자의 사업과 관련하여 세법에 따라 신고 · 납부의무가 있는 세목을 통합하여 실시하는 것을 원칙으로 한다.

④ 세무공무원은 법에 따라 세무조사의 범위를 확대하는 경우 그 사유와 범위를 납세자에게 문서로 통지하여야 한다.

⑤ 세무공무원은 사업자등록증을 발급하는 경우 납세자권리헌장의 내용이 수록된 문서를 납세자에게 내주어야 한다.

해설

 ①

세무조사 결과통지 및 과세예고통지를 하는 날부터 국세부과 제척기간의 만료일까지의 기간이 3개월 이하인 경우 과세전적부심사를 청구할 수 없다.

04 국세기본법상 세무조사에 관한 설명이다. 옳지 않은 것은? (2020. CPA)

① 세무공무원은 적정하고 공평한 과세를 실현하기 위하여 필요한 최소한의 범위에서 세무조사를 하여야 하며, 세무조사는 조세범 처벌절차법에 따른 조세범칙조사를 포함한다.

② 국세환급금의 결정을 위한 확인조사를 하는 경우에는 같은 세목 및 같은 과세기간에 대하여 재조사를 할 수 있다.

③ 세무공무원은 세무조사의 중지기간 중에는 납세자에 대하여 국세의 과세표준과 세액을 결정 또는 경정하기 위한 질문을 하거나 장부 등의 검사 · 조사 또는 그 제출을 요구할 수 없다.

④ 세무조사는 납세자의 사업과 관련하여 세법에 따라 신고 · 납부의무가 있는 세목을 통합하여 실시하는 것을 원칙으로 한다.

⑤ 세무공무원은 납세자가 납세관리인을 정하지 아니하고 국내에 주소 또는 거소를 두지 아니한 경우에도 세무조사결과를 통지하여야 한다.

 ⑤

해설

다음의 경우에는 세무조사 결과통지의무를 면제한다.

① 납세자가 납세관리인을 정하지 아니하고 국내에 주소 또는 거소를 두지 아니한 경우
② 불복청구 및 과세전적부심사청구에 대한 재조사 결정에 의한 조사를 마친 경우
③ 납세자 또는 납세관리인이 세무조사통지서의 수령을 거부하거나 회피하는 경우

05 국세기본법상 세무조사에 관한 설명이다. 옳지 않은 것은? (2023. CPA)

① 세무공무원은 세무조사를 하는 경우 납세자권리헌장의 내용이 수록된 문서를 납세자에게 내주어야 한다.

② 거래상대방에 대한 조사가 필요한 경우에는 같은 세목 및 같은 과세기간에 대하여 재조사를 할 수 있다.

③ 세무공무원은 세무조사의 중지기간 중에도 납세자에게 국세의 과세표준과 세액을 결정 또는 경정하기 위한 질문을 할 수 있다.

④ 세법 적용에 착오가 있는 조사대상 과세기간의 특정 항목이 다른 과세기간에도 있어 동일 · 유사한 세법 적용의 착오가 있을 것으로 의심되어 다른 과세기간의 그 항목에 대한 조사가 필요한 경우에는 조사진행 중 세무조사의 범위를 확대할 수 있다.

⑤ 세무조사 중 세무공무원의 위법 · 부당한 행위가 있는 경우 납세자는 세무조사 기간이 끝나는 날까지 세무서장 또는 지방국세청장에게 세무조사 중지를 세무서 납세자보호위원회 또는 지방국세청 납세자보호위원회에서 심의하여 줄 것을 요청할 수 있다.

 ③

해설

세무공무원은 세무조사의 중지기간 중에는 납세자에 대하여 국세의 과세표준과 세액을 결정 또는 경정하기 위한 질문을 하거나 장부 등의 검사 · 조사 또는 그 제출을 요구할 수 없다.

06 세무조사에 관한 설명으로 옳지 않은 것은? (2012. 세무사)

① 정기선정방식에 의한 세무조사를 실시함에 있어서 세무공무원은 객관적 기준에 따라 공정하게 그 대상을 선정하여야 한다.

② 성실신고확인서를 제출하면 세무조사를 면제해 준다.

③ 세무조사의 사전통지를 받은 납세자가 화재로 사업상 심각한 어려움에 처해 있어 조사를 받기 곤란한 경우에는 법령에 따라 세무조사의 연기신청을 할 수 있다.

④ 조사대상 과세기간 중 연간 수입금액이 가장 큰 과세기간의 연간 수입금액이 100억원 미만인 납세자에 대해 명의위장의 방법으로 세금을 탈루한 혐의가 있어 세무조사를 하는 경우에는 법령에 따른 세무조사 연장기간의 제한을 받지 아니한다.

⑤ 세무공무원은 구체적인 세금탈루혐의가 해당 과세기간 이외의 다른 과세기간에도 있어 그 다른 과세기간에 대한 조사가 필요한 경우에는 이미 진행 중인 세무조사의 범위를 확대할 수 있다.

 ②

해설

성실신고확인서를 제출한 경우에 세무조사를 면제해 주는 것은 아니다. 성실신고확인서를 제출하지 않은 경우 정기선정에 의한 조사 외에 수시선정에 의한 세무조사의 대상이 될 수 있다.

[관련규정] 세무조사 대상자 선정

정기선정사유	수시선정사유
① 국세청장이 납세자의 신고 내용에 대하여 과세자료, 세무정보 및 주식회사의 외부감사에 관한 법률에 따른 감사의견, 외부감사 실시내용 등 회계성실도 자료 등을 고려하여 정기적으로 성실도를 분석한 결과 불성실 혐의가 있다고 인정하는 경우 ② 최근 4과세기간 이상 같은 세목의 세무조사를 받지 아니한 납세자에 대하여 업종, 규모, 경제력 집중 등을 고려하여 신고 내용이 적정한지를 검증할 필요가 있는 경우 ③ 무작위추출방식으로 표본조사를 하려는 경우	① 납세자가 세법에서 정하는 신고, 성실신고확인서의 제출, 세금계산서 또는 계산서의 작성 · 교부 · 제출, 지급명세서의 작성 · 제출 등의 납세협력의무를 이행하지 아니한 경우 ② 무자료거래, 위장 · 가공거래 등 거래 내용이 사실과 다른 혐의가 있는 경우 ③ 납세자에 대한 구체적인 탈세 제보가 있는 경우 ④ 신고 내용에 탈루나 오류의 혐의를 인정할 만한 명백한 자료가 있는 경우 ⑤ 납세자가 세무공무원에게 직무와 관련하여 금품을 제공하거나 금품제공을 알선한 경우

07 국세기본법상 납세자의 권리와 보칙에 관한 설명으로 옳지 않은 것은? (2015. 세무사)

① 세무공무원은 2개 이상의 과세기간과 관련하여 잘못이 있는 경우에는 같은 세목 및 같은 과세기간에 대하여 재조사를 할 수 있다.

② 고지할 국세(본세와 함께 고지하는 교육세, 농어촌특별세를 본세와 합한 것을 말하며 인지세는 제외함) 또는 강제징수비를 합친 금액이 1만원 미만일 때에는 그 금액은 없는 것으로 본다.

③ 역외거래를 이용하여 세금을 탈루하거나 국내 탈루소득을 해외로 변칙유출한 혐의로 조사하는 경우에는 세무조사 기간의 제한 및 세무조사 연장기간의 제한을 받지 아니한다.

④ 세무공무원은 공공기관의 운영에 관한 법률에 따른 공공기관이 급부 · 지원 등을 위한 자격의 조사 · 심사 등에 필요한 과세정보를 당사자의 동의를 받아 요구하는 경우에는 그 사용목적에 맞는 범위에서 납세자의 과세정보를 제공할 수 있다.

⑤ 국제조세조정에 관한 법률에 따른 해외금융계좌 신고의무 위반행위를 적발하는 데 중요한 자료를 제공한 자에게는 최대 30억원의 포상금을 지급할 수 있다.

 ⑤

해설

국제조세조정에 관한 법률에 따른 해외금융계좌 신고의무 위반행위를 적발하는 데 중요한 자료를 제공한 자에게는 포상금으로 지급할 수 있다. 다만, 20억원을 초과하는 부분은 지급하지 않는다.

08 납세자의 권리에 관한 설명으로 옳지 않은 것은? (2016. 세무사)

① 세무공무원이 부동산투기를 통한 세금 탈루 혐의가 있는 자에 대하여 일제조사를 하는 경우에는 같은 세목 및 같은 과세기간에 대하여도 재조사를 할 수 있다.

② 세무공무원은 세무조사를 마쳤을 때에는 그 조사결과를 서면으로 납세자에게 통지하여야 하나, 납세자가 폐업한 경우에는 이러한 결과통지를 요하지 않는다.

③ 세무공무원은 세무조사를 함에 있어 거래처 조사, 거래처 현지확인 또는 금융거래 현지확인이 필요한 경우에는 세무조사기간을 연장할 수 있다.

④ 납세자 본인의 권리 행사에 필요한 정보를 납세자가 요구하는 경우 세무공무원은 신속하게 정보를 제공하여야 한다.

⑤ 세무공무원은 적정하고 공평한 과세의 실현을 위하여 필요한 최소한의 범위 안에서 세무조사를 하여야 하며, 다른 목적 등을 위하여 조사권을 남용해서는 아니 된다.

 ②

해설

세무공무원은 세무조사를 마쳤을 때에는 그 조사결과를 서면으로 납세자에게 통지하여야 한다. 다만, 납세관리인을 정하지 않고 국내에 주소 또는 거소를 두지 않은 경우에는 이러한 결과통지를 요하지 않는다.→ 폐업한 경우는 세무조사 결과통지 생략대상이 아니므로 결과통지를 하여야 한다.

09 국세기본법상 세무조사에 관한 설명으로 옳은 것은? (다툼이 있으면 판례에 따름) (2017. 세무사)

① 납세자가 세무공무원에게 직무와 관련하여 금품제공을 알선한 경우에는 정기선정에 의한 조사 외에 세무조사를 할 수 있다.

② 세무공무원이 납세의무자의 2022년도분 소득세에 대한 수입금액 누락에 대하여 세무조사(통합조사)를 마친 후 조사가 미흡했던 부분은 다시 2022년도분 소득세에 대하여 세무조사를 할 수 있다.

③ 세무공무원은 다른 과세기간 · 세목 또는 항목에 대한 구체적인 세금탈루 증거자료가 확인되어 다른 과세기간 · 세목 또는 항목에 대한 조사가 필요한 경우에는 납세자에게 별도의 통지 없이 세무조사의 범위를 확대할 수 있다.

④ 세무공무원은 국외자료의 수집에 따라 외국 과세기관과의 협의가 필요하여 세무조사를 진행하기 어려운 경우에는 세무조사를 중지할 수 있고 이 중지기간은 세무조사기간에 산입된다.

⑤ 세무조사의 적법요건으로 객관적 필요성, 최소성, 권한남용의 금지 등을 규정하고 있는 국세기본법 제81조의 4 제1항은 그 자체로서는 구체적인 법규적 효력이 없다.

해설

 ①

② 세무공무원은 원칙적으로 같은 세목 및 같은 과세기간에 대하여 재조사를 할 수 없다.
③ 세무조사의 범위를 확대하는 경우에는 그 사유와 범위를 납세자에게 문서로 통지하여야 한다.
④ 세무공무원은 국외자료의 수집에 따라 외국 과세기관과의 협의가 필요하여 세무조사를 진행하기 어려운 경우에는 세무조사를 중지할 수 있다. 단, 이러한 중지기간은 세무조사기간 및 세무조사 연장기간에 산입하지 아니한다.
⑤ 국세기본법 제81조의 4 제1항에서 세무조사의 적법 요건으로 객관적 필요성, 최소성, 권한 남용의 금지 등을 규정하고 있는데, 이는 법치국가원리를 조세절차법의 영역에서도 관철하기 위한 것으로서 그 자체로서 구체적인 법규적 효력을 가진다.(대법원 2016두47659, 2016.12.15. 판결)

10 국세기본법상 납세자의 권리 중 '장부등의 보관 금지'에 관한 설명으로 옳은 것은? (2019. 세무사)

① 세무공무원은 조세범 처벌절차법에 따른 조세범칙조사를 제외하고는 세무조사의 목적으로 납세자의 장부등을 세무관서에 임의로 보관할 수 없다.

② 세무공무원은 납세자에 대한 구체적인 탈세 제보가 있는 경우에는 조사 목적에 필요한 최소한의 범위에서 납세자, 소지자 또는 보관자 등 정당한 권한이 있는 자가 임의로 제출한 장부등을 납세자의 동의 없이 세무관서에 일시 보관할 수 있다.

③ 납세자등은 조사목적이나 조사범위와 관련이 없는 등의 사유로 일시 보관에 동의하지 아니하는 장부등에 대해서는 세무공무원에게 일시 보관할 장부등에서 제외할 것을 요청할 수 있다. 이 경우 세무공무원은 어떠한 사유로도 해당 장부등을 일시 보관할 수 없다.

④ 세무공무원은 법령에 따라 일시 보관하고 있는 장부등에 대하여 납세자가 반환을 요청한 날부터 14일 이내에 반환하여야 하나, 조사목적 달성을 위해 필요한 경우에는 납세자보호위원회의 심의를 거쳐 한 차례만 14일 이내의 범위에서 보관 기간을 연장할 수 있다.

⑤ 세무공무원은 법령에 따라 일시 보관하고 있는 장부등의 반환을 납세자가 요청한 경우로서 세무조사에 지장이 없다고 판단될 때에는 요청한 장부등을 7일 이내에 반환하여야 한다.

해설  ④

① 세무공무원은 세무조사(조세범 처벌절차법에 따른 조세범칙조사 포함)의 목적으로 납세자의 장부 등을 세무관서에 임의로 보관할 수 없다.
② 세무공무원은 세무조사 대상의 수시선정 사유에 해당하는 경우에는 조사 목적에 필요한 최소한의 범위에서 납세자, 소지자 또는 보관자 등 정당한 권한이 있는 자가 임의로 제출한 장부 등을 납세자의 동의를 받아 세무관서에 일시 보관할 수 있다.
③ 납세자등은 조사목적이나 조사범위와 관련이 없는 등의 사유로 일시 보관에 동의하지 아니하는 장부등에 대해서는 세무공무원에게 일시 보관할 장부등에서 제외할 것을 요청할 수 있다. 이 경우 세무공무원은 정당한 사유 없이 해당 장부등을 일시 보관할 수 없다. → 즉, 정당한 사유가 있는 경우 장부등을 일시보관할 수 있다.
⑤ 세무공무원은 납세자가 일시 보관하고 있는 장부 등의 반환을 요청한 경우로서 세무조사에 지장이 없다고 판단될 때에는 요청한 장부 등을 즉시 반환하여야 한다.

11 국세기본법상 재조사 금지에 관한 설명으로 옳은 것은? (다툼이 있으면 판례에 따름) (2020. 세무사)

① 2개 이상의 과세기간과 관련하여 잘못이 있는 경우 같은 세목 및 같은 과세기간에 대하여 재조사를 할 수 없다.
② 국세환급금의 결정을 위한 확인조사를 하는 경우 같은 세목 및 같은 과세기간에 대하여 재조사를 할 수 없다.
③ 세무공무원의 조사행위가 국세청의 사무처리규정에 따라 실시한 사업장 현지확인이더라도 재조사가 금지되는 세무조사에 해당할 수 있다.
④ 재조사의 허용사유인 조세탈루의 혐의를 인정할 만한 명백한 자료가 있는 경우란 조세의 탈루사실이 확인될 상당한 정도의 개연성이 있는 경우를 말하며 객관성과 합리성이 뒷받침되는 자료는 필요하지 않다.
⑤ 서울지방국세청이 실시한 세무조사에서 작성하거나 취득한 과세자료의 처리를 위해 종로세무서는 같은 세목 및 같은 과세기간에 대하여 재조사를 할 수 있다.

해설  ③

① 2개 이상의 과세기간과 관련하여 잘못이 있는 경우 같은 세목 및 같은 과세기간에 대하여 재조사를 할 수 있다.
② 국세환급금의 결정을 위한 확인조사를 하는 경우 같은 세목 및 같은 과세기간에 대하여 재조사를 할 수 있다.
③ 현지확인도 납세자의 권리를 제한하는 형태로 질문조사권을 행사한다면 세무조사에 해당한다. [부가, 대법원-2014-두-8360, 2017.03.16.]
④ 조세탈루의 혐의를 인정할 만한 명백한 자료가 있는 경우라 함은 조세의 탈루사실이 확인될 상당한 정도의 개연성이 객관성과 합리성이 뒷받침되는 자료에 의하여 인정되는 경우로 엄격히 제한되어야 한다. 따라서 객관성과 합리성이 뒷받침되지 않는 한 탈세제보가 구체적이라는 사정만으로는 여기에 해당한다고 보기 어렵다. (대법원2008두10461, 2010.12.23)
⑤ 과세관청 외의 기관이 직무상 목적을 위하여 작성하거나 취득하여 과세관청에 제공한 자료의 처리를 위해 조사하는 경우 같은 세목 및 같은 과세기간에 대하여 재조사를 할 수 있다. 서울지방국세청은 과세관청이므로 서울지방국세청이 실시한 세무조사에서 작성하거나 취득한 과세자료의 처리를 위해 종로세무서는 같은 세목 및 같은 과세기간에 대하여 재조사를 할 수 없다.

12 국세기본법상 세무조사에 관한 설명으로 옳지 않은 것은? (2022. 세무사)

① 납세자에 대한 구체적인 탈세 제보가 있는 경우로서 해당 탈세 혐의에 대한 확인이 필요한 사유로 인한 부분조사는 같은 세목 및 같은 과세기간에 대하여 2회를 초과하여 실시할 수 있다.

② 무자료거래, 위장 · 가공거래 등 거래 내용이 사실과 다른 혐의가 있어 실제 거래 내용에 대한 조사가 필요한 경우에는 세무조사 기간의 제한을 받지 아니한다.

③ 세금탈루 혐의가 포착되거나 조사 과정에서 조세범 처벌절차법에 따른 조세범칙조사를 개시하는 경우에는 세무조사 기간을 연장할 수 있다.

④ 세무공무원은 정기선정에 의한 조사 외에 납세자에 대한 구체적인 탈세 제보가 있는 경우에는 세무조사를 할 수 있다.

⑤ 세무공무원은 부분조사를 실시한 후 해당 조사에 포함되지 아니한 부분에 대하여 조사하는 경우에는 같은 세목 및 같은 과세기간에 대하여 재조사를 할 수 있다.

 ①

해설

납세자에 대한 구체적인 탈세 제보가 있는 경우로서 해당 탈세 혐의에 대한 확인이 필요한 사유로 인한 부분조사는 같은 세목 및 같은 과세기간에 대하여 2회를 초과하여 실시할 수 없다.

13 국세기본법령상 세무조사에 관한 설명으로 옳지 않은 것은? (2024. 세무사)

① 세무공무원은 과세전적부심사의 재조사 결정에 의한 조사를 마친 경우 조사결과를 납세자에게 설명하고, 이를 서면으로 통지하여야 한다.

② 세무공무원은 장부기록 및 회계처리의 투명성 등 납세성실도를 검토하여 더 이상 조사할 사항이 없다고 판단될 때에는 조사기간 종료 전이라도 조사를 조기에 종결할 수 있다.

③ 과세관청 외의 기관이 직무상 목적을 위해 작성하거나 취득하여 과세관청에 제공한 자료의 처리를 위해 조사하는 경우 같은 세목 및 같은 과세기간에 대하여 재조사를 할 수 있다.

④ 납세자가 세무공무원에게 직무와 관련하여 금품을 제공하거나 금품제공을 알선한 경우 세무공무원은 조사 목적에 필요한 최소한의 범위에서 납세자, 소지자 또는 보관자등 정당한 권한이 있는 자가 임의로 제출한 장부등을 납세자의 동의를 받아 세무관서에 일시 보관할 수 있다.

⑤ 세무공무원은 과세관청의 조사결정에 의하여 과세표준과 세액이 확정되는 세목의 경우 과세표준과 세액을 결정하기 위하여 세무조사를 할 수 있다.

 ①

해설

세무공무원은 세무조사를 마쳤을 때에는 그 조사를 마친 날부터 20일(공시송달사유 중 어느 하나에 해당하는 경우에는 40일) 이내에 조사결과를 납세자에게 설명하고, 이를 서면으로 통지하여야 한다. 다만, 다음의 경우에는 그러하지 아니하다.

1. 납세관리인을 정하지 아니하고 국내에 주소 또는 거소를 두지 아니한 경우
2. 불복청구 및 과세전적부심사청구에 대한 재조사 결정에 의한 조사를 마친 경우
3. 세무조사결과통지서 수령을 거부하거나 회피하는 경우

2025 시험전엔 기타세법

02편
상속세 및 증여세법

회계사 · 세무사 기출문제

상속세

01 다음은 2025년 2월 중 사망한 거주자 갑의 상속세 관련 자료이다. 갑의 상속세 과세가액으로 옳은 것은? (2011. CPA)

(1) 상속개시당시의 재산가액 : ₩600,000,000(공공단체에 사인증여한 재산 ₩100,000,000 포함 금액임)
(2) 상속개시 전 증여재산 가액 현황
  가. 사망 8년 전 상속인에게 증여한 재산 : ₩300,000,000(증여당시 시가는 ₩250,000,000임)
  나. 사망 6년 전 상속인 이외의 자에게 증여한 재산 : ₩50,000,000(증여당시 시가는 ₩80,000,000임)
(3) 상속개시일 1년 6개월 전 차입한 금융기관채무 : ₩400,000,000(상속개시당시 피상속인의 채무로서 상속인이 실제로 부담하는 사실이 증명된 것으로 이 중 사용용도가 불분명 한 것은 ₩230,000,000임)
(4) 장례비용 : 증빙은 모두 확인가능하다.
  가. 봉안시설의 사용비용 : ₩7,000,000
  나. 기타의 장례비용 : ₩12,000,000
(5) 생명보험금 총액 : ₩120,000,000(피상속인이 보험계약자로서 총보험료 불입액 ₩50,000,000 중 피상속인 불입액은 60%임)
(6) 사망일 현재 유족은 자녀 2인(모두 성년임)이 있다.

① ₩407,000,000　② ₩437,000,000　③ ₩557,000,000
④ ₩583,000,000　⑤ ₩807,000,000

해설 정답 ①

① 상속재산가액	₩672,000,000	₩600,000,000 + ₩120,000,000 × 60%
② 추정상속재산	–	2년내 5억원 이상에 해당하지 않음
1. 총상속재산가액	₩672,000,000	
2. 비과세	(100,000,000)	공공단체에 사인증여한 재산
3. 과세가액공제액	(415,000,000)	₩400,000,000(채무) + ₩15,000,000[*2](장례비용)
4 증여재산가액[*1]	250,000,000	증여당시 시가
5. 상속세과세가액	₩407,000,000	

*1. 상속인 이외 자에게 증여한 재산은 5년 이내분이 아니므로 합산하지 않는다.
 2. 장례비용 : 장례비용 : ①+②=₩15,000,000
  ① 일반 장례비용 : ₩10,000,000(최소 5백만원 최대 1천만원)
  ② 봉안시설 사용비용 : ₩5,000,000(한도)

02 상속세에 대한 설명이다. 옳지 않은 것은? (2011. CPA)

① 비거주자의 사망으로 상속이 개시되는 경우 상속재산가액에서 장례비용은 공제하지 않는다.
② 거주자의 사망으로 상속이 개시된 경우 피상속인의 동거자녀가 미성년자이면서 장애인인 경우 자녀공제, 미성년자공제 및 장애인공제를 모두 적용받을 수 있다.
③ 거주자의 사망으로 상속이 개시되는 경우 상속재산가액 중 상속세법상 최대주주가 보유하고 있는 주식은 금융재산상속공제대상에 포함되지 않는다.
④ 동거주택상속공제의 최대금액은 6억원을 초과할 수 없다.
⑤ 가업상속공제의 최대금액은 500억원을 초과할 수 없다.

⑤

해설

가업상속공제한도는 다음과 같으므로 가업상속공제의 최대금액은 600억원을 초과할 수 없다.

구 분	한 도
피상속인이 10년 이상 20년 미만 계속하여 경영한 경우	300억원
피상속인이 20년 이상 30년 미만 계속하여 경영한 경우	400억원
피상속인이 30년 이상 계속하여 경영한 경우	600억원

03 상속세에 관한 설명이다. 옳은 것은? (2012. CPA)

① 상속세는 상속재산의 소재지를 관할하는 세무서장이 과세한다.
② 민법에 따라 적법하게 상속을 포기한 자도 그 상속재산 중 받았거나 받을 재산의 비율에 따라 상속세의 납부의무를 진다.
③ 비거주자의 사망으로 상속세를 납부하는 경우 이중과세를 방지하기 위한 외국납부세액공제는 상속재산의 소재지에 상관없이 적용받을 수 있다.
④ 비거주자가 사망한 경우에는 국내외에 있는 비거주자의 모든 상속재산이 과세대상이다.
⑤ 법인이 유증 또는 사인증여를 받은 경우 비영리법인은 상속세의 납부의무가 면제되고 영리법인만이 상속세의 납부의무를 진다.

②

해설

① 상속세는 상속개시지(피상속인의 주소지)를 관할하는 세무서장(국세청장이 특히 중요하다고 인정하는 경우에는 관할지방국세청장)이 과세한다.
③ 외국납부세액공제는 피상속인이 거주자인 경우에 적용된다.
④ 비거주자가 사망한 경우에는 국내에 있는 비거주자의 모든 상속재산이 과세대상이다.
⑤ 법인이 유증 등을 받은 경우 영리법인은 상속세의 납부의무가 면제(자산수증이익으로 법인세가 과세됨)되고, 비영리법인만 상속세의 납부의무를 진다.

04 **다음 자료를 이용하여 상속세과세가액을 계산한 것으로 옳은 것은? (단, 상속세 부담의 최소화를 가정할 것)**

(2014. CPA)

(1) 거주자 갑은 2025년 1월 30일에 사망하였다.
(2) 상속개시 당시 상속재산가액 : ₩1,000,000,000
(3) 갑이 상속개시 6개월 전 차입한 은행차입금 : ₩150,000,000(은행차입금 전액은 사용용도가 불분명하며, 상속인인 아들의 부담이 확정된 채무임)
(4) 갑이 상속개시 5년 전 상속인인 아들에게 증여한 재산의 상속개시 당시 시가 : ₩300,000,000 (증여 당시 시가는 ₩250,000,000임)
(5) 다음의 장례비용은 증빙에 의해 모두 확인가능하다.
가. 봉안시설의 사용비용 : ₩8,000,000
나. 기타의 장례비용 : ₩12,000,000

① ₩988,000,000
② ₩990,000,000
③ ₩1,085,000,000
④ ₩1,090,000,000
⑤ ₩1,190,000,000

해설

정답 ③

(1) 총상속재산가액 : ₩1,000,000,000
① 상속재산가액 : ₩1,000,000,000
② 추정상속재산가액 : ₩0*
* 채무부담액이 1년내 2억원 이상인 경우에 해당하지 않으므로 추정상속재산가액은 없다.
(2) 과세가액공제액 : ①+②=₩165,000,000
① 장례비용 : a+b=₩15,000,000
a. 일반 장례비용 : ₩10,000,000(최소 5백만원 최대 1천만원)
b. 봉안시설 사용비용 : ₩5,000,000(한도)
② 채무 : ₩150,000,000
(3) 증여재산가액 : ₩250,000,000
* 상속세과세가액에 합산하는 증여재산가액은 상속개시일 현재의 시가가 아니라 증여당시의 현황(시가)에 의하여 평가한다.
(4) 상속세 과세가액 : (1) − (2) + (3) = ₩1,085,000,000

05 상속세 및 증여세법상 상속세의 연부연납과 물납에 관한 설명이다. 옳지 않은 것은? (2015. CPA)

① 상속세 과세표준과 세액의 결정통지를 받은 자가 연부연납을 신청하고자 할 경우 해당 납부고지서의 납부기한까지 연부연납신청서를 제출할 수 있다.

② 납세지 관할세무서장은 물납허가일부터 30일 이내의 범위에서 물납재산의 수납일을 지정하여야 한다.

③ 납세지 관할세무서장은 물납신청을 받은 재산에 저당권이 설정되어 관리 · 처분상 부적당하다고 인정하는 경우에는 물납허가를 하지 않을 수 있다.

④ 납세지 관할세무서장이 상속세의 연부연납을 허가하는 경우 납세의무자는 담보를 제공하여야 한다.

⑤ 납세지 관할세무서장은 상속재산 중 법령에 따른 부동산과 유가증권의 가액이 해당 재산가액의 1/2을 초과하고 상속세 납부세액이 1천만원을 초과할 경우 물납을 허가할 수 있다.

해설

정답 ⑤

납세지 관할 세무서장은 다음의 요건을 모두 갖춘 경우에는 납세의무자의 신청을 받아 물납을 허가할 수 있다. 다만, 물납을 신청한 재산의 관리 · 처분이 적당하지 아니하다고 인정되는 경우에는 물납허가를 하지 아니할 수 있다.

① 상속재산(상속재산에 가산하는 증여재산 중 상속인 및 수유자가 받은 증여재산을 포함한다) 중 부동산과 유가증권(국내에 소재하는 부동산 등 물납에 충당할 수 있는 재산으로 한정한다)의 가액이 해당 상속재산가액의 2분의 1을 초과할 것

② 상속세 납부세액이 2천만원을 초과할 것

③ 상속세 납부세액이 상속재산가액 중 법소정 금융재산의 가액(상속재산에 가산하는 증여재산의 가액은 포함하지 아니한다)을 초과할 것

06 다음의 자료를 이용하여 거주자 갑의 상속세 과세가액을 계산한 것으로 옳은 것은? (2016. CPA)

(1) 거주자 갑은 2025년 5월 1일에 사망하였다.
(2) 상속개시 당시 상속재산가액 : ₩1,200,000,000
(3) 갑이 2024년 8월 1일에 상속인 외의 자에게 토지를 매각하고 받은 금액 : ₩600,000,000 (이 중 ₩400,000,000은 사용용도가 불분명함)
(4) 갑이 2020년 7월 1일에 상속인 외의 자인 친구 을에게 증여한 재산의 상속개시 당시 시가 : ₩300,000,000(증여 당시 시가는 ₩250,000,000)
(5) 증빙에 의해 확인되는 장례비용 : ₩8,000,000(봉안시설의 사용비용 ₩5,000,000 포함)

① ₩1,485,000,000 ② ₩1,570,000,000 ③ ₩1,685,000,000
④ ₩1,720,000,000 ⑤ ₩1,722,000,000

해설 정답 ④

상속재산가액	₩1,200,000,000	
추정상속재산	280,000,000	4억원 − Min[6억원 × 20%, 2억원] = 2.8억원
장례비용	(10,000,000)	Max[₩3,000,000, ₩5,000,000] + ₩5,000,000 = ₩10,000,000
증여재산가액	250,000,000	증여당시의 시가
상속세과세가액	₩1,720,000,000	

07 상속세 및 증여세법상 상속세에 관한 설명으로 옳지 않은 것은? (2017. CPA)

① 상속개시일 현재 피상속인이 거주자인 경우 모든 상속재산에 대하여 상속세를 부과한다.
② 피상속인의 상속인이 그 배우자 단독인 경우 일괄공제를 적용받을 수 있다.
③ 피상속인이 신탁으로 인하여 타인으로부터 신탁의 이익을 받을 권리를 소유하고 있는 경우에는 그 이익에 상당하는 가액을 상속재산에 포함한다.
④ 납세지 관할세무서장은 상속세 납부세액이 2천만원을 초과하는 경우 납세의무자의 신청을 받아 연부연납을 허가할 수 있다.
⑤ 전쟁이나 이에 준하는 공무의 수행 중 입은 부상 또는 질병으로 인한 사망으로 상속이 개시되는 경우에는 상속세를 부과하지 아니한다.

해설  ②

피상속인의 배우자가 단독으로 상속받는 경우 일괄공제를 적용하지 아니한다.

08 상속세 및 증여세법에 관한 설명으로 옳은 것은? (2018. CPA)

① 상속개시일 전 10년 이내에 피상속인이 상속인에게 증여한 재산 가액은 상속세 과세가액에 가산하며 상속개시일 현재의 가액으로 평가한다.

② 국가나 지방자치단체에 유증한 재산에 대해서는 상속세를 부과하지 아니한다.

③ 정당법에 따른 정당에 유증을 한 재산에 대해서는 상속세를 부과한다.

④ 수증자가 비거주자인 경우 또는 수증자의 주소 및 거소가 분명하지 아니한 경우에도 수증자의 주소지를 관할하는 세무서장이 증여세를 과세한다.

⑤ 증여재산을 증여세 과세표준 신고기한이 지난 후 5개월 이내에 증여자에게 반환하거나 증여자에게 다시 증여하는 경우에는 그 반환 하거나 다시 증여하는 것에 대해서는 증여세를 부과하지 아니한다.

정답 ②

해설

① 상속개시일 전 10년 이내에 피상속인이 상속인에게 증여한 재산가액은 상속세 과세가액에 가산하며 상속개시일 현재의 가액이 아닌 증여일 현재의 가액으로 평가한다.
③ 정당법에 따른 정당에 유증을 한 재산은 비과세 재산가액으로 상속세를 부과하지 않는다.
④ 수증자가 비거주자인 경우 또는 수증자의 주소 및 거소가 분명하지 아니한 경우에는 증여자의 주소지를 관할하는 세무서장이 증여세를 과세한다.
⑤ 증여재산을 증여세 과세표준 신고기한이 지난 후 3개월 이내에 증여자에게 반환하거나 증여자에게 다시 증여하는 경우에는 그 반환하거나 다시 증여하는 것에 대해서는 증여세를 부과하지 아니한다.

09 거주자 갑은 2025년 4월에 교통사고로 사망하였다. 다음 자료를 이용하여 상속세 부담을 가장 낮출 수 있는 경우의 과세표준을 계산한 것으로 옳은 것은? (2018. CPA)

(1) 상속재산의 평가내역은 다음과 같다.

구분	상속개시일 현재의 시가
주택*	₩1,800,000,000

*상속세 및 증여세법상 동거주택상속공제의 요건을 충족한다.

(2) 갑의 동거가족은 다음과 같다(배우자는 없음).

대 상	연 령	비 고
모 친	70세	기대여명 25년, 장애인임
장 남	21세	
장 녀	15세	

(3) 갑의 사망일부터 장례일까지 장례비 ₩5,000,000이 발생하였다 (봉안시설이용료 및 자연장지 사용관련 비용은 발생하지 않았음).

(4) 주어진 자료 이외에는 고려하지 않는다.

① ₩400,000,000 ② ₩545,000,000 ③ ₩580,000,000
④ ₩555,000,000 ⑤ ₩1,000,000,000

해설 정답 ④

(1) 총상속재산가액	₩1,800,000,000	
(2) 과세가액공제액	(₩5,000,000)	
(3) 상속공제		
① 인적공제	(640,000,000)	
② 동거주택상속공제	(600,000,000)	Min[₩1,800,000,000×100%, ₩600,000,000]
합 계	₩555,000,000	

* 인적공제 : Max[(1), (2)] = ₩640,000,000

(1) 기초공제 + 기타인적공제 : ① + ② = ₩640,000,000

① 기초공제 : ₩200,000,000

② 기타인적공제 : ₩440,000,000

a. 자녀공제 : ₩50,000,000×2명 = ₩100,000,000

b. 연로자공제(65세 이상자) : ₩50,000,000

c. 미성년자 공제 : ₩10,000,000×4년(19세에 달하기까지의 연수) = ₩40,000,000

d. 장애인 공제 : ₩10,000,000×25년(기대여명의 연수) = ₩250,000,000

(2) 일괄공제 : ₩500,000,000

10 상속세 및 증여세법에 관한 설명이다. 옳지 않은 것은? (2019. CPA)

① 거주자의 사망으로 외국에 있는 상속재산에 대하여 부과된 외국납부세액에 상당하는 금액은 상속세 산출세액에서 공제된다.

② 납세지 관할세무서장은 상속세 납부세액이 2천만원을 초과하는 때에는 납세의무자의 신청을 받아 연부연납을 허가할 수 있다.

③ 거주자의 사망으로 상속이 개시되어 배우자가 상속인에 포함되는 경우 배우자상속공제액은 최소 5억원과 최대 30억원의 범위 내에서 결정된다.

④ 거주자의 사망으로 인하여 배우자 단독으로 상속 받는 경우로서 기초공제와 그 밖의 인적공제에 따른 공제액을 합친 금액이 5억원 미만이면 일괄공제 5억원을 공제받을 수 있다.

⑤ 상속개시일 전 1년 이내에 피상속인이 부담한 채무금액이 2억원 이상인 경우로서 용도가 객관적으로 명백하지 아니한 경우에는 이를 상속받은 것으로 추정한다.

정답 ④

해설

피상속인의 배우자가 단독으로 상속받는 경우 일괄공제를 적용하지 아니한다.

11 상속세 및 증여세법상 상속공제에 관한 설명이다. 옳은 것은? (2020. CPA)

① 비거주자의 사망으로 상속이 개시되는 경우에는 기초공제를 적용하지 아니한다.

② 상속이 개시되는 법인세 사업연도의 직전 3개 사업연도 매출액의 평균금액이 5천억원 이상인 기업은 가업상속공제 대상에서 제외한다.

③ 거주자의 사망으로 그 배우자가 실제 상속받은 금액이 없는 경우 배우자상속공제를 적용하지 아니한다.

④ 피상속인의 배우자가 단독으로 상속받는 경우 기초공제와 그 밖의 인적공제에 따른 공제액을 합친 금액과 5억원 중 큰 금액으로 공제받을 수 있다.

⑤ 거주자의 사망으로 상속이 개시되는 경우로서 상속개시일 현재 상속재산가액 중 순금융재산의 가액이 1억원을 초과하면 1억원을 공제한다.

해설

②

① 비거주자의 사망으로 인하여 상속이 개시된 경우에는 기초공제만을 적용한다.
③ 배우자가 실제 상속받은 금액이 없거나 상속받은 금액이 5억원 미만이면 5억원을 공제한다.
④ 피상속인의 배우자가 단독으로 상속받는 경우에는 기초공제와 기타인적공제만 적용하며, 일괄공제(5억원)를 적용하지 않는다.
⑤ 거주자의 사망으로 상속이 개시되는 경우로서 상속개시일 현재 상속재산가액 중 순금융재산의 가액이 10억원을 초과하면 2억원을 공제한다. 즉, 금융재산상속공제액이 2억원(10억원 × 20%)을 초과하면 2억원을 공제한다.

[관련규정] 금융재산상속공제

순금융재산가액	공제액
2,000만원 이하	순금융재산가액 전액
2,000만원 초과	순금융재산가액 × 20%(최소 2,000만원 ~ 최대 2억원) ① 공제액이 2,000만원에 미달 → 2,000만원 ② 공제액이 2억원을 초과(순금융재산가액이 10억원 초과) → 2억원

12 거주자 갑(2025년 5월 2일 사망)의 상속세 관련 자료이다. 상속세 과세표준으로 옳은 것은?

(2021, CPA)

(1) 상속재산 내역은 다음과 같다.

구 분	회사채*	아파트**
갑의 취득가액	₩1,000,000,000	₩2,500,000,000

* 거래소에 상장된 회사채이며, 금융재산상속공제 대상이다.

** 동거주택상속공제 요건을 충족하며 취득가액과 시가가 동일하다.

(2) 상속재산 중 회사채의 상속개시일 이전 2개월간 공표된 매일의 최종시세가액 평균액은 ₩1,300,000,000이며, 상속개시일 이전 최근일의 최종시세가액은 ₩1,200,000,000이다.

(3) 장례비용으로 봉안시설사용료 ₩9,000,000과 기타 장례비용 ₩4,000,000이 지급되었다. 봉안시설사용료는 적법한 증빙에 의해 확인되나 기타 장례비용은 증빙이 없다.

(4) 갑의 동거가족으로 배우자(60세), 아들(40세), 아들의 배우자(42세)가 있으며, 배우자상속재산분할신고를 하지 아니하였다.

① ₩1,690,000,000 ② ₩1,990,000,000
③ ₩1,995,000,000 ④ ₩2,190,000,000
⑤ ₩2,495,000,000

해설

 ②

구분	금액	비고
1. 총상속재산가액	₩3,800,000,000	₩1,300,000,000[*1] + ₩2,500,000,000
2. 과세가액공제액(장례비용)	(10,000,000)[*2]	
3. 상속세과세가액	₩3,790,000,000	
4. 상속공제		
① 인적공제	(1,000,000,000)[*3]	5억원(일괄공제) + 5억원(배우자 상속공제)
② 금융재산상속공제	(200,000,000)	Min[₩1,300,000,000 × 20%, 2억원]
③ 동거주택상속공제	(600,000,000)	Min[₩2,500,000,000 × 100%, 6억원]
5. 과세표준	₩1,990,000,000	

*1. Max[①, ②] = ₩1,300,000,000

① 평가기준일 이전 2개월간 공표된 매일의 최종시세가액의 평균액 : ₩1,300,000,000

② 평가기준일 이전 최근일의 최종시세가액 : ₩1,200,000,000

2. 장례비용 : ₩5,000,000(봉안시설사용료, 최대 5백만원)+ ₩5,000,000(일반장례비, 최소 5백만원~최대 1천만원) = ₩10,000,000

3. 기초공제와 기타인적공제가 5억원에 미달하므로 일괄공제(5억원)을 적용하고, 상속재산의 분할신고를 하지 않았으므로 배우자상속공제는 최소금액인 5억원을 적용한다.

13 2025년 5월 2일에 사망한 거주자 갑의 상속세 관련 자료이다. 상속세 과세가액으로 옳은 것은?

(2022. CPA)

(1) 상속재산 내역

구 분	금 액	비 고
주 택	₩1,500,000,000	–
생명보험금	₩505,000,000	갑이 계약자로서 보험료를 전액 납입함
반환일시금	₩100,000,000	「국민연금법」에 따라 사망으로 인하여 지급됨

(2) 사망 당시 갑의 공과금과 채무는 없고, 장례비용은 확인되지 않는다.

(3) 갑은 2023년 5월 2일에 상속인인 아들에게 토지(증여 당시 가액 ₩300,000,000)를 증여하였고, 당해 자산의 상속개시 당시의 가액은 ₩400,000,000이다.

① ₩2,000,000,000 ② ₩2,005,000,000 ③ ₩2,100,000,000
④ ₩2,300,000,000 ⑤ ₩2,505,000,000

해설

정답 ④

상속재산가액[*1]	₩2,005,000,000	₩1,500,000,000(주택) + ₩505,000,000(생명보험금)
장례비용[*2]	(5,000,000)	
증여재산가액	300,000,000	증여당시의 시가
상속세과세가액	₩2,300,000,000	

*1. 국민연금법에 따라 사망으로 인하여 지급되는 반환일시금은 상속재산으로 보지 아니한다.
2. 장례비용이 확인되지 않더라도 최소금액인 5백만원을 장례비용으로 공제한다.

14 상속세 및 증여세법상 상속재산에 관한 설명이다. 옳은 것은? (2023. CPA)

① 피상속인에게 귀속되는 재산적 가치가 있는 사실상의 모든 권리는 상속재산이나, 피상속인의 일신에 전속하는 것으로서 피상속인의 사망으로 인하여 소멸되는 것은 제외한다.

② 손해보험계약자가 피상속인이 아닌 경우 피상속인이 실질적으로 보험료를 납부하였더라도 피상속인의 사망으로 인하여 받는 보험금은 상속재산으로 보지 아니한다.

③ 피상속인이 신탁한 재산은 상속재산으로 보며, 수익자의 증여재산가액으로 하는 신탁의 이익을 받을 권리의 가액도 상속재산으로 본다.

④ 피상속인의 사망으로 인하여 국민연금법에 따라 지급되는 반환일시금은 상속재산으로 본다.

⑤ 제사를 주재하는 상속인이 상속받은 족보와 제구에 대하여는 재산가액 합계액 2억원을 한도로 상속세를 부과하지 아니한다.

해설  ①

② 손해보험계약자가 피상속인이 아닌 경우에도 피상속인이 실질적으로 보험료를 납부하였을 때에는 피상속인의 사망으로 인하여 받는 보험금은 상속재산으로 본다.
③ 피상속인이 신탁한 재산은 상속재산으로 본다. 다만, 수익자의 증여재산가액으로 하는 신탁의 이익을 받을 권리의 가액는 상속재산으로 보지 않는다.
④ 피상속인의 사망으로 인하여 국민연금법에 따라 지급되는 반환일시금은 상속재산으로 보지 않는다.
⑤ 제사를 주재하는 상속인이 상속받은 족보와 제구에 대하여는 재산가액 합계액 1천만원을 한도로 상속세를 부과하지 아니한다.

15 상속세 및 증여세법상 상속세 과세표준에 관한 설명이다. 옳지 않은 것은? (2024. CPA)

① 피상속인의 사망으로 인하여 받는 생명보험 또는 손해보험의 보험금으로서 피상속인이 보험계약자인 보험계약에 의하여 받는 것은 상속재산으로 본다.

② 국가, 지방자치단체에 유증한 재산은 상속세를 과세하지 아니한다.

③ 피상속인이 신탁으로 인하여 타인으로부터 신탁의 이익을 받을 권리를 소유하고 있는 경우 그 이익에 상당하는 가액은 상속재산에 포함한다.

④ 거주자나 비거주자의 사망으로 상속이 개시되는 경우에는 상속세 과세가액에서 기초공제 2억원을 공제한다.

⑤ 비거주자의 사망으로 인하여 상속이 개시되는 경우 상속개시일 전 10년 이내에 피상속인이 상속인에게 증여한 국내·외의 재산가액을 상속재산가액에 가산하여 상속세 과세가액을 산정한다.

해설  ⑤

비거주자의 사망으로 인하여 상속이 개시되는 경우 상속개시일 전 10년 이내에 피상속인이 상속인에게 증여한 국내에 있는 재산가액을 상속재산가액에 가산하여 상속세 과세가액을 산정한다.

회계사 · 세무사 기출문제

증여세

01 비상장법인인 (주)갑이 법인세법상 특수관계에 있는 (주)을을 다음 자료와 같이 합병하는 경우 합병등기일 현재 (주)을의 주주 B의 증여재산가액으로 옳은 것은? (2012. CPA)

(1) 합병직전 각 법인의 주식평가내역은 다음과 같다.

	발행주식 총수	1주당 평가액
(주)갑	40,000주	₩30,000
(주)을	20,000주	₩10,000

(2) 합병직전 (주)을의 주주현황은 다음과 같다.

주주명	보유주식수	지분율
A(개인)	10,000주	50%
B(개인)	6,000주	30%
C(개인)	2,000주	10%
D(개인)	2,000주	10%

(3) (주)을의 주식 1주당 (주)갑의 주식 0.8주를 지급한다.
(4) (주)갑과 (주)을의 주식 1주당 액면가액은 각각 ₩5,000이다.

① 주주 B의 증여재산가액은 ₩60,000,000이다.
② 주주 B의 증여재산가액은 ₩75,000,000이다.
③ 주주 B의 증여재산가액은 ₩0이다.
④ 주주 B의 증여재산가액은 ₩120,000,000이다.
⑤ 합병에 따른 이익의 증여 규정 적용대상이 아니다.

해설 정답 ①

불공정합병으로 인한 증여재산가액은 특수관계 여부를 불문하고 합병당사법인의 대주주(지분율이 1% 이상이거나 소유주식의 액면가액이 3억원 이상인 주주)가 현저한 이익을 얻은 경우 해당 이익에 상당하는 금액을 그 이익을 얻은 자의 증여재산가액으로 한다.

(1) 불공정합병 후 주가 : $\dfrac{(40{,}000주 \times ₩30{,}000) + (20{,}000주 \times ₩10{,}000)}{40{,}000주 + (20{,}000주 \times 0.8)} = ₩25{,}000/주$

(2) 현저한 이익 분여요건

① $₩25{,}000 - \dfrac{₩10{,}000}{0.8주} = ₩12{,}500$

② ₩12,500 ≥ ₩7,500(=₩25,000×30%) → 요건 충족

(3) 증여재산가액 : (₩30,000 − ₩25,000) × 40,000주 × 30% = ₩60,000,000

02 상속세 및 증여세법상 증여세 과세에 관한 설명으로 옳지 않은 것은? (2013. CPA)

① 증여를 받은 후 그 증여받은 재산(금전 제외)을 당사자 간의 합의에 따라 증여세 과세표준신고기한 이내에 반환하는 경우에는 처음부터 증여가 없었던 것으로 본다. 다만, 반환하기 전에 상속세 및 증여세법에 따라 과세표준과 세액을 결정받은 경우에는 그러하지 아니하다.

② 증여재산에는 수증자에게 귀속되는 재산으로서 금전으로 환산할 수 있는 모든 경제적 이익을 포함한다.

③ 수증자가 증여일 현재 비거주자인 경우에는 국내외에 있는 모든 증여재산에 대하여 수증자가 증여세를 납부할 의무를 진다.

④ 수증자가 증여받은 토지를 증여세 과세표준신고기한이 지난 후 3개월 이내에 증여자에게 반환하거나 증여자에게 다시 증여하는 경우에는 그 반환하거나 다시 증여하는 것에 대하여 증여세를 부과하지 아니한다.

⑤ 수증자가 증여일 현재 비거주자인 경우에는 증여자가 수증자와 연대하여 해당 증여세를 납부할 의무를 진다.

③

해설

수증자가 비거주자인 경우 국내에 소재하는 증여재산에 대해서만 수증자가 증여세 납세의무를 부담하며, 국외에 있는 증여재산에 대해서는 국제조세조정에 관한 법률에 따라 일정한 경우 증여자(거주자)가 증여세 납세의무를 부담할 수 있다.

03 상속세 및 증여세법상 증여세 과세에 관한 설명이다. 옳은 것은? (2014. CPA)

① 조세회피목적 없이 타인의 명의로 재산의 등기를 하는 경우 조세포탈범으로 처벌되지는 아니하나 그 재산의 가액을 실제소유자가 명의자에게 증여한 것으로 본다.

② 법인이 자본을 감소시키기 위하여 주식을 소각할 때 주주 갑의 주식을 소각함으로써 다른 주주 을이 이익을 얻은 경우에는 을이 갑의 특수관계인에 해당하지 않더라도 그 이익에 상당하는 금액을 주주 을의 증여재산가액으로 한다.

③ 특수관계인에게 양도한 재산을 그 특수관계인이 양수일부터 3년 이내에 당초 양도자의 배우자에게 다시 양도한 경우에는 그 특수관계인이 그 재산을 양수한 당시의 재산가액을 배우자가 증여받은 것으로 추정하여 이를 배우자의 증여재산가액으로 한다.

④ 명의신탁재산의 증여의제에 따라 재산을 증여한 것으로 보는 경우(명의자가 영리법인인 경우를 포함)에는 실제소유자가 해당 재산에 대하여 증여세를 납부할 의무가 있다.

⑤ 직업, 연령, 소득 및 재산상태 등으로 볼 때 재산을 자력으로 취득하였다고 인정하기 어려운 경우에는 그 재산을 취득한 때에 그 재산의 취득자금을 그 재산의 취득자가 증여받은 것으로 의제한다.

해설 

① 조세회피목적 없이 타인의 명의로 재산을 등기하는 경우 실제소유자가 명의자에게 그 재산을 증여한 것으로 보지 않는다.

② 법인이 자본을 감소시키기 위하여 주식을 소각할 때 주주 갑의 주식을 소각함으로써 다른 주주 을이 이익을 얻은 경우 을이 갑의 특수관계인에 해당하면서 대주주인 경우 그 이익에 상당하는 금액을 주주 을의 증여재산가액으로 한다.

③ 특수관계인에게 양도한 재산을 그 특수관계인이 양수일부터 3년 이내에 당초 양도자의 배우자 등에게 다시 양도한 경우에는 그 특수관계인이 해당 자산을 양도한 당시의 재산가액을 배우자 등이 증여받은 것으로 추정하여 이를 배우자 등의 증여재산가액으로 한다.

⑤ 직업, 연령, 소득 및 재산상태 등으로 보아 재산을 자력으로 취득하였다고 인정하기 어려운 경우로서 자금출처로 입증된 금액의 합계액이 취득재산가액에 미달하는 경우에는 해당 재산의 취득자금을 해당 재산의 취득자가 증여받은 것으로 추정하여 이를 그 재산취득자의 증여재산가액으로 한다.

04 다음 자료를 이용하여 거주자 갑의 2025년도 귀속 증여재산가액을 계산한 것으로 옳은 것은?

(2015. CPA)

(1) 갑은 2025년 1월 1일 아버지로부터 ₩500,000,000을 대출받은 후 1년간 대출이자(연이자율 3%)를 아버지에게 지급하였다. 대출기간은 2025년 1월 1일부터 2026년 9월 30일까지이며, 법령상 적정이자율은 연 8%로 가정한다.

(2) 갑은 2025년 7월 5일 할머니로부터 시가 ₩200,000,000인 부동산을 증여받았으나, 2025년 10월 3일 할머니에게 반환하였다. 단, 반환 전에 증여세 과세표준과 세액을 결정받지 않았다.

(3) 갑은 2025년 3월 30일 어머니로부터 시가 ₩700,000,000인 비상장주식을 ₩200,000,000에 양수하였다.

① ₩315,000,000 ② ₩375,000,000 ③ ₩385,000,000
④ ₩400,000,000 ⑤ ₩585,000,000

해설 

(1) (₩500,000,000×8%) − (₩500,000,000×3%) = ₩25,000,000
* 대부기간이 1년 이상인 경우에는 1년이 되는 날의 다음날에 매년 새로이 증여받은 것으로 보아 증여재산가액을 계산한다.

(2) 증여세 신고기한 내에 반환하였으므로 증여세가 부과되지 않는다.

(3) (₩700,000,000 − ₩200,000,000) − Min[₩700,000,000×30%, ₩300,000,000] = ₩290,000,000
* 특수관계자로부터 저가양수한 경우 증여재산가액의 계산방법은 다음과 같다.
(시가 − 양수가액) − Min[시가×30%, 3억원]

따라서 거주자 갑의 2025년도 귀속 증여재산가액은 ₩315,000,000이다.

05 다음 자료를 이용하여 거주자 갑(미성년자 아님)의 2025년도 귀속 증여세 산출세액을 계산한 것으로 옳은 것은? (2017. CPA)

(1) 2024.11.9. 친형(을)으로부터 받은 증여재산 : ₩12,000,000
(2) 2025.2.9. 어머니로부터 받은 증여재산 : ₩48,000,000
(3) 2025.2.9. 친조부로부터 받은 증여재산 : ₩112,000,000
(4) 2025.2.9. 친형(을)으로부터 받은 증여재산 : ₩26,000,000
(5) 증여재산은 모두 현금이며 상기 자료 이외 거주자 갑이 증여받은 사실이 없음
(6) 증여세율

과세표준	기본세율
1억원 이하	과세표준의 100분의 10
1억원 초과 5억원 이하	1천만원 + 1억원 초과하는 금액의 100분의 20

① ₩8,700,000 ② ₩12,520,000 ③ ₩13,800,000
④ ₩15,230,000 ⑤ ₩16,110,000

정답 ⑤

해설

구 분	형	모친	조부
과세가액	₩38,000,000	₩48,000,000	₩112,000,000
증여재산공제	(10,000,000)	(15,000,000)*	(35,000,000)*
증여세 과세표준	28,000,000	33,000,000	77,000,000
산출세액	₩2,800,000	₩3,300,000	₩10,010,000

* 동일그룹 내에서 동시에 2 이상의 증여가 있는 경우에는 증여세과세가액으로 안분하여 증여재산공제를 적용한다.

(1) 형

① 증여세과세가액 : ₩12,000,000* + ₩26,000,000 = ₩38,000,000

* 해당 증여일 전 10년 이내에 동일인으로부터 받은 증여재산가액의 합계액이 1,000만원 이상인 경우에는 그 가액을 증여세과세가액에 합산하며, 합산한 증여재산에 대한 당초의 증여세액은 기납부세액으로 공제한다.

② 산출세액 : (₩38,000,000 − ₩10,000,000) × 10% = ₩2,800,000

(2) 모친

① 증여세과세가액 : ₩48,000,000

② 산출세액 : (₩48,000,000 − ₩15,000,000*) × 10% = ₩3,300,000

$$* \ ₩50,000,000 \times \frac{₩48,000,000}{₩160,000,000} = ₩15,000,000$$

(3) 조부

① 증여세과세가액 : ₩112,000,000

② 산출세액 : (₩112,000,000 − ₩35,000,000*) × 10% × (1 + 30%) = ₩10,010,000

$$* \ ₩50,000,000 \times \frac{₩112,000,000}{₩160,000,000} = ₩35,000,000$$

(4) 2025년 귀속 증여세 산출세액 : ₩2,800,000 + ₩3,300,000 + ₩10,010,000 = ₩16,110,000

06 거주자 갑의 2025년 증여 관련 다음 자료를 이용하여 대출금 및 토지의 증여세 과세가액을 계산하면 각각 얼마인가? 거주자 갑은 성년이다.

(2019. CPA)

(1) 거주자 갑은 2025년 1월 1일 어머니로부터 ₩450,000,000을 20개월 후 상환하기로 하고 대출받았다. 1년간 대출이자(이자율 연 1%)를 어머니에게 지급하였으며, 법정이자율은 연 4.6%이다.
(2) 거주자 갑은 2025년 8월 1일 할머니로부터 5필지의 토지(시가 ₩250,000,000)를 대가 없이 증여받았다가 이 중 1필지의 토지(시가 ₩50,000,000)를 2025년 9월 15일 할머니에게 반환하였고, 1필지의 토지(시가 ₩40,000,000)를 2025년 10월 28일, 그리고 다른 1필지의 토지(시가 ₩25,000,000)를 2025년 12월 20일 할머니에게 반환하였다.
(3) 2025년 8월 1일부터 토지의 시가 변동은 없는 것으로 가정한다.

	대출금에 대한 증여세 과세가액	토지에 대한 증여세 과세가액
①	₩20,700,000	₩250,000,000
②	20,700,000	200,000,000
③	20,700,000	160,000,000
④	16,200,000	200,000,000
⑤	16,200,000	160,000,000

해설

정답 ⑤

(1) 대출금에 대한 증여세 과세가액
(4.5억원 × 4.6%) − (4.5억원 × 1%) = ₩16,200,000
* 대부기간이 1년 이상인 경우에는 1년이 되는 날의 다음날에 매년 새로이 증여받은 것으로 보아 증여재산가액을 계산한다.

(2) 토지에 대한 증여세 과세가액
₩250,000,000 − ₩50,000,000* − ₩40,000,000* = ₩160,000,000
* 증여세 신고기한(증여받은 날이 속하는 달의 말일부터 3개월 이내) 내에 반환하였으므로 과세하지 않는다.

[관련규정] 증여재산(금전은 제외)의 반환

구 분	당초 증여	반환
(1) 증여세 신고기한[*1] 내에 반환[*2]	증여×	증여×
(2) 증여세 신고기한으로부터 3개월 이내에 반환	증여○	증여×
(3) 증여세 신고기한으로부터 3개월 경과 후에 반환	증여○	증여○

*1. 증여세 신고기한 : 증여받은 날이 속하는 달의 말일부터 3개월 이내
2. 반환하기 전에 과세표준과 세액을 결정받은 경우는 제외한다

07 **거주자 갑의 2025년 비상장주식 양수 및 양도 관련 자료이다. 갑의 2025년 증여세 증여재산가액의 합계액으로 옳은 것은?** (2020. CPA)

(1) 2025년 2월 12일 어머니로부터 시가 ₩500,000,000의 주식을 ₩300,000,000에 양수하였다.
(2) 2025년 3월 23일 친구(갑의 특수관계인 아님)로부터 시가 ₩700,000,000의 주식을 거래의 관행상 정당한 사유 없이 ₩500,000,000에 양수하였다.
(3) 2025년 5월 15일 할아버지에게 시가 ₩200,000,000의 주식을 ₩400,000,000에 양도하였다.
(4) 비상장주식의 시가는 상속세 및 증여세법에 따라 평가한 금액이며, 양수대가를 지급하고 양도대가를 지급받은 사실이 명백히 입증된다.

① ₩130,000,000 ② ₩160,000,000 ③ ₩190,000,000
④ ₩250,000,000 ⑤ ₩280,000,000

 ③

해설

(1) 어머니(특수관계인)로부터 저가양수 : ₩200,000,000 − ₩150,000,000* = ₩50,000,000
  * Min[①, ②] = ₩150,000,000
    ① ₩500,000,000(시가) × 30% = ₩150,000,000
    ② ₩300,000,000
(2) 친구(비특수관계인)로부터의 저가양수 : ₩0
  * 시가와 거래가의 차액이 시가의 30% 이상이 아니므로 증여재산가액은 없다.
(3) 할아버지(특수관계인)에게 고가양도 : ₩200,000,000 − ₩60,000,000* = ₩140,000,000
  * Min[①, ②] = ₩60,000,000
    ① ₩200,000,000(시가) × 30% = ₩60,000,000
    ② ₩300,000,000
(4) 증여재산가액 : ₩50,000,000 + ₩140,000,000 = ₩190,000,000

[관련규정] 저가양수 · 고가양도에 따른 이익의 증여

구 분	특수관계인간 양수도	비특수관계인간 양수도
(1) 현저한 이익분여요건	| 시가 − 거래가 | ≥ Min[①*1, ②*2]	| 시가 − 거래가 | ≥ ①*1
(2) 증여재산가액	| 시가 − 거래가 | − Min[①*1, ②*2]	| 시가 − 거래가 | − ②*2
*1. 시가 × 30% 2. 3억원		

08 상속세 및 증여세법상 증여세 비과세 및 과세가액불산입에 관한 설명이다. 옳지 않은 것은?

(2021. CPA)

① 국가나 지방자치단체로부터 증여받은 재산의 가액에 대해서는 증여세를 부과하지 아니한다.
② 항시 치료를 요하는 중증환자인 장애인을 수익자로 하는 보험의 보험금은 전액 비과세한다.
③ 국가 또는 지방자치단체가 증여받은 재산의 가액에 대해서는 증여세를 부과하지 아니한다.
④ 설립근거 법령의 변경으로 비영리법인이 해산되어 해당 법인의 재산과 권리·의무를 다른 비영리법인이 승계받은 경우 승계받은 해당 재산의 가액에 대해서는 증여세를 부과하지 아니한다.
⑤ 공익신탁법에 따른 공익신탁으로서 종교·자선·학술 또는 그 밖의 공익을 목적으로 하는 신탁을 통하여 공익법인에 출연하는 재산의 가액은 증여세 과세가액에 산입하지 아니한다.

 ②

해설

장애인, 상이자 및 항상 치료를 요하는 중증환자를 수익자로 한 보험의 보험금은 연간 4천만원까지 비과세한다.

09 상속세 및 증여세법상 증여세에 관한 설명이다. 옳지 않은 것은?

(2022. CPA)

① 수증자가 거주자(본점이나 주된 사무소의 소재지가 국내에 있는 비영리법인을 포함)인 경우에는 증여세 과세대상이 되는 모든 증여재산에 대하여 증여세를 납부할 의무가 있다.
② 수증자가 비거주자인 경우에는 증여재산의 소재지를 관할하는 세무서장 등이 증여세를 과세한다.
③ 해당 증여일 전 10년 이내에 동일인으로부터 받은 증여재산가액을 합친 금액이 1천만원 이상인 경우에는 그 가액을 증여세 과세가액에 가산한다.
④ 명의신탁재산의 증여의제 규정에 따라 재산을 증여한 것으로 보는 경우에는 실제소유자가 해당 재산에 대하여 증여세를 납부할 의무가 있다.
⑤ 수증자가 증여재산(금전은 제외)을 당사자 간의 합의에 따라 증여세 과세표준 신고기한까지 증여자에게 반환하는 경우(반환하기 전에 과세표준과 세액을 결정받은 경우는 제외)에는 처음부터 증여가 없었던 것으로 본다.

 ②

해설

수증자가 비거주자인 경우에는 증여자의 주소지를 관할하는 세무서장 등이 증여세를 과세한다.

10 거주자 갑의 증여 관련 자료이다. 증여재산가액으로 옳은 것은? (2023. CPA)

> (1) 갑은 2025년 7월 1일 거주자인 아들에게 지정지역 외에 소재한 토지X를 증여하였다.
> (2) 토지X의 증여일 현재 개별공시지가는 ₩150,000,000이고, 2025년 5월 1일 유사한 토지Y의 매매가액은 ₩250,000,000이며, 2025년 8월 1일 토지X의 감정가액은 ₩200,000,000이다.
> (3) 증여일 현재 토지X에는 금융기관 차입금 ₩180,000,000을 담보하기 위한 저당권 ₩234,000,000이 설정되어 있다.

① ₩180,000,000 ② ₩200,000,000 ③ ₩225,000,000
④ ₩234,000,000 ⑤ ₩250,000,000

해설

 ②

Max[₩200,000,000(감정가액)[*1], ₩180,000,000(해당 재산이 담보하는 채권액)[*2]] = ₩200,000,000

*1. 시가로 인정되는 것이란 평가기간[평가기준일 전후 6개월(증여재산의 경우에는 평가기준일 전 6개월부터 평가기준일 후 3개월까지)]이내의 기간 중 매매 · 감정 · 수용 · 경매 또는 공매(매매 등)가 있는 경우에 그 거래가액, 그 감정가액의 평균액 또는 그 보상가액 · 경매가액 또는 공매가액을 말한다. 시가로 보는 가액이 둘 이상인 경우에는 평가기준일을 전후하여 가장 가까운 날에 해당하는 가액(그 가액이 둘 이상인 경우에는 그 평균액)을 적용한다. 다만, 해당 재산의 매매 · 감정 · 수용 · 경매 또는 공매가액이 있는 경우에는 유사자산의 매매 등의 가액을 적용하지 아니한다.

2. 저당권 등이 설정된 재산은 시가 또는 보충적 평가방법에 의한 평가액으로 하는 규정에 불구하고 다음의 금액으로 평가한다.

> 평가액 : Max[①, ②]
> ① 시가 또는 보충적 평가방법에 의한 평가액
> ② 해당 재산이 담보하는 채권액

회계사 · 세무사 기출문제

재산의 평가

01 **상속세 및 증여세법상 재산의 평가에 관한 설명이다. 옳지 않은 것은?** (2012. CPA)

① 따로 평가방법을 규정하지 않은 기타 유형재산의 시가를 산정하기 어려운 경우에는 재취득가액에서 취득일부터 평가기준일까지의 감가상각비 상당액을 공제한 가액을 평가액으로 한다.

② 전세권이 등기된 재산(임대보증금을 받고 임대한 재산 포함)은 평가기준일 당시의 시가(또는 보충적 평가방법에 따른 평가액)와 등기된 전세금(임대보증금을 받고 임대한 경우에는 임대보증금) 중 큰 금액으로 평가한다.

③ 국외재산에 대하여 시가에 의한 평가방법 또는 보충적 평가방법을 적용하는 것이 부적당한 경우에는 해당 재산이 소재하는 국가에서 양도소득세, 상속세 또는 증여세 등의 부과목적으로 평가한 가액을 평가액으로 한다.

④ 소유권의 대상이 되는 동물에 대하여 시가를 산정하기 어려운 경우에는 그것을 처분할 때 취득할 수 있다고 예상되는 가액(그 가액이 확인되지 아니하는 경우에는 장부가액)을 평가액으로 한다.

⑤ 외화자산 및 부채는 평가기준일 현재 외국환거래법에 의한 기준환율 또는 재정환율에 의하여 환산한 가액으로 평가한다.

해설

 ①

기타 유형재산의 시가를 산정하기 어려운 경우에는 기타 유형재산별로 다음과 같이 평가한다.

구 분	평가방법
① 기타 시설물 및 구축물 (토지 · 건물과 일괄하여 평가하는 것 제외)	재취득가액 등 – 설치일부터 평가기준일까지 감가상각비 상당액
② 선박 · 항공기 · 차량 · 기계장비 · 입목	재취득가액(그 가액이 확인되지 않는 경우에는 장부가액 및 지방세법상 시가표준액을 순차로 적용한 가액)
③ 상품 · 제품 · 재공품 등	재취득가액(그 가액이 확인되지 않는 경우에는 장부가액)
④ 판매용이 아닌 서화 · 골동품 등 예술적 가치가 있는 유형재산	Max[①, ②] ① 2 이상의 전문가가 감정한 가액의 평균액 ② 감정평가심의위원회에서 감정한 감정가액
⑤ 소유권 대상이 되는 동물 및 따로 평가방법을 규정하지 않은 기타 유형재산	재취득가액(그 가액이 확인되지 않는 경우에는 장부가액)

02 다음 자료에 의하여 거주자 갑의 상속재산에 포함될 상속세 및 증여세법상 비상장주식의 평가액을 계산한 것으로 옳은 것은? (계산과정에서 발생하는 소수점 이하는 반올림하며, 주어진 자료 이외의 다른 사항은 고려하지 않음) (2013. CPA)

(1) 갑은 2025년 9월 20일에 사망한 부친으로부터 (주)A(중소기업 아님)가 발행한 비상장주식 2,500주를 상속받았다.

(2) 상속개시 전 최근 3년간 (주)A의 1주당 순손익액은 각각 다음과 같고 비정상적인 손익변동은 없었다.

2022년	2023년	2024년
₩3,200	₩3,500	₩3,100

(3) 상속개시 당시 (주)A의 순자산가액은 260억원이다.

(4) (주)A의 사업연도는 1월 1일부터 12월 31일까지이며, (주)A는 부동산과다보유법인이 아니다. 또한 총발행주식수는 2018년 이후 1,000,000주로 변동이 없다.

(5) 1주당 순손익가치를 계산하는 경우 할인율(순손익가치환원율)은 10%로 가정한다.

(6) 갑은 (주)A의 최대주주가 아니며 주식의 할증평가 대상이 아니다.

① ₩74,750,000 ② ₩75,250,000 ③ ₩75,000,000
④ ₩71,500,000 ⑤ ₩73,125,000

 ①

해설

(1) 주당 순자산가치 : 260억원 ÷ 1,000,000주 = ₩26,000

(2) 주당 순손익가치 : $\frac{₩3,250^{*}}{10\%(\text{순손익가치환원율})}$ = ₩32,500

* 1주당 최근 3년간 순손익액의 가중평균액 : $\frac{(₩3,200 \times 1) + (₩3,500 \times 2) + (₩3,100 \times 3)}{6}$ = ₩3,250

(3) 1주당 평가액 : Max[①, ②] = ₩29,900

① 가중평균액 : $\frac{(₩26,000 \times 2) + (₩32,500 \times 3)}{5}$ = ₩29,900

② 순자산가치의 80% : ₩26,000 × 80% = ₩20,800

(4) 비상장주식의 평가액 : ₩29,900 × 2,500주 = ₩74,750,000

03 상속세 및 증여세법상 주식의 평가에 관한 설명이다. 옳은 것은? (2016. CPA)

① 상장주식은 평가기준일 현재의 최종시세가액에 의한다.

② 사업개시 후 3년 미만인 비상장법인 주식의 시가를 산정하기 어려워 상속세 및 증여세법에서 규정하고 있는 보충적 평가방법을 적용하는 경우 그 주식의 가액은 순자산가치만으로 평가한다.

③ 비상장주식의 1주당 순자산가치를 산정함에 있어서 해당 법인의 자산가액은 시가와 장부가액 중 적은 금액으로 한다.

④ 비상장주식의 1주당 순손익가치를 산정함에 있어서 최근 3년간의 순손익액의 가중평균액은 과거 순손익액과 장래의 추정이익 중 적은 금액을 기준으로 계산한다.

⑤ 최대주주의 주식에 대하여 할증평가를 하는 경우 할증비율은 최대주주의 지분율에 관계없이 30%가 적용된다.

해설

정답 ②

① 유가증권시장에서 거래되는 주식은 평가기준일 이전·이후 각 2개월 간에 공표된 매일의 유가증권시장 최종시세가액의 평균액으로 한다.

③ 비상장주식의 1주당 순자산가치를 산정함에 있어서 해당 법인의 자산가액은 상속세 및 증여세법의 규정에 의하여 평가한다. 다만, 상속세 및 증여세법상의 보충적 평가방법과 저당권이 설정된 자산의 평가특례규정에 의하여 평가한 가액이 장부가액보다 적은 경우에는 장부가액으로 한다.

④ 비상장주식의 1주당 순손익가치를 산정함에 있어서 최근 3년간의 순손익액의 가중평균액은 평가기준일 이전 3년간 순손익액의 가중평균액으로 한다.

⑤ 최대주주의 주식(중소기업 및 법소정 중견기업의 주식은 제외)에 대하여 할증평가를 하는 경우 할증비율은 최대주주의 지분율에 관계없이 20%가 적용된다.

04 **거주자 갑의 상속재산인 비상장주식에 관한 자료이다. 상속세 및 증여세법상 비상장주식의 평가액으로 옳은 것은?** (2024. CPA)

(1) 갑은 2025년 8월 1일 비상장법인 ㈜A(중소기업)가 발행한 주식 1,000주(주당 액면가액: ₩5,000)를 상속받았다.

(2) 상속개시 전 ㈜A의 3년간 1주당 순이익은 다음과 같다.

사업연도	2022년	2023년	2024년
금액	₩2,400	₩3,000	₩3,200

(3) 상속개시 당시 ㈜A의 상속세 및 증여세법상 평가한 자산총액은 36억원이며, 부채총액은 4억원이다.

(4) ㈜A의 설립시 발행주식은 100,000주이며, 설립일 이후 주식 수의 변동은 없다.

(5) 1주당 순손익가치를 계산할 때 적용하는 할인율은 10%이다.

(6) ㈜A는 부동산 과다보유 법인이 아니며, 영업권은 없는 것으로 가정한다.

① ₩25,600,000 ② ₩30,000,000 ③ ₩30,800,000
④ ₩32,000,000 ⑤ ₩36,960,000

정답 ③

(1) 주당 순손익가치 : $\frac{₩3,000^{*}}{10\%(순손익가치환원율)} = ₩30,000$

* 1주당 최근 3년간 순손익액의 가중평균액 : $\frac{(₩2,400 \times 1) + (₩3,000 \times 2) + (₩3,200 \times 3)}{6} = ₩3,000$

(2) 주당 순자산가치 : $\frac{36억원 - 4억원}{100,000주} = ₩32,000$

(3) 1주당 평가액 : Max[①, ②] = ₩30,800

① 가중평균액 : $\frac{(₩30,000 \times 3) + (₩32,000 \times 2)}{5} = ₩30,800$

② 순자산가치의 80% : ₩32,000 × 80% = ₩25,600

(4) 비상장주식의 평가액 : ₩30,800 × 1,000주 = ₩30,800,000

2025 시험전엔 기타세법

03편

지방세법

회계사 · 세무사 기출문제

지방세법

01 취득세에 관한 설명이다. 옳지 않은 것은? (2010. CPA)

① 선박 · 차량 · 기계장비의 종류의 변경 또는 토지의 지목을 사실상 변경함으로써 그 가액이 증가한 경우에는 이를 취득으로 보지 아니한다.

② 국가에 기부채납하는 것을 조건으로 취득하는 부동산에 대하여는 취득세를 부과하지 아니한다.

③ 관계법령의 규정에 의한 등기 · 등록을 이행하지 아니한 경우라도 사실상으로 취득한 때에는 이를 취득한 것으로 보고, 해당 취득물건의 소유자 또는 양수인을 각각 취득자로 한다. 다만, 차량 · 기계장비 · 항공기 및 주문에 따라 건조하는 선박은 승계취득의 경우에 한한다.

④ 도시 및 주거환경 정비법상 주택재건축조합이 당해 조합원용으로 취득하는 조합주택용 부동산(공동주택과 부대 · 복리시설 및 그 부속토지를 말하며, 비조합원용 부동산을 제외함)은 그 조합원이 취득한 것으로 본다.

⑤ 원시취득과 승계취득을 포함한 유 · 무상의 일체의 취득에 대하여 과세한다. 다만, 차량, 기계장비, 항공기 및 주문을 받아 건조하는 선박은 승계취득인 경우에만 과세한다.

해설

 ①

선박 · 차량 · 기계장비의 종류의 변경 또는 토지의 지목을 사실상 변경함으로써 그 가액이 증가한 경우에는 이를 취득으로 본다.

02 지방세법, 지방세기본법 및 지방세특례제한법에 대한 설명이다. 옳지 않은 것은? (2011. CPA)

① 지방세특례제한법에서도 조세특례제한법과 같이 최저한세액에 미달하는 세액에 대한 감면 등의 배제 규정이 없다.

② 납세의무자는 지방세기본법에 따라 신고한 취득세와 등록면허세는 지방세수납대행기관을 통하여 신용카드로 납부할 수 있다.

③ 국가, 지방자치단체 또는 지방자치단체조합에 기부채납을 조건으로 취득하는 부동산에 대하여는 취득세를 부과하지 아니한다.

④ 재산세의 과세대상 물건이 공부상 등재 현황과 사실상의 현황이 다른 경우에는 사실상 현황에 따라 재산세를 부과한다.

⑤ 지방소비세의 세액은 지방소비세의 과세표준에 1천분의 253을 적용하여 계산한 금액으로 한다.

해설

 ①

지방세특례제한법에서도 조세특례제한법과 같이 최저한세액에 미달하는 세액에 대한 감면 등의 배제 규정이 있다.
→ 지방세특례제한법 172조 최저한세액에 미달하는 세액에 대한 감면 등의 배제규정이 2014년에 신설되었다.

03 지방세징수법상의 고액 · 상습체납자 명단공개제도에 관한 설명이다. 옳지 않은 것은? (2012. CPA)

① 체납정보 공개의 기준이 되는 최저 금액은 1천만원 이상이며 3천만원 이하의 범위에서 조례로 달리 정할 수 있다.

② 체납된 지방세가 불복청구 중에 있는 경우에는 체납정보를 공개할 수 없다.

③ 명단공개는 체납발생일로부터 1년이 지난 지방세로서 결손처분한 지방세 중 징수권 소멸시효가 완성되지 않은 것을 대상으로 한다.

④ 지방세심의위원회의 심의를 거치지 아니하면 공개할 수 없다.

⑤ 체납액(가산금 포함)의 50% 이상을 납부한 경우에는 체납정보를 공개할 수 없다.

해설

 ③

명단공개는 체납발생일로부터 1년이 지난 지방세(결손처분한 지방세 중 징수권 소멸시효가 완성되지 않은 것 포함)가 1천만원 이상인 체납자를 대상으로 한다.

04 지방세법상 재산세에 관한 설명으로 옳지 않은 것은? (2013. CPA)

① 재산세의 과세기준일은 매년 6월 1일로 한다.
② 토지에 대한 재산세의 납기는 매년 7월 16일부터 7월 31일까지이다.
③ 선박에 대한 재산세의 과세표준은 지방세법에서 규정하는 시가표준액으로 한다.
④ 재산세 과세대상에 자동차는 포함되지 않는다.
⑤ 주택에 대한 재산세는 해당 주택의 소재지를 관할하는 지방자치단체에서 부과한다.

해설 정답 ②

토지에 대한 재산세의 납기는 매년 9월 16일부터 9월 30일까지이다.

05 지방세법상 취득세 및 재산세의 납세의무에 관한 설명이다. 옳지 않은 것은? (2014. CPA)

① 취득세의 과세표준은 취득당시의 시가표준액으로 한다.
② 취득세의 징수는 신고납부의 방법으로 한다.
③ 재산세는 관할지방자치단체의 장이 세액을 산정하여 보통징수의 방법으로 부과 · 징수한다.
④ 토지에 대한 재산세 과세대상은 종합합산과세대상, 별도합산과세대상 및 분리과세대상으로 구분한다.
⑤ 광업권을 취득한 자는 취득세 납세의무를 진다.

해설 

①

취득세의 과세표준은 취득형태별(유상 · 무상 · 원시취득), 자산종류별로 다르다. 즉, 일괄적으로 취득당시의 시가표준액을 과세표준으로 하는 것은 아니다.

06 지방세법상 취득세에 관한 설명이다. 옳지 않은 것은? (2015. CPA)

① 요트회원권은 취득세 과세대상이다.

② 취득의 범위에는 교환에 의한 승계취득도 포함된다.

③ 법인 설립시에 발행하는 주식을 취득함으로써 과점주주가 된 경우 그 과점주주는 해당 법인의 취득세 과세대상을 취득한 것으로 보지 아니한다.

④ 외국인 소유의 항공기를 국내의 대여시설이용자에게 대여하기 위하여 임차하여 수입하는 경우에는 수입하는 자가 취득한 것으로 본다.

⑤ 관계 법령에 따라 등기 · 등록을 요하는 취득세 과세대상의 취득은 사실상 취득하여도 해당 등기 · 등록을 하지 아니하면 취득한 것으로 보지 아니한다.

해설

취득세는 실질주의에 따라 등기 · 등록 등을 이행하지 않은 경우라도 사실상 취득하면 취득세가 과세된다.

07 재산세에 관한 설명 중 옳은 것을 모두 묶은 것은? (2016. CPA)

㉠ 재산세는 토지, 건축물, 주택, 선박 및 항공기를 과세대상으로 한다.

㉡ 재산세의 과세대상이 공부상 등재 상황과 사실상 현황이 다른 경우에는 사실상의 현황에 의한다.

㉢ 재산세의 과세기준일은 매년 5월 1일이다.

㉣ 재산세의 징수는 신고납부의 방법으로 한다.

① ㉠, ㉡ ② ㉡, ㉢ ③ ㉢, ㉣
④ ㉠, ㉢ ⑤ ㉡, ㉣

해설

㉢ 재산세의 과세기준일은 매년 6월 1일이다.

㉣ 재산세의 징수는 고지납부(보통징수)의 방법으로 한다.

08 지방세법상 취득세에 관한 설명으로 옳지 않은 것은? (2017. CPA)

① 외국정부 및 주한국제기구의 취득에 대해서는 취득세를 부과하지 아니한다. 다만, 대한민국 정부기관의 취득에 대하여 과세하는 외국정부의 취득에 대해서는 취득세를 부과한다.

② 입목에 대한 취득세의 납세지는 입목 소재지로 한다.

③ 선박 양수 후 선박법에 따라 등기 · 등록 등을 하지 아니한 경우라도 사실상 취득한 경우 해당 선박의 양수인은 선박취득에 따른 취득세 납세의무를 진다. 다만, 주문을 받아 건조하는 선박은 승계취득인 경우에만 해당한다.

④ 기계장비의 종류를 변경하거나 토지의 지목을 사실상 변경함으로써 그 가액이 증가한 경우에는 취득으로 본다.

⑤ 개인이 유상으로 취득한 토지의 취득세 과세표준은 취득자가 신고한 가액으로 하며 그 신고가액이 시가표준액보다 적을 때에도 당해 신고가액을 과세표준으로 한다.

해설

⑤

부동산등을 유상거래로 승계취득하는 경우 취득당시가액은 사실상의 취득가격[*1]으로 한다. 다만, 지방자치단체의 장은 특수관계인간의 거래로 인하여 그 취득에 대한 조세 부담을 부당하게 감소시키는 행위 또는 계산을 한 것으로 인정되는 경우에는 시가인정액[*2]을 취득당시가액으로 결정할 수 있다.

*1. 사실상의 취득가액 : 취득시기 이전에 해당 물건을 취득하기 위하여 거래 상대방 또는 제3자에게 지급하였거나 지급하여야 할 일체의 비용

2. 시가인정액 : 불특정 다수인 사이에 자유롭게 거래가 이루어지는 경우에 통상적으로 성립된다고 인정되는 가액

09 지방세법에 관한 설명으로 옳은 것은? (2018. CPA)

① 부동산을 취득한 경우 취득세의 납세지는 부동산 취득자의 주소지이므로 부동산 소재지와 취득자의 주소지가 다른 경우에는 취득자의 주소지가 납세지이다.

② 지방소비세의 과세대상은 소득세법을 준용한다.

③ 지방자치단체의 장은 해당 지방자치단체의 관할 구역에 있는 부동산에 대하여 어떠한 경우에도 재산세의 물납을 허가할 수 없다.

④ 토지에 대한 재산세의 납기는 매년 5월 16일부터 5월 31일까지이다.

⑤ 재산세의 징수는 보통징수의 방법에 의하며 고지서 1매당 세액이 2,000원 미만인 때에는 재산세를 징수하지 아니한다.

해설  ⑤

① 부동산을 취득한 경우 취득세의 납세지는 부동산 소재지이다.
② 지방소비세의 과세대상은 부가가치세법을 준용한다.
③ 지방자치단체의 장은 재산세의 납부세액이 1천만원을 초과하는 경우에는 납세의무자의 신청을 받아 지방자치단체의 관할 구역에 있는 부동산에 한하여 물납을 허가할 수 있다.
④ 토지에 대한 재산세의 납기는 매년 9월 16일부터 9월 30일까지이다.

10 지방세법에 관한 설명이다. 옳지 않은 것은? (2019. CPA)

① 과세기준일 현재 상속이 개시된 자동차로서 사실상의 소유자 명의로 이전등록을 하지 아니한 경우에는 상속지분이 가장 높은 자가 자동차 소유에 대한 자동차세 납세의무를 진다.

② 전통 소싸움경기에 관한 법률에 따른 소싸움 사업을 하는 자는 레저세를 납부할 의무가 있다.

③ 원자력을 이용하여 발전을 하는 자는 지역자원시설세 납세의무를 진다.

④ 국가 및 지방자치단체가 자기를 위하여 받는 등록에 대하여는 등록면허세를 부과하지 아니한다.

⑤ 대한민국 정부기관의 재산에 대하여 과세하는 외국정부의 재산에 대하여는 재산세를 부과하지 아니한다.

해설  ⑤

국가, 지방자치단체, 지방자치단체조합, 외국정부 및 주한국제기구의 소유에 속하는 재산에 대하여는 재산세를 부과하지 아니한다. 다만, 다음의 어느 하나에 해당하는 재산에 대하여는 재산세를 부과한다.
① 대한민국 정부기관의 재산에 대하여 과세하는 외국정부의 재산
② 매수계약자에게 납세의무가 있는 재산

11 지방세법상 취득세의 납세의무자에 관한 설명이다. 옳지 않은 것은? (2020. CPA)

① 외국인 소유의 취득세 과세대상 기계장비를 국내의 대여시설 이용자에게 대여하기 위하여 임차하여 수입하는 경우 수입하는 자가 취득세 납세의무를 진다.

② 선박법에 따른 등록을 하지 아니한 경우라도 선박제조사가 주문을 받아 건조하는 선박을 원시취득하는 경우 취득세 납세의무를 진다.

③ 주택법에 따른 주택조합이 해당 조합원용으로 취득하는 조합주택용 부동산은 그 조합원이 취득세 납세의무를 진다.

④ 권리의 이전에 등기가 필요한 부동산을 배우자 간 서로 교환한 경우 유상으로 취득한 것으로 본다.

⑤ 증여자가 배우자 또는 직계존비속이 아닌 경우로서 부동산을 부담부 증여하는 경우 그 채무액에 상당하는 부분은 부동산을 유상으로 취득하는 것으로 본다.

 ②

해설

부동산 등의 취득은 관계 법령에 따른 등기 · 등록 등을 하지 아니한 경우라도 사실상 취득하면 각각 취득한 것으로 보고 해당 취득물건의 소유자 또는 양수인을 각각 취득자로 한다. 다만, 차량, 기계장비, 항공기 및 주문을 받아 건조하는 선박은 승계취득인 경우에만 취득세 납세의무를 진다.(원시취득×)

12 지방세법상 납세지에 관한 설명이다. 옳지 않은 것은? (2021. CPA)

① 차량의 자동차관리법에 따른 등록지와 사용본거지가 다른 경우 등록지를 취득세의 납세지로 한다.

② 선박 등기에 대한 등록면허세의 납세지는 선적항 소재지이다.

③ 수입판매업자가 보세구역으로부터 반출한 담배에 대한 담배소비세의 납세지는 담배가 판매된 소매인의 영업장 소재지이다.

④ 주민세 사업소분의 납세지는 과세기준일 현재 각 사업소 소재지이다.

⑤ 주택에 대한 재산세의 납세지는 주택의 소재지이다.

 ①

해설

차량의 납세지는 자동차관리법에 따른 등록지로 한다. 다만, 등록지가 사용본거지와 다른 경우에는 사용본거지를 납세지로 하고, 철도차량의 경우에는 해당 철도차량의 청소, 유치, 조성, 검사, 수선 등을 주로 수행하는 철도차량기지의 소재지를 납세지로 한다.

13 지방세법상 취득세에 관한 설명이다. 옳지 않은 것은? (2022. CPA)

① 토지의 지목을 사실상 변경함으로써 그 가액이 증가한 경우에는 취득으로 본다.

② 외국정부 및 주한국제기구의 취득에 대해서는 취득세를 부과하지 아니한다. 다만, 대한민국 정부기관의 취득에 대하여 과세하는 외국정부의 취득에 대해서는 취득세를 부과한다.

③ 취득세의 과세표준은 취득 당시의 가액으로 한다. 다만, 연부로 취득하는 경우에는 연부금액으로 한다.

④ 지방자치단체의 장은 취득세의 세율을 조정할 수 없다.

⑤ 취득세 과세물건을 유상으로 취득한 자는 그 취득한 날로부터 60일 이내에 그 과세표준에 세율을 적용하여 산출한 세액을 신고하고 납부하여야 한다.

 ④

해설

취득세는 표준세율* 이므로 지방자치단체의 장은 취득세의 세율을 조정할 수 있다.

* 표준세율 : 지방자치단체가 지방세를 부과할 경우에 통상 적용하여야 할 세율로서 재정상의 사유 또는 그 밖의 특별한 사유가 있는 경우에는 이에 따르지 아니할 수 있는 세율을 말한다.

14 지방세법상 재산세에 관한 설명이다. 옳지 않은 것은? (2023. CPA)

① 재산세의 과세대상이 되는 토지는 공간정보의 구축 및 관리 등에 관한 법률에 따라 지적공부의 등록대상이 되는 토지와 그 밖에 사용되고 있는 사실상의 토지이다.

② 재산세 과세기준일 현재 소유권의 귀속이 분명하지 아니하여 사실상의 소유자를 확인할 수 없는 경우에는 그 사용자가 재산세를 납부할 의무가 있다.

③ 1세대 1주택에 대한 주택 세율 특례 적용을 위하여 1세대 1주택 해당여부를 판단할 때 신탁법에 따라 신탁된 주택은 위탁자의 주택 수에 가산한다.

④ 지방자치단체가 1년 이상 공용 또는 공공용으로 사용하는 재산으로서 소유권의 유상이전을 약정하고 그 재산을 취득하기 전에 미리 사용하는 경우에는 재산세를 부과하지 아니한다.

⑤ 지방자치단체의 장은 재산세의 납부세액이 250만원을 초과하는 경우에는 납부할 세액의 일부를 납부기한이 지난 날부터 3개월 이내에 분할납부하게 할 수 있다.

해설

국가, 지방자치단체 또는 지방자치단체조합이 1년 이상 공용 또는 공공용으로 사용(1년 이상 사용할 것이 계약서 등에 의하여 입증되는 경우를 포함한다)하는 재산에 대하여는 재산세를 부과하지 아니한다. 다만, 다음의 어느 하나에 해당하는 경우에는 재산세를 부과한다.

① 유료로 사용하는 경우

② 소유권의 유상이전을 약정한 경우로서 그 재산을 취득하기 전에 미리 사용하는 경우

15 지방세법상 취득세의 과세대상과 납세의무자에 관한 설명이다. 옳지 않은 것은? (2024. CPA)

① 취득세는 부동산, 차량, 기계장비, 항공기, 선박, 입목, 광업권, 어업권, 양식업권, 골프회원권, 승마회원권, 콘도미니엄 회원권, 종합체육시설 이용회원권 또는 요트회원권을 취득한 자에게 부과한다.

② 선박, 차량과 기계장비의 종류를 변경하거나 토지의 지목을 사실상 변경함으로써 그 가액이 증가한 경우에는 취득으로 본다.

③ 부동산의 취득은 관계 법령에 따른 등기 · 등록 등을 하지 아니한 경우라도 사실상 취득하면 각각 취득한 것으로 보고 해당 취득물건의 소유자 또는 양수인을 각각 취득자로 한다.

④ 법인설립 시에 발행하는 주식 또는 지분을 취득함으로써 과점주주가 된 경우 그 과점주주가 해당 법인의 부동산을 취득한 것으로 본다.

⑤ 차량을 운수업체의 명의로 등록(영업용)하는 경우라도 해당 차량의 구매계약서, 세금계산서, 차주대장 등에 비추어 차량의 취득대금을 지급한 자가 따로 있음이 입증되는 경우 그 차량은 취득대금을 지급한 자가 취득한 것으로 본다.

해설 정답 ④

법인설립 시에 발행하는 주식 또는 지분을 취득함으로써 과점주주가 된 경우에는 취득으로 보지 아니한다.

MEMO

2025 시험전엔 기타세법

04편

국세징수법

회계사 · 세무사 기출문제

국세징수법 총설

01 **다음 거주자 甲의 자료에 따른 세법상 설명으로 옳지 않은 것은?** (2013. 세무사)

- 국세(허가등을 받은 사업과 관련된 부가가치세에 해당함) 1억원을 법령에서 정하는 정당한 사유 없이 체납하고 있음
- 2025.4.1. 현재 체납발생일부터 1년이 경과함
- 체납국세와 관련하여 불복청구 중이거나 행정소송이 계속 중인 상태가 아님
- 납부기한등의 연장이나 압류 · 매각의 유예를 받은 사실이 없음

① 국세청장은 비밀유지규정에 불구하고 甲의 인적사항 · 체납액 · 국세추징명세 등을 공개할 수 있다.

② 국세청장은 甲의 은닉재산을 신고한 자에 대하여 30억원의 범위에서 법령에 따라 계산한 포상금을 지급할 수 있다.

③ 관할 세무서장은 해당 사업의 주무관청에 甲에 대하여 그 허가의 갱신을 하지 아니할 것을 요구할 수 있다.

④ 관할 세무서장은 국세징수를 위하여 필요한 경우로서 신용정보집중기관 등 일정한 자가 甲의 체납 자료를 요구하는 경우에는 이를 제공할 수 있다.

⑤ 국세청장은 甲에 대하여 미화 5만달러 이상의 국외자산이 발견된 경우로서 관할세무서장이 압류 · 공매, 담보제공, 보증인의 납세보증서 등으로 조세채권을 확보할 수 없고, 강제징수를 회피할 우려가 있다고 인정되면 법무부장관에게 출국금지를 요청하여야 한다.

해설 정답 ①

체납발생일부터 1년이 지난 국세가 2억원 이상일 경우에 국세청장은 체납자의 인적사항 등을 공개할 수 있으나, 甲의 경우 체납발생일로부터 1년이 지난 국세가 1억원으로 2억원 이상이 아니므로 인적사항 등을 공개할 수 없다.

02 납세자(미과세된 자를 포함)가 납세증명서를 제출하여야 하는 경우를 모두 고른 것은?

(2014. 세무사)

ㄱ. 국세 강제징수에 따른 채권 압류로 관할 세무서장이 그 대금을 지급받는 경우
ㄴ. 출입국관리법에 따른 외국인등록을 한 외국인이 체류기간 연장허가를 법무부장관에게 신청하는 경우
ㄷ. 내국인이 해외이주 목적으로 해외이주법에 따라 재외동포청장에게 해외이주신고를 하는 경우
ㄹ. 지방자치단체가 대금을 지급받아 그 대금이 지방자치단체금고에 귀속되는 경우

① ㄱ, ㄴ　　② ㄱ, ㄷ　　③ ㄴ, ㄷ
④ ㄴ, ㄹ　　⑤ ㄷ, ㄹ

해설

 ③

납세증명서는 다음의 경우에 제출한다.
(1) 국가 · 지방자치단체 또는 정부관리기관으로부터 대금을 지급받을 경우.
(2) 출입국관리법에 따른 외국인등록 또는 재외동포의 출입국과 법적 지위에 관한 법률에 따른 국내거소신고를 한 외국인이 체류기간 연장허가 등 체류 관련 허가를 법무부장관에게 신청하는 경우
(3) 내국인이 해외이주 목적으로 해외이주법에 따라 재외동포청장에게 해외이주신고를 하는 경우

[관련규정] 납세증명서 제출의무 면제

① 국가를 당사자로 하는 계약에 관한 법률 시행령 및 지방자치단체를 당사자로 하는 계약에 관한 법률 시행령에 해당하는 수의계약과 관련하여 대금을 지급받는 때
② 국가 · 지방자치단체가 대금을 지급받아 그 대금이 국고 또는 지방자치단체금고에 귀속되는 때
③ 국세 강제징수에 따른 채권 압류로 관할 세무서장이 그 대금을 지급받는 경우
④ 채무자 회생 및 파산에 관한 법률에 따른 파산관재인이 납세증명서를 발급받지 못하여 관할법원이 파산절차를 원활하게 진행하기 곤란하다고 인정하는 경우로서 관할 세무서장에게 납세증명서 제출의 예외를 요청하는 경우
⑤ 납세자가 계약대금 전액을 체납세액으로 납부하거나 계약대금 중 일부 금액으로 체납세액 전액을 납부하려는 경우

03 **납세자가 납세의무를 자발적으로 이행하도록 간접적으로 강제하는 제도에 관한 설명으로 옳지 않은 것은?** (2015. 세무사)

① 납세증명서의 발급일 현재 해당 신청인에게 납부고지된 국세가 있는 경우에는 납세증명서의 유효기간을 그 지정납부기한부터 30일간으로 할 수 있다.

② 납세자 또는 그 동거가족이 질병이나 중상해로 6개월 이상의 치료가 필요한 경우에는 허가등을 받아 사업을 경영하는 자가 해당 사업과 관련된 부가가치세를 3회 이상 체납하고 그 체납액이 500만원 이상일 때에도 그 주무관청에 사업의 정지 또는 허가등의 취소를 요구할 수 없다.

③ 국세청장은 정당한 사유 없이 5천만원 이상의 국세를 체납한 자 중 대통령령으로 정하는 자에 대하여 법무부장관에게 출입국관리법에 따라 출국금지를 요청하여야 한다.

④ 국세청장은 체납 발생일부터 1년이 지난 국세의 합계액이 2억원 이상인 경우 체납자의 인적사항 및 체납액 등을 공개할 수 있다.

⑤ 체납된 국세와 관련하여 국세기본법에 따른 이의신청 · 심사청구 또는 심판청구 및 행정소송이 계속 중인 경우에는 신용정보의 이용 및 보호에 관한 법률에 따른 신용정보집중기관이 관할 세무서장에게 체납자에 대한 자료를 요구하는 경우에도 체납자료를 제공하지 아니한다.

해설

 ①

납세증명서의 유효기간은 그 증명서를 발급한 날부터 30일간으로 한다. 다만, 발급일 현재 해당 신청인에게 납부고지된 국세가 있는 경우에는 해당 지정납부기한까지로 할 수 있다. 이처럼 유효기간을 지정납부기한까지로 정하는 경우 해당 납세증명서에 그 사유와 유효기간을 분명하게 적어야 한다.

04 다음은 국세징수법상 체납자료의 제공에 관한 설명이다. ( )에 들어갈 내용으로 옳은 것은?

(2019. 세무사)

> 관할 세무서장(지방국세청장 포함)은 국세징수 또는 공익(公益) 목적을 위하여 필요한 경우로서 신용정보집중기관, 그 밖에 대통령령으로 정하는 자가 다음의 어느 하나에 해당하는 체납자의 인적사항 및 체납액에 관한 자료를 요구한 경우 이를 제공할 수 있다.
>
> 1. 체납 발생일부터 (ㄱ)년이 지나고 체납액이 (ㄴ)만원 이상인 자
> 2. 1년에 (ㄷ)회 이상 체납하고 체납액이 (ㄹ)만원 이상인 자

	ㄱ	ㄴ	ㄷ	ㄹ		ㄱ	ㄴ	ㄷ	ㄹ
①	1	500	2	500	②	1	500	3	500
③	1	1,000	2	1,000	④	2	500	3	500
⑤	2	1,000	2	1,000					

해설 정답 ②

구 분	체납자료 제공대상
① 장기체납자	체납발생일부터 1년이 지나고 체납액이 500만원 이상인 자
② 상습체납자	1년에 3회 이상 체납하고 체납액이 500만원 이상인 자

05 국세징수법상 납세증명서에 관한 설명으로 옳은 것은? (2020. 세무사)

① 납세증명서는 납부고지의 유예액, 독촉장에서 정하는 기한의 연장에 관계된 금액, 압류·매각의 유예액, 징수유예액 또는 강제징수에 따라 압류된 재산의 환가유예에 관련된 체납액을 포함하여 발급일 현재 납세자가 체납액이 없다는 사실을 증명한다.

② 국세에 대한 납부의무가 있는 외국인이 출국하거나 내국인이 해외이주 목적으로 해외이주법에 따라 재외동포청장에게 해외이주신고를 하는 경우에는 납세증명서를 제출하여야 한다.

③ 국세 강제징수에 따른 채권 압류로 관할 세무서장이 국가로부터 그 대금을 지급받는 경우에도 납세증명서를 제출하여야 한다.

④ 국가로부터 대금을 지급받는 경우로서 채권양도에 의하여 대금을 지급받는 자가 원래의 계약자 외의 자인 경우에는 해당 채권의 양도인뿐만 아니라 양수인의 납세증명서를 함께 제출하여야 한다.

⑤ 발급일 현재 해당 신청인에게 납부고지된 국세가 있는 경우를 포함하여 납세증명서 유효기간은 그 증명서를 발급한 날부터 30일간으로 한다.

 ④

해설

① 납세증명서는 발급일 현재 다음을 제외하고 다른 체납액이 없다는 것을 증명하는 문서이다.
  a. 납부고지의 유예액, 독촉장에서 정하는 기한의 연장에 관계된 금액
  b. 압류·매각의 유예액
  c. 징수유예액 또는 강제징수에 따라 압류된 재산의 환가유예에 관련된 체납액
  d. 부가가치세법에 따라 신탁재산으로써 납세의무자의 부가가치세 또는 강제징수비를 납부할 의무(물적납세의무)가 있는 신탁법에 따른 수탁자가 그 물적납세의무와 관련하여 체납한 부가가치세 등
  e. 조세특례제한법에 따른 재기중소기업인의 압류·매각의 유예액, 납부고지의 유예액 및 지정납부기한·독촉장에서 정하는 기한의 연장에 관계된 금액, 영세개인사업자의 징수곤란 체납액

② 내국인이 해외이주 목적으로 해외이주법에 따라 재외동포청장에게 해외이주신고를 하는 경우에는 납세증명서를 제출하여야 하나, 국세에 대한 납부의무가 있는 외국인이 출국하는 경우 납세증명서를 제출해야 하는 것은 아니다.

③ 국세 강제징수에 따른 채권 압류로 관할 세무서장이 국가로부터 그 대금을 지급받는 경우에는 납세증명서 제출의무가 면제된다.

⑤ 납세증명서의 유효기간은 그 증명서를 발급한 날부터 30일간으로 한다. 다만, 발급일 현재 해당 신청인에게 납부고지된 국세가 있는 경우에는 해당 지정납부기한까지로 할 수 있다.

06 국세징수법상 납세증명서 등 제도에 관한 설명으로 옳지 않은 것은? (2021. 세무사)

① 담보대출을 하고자 하는 은행이 납세의무자로부터 대출일 현재의 납세증명서를 전달받더라도 은행에 우선하는 국세채권의 존재를 확인할 수 없는 경우가 있다.

② 체납된 국세와 관련하여 심판청구가 계속 중인 경우에는 체납자의 인적사항 및 체납액 등을 공개할수 없다.

③ 미납국세의 열람 대상에는 아직 체납상태에 이르지 아니한 국세채권도 일부 포함되어있다.

④ 국세청장은 체납자 재산의 압류 및 담보 제공 등으로 출국금지 사유가 없어진 경우 즉시 법무부장관에게 출국금지의 해제를 요청하여야 한다.

⑤ 관할 세무서장은 납세자로부터 납세증명서의 발급을 신청받은 경우 그 사실을 확인한 후 30일 이내에 납세증명서를 발급하여야 한다.

해설

정답 ⑤

관할 세무서장은 납세자로부터 납세증명서의 발급을 신청받은 경우 그 사실을 확인한 후 즉시 납세증명서를 발급하여야 한다.

07 국세징수법상 고액 · 상습체납자의 감치와 관련된 설명 중 ㄱ~ㄷ에 들어갈 내용으로 옳은 것은? (2022. 세무사)

> 법원은 검사의 청구에 따라 체납자가 다음의 사유에 모두 해당하는 경우 결정으로 30일의 범위에서 체납된 국세가 납부될 때까지 그 체납자를 감치에 처할 수 있다.
> (1) 국세를 (ㄱ)회 이상 체납하고 있고, 체납 발생일부터 각 (ㄴ)년이 경과하였으며, 체납된 국세의 합계액이 (ㄷ)억원 이상인 경우
> (2) 체납된 국세의 납부능력이 있음에도 불구하고 정당한 사유 없이 체납한 경우
> (3) 국세기본법에 따른 국세정보위원회의 의결에 따라 해당 체납자에 대한 감치 필요성이 인정되는 경우

① ㄱ : 2, ㄴ : 1, ㄷ : 1 ② ㄱ : 2, ㄴ : 2, ㄷ : 2 ③ ㄱ : 2, ㄴ : 2, ㄷ : 3
④ ㄱ : 3, ㄴ : 1, ㄷ : 2 ⑤ ㄱ : 3, ㄴ : 1, ㄷ : 3

해설

정답 ④

법원은 검사의 청구에 따라 체납자가 다음의 사유에 모두 해당하는 경우 결정으로 30일의 범위에서 체납된 국세가 납부될 때까지 그 체납자를 감치에 처할 수 있다.

(1) 국세를 (3)회 이상 체납하고 있고, 체납 발생일부터 각 (1)년이 경과하였으며, 체납된 국세의 합계액이 (2)억원 이상인 경우

(2) 체납된 국세의 납부능력이 있음에도 불구하고 정당한 사유 없이 체납한 경우

(3) 국세기본법에 따른 국세정보위원회의 의결에 따라 해당 체납자에 대한 감치 필요성이 인정되는 경우

08 국세징수법령상 고액 · 상습체납자에 대하여 행할 수 있는 사항으로 옳지 않은 것은? (2023. 세무사)

① 관할 세무서장은 체납 발생일부터 1년이 지난 국세의 합계액이 2억원 이상인 경우에 체납자의 수입물품에 대한 강제징수를 세관장에게 위탁할 수 있다.

② 국세청장은 체납 발생일부터 1년이 지난 국세의 합계액이 2억원 이상인 경우에 체납자의 인적사항 및 체납액 등을 공개할 수 있으나 체납된 국세와 관련하여 심판청구가 계속 중인 경우에는 공개할 수 없다.

③ 국세청장은 체납 발생일부터 1년이 지난 국세의 합계액이 2억원 이상인 경우에 체납자의 주소 또는 거소를 관할하는 지방검찰청 또는 지청의 검사에게 체납자의 감치(監置)를 신청할 수 있다.

④ 법원의 결정으로 30일의 범위에서 체납된 국세가 납부될 때까지 체납자를 감치(監置)에 처할 수 있으며 감치의 집행 중에 체납된 국세를 납부한 경우 감치집행을 종료하여야 한다.

⑤ 국세청장은 정당한 사유 없이 5천만원 이상의 국세를 체납한 자 중 명단이 공개된 고액 · 상습체납자로서 관할 세무서장이 압류 · 공매, 담보 제공, 보증인의 납세보증서 등으로 조세채권을 확보할 수 없고, 강제징수를 회피할 우려가 있다고 인정하는 사람에 대하여 법무부장관에게 출국금지를 요청하여야 한다.

해설

정답 ③

국세청장은 국세를 3회 이상 체납하고 있고, 체납발생일부터 각 1년이 경과하였으며, 체납된 국세의 합계액이 2억원 이상인 경우로서 추가적인 법정요건을 모두 충족한 경우 체납자의 주소 또는 거소를 관할하는 지방검찰청 또는 지청의 검사에게 체납자의 감치(監置)를 신청할 수 있다.

09 국세징수법령상 납세증명서 등 제도에 관한 설명으로 옳은 것은? (2024. 세무사)

① 관할 세무서장은 지급명세서 등 금융거래에 관한 정보를 체납자의 재산조회와 강제징수를 위하여 사용할 수 없다.

② 법원의 결정으로 감치에 처하여진 체납자는 동일한 체납 사실로 인하여 다시 감치될 수 있다.

③ 상가건물에 대해 보증금을 2천만원으로 하는 임대차계약을 체결한 임차인은 임대차기간이 시작하는 날까지 임대인의 동의 없이 임대인의 미납국세 등의 열람을 관할 세무서장에게 신청할 수 있다.

④ 관할 세무서장은 허가등을 받아 사업을 경영하는 자가 해당 사업과 관련된 부가가치세를 2회 체납했고 그 체납된 금액의 합계액이 2천만원인 경우 해당 주무관청에 사업의 정지 또는 허가등의 취소를 요구할 수 있다.

⑤ 국세청장은 체납 발생일부터 1년이 지난 국세의 합계액이 1억원인 경우 체납자의 인적사항 및 체납액 등을 공개할 수 있다.

 ③

해설

① 관할 세무서장은 지급명세서 등 금융거래에 관한 정보를 체납자의 재산조회와 강제징수를 위하여 사용할 수 있다.

② 법원의 결정으로 감치에 처하여진 체납자는 동일한 체납 사실로 인하여 다시 감치되지 아니한다.

③ 임대차계약을 체결한 임차인으로서 해당 계약에 따른 보증금이 1,000만원을 초과하는 자는 임대차 기간이 시작하는 날까지 임대인의 동의없이도 임대인의 미납국세 등의 열람을 관할 세무서장에게 신청할 수 있다. 그러므로 상가건물에 대한 보증금을 2천만원으로 하는 임대차계약을 체결한 임차인은 임대차 기간이 시작하는 날까지 임대인의 동의 없이 임대인의 미납국세 등의 열람을 관할 세무서장에게 신청할 수 있다. → 옳은 지문

④ 관할 세무서장은 허가등을 받아 사업을 경영하는 자가 해당 사업과 관련된 소득세, 법인세 및 부가가치세를 3회 이상 체납하고 그 체납된 금액의 합계액이 500만원 이상인 경우 해당 주무관청에 사업의 정지 또는 허가등의 취소를 요구할 수 있다.

⑤ 국세청장은 체납 발생일부터 1년이 지난 국세의 합계액이 2억원 이상인 경우 체납자의 인적사항 및 체납액 등을 공개할 수 있다.

CHAPTER 02 회계사 · 세무사 기출문제

임의적 징수절차

01 납세담보에 대한 설명이다. 옳지 않은 것은? (2011. CPA)

① 국채증권, 지방채증권 등의 유가증권도 납세담보로 제공할 수 있다.

② 금전을 납세담보로 제공하려는 자는 이를 공탁하고 그 공탁수령증을 관할 세무서장에게 제출하여야 한다.

③ 유가증권시장에 상장되고 매매사실이 있는 유가증권이 납세담보로 제공된 경우에는 담보로 제공하는 날을 평가기준일로 하여 평가한다.

④ 납세보증보험증권으로 납세담보를 제공할 때에는 담보할 국세의 100분의 110 이상의 가액에 상당하는 담보를 제공하여야 한다. 다만, 그 국세가 확정되지 아니한 경우에는 국세청장이 정하는 가액으로 하여야 한다.

⑤ 납세담보로서 금전을 제공한 자는 그 금전으로 담보한 국세 및 강제징수비를 납부할 수 있다.

해설 정답 ③

유가증권은 담보로 제공되는 날의 전 날을 평가기준일로 하여 상속세 및 증여세법을 준용하여 계산한 금액으로 평가한다.

[관련규정] 납세담보

담보제공금액	종류	평가방법	제공방법
110% 이상[*1]	① 금전	–	공탁하고 공탁수령증 제출
	② 납세보증보험증권	보험금액	납세보증보험증권[*2] 제출
	③ 은행의 납세보증서	보증금액	납세보증서 제출
120% 이상[*1]	④ 신용보증기금 등의 납세보증서	보증금액	납세보증서 제출
	⑤ 유가증권	담보로 제공하는 날의 전날을 평가기준일로 하여 상증세법을 준용한 평가가액	공탁하고 공탁수령증 제출 * 다만, 등록된 유가증권의 경우에는 담보 제공의 뜻을 등록하고 그 등록확인증을 제출
	⑥ 토지 · 건물	상속세 및 증여세법상 평가가액[*4]	등기 · 등록필증 제출 * 토지를 제외한 보험에 든 자산은 그 화재보험증권[*3]을 함께 제출
	⑦ 공장재단 · 광업재단 · 선박 · 항공기 · 건설기계	감정가액 또는 지방세법상 시가표준액	

*1. 다만, 그 국세가 확정되지 아니한 경우에는 국세청장이 정하는 가액으로 하여야 한다.
2. 납세보증보험증권 : 그 보험기간이 납세담보를 필요로 하는 기간에 30일 이상을 더한 것이어야 한다. 다만, 납부하여야 할 기한이 확정되지 아니한 국세의 경우에는 국세청장이 정하는 기간으로 하여야 한다.
3. 화재보험증권 : 그 보험기간은 납세담보를 필요로 하는 기간에 30일 이상을 더한 것이어야 한다.
4. 상속세 및 증여세법상 평가가액 : 평가기준일 현재의 시가 평가를 원칙으로 하되, 시가를 산정하기 어려운 경우에는 보충적 평가가액으로 한다.
5. 납세담보로서 금전을 제공한 자는 그 금전으로 담보한 국세 및 강제징수비를 납부할 수 있다.

02 **국세징수법상 납부기한등의 연장 및 납부고지의 유예에 관한 설명으로 옳지 않은 것은?** (2013. 세무사)

① 관할 세무서장은 납세자가 경영하는 사업에 현저한 손실이 발생하거나 부도 또는 도산의 우려가 있는 경우로서 국세를 납부기한 또는 독촉장에서 정하는 기한까지 납부할 수 없다고 인정되는 경우 납부기한 등을 연장할 수 있다.

② 관할 세무서장은 납부기한등을 연장 또는 납부고지를 유예하는 경우 즉시 납세자에게 그 사실을 통지하여야 한다.

③ 납세자는 납부기한등의 연장 또는 납부고지의 유예 사유로 납부기한등의 연장 또는 납부고지의 유예를 받으려는 경우 법령으로 정하는 바에 따라 관할 세무서장에게 그 연장 또는 유예를 신청할 수 있다.

④ 관할 세무서장은 납부기한등의 연장 또는 납부고지의 유예를 하는 경우 그 연장 또는 유예와 관계되는 금액에 상당하는 납세담보의 제공을 요구할 수 있다.

⑤ 관할 세무서장은 납부기한 등을 연장한 경우 연장기간 중에는 지정납부기한이 연장된 국세에 대하여 교부청구를 할 수 없다.

해설  ⑤

연장 또는 유예기간 중에는 교부청구를 제외한 강제징수를 할 수 없다. 즉, 연장 또는 유예 기간 중에도 지정납부기한이 연장된 국세에 대하여 교부청구를 할 수 있다.

03 국세징수법상 납부기한등의 연장 또는 납부고지의 유예에 관한 설명으로 옳지 않은 것은?

(2017. 세무사)

① 관할 세무서장은 납세자가 재난 또는 도난으로 재산에 심한 손실을 입은 경우로 국세를 납부할 수 없다고 인정되는 경우 납부고지를 유예할 수 있다.

② 납부고지의 유예, 지정납부기한 · 독촉장에서 정하는 기한의 연장, 징수 유예기간에는 국세징수권의 소멸시효가 진행되지 아니한다.

③ 관할 세무서장은 납세자가 경영하는 사업에 현저한 손실이 발생하여 국세를 납부기한 또는 독촉장에서 정하는 기한까지 납부할 수 없다고 인정되는 경우 납부기한 등을 연장(세액을 분할하여 납부하도록 하는 것 포함)할 수 있다.

④ 관할 세무서장은 납부기한 등의 연장기간 중에도 체납액에 대하여 교부청구를 할 수 있다.

⑤ 납부기한등의 연장을 한 납세자의 재산 상황의 변동 등의 사유로 납부기한 등의 연장을 할 필요가 없다고 인정되어 관할 세무서장이 지정납부기한등의 연장을 취소한 경우 그 국세에 대하여 다시 지정납부기한등의 연장을 할 수 없다.

해설  ⑤

재산 상황의 변동 등의 사유로 납부기한 등의 연장을 취소한 경우 다시 지정납부기한등의 연장을 할 수 있다.

연장 및 유예의 취소사유	재연장가능여부
① 국세를 분할납부하여야 하는 각 기한까지 분할납부하여야 할 금액을 납부하지 아니한 경우 ② 관할 세무서장의 납세담보물의 추가 제공 또는 보증인의 변경 요구에 따르지 아니한 경우 ③ 납부기한 전 징수에 해당하는 사유가 있어 그 연장 또는 유예한 기한까지 연장 또는 유예와 관계되는 국세의 전액을 징수할 수 없다고 인정되는 경우	×
④ 재산 상황의 변동 등의 사유로 납부기한등의 연장 또는 납부고지의 유예를 할 필요가 없다고 인정되는 경우 ⑤ 연장 또는 유예 사유 중 정보통신망 가동 불가능, 금융회사휴무 등의 사유가 소멸된 경우	○

04 국세징수법상 납부기한등의 연장 또는 납부고지의 유예에 관한 설명으로 옳은 것은?

(2015. 세무사 수정)

① 납부고지의 유예, 지정납부기한 · 독촉장에서 정하는 기한의 연장, 징수 유예기간에는 국세징수권의 소멸시효가 중단된다.

② 관할 세무서장은 납부기한 등을 연장한 경우 연장기간 중에는 지정납부기한이 연장된 국세에 대하여 참가압류는 할 수 있으나 교부청구는 할 수 없다.

③ 연장 또는 유예의 대상이 되는 국세는 각 세법에 따른 자진납부분 이외의 것을 말하며, 상속세 및 증여세법에 따른 연부연납분도 포함된다.

④ 납세자가 납부기한등의 만료일 10일 전까지 납부기한등의 연장신청을 하였으나 관할 세무서장이 그 신청일부터 10일 이내에 승인 여부를 통지하지 아니한 경우에는 납부기한등의 만료일부터 10일이 되는 날에 신청을 승인한 것으로 본다.

⑤ 발급일 현재 납부고지의 유예액을 제외한 다른 체납액이 없는 경우에도 납부고지의 유예기간 중에는 납세증명서를 발급받을 수 없다.

③

해설

① 납부고지의 유예, 지정납부기한 · 독촉장에서 정하는 기한의 연장, 징수 유예기간에는 국세징수권의 소멸시효가 정지된다.

② 관할 세무서장은 납부기한 등을 연장한 경우 연장기간 중에는 지정납부기한이 연장된 국세에 대하여 참가압류는 할 수 없으나, 교부청구는 할 수 있다.

④ 납세자가 납부기한등의 만료일 10일 전까지 납부기한등의 연장신청을 하였으나 관할 세무서장이 그 신청일부터 10일 이내에 승인 여부를 통지하지 아니한 경우에는 신청일부터 10일이 되는 날에 신청을 승인한 것으로 본다.

⑤ 유예기간 중에는 국세 등이 체납되어 있더라도 납세증명서를 발급받을 수 있다.

05 국세징수법상 징수절차에 관한 설명으로 옳지 않은 것은? (다툼이 있으면 판례에 따름)(2016. 세무사)

① 관할 세무서장은 납세자의 체납액을 제2차 납세의무자로부터로부터 징수하는 경우 징수하려는 체납액의 과세기간, 세목, 세액, 산출 근거, 납부하여야 할 기한, 납부장소, 제2차 납세의무자로부터 징수할 금액, 그 산출 근거, 그 밖에 필요한 사항을 적은 납부고지서를 제2차 납세의무자에게 발급하여야 한다.

② 관할 세무서장은 납세자로부터 국세를 징수하려는 경우 국세의 과세기간, 세목, 세액, 산출 근거, 납부하여야 할 기한 및 납부장소를 적은 납부고지서를 납세자에게 발급하여야 한다.

③ 관할 세무서장은 납세자가 체납액 중 국세만을 완납하여 강제징수비를 징수하려는 경우 강제징수비의 징수와 관계되는 국세의 과세기간, 세목, 강제징수비의 금액, 산출 근거, 납부하여야 할 기한 및 납부장소를 적은 강제징수비고지서를 납세자에게 발급하여야 한다.

④ 관할 세무서장은 납부고지서 발급시 국세의 납부하여야 할 기한을 납부고지를 하는 날부터 30일 이내의 범위로 정한다.

⑤ 과세관청이 과세표준과 세액을 결정 또는 경정하고 그 통지를 납부고지서에 의하는 경우의 납부고지는 징수고지로서의 성질은 있으나 부과고지로서의 성질은 없다.

해설

 ⑤

과세관청이 과세표준과 세액을 결정 또는 경정하고 그 통지를 납부고지서에 의하는 경우의 납부고지는 납부고지로 납세의무가 확정되므로 부과고지로서의 성질이 있다.

06 납부기한 전 징수에 관한 설명으로 옳지 않은 것은? (2016. 세무사)

① 관할 세무서장은 납세자가 국세의 체납으로 강제징수를 받을 때에는 납부기한 전이라도 이미 납세의무가 확정된 국세를 징수할 수 있다.

② 관할 세무서장(법령이 정하는 체납자의 경우에는 지방국세청장을 포함)은 납부기한 전 징수 사유에 해당함에 따라 납세자가 납부기한 전 징수의 고지를 받고 지정된 기한까지 완납하지 아니한 경우에는 납세자의 재산을 압류한다.

③ 납부기한 전에 징수를 할 수 있는 국세에는 납부고지를 한 국세는 포함되나, 원천징수한 국세는 포함되지 않는다.

④ 납세자에게 담보권 실행 등을 위한 경매가 시작된 경우도 납부기한 전 징수 사유에 해당한다.

⑤ 관할 세무서장은 납부기한 전에 국세를 징수하려는 경우 당초의 납부기한보다 단축된 기한을 정하여 납세자에게 납부고지를 하여야 한다.

해설

 ③

납부기한 전에 징수를 할 수 있는 국세에는 납부고지를 한 국세 및 원천징수한 국세를 포함한다.

[관련규정] 납부기한 전 징수사유

납부기한 전 징수사유	비 고
① 국세, 지방세 또는 공과금의 체납으로 강제징수 또는 체납처분이 시작된 경우 ② 민사집행법에 따른 강제집행 및 담보권 실행 등을 위한 경매가 시작되거나 채무자 회생 및 파산에 관한 법률에 따른 파산선고를 받은 경우 ③ 법인이 해산한 경우	교부청구사유○
④ 어음법 및 수표법에 따른 어음교환소에서 거래정지처분을 받은 경우 ⑤ 국세를 포탈하려는 행위가 있다고 인정되는 경우 ⑥ 납세관리인을 정하지 아니하고 국내에 주소 또는 거소를 두지 아니하게 된 경우	교부청구사유×

07 **납부기한등의 연장 또는 납부고지의 유예를 취소하고 연장 또는 유예와 관계되는 국세를 한꺼번에 징수할 수 있는 사유가 아닌 것은?** (2014. 세무사)

① 국세를 분할납부하여야 하는 각 기한까지 분할납부하여야 할 금액을 납부하지 아니한 경우
② 국세의 체납으로 강제징수를 받을 때
③ 관할 세무서장의 납세담보물의 추가 제공 또는 보증인의 변경 요구에 따르지 아니한 경우
④ 재산 상황의 변동 등의 사유로 납부기한등의 연장 또는 납부고지의 유예를 할 필요가 없다고 인정되는 경우
⑤ 납부기한 전 징수에 해당하는 사유가 있어 그 연장 또는 유예한 기한까지 연장 또는 유예와 관계되는 국세의 전액을 징수할 수 없다고 인정되는 경우

해설

 ②

납부기한등의 연장 또는 납부고지의 유예는 임의적 징수절차를 유예해주는 제도이므로 강제징수를 받을 때는 연장 또는 유예 사유가 될 수 없다. 그러므로 연장 또는 유예의 취소규정도 적용되지 않는다.

08 국세징수법상 징수절차에 관한 설명으로 옳지 않은 것은? (2018. 세무사 수정)

① 관할 세무서장은 납세자가 국세를 지정납부기한까지 완납하지 아니한 경우 지정납부기한이 지난 후 10일 이내에 체납된 국세에 대한 독촉장을 발급하여야 한다.

② 관할 세무서장은 납세자가 지방세의 체납으로 체납처분을 받을 때에는 납부기한 전이라도 이미 납세의무가 확정된 국세를 징수할 수 있다.

③ 납부고지서는 징수결정 즉시 발급하여야 하나, 납부고지를 유예한 경우에는 유예기간이 끝난 날의 다음 날에 발급한다.

④ 관할 세무서장은 납세자가 국세를 포탈하려는 행위가 있다고 인정될 때에는 납부기한 전이라도 이미 납세의무가 확정된 국세를 징수할 수 있다.

⑤ 납세담보로서 상장된 유가증권을 제공한 자는 그 담보물로 국세를 납부할 수 있다.

정답 ⑤

해설

납세담보로서 금전을 제공한 자는 그 금전으로 담보한 국세 및 강제징수비를 납부할 수 있다.

09 국세징수법상 납부기한등의 연장 또는 납부고지의 유예에 관한 설명으로 옳지 않은 것은? (2020. 세무사 수정)

① 납세자가 도난으로 재산에 심한 손실을 입은 경우는 납부기한 등의 연장 및 납부고지의 유예사유에 해당한다.

② 납세자와 함께 사는 어머니가 질병이나 중상해로 6개월 이상의 치료가 필요한 경우는 납부기한 등의 연장 및 납부고지의 유예사유에 해당한다.

③ 관할 세무서장은 연장 또는 유예 기간이 6개월을 초과할 때에는 가능하면 연장 또는 유예 기간 개시 후 6개월이 지난 날부터 3개월 이내에 균등액을 분납할 수 있도록 정하여야 한다.

④ 납부고지서 또는 독촉장의 송달이 지연되어 도달한 날에 이미 지정납부기한등이 지난 경우 도달한 날부터 14일이 지난 날을 지정납부기한등으로 한다.

⑤ 관할 세무서장은 납부기한 등의 연장기간 중에는 지정납부기한이 연장된 국세에 대하여 교부청구를 할 수 없다.

정답 ⑤

해설

연장 또는 유예기간 중에는 교부청구를 제외한 강제징수를 할 수 없다. 즉, 연장 또는 유예 기간 중에도 지정납부기한이 연장된 국세에 대하여 교부청구를 할 수 있다.

10 국세징수법상 국세의 징수절차에 관한 설명으로 옳지 않은 것은? (2020. 세무사)

① 관할 세무서장이 납세자에게 발급하는 납부고지서에는 과세기간, 세목, 세액, 산출 근거, 납부하여야 할 기한 및 납부장소를 기재하여야 한다.

② 납세자가 지방세의 체납으로 체납처분을 받을 때에는 세무서장은 납부기한 전이라도 그 납세자의 납세의무가 이미 확정된 국세를 징수할 수 있다.

③ 관할 세무서장은 물적납세의무를 부담하는 자로부터 납세자의 체납액을 징수하는 경우 물적납세의무를 부담하는 자의 주소 또는 거소를 관할하는 세무서장에게도 그 사실을 통지하여야 한다.

④ 세법에 따라 납부고지를 유예한 경우 유예기간이 끝난 날에 납부고지서를 발급하여야 한다.

⑤ 관할 세무서장은 제2차 납세의무자등에게 납부고지서를 발급하는 경우 납세자에게 그 사실을 통지하여야 한다.

해설  정답 ④

세법에 따라 납부고지를 유예한 경우 유예기간이 끝난 날의 다음날에 납부고지서를 발급하여야 한다.

11 국세징수법상 납부고지 등 징수에 관한 설명으로 옳은 것은? (다툼이 있으면 판례에 따름) (2021. 세무사)

① 체납액의 징수는 강제징수비, 가산세, 가산세를 제외한 국세의 순으로 한다.

② 독촉장을 발급하는 경우 독촉을 하는 날부터 30일 이내의 범위에서 기한을 정하여 발급한다.

③ 제2차 납세의무자로부터 국세를 징수하고자 하는 경우 납부통지서를 발급하여야 한다.

④ 하나의 납부고지서로 여러 종류의 가산세를 함께 부과하는 경우에는 그 가산세 종류별로 세액과 산출근거 등을 구분하여 기재하여야 한다.

⑤ 국세를 포탈하려는 행위가 있다고 인정된다는 사유만으로는 납부기한 전 징수를 할 수 없다.

해설  정답 ④

① 체납액의 징수는 ① 강제징수비, ② 가산세를 제외한 국세, ③ 가산세의 순으로 한다.
② 독촉장을 발급하는 경우 독촉을 하는 날부터 20일 이내의 범위에서 기한을 정하여 발급한다.
③ 제2차 납세의무자로부터 국세를 징수하고자 하는 경우 납부고지서를 발급하여야 한다.
⑤ 국세를 포탈하려는 행위가 있다고 인정되는 경우 납부기한 전 징수를 할 수 있다.

12 국세징수법령상 납세담보에 관한 설명으로 옳은 것은? (2022. 세무사)

① 양도성 예금증서는 납세담보로 제공할 수 있는 유가증권에 해당하지 않는다.
② 납세담보로서 금전을 제공한 자는 그 금전으로 담보한 국세 및 강제징수비를 납부할 수 없다.
③ 납세보증보험증권은 보험기간이 납세담보를 필요로 하는 기간에 20일을 더한 기간 이상인 것으로 한정한다.
④ 납세담보를 토지로 제공하는 경우에는 담보할 국세의 100분의 110의 가액에 상당하는 담보를 제공할 수 있다.
⑤ 납세담보를 현금화한 금전으로 징수해야 할 국세 및 강제징수비를 징수하고 남은 금전이 있는 경우 공매대금의 배분방법에 따라 배분한 후 납세자에게 지급한다.

해설

 ⑤

① 양도성 예금증서는 납세담보로 제공할 수 있는 유가증권에 해당한다.
② 납세담보로서 금전을 제공한 자는 그 금전으로 담보한 국세 및 강제징수비를 납부할 수 있다.
③ 납세보증보험증권은 보험기간이 납세담보를 필요로 하는 기간에 30일을 더한 기간 이상인 것으로 한정한다.
④ 납세담보를 토지로 제공하는 경우에는 담보할 국세의 100분의 120 이상의 가액에 상당하는 담보를 제공하여야 한다.

13 국세징수법령상 납부기한의 연장과 납부고지의 유예에 관한 설명으로 옳지 않은 것은? (2023. 세무사)

① 납세자가 납부기한의 만료일 10일 전까지 납부기한 연장 신청을 하였으나 관할 세무서장이 그 신청일부터 10일 이내에 승인 여부를 통지하지 아니한 경우에는 신청일부터 10일이 되는 날에 그 신청을 승인한 것으로 본다.
② 납세자가 도난으로 재산에 심한 손실을 입은 경우는 납부기한의 연장사유에 해당하나 세무사법에 따라 납세자의 장부 작성을 대행하는 세무사가 해당 납세자의 장부를 도난당한 경우는 해당하지 아니한다.
③ 관할 세무서장은 납부고지의 유예를 신청받은 경우 납부고지 예정인 국세의 납부하여야 할 기한의 만료일까지 납세자에게 납부고지 유예의 승인 여부를 통지하여야 한다.
④ 관할 세무서장은 납부기한의 연장을 하는 경우 그 연장과 관계되는 금액에 상당하는 납세담보의 제공을 요구할 수 있으나 납세자가 재난 또는 도난으로 재산에 심한 손실을 입은 경우에는 그러하지 아니하다.
⑤ 관할 세무서장은 납부고지의 유예를 한 후 해당 납세자인 법인의 해산으로 그 유예한 기한까지 유예와 관계되는 국세의 전액을 징수할 수 없다고 인정되는 경우 그 납부고지의 유예를 취소하고 유예와 관계되는 국세를 한꺼번에 징수할 수 있다.

해설

 ②

세무사법에 따라 납세자의 장부 작성을 대행하는 세무사가 해당 납세자의 장부를 도난당한 경우도 납부기한의 연장사유에 해당한다.

14 국세징수법령상 납부고지, 독촉 등에 관한 설명으로 옳은 것을 모두 고른 것은? (2024. 세무사)

ㄱ. 관할 세무서장은 납세자로부터 국세를 징수하려는 경우 납부고지를 하는 날부터 60일 이내의 범위로 납부하여야 할 기한을 적은 납부고지서를 납세자에게 발급하여야 한다.
ㄴ. 납부고지서의 송달이 지연되어 도달한 날부터 14일 이내에 지정납부기한이 도래하는 경우 당초의 지정납부기한의 마지막 날부터 14일이 지난 날을 새로운 지정납부기한으로 한다.
ㄷ. 관할 세무서장은 이미 납세의무가 확정된 국세를 납부기한 전에 징수하는 경우 당초의 납부기한보다 단축된 기한을 정하여 납세자에게 납부고지를 하여야 한다.
ㄹ. 관할 세무서장은 납세자가 국세를 지정납부기한까지 완납하지 아니하여 독촉장을 발급하는 경우, 독촉을 하는 날부터 20일 이내의 범위에서 기한을 정하여 발급한다.
ㅁ. 관할 세무서장이 세액을 분할하여 납부고지하는 것은 납부고지의 유예에 포함된다.

① ㄱ, ㄴ　② ㄷ, ㄹ　③ ㄴ, ㄷ, ㄹ
④ ㄴ, ㄷ, ㅁ　⑤ ㄷ, ㄹ, ㅁ

해설

⑤

ㄱ. 관할 세무서장은 납세자로부터 국세를 징수하려는 경우 납부고지를 하는 날부터 30일 이내의 범위로 납부하여야 할 기한을 적은 납부고지서를 납세자에게 발급하여야 한다.
ㄴ. 납부고지서의 송달이 지연되어 도달한 날부터 14일 이내에 지정납부기한이 도래하는 경우 도달한 날부터 14일이 지난 날을 지정납부기한으로 한다.

CHAPTER 03 회계사 · 세무사 기출문제

강제적 징수절차

01 **사해행위의 취소에 대한 설명으로 옳지 않은 것은?** (2012. 세무사)

① 관할 세무서장은 강제징수를 할 때 납세자가 국세의 징수를 피하기 위하여 한 재산의 처분이나 그 밖에 재산권을 목적으로 한 법률행위를 한 경우에는 체납자 또는 양수인에게 직접 그 행위의 취소를 요구할 수 있다.

② 사해행위의 취소는 압류를 면하고자 양도한 재산 외에 다른 재산이 없어 국세를 완납할 수 없는 경우에 한하여 요구할 수 있다.

③ 사해행위를 취소하기 위해서는 체납자와 수익자 모두가 사해행위당시에 그 행위에 의하여 국세채권자를 해하게 될 것임을 알고 있어야 한다.

④ 제2차 납세의무자 또는 납세보증인으로부터 국세의 전액을 징수할 수 있는 경우에는 사해행위의 취소를 요구할 수 없다.

⑤ 사해행위의 취소에 의하여 반환받은 재산에 대하여 강제징수를 하고 국세에 충당한 후 잔여가 있는 경우에는 그 잔여분은 그 재산의 반환을 한 수익자 또는 전득자에게 반환한다.

해설  ①

관할세무서장은 강제징수를 할 때 납세자가 국세의 징수를 피하기 위하여 한 재산의 처분이나 그 밖에 재산권을 목적으로 한 법률행위에 대하여 신탁법 및 민법을 준용하여 사해행위의 취소 및 원상회복을 법원에 청구할 수 있다.

02 **압류재산의 매각에 관한 설명으로 옳지 않은 것은?** (2012. 세무사)

① 관할 세무서장은 압류한 재산이 자본시장과 금융투자업에 관한 법률에 따른 증권시장에 상장된 증권인 경우 해당 시장에서 직접 매각할 수 있다.

② 납세의무확정 전 그 징수확보를 위하여 법령에 따른 보전처분으로써 납세자의 재산을 압류한 경우, 그 압류에 관계되는 국세의 납세의무가 확정되기 전이라도 공매할 수 있다.

③ 관할 세무서장은 법령이 정하는 일정한 경우에는 한국자산관리공사로 하여금 공매를 대행하게 할 수 있다.

④ 압류한 물건이 부패 · 변질 또는 감량되기 쉬운 재산으로서 속히 매각하지 아니하면 그 재산가액이 줄어들 우려가 있는 경우를 제외하고는, 국세기본법에 따른 이의신청 절차가 진행 중인 국세의 체납을 이유로 압류한 재산에 대해 그 신청에 대한 결정이 확정되기 전에는 공매할 수 없다.

⑤ 관할 세무서장은 압류한 재산의 추산가격이 1천만원 미만인 경우에는 수의계약으로 매각할 수 있다.

해설  정답 ②

확정 전 보전압류를 한 재산의 경우에 그 압류에 관계되는 국세가 확정되기 전에는 공매할 수 없다.

03 국세징수법상 국세의 확정전 보전압류에 관한 설명으로 옳지 않은 것은? (2013. 세무사)

① 압류한 재산은 그 압류에 관계되는 국세의 납세 의무가 확정되기 전에는 공매할 수 없다.

② 관할 세무서장은 납부기한 전 징수 사유가 있는 경우에 미리 지방국세청장의 승인을 받아 국세로 확정되리라고 추정되는 금액의 한도에서 납세자의 재산을 압류할 수 있다.

③ 관할 세무서장은 압류를 한 후 압류에 따라 징수하려는 국세를 확정한 경우 압류한 재산이 금전, 납부기한 내 추심할 수 있는 예금 또는 유가증권인 경우 납세자의 신청이 있을 때에는 압류한 재산의 한도에서 확정된 국세를 징수한 것으로 볼 수 있다.

④ 관할 세무서장은 압류를 한 날부터 3개월(국세기본법에 따른 세무조사 중지기간은 제외)이 지날 때까지 압류에 의하여 징수하려는 국세를 확정하지 아니한 경우에는 압류재산의 전부 또는 일부에 대하여 압류를 해제할 수 있다.

⑤ 관할세무서장은 압류 후에는 납세자에게 문서로 그 압류사실을 통지하여야 한다.

해설 정답 ④

관할 세무서장은 압류를 한 날부터 3개월(국세기본법에 따른 세무조사 중지기간은 제외)이 지날 때까지 압류에 의하여 징수하려는 국세를 확정하지 아니한 경우에는 압류재산에 대한 압류를 즉시 해제하여야 한다. → 필요적 해제요건

04 공매재산이 공유자의 지분인 경우에 체납하지 않은 공유자에 관한 설명으로 옳지 않은 것은? 단, 공매재산은 부부공유의 동산 · 유가증권에 해당하지 않는다. (2013. 세무사)

① 관할 세무서장은 공매를 하려면 공유자에게 우선매수권이 있다는 사실을 공고하여야 한다.

② 관할 세무서장은 공매공고를 한 경우 즉시 그 내용을 공매공고의 등기 또는 등록 전 날 현재의 공유자에게도 통지하여야 한다.

③ 공유자는 매각결정 기일 전까지 공매보증을 제공하고 최고가 매수신청가격(최고가 매수신청인이 없는 경우에는 공매예정가격)으로 공매재산을 우선매수하겠다는 신청을 할 수 있다.

④ 세무서장은 우선매수하겠다는 신청을 한 공유자가 있음에도 불구하고 최고가 매수신청인을 매수인으로 정하여 매각결정을 하여야 한다.

⑤ 관할 세무서장은 여러 사람의 공유자가 우선매수 신청을 하고 공유자에게 매각결정을 하였을 때에는 공유자 간의 특별한 협의가 없으면 공유지분의 비율에 따라 공매재산을 매수하게 한다.

해설  정답 ④

공유자가 우선매수신청을 한 경우에는 그 공유자에게 매각결정을 하여야 한다.

PART 04 국세징수법

05 강제징수에 관한 설명으로 옳지 않은 것은? (2014. 세무사)

① 발명 또는 저작에 관한 것으로서 공표되지 아니한 것은 압류할 수 없다.

② 전문직 종사자 · 기술자 · 노무자, 그 밖에 주로 자기의 육체적 또는 정신적 노동으로 직업 또는 사업에 종사하는 사람에게 없어서는 아니 될 기구, 비품, 그 밖에 이에 준하는 물건은 압류할 수 없다.

③ 압류할 재산이 공유물인 경우 각자의 지분이 정해져 있지 아니하면 그 지분이 균등한 것으로 보아 압류한다.

④ 압류의 효력은 체납자 또는 제3자가 압류재산의 사용 또는 수익을 하는 경우에도 그 재산으로부터 생기는 모든 천연과실에 대하여 미친다.

⑤ 세무공무원은 압류재산이 동산 또는 유가증권, 채권, 그 밖의 재산권에 해당하는 경우 압류조서 등본을 체납자에게 내주어야 한다.

 ④

해설

체납자 또는 제3자가 압류재산의 사용 또는 수익을 하는 경우 그 재산의 매각으로 인하여 권리를 이전하기 전까지 이미 거두어들인 천연과실에 대해서는 압류의 효력이 미치지 아니한다.

06 국세의 보전압류에 관한 설명으로 옳은 것은? (2014. 세무사)

① 관할 세무서장은 납세자에게 납부기한 전 징수 사유가 있어 국세가 확정된 후에는 그 국세를 징수할 수 없다고 인정할 때에는 납세자가 신청한 금액의 한도에서 납세자의 재산을 압류할 수 있다.

② 납세자에게 납부기한 전 징수 사유가 있어 국세가 확정된 후에는 그 국세를 징수할 수 없다고 인정하여 납세자의 재산을 압류하였지만, 압류한 날부터 3개월(국세기본법에 따른 세무조사 중지기간은 제외)이 지날 때까지 압류에 의하여 징수하려는 국세를 확정하지 아니한 경우 관할 세무서장은 해당 재산의 압류를 즉시 해제하여야 한다.

③ 관할 세무서장은 납부기한 전 징수사유가 있음을 이유로 납세자의 재산을 압류하고자 하는 경우 미리 지방국세청장의 승인을 받아야 하고, 해당 납세자에게는 압류할 것을 미리 문서로 통지하여야 한다.

④ 체납 발생 후 1개월이 지나고 체납액이 3천만원인 체납자에 대하여는 지방국세청장도 납부기한 전 징수 사유가 있음을 이유로 납세자의 재산을 압류할 수 있다.

⑤ 납부기한 전 징수 사유가 있음을 이유로 압류한 재산이 금전인 경우 관할 세무서장은 직권으로 확정된 국세에 이를 충당할 수 있다.

해설

① 관할 세무서장은 납세자에게 납부기한 전 징수 사유가 있어 국세가 확정된 후에는 그 국세를 징수할 수 없다고 인정할 때에는 국세로 확정되리라고 추정되는 금액의 한도에서 납세자의 재산을 압류할 수 있다. 즉, 납세자가 신청한 금액의 한도에서 압류할 수 있는 것이 아니다.
③ 확정 전 보전압류시 지방국세청장의 승인은 미리 받아야 하지만, 납세자에 대한 통지는 압류 후에 하는 것이므로 미리 하는 것이 아니다.
④ 압류는 관할 세무서장이 하는 것이 원칙이지만, 체납 발생 후 1개월이 지나고 체납액이 5천만원 이상인 체납자에 대해서는 지방국세청장도 압류할 수 있다.
⑤ 관할 세무서장은 압류를 한 후 압류에 따라 징수하려는 국세를 확정한 경우 압류한 재산이 금전, 납부기한 내 추심 가능한 예금 또는 유가증권에 해당하고 납세자의 신청이 있으면 압류한 재산의 한도에서 확정된 국세를 징수한 것으로 볼 수 있다.

[관련규정] 확정전보전압류

구 분	내 용
(1) 요건	다음의 요건을 모두 충족한 경우 확정전보전압류를 할 수 있다. ① 납세자에게 납부기한 전 징수 사유가 있어 국세가 확정된 후 그 국세를 징수할 수 없다고 인정될 것 ② 미리 지방국세청장의 승인을 받아야 할 것
(2) 통지	압류 후에는 납세자에게 문서로 그 압류사실을 통지하여야 한다.
(3) 한도	국세로 확정되리라고 추정되는 금액의 한도에서 재산을 압류할 수 있다.
(4) 충당	관할 세무서장은 압류를 한 후 압류에 따라 징수하려는 국세를 확정한 경우 압류한 재산이 금전, 납부기한 내 추심 가능한 예금 또는 유가증권에 해당하고 납세자의 신청이 있으면 압류한 재산의 한도에서 확정된 국세를 징수한 것으로 볼 수 있다.
(5) 공매의 금지	압류한 재산은 그 압류에 관계되는 국세의 납세의무가 확정되기 전에는 공매할 수 없다.
(6) 해제	다음의 어느 하나에 해당하면 즉시 압류를 해제하여야 한다. ① 납세자가 납세담보를 제공하고 압류 해제를 요구한 경우 ② 압류를 한 날부터 3개월(국세기본법에 따른 세무조사 중지기간은 제외)이 지날 때까지 압류에 따라 징수하려는 국세를 확정하지 아니한 경우

07 국세의 강제징수절차 중 압류에 관한 설명으로 옳은 것은? (2015. 세무사)

① 납세자가 독촉을 받고 독촉장에서 정한 기한까지 국세를 완납하지 아니한 경우 관할 세무서장은 납세자의 재산을 압류한다. 압류에 의하여 압류재산의 처분권은 국가로 이전되며 압류 후에는 전세권 해제, 압류재산의 양도나 권리설정이 금지된다.

② 월급여 총액(지급받을 수 있는 급여금 전액에서 그 근로소득에 대한 소득세와 소득세분 지방소득세를 뺀 금액)이 800만원인 경우 압류가능한 급여의 최대금액은 350만원이다.

③ 압류할 재산이 공유물인 경우 각 자의 지분이 정해져 있지 아니하면 그 재산의 점유자 또는 실제 사용자의 것으로 보아 강제징수를 한다.

④ 압류한 재산에 대하여 소유권을 주장하고 반환을 청구하려는 제3자는 그 재산의 매각 5일 전까지 소유자로 확인할 만한 증거서류를 관할 세무서장에게 제출하여야 한다.

⑤ 관할 세무서장은 체납자가 압류할 수 있는 다른 재산을 제공하여 그 재산을 압류한 경우에는 기압류재산에 대한 압류를 즉시 해제하여야 한다.

정답 ④

해설

① 원칙적으로 압류된 재산에 대하여 법률상 또는 사실상의 처분을 할 수 없다. 이러한 법률상 또는 사실상의 처분은 국가에 불이익한 처분을 의미하는 것으로 전세권 해제와 같이 국가에 유리한 처분은 여기에 포함되지 않는다.

② 월급여 총액이 800만원일 때 압류금지금액이 350만원[300만원 + $(\frac{800만원}{2} - 300만원) \times \frac{1}{2}$)]이므로 압류가능한 최대금액은 450만원이다.

③ 압류할 재산이 공유물인 경우 각자의 지분이 정해져 있지 아니하면 그 지분이 균등한 것으로 보아 압류한다.

⑤ 관할 세무서장은 체납자가 압류할 수 있는 다른 재산을 제공하여 그 재산을 압류한 경우에는 기압류재산의 전부 또는 일부에 대하여 압류를 해제할 수 있다.

08 체납자 甲의 재산이 다음과 같은 경우 국세징수법상 압류할 수 있는 재산의 총액은 얼마인가?

(2016. 세무사)

1. 질병을 원인으로 甲이 보험회사로부터 지급받은 보장성 보험의 보험금은 아래와 같다.
   (1) 치료를 위하여 진료비, 치료비, 수술비, 입원비, 약제비 등으로 실제 지출되는 비용을 보장하기 위한 보험금 : ₩3,000,000
   (2) 치료 및 장애 회복을 위한 보험금 중 위 (1)에 해당하는 보험금을 제외한 보험금 : ₩5,000,000
2. 보장성보험의 해약환급금 : ₩3,000,000
3. 甲의 은행 예금 잔액 : ₩1,200,000

① ₩500,000 ② ₩2,500,000 ③ ₩3,000,000
④ ₩4,500,000 ⑤ ₩11,200,000

해설

정답 ③

체납자의 생계유지에 필요한 소액금융재산* 에 대하여는 압류금지재산에 해당하므로 압류를 할 수 없다.

* 소액금융재산으로서 대통령령이 정하는 것이란 다음의 구분에 따른 보장성보험의 보험금, 해약환급금 및 만기환급금과 개인별 잔액이 250만원 미만인 예금(적금, 부금, 예탁금과 우편대체)을 말한다.
  1. 사망보험금 중 1천 5백만원 이하의 보험금
  2. 상해 · 질병 · 사고 등을 원인으로 채무자가 지급받는 보장성보험의 보험금 중 다음에 해당하는 보험금
     a. 진료비, 치료비, 수술비, 입원비, 약제비 등 치료 및 장애 회복을 위하여 실제 지출되는 비용을 보장하기 위한 보험금
     b. 치료 및 장애 회복을 위한 보험금 중 a에 해당하는 보험금을 제외한 보험금의 50%에 해당하는 금액
  3. 보장성보험의 해약환급금 중 250만원 이하의 금액
  4. 보장성보험의 만기환급금 중 250만원 이하의 금액

따라서 납세자 甲의 치료 및 장애 회복을 위한 보험금 중 위 2. a에 해당하는 보험금을 제외한 보험금(₩5,000,000)의 50%에 해당하는 금액(₩2,500,000)과 보장성보험의 해약환급금 중 ₩2,500,000을 초과하는 금액(₩500,000)에 대하여만 압류가 가능하다.

∴ ₩2,500,000 + ₩500,000 = ₩3,000,000

09 국세징수법상 강제징수에 관한 설명으로 옳지 않은 것은? (2017. 세무사)

① 관할 세무서장은 독촉을 받고 독촉장에서 정한 기한까지 국세를 완납하지 아니한 경우 납세자의 재산을 압류한다.

② 관할 세무서장은 체납자가 국가 또는 지방자치단체의 재산을 매수한 경우 소유권 이전 전이라도 그 재산에 관한 체납자의 국가 또는 지방자치단체에 대한 권리를 압류한다.

③ 관할 세무서장은 재판상의 가압류 또는 가처분 재산이 강제징수 대상인 경우에도 국세징수법에 따른 강제징수를 한다.

④ 관할 세무서장이 체납자의 채권을 압류할 때 채권의 채무자에게 압류의 통지를 한 때에는 체납액을 한도로 하여 체납자인 채권자를 대위한다.

⑤ 부동산에 대한 압류는 압류재산의 소유권이 이전된 후 국세기본법에 따른 법정기일이 도래한 국세의 체납액에 대하여도 그 효력이 미친다.

해설

 ⑤

부동산 · 공장재단 · 광업재단 · 선박 또는 등록된 항공기 · 건설기계 · 자동차의 압류는 해당 압류재산의 소유권이 이전되기 전에 법정기일이 도래한 국세에 대한 체납액에 대하여도 그 효력이 미친다.

10 국세징수법상 공매에 관한 설명으로 옳지 않은 것은? (다툼이 있으면 판례에 따름) (2017. 세무사)

① 국세징수법상 강제징수절차를 통하여 압류재산을 매각한 후 그 매각대금을 배분함에 있어서 국세와 다른 채권 간의 우선순위는 압류재산의 매각대금을 배분하기 위하여 국세징수법상 배분계산서를 작성함으로써 강제징수가 종료되는 때에 비로소 확정된다.

② 관할 세무서장은 압류한 재산이 예술품인 경우에는 직권으로 전문매각기관을 선정하여 예술품의 매각을 대행하게 할 수 있다.

③ 관할 세무서장이 체납자에게 공매통지를 하지 않은 공매처분은 위법하다.

④ 국세기본법에 따른 심판청구 절차가 진행 중인 국세의 체납으로 압류한 재산이 감량되기 쉬운 재산으로서 속히 매각하지 아니하면 그 재산가액이 줄어들 우려가 있는 경우에도 청구에 대한 결정이 확정되기 전에 공매할 수 없다.

⑤ 관할 세무서장은 매각결정을 한 후 매수인이 매수대금을 납부하기 전에 체납자가 압류와 관련된 체납액을 납부하고 매수인의 동의를 받아 매각결정의 취소를 신청하는 경우 압류재산의 매각결정을 취소하고 그 사실을 매수인에게 통지하여야 한다.

해설

 ④

국세기본법에 의한 이의신청 · 심사청구 또는 심판청구절차가 진행 중이거나 행정소송이 계속 중에 있는 국세의 체납으로 인하여 압류한 재산에 대하여는 그 신청 또는 청구에 대한 결정이나 소에 대한 판결이 확정되기 전에는 이를 매각할 수 없다. 다만, 그 재산이 부패 · 변질 또는 감량되기 쉬운 재산으로서 속히 매각하지 아니하면 그 재산가액이 감손될 우려가 있는 때에는 그러하지 아니하다.

11 甲과 乙과 丙이 공유하고 있는 재산 중 甲의 지분을 국세징수법상 甲의 체납으로 공매하는 경우에 관한 설명으로 옳지 않은 것은? 단, 공매재산은 부부공유의 동산 · 유가증권에 해당하지 않는다.

(2018. 세무사)

① 관할 세무서장은 '공유자(체납자 제외)에게 우선매수권이 있다는 사실'을 공고하여야 한다.

② 관할 세무서장은 공매공고를 하였을 때에는 즉시 그 내용을 공매공고의 등기 또는 등록 전일 현재의 공유자인 乙과 丙에게 통지하여야 한다.

③ 乙 또는 丙은 매각결정 기일 전까지 공매보증을 제공하고 최고가 매수신청가격(최고가 매수신청인이 없는 경우에는 공매예정가격)과 같은 가격으로 공매재산을 우선매수하겠다는 신청을 할 수 있다.

④ 관할 세무서장은 乙과 丙이 우선매수하겠다는 신청를 하고 그 공유자에게 매각결정을 하였을 때에는 특별한 협의가 없으면 공유지분의 비율에 따라 공매재산을 매수하게 한다.

⑤ 관할 세무서장은 공매재산이 우선매수하겠다고 신청한 乙 또는 丙에게 매각결정되었지만 그 매수인이 매각대금을 납부하지 아니한 경우에는 재공매하여야 한다.

 ⑤

해설

공매재산이 우선매수하겠다고 신청한 공유자에게 매각결정되었지만 그 매수인이 매각대금을 납부하지 아니한 경우에는 최고가 매수신청인에게 다시 매각결정을 할 수 있다.

12 국세징수법상 압류재산의 매각에 관한 설명으로 옳지 않은 것은?

(2018. 세무사)

① 관할 세무서장은 압류된 재산이 자본시장과 금융투자업에 관한 법률에 따른 증권시장에 상장된 증권일 때에는 해당 시장에서 직접 매각할 수 있다.

② 심판청구 절차가 진행 중인 국세의 체납으로 압류한 재산이 부패 · 변질 또는 감량되기 쉬운 재산으로서 속히 매각하지 아니하면 그 재산가액이 줄어들 우려가 있는 경우에는 그 청구에 대한 결정이 확정되기 전이라도 공매할 수 있다.

③ 관할 세무서장은 수의계약으로 매각하지 아니하면 매각대금이 강제징수비 금액 이하가 될 것으로 예상되는 경우 수의계약으로 매각할 수 있다.

④ 관할 세무서장이 전문매각기관을 선정하여 압류한 예술품의 매각을 대행하게 하는 경우에는 해당 전문매각기관은 그 압류한 예술품의 매각을 대행하거나 직접 매수할 수 있다.

⑤ 여러 개의 재산을 일괄하여 공매하는 경우 그 재산 중 일부 재산의 매각대금만으로도 체납액을 변제하기에 충분하면 다른 재산은 공매하지 않아야 하며, 이 경우 체납자는 공매 대상 재산을 지정할 수 있다.

 ④

해설

관할 세무서장은 전문매각기관을 선정하여 압류한 예술품의 매각을 대행하게 할 수 있다. 이 규정에 따라 선정된 전문매각기관 및 전문매각기관의 임직원은 직접적으로든 간접적으로든 매각을 대행하는 예술품을 매수하지 못한다.

13 국세징수법상 압류를 즉시 해제하여야 하는 경우를 모두 고른 것은? (2018. 세무사)

ㄱ. 압류 후 재산가격이 변동하여 체납액의 전액을 현저히 초과한 경우
ㄴ. 압류에 관계되는 체납액의 일부가 납부 또는 충당된 경우
ㄷ. 압류재산에 대한 국세징수법에 따른 제3자의 소유권 주장이 정당하다고 인정되는 경우
ㄹ. 체납자가 압류할 수 있는 다른 재산을 제공하여 그 재산을 압류한 경우
ㅁ. 제3자가 체납자를 상대로 소유권에 관한 소송을 제기하여 승소 판결을 받고 그 사실을 증명한 경우

① ㄱ, ㄹ ② ㄷ, ㅁ ③ ㄱ, ㄹ, ㅁ
④ ㄴ, ㄷ, ㄹ ⑤ ㄱ, ㄴ, ㄷ, ㅁ

해설

 ②

ㄱ, ㄴ, ㄹ	임의적 압류해제 요건(압류를 해제할 수 있다.)
ㄷ, ㅁ	필요적 압류해제 요건(압류를 해제하여야 한다.)

[관련규정] 압류해제의 요건

구 분	내 용
필요적 해제 요건	다음의 어느 하나에 해당하는 경우 압류를 즉시 해제하여야 한다. ① 압류와 관계되는 체납액의 전부가 납부 또는 충당(국세환급금, 그 밖에 관할 세무서장이 세법상 납세자에게 지급할 의무가 있는 금전을 체납액과 대등액에서 소멸시키는 것)된 경우 ② 국세 부과의 전부를 취소한 경우 ③ 여러 재산을 한꺼번에 공매하는 경우로서 일부 재산의 공매대금으로 체납액 전부를 징수한 경우 ④ 총 재산의 추산가액이 강제징수비(압류에 관계되는 국세에 우선하는 채권 금액이 있는 경우 이를 포함)를 징수하면 남을 여지가 없어 강제징수를 종료할 필요가 있는 경우. 다만, 교부청구 또는 참가압류가 있는 경우로서 교부청구 또는 참가압류와 관계된 체납액을 기준으로 할 경우 남을 여지가 있는 경우는 제외한다. ⑤ 그 밖에 ①~④의 규정에 준하는 사유로 압류할 필요가 없게 된 경우 ⑥ 제3자의 소유권 주장 및 반환 청구가 정당하다고 인정되는 경우 또는 제3자가 체납자를 상대로 소유권에 관한 소송을 제기하여 승소 판결을 받고 그 사실을 증명한 경우 ⑦ 확정전보전압류를 받은 자가 납세담보를 제공하고 압류해제를 요구하거나 확정전보전압류를 한 날부터 3개월(국세기본법에 따른 세무조사 중지기간은 제외)이 지날 때까지 압류에 따라 징수하려는 국세를 확정하지 아니한 경우
임의적 해제 요건	다음의 경우에는 압류재산의 전부 또는 일부에 대하여 압류를 해제할 수 있다. ① 압류 후 재산가격이 변동하여 체납액의 전액을 현저히 초과한 경우 ② 압류에 관계되는 체납액의 일부가 납부 또는 충당된 경우 ③ 국세 부과의 일부를 취소한 경우 ④ 체납자가 압류할 수 있는 다른 재산을 제공하여 그 재산을 압류한 경우

14 국세징수법상 압류의 해제에 관한 설명으로 옳지 않은 것은? (2019. 세무사)

① 관할 세무서장은 제3자가 체납자를 상대로 소유권에 관한 소송을 제기하여 승소 판결을 받고 그 사실을 증명한 경우에는 그 압류를 즉시 해제하여야 한다.

② 압류 또는 압류 해제의 등기 또는 등록에 관하여는 등록면허세를 면제한다.

③ 관할 세무서장은 재산의 압류를 해제한 경우 그 사실을 그 재산의 압류 통지를 한 체납자, 제3채무자 및 저당권자등에게 통지하여야 한다.

④ 관할 세무서장은 보관 중인 재산을 반환하는 경우 영수증을 받아야 하나 압류조서에 영수 사실을 적고 서명날인하게 함으로써 영수증을 받는 것에 갈음할 수 있다.

⑤ 관할 세무서장은 체납자가 압류할 수 있는 다른 재산을 제공하여 그 재산을 압류한 경우에는 압류를 즉시 해제하여야 한다.

 ⑤

해설

납세자가 압류할 수 있는 다른 재산을 제공하여 그 재산을 압류한 때에는 압류재산의 전부 또는 일부에 대하여 압류를 해제할 수 있다.

15 국세징수법상 강제징수 중 압류에 관한 설명으로 옳지 않은 것은? (2019. 세무사 수정)

① 관할 세무서장은 재산을 압류한 경우 저당권자 등에게 그 사실을 통지하여야 한다. 국세에 대하여 우선권을 가진 저당권자 등이 통지를 받고 그 권리를 행사하려는 경우 통지를 받은 날부터 30일 이내에 그 사실을 관할 세무서장에게 신고하여야 한다.

② 관할 세무서장은 국세를 징수하기 위하여 필요한 재산 외의 재산을 압류할 수 없다.

③ 주택임대차보호법 제8조 및 같은 법 시행령의 규정에 따라 우선변제를 받을 수 있는 금액은 압류할 수 없다.

④ 급료 · 임금 · 봉급 · 세비 · 퇴직연금, 그 밖에 이와 유사한 채권의 압류는 체납액을 한도로 하여 압류 후에 수입(收入)할 금액에 미친다.

⑤ 체납자 또는 제3자가 압류재산의 사용 또는 수익을 하는 경우 그 재산의 매각으로 인하여 권리를 이전하기 전까지 이미 거두어들인 천연과실에 대해서는 압류의 효력이 미치지 아니한다.

 ①

해설

관할 세무서장은 재산을 압류한 경우 저당권자 등에게 그 사실을 통지하여야 한다. 국세에 대하여 우선권을 가진 저당권자 등이 통지를 받고 그 권리를 행사하려는 경우 통지를 받은 날부터 10일 이내에 그 사실을 관할 세무서장에게 신고하여야 한다.

16 국세징수법상 압류해제 및 압류 · 매각의 유예에 관한 설명으로 옳지 않은 것은? (2019. 세무사)

① 총 재산의 추산가액이 강제징수비(압류에 관계되는 국세에 우선하는 채권 금액이 있는 경우 이를 포함한다)를 징수하면 남을 여지가 없어 강제징수를 종료할 필요가 있는 경우에는 압류를 즉시 해제하며, 교부청구 또는 참가압류가 있는 경우로서 교부청구 또는 참가압류와 관계된 체납액을 기준으로 할 경우 남을 여지가 있는 경우에도 압류를 즉시 해제하여야 한다.

② 관할 세무서장은 재산의 압류를 해제한 경우 그 사실을 그 재산의 압류 통지를 한 체납자, 제3채무자 및 저당권자등에게 통지하여야 한다.

③ 세무서장은 체납자가 국세청장이 성실납세자로 인정하는 기준에 해당하는 경우에는 그 체납액에 대하여 강제징수에 따른 재산의 압류 또는 압류재산의 매각을 유예할 수 있다.

④ 관할 세무서장은 압류 또는 매각이 유예된 체납세액을 압류 또는 매각의 유예기간 이내에 분할하여 징수할 수 있다.

⑤ 성실납세자가 체납세액 납부계획서를 제출하고 국세체납정리위원회가 체납세액 납부계획의 타당성을 인정하는 경우, 관할 세무서장은 재산의 압류를 유예하거나 압류한 재산의 압류를 해제하여도 그에 상당하는 납세담보의 제공을 요구하지 아니한다.

해설  ①

총 재산의 추산(推算)가액이 강제징수비(압류에 관계되는 국세에 우선하는 채권 금액이 있는 경우 이를 포함한다)를 징수하면 남을 여지가 없어 강제징수를 종료할 필요가 있는 경우 압류를 즉시 해제하여야 한다. 다만, 교부청구 또는 참가압류가 있는 경우로서 교부청구 또는 참가압류와 관계된 체납액을 기준으로 할 경우 남을 여지가 있는 경우는 압류를 해제하지 않는다.

17 국세징수법상 압류를 즉시 해제하여야 하는 경우를 모두 고른 것은? (2020. 세무사)

ㄱ. 압류에 관계되는 체납액의 일부가 납부 또는 충당된 경우
ㄴ. 제3자가 체납자를 상대로 소유권에 관한 소송을 제기하여 승소 판결을 받고 그 사실을 증명한 경우
ㄷ. 압류와 관계되는 체납액의 전부가 납부 또는 충당된 경우
ㄹ. 체납자가 압류할 수 있는 다른 재산을 제공하여 그 재산을 압류한 경우
ㅁ. 압류 후 재산가격이 변동하여 체납액의 전액을 현저히 초과한 경우
ㅂ. 압류한 재산에 대하여 제3자가 매각 5일 전까지 소유자로 확인할 만한 증거서류를 제출하고 그 소유권 주장 및 반환 청구가 정당하다고 인정되는 경우

① ㄱ, ㄹ, ㅁ ② ㄴ, ㄷ, ㅂ ③ ㄷ, ㄹ, ㅂ
④ ㄱ, ㄴ, ㄹ, ㅁ ⑤ ㄴ, ㄷ, ㅁ, ㅂ

해설

정답 ②

ㄱ, ㄹ, ㅁ	임의적 압류해제 요건(압류를 해제할 수 있다.)
ㄴ, ㄷ, ㅂ	필요적 압류해제 요건(압류를 해제하여야 한다.)

18 압류재산의 매각과 청산에 관한 설명으로 옳은 것은? (2011. 세무사 수정)

① 압류한 재산의 추산가격이 2천만원이면 수의계약에 의하여 이를 매각하여야 한다.
② 매수인이 매수대금을 지정된 기한까지 납부하지 아니하여 압류재산의 매각결정을 취소하는 경우 공매보증금은 강제징수비, 압류와 관계되는 국세 순으로 충당한 후 남은 금액은 국가에 귀속한다.
③ 관할세무서장은 여러 재산을 한꺼번에 공매하는 경우로서 일부 재산의 공매대금으로 체납액 전부를 징수한 경우 압류를 해제할 수 있다.
④ 관할 세무서장이 공매절차를 통해 압류재산의 매수대금을 매수인으로부터 수령한 때에는 그 매수인으로부터 매수대금만큼의 체납액을 징수한 것으로 본다.
⑤ 압류재산에 관계되는 저당권에 의하여 담보된 채권은 압류재산 매각대금의 배분대상이 된다.

해설

정답 ⑤

① 압류한 재산의 추산가격이 1천만원 미만인 때에는 수의계약에 의할 수 있다.
② 매수인이 매수대금을 지정한 기한까지 납부하지 아니하여 압류재산의 매각결정을 취소하는 경우 계약보증금은 강제징수비, 압류와 관계되는 국세의 순으로 충당한 후 남은 금액은 체납자에게 지급한다.
③ 관할세무서장은 여러 재산을 한꺼번에 공매하는 경우로서 일부 재산의 공매대금으로 체납액 전부를 징수한 경우 압류를 해제하여야 한다.
④ 관할 세무서장이 매수대금을 수령한 때에는 체납자로부터 매수대금만큼의 체납액을 징수한 것으로 본다.

19 국세징수법상 강제징수절차에 관한 설명으로 옳지 않은 것은? (2021. 세무사)

① 관할 세무서장은 압류한 재산에 대한 제3자의 소유권 주장 및 반환을 구하는 청구가 부당하다고 인정하는 경우 그 재산에 대한 강제징수를 정지하지 아니할 수 있다.

② 국세징수법은 세무공무원이 재산을 압류한 경우 체납자는 압류한 재산에 관하여 양도 등 처분을 할 수 없다고 규정하고 있다.

③ 체납자는 관할 세무서장이 가치가 현저하게 줄어들 우려가 있다고 인정하여 제한할 경우를 제외하고는 압류된 자동차를 사용할 수 있다.

④ 세무공무원은 체납자와 그 배우자의 공유재산으로서 양자가 공동 점유하고 있는 동산을 압류할 수 있다.

⑤ 계속적 거래관계에서 발생하는 급료채권에 대한 압류의 효력은 체납액을 한도로 하여 압류 후에 발생할 급료채권에도 미친다.

해설  ①

관할 세무서장은 제3자의 소유권 주장 및 반환 청구가 부당하다고 인정되면 즉시 그 뜻을 제3자에게 통지하여야 한다. 관할 세무서장은 통지를 받은 제3자가 통지를 받은 날부터 15일 이내에 그 재산에 대하여 체납자를 상대로 소유권에 관한 소송을 제기한 사실을 증명하지 아니하면 즉시 강제징수를 계속하여야 한다. 관할 세무서장은 통지를 받은 제3자가 체납자를 상대로 소유권에 관한 소송을 제기하여 승소 판결을 받고 그 사실을 증명한 경우 압류를 즉시 해제하여야 한다.

20 국세징수법상 교부청구, 참가압류 및 공매에 관한 설명으로 옳지 않은 것은? (2021. 세무사)

① 관할 세무서장은 다른 관할 세무서장의 국세 체납자에 대한 강제징수가 시작된 경우 그 관할 세무서장에게 교부청구를 하여야 한다.

② 관할 세무서장의 선행압류기관에 대한 참가압류통지서 송달은 강제징수 시작 등 경우의 해당 기관에 대한 교부청구를 갈음한다.

③ 참가압류를 한 후에 선행압류기관이 압류한 부동산에 대한 압류를 해제한 경우 참가압류는 선행압류의 등기가 완료된 때로 소급하여 압류의 효력을 갖는다.

④ 원칙적으로 행정소송이 계속 중인 국세의 체납으로 압류한 재산은 그 소(訴)에 대한 판결이 확정되기 전에는 공매할 수 없다.

⑤ 세무공무원은 제3자의 명의로도 압류재산을 매수하지 못한다.

해설  ③

참가압류를 한 후에 선행압류기관이 압류한 부동산에 대한 압류를 해제한 경우 참가압류는 참가압류의 등기 또는 등록이 완료된 때로 소급하여 압류의 효력을 갖는다.

21 국세징수법상 공매의 준비에 관한 설명으로 옳지 않은 것은? (2022. 세무사)

① 공매보증에 있어 공매보증금액은 공매예정가격의 100분의 10 이상으로 한다.

② 공매보증은 금전, 국공채, 증권시장에 상장된 증권, 보험업법에 따른 보험회사가 발행한 보증보험증권의 어느 하나에 해당하는 것으로 한다.

③ 관할 세무서장은 공매재산에 압류와 관계되는 국세보다 우선하는 제한물권 등이 있는 경우 제한물권 등을 매수인에게 인수하게 하거나 매수대금으로 그 제한물권 등에 의하여 담보된 채권을 변제하는 데 충분하다고 인정된 경우가 아니면 그 재산을 공매하지 못한다.

④ 체납자는 제3자의 명의나 계산으로 압류재산을 매수할 수 있다.

⑤ 관할 세무서장은 거짓 명의로 매수신청을 한 사실이 있는 자에 대해서는 그 사실이 있은 후 2년간 공매장소 출입을 제한하거나 입찰에 참가시키지 아니할 수 있다.

 ④

해설

체납자는 자기 또는 제3자의 명의나 계산으로 압류재산을 매수하지 못한다.

22 국세징수법상 강제징수에 관한 설명으로 옳지 않은 것은? (2022. 세무사)

① 관할 세무서장은 재판상의 가압류 또는 가처분 재산이 강제징수 대상인 경우에도 국세징수법에 따른 강제징수를 한다.

② 체납자의 재산에 대하여 강제징수를 시작한 후 체납자인 법인이 합병으로 소멸된 경우에도 그 재산에 대한 강제징수는 계속 진행하여야 한다.

③ 체납자 또는 제3자가 압류재산의 사용 또는 수익을 하는 경우 그 재산의 매각으로 인하여 권리를 이전하기 전까지 이미 거두어들인 천연과실에 대해서는 압류의 효력이 미치지 아니한다.

④ 급료, 임금, 봉급, 세비, 퇴직연금 또는 그 밖에 계속적 거래관계에서 발생하는 이와 유사한 채권에 대한 압류의 효력은 체납액을 한도로 하여 압류 후에 발생할 채권에도 미친다.

⑤ 관할 세무서장은 체납자가 국가 또는 지방자치단체의 재산을 매수한 경우 소유권 이전 전에는 그 재산에 관한 체납자의 국가 또는 지방자치단체에 대한 권리를 압류할 수 없다.

 ⑤

해설

관할 세무서장은 체납자가 국가 또는 지방자치단체(지방자치단체조합 포함)의 재산을 매수한 경우 소유권 이전 전이라도 그 재산에 관한 체납자의 국가 또는 지방자치단체에 대한 권리를 압류한다.

23 국세징수법상 압류한 재산을 수의계약으로 매각할 수 있는 경우가 아닌 것은? (2023. 세무사)

① 공매가 공익을 위하여 적절하지 아니한 경우
② 제1회 공매 후 1년간 5회 이상 공매하여도 매각되지 아니한 경우
③ 부패 · 변질 또는 감량되기 쉬운 재산으로서 속히 매각하지 아니하면 그 재산가액이 줄어들 우려가 있는 경우
④ 압류한 재산의 추산가격이 1천만원 미만인 경우
⑤ 수의계약으로 매각하지 아니하면 매각대금이 체납된 세액 이하가 될 것으로 예상되는 경우

해설

 ⑤

수의계약으로 매각하지 아니하면 매각대금이 강제징수비 금액 이하가 될 것으로 예상되는 경우 수의계약으로 매각할 수 있다.

24 국세징수법상 압류에 관한 설명으로 옳지 않은 것은? (2023. 세무사)

① 납부기한 전 징수에 따라 납부고지를 받고 단축된 기한까지 국세를 완납하지 아니한 경우에는 독촉없이 압류한다.
② 채권 압류의 효력은 채권 압류 통지서가 체납자에게 송달된 때에 발생한다.
③ 체납자 또는 제3자가 압류재산의 사용 또는 수익을 하는 경우 그 재산의 매각으로 인하여 권리를 이전하기 전까지 이미 거두어들인 천연과실에 대해서는 압류의 효력이 미치지 아니한다.
④ 세무공무원은 제3자가 제3자의 주거에 체납자의 재산을 감춘 혐의가 있다고 인정되는 경우 제3자의 주거를 수색할 수 있고, 해당 주거의 폐쇄된 문 · 금고를 직접 열 수 있다.
⑤ 관할 세무서장은 체납자가 국가의 재산을 매수한 경우 소유권 이전 전이라도 그 재산에 관한 체납자의 국가에 대한 권리를 압류한다.

해설

 ②

채권 압류의 효력은 채권 압류 통지서가 제3채무자(해당 채권의 채무자)에게 송달된 때에 발생한다.

25 국세징수법령상 압류에 관한 설명으로 옳은 것을 모두 고른 것은? (2024. 세무사)

> ㄱ. 관할 세무서장은 특정 금융거래정보의 보고 및 이용 등에 관한 법률에 따른 가상자산사업자 등 제3자가 보관하고 있는 체납자의 가상자산을 압류하려는 경우 그 제3자에게 대통령령으로 정하는 바에 따라 해당 가상자산의 이전을 문서로 요구할 수 있고, 체납자에게 통지할 필요는 없다.
> ㄴ. 압류 후 재산가격이 변동하여 체납액 전액을 현저히 초과한 경우는 압류를 즉시 해제하여야 하는 사유에 해당한다.
> ㄷ. 국세에 대하여 우선권을 가진 저당권자등이 세무서장으로부터 압류 통지를 받고 그 권리를 행사하려는 경우 통지를 받은 날부터 10일 이내에 그 사실을 세무서장에게 신고하여야 한다.
> ㄹ. 부동산등기법에 따라 등기된 부동산에 대한 압류의 효력은 해당 압류재산의 소유권이 이전되기 전에 국세기본법에 따른 법정기일이 도래한 국세의 체납액에 대해서도 미친다.

① ㄱ, ㄴ
② ㄷ, ㄹ
③ ㄱ, ㄴ, ㄷ
④ ㄴ, ㄷ, ㄹ
⑤ ㄱ, ㄴ, ㄷ, ㄹ

해설

정답 ②

ㄱ. 관할 세무서장은 특정 금융거래정보의 보고 및 이용 등에 관한 법률에 따른 가상자산사업자 등 제3자가 보관하고 있는 체납자의 가상자산을 압류하려는 경우 그 제3자에게 대통령령으로 정하는 바에 따라 해당 가상자산의 이전을 문서로 요구할 수 있고, 그 사실을 체납자에게 통지하여야 한다.

ㄴ. 압류 후 재산가격이 변동하여 체납액 전액을 현저히 초과한 경우 압류재산의 전부 또는 일부에 대하여 압류를 해제할 수 있다.(임의적 해제 요건)

26 국세징수법령상 공매에 관한 설명으로 옳은 것은? (2024. 세무사)

① 공매의 매수신청인은 문서로 매수신청을 해야 한다.

② 세무공무원은 제3자의 계산으로 압류재산을 매수할 수 있다.

③ 공매재산에 설정된 모든 질권 · 저당권 및 가등기담보권은 매수인이 인수한다.

④ 관할 세무서장은 최고가 매수신청인이 다른 법령에 따라 갖추어야 하는 자격을 갖추지 못한 경우에는 매각결정기일을 1회에 한정하여 당초 매각결정기일부터 10일 이내의 범위에서 연기할 수 있다.

⑤ 관할 세무서장은 특정 금융거래정보의 보고 및 이용 등에 관한 법률에 따른 가상자산사업자를 통해 거래되는 가상자산을 압류한 경우 가상자산사업자를 통하지 않고 직접 공매할 수 있다.

해설

④

① 공매는 다음의 어느 하나에 해당하는 방법(정보통신망을 이용한 것을 포함한다)으로 한다.
  a. 경쟁입찰: 공매를 집행하는 공무원이 공매예정가격을 제시하고, 매수신청인에게 문서로 매수신청을 하게 하여 공매예정가격 이상의 신청가격 중 최고가 매수신청인을 매수인으로 정하는 방법
  b. 경매: 공매를 집행하는 공무원이 공매예정가격을 제시하고, 매수신청인에게 구두 등의 방법으로 신청가격을 순차로 올려 매수신청을 하게 하여 최고가 매수신청인을 매수인으로 정하는 방법
  → 즉, 반드시 문서로 매수신청을 해야 하는 것은 아니다.

② 세무공무원은 자기 또는 제3자의 명의나 계산으로 압류재산을 매수하지 못한다.

③ 공매재산에 설정된 모든 질권 · 저당권 및 가등기담보권은 매각으로 소멸된다.

⑤ 관할 세무서장은 특정 금융거래정보의 보고 및 이용 등에 관한 법률에 따른 가상자산사업자를 통해 거래되는 가상자산을 압류한 경우 가상자산사업자를 통하여 직접 매각할 수 있다.

MEMO

2025 시험전엔 기타세법

05편
국제조세조정에 관한 법률

01 회계사 · 세무사 기출문제

국제조세조정에 관한 법률

01 [사례 1]과 [사례 2]에서 법인 A와 법인 B 간의 국외특수관계자 여부를 판정할 때, 법인 A의 법인 B에 대한 직접소유비율과 간접소유비율의 합계는 각각 얼마인가? 단, 출자비율은 의결권 있는 주식소유비율을 말한다. (2011. 세무사)

[사례 1]

구 분	출자자	피출자자	출자비율
직접소유	법인 A	법인 B	30%
간접소유	법인 A	주주법인 C	50%
	주주법인 C	주주법인 D	50%
	주주법인 D	법인 B	20%

[사례 2]

구 분	출자자	피출자자	출자비율
직접소유	법인 A	법인 B	30%
간접소유	법인 A	주주법인 C	20%
	주주법인 C	주주법인 D	50%
	주주법인 D	법인 B	50%

	사례 1	사례 2
①	30%	30%
②	35%	35%
③	40%	40%
④	50%	35%
⑤	50%	50%

해설 정답 ④

구분	사례 1	사례 2
① 직접소유비율	30%	30%
② 간접소유비율	1 × 1 × 20% = 20%	20% × 50% × 50% = 5%
합계	50%	35%

02 국제조세조정에 관한 법률상 국제거래의 유형 중 소득세법 및 법인세법에 따른 부당행위계산 부인 규정을 적용하지 않는 경우는? (2021. 세무사)

① 자산을 무상으로 이전(현저히 저렴한 대가를 받고 이전하는 경우는 제외)하거나 채무를 면제하는 경우

② 출연금을 대신 부담한 경우

③ 자산을 시가보다 높은 가액으로 매입 또는 현물출자를 받은 경우

④ 수익이 없는 자산을 매입하였거나 현물출자를 받는 경우

⑤ 법인의 감자에 있어서 주주등의 소유주식등의 비율에 의하지 아니하고 일부 주주등의 주식등을 소각하는 자본거래로 인하여 주주등(소액주주등은 제외)인 법인이 특수관계인인 다른 주주등에게 현저한 이익(5억원 이상)을 분여한 경우

해설

  ③

국조법 〉 부당행위계산부인(원칙)	국조법 〈 부당행위계산부인(특례)	
사업거래	증여거래	자본거래
① 고가매입 · 저가양도 ② 금전 · 자산대차거래	① 자산증여 · 채무면제 ② 무수익자산 매입 · 현물출자 받은 경우	① 출연금 대신 부담 ② 불공정 자본거래

03 국외특수관계인과의 거래에 대한 과세조정에 관한 설명으로 옳지 않은 것은? (2012. 세무사)

① 원가가산방법은 거주자와 국외특수관계인 간의 국제거래에서 자산의 제조 · 판매나 용역의 제공 과정에서 발생한 원가에 자산 판매자나 용역 제공자의 통상의 이윤으로 볼 수 있는 금액을 더한 가격을 정상가격으로 보는 방법이다.

② 국세청장은 사전승인 신청을 심사할 때 신청인이 동의하는 경우에는 신청인과 중립적 관계에 있는 전문가를 지정하여, 신청된 정상가격 산출방법에 관한 전문가의 검토의견을 참고할 수 있다.

③ 무형자산의 공동개발을 위한 정상원가분담액은 그에 대한 약정을 체결하고 원가 등을 분담한 경우에만 거주자의 과세소득금액 계산시 손금에 산입한다.

④ 이익분할방법을 적용할 경우, 거래순이익을 상대적 공헌도에 따라 배부할 때에는 거래 형태별로 거래 당사자들의 적절한 기본수입을 우선 배부하는 경우를 포함한다.

⑤ 국외특수관계인과의 국제거래에 있어서 그 거래의 정상가격에 의한 과세조정은 조세회피목적 또는 과세소득실현을 전제조건으로 한다.

해설

 ⑤

정상가격에 의한 과세조정은 조세회피목적 또는 과세소득의 실현을 전제조건으로 하지 않는다.

PART 05 국조법

04 국외특수관계인과의 거래에 대한 과세조정에 관한 설명으로 옳지 않은 것은? (2014. 세무사)

① 과세당국은 정상가격에 의한 과세조정을 적용할 때 신고된 거래가격과 정상가격의 차이에 대하여 납세의무자가 과실이 없다고 상호합의절차의 결과에 따라 확인되는 경우에는 국세기본법상 과소신고가산세를 부과하지 아니한다.

② 과세당국이 납세의무자에게 정상가격을 산출하기 위해 필요한 거래가격 산정방법 등의 관련 자료를 제출할 것을 요구하였으나, 그 납세의무자가 법령으로 정하는 부득이한 사유 없이 자료를 기한까지 제출하지 아니하거나 거짓의 자료를 제출하는 경우에는 1억원 이하의 과태료를 부과한다.

③ 체약상대국이 거주자와 국외특수관계인의 거래가격을 정상가격으로 조정하고, 이에 대한 상호합의절차가 종결된 경우에는 과세당국은 그 합의에 따라 거주자의 각 과세연도 소득금액 및 결정세액을 조정하여 계산할 수 있다.

④ 국세청장은 거주자인 신청인이 상호합의절차를 거치지 아니하고 정상가격 산출방법을 사전승인(일방적 사전승인)을 신청하는 경우에는 신청일부터 2년 이내에 사전승인 여부를 결정하여야 한다.

⑤ 과세당국이 정상가격에 의한 과세조정을 적용할 때 익금에 산입되는 금액이 국외특수관계인으로부터 내국법인에 반환된 것임이 확인되지 아니하는 경우에는 그 금액은 국외특수관계인에 대한 기타소득으로 처분한다.

해설  정답 ⑤

과세당국이 정상가격에 의한 과세조정을 적용할 때 익금에 산입되는 금액이 국외특수관계인으로부터 내국법인에 반환된 것임이 확인되지 아니하는 경우에는 그 금액은 다음과 같이 국외특수관계인에 대한 배당으로 처분하거나 유보로 조정한다.

[관련규정] 정상가격에 의한 과세조정에 따른 소득처분

국외특수관계인	소득처분
① 내국법인의 주주에 해당하는 경우	배당
② 내국법인이 출자한 법인에 해당하는 경우	유보
③ 위 외의 자인 경우	배당

05 국제조세조정에 관한 법률 상 정상가격에 의한 과세조정에 관한 설명으로 옳은 것은? (2024. 세무사)

① 과세당국은 거주자와 국외특수관계인 간의 국제거래에서 그 거래가격이 정상가격보다 낮거나 높은 경우에는 그 거래가격을 기준으로 거주자의 과세표준 및 세액을 결정하거나 경정할 수 있다.

② 거주자와 국외특수관계인 간의 국제거래에서, 과세당국은 법령에 따른 정상가격 산출방법 중 같은 정상가격 산출방법을 적용하여 둘 이상의 과세연도에 대하여 정상가격을 산출하고 그 정상가격을 기준으로 일부 과세연도에 대한 과세표준 및 세액을 결정하거나 경정하는 경우에는 나머지 과세연도에 대해서도 그 정상가격을 기준으로 과세표준 및 세액을 결정하거나 경정해야 한다.

③ 정상가격 산출방법은 비교가능 제3자 가격방법, 재판매가격방법, 원가가산방법 순으로 적용하며 그 방법으로 정상가격을 산출할 수 없는 경우에만 거래순이익률방법, 이익분할방법 중 선택하여 적용한다.

④ 비교가능 제3자 가격방법이란 거주자와 국외특수관계인 간의 국제거래와 유사한 거래상황에서 또 다른 특수관계가 있는 독립적 사업자 간의 거래가격을 정상가격으로 보는 방법을 의미한다.

⑤ 재판매가격방법이란 거주자와 국외특수관계인 간의 국제거래에서 거래 당사자 중 어느 한쪽인 구매자가 특수관계가 없는 자에 대한 판매자가 되는 경우 그 판매가격에서 그 구매자의 판매자로서 얻는 통상의 이윤으로 볼 수 있는 금액을 가산한 가격을 정상가격으로 보는 방법이다.

해설

 ②

① 과세당국은 거주자와 국외특수관계인 간의 국제거래에서 그 거래가격이 정상가격보다 낮거나 높은 경우에는 정상가격을 기준으로 거주자의 과세표준 및 세액을 결정하거나 경정할 수 있다.

③ 정상가격 산출방법은 다음과 같다.

원 칙	예 외
① 비교가능 제3자 가격방법 ② 재판매가격방법 ③ 원가가산방법 ④ 이익분할방법 ⑤ 거래순이익률방법	기타 합리적 방법*

* 원칙상의 방법으로 정상가격을 산출할 수 없는 경우에만 적용한다.

④ 비교가능 제3자 가격방법이란 거주자와 국외특수관계인 간의 국제거래와 유사한 거래 상황에서 특수관계가 없는 독립된 사업자 간의 거래가격을 정상가격으로 보는 방법을 의미한다.

⑤ 재판매가격방법이란 거주자와 국외특수관계인 간의 국제거래에서 거래 당사자 중 어느 한쪽인 구매자가 특수관계가 없는 자에 대한 판매자가 되는 경우 그 판매가격에서 그 구매자의 판매자로서 얻는 통상의 이윤으로 볼 수 있는 금액을 뺀 가격을 정상가격으로 보는 방법이다.

06 국제조세조정에 관한 법률상 정상가격의 산출방법으로 열거되어 있지 않은 것은? (2018. 세무사)

① 비교가능 제3자 가격방법 ② 재판매가격방법 ③ 원가가산방법
④ 매출총이익률방법 ⑤ 이익분할방법

해설 정답 ④

정상가격 산출방법은 다음과 같다.

원 칙	예 외
① 비교가능 제3자 가격방법 ② 재판매가격방법 ③ 원가가산방법 ④ 이익분할방법 ⑤ 거래순이익률방법	기타 합리적 방법*

* 원칙상의 방법으로 정상가격을 산출할 수 없는 경우에만 적용한다.

07 국제조세조정에 관한 법률에 관한 설명으로 옳지 않은 것은? (2019. 세무사)

① 국제조세조정에 관한 법률은 국가 간의 이중과세 및 조세회피를 방지하고 원활한 조세협력을 도모함을 목적으로 한다.
② 국제조세조정에 관한 법률상 권한 있는 당국이란 우리나라의 경우에는 기획재정부장관 또는 그의 권한을 위임받은 자를 말한다.
③ 과세당국은 거래당사자의 어느 한쪽이 국외특수관계인인 국제거래에서 그 거래가격이 정상가격보다 낮거나 높은 경우에는 정상가격을 기준으로 거주자의 과세표준 및 세액을 결정하거나 경정할 수 있다.
④ 정상가격의 산출은 비교가능 제3자 가격방법, 재판매가격방법, 원가가산방법, 이익분할방법, 거래순이익률방법, 대통령령으로 정하는 그 밖에 합리적이라고 인정되는 방법을 동등한 입장에서 적용하여 그 중에서 가장 합리적인 방법으로 계산한 가격으로 한다.
⑤ 과세당국은 정상가격 적용 시, 해당 국제거래가 그 거래와 유사한 거래 상황에서 특수관계가 없는 독립된 사업자 사이의 거래와 비교하여 상업적으로 합리적인 거래인지 여부를 판단하여야 한다.

해설 정답 ④

원칙상의 방법으로 정상가격을 산출할 수 없는 경우에만 기타 합리적 방법을 적용한다.

08 국제조세조정상 이전가격세제에 관한 설명으로 옳지 않은 것은? (2020. 세무사)

① 거주자는 일정 기간의 과세연도에 대하여 정상가격 산출방법을 적용하려는 경우에는 정상가격 산출방법을 적용하려는 일정 기간의 과세연도 중 최초의 과세연도 개시일의 전날까지 국세청장에게 승인 신청을 할 수 있다.

② 이전가격세제 등에 따른 과세조정을 적용할 때 익금에 산입되는 금액이 국외특수관계인(내국법인이 출자한 법인임)으로부터 내국법인에게 반환된 것임이 확인되지 않을 경우에는 그 금액은 국외특수관계인에 대한 배당으로 처분한다.

③ 납세지 관할 세무서장은 납세의무자가 법령이 정한 부득이한 사유로 국제거래명세서를 정해진 제출기한까지 제출할 수 없는 경우로서 납세의무자의 신청을 받은 경우에는 1년의 범위에서 그 제출기한의 연장을 승인할 수 있다.

④ 국세청장은 신청인이 일방적 사전승인을 신청하는 경우에는 신청일부터 2년 이내에 사전승인 여부를 결정하여야 한다.

⑤ 국외특수관계인과의 거래에 대한 과세조정에 따라 내국법인이 아닌 거주자의 소득금액을 조정한 결과 감액되는 소득금액 중 국외특수관계인에게 반환되지 않은 금액은 그 거주자의 소득금액으로 보지 아니한다.

PART 05 국조법

해설

정답 ②

국외특수관계인이 내국법인이 출자한 법인인 경우 유보로 처분한다.

09 국제조세조정에 관한 법률상 국외특수관계인 및 관련 과세조정에 관한 설명으로 옳지 않은 것은?

(2022. 세무사)

① "국외특수관계인"이란 거주자, 내국법인 또는 국내사업장과 특수관계에 있는 비거주자 또는 외국법인(비거주자 또는 외국법인의 국내사업장은 제외)을 말한다.

② 과세당국은 거주자와 국외특수관계인이 사전에 원가 · 비용 · 위험의 분담에 대한 약정을 체결하고 이에 따라 무형자산을 공동으로 개발 또는 확보하는 경우 거주자의 원가등의 분담액이 정상원가분담액보다 많을 때에는 정상원가분담액을 기준으로 거주자의 과세표준과 세액을 결정하거나 경정할 수 있다.

③ 체약상대국이 거주자와 국외특수관계인의 거래가격을 정상가격으로 조정하고, 이에 대한 상호합의절차가 진행 중인 경우 거주자는 경정청구를 할 수 있으며, 과세당국은 그 경정청구의 결과에 따라 거주자의 각 과세연도 과세표준 및 세액을 조정하여 계산하여야 한다.

④ 과세당국은 국외특수관계인과의 거래에 대한 과세조정에 관한 규정을 적용할 때 납세의무자가 일방적 사전승인을 받은 경우로서 신고한 거래가격과 정상가격의 차이에 대하여 납세의무자의 과실이 없다고 국세청장이 판정하는 경우에는 국세기본법에 따른 과소신고가산세를 부과하지 아니한다.

⑤ 거주자는 일정 기간의 과세연도에 대하여 일정한 정상가격 산출방법을 적용하려는 경우에는 그 정상가격 산출방법을 적용하려는 일정 기간의 과세연도 중 최초의 과세연도 개시일의 전날까지 국세청장에게 사전승인을 신청할 수 있다.

해설

 ③

체약상대국이 거주자와 국외특수관계인의 거래가격을 정상가격으로 조정하고, 이에 대한 상호합의절차가 종결된 경우에는 과세당국은 그 합의에 따라 거주자의 각 과세연도 과세표준 및 세액을 조정하여 계산할 수 있다. 이에 따라 각 과세연도 과세표준 및 세액의 조정을 받으려는 거주자는 상호합의결과의 통보를 받은 날부터 3개월 이내에 납세지 관할 세무서장에게 수정신고 또는 경정청구를 하여야 한다.

10 국제조세조정에 관한 법률에서 규정하고 있는 내용으로 옳지 않은 것은? (2022. 세무사)

① 제조업을 영위하는 내국법인이 국외법인으로부터 차입한 금액에 대한 이자비용이 조정소득금액의 30퍼센트를 초과하는 경우에는 그 초과하는 금액은 손금에 산입하지 아니한다.

② 내국법인이 국외특수관계인과의 혼성금융상품 거래에 따라 지급한 이자등 중 법령으로 정하는 기간(이하 "적정기간") 이내에 그 거래 상대방이 소재한 국가에서 거래 상대방의 소득에 포함되지 아니하는 등 과세되지 아니한 금액은 적정기간 종료일이 속하는 사업연도의 소득금액을 계산할 때 법령으로 정하는 바에 따라 익금에 산입하며 법인세법에 따른 기타사외유출로 처분된 것으로 본다.

③ 조세조약에서 정의하지 아니한 용어 및 문구에 대해서는 국세기본법 제2조제2호에 따른 세법에서 정의하거나 사용하는 의미에 따라 조세조약을 해석 · 적용한다.

④ 배당간주금액은 특정외국법인의 해당 사업연도 종료일의 다음 날부터 60일이 되는 날이 속하는 내국인의 과세연도의 익금 또는 배당소득에 산입한다.

⑤ 출자금액 대비 과다차입금 지급이자의 손금불산입 규정에 따라 손금불산입 되는 내국법인의 지급이자 및 할인료는 법인세법에 따른 배당 또는 기타사외유출로 처분된 것으로 본다.

해설 정답 ①

제조업을 영위하는 내국법인이 국외특수관계인으로부터 차입한 금액에 대한 순이자비용이 조정소득금액의 30퍼센트를 초과하는 경우에는 그 초과하는 금액은 손금에 산입하지 아니한다.

11 국외지배주주에게 지급하는 이자의 과세조정에 관한 설명으로 옳지 않은 것은? (2013. 세무사)

① 국외지배주주에게 지급하는 이자에 대한 과세조정은 자본금 대신 과다한 차입금을 들여와 이익규모를 부당하게 줄이는 것을 방지하기 위한 것이다.

② 배당으로 간주된 이자의 손금불산입은 정상가격에 따른 과세조정 및 법인세법상의 지급이자 손금불산입에 우선하여 적용한다.

③ 배당으로 간주된 이자의 손금불산입을 적용할 때 서로 다른 이자율이 적용되는 이자나 할인료가 함께 있는 경우에는 높은 이자율이 적용되는 것부터 먼저 손금에 산입하지 아니한다.

④ 내국법인이 법령으로 정하는 바에 따라 차입금의 규모 및 차입 조건이 특수관계가 없는 자 간의 통상적인 차입 규모 및 차입 조건과 같거나 유사한 것임을 증명하는 경우에는 그 차입금에 대한 지급이자 및 할인료에 대해서는 배당으로 간주된 이자의 손금불산입규정을 적용하지 아니한다.

⑤ 국외지배주주의 지급보증에 의하여 제3자로부터 차입한 금액에 대한 이자 중 손금에 산입되지 아니한 금액은 배당으로 처분된 것으로 본다.

 ⑤

해설

국외지배주주의 지급보증에 따라 제3자로부터 차입한 금액에 대한 이자 중 손금에 산입되지 아니한 금액은 기타사외유출로 처분된 것으로 본다.

[관련규정] 배당으로 간주된 이자의 손금불산입액 소득처분

구 분	소득처분
국외지배주주로부터 차입한 금액에 대한 이자	배당
국외지배주주의 특수관계인으로부터 차입한 금액이나 국외지배주주의 지급보증에 의하여 제3자로부터 차입한 금액에 대한 이자	기타사외유출

12 (주)엘에이는 2021년 초 미국법인인 LA Ltd.가 100% 투자하여 설립한 내국법인이며 제조업을 영위하고 있다. (주)엘에이(회계기간 : 2025.1.1.~12.31.)의 2025년 말 재무상태표상 자본총계는 ₩200,000,000이고, 납입자본금은 ₩100,000,000이다. 2025년도 손익계산서상 이자비용 내역과 차입금적수는 다음과 같다. 국제조세조정에 관한 법률에 의해 손금불산입되는 이자비용은 얼마인가? 단, 1년은 365일로 가정한다. (2015. 세무사)

이자비용	차입금적수	비 고
₩45,000,000	₩328,500,000,000	국외지배주주로부터의 차입금 (이자율은 동일하며 건설자금이자는 없음)
₩24,000,000	₩146,000,000,000	국내은행으로부터의 차입금 (이자율은 동일하며 건설자금이자는 없음)

① ₩20,000,000　② ₩25,000,000　③ ₩35,000,000
④ ₩49,000,000　⑤ ₩69,000,000

해설

정답 ②

내국법인의 차입금 중 국외지배주주로부터 차입한 금액(친족 등 법 소정의 국외지배주주의 특수관계인으로부터 차입한 금액을 포함함)이 그 국외지배주주가 출자한 출자금액의 2배(내국법인이 금융업인 경우에는 6배)를 초과하는 경우 그 초과분에 대한 지급이자 및 할인료는 그 내국법인의 손금에 산입하지 않고 배당으로 처분한다.

$$\text{국외지배주주 등에게 지급해야 할 이자 및 할인료} \times \frac{\text{내국법인의 국외지배주주 등에 대한 총차입금적수} - \text{국외지배주주 등의 내국법인 출자금액적수} \times 2(\text{금융업은 }6)}{\text{내국법인의 국외지배주주 등에 대한 총차입금적수}}$$

따라서 과소자본세제로 인한 지급이자 손금불산입액은 다음과 같다.

$$₩45,000,000 \times \frac{(₩328,500,000,000 - ₩200,000,000 \times 365 \times 2\text{배})}{₩328,500,000,000} = ₩25,000,000$$

PART 05 국조법

13 **국제조세조정에 관한 법률상 국외지배주주 등에게 지급하는 이자에 대한 과세조정에 관한 설명으로 옳은 것을 모두 고른 것은? (단, 국외지배주주, 국외특수관계인, 순이자비용 및 금융상품은 법령의 요건을 충족함)** (2020. 세무사)

ㄱ. 내국법인의 차입금 중 국외지배주주로부터 차입한 금액이 그 국외지배주주가 출자한 출자금액의 2배(금융업은 6배)를 초과하는 경우에는 그 초과분에 대한 지급이자 및 할인료는 그 내국법인의 손금에 산입하지 아니한다.
ㄴ. 내국법인이 국외특수관계인으로부터 차입한 금액에 대한 순이자비용이 조정소득금액의 100분의 30을 초과하는 경우 그 초과하는 금액은 손금에 산입하지 아니한다.
ㄷ. 내국법인이 국외특수관계인과 자본 및 부채의 성격을 동시에 갖고 있는 금융상품 거래에 따라 지급한 이자 및 할인료 중 적정기간 내에 그 거래상대방이 소재한 국가에서 과세되지 아니한 금액에 해당하는 금액은 해당 사업연도의 소득금액을 계산할 때 내국법인의 손금에 산입하지 아니한다.
ㄹ. 위 ㄱ, ㄴ, ㄷ에 따라 손금에 산입하지 아니한 금액에 대한 소득처분은 동일하다.
ㅁ. 위 ㄱ, ㄴ이 동시에 적용되는 경우에는 ㄱ이 ㄴ보다 우선하여 적용된다.

① ㄱ, ㄴ, ㄷ　② ㄱ, ㄴ, ㄹ　③ ㄱ, ㄴ, ㄷ, ㄹ
④ ㄱ, ㄴ, ㄷ, ㅁ　⑤ ㄱ, ㄴ, ㄷ, ㄹ, ㅁ

해설

①

구 분	내 용
ㄱ.	배당으로 간주된 이자의 손금불산입(소득처분 : 배당 또는 기타사외유출)
ㄴ.	소득 대비 과다이자비용의 손금불산입(소득처분 : 기타사외유출)
ㄷ.	혼성금융상품 거래에 따라 발생하는 이자비용의 손금불산입(소득처분 : 기타사외유출)
ㄹ.	위 ㄱ, ㄴ, ㄷ에 따라 손금에 산입하지 아니한 금액에 대한 소득처분은 동일하지 않다.
ㅁ.	ㄱ. 및 ㄴ.이 동시에 적용되는 경우에는 그 중 손금에 산입하지 아니하는 금액이 크게 계산되는 것 하나만을 적용한다. 이 경우 그 금액이 같은 경우에는 ㄱ.을 적용한다.

14 국제조세조정에 관한 법률상 출자금액 대비 과다차입금 지급이자의 손금불산입에 관한 설명으로 옳은 것은? (2023. 세무사)

① 금융업을 영위하는 내국법인(외국법인의 국내사업장을 포함한다)의 차입금 중 국외지배주주로부터 차입한 금액이 해당 국외지배주주가 출자한 출자금액의 2배를 초과하는 경우에는 그 초과분에 대한 지급이자 및 할인료는 그 내국법인의 손금에 산입하지 아니한다.

② 국외지배주주의 지급보증(담보의 제공 등 실질적으로 지급을 보증하는 경우를 포함한다)에 의하여 제3자로부터 차입한 금액에 대한 지급이자 손금불산입액은 배당으로 처분된 것으로 본다.

③ 손금불산입액으로 산정되는 지급이자와 할인액의 범위에는 내국법인이 국외지배주주에게 지급해야 할 사채할인발행차금 상각액, 융통어음 할인료 등 그 경제적 실질이 이자에 해당하는 것과 건설자금이자를 포함한다.

④ 서로 다른 이자율이 적용되는 지급이자와 할인액이 함께 있는 경우에는 초과차입금적수에 가중평균이자율을 곱하여 지급이자 손금불산입액을 산정한다.

⑤ 국제조세조정에 관한 법률상 출자금액 대비 과다차입금 지급이자의 손금불산입 규정은 법인세법상 지급이자의 손금불산입 규정보다 우선하여 적용한다.

해설

정답 ⑤

① 금융업을 영위하는 내국법인(외국법인의 국내사업장을 포함한다)의 차입금 중 국외지배주주로부터 차입한 금액이 해당 국외지배주주가 출자한 출자금액의 6배를 초과하는 경우에는 그 초과분에 대한 지급이자 및 할인료는 그 내국법인의 손금에 산입하지 아니한다.

② 국외지배주주의 지급보증(담보의 제공 등 실질적으로 지급을 보증하는 경우를 포함한다)에 의하여 제3자로부터 차입한 금액에 대한 지급이자 손금불산입액은 기타사외유출로 처분된 것으로 본다.

③ 손금불산입액으로 산정되는 지급이자와 할인액의 범위에는 내국법인이 국외지배주주에게 지급해야 할 사채할인발행차금 상각액, 융통어음 할인료 등 그 경제적 실질이 이자에 해당하는 것을 모두 포함하나, 건설자금이자는 이자등의 범위에서 제외한다.

④ 서로 다른 이자율이 적용되는 지급이자와 할인액이 함께 있는 경우에는 높은 이자율이 적용되는 것부터 먼저 손금에 산입하지 아니한다.

15 다음의 자료를 이용하여 내국법인 A의 배당간주금액을 계산하면 얼마인가? (단, 주어진 자료 이외의 다른 사항은 고려하지 않음)

(2013. 세무사)

(1) 내국법인 A는 내국법인 B의 주식을 100% 보유하고, B는 A와 특수관계에 있는 외국법인 Z의 주식을 30% 보유하고 있다.

(2) 내국법인 A는 내국법인 C의 주식을 100% 보유하고, C는 외국법인 Z의 주식을 20% 보유하고 있다.

(3) 외국법인 Z는 법인세 부담세액이 실제발생소득의 5%인 외국에 본점을 두고 있고, 그 배당가능유보소득이 1,000,000달러이다.

① 50,000달러 ② 200,000달러 ③ 250,000달러
④ 300,000달러 ⑤ 500,000달러

 ⑤

해설

배당간주금액 : 1,000,000달러 × (30% + 20%) = 500,000달러
Z법인 소재국의 부담세액이 실제 발생소득의 16.8%(법인세법에 따른 세율 중 최고세율의 70%) 이하이므로 특정외국법인의 유보소득의 배당간주규정이 적용된다.

16 국제조세조정에 관한 법률상 특정외국법인의 유보소득 배당 간주에 관한 설명으로 옳지 않은 것은?

(2016. 세무사)

① 특정외국법인으로서 선박 · 항공기 · 장비의 임대를 주된 사업으로 하는 법인이, 조세피난처에서 사업을 위하여 필요한 공장 등의 고정된 시설을 가지고 있고, 그 법인이 스스로 사업을 관리하며, 당해 지역에서 주로 사업을 하는 경우에는 유보소득의 배당간주규정을 적용하지 아니한다.

② 특정외국법인의 유보소득 중 배당으로 간주하는 금액은 특정외국법인의 배당 가능한 유보소득에 해당 내국인(당해 유보소득을 배당받는 것으로 간주되는 내국인임)의 특정외국법인 주식 보유비율을 곱하여 계산한다.

③ 특정외국법인의 유보소득을 배당받는 것으로 간주되는 내국인의 범위는 특정외국법인의 각 사업연도 말 현재 발행주식의 총수 또는 출자총액의 100분의 10 이상을 직접 또는 간접으로 보유한 자로 한다.

④ 특정외국법인의 유보소득으로서 배당으로 간주된 금액은 특정외국법인의 해당 사업연도 종료일의 다음날부터 60일이 되는 날이 속하는 내국인의 과세연도의 익금 또는 배당소득에 산입한다.

⑤ 법인의 부담세액이 실제발생소득의 16.8%(법인세법에 따른 세율 중 최고세율의 70%) 이하인 국가 또는 지역인지 여부를 판정함에 있어, 법인의 본점 또는 주사무소 또는 실질적 관리장소가 있는 국가 또는 지역에서 일반적으로 인정되는 회계원칙이 우리나라의 기업회계기준과 현저히 다른 경우에는 우리나라의 기업회계기준을 적용하여 산출한 재무제표상의 법인세차감전 당기순이익을 실제발생소득으로 본다.

해설

정답 ①

주식, 출자지분 또는 채권의 보유, 선박 · 항공기 · 장비의 임대 등을 주된 사업으로 하는 특정외국법인은 조세회피지역에 사업을 위하여 필요한 사무소 등의 고정된 시설을 가지고 있고, 그 시설을 통하여 사업을 실질적으로 영위하고 있는 경우에도 그의 유보소득을 배당받은 것으로 간주한다.

17 **국제조세조정에 관한 법률상 국외에 있는 재산의 증여에 관한 설명으로 옳은 것은?** (2016. 세무사)

① 거주자가 비거주자에게 국외에 있는 부동산을 증여하는 경우 수증자는 증여세를 납부할 의무가 있다.

② 비거주자인 수증자가 거주자인 증여자의 특수관계인이 아닌 경우로서 국외에 있는 재산에 대하여 외국의 법령에 따라 증여세가 면제되는 경우 증여자의 증여세 납부의무는 면제되지 아니한다.

③ 비거주자인 수증자가 거주자인 증여자의 특수관계인인 경우 국외에 있는 부동산에 대하여 외국의 법령에 따라 증여세가 부과되면 증여자의 증여세 납부의무를 면제한다.

④ 국외에 있는 재산을 증여하는 거주자에는 본점이나 주된 사무소의 소재지가 국내에 있는 비영리법인이 포함된다.

⑤ 증여재산의 증여일 전후 6개월 이내에 공신력 있는 감정기관이 평가한 감정가액은 증여재산의 시가로 볼 수 없다.

 ④

해설

① 거주자가 비거주자에게 국외에 있는 부동산을 증여하는 경우에는 증여자가 증여세를 납부할 의무가 있다. ⇨ 수증자×

② 비거주자인 수증자가 거주자인 증여자의 특수관계인이 아닌 경우로서 국외에 있는 재산에 대하여 외국의 법령에 따라 증여세가 면제되는 경우 증여자의 증여세 납부의무를 면제한다.

③ 비거주자인 수증자가 거주자인 증여자의 특수관계인인 경우 국외에 있는 부동산에 대하여 외국의 법령에 따라 증여세를 납부한 경우에는 법 소정에 방법에 따라 계산한 외국납부세액공제액을 증여세 산출세액에서 공제하며, 증여세 납부의무는 여전히 존재한다.

⑤ 증여재산의 증여일 전후 6개월 이내에 공신력 있는 감정기관이 평가한 감정가액은 증여재산의 시가로 한다.

18 상호합의절차에 관한 설명으로 옳지 않은 것은? (2012. 세무사)

① 상호합의절차란 조세조약의 해석이나 부당한 과세처분 또는 과세소득의 조정에 대하여 우리나라의 권한 있는 당국과 체약상대국의 권한 있는 당국 간에 협의를 통하여 해결하는 절차를 말한다.

② 내국법인이 체약상대국의 과세당국으로부터 조세조약의 규정에 부합하지 않는 과세처분을 받았거나 받을 우려가 있는 경우, 국세청장에게 상호합의절차의 개시를 신청할 수 있다.

③ 조세조약의 적용 및 해석에 관하여 체약상대국과 협의할 필요가 있는 경우, 신청인은 국세청장에게 상호합의절차의 개시를 신청할 수 있다.

④ 국세청장은 상호합의절차 개시 신청을 받은 이후에도 신청인이 동의하는 경우, 체약상대국에 상호합의절차 개시를 요청하지 아니할 수 있다.

⑤ 상호합의절차가 진행 중일 때에 법원의 확정판결이 있는 경우로서 체약상대국의 과세조정에 대한 대응조정이 필요한 경우가 아닌 경우 확정판결일을 상호합의절차의 종료일로 한다.

해설  ③

조세조약의 적용 및 해석에 관하여 체약상대국과 협의할 필요가 있는 경우, 신청인은 기획재정부장관에게 상호합의절차의 개시를 신청할 수 있다.

[관련규정] 상호합의절차의 개시신청

상호합의절차 개시신청사유	신청기관
① 조세조약의 적용 · 해석에 관하여 체약상대국과 협의할 필요가 있는 경우	기획재정부장관
② 체약상대국의 과세당국으로부터 조세조약의 규정에 부합하지 않는 과세처분을 받았거나 받을 우려가 있는 경우 ③ 조세조약에 따라 우리나라와 체약상대국가간에 조세조정이 필요한 경우	국세청장

19 상호합의절차에 관한 설명으로 옳지 않은 것은? (2014. 세무사)

① 우리나라와 체약상대국의 권한 있는 당국 간에 상호합의절차가 이루어지지 아니하여 상호합의절차를 계속 진행하기로 합의하는 경우 상호합의절차의 종료일은 개시일의 다음날부터 10년을 초과할 수 없다.

② 체약상대국과 상호합의절차가 시작된 경우에 상호합의절차의 종료일의 다음날부터 1년의 기간과 국세기본법 제26조의2 제1항부터 제4항까지의 규정에 따른 국세부과의 제척기간 중 나중에 도래하는 기간의 만료일 후에는 국세를 부과할 수 없다.

③ 우리나라의 거주자 또는 내국법인이 과세사실을 안 날로부터 3년이 지나 상호합의절차 개시를 신청한 경우에는 기획재정부장관이나 국세청장은 체약상대국의 권한 있는 당국에 상호합의절차 개시를 요청하지 않아도 된다.

④ 기획재정부장관이나 국세청장은 상호합의절차의 개시를 신청한 납세자가 상호합의절차의 진행에 필요한 자료제출 요구에 성실하게 협조하지 아니하는 경우에는 상호합의절차를 직권으로 종료할 수 있다.

⑤ 조세조약의 적용 · 해석에 관하여 체약상대국과 협의할 필요가 있는 경우 기획재정부장관에게 상호합의절차의 개시를 신청할 수 있다.

정답 ①

해설

우리나라와 체약상대국의 권한 있는 당국 간에 상호합의절차가 이루어지지 아니하여 상호합의절차를 계속 진행하기로 합의하는 경우 상호합의절차의 종료일은 개시일의 다음날부터 8년을 초과할 수 없다.

[관련규정] 상호합의절차의 종료일

구 분	종료일
① 상호합의○	우리나라와 체약당사국의 권한있는 당국간에 문서에 의하여 합의가 이루어진 날
② 상호합의×	개시일의 다음날부터 5년이 되는 날*1
③ 법원확정판결*2	확정판결일*2
④ 개시신청철회	신청철회일
⑤ 직권종료	신청인이 상호합의절차가 종료되었음을 통지받은 날

*1. 상호합의절차를 계속 진행하기로 합의하는 경우에는 상호합의절차가 종료되지 아니하며, 이 경우 상호합의절차 종료일은 개시일의 다음날부터 8년을 초과할 수 없다.
2. 다만, 체약상대국의 과세조정에 대한 대응조정이 필요한 경우 등에는 법원의 확정판결이 있더라도 상호합의절차가 종료되지 아니한다.

20 국제조세조정에 관한 법률상 상호합의에 관한 설명으로 옳은 것은? (2019. 세무사)

① 기획재정부장관 또는 국세청장은 상호합의절차 개시 신청을 거부하는 경우 그 사실을 신청인에게 통지하여야 하지만 체약상대국에게 통지할 필요는 없다.

② 상호합의절차가 시작된 경우 상호 합의절차의 개시일부터 종료일까지의 기간은 국세기본법의 불복청구기간과 결정기간에 산입하지 아니한다.

③ 상호합의절차가 시작된 경우 납부고지의 유예, 납부기한등의 연장 또는 압류 · 매각의 유예는 국제관행이 상호합의절차의 진행 중에 납부기한등의 연장 또는 압류 · 매각의 유예를 허용하는 경우에만 적용한다.

④ 상호합의절차가 시작된 경우 체약상대국과의 상호합의절차가 종료되거나 국세부과제척기간이 만료된 이후에는 국세를 부과할 수 없다.

⑤ 상호합의절차의 종료일은 우리나라와 체약상대국의 권한 있는 당국 간에 문서에 의하여 합의가 이루어진 날로 한다. 다만, 상호합의가 이루어지지 아니한 경우에는 개시일의 다음날부터 10년이 되는 날을 상호합의절차의 종료일로 한다.

 ②

해설

① 기획재정부장관 또는 국세청장은 상호합의절차 개시 신청을 거부하는 경우 그 사실을 신청인 및 체약상대국에 통지하여야 한다.

③ 상호합의절차가 시작된 경우 징수유예와 압류 · 매각의 유예는 체약상대국이 상호합의절차의 진행 중에 징수유예 및 압류 · 매각의 유예를 허용하는 경우에만 적용한다.

④ 체약상대국과 상호합의절차가 개시된 경우에 상호합의절차의 종료일의 다음날부터 1년간의 기간과 국세기본법 및 지방세법상의 제척기간 중 나중에 도래하는 기간이 만료된 날 후에는 국세를 부과할 수 없다.

⑤ 상호합의절차의 종료일은 우리나라와 체약상대국의 권한 있는 당국 간에 문서에 의하여 합의가 이루어진 날로 한다. 다만, 상호합의가 이루어지지 아니한 경우에는 개시일의 다음날부터 5년이 되는 날을 상호합의절차의 종료일로 한다.

21 국제조세조정에 관한 법률상 상호합의절차에 관한 설명으로 옳지 않은 것은? (2023. 세무사)

① 거주자 또는 내국법인과 비거주자 또는 외국법인은 조세조약에 따라 우리나라와 체약상대국 간에 조세조정이 필요한 경우에는 국세청장에게 상호합의절차의 개시를 신청할 수 있다.

② 국세청장은 상호합의절차의 개시 신청을 받거나 직권으로 상호합의절차 개시를 요청한 경우에는 기획재정부장관에게 보고하여야 한다.

③ 기획재정부장관은 조세조약의 적용 및 해석에 관하여 체약상대국과 협의할 필요성이 있는 경우에는 직권으로 체약상대국의 권한 있는 당국에 상호합의절차 개시를 요청할 수 있다.

④ 체약상대국의 권한 있는 당국에 상호합의절차 개시를 요청한 경우에는 상호합의절차 개시 요청일을 상호합의절차의 개시일로 한다.

⑤ 상호합의절차가 개시된 경우 상호합의절차의 개시일부터 종료일까지의 기간은 국세기본법상 불복청구기간과 불복결정기간에 산입하지 아니한다.

해설

 ④

체약상대국의 권한 있는 당국에 상호합의절차 개시를 요청한 경우에는 체약상대국의 권한 있는 당국으로부터 이를 수락하는 의사를 통보받은 날을 상호합의절차의 개시일로 한다.

22 **국제조세조정에 관한 법률상 국가 간 조세협력에 관한 설명으로 옳은 것은?** (2017. 세무사)

① 체약상대국에 납부할 조세를 우리나라에서 징수해 주도록 조세조약에 따라 체약상대국의 권한 있는 당국으로부터 위탁을 받은 경우에는 납세지 관할세무서장은 대통령령으로 정하는 바에 따라 국세청장에게 국세 징수의 예에 따라 징수하도록 할 수 있다.

② 조세조약의 규정상 비거주자 또는 외국법인의 국내원천소득 중 이자소득 및 배당소득에 대해서는 조세조약 상의 제한세율을 적용하여야 한다.

③ 납세지 관할세무서장은 국내에서 납부할 조세를 징수하기 곤란하여 체약상대국에서 징수하는 것이 불가피하다고 판단되는 경우 체약상대국에 대하여 조세징수를 위하여 필요한 조치를 하도록 직접 요청할 수 있다.

④ 권한 있는 당국은 조세조약상 체약상대국과 상호주의에 따른 정기적인 금융정보의 교환을 위하여 필요한 경우 체약상대국의 조세 부과 및 징수와 납세의 관리에 필요한 거주자의 금융거래 내용을 금융회사의 장에게 요구할 수 있다.

⑤ 금융회사는 권한 있는 당국의 요구가 있는 경우에만 그 사용 목적에 필요한 최소한의 범위에서 해당 금융회사의 금융거래 상대방에 대한 납세자번호를 포함한 인적 사항을 확인 · 보유할 수 있다.

해설

 ④

① 체약상대국에 납부할 조세를 우리나라에서 징수해 주도록 조세조약에 따라 체약상대국의 권한 있는 당국으로부터 위탁을 받은 경우에는 국세청장은 대통령령으로 정하는 바에 따라 납세지 관할세무서장에게 국세 징수의 예에 따라 징수하도록 할 수 있다.

② 조세조약의 규정상 비거주자 또는 외국법인의 국내원천소득 중 이자 · 배당 또는 지식재산권 등의 사용대가에 대해서는 조세조약상의 제한세율과 소득세법 또는 법인세법에서 규정하는 세율 중에서 낮은 세율을 적용한다.

③ 납세지 관할세무서장 또는 지방자치단체의 장은 국내에서 납부할 조세의 징수가 곤란하여 체약상대국에서 징수하는 것이 불가피하다고 판단되는 경우에는 국세청장에게 체약상대국에 대하여 조세의 징수를 위하여 필요한 조치를 하도록 요청할 수 있다. 즉, 납세지 관할세무서장은 체약상대국에 대하여 조세징수를 위하여 필요한 조치를 하도록 직접적으로 요청할 수는 없다.

⑤ 금융회사 등은 국가 간 금융정보의 교환을 지원하기 위하여 권한 있는 당국의 요구가 없는 경우에도 그 사용목적에 필요한 최소한의 범위에서 해당 금융회사들의 금융거래상대방에 대한 납세자번호를 포함한 인적사항 등을 미리 확인 · 보유할 수 있다.

23 **국제조세조정에 관한 법률상 국가 간 조세협력에 관한 설명으로 옳지 않은 것은?** (2018. 세무사)

① 조세조약의 규정상 비거주자 또는 외국법인의 국내원천소득 중 지식재산권 등의 사용대가에 대해서는 조세조약상의 제한세율을 적용하여야 하며, 이자소득 및 배당소득에 대해서는 조세조약에도 불구하고 소득세법 또는 법인세법에서 규정하는 세율을 적용하여야 한다.

② 납세지 관할세무서장은 국내에서 납부할 조세를 징수하기 곤란하여 체약상대국에서 징수하는 것이 불가피하다고 판단되는 경우에는 국세청장에게 체약상대국에 대하여 조세 징수를 위하여 필요한 조치를 하도록 요청할 수 있다.

③ 체약상대국에 납부할 조세를 우리나라에서 징수해 주도록 조세조약에 따라 체약상대국의 권한 있는 당국으로부터 위탁을 받은 경우에는 국세청장은 대통령령으로 정하는 바에 따라 납세지 관할세무서장에게 국세 징수의 예에 따라 징수하도록 할 수 있다.

④ 권한 있는 당국은 조세 불복에 대한 심리를 위하여 필요한 조세정보를 다른 법률에 어긋나지 아니하는 범위에서 획득하여 체약상대국과 교환할 수 있다.

⑤ 권한 있는 당국은 조세조약이 적용되는 자와의 거래에 대하여 세무조사가 필요하다고 판단되는 경우에는 그 거래에 대하여 체약상대국에 세무공무원을 파견하여 직접 세무조사를 하게 할 수 있다.

해설

①

조세조약의 규정상 비거주자 또는 외국법인의 국내원천소득 중 이자 · 배당 또는 지식재산권 등의 사용대가에 대해서는 조세조약상의 제한세율과 소득세법 또는 법인세법에서 규정하는 세율 중에서 낮은 세율을 적용한다.

24 해외금융계좌의 신고에 관한 설명으로 옳지 않은 것은? (2011. 세무사)

① 해외금융회사에 개설된 해외금융계좌를 보유한 거주자로서 해당 연도의 매월 말일 중 어느 하루라도 보유계좌잔액이 5억원을 초과하는 자는 해외금융계좌정보에 대한 신고의무가 있다.

② 해외금융회사란 국외에 소재하는 금융업, 보험 및 연금업, 금융 및 보험 관련 서비스업 및 이와 유사한 업종을 하는 금융기관(내국법인의 국외사업장은 포함하고 외국법인의 국내사업장은 제외한다)을 말한다.

③ 신고의무자 중 국가, 지방자치단체 및 공공기관의 운영에 관한 법률기관에 따른 공공기관 해외금융계좌의 신고의무를 면제한다.

④ 해외금융계좌 중 실지명의에 의하지 아니한 계좌 등 그 계좌의 명의자와 실질적 소유자가 다른 경우에는 실질적 소유자가 해당 계좌를 보유한 것으로 본다.

⑤ 신고의무자 중 해당 신고대상연도 종료일 1년 전부터 국내에 거소를 둔 기간의 합계가 182일 이하 재외국민에 해당하는 경우 해외금융계좌의 신고의무를 면제한다.

해설  ④

해외금융계좌 관련자(실지명의에 의하지 아니한 계좌 등 그 계좌의 명의자와 실질적 소유자가 다른 경우에는 명의자 및 실질적 소유자를, 공동명의 계좌인 경우에는 공동명의자 각각을 말한다.)는 해당 계좌를 각각 보유한 것으로 본다.

[관련규정] 해외금융계좌의 신고의무면제자

계좌신고의무자 중 다음의 어느 하나에 해당하는 경우 신고의무를 면제한다.

① 다음의 어느 하나에 해당하는 사람
- a. 소득세법에 따른 외국인 거주자(해당 과세기간 종료일 10년 전부터 국내에 주소나 거소를 둔 기간의 합계가 5년 이하인 외국인 거주자)
- b. 재외국민으로서 해당 신고대상연도 종료일 1년 전부터 국내에 거소를 둔 기간의 합계가 182일 이하인 사람
- c. 국제기관에 근무하는 사람 중 법령으로 정하는 사람

② 다음의 어느 하나에 해당하는 기관
- a. 국가, 지방자치단체 및 공공기관의 운영에 관한 법률기관에 따른 공공기관
- b. 우리나라가 다른 국가와 체결한 조약 · 협약 · 협정 · 각서 등 국제법에 따라 규율되는 모든 유형의 국제적 합의에 의하여 설립된 기관

③ 금융회사등

④ 해외금융계좌 관련자 중 다른 공동명의자 등의 신고를 통하여 본인의 해외금융계좌 정보를 확인할 수 있게 되는 등 법 소정의 요건에 해당하는 자

⑤ 다른 법령에 따라 국가의 관리 · 감독이 가능한 기관으로서 금융투자업관계기관 · 집합투자기구 · 집합투자기구평가회사 · 채권평가회사, 금융지주회사, 외국환업무취급기관 · 외국환중개회사 및 신용정보회사

⑥ 해외신탁명세를 제출할 때 해외금융계좌정보를 함께 제출한 자

⑦ 조세조약에 따라 체약상대국의 거주자로 인정된 자

25 **2025년 현재 보유하고 있는 해외금융계좌를 2026년에 신고하는 경우 이에 관한 설명으로 옳지 않은 것은?** (2013. 세무사)

① 해외금융계좌의 신고의무자가 금융회사에 해당하는 경우 신고의무를 면제한다.

② 해외금융계좌정보의 신고의무자로서 정당한 사유 없이 신고기한 내에 신고하지 아니하거나 과소 신고한 금액이 50억원을 초과하는 경우에는 2년 이하의 징역 또는 신고의무 위반금액의 100분의 13 이상 100분의 20 이하에 상당하는 벌금에 처한다.

③ 해외금융계좌의 신고의무를 이행하지 않아 처벌하는 경우 징역형과 벌금형을 병과할 수 있다.

④ 해외금융계좌의 신고의무자란 해외금융회사에 개설된 해외금융계좌를 보유한 거주자 및 내국법인 중에서 해당 연도의 어느 하루의 보유계좌잔액이 5억원을 초과하는 자를 말한다.

⑤ 해외금융계좌 신고기한 내에 해외금융계좌정보를 신고한 자로서 과소신고한 자는 과세당국이 과태료를 부과하기 전까지 해외금융계좌정보를 수정신고할 수 있다.

 ④

해설

해외금융회사에 개설된 해외금융계좌를 보유한 거주자 및 내국법인 중에서 해당 연도의 매월 말일 중 어느 하루의 보유계좌잔액이 5억원을 초과하는 자를 신고의무자로 한다.

26 **해외금융계좌 신고에 관한 설명으로 옳지 않은 것은?** (2015. 세무사)

① 해외금융회사에 개설된 해외금융계좌를 보유한 거주자 및 내국법인 중에서 해당연도의 매월 말일 중 어느 하루의 보유계좌잔액(보유계좌가 복수인 경우에는 각 계좌잔액을 합산한다)이 5억원을 초과하는 자로서 법령에서 신고의무가 면제된 자를 제외하고는 해외금융계좌 신고의무가 있다.

② 해외금융계좌 신고의무자는 해외금융계좌정보를 다음 연도 6월 1일부터 30일까지 납세지 관할세무서장에게 신고하여야 한다.

③ 금융회사는 해외금융계좌 신고의무를 면제한다.

④ 해외금융계좌신고의무자가 신고기한까지 해외금융계좌정보를 신고하지 아니한 경우에는 신고 대상 계좌별로 미신고 금액을 합하여 그 합계액의 20% 이하에 상당하는 과태료를 부과한다.

⑤ 신고기한 내에 해외금융계좌정보를 신고한 자가 신고기한이 지난 후 6개월 이내에 수정신고를 하는 경우(과세당국의 과태료부과를 미리 알고 제출한 경우는 제외)에는 해당 과태료금액의 100분의 70을 감경한다.

해설

정답 ⑤

신고기한 내에 해외금융계좌정보를 신고한 자가 신고기한이 지난 후 6개월 이내에 수정신고를 하는 경우(과세당국의 과태료부과를 미리 알고 제출한 경우는 제외)에는 해당 과태료금액의 90%를 감경한다.

[관련규정] 해외금융계좌 수정 · 기한 후 신고시 과태료 감경

해외금융계좌 신고기한 내에 신고하지 아니하거나 과소신고한 경우에는 과세당국이 과태료를 부과하기 전까지 기한후신고를 하거나 수정신고할 수 있다. 기한후신고 또는 수정신고(과세당국의 과태료 부과를 미리알고 제출한 경우는 제외)하는 경우에는 다음과 같이 과태료를 감경한다.

기한후신고 감경비율		수정신고 감경비율	
신고기한이 지난 후 1개월 이내	90%	신고기한이 지난 후 6개월 이내	90%
신고기한이 지난 후 1개월 초과 6개월 이내	70%	신고기한이 지난 후 6개월 초과 1년 이내	70%
신고기한이 지난 후 6개월 초과 1년 이내	50%	신고기한이 지난 후 1년 초과 2년 이내	50%
신고기한이 지난 후 1년 초과 2년 이내	30%	신고기한이 지난 후 2년 초과 4년 이내	30%

27 **국제조세조정에 관한 법률상 해외금융계좌의 신고에 관한 사항으로 옳지 않은 것은?** (2021. 세무사)

① 계좌신고의무자가 해외금융계좌 수정신고 및 기한 후 신고를 한 경우(단, 과세당국이 과태료를 부과할 것을 미리 알고 신고한 경우는 제외)에는 해외금융계좌 신고의무 위반금액 출처의 소명에 관한 규정을 적용하지 않는다.

② 해외금융회사에 1개의 해외금융계좌를 보유한 거주자 및 내국법인 중에서 해당 연도의 매월 말일 중 어느 하루의 해외금융계좌잔액이 5억원을 초과하는 자는 해외금융계좌정보를 다음연도 6월 1일부터 30일까지 납세지 관할 세무서장에게 신고하여야 한다.

③ 해외금융계좌 신고시 거주자 및 내국법인의 판정은 신고대상 연도 종료일을 기준으로 한다.

④ 해외금융계좌 중 실지명의에 의하지 아니한 계좌 등 그 계좌의 명의자와 실질적 소유자가 다른 경우에 해외금융계좌신고의무자를 실질적 소유자로 본다.

⑤ 계좌신고의무자가 국가, 지방자치단체 및 공공기관의 운영에 관한 법률에 따른 공공기관에 해당하는 경우 해외금융계좌의 신고의무를 면제한다.

해설

정답 ④

해외금융계좌 중 실지명의에 의하지 아니한 계좌 등 그 계좌의 명의자와 실질적 소유자가 다른 경우에 그 명의자와 실질적 소유자가 해당 해외금융계좌를 각각 보유한 것으로 본다.

28 국제조세조정에 관한 법률 상 외국환거래법에 따른 해외현지법인 등에 대한 자료 제출의무에 관한 설명으로 옳지 않은 것은? (2024. 세무사)

① 해당 과세기간종료일 10년 전부터 국내에 주소나 거소를 둔 기간의 합계가 5년 이하인 외국인 거주자는 해외현지법인 등에 대한 자료 제출의무가 없다.

② 법인세법 에 따른 사업연도 중 외국환거래법 에 따른 해외직접투자를 받은 외국법인의 주식 또는 출자지분을 양도한 경우 해외직접투자를 한 내국법인은 해외현지법인 등에 대한 자료 제출의무가 있다.

③ 법인세법 에 따른 사업연도 중 해외직접투자를 받은 외국법인이 청산하여 해외직접투자에 해당하지 아니하게 된 경우 해외직접투자를 한 내국법인은 해외현지법인 등에 대한 자료 제출의무가 있다.

④ 해외직접투자를 한 거주자의 경우 소득세법 에 따른 과세기간 종료일이 속하는 달의 말일부터 5개월 이내에 해외직접투자명세등을 제출해야 한다.

⑤ 해외직접투자를 한 내국법인의 경우 법인세법 에 따른 사업연도 종료일이 속하는 달의 말일부터 6개월 이내에 해외직접투자명세등을 제출해야 한다.

 ④

해설

해외직접투자를 한 거주자의 경우 소득세법에 따른 과세기간 종료일이 속하는 달의 말일부터 6개월 이내에 해외직접투자명세등을 제출해야 한다.

2025 시험전엔 기타세법

06편
조세범처벌법

회계사 · 세무사 기출문제

조세범처벌법

01 **조세범처벌법상 처벌내용에 관한 설명으로 옳지 않은 것은?** (2012. 세무사)

① 납세의무자를 대리하여 세무신고를 하는 자가 조세의 부과 또는 징수를 면하게 하기 위하여 타인의 조세에 관하여 거짓으로 신고를 하였을 때에는 2년 이하의 징역 또는 2천만원 이하의 벌금에 처한다.

② 조세를 포탈하기 위한 증거인멸의 목적으로 세법에서 비치하도록 하는 장부 또는 증빙서류를 해당 국세의 법정신고기한이 지난 날부터 5년 이내에 소각한 자는 2년 이하의 징역 또는 2천만원 이하의 벌금에 처한다.

③ 주류 면허 등에 관한 법률 제22조에 따른 납세증명표지를 위조하거나 변조한 자에 대해서는 2년 이하의 징역 또는 2천만원 이하의 벌금에 처한다.

④ 조세의 원천징수의무자가 정당한 사유 없이 그 세금을 징수하지 아니하였을 때에는 1천만원 이하의 벌금에 처한다.

⑤ 조세의 회피 또는 강제집행의 면탈을 목적으로 자신의 성명을 사용하여 타인에게 사업자등록을 할 것을 허락한 자는 2년 이하의 징역 또는 2천만원 이하의 벌금에 처한다.

해설  ⑤

조세의 회피 또는 강제집행의 면탈을 목적으로 자신의 성명을 사용하여 타인에게 사업자등록을 할 것을 허락한 자는 1년 이하의 징역 또는 1천만원 이하의 벌금에 처한다.

02 조세범처벌법에 관한 설명으로 옳지 않은 것은? (2012. 세무사)

① 조세범처벌법상 조세는 관세를 제외한 국세를 말한다.

② 사기나 그 밖의 부정한 행위로써 조세를 포탈하는 죄를 상습적으로 범한 자에 대해서는 형의 2분의 1을 가중한다.

③ 포탈세액 등이 연간 5억원 미만이더라도 중대한 내국세 관련 범칙행위의 경우에는 국세청장 등의 고발이 없어도 검사가 공소제기를 할 수 있다.

④ 법인의 대표자나 종업원이 그 법인의 업무에 관하여 조세범처벌법에서 규정하는 범칙행위를 한 경우, 법인이 그 위반행위를 방지하기 위하여 해당 업무에 관하여 상당한 주의와 감독을 게을리 하지 않았다면, 법인에게는 해당 조문에 따른 벌금형을 과(科)할 수 없다.

⑤ 법인의 대표자나 종업원이 그 법인의 업무에 관하여 행한 범칙행위에 대하여 특정범죄 가중처벌 등에 관한 법률 제8조(조세포탈의 가중처벌)의 적용을 받는 경우에 있어서 조세범 처벌법상 양벌 규정에 따른 법인에 대한 공소시효는 10년이 지나면 완성된다.

해설

 ③

조세범처벌법에 따른 범칙행위에 대해서는 국세청장, 지방국세청장 또는 세무서장의 고발이 없으면 검사는 공소를 제기할 수 없다. → 고발전치주의

03 조세범처벌법상 조세범 처벌에 관한 설명으로 옳지 않은 것은? (2013. 세무사)

① 조세포탈죄를 범한 자가 포탈세액 등에 대하여 국세기본법에 따라 법정신고기한이 지난 후 3년이 되는 날에 수정신고를 하였을 때에는 형을 감경하여야 한다.

② 조세포탈죄를 범한 자에 대해서는 정상에 따라 징역형과 벌금형을 병과할 수 있다.

③ 조세포탈죄를 상습적으로 범한 자는 형의 2분의 1을 가중한다.

④ 납세의무자를 대리하여 세무신고를 하는 자가 조세의 부과를 면하게 하기 위하여 타인의 조세에 관하여 거짓으로 신고하였을 때에도 처벌한다.

⑤ 소득세에 관한 조세포탈 범칙행위의 기수시기는 소득세의 신고 · 납부기한이 지난 때로 한다.

해설

 ①

조세포탈죄를 범한 자가 포탈세액 등에 대하여 법정신고기한이 지난 후 2년 이내에 수정신고를 한 경우에 형을 감경할 수 있다.

04 조세범처벌법에 관한 설명으로 옳은 것은? (2013. 세무사)

① 개인사업자의 종업원이 개인사업자의 업무에 관하여 조세포탈죄를 범한 경우 종업원을 벌할 뿐만 아니라 종업원을 고용한 개인사업자에게도 징역형을 과한다.

② 소득세의 원천징수의무자가 정당한 사유 없이 그 세금을 징수하지 아니하였을 때에는 2년 이하의 징역에 처한다.

③ 소득세법에 따라 현금영수증을 발급해야 할 사업자가 현금영수증을 발급하지 않을 경우에 과태료와 가산세를 병과한다.

④ 법인의 종업원이 조세포탈죄를 범한 경우 법인이 그 위반행위를 방지하기 위하여 해당 업무에 관하여 상당한 주의와 감독을 게을리 하지 않은 경우 법인은 처벌을 면한다.

⑤ 국세기본법에 따라 법인으로 보는 단체에 대해서는 양벌규정이 적용되지 않는다.

해설  ④

① 양벌규정에 있어서는 벌금형만 적용되며, 징역형은 적용되지 아니한다.
② 원천징수의무자가 정당한 사유 없이 그 세금을 징수하지 아니하였을 때에는 1천만원 이하의 벌금형만 적용된다.(징역형×)
③ 과태료를 부과받은 자에 대해서는 가산세를 적용하지 아니한다.
⑤ 양벌규정이 적용되는 법인에는 법인으로 보는 단체도 포함된다.

05 조세범처벌법에 관한 설명으로 옳지 않은 것은? (2014. 세무사)

① 조세의 원천징수의무자가 정당한 사유 없이 징수한 세금을 납부하지 아니하였을 때에는 2년 이하의 징역 또는 2천만원 이하의 벌금에 처한다.

② 조세범처벌법에 따른 범칙행위에 대해서는 국세청장, 지방국세청장 또는 세무서장의 고발이 없더라도 검사는 공소를 제기할 수 있다.

③ 조세범처벌법상 조세란 관세를 제외한 국세를 말한다.

④ 조세의 회피 또는 강제집행의 면탈을 목적으로 자신의 성명을 사용하여 타인에게 사업자등록을 할 것을 허락한 자는 1년 이하의 징역 또는 1천만원 이하의 벌금에 처한다.

⑤ 납세의무자로 하여금 조세의 징수나 납부를 하지 않을 것을 선동하거나 교사한자는 1년 이하의 징역 또는 1천만원 이하의 벌금에 처한다.

해설  ②

조세범처벌법에 따른 범칙행위에 대해서는 국세청장, 지방국세청장 또는 세무서장의 고발이 없으면 검사는 공소를 제기할 수 없다.

06 조세범처벌법상 조세의 포탈 등과 관련하여 "사기나 그 밖의 부정한 행위"로 명시되지 않은 것은?

(2014. 세무사)

① 이중장부의 작성
② 거짓 증빙의 수취
③ 장부와 기록의 파기
④ 세법상의 신고를 하지 아니하는 행위
⑤ 고의적으로 장부를 비치하지 아니하는 행위

 ④

해설

조세범처벌법상 "사기나 그 밖의 부정한 행위"란 다음의 어느 하나에 해당하는 행위로서 조세의 부과와 징수를 불가능하게 하거나 현저히 곤란하게 하는 적극적 행위를 말한다.
① 이중장부의 작성 등 장부의 거짓 기장
② 거짓 증빙 또는 거짓 문서의 작성 및 수취
③ 장부와 기록의 파기
④ 재산의 은닉, 소득 · 수익 · 행위 · 거래의 조작 또는 은폐
⑤ 고의적으로 장부를 작성하지 아니하거나 비치하지 아니하는 행위 또는 계산서, 세금계산서 또는 계산서합계표, 세금계산서합계표의 조작
⑥ 조세특례제한법 제24조 제1항 제4호에 따른 전사적 기업자원관리설비의 조작 또는 전자세금계산서의 조작
⑦ 그 밖에 위계(僞計)에 의한 행위 또는 부정한 행위

PART 06 조세범처벌법

07 조세포탈범에 관한 설명으로 옳지 않은 것은?

(2011. 세무사 수정)

① 조세포탈범이 포탈세액을 법정신고기한이 지난 후 6개월 이내에 국세기본법에 따라 수정신고를 한 경우에는 형을 감경할 수 있지만, 기한 후 신고를 한 경우에는 형을 감경할 수 없다.
② 납세의무자의 신고에 의하여 납세의무자가 확정되는 국세의 조세범칙행위 기수시기는 그 신고 · 납부기한이 지난 때이다.
③ 납세의무자의 신고에 의하여 정부가 부과 · 징수하는 조세로서 납세의무자가 조세를 포탈할 목적으로 세법에 따른 과세표준을 신고하지 아니함으로써 해당 세목의 과세표준을 정부가 결정하거나 조사결정할 수 없는 경우 기수시기는 해당 세목의 과세표준의 신고기한이 지난 때로 한다.
④ 조세포탈죄를 상습적으로 범한 자는 형의 2분의 1을 가중한다.
⑤ 소득금액 결정에 있어서 세무회계와 기업회계의 차이로 인하여 생긴 금액은 이를 사기나 그 밖의 부정한 행위로 인하여 생긴 소득금액으로 보지 아니한다.

 ①

해설

조세포탈범이 포탈세액 등에 대하여 국세기본법에 따라 법정신고기한이 지난 후 2년 이내에 수정신고를 하거나 법정신고기한이 지난 후 6개월 이내에 기한 후 신고를 하였을 때에는 형을 감경할 수 있다.

08 법인이 장부의 거짓 기장으로 법정신고 · 납부기한까지 신고 · 납부하여야 할 금액보다 적게 신고 · 납부한 경우에 관한 설명으로 옳지 않은 것은? (단, 과소신고는 모두 거짓 기장으로 인한 것이며 역외거래는 없는 것으로 가정함)

(2015. 세무사)

① 거짓 기장으로 인한 법인세 포탈범의 기수(旣遂)시기는 해당 법인세의 법정신고 · 납부기한이 지난 때이다.

② 거짓 기장으로 포탈한 법인세와 관련하여 법인세법에 따라 처분된 금액에 대한 소득세는 포탈한 법인세의 신고기한의 다음 날부터 10년이 끝난 날 후에는 더 이상 부과할 수 없다.

③ 거짓 기장으로 인한 과소신고납부세액의 100분의 40에 상당하는 금액과 거짓 기장으로 인하여 과소신고된 과세표준 관련 수입금액에 1만분의 14를 곱하여 계산한 금액 중 큰 금액을 과소신고가산세로 한다.

④ 장부의 거짓 기장으로 포탈한 법인세가 5억원 이상인 경우에는 3년 이하의 징역 또는 포탈세액 등의 3배 이하에 상당하는 벌금에 처한다.

⑤ 조세포탈의 죄를 범한 자가 국세기본법에 따라 법정신고기한이 지난 후 2년 이내에 수정신고를 한 경우에는 형을 감경할 수 있다.

해설 정답 ②

부정행위로 포탈한 법인세와 관련하여 법인세법에 따라 처분된 금액에 대한 소득세에 대해서는 그 소득세를 부과할 수 있는 날(소득세 과세표준신고기한의 다음날)부터 10년이 끝난 날 후에는 부과할 수 없다.

09 조세범칙행위의 처벌기준이 2년 이하의 징역 또는 2천만원 이하의 벌금이 아닌 것은?

(2015. 세무사)

① 납세의무자 또는 납세의무자의 재산을 점유하는 자가 체납처분의 집행을 면탈하거나 면탈하게 할 목적으로 그 재산을 은닉 · 탈루하거나 거짓 계약을 하였을 때

② 조세를 포탈하기 위한 증거인멸의 목적으로 세법에서 비치하도록 하는 장부 또는 증빙서류를 해당 국세의 법정신고기한이 지난 날부터 5년 이내에 소각 · 파기 또는 은닉하였을 때

③ 납세의무자를 대리하여 세무신고를 하는 자가 조세의 부과 또는 징수를 면하게 하기 위하여 타인의 조세에 관하여 거짓으로 신고를 하였을 때

④ 조세의 회피 또는 강제집행의 면탈을 목적으로 타인의 성명을 사용하여 사업자등록을 하였을 때

⑤ 조세의 원천징수의무자가 정당한 사유 없이 징수한 세금을 납부하지 아니하였을 때

해설 

①

납세의무자 또는 납세의무자의 재산을 점유하는 자가 체납처분의 집행을 면탈하거나 면탈하게 할 목적으로 그 재산을 은닉 · 탈루하거나 거짓 계약을 하였을 때는 3년 이하의 징역 또는 3천만원 이하의 벌금에 처한다.

10 **조세범처벌법 위반의 죄에 해당하는 경우를 모두 고른 것은?** (2016. 세무사)

ㄱ. 조세의 원천징수의무자가 정당한 사유 없이 징수한 세금을 납부하지 아니하였을 때
ㄴ. 납세의무자의 재산을 점유하는 자가 체납처분의 집행을 면탈하게 할 목적으로 그 재산을 은닉한 때
ㄷ. 이중장부를 작성하여 조세의 부과와 징수를 현저히 곤란하게 하는 적극적 행위로써 조세를 포탈한 때
ㄹ. 조세의 회피 또는 강제집행의 면탈을 목적으로 타인의 성명을 사용하여 사업자등록을 하거나 타인 명의의 사업자등록을 이용하여 사업을 영위한 때
ㅁ. 세무를 대리하는 세무사·공인회계사 및 변호사가 재화 또는 용역을 공급받지 아니하고 세금계산서를 발급하는 행위를 알선하거나 중개한 때

① ㄱ, ㄴ, ㅁ ② ㄱ, ㄷ, ㄹ ③ ㄴ, ㄷ, ㄹ
④ ㄱ, ㄷ, ㄹ, ㅁ ⑤ ㄱ, ㄴ, ㄷ, ㄹ, ㅁ

정답 ⑤

해설

모두 조세범처벌법 위반의 죄에 해당한다.

PART 06 조세범처벌법

11 **조세범처벌법상 세금계산서의 발급의무 위반 등의 죄에 해당하지 않는 것은? (다툼이 있으면 판례에 따름)** (2016. 세무사)

① 부가가치세법에 따라 세금계산서를 작성하여 발급하여야 할 자가 세금계산서를 거짓으로 기재하여 발급한 경우
② 부가가치세법에 따라 세금계산서를 발급받아야 할 자가 공급자와 통정하여 공급가액을 부풀리는 방법으로 허위 기재를 한 세금계산서를 발급받은 경우
③ 재화 또는 용역을 공급하지 아니하고 부가가치세법에 따른 세금계산서를 발급한 경우
④ 재화 또는 용역을 공급하지 아니하고 소득세법에 따른 계산서를 발급한 경우
⑤ 부가가치세법에 따라 세금계산서를 작성하여 발급하고 매출처별 세금계산서합계표를 정부에 제출하지 아니한 경우

정답 ⑤

해설

세금계산서 미발급 · 거짓발급 · 합계표 거짓제출(공급자와 공급받은 자 모두에게 해당함)한 경우 또는 거래 없이 세금계산서 발급 · 거짓 기재합계표 제출(공급자와 공급받은 자 모두에게 해당함)한 경우가 조세범처벌법상 세금계산서의 발급의무 위반 등의 죄에 해당한다. 그러므로 세금계산서를 작성하여 발급하고 매출처별 세금계산서합계표를 정부에 제출하지 아니한 경우는 여기에 포함되지 않는다.

12 조세범처벌법상 조세포탈에 관한 설명으로 옳지 않은 것은? (다툼이 있으면 판례에 따름)

(2017. 세무사)

① 조세포탈이 성립하기 위해서는 법령에 열거된 사기나 그 밖의 부정한 행위를 통해 조세의 부과와 징수를 불가능하게 하거나 현저히 곤란하게 하는 적극적 행위를 할 것이 요구된다.

② 회사의 폐업 후에 부가가치세의 과세표준 및 세액을 관할세무서에 신고하지 아니하거나 세법상 요구되는 장부를 비치하지 않았다고 하여 조세포탈죄가 성립되지는 않는다.

③ 부가가치세는 신고납부기간이 경과한 때에 조세포탈행위의 기수가 된다할 것이고 그 납부 후에 포탈세액 일부를 납부하였다 하더라도 조세포탈죄의 성립에는 아무런 영향을 미칠 수 없다.

④ 조세포탈의 죄를 범한 자가 포탈세액에 대하여 법정신고기한이 지난 후 6개월 이내에 국세기본법에 따른 기한 후 신고를 하였을 때에는 형을 감경할 수 있다.

⑤ 매출누락에 따른 부가가치세의 포탈세액을 산정함에 있어서 매입세금계산서를 교부받지 아니한 매입액에 대한 매입세액을 매출세액에서 공제하여야 한다.

해설

 ⑤

매입세액공제를 위해서는 세금계산서에 의해 확인되어야 하므로 매입세금계산서를 교부받지 아니한 매입액에 대한 매입세액은 매입세액으로 공제되지 않는다.

13 조세범처벌법상 세금계산서 발급 관련 범죄에 관한 설명으로 옳지 않은 것은? (다툼이 있으면 판례에 따름)

(2017. 세무사)

① 세금계산서를 발급하여야 할 자가 재화를 공급하면서 공급가액을 부풀려 세금계산서를 발급한 경우 세금계산서를 거짓으로 기재하여 발급한 죄에 해당한다.

② 재화를 공급하지 않은 자가 타인 명의를 위조하여 그 타인을 공급하는 자로 기재하여 세금계산서를 교부한 경우 거래 없이 세금계산서를 교부한 죄에 해당하지 않는다.

③ 재화를 공급한 자가 재화를 실제로 공급받은 자가 아닌 다른 사람에게 세금계산서를 발급한 경우 세금계산서 미발급으로 인한 죄에 해당하지 않는다.

④ 용역을 제공받은 사실이 없음에도 허위 세금계산서를 교부받은 이상 허위 세금계산서를 자료상이 아닌 자로부터 교부받았다 하더라도 용역을 공급받지 않고 세금계산서를 발급받은 죄에 해당한다.

⑤ 거래 없이 세금계산서를 교부한 죄는 각 세금계산서마다 1개의 죄가 성립한다.

해설 정답 ③

② 조세범 처벌법 제10조 제1항 제1호는 '부가가치세법에 따라 세금계산서를 작성하여 발급하여야 할 자가 세금계산서를 발급하지 아니하거나 거짓으로 기재하여 발급한 경우'를 처벌하도록 규정하고, 같은 조 제3항 제1호는 '재화 또는 용역을 공급하지 아니하고 부가가치세법에 따른 세금계산서를 발급하는 행위'를 한 자를 처벌하도록 규정하는데, 위 각 문언과 입법취지 등에 비추어 보면, 조세범 처벌법 제10조 제3항 제1호는 재화 또는 용역을 공급하지 아니한 자가 자신을 공급하는 자로 기재한 세금계산서를 교부한 행위를 처벌 대상으로 규정한 것이므로, 재화 또는 용역을 공급하지 아니한 자가 타인 명의를 위조하여 그를 공급하는 자로 기재하여 세금계산서를 교부한 경우에는 세금계산서에 자신을 공급하는 자로 기재하지 않은 이상 사문서위조죄로 처벌할 수 있을지언정 조세범 처벌법 제10조 제3항 제1호가 정한 처벌 대상에 해당한다고 할 수 없다.[대법원 2014.11.27, 선고, 2014도1700, 판결]

③ 조세범 처벌법 제10조 제3항은 '재화 또는 용역을 공급하지 아니하거나 공급받지 아니하고 세금계산서를 발급하거나 발급받은 행위'를 처벌하고 있는데, 여기에는 재화 또는 용역을 아예 공급하지 아니하거나 공급받지 아니하고 세금계산서만을 발급하거나 발급받는 행위뿐만 아니라, 재화 또는 용역을 공급받은 자가 재화 또는 용역을 실제로 공급한 자가 아닌 다른 사람이 작성한 세금계산서를 발급받은 경우도 포함되고, 마찬가지로 재화 또는 용역을 공급한 자가 재화 또는 용역을 실제로 공급받은 자가 아닌 다른 사람에게 세금계산서를 발급한 경우도 포함된다. 그리고 재화 또는 용역을 공급한 자가 재화 또는 용역을 실제로 공급받은 자에게 세금계산서를 발급하지 아니한 행위에 대해서는 조세범처벌법 제10조 제1항 제1호에서 정한 세금계산서 미발급으로 인한 죄가 별개로 성립한다.[대법원 2014.7.10, 선고, 2013도10554, 판결]

14 조세범처벌법상 조세범처벌에 관한 설명으로 옳지 않은 것은? (2018, 세무사)

① 가짜석유제품을 제조 또는 판매하여 조세를 포탈한 자는 3년 이하의 징역 또는 포탈한 세액의 3배 이하의 벌금에 처한다.

② 해외금융계좌정보의 비밀유지 의무 등의 위반한 자에 대해서는 정상에 따라 징역형과 벌금형을 병과할 수 있다.

③ 주류 면허 등에 관한 법률에 따른 납세증명표지를 재사용하거나 정부의 승인을 받지 아니하고 이를 타인에게 양도한 자는 2년 이하의 징역 또는 2천만원 이하의 벌금에 처한다.

④ 면세유의 부정 유통의 범칙행위를 한 자에 대해서는 형법 중 벌금경합에 관한 제한가중규정을 적용하지 아니한다.

⑤ 주류 면허 등에 관한 법률에 따른 면허를 받지 아니하고 주류를 판매하기 위하여 제조하거나 판매한 자는 3년 이하의 징역 또는 3천만원(해당 주세 상당액의 3배의 금액이 3천만원을 초과할 때에는 그 주세 상당액의 3배의 금액) 이하의 벌금에 처한다.

해설  ①

가짜석유제품을 제조 또는 판매하여 조세를 포탈한 자는 5년 이하의 징역 또는 포탈한 세액의 5배 이하의 벌금에 처한다.

15 조세범처벌법상 조세범처벌에 관한 설명으로 옳지 않은 것은? (2018. 세무사)

① 조세범처벌법상 조세란 관세를 제외한 국세를 말한다.

② 사기나 그 밖의 부정한 행위로써 조세를 포탈한 자는 포탈세액이 5억원 이상인 경우에는 3년 이하의 징역 또는 포탈세액의 3배 이하에 상당하는 벌금에 처한다.

③ 법인의 사용인이 그 법인의 업무에 관하여 조세범처벌법에서 규정하는 범칙행위를 한 경우 그 법인이 그 위반행위를 방지하기 위하여 상당한 주의 또는 감독을 게을리한 경우에는 그 법인에게도 해당 조문의 벌금형을 과한다.

④ 사기나 그 밖의 부정한 행위로써 조세를 포탈하거나 조세의 환급 · 공제를 받는 죄를 상습적으로 범한 자는 형의 2분의 1을 가중한다.

⑤ 사기나 그 밖의 부정한 행위로써 조세를 포탈한 범칙행위의 공소시효는 5년이 지나면 완성된다.

정답 ⑤

해설

사기나 그 밖의 부정한 행위로써 조세를 포탈한 범칙행위의 공소시효는 7년이 지나면 완성된다.

16 조세범처벌법 제3조는 '사기나 그 밖의 부정한 행위'를 아래와 같이 말하고 있는데, ( )에 들어갈 내용으로 옳지 않은 것은? (2019. 세무사)

> 사기나 그 밖의 부정한 행위란 (   ) 행위로서 조세의 부과와 징수를 불가능하게 하거나 현저히 곤란하게 하는 적극적 행위를 말한다.

① 장부와 기록의 파기

② 재산의 은닉

③ 거짓 증빙 또는 거짓 문서의 작성 및 수취

④ 계산서, 세금계산서 또는 계산서합계표, 세금계산서합계표의 조작

⑤ 소득, 거래 등에 대한 귀속연도의 착오

해설 정답 ⑤

소득, 거래 등에 대한 귀속연도의 착오는 사기나 그 밖의 부정행위에 해당하지 않는다.
사기나 그 밖의 부정한 행위란 다음의 어느 하나에 해당하는 행위로서 조세의 부과와 징수를 불가능하게 하거나 현저히 곤란하게 하는 적극적 행위를 말한다.

① 이중장부의 작성 등 장부의 거짓 기장
② 거짓 증빙 또는 거짓 문서의 작성 및 수취
③ 장부와 기록의 파기
④ 재산의 은닉, 소득 · 수익 · 행위 · 거래의 조작 또는 은폐
⑤ 고의적으로 장부를 작성하지 아니하거나 비치하지 아니하는 행위 또는 계산서, 세금계산서 또는 계산서합계표, 세금계산서합계표의 조작
⑥ 조세특례제한법에 따른 전사적 기업자원 관리설비의 조작 또는 전자세금계산서의 조작
⑦ 그 밖에 위계(僞計)에 의한 행위 또는 부정한 행위

17 조세범처벌법상 징역형과 벌금형을 병과할 수 있는 것은? (2019. 세무사)

① 재화 또는 용역을 공급하지 아니하거나 공급받지 아니하고 부가가치세법에 따른 세금계산서를 발급하거나 발급받은 행위
② 납세의무자를 대리하여 세무신고를 하는 자가 조세의 부과 또는 징수를 면하게 하기 위하여 타인의 조세에 관하여 거짓으로 신고를 하였을 때
③ 조세의 원천징수의무자가 정당한 사유 없이 그 세금을 징수하지 아니하였을 때
④ 타인이 근로장려금을 거짓으로 신청할 수 있도록 근로를 제공받지 아니하고 근로소득 원천징수영수증을 거짓으로 기재하여 타인에게 발급한 행위
⑤ 조세의 회피 또는 강제집행의 면탈을 목적으로 타인의 성명을 사용하여 사업자등록을 하거나 타인 명의의 사업자등록을 이용하여 사업을 영위하는 행위

해설  ①

다음의 죄를 범한 자에 대해서는 정상에 따라 징역형과 벌금형을 병과할 수 있다.

① 조세포탈범
② 재화 또는 용역을 공급하지 않거나 공급받지 않고 다음의 행위를 한 자
  a. 세금계산서(계산서)를 발급하거나 발급받은 행위
  b. 매출 · 매입처별 세금계산서(계산서)합계표를 거짓으로 기재하여 정부에 제출한 행위
③ 해외금융계좌정보의 비밀유지 의무 등의 위반
④ 해외금융계좌 신고의무 불이행

18 조세범처벌법상 조세범처벌에 관한 설명으로 옳은 것은? (2020. 세무사)

① 원천징수의무자가 원천징수를 하지 아니하였을 경우보다 원천징수한 세금을 납부하지 아니하였을 경우의 법정(法定) 형량이 더 크다.

② 개인의 사용인이 그 개인의 업무에 관하여 조세범처벌법에서 규정하는 범칙행위를 하여 징역형을 과한 경우 그 개인에게도 징역형을 과할 수 있다.

③ 조세범처벌법에 따른 범칙행위에 대해서는 국세청장, 지방국세청장 또는 세무서장의 고발이 없더라도 포탈세액이 5억원 이상인 경우 검사는 공소를 제기할 수 있다.

④ 조세의 회피 또는 강제집행의 면탈을 목적으로 타인의 성명을 사용하여 사업자등록을 하는 경우 공소시효는 10년이 지나면 완성된다.

⑤ 납세의무자의 재산을 점유하는 자가 체납처분의 집행을 면탈하게 할 목적으로 그 재산을 은닉하였을 때에는 1년 이하의 징역 또는 1천만원 이하의 벌금에 처한다.

정답 ①

해설

② 양벌규정에 있어서는 벌금형만 적용되며, 징역형은 적용되지 아니한다.
③ 조세범처벌법에 따른 범칙행위에 대해서는 국세청장, 지방국세청장 또는 세무서장의 고발이 없으면 검사는 공소를 제기할 수 없다.
④ 조세범칙행위의 공소시효는 7년이 지나면 완성된다. 다만, 양벌규정에 따른 행위자가 특정범죄가중처벌 등에 관한 법률의 적용을 받는 경우에는 법인에 대한 공소시효는 10년이 지나면 완성된다.
⑤ 납세의무자의 재산을 점유하는 자가 체납처분의 집행을 면탈하게 할 목적으로 그 재산을 은닉하였을 때에는 3년 이하의 징역 또는 3천만원 이하의 벌금에 처한다.

19 조세범처벌법상 징역형과 벌금형을 병과할 수 있는 경우가 아닌 것은? (2020. 세무사)

① 사기나 그 밖의 부정한 행위로써 1억원 미만의 조세의 환급을 받은 경우

② 재화 또는 용역을 공급받지 아니하고 부가가치세법에 따른 매출 · 매입처별 세금계산서합계표를 거짓으로 기재하여 제출한 경우

③ 국제조세조정에 관한 법률에 따른 해외금융계좌정보의 신고의무자로서 정당한 사유 없이 신고기한 내에 신고하지 아니한 금액이 50억원을 초과한 경우

④ 납세의무자를 대리하여 세무신고를 하는 자가 조세의 부과 또는 징수를 면하게 하기 위하여 타인의 조세에 관하여 거짓으로 신고한 경우

⑤ 재화 또는 용역을 공급하지 아니하고 소득세법 및 법인세법에 따른 매출 · 매입처별 계산서합계표를 거짓으로 기재하여 제출한 경우

 ④

해설

다음의 죄를 범한 자에 대해서는 정상에 따라 징역형과 벌금형을 병과할 수 있다.

① 조세포탈범*

② 재화 또는 용역을 공급하지 않거나 공급받지 않고 다음의 행위를 한 자

a. 세금계산서(계산서)를 발급하거나 발급받은 행위

b. 매출 · 매입처별 세금계산서(계산서)합계표를 거짓으로 기재하여 정부에 제출한 행위

③ 해외금융계좌정보의 비밀유지 의무 등의 위반

④ 해외금융계좌 신고의무 불이행

* 조세포탈범이란 사기 · 기타 부정한 행위로써 조세를 포탈하거나 조세의 환급 · 공제를 받는 범칙행위를 한 자를 말한다.

20 조세범처벌법상 조세포탈 등 죄의 요건인 “사기나 그 밖의 부정한 행위”란 (   )에 해당하는 행위로서 조세의 부과와 징수를 불가능하게 하거나 현저히 곤란하게 하는 적극적 행위를 말한다. 다음 중 (   )에 들어갈 수 있는 행위의 개수는? (단, 제시된 행위 이외의 다른 행위는 없으며 다툼이 있으면 판례에 따름) (2021. 세무사)

ㅇ 고의 없이 장부를 작성하지 아니하는 행위
ㅇ 거짓 문서의 수취
ㅇ 허위의 신고행위
ㅇ 기록의 파기
ㅇ 위계에 의한 행위
ㅇ 납세신고를 하지 아니하는 행위

① 1개　② 2개　③ 3개　④ 4개　⑤ 5개

해설  ③

사기나 그 밖의 부정한 행위○	사기나 그 밖의 부정한 행위×
○ 거짓 문서의 수취 ○ 기록의 파기 ○ 위계에 의한 행위	○ 고의 없이 장부를 작성하지 아니하는 행위 ○ 허위의 신고행위 ○ 납세신고를 하지 아니하는 행위

21 **조세범처벌법에 관한 설명으로 옳은 것은? (단, 다른 법률은 고려하지 아니하며 다툼이 있으면 판례에 따름)** (2021. 세무사)

① 조세범처벌법상 "조세"란 관세를 제외한 국세를 말한다.

② 납세의무자의 위임을 받아, 대여받은 세무사 명의로, 납세의무자를 대리하여 세무신고를 하는 자가 조세의 부과를 면하게 하기 위하여 타인의 조세에 관하여 거짓으로 신고를 하였을 때에는 성실신고방해행위죄로 처벌할 수 없다.

③ 조세의 원천징수의무자가 정당한 사유 없이 그 세금을 징수하지 아니한 행위는 징수한 세금을 정당한 사유 없이 납부하지 아니한 행위에 비하여 법정형량이 크다.

④ 개인의 사용인이 조세범처벌법에서 규정하는 범칙행위를 하면, 그 개인에게도 사용인에게 과한 형과 같은 형을 과한다.

⑤ 조세범처벌법에 따른 범칙행위에 대한 공소제기는 세무서장 등의 고발을 요하지 아니한다.

해설  ①

② 납세의무자의 위임을 받아, 대여받은 세무사 명의로, 납세의무자를 대리하여 세무신고를 하는 자가 조세의 부과를 면하게 하기 위하여 타인의 조세에 관하여 거짓으로 신고를 하였을 때에는 성실신고방해행위죄(2년 이하의 징역 또는 2천만원 이하의 벌금)로 처벌할 수 있다.

③ 조세의 원천징수의무자가 정당한 사유 없이 그 세금을 징수하지 아니한 행위(1천만원 이하의 벌금)는 징수한 세금을 정당한 사유 없이 납부하지 아니한 행위(2년 이하의 징역 또는 2천만원 이하의 벌금)에 비하여 법정형량이 작다.

④ 개인의 사용인이 조세범처벌법에서 규정하는 범칙행위를 하면, 그 개인에게도 해당 조문의 벌금형을 과(科)한다. → 징역형은 과하지 않으므로 같은 형을 과한다고 할 수 없다.

⑤ 조세범처벌법에 따른 범칙행위에 대한 공소제기는 세무서장 등의 고발을 요한다. → 조세범처벌법에 따른 범칙행위에 대해서는 국세청장, 지방국세청장 또는 세무서장의 고발이 없으면 검사는 공소를 제기할 수 없다.

22 조세범처벌법상 2년의 징역에 처하는 것이 가능한 행위를 모두 고른 것은? (2022. 세무사)

ㄱ. 재화 또는 용역을 공급하지 아니하거나 공급받지 아니하고 부가가치세법에 따른 세금계산서를 발급하거나 발급받은 행위
ㄴ. 부가가치세법에 따라 세금계산서를 발급하여야 할 자가 세금계산서를 발급하지 아니하거나 거짓으로 기재하여 발급한 행위
ㄷ. 부가가치세법에 따라 매출처별 세금계산서합계표를 제출하여야 할 자가 매출처별 세금계산서합계표를 거짓으로 기재하여 제출한 행위
ㄹ. 부가가치세법에 따라 매입처별 세금계산서합계표를 제출하여야 할 자가 통정하여 매입처별 세금계산서합계표를 거짓으로 기재하여 제출한 행위

① ㄱ ② ㄴ ③ ㄱ, ㄴ ④ ㄷ, ㄹ ⑤ ㄴ, ㄷ, ㄹ

①

해설

세금계산서 가공수수의 경우 3년 이하의 징역 또는 3배 이하의 벌금에 처하므로 2년의 징역에 처하는 것이 가능하다.

구 분	처벌의 내용	병과
ㄱ	3년 이하의 징역 또는 공급가액에 부가가치세의 세율을 적용하여 계산한 세액의 3배 이하에 상당하는 벌금	○
ㄴ, ㄷ, ㄹ	1년 이하의 징역 또는 공급가액에 부가가치세의 세율을 적용하여 계산한 세액의 2배 이하에 상당하는 벌금	×

23 조세범처벌법 제3조의 조세 포탈 등에 관한 설명으로 옳지 않은 것은? (2022. 세무사)

① 포탈세액이 5억원 이상인 경우에는 3년 이하의 징역 또는 포탈세액의 3배 이하에 상당하는 벌금에 처한다.
② 조세 포탈의 죄를 범한 자에 대해서는 정상(情狀)에 따라 징역형과 벌금형을 병과할 수 있다.
③ 조세 포탈의 죄를 범한 자가 포탈세액에 대하여 국세기본법에 따라 법정신고기한이 지난 후 6개월 이내에 기한 후 신고를 하였을 때에는 형을 감경할 수 있다.
④ 조세 포탈의 죄를 상습적으로 범한 자는 형의 3분의 1을 가중한다.
⑤ 재산의 은닉으로서 조세의 부과와 징수를 불가능하게 하거나 현저히 곤란하게 하는 적극적 행위는 사기나 그 밖의 부정한 행위에 해당한다.

④

해설

조세 포탈의 죄를 상습적으로 범한 자는 형의 2분의 1을 가중한다.

24 조세범처벌법상 1년 이하의 징역 또는 공급가액에 부가가치세의 세율을 적용하여 계산한 세액의 2배 이하에 상당하는 벌금에 처하는 범칙행위는 모두 몇 개인가? (2023. 세무사)

○ 부가가치세법에 따라 세금계산서를 발급하여야 할 자가 세금계산서를 발급하지 아니하거나 거짓으로 기재하여 발급한 행위
○ 소득세법 또는 법인세법에 따라 매출처별 계산서합계표를 제출하여야 할 자가 매출처별 계산서합계표를 거짓으로 기재하여 제출한 행위
○ 재화 또는 용역을 공급하지 아니하거나 공급받지 아니하고 부가가치세법에 따른 세금계산서를 발급하거나 발급받은 행위
○ 재화 또는 용역을 공급하지 아니하거나 공급받지 아니하고 소득세법 및 법인세법에 따른 매출·매입처별 계산서합계표를 거짓으로 기재하여 제출한 행위
○ 소득세법 또는 법인세법에 따라 계산서를 발급받아야 할 자가 통정하여 계산서를 발급받지 아니하거나 거짓으로 기재한 계산서를 발급받은 행위
○ 부가가치세법에 따라 매입처별 세금계산서합계표를 제출하여야 할 자가 통정하여 매입처별 세금계산서합계표를 거짓으로 기재하여 제출한 행위

① 2개 ② 3개 ③ 4개 ④ 5개 ⑤ 6개

해설

 ③

구 분	내 용
3년 이하의 징역 또는 공급가액에 부가가치세의 세율을 적용하여 계산한 세액의 3배 이하에 상당하는 벌금	○ 재화 또는 용역을 공급하지 아니하거나 공급받지 아니하고 부가가치세법에 따른 세금계산서를 발급하거나 발급받은 행위 ○ 재화 또는 용역을 공급하지 아니하거나 공급받지 아니하고 소득세법 및 법인세법에 따른 매출·매입처별 계산서합계표를 거짓으로 기재하여 제출한 행위
1년 이하의 징역 또는 공급가액에 부가가치세의 세율을 적용하여 계산한 세액의 2배 이하에 상당하는 벌금	○ 부가가치세법에 따라 세금계산서를 발급하여야 할 자가 세금계산서를 발급하지 아니하거나 거짓으로 기재하여 발급한 행위 ○ 소득세법 또는 법인세법에 따라 매출처별 계산서합계표를 제출하여야 할 자가 매출처별 계산서합계표를 거짓으로 기재하여 제출한 행위 ○ 소득세법 또는 법인세법에 따라 계산서를 발급받아야 할 자가 통정하여 계산서를 발급받지 아니하거나 거짓으로 기재한 계산서를 발급받은 행위 ○ 부가가치세법에 따라 매입처별 세금계산서합계표를 제출하여야 할 자가 통정하여 매입처별 세금계산서합계표를 거짓으로 기재하여 제출한 행위

25 조세범처벌법에 관한 설명으로 옳지 않은 것은? (2023. 세무사)

① 납세의무자로 하여금 과세표준의 신고(신고의 수정을 포함)를 하지 아니하게 하거나 거짓으로 신고하게 한 자 또는 조세의 징수나 납부를 하지 않을 것을 선동하거나 교사한 자는 1년 이하의 징역 또는 1천만원 이하의 벌금에 처한다.

② 사기나 그 밖의 부정한 행위로써 조세를 포탈하거나 조세의 환급 · 공제를 받은 자에 대해서는 정상(情狀)에 따라 징역형과 벌금형을 병과할 수 있다.

③ 조세범처벌법에 따른 범칙행위에 대해서는 국세청장, 지방국세청장 또는 세무서장의 고발이 없으면 검사는 공소를 제기할 수 없다.

④ 이중장부의 작성 등 장부의 거짓 기장으로 조세를 포탈하거나 조세의 환급 · 공제받는 범칙행위를 한 자에 대해서는 형법 제38조 제1항 제2호 중 벌금경합에 관한 제한가중규정을 적용하지 아니한다.

⑤ 조세를 포탈하기 위한 증거인멸의 목적으로 세법에서 비치하도록 하는 장부 또는 증빙서류를 해당 국세의 법정신고기한이 지난 날부터 7년 이내에 소각 · 파기 또는 은닉한 자는 2년 이하의 징역 또는 2천만원 이하의 벌금에 처한다.

해설 정답 ⑤

조세를 포탈하기 위한 증거인멸의 목적으로 세법에서 비치하도록 하는 장부 또는 증빙서류를 해당 국세의 법정신고기한이 지난 날부터 5년 이내에 소각 · 파기 또는 은닉한 자는 2년 이하의 징역 또는 2천만원 이하의 벌금에 처한다.

26 조세범 처벌법의 내용에 관한 설명으로 옳은 것은? (2024. 세무사)

① 조세범 처벌법에서 “조세”란 관세와 국세를 말한다.

② 타인이 조세특례제한법에 따른 근로장려금을 거짓으로 신청할 수 있도록 근로를 제공받지 아니하고 근로소득 지급명세서를 거짓으로 기재하여 세무서에 제출한 자와 위 행위를 알선하거나 중개한 자는 같은 형에 처한다.

③ 부가가치세법에 따라 세금계산서를 발급받아야 할 자가 통정하여 세금계산서를 발급받지 아니하거나 거짓으로 기재한 세금계산서를 발급받은 경우 정상(情狀)에 따라 징역형과 벌금형을 병과할 수 있다.

④ 인지세법에 따라 첨부한 종이문서용 전자수입인지를 재사용한 자는 1년 이하의 징역 또는 1천만원 이하의 벌금에 처한다.

⑤ 부가가치세법에 따라 세금계산서를 발급하여야 할 자가 세금계산서를 발급하지 아니한 경우 2년 이하의 징역 또는 공급가액에 부가가치세의 세율을 적용하여 계산한 세액의 2배 이하에 상당하는 벌금에 처한다.

해설 정답 ②

① 조세범 처벌법에서 “조세”란 관세를 제외한 국세를 말한다.

③ 부가가치세법에 따라 세금계산서를 발급받아야 할 자가 통정하여 세금계산서를 발급받지 아니하거나 거짓으로 기재한 세금계산서를 발급받은 경우 징역형 또는 벌금형을 과할 수 있으나 징역형과 벌금형의 병과대상은 아니다.

cf) 재화 또는 용역을 공급하지 않거나 공급받지 않고 다음의 행위를 한 자에 대해서는 정상에 따라 징역형과 벌금형을 병과할 수 있다.

a. 세금계산서(계산서)를 발급하거나 발급받은 행위

b. 매출 · 매입처별 세금계산서(계산서)합계표를 거짓으로 기재하여 정부에 제출한 행위

④ 인지세법에 따라 첨부한 종이문서용 전자수입인지를 재사용한 자는 2년 이하의 징역 또는 2천만원 이하의 벌금에 처한다.

⑤ 부가가치세법에 따라 세금계산서를 발급하여야 할 자가 세금계산서를 발급하지 아니한 경우 1년 이하의 징역 또는 공급가액에 부가가치세의 세율을 적용하여 계산한 세액의 2배 이하에 상당하는 벌금에 처한다.

27 조세범 처벌법상 4년의 징역에 처하는 것이 불가능한 경우는? (2024. 세무사)

① 석유판매업자가 석유류를 조세특례제한법에서 정한 용도 외의 다른 용도로 사용 · 판매하여 조세를 포탈한 경우

② 상습적으로 사기나 그 밖의 부정한 행위로써 조세를 포탈했고 포탈세액이 5억원인 경우

③ 석유 및 석유대체연료 사업법 에 따른 가짜석유제품을 제조 또는 판매하여 조세를 포탈한 경우

④ 세무를 대리하는 세무사가 재화 또는 용역을 공급하지 아니하거나 공급받지 아니하고 부가가치세법에 따른 세금계산서를 발급하는 행위를 알선한 경우

⑤ 국제조세조정에 관한 법률상 해외금융계좌정보의 비밀유지 의무 등을 위반한 경우

해설

 ①

① 석유류를 조세특례제한법에서 정한 용도 외의 다른 용도로 사용 · 판매하여 조세를 포탈한 경우 3년 이하의 징역 또는 포탈세액등의 5배 이하의 벌금에 처한다.

② 상습적으로 사기나 그 밖의 부정한 행위로써 조세를 포탈했고 포탈세액이 5억원인 경우 → 아래 규정에 따라 4.5년(3년 × 1.5) 이하의 징역형에 처할 수 있다.
  a. 포탈세액이 5억원 이상인 경우 : 3년 이하의 징역 또는 포탈세액등의 3배 이하에 상당하는 벌금
  b. 죄를 상습적으로 범한 자는 형의 2분의 1을 가중한다.

③ 석유 및 석유대체연료 사업법에 따른 가짜석유제품을 제조 또는 판매하여 조세를 포탈한 경우
  → 5년 이하의 징역 또는 포탈한 세액의 5배 이하의 벌금에 처한다

④ 세무를 대리하는 세무사가 재화 또는 용역을 공급하지 아니하거나 공급받지 아니하고 부가가치세법에 따른 세금계산서를 발급하는 행위를 알선한 경우 → 아래 규정에 따라 4.5년(3년 × 1.5) 이하의 징역형에 처할 수 있다.
  a. 재화 또는 용역을 공급하지 아니하거나 공급받지 아니하고 세금계산서를 발급하는 행위를 알선한 경우 : 3년 이하의 징역 또는 공급가액에 부가가치세의 세율을 적용하여 계산한 세액의 3배 이하에 상당하는 벌금
  b. 세무를 대리하는 세무사 · 공인회계사 및 변호사가 위 a.의 행위를 알선하거나 중개한 때에는 해당 형의 2분의 1을 가중한다.

⑤ 국제조세조정에 관한 법률상 해외금융계좌정보의 비밀유지 의무 등을 위반한 경우
  → 5년 이하의 징역 또는 3천만원 이하의 벌금에 처한다.

2025 시험전엔 기타세법

발행 2025년 1월 25일 2쇄 발행 2025년 2월 12일

편 저 자 양소영

발 행 인 유용규

발 행 처 스케치스

신고번호 2017-000101호

제작·유통 (주)가치산책컴퍼니

전화번호 031-694-0905

팩 스 02-6499-3533

ISBN 979-11-89985-62-2 13360

가격 24,000원

동영상강의 및 자료 : 스마트경영아카데미 www.smartcpa.kr

우리경영아카데미 www.uricpa.com